AF546134

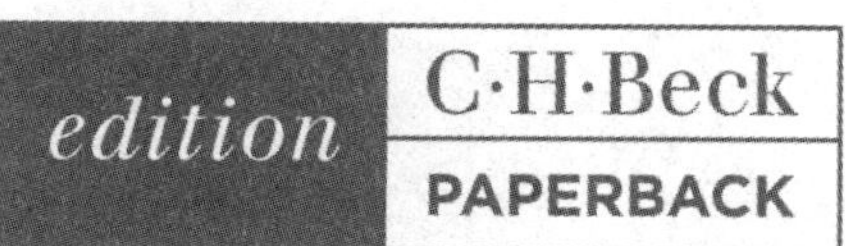
edition
C·H·Beck
PAPERBACK

IMP AVG
F

Johannes Fried

KARL

DER GROSSE

Gewalt und Glaube

Eine Biographie

C.H.BECK

Mit 60 Abbildungen im Text, 8 Abbildungen im Tafelteil sowie 2 Karten (© Peter Palm, Berlin)

Frontispiz:
1 Bildnisdenar Karls des Großen als Kaiser, Vorderseite (Avers): KAROLUS IMP*(erator)* AUG*(ustus), vermutlich aus der Prägestätte der Pfalz Frankfurt (*F*), nach 800, vielleicht 810; die zugehörige Rückseite (Revers) unten auf S. 512.*

Dieses Buch erschien zuerst 2013 in gebundener Form im Verlag C.H.Beck.
1. Auflage. 2013
2.–5. Auflage. 2014

1. Auflage in der *edition* C.H.Beck Paperback 2018

 | Satz: Fotosatz Amann, Memmingen | Druck und Bindung: Druckerei C. H. Beck, Nördlingen | Umschlagentwurf: nach einem Entwurf von Kunst oder Reklame, München | Umschlagabbildung: Vorderseite: Büstenreliquiar Karls des Großen (gestiftet 1349 von Kaiser Karl IV.), Aachen, nach 1349. Aachen, Dom, Schatzkammer © bpk/Jochen Remmer – BPK 18.841. Rückseite: Pfalz Aachen, Marienkirche, Türklopfer von der Bronzetür zur Nikolauskapelle © Bildarchiv Foto Marburg | Gedruckt auf säurefreiem, alterungsbeständigem Papier | (hergestellt aus chlorfrei gebleichtem Zellstoff) | Printed in Germany | ISBN 978 3 406 72543 2 | *www.chbeck.de*

Inhalt

Vorwort ... 9

I. PROLOG ... 15

II. DER KNABE ... 31

1. Die unbekannte Kindheit eines Herrschers ... 33
2. Literate Bildung und Erziehung zum Glauben ... 42
3. Formkräfte des karolingischen Königtums ... 55
4. Der junge Karl begegnet zum ersten Mal einem Papst 63

III. DIE UMWELT DES FRANKENREICHES: KOMMUNIKATION MIT DEN FREMDEN ... 75

1. Grenzen der Wahrnehmung ... 77
2. Fernes Byzanz und noch fernerer Dâr al-Islâm ... 97
3. Die nächsten Nachbarn ... 110
4. Karls Welt ... 118

IV. DER KRIEGSKÖNIG ... 121

1. Bruderkrieg droht ... 123
2. Italien ruft ... 131
3. Grundzüge der fränkischen Heeresorganisation ... 149
4. Sachsen erfordert einen dreißigjährigen Krieg ... 153
5. Mangelnde Aufklärung: Spanien und Benevent ... 164
6. Wachsende Konkurrenz: Byzanz ... 178
7. Die Kriege mehren sich: Baiern und Pannonien ... 182
8. Was brachten die Kriege? ... 194

V. HERRSCHAFTSSTRUKTUREN 201

1. Wirtschaften im frühen Mittelalter 203
2. Wie wurden Grundherrschaften verwaltet? 219
3. Zentrum und Peripherie 230
4. Orientierung in der Weite des Raumes 245
5. Sonderfall Italien 251

VI. DER HERRSCHER 259

1. Der König schützt die Kirche und stärkt den Glauben 261
2. «Restitution» und «Renovation» 267
3. Rom fasziniert 274
4. Lehrer aus der Fremde 284
5. Schulen, Skriptorien und Gebet 290
6. Reformen sind überfällig: Doch wo beginnen? 301
7. Auch ein König hat Sorgen: «Admonitio generalis» .. 309
8. «Die Weisheit der Alten erneuern» 319
9. Der weise König Karl 330
10. Die Kirche braucht Ordnung 342
Vielfalt des Rechts 342 – Vielfalt der Kultpraxis 348 – Ordnung ruft nach Hierarchie 354 – Maßnahmen werden ergriffen 357 – Auch Prälaten streiten 365

VII. DER KÖNIGSHOF 373

1. Verwandte und Freunde 375
2. Das königliche Herrschaftszentrum 385
3. «Die Ordnung des Hofes» 389
4. Am Hof bündelt sich Wissen 395
5. Die Pfalz in Aachen erinnert an den Palast Konstantins des Großen 403
6. Die Erlöser- und Marienkirche in Aachen: Ein steingewordenes Gebet 417
7. Weitere Pfalzbauten Karls des Großen 429

VIII. ERNEUERUNG DER KAISERWÜRDE 433

1. Zeichen der Endzeit: Häresien und ihre Abwehr 435
2. «Sich den Feinden der Wahrheit widersetzen» 440
3. Das *Opus Caroli regis* 445
4. Ein versteckter Mißerfolg: Die Synode von Frankfurt 455
5. Auf dem Weg zum Kaisertum 462
6. In Rom rebellieren die Feinde des Papstes 474
7. Die Krönung – angeblich abgelehnt 484

IX. IMPERATOR AUGUSTUS 497

1. Gerechtigkeit und Frieden 499
2. Den Orient im Blick 508
3. Ordnung im Imperium 516
4. Eine letzte Begegnung mit Leo III. 526
5. Ein neuer Feind: «Nordmänner» 529
6. Beziehungen zu Fremden 535
7. Die Ordnung der Nachfolge 538
8. Zeichen am Himmel 550
9. Ein später Frieden mit Byzanz 563
10. Dem Ende entgegen 566
11. Noch einmal eine Neuordnung der Nachfolge 576
12. Letzte Erlasse und Tod 580

X. EPILOG: MYTHOS UND HEILIGKEIT 589

1. Das Maß seiner Seele 591
2. Memoria 596
3. Sagenheld 610
4. Heiligkeit 614
5. Böser Mißbrauch 617
6. Und heute? 625

Anmerkungen 634
Abkürzungen 711
Benutzte Editionen und Literaturtitel 713
Personenregister 727
Ortsregister 731
Bildnachweis 734

Vorwort

Das folgende Buch ist kein Roman, dennoch eine Fiktion. Sie beschreibt das Bild, das sich der Autor von Karl dem Großen oder Charlemagne macht. Es ist subjektiv geformt und gefärbt, auch wenn es die Zeugnisse jener Zeit gebührend heranzieht. Die Tiefe eines Lebens vor 1200 Jahren ist heute nicht mehr auszuloten. So bleibt nur die eigene Imagination. Nicht alles wird angesprochen, was hätte angesprochen werden können. Dieses oder jenes mag ein Kenner vermissen. Kritiker werden zweifellos den Finger darauf legen. Vielleicht auch werden sie die Art und Weise schelten, wie der Autor sich seinem Gegenstand näherte, obgleich sie selbst nur ein anderes, nicht minder subjektives und fragmentarisches Bild entgegensetzen könnten. Eine objektive Darstellung des großen Karolingers ist schlechterdings nicht möglich.

1200 Jahre vor unserer Zeit: Eine fremde, eine kaum mehr vorstellbare Welt. Karl lebte, um es gleich zu sagen, von (vermutlich) 748 bis (sicher) 814. Damals hieß Konstantinopel noch nicht Istanbul. Kein Kölner Dom ragte in den Himmel; der Bamberger Dom hatte noch 200 Jahre auf seinen Bau zu warten, und der Speyrer Dom war unscheinbar im Vergleich zu dem heutigen Wunderwerk am Rhein, den Louvre gab es noch nicht, und Notre Dame auf der Île de la Cité war eine bescheidene Bischofskirche. Venedigs Eichenpfähle waren noch nicht in die Lagune gerammt, um den Markusdom oder die bewunderten Adelspaläste zu errichten; kein Gondoliere sang seine Lieder auf dem Canal Grande; und der «Vatikan» war bloß ein Hügel außerhalb der «Ewigen Stadt», zwar mit der spätantiken Grabkirche des Apostelfürsten, doch keinerlei Palast.

Auch das «Reich» gab es noch nicht. Wenn im folgenden vom «Reich» die Rede ist, dann geschieht es ausschließlich in einem territorialen Sinn, nicht als einer Institution. Gelegentlich wird mit der Vokabel auch die personale Königsherrschaft umrissen.

Die Bevölkerung Europas war dünn gesät. Weite Landstriche sahen auf Wochen oder Jahre hinaus keinen Menschen. Städte, aus der Antike überkommen, gab es immerhin dem Namen nach; doch Ruinen füllten sie. Schmelztiegel fremder Zuwanderer waren sie nicht, souveräne Kommunen wie dann ein halbes Jahrtausend später schon gar nicht. Völkerwanderungen, wie sie die Antike gekennzeichnet hatten und wie sie alle Menschheitsgeschichte durchziehen, waren nach der großen Pest des 6. Jahrhunderts zu einem vorübergehenden Stillstand gelangt. Die großen Wälder standen dicht, kaum zu durchdringen. Riemen und Segel beherrschten die Meere; Vögel regierten die Lüfte. Einsamkeit und Schweigen umgaben die Gipfel der Alpen. Nur Sternen- oder Mondlicht durchdrang die Nacht; Kerzen kosteten ein Vermögen, sie brannten in den Kirchen, in den Palästen, doch nicht in den Hütten. Das Leben folgte dem Sonnenlauf; es ging gemächlich. Handarbeit war gefragt, die – von Mühlen abgesehen – keine Maschine erleichterte – hart, aber menschengemäß. Die Welt war ruhig, Zeit war nicht kostbar, abgehetzt war niemand, allenfalls ein Flüchtling.

Eine fremde Welt wird also zu erfassen sein, Menschen mit uns Heutigen fremd gewordenem sozialem und technischem Wissen, einer fremd gewordenen Sprache, fremder Rede- und Denkweise, mit einer Logik, die nicht mehr die unsere ist. Ihre Emotionen teilen wir nicht mehr, ihr Können steht uns nicht mehr zur Verfügung, ihr Wollen und Planen mutet uns rückständig an, ihre Werte und Ethik sagen uns, den in die Globalisierung und ihre Folgen Taumelnden, kaum noch etwas. Niemand schrieb oder zeichnete beispielsweise Karikaturen, statt ihrer geisterten Verteufelungen aller Gegner, Häretiker, Fremdgläubiger im Volk und seinen Eliten. Ironie wurde auch damals selten verstanden. Wohl aber beanspruchte der König Deutungshoheit über die Vergangenheit. Dieses «autoritative Gedächtnis» schlug sich allenthalben nieder und wich nur selten fremder Wahrnehmung und Deutung.

Nur vage und hypothetisch läßt sich mithin diese Welt erschließen und darstellen. Methodologische Überlegungen wird der Leser auf den folgenden Seiten freilich vergebens suchen. Aber daran sei erinnert, daß jeder Anfang selbst einen Vorlauf und Anfang hat und jede Wirkung ihrerseits Wirkungen erzeugt. Das übersehen manche Historiker und meinen, wer den Anfang des Anfangs, die Folgewirkungen zu ergründen trachtet, denke teleologisch. Doch zwischen Ursache, Wirkung und Telos liegen Welten. Gleichwohl ist mit Prozessen zu rechnen, systemisch zusammenwirkenden Prozessen nämlich, in denen eine unkontrollierbare Fülle ineinandergreifender Zufälle in Umwelt und Gesellschaft oder an unbeabsichtigter Gleichzeitigkeit menschlichen Tuns eine ebenso nachhaltige, vielleicht effektvollere Wirkung übt als planvolle Zielsetzung. Sie mag im nachhinein als zielgerichtet erscheinen.

Kleinere Wiederholungen – zumeist in unterschiedlichen Kontexten – sollen dem Leser die Orientierung erleichtern. Gelegentlich zitiere ich – manchmal sogar ohne Hervorhebung – eigene ältere Abhandlungen; fremde Zitate sollten durchweg, liegt kein Versehen vor, ausgewiesen sein. Die Fülle der Anmerkungen, die den Ausführungen begründend zur Seite tritt, bietet einen unvollkommenen Ersatz. Sie konzentriert sich auf verfügbare Zeugnisse. Knappe, in den Text eingeschobene Verweise auf Kapitel (c.), längere Passagen oder Jahreszahlen der mit Kürzel genannten Werke der Geschichtsschreibung – gewöhnlich nach Christi Geburt oder Common Era (CE), bei dem byzantinischen Chronisten Theophanes auf das Jahr seit Erschaffung der Welt, dem Annus Mundi (AM) – sollen den Anmerkungsapparat entlasten, ohne den Textfluß zu stören; sie beziehen sich stets auf das zuletzt herangezogene Überlieferungszeugnis. «Der Biograph» ist durchweg Einhard mit seiner «*Vita Karoli*». «Ms» kündigt die Bibliothekssignatur der erwähnten Handschrift an. Wissenschaftliche Literatur, so unverzichtbar sie ist, wird in der Regel nur dann genannt, wenn sie für die Darstellung maßgeblich oder wenn ihr gerade nicht gefolgt wurde und die Gründe der Abweichung wenigstens knapp darzulegen waren. Eine umfassende Bibliographie zu Karl dem Großen und seiner Zeit ist nicht intendiert; dafür sei der Leser grundsätzlich auf zwei wertvolle Hilfsmittel verwiesen: Rudolf Schieffer, «Die Zeit des karolingischen Großreiches» und – auch wenn vorwiegend zur deutschen Geschichte – Jörg W. Busch, «Die Herrschaften der Karolinger». Die Bibliographie am Ende des vorliegenden Bandes nennt nur jene Titel, die wiederholt angeführt wurden; andere finden sich in den Anmerkungen an Ort und Stelle.

Für die Zeugnisse der Karolingerzeit wurden im Hinblick darauf, daß die Darstellung nicht nur wissenschaftliche Kreise erreichen soll, vorzugsweise zweisprachige Ausgaben zitiert; das gilt auch für die angeführten althochdeutschen Texte. Die Datierung der «Kapitularien», dieser Niederschläge königlicher oder kaiserlicher Herrschaft, folgt grundsätzlich Hubert Mordek, «Bibliotheca Capitularium», wobei offen bleiben muß, wieweit die Einzelnummern der noch immer maßgeblichen Edition in den MGH Capitularia tatsächlich Einzelstücken entsprachen; neuere Forschungen stellen das in Frage. Alkuins Briefe, diese wichtigen Zeugnisse der Karlszeit, folgen in ihrer Datierung der Alcuin-Monographie Donald A. Bulloughs.

Zwei Büchern zum Gegenstand fühlt sich der Autor in besonderer Weise verpflichtet: Der Karlsmonographie von Donald A. Bullough, die vor fast einem halben Jahrhundert erstmals erschien, und der jüngsten Darstellung Karls des Großen aus der Feder von Wilfried Hartmann. Die Weite des Blicks des einen und die Präzision der Darstellung des anderen macht die Lektüre beider Bücher in gleicher Weise lohnenswert.

Zu danken hat der Autor vielen. Hervorgehoben seien meine Frankfurter Kollegen Jörg W. Busch, der sich der Mühe der Lektüre des Manuskripts zum vorliegenden Buch unterzog und mich vor manchem Fehler bewahrte, sowie der Byzantinist Wolfram Brandes, dem wertvolle Hinweise auf die Verhältnisse in Ostrom verdankt werden. Dankbar erinnere ich mich der «Karls-Gespräche» mit Bernhard Jussen, Max Kerner, Heribert Müller und Matthias M. Tischler; ihnen verdankt das folgende Buch wertvolle Anregungen. Lebhaften Dank abstatten muß ich meinen unermüdlichen Frankfurter Helfern Sinja Lohf und Janus Gudian M.A.; mit Rat und Tat und vielfältiger Entlastung standen sie mir in nie erlahmender Geduld und Hilfsbereitschaft bei. Dr. Detlef Felken nahm in gewohnter Souveränität die Betreuung des Bandes und die

Sorgen des Lektorats mit Einschluß der Beschaffung wertvollen Bildmaterials auf sich; ohne ihn und seine Mitarbeiterinnen Bettina Corßen-Melzer und Janna Rösch wäre der Band niemals so ansprechend ausgefallen, wie er sich jetzt zur Hand nimmt. Nicht der letzte Dank gilt meiner Frau, die einmal mehr vorgelesene Probekapitel und halb ausformulierte Gedanken über sich ergehen lassen mußte – zum Glück oftmals lachend.

Daß dieses Buch zum zweihundertfünfzigjährigen Jubiläum des Verlages C.H.Beck erscheinen kann, ist mir eine besondere Freude. Dem Verleger Dr. h.c. Wolfgang Beck danke ich für die Ermunterung zu diesem Buch, dem lebhaften Interesse an seiner Vollendung und die Geduld bei seiner Ausführung. Ihm und seinem für die Geschichtswissenschaft so bedeutungsvollen Verlag sei dieser «Karl» gewidmet.

Frankfurt am Main — Johannes Fried

I

PROLOG

Regen. Im Regen. Er stand im Regen, unten am Läuterungsberg. Endlos stürzte der Regen auf ihn hernieder und schien dennoch die Sünden nicht abwaschen zu können, die ihn befleckten. Ein Untier zernagte unablässig sein Geschlecht, das umgehend nachwuchs, um wieder zerfressen zu werden, fort und fort. Ein alter Mönch, Wetti mit Namen, einst Schulmeister, nun selbst schon vom Tode gezeichnet, schaute den Büßer am Berg und erschrak. Kaum wagte er, für wenige Stunden ins Leben zurückgekehrt, den Namen des Toten zu offenbaren. Doch alle wußten: Es war Karl, der große Kaiser, der Sünder, der da zu büßen hatte. Wir stehen mitten im Leben. Die Vision des Sterbenden galt den Gegenwärtigen. Sie drängte die Mächtigen zu umfassenden Innovationen. Sie warnte Jahre nach Karls Tod die Lebenden vor den Gefahren des Jenseits und appellierte an deren Bußfertigkeit und an ihre Verpflichtung zum Gebetsgedenken. Der König war in der Sünde gestorben.

Das war das erste Erinnerungsbild, das von Karl dem Großen verbreitet wurde. Entworfen wurde es im Jahr 824, zehn Jahre nach seinem Tod[1]. So wünschte es Karls Sohn und Nachfolger, Ludwig. Der reinigte, kaum daß er in Aachen den Thron bestiegen hatte, den Königshof von der Sünde, mit der ihn sein Vater befleckt hatte, indem er die Unwürdigen und obendrein die Gegner in die Verbannung trieb. Die Lebenden sollten, das wurde mit der Vision den Reichenauer Mönchen bedeutet, mit ihrem Gebet dem leidenden Toten helfend zur Seite stehen; das Totengedenken sollte fester denn je zuvor gegründet werden. So verlangte es das neue Heilsprogramm, das der Kaiser, beraten von dem Abt Benedikt von Aniane und Inden, verfolgte. Wie im Leben die Litaneien, so sollten im Tod die Fürbitten Gottes Gnade erwirken und sie selbst, die Beter, an das künftige Gericht gemahnen. Würde Gott sich Karls, des Sünders, erinnern, sich seiner erbarmen?

«Oh Gott, erbarme Dich meiner» (Ps 50[51],3). Ein seliger Tod: Das war das Ziel. Sterben zu dürfen von den Sakramenten der Kirche gestärkt, von Beichte, Bußpsalmen, letzter Ölung und Kommunion, von Priestern begleitet und durch ihre Gebete gewappnet gegen die Gefahren des Jenseits, wo die Heere von Himmel und Hölle auf die Seele einstürmten (wie es im zeitgenössischen *Muspilli*-Lied hieß[2]), wo die Inquisitionen des Jüngsten Gerichts und seine Martern drohten, wo niemand und nichts mehr half, kein Eidhelfer, kein Meineid, wo nur das eigene, sündige oder gottgefällige Tun gewichtet wurde, wo allein der Glaube auf einen Empfang durch Christus und seine Heiligen hoffen ließ. Selig im Tod, damals, vor 1200 Jahren, das war das Ziel; «Du, Herr, Du treuer Gott, Du erlösest mich» (Ps. 30(31),6).

Und Karl? Wer war Karl, daß man ihn der Sünde zeihen durfte? Das Leben wurde – eine eigentümliche Verfügungsmacht der Lebenden über die Toten – vom Tod her gedeutet. Er machte die Menschen nicht gleich wie Jahrhunderte später im Zeitalter der Pest. Der Tod offenbarte den postumen Deutern, ob ein Leben heilsgemäß war oder Satan verfallen, ob ein Mensch in Gottes Gedächtnis bleibe oder ausgeschabt aus dem Buch des Lebens und ins brennende Pech gestoßen werde. Der Tod bemaß das vergangene Leben und vergalt es Zug um Zug. Seine Erwartung weckte in vorauseilendem Wissen Verantwortung für jede Tat und jedes Leben. Der Glauben formte die Wirklichkeit.

Doch der fromme Ludwig besaß nicht nur Freunde. Mächtige Führungseliten unter den Franken erinnerten sich eines anderen Karl, leisteten Widerstand gegen die Regierung des Sohnes, bedrängten denselben, zwangen ihn zu öffentlicher Buße, zu wiederholtem Austausch der Berater, zum Wechsel der Planungen und Ziele, stürzten ihn in blutige Kämpfe. Ihr Karl war ein Kämpfer, ein Sieger, ein weiser Kaiser. Nichts aber vereitelte die Kriege um Thron und Reich, keine Mahnung, keine Warnung, kein Gebet und kein Gedenken. Die Franken lieferten sich bald die mörderischsten Schlachten, ihr Reich zerbrach.

Als sich das alles anzukündigen begann, erschien eine schmale Schrift, ein Erinnerungsmal ciceronianischen Geistes[3], das «Leben Karls», die «Vita Karoli», der Einhard die Feder geliehen hatte. Er war einst als junger Mann an den Hof gekommen, wo er den Hofnamen Beseleel empfing, war Paladin des Toten gewesen, mit ihm und seinen Kindern befreundet, und hatte sich nun vom Hof zurückgezogen. Dieses «Leben» hielt den Streitenden den Spiegel vor Augen. Es zeigte, bald vielfältig abgeschrieben und weit verbreitet, einen anderen Mann als jener Träumer, zeigte den erfolgreichen König, den Helden, den großen Kaiser, das Vorbild aller Herrscher. Er starb nun gesegnet im 72. Lebensjahr, von der heiligen Kommunion gestärkt. Der Kaiser aber, für dessen Ohren das Büchlein in erster Linie bestimmt war, Ludwig der Fromme, wurde darin in keiner Weise hervorgehoben, nur als Nachfolger und Testamentsvollstrecker erwähnt (c. 30 und 33) – eine harsche Kritik.

Auch Einhards «Karlsleben» war ein Bild, das weiterwirkte. Gezeichnet wurde es, als niemand mehr lebte, der sich Karls Knabenjahre, *pueritia*, hätte erinnern können, was hieß: frühestens im Jahr 826, zu dessen Beginn sein Vetter Adalhard starb, mit dem zusammen Karl am Hof erzogen worden war[4]. Mit der Zeit und dem Niedergang des Frankenreiches verklärte sich auch dieses Bild. Indes, Einhards «großer König» hatte das Höchste, den Gipfel des Ruhms noch nicht bestiegen; noch war er nicht «Karl der Große». Auch als Notker in St. Gallen um 885 zur Feder griff, war es noch nicht der Fall[5]. Der Mönch feierte den siegreichen, gerechten, freigiebigen, weitblickenden, gottesfürchtigen Herrscher. Sein Tatenbericht überlieferte – an Anfang und Ende verstümmelt und nur wenigen bekannt – eine Sammlung von Karls- und anderen Karolingeranekdoten. Dieselben weckten – nicht unähnlich Einhards Biographie – nostalgische Gefühle, waren legendenhaft verbrämt und geradezu phantastisch ausgeschmückt. Aber «groß» war Karl auch hier noch nicht.

Karls Urenkel Karl III. soll, als ihm bei einem Klosterbesuch diese Geschichten erzählt wurden, sich an ihnen ergötzt und um ihre Niederschrift gebeten haben. Sie gemahnten ihn fortgesetzt an ein und dasselbe: an den Heros Karl, den «unbesieglichsten Kaiser», *invictissimus imperator*, an das Ideal von Herrscher, von Tatkraft, Macht und von Durchsetzungskraft – durchweg Eigenschaften, die dem dritten, dem tobsüchtigen und kranken Karl abgingen. Jede einzelne dieser Episoden verkündete ihrem Auftraggeber gleichsam die nämliche Botschaft: sich im Gedenken an den herausragenden Ahn seiner eigenen Bestimmung bewußt zu werden: ‹Karl, werde ein Karl!› Was freilich dem einflußreichen Höfling Einhard im Zentrum der Macht versagt geblieben war, fiel auch dem erzählfreudigen Mönch im fernen alemannischen Kloster nicht zu. Karls Taten mochten ihre Leser und Hörer ergötzen, doch sie hielten den Untergang des von ihm geschaffenen Reiches nicht auf. Heroen aber steigen aus solchem Untergang empor, erheben sich ewig als Tröster, Hoffnungsspender und als Zukunftskünder über alles Elend, als notentrückter, leuchtender, menschlicher, fleischgewordener Erinnerungsort.

Die letzte Stufe historischer Heroisierung, die zuvor nur Alexander, Konstantin und Theodosius hatten erklimmen können, erreichte Karl verzögert. Erste Hinweise auf seine persönliche, im Beinamen sich spiegelnde Größe deuteten sich um 900 bei dem Poeta Saxo an. Doch erst um die Jahrtausendwende pries man regelmäßig – im Westen wie im Osten des einstigen Karlsreiches – den «großen Karl», *Karolus magnus*[6].

Das Gedenken an den Heros blieb, unter dem das Reich an äußerer Macht gewachsen war, im Innern friedlich leben konnte und Großes sah und an Glanz nicht seinesgleichen gekannt hatte. Ein Karl nostalgischer und gegenwartskritischer Vorstellungen hielt seinen Einzug in das kulturelle Gedächtnis des Abendlandes, bot das Bild einer Vergangenheit, in der sich eine bessere Zukunft brach. Keine seiner Taten ließ er zurück, weder die ‹guten› noch die ‹bösen›. Als Übeltäter und Sünder, als Züchtiger des Feudaladels, als Held und Heiliger zog er ein. So herausragend Karls Regierung gewesen, so den Sinnen zugewandt sein Leben verlief, so umfassend setzte nach seinem Tod die Mythisierung ein. Allein Aufstände und Vernichtungsaktionen wie gegen seinen Vetter Tassilo von Baiern filterte das alles modulierende und verzerrende Gedächtnis aus – einstweilen jedenfalls, denn die Epik einer späteren

Epoche wußte in anderen Umrissen und mit anderen Farben so gut wie das Sündenmotiv auch die Rebellenthematik zu erneuern, ja, Spott über ihn, Charlemagne, zu schütten[7].

Selbst jenseits seiner Reiche spürte man Karls Bedeutung. Die Slawen, die ursprünglich kein Königtum kannten, adaptierten seinen Namen als ihren Königstitel: So wie aus *Caesar* der «Kaiser» wurde, wie *Augustus* zum Bestandteil des Kaiser- und Königstitels wurde und bis zum Ende des «Heiligen Römischen Reichs Deutscher Nation» blieb, so eben *Karl* zu «korol», «król» oder «král». Vielleicht bot dazu auch erst sein ihm nachbenannter Urenkel, der dritte Karl, den Anlaß.

Wer war dieser Karl, daß ihm solches widerfuhr? Daß er gepriesen, gescholten und verspottet wurde, in die Sage einging, zu dem Archetypen eines Königs aufrücken konnte, daß er ohne Zweifel zur berühmtesten Herrschergestalt des Mittelalters überhaupt avancierte? Daß sein Name bis zur Stunde zu dem am häufigsten gewählten Königsnamen Europas werden konnte: Karl, Charles (frz.), Charles (engl.), Carlos, Carlo? Was wissen wir über ihn, sein Leben, seine Person? Die Antwort enttäuscht. Eine Karlsbiographie in modernem Sinne ist unmöglich. Wir fassen nur wenige Taten, nur Anweisungen, die er erlassen haben dürfte, nur Ergebnisse seiner Herrschaft, unpersönliche Lebensspuren, daß er von 768 bis 814 als König und Kaiser regierte, kaum Privates, nichts Persönliches, von den wenigen Geschichtsschreibern abgesehen keine sonderlichen Erinnerungszeugnisse, besitzen aus seiner Lebenszeit bloß einzelne Werke der Geschichtsschreibung, knappe Annalen, eine Reihe von Erlassen, sog. Kapitularien, Urkunden, mit einer Ausnahme kaum Briefe: stilisierte Texte sie durchweg, in der Tradition zudem älteren Geschäftsschriftguts. Kein einziger Ausspruch ist mit letzter Gewißheit auf Karl zurückzuführen, auch wenn gelehrte Forschung wenigstens in diesem oder jenem Fall sein eigenes Zeugnis zu vernehmen meint[8]. Kein Wort seiner vier oder fünf Ehefrauen ist überliefert, keines seiner bekannten und unbekannten «Beischläferinnen», die er geliebt haben könnte, keines seiner Söhne und Töchter. Schweigen hüllt sie alle ein.

Nur eine schwache Hoffnung blitzt auf, dem für ewig Schweigenden doch noch die eine oder andere Aussage, vielleicht auch nur einen herrscherlichen Wink entlocken zu können. Auch er, der große König und Kaiser, wünschte, zusätzlich zum Totengedenken in seiner Stiftung, der Marienkirche zu Aachen, die Erinnerung an seine Taten für die Zukunft festzuhalten. Wir haben jedenfalls guten Grund zu der Annahme, daß die sog. «Annales regni Francorum» hofnah und offiziös entstanden, wie seit Leopold von Rankes Entdeckung für gesichert gelten darf. Jeder Satz dieser «Reichsannalen» rückte den Herrscher ins Zentrum, war gleichsam – in ihrer ersten Version bald nach dem Jahr 788 – unter Karls Augen niedergeschrieben[9].

Die Berechtigung einer solchen Prämisse vermag das Beispiel der nachträglichen, tatsächlich unzutreffenden und verzeichnenden Schuldkonstruktion gegen Tassilo von Baiern zu liefern, die überraschend viel Raum in eben diesen Annalen (und nur in ihnen und ihren Folgern) einnimmt und auf verschiedene Jahreseinträge aufgeteilt wurde[10]. Ohne eine ausdrückliche Anweisung des Königs, eines Vetters des Baiernherzogs, dürfte das schwerlich geschehen sein. Karl wird sich dieses Werk, wie vermutet werden darf, gleich anderen ihm wichtigen Texten zur Billigung haben vorlesen lassen[11]. Er selbst setzte demnach die Akzente, die von diesen Jahrbüchern verteilt wurden, nicht irgendein Geschichtsschreiber.

Weitere Momente lassen sich aufzeigen, die auf eine persönliche Anteilnahme des Königs an diesem Annalenwerk verweisen[12]. Karl förderte ganz offenkundig die Historiographie. Schon ein paar Jahre zuvor, zwischen 783 und 787, war eine sich explizit auf den König selbst berufende, ihn preisende, dem Karolingerhaus zugewandte und dessen Aufstieg zum Königsthron rechtfertigende Geschichte von den «Taten der Bischöfe von Metz» aus der Feder des Paulus Diaconus entstanden. In Metz war einst der hl. Arnulf Bischof gewesen, einer der Ahnherren des karolingischen Geschlechts, und eben, im Jahr 783, Karls Gemahlin Hildegard bestattet worden. Der Langobarde hatte den Tatenbericht im Auftrag von Karls Erzkapellan Angilram verfaßt, der jetzt die Metzer Cathedra innehatte. Mit ihr setzte tatsächlich die Geschichtsschreibung im Umfeld des Karlshofes ein[13]. Der König trat hier als großer Eroberer Italiens, als Sieger über die Langobarden hervor, der nun als Abkömmling Trojas, des Aeneas, des Stammvaters der Römer, sich das Rom seiner Ahnen unterwarf. Was sollte mehr bewundert werden, seine Kühnheit im Krieg, der Glanz seiner Weisheit oder die Kenntnis aller freien Künste?

Karl wird auch diese Geschichte sich haben vorlesen lassen. Er muß sie gebilligt haben und von der Darstellung so entzückt gewesen sein, daß er den Langobarden Memorialverse für seine frühverstorbenen Schwestern dichten hieß. Sie griffen ebenfalls die in der Bischofsgeschichte ausgebreitete Troja-Abkunft der Karolinger auf und feierten zugleich den Auftraggeber, den Eroberer Italiens. Geschichtsschreibung und Verse dienten dem Preis und der Legitimation der eigenen Gegenwart. Jener heilige Ahnherr freilich, dessen Kult gerade seit dem ausgehenden 8. Jahrhundert aufzublühen begann, genoß bei Karl nur anfänglich hohe Verehrung; sie wich bald einer eigentümlichen Distanzierung, die nun die «pippinidischen» Vorfahren herausstellte[14].

Die «Reichsannalen», deren erste Fassung bald nach 788 entstand und nur wenige Jahre später in knapper Weise bis zum Jahr 792 ergänzt wurde, erfüllten diese Aufgabe in geradezu exemplarischer Deutlichkeit. Ihr Grundzug spiegelte sich in der Tassilo-Episode. Sie gestattet wohl, dieses Annalenwerk als einen Tatenbericht des Königs zu deuten[15]. Trifft es zu, so besitzen wir zwar immer noch keine Selbstdarstellung des großen Mannes. Wir können somit nicht behaupten, daß die Dinge sich so abgespielt haben, wie die Annalen es beschrieben; ja, wir müssen es entschieden bezweifeln. Aber wir dürfen mit Gewißheit festhalten, daß Karl seine Kindheit und frühen Herrscherjahre, überhaupt sein Königtum so gewertet, gewichtet und gesehen wissen wollte, wie es der Annalist festhielt. Kriege beherrschten die Szene, der Schutz der römischen Kirche trat hervor und ab und an ein ganz persönlicher Hinweis, der Karl selbst verdankt worden sein mußte[16].

Wahrscheinlich ermunterte er ein Jahrzehnt später, um das Jahr 805, die Nonnen von Chelles, unter Aufsicht seiner Schwester Gisela, die er im Vorjahr dort besuchte hatte, ein weiteres Geschichtswerk zu verfassen: die sog. «älteren Metzer Annalen». Sie schilderten ausführlich, doch aufgrund weithin unbekannter Zeugnisse den Aufstieg der Karolingerfamilie zu Hausmeieramt, König- und Kaisertum und zeichneten mit Benutzung der «Reichsannalen» ein etwas anderes Bild auch Karls und seiner Taten[17]. Die Darstellung floß breiter daher, war ausführlicher, führte zielstrebig auf die Kaiserwürde zu. Ganz offenkundig hatte sich mit ihr der Blick in die Vergangenheit verformt. So hieß es schon von dem zweiten Pippin, der im Jahr 714 starb, Karls Urgroßvater: «Von den Mahnungen heiliger Ahnen gestärkt, gelangte er, Pippin, über die Pfade der Gerechtigkeit an die Zügel der Königsherrschaft». Alemannen, Baiern und Sachsen habe er dem *Imperium* der Franken unterworfen[18]. Karls Kaiserwürde kündigte sich von Ferne an.

Wie also diesem Herrscher gerecht werden, den die Zeitgenossen so panegyrisch priesen und heimlich schalten? Traf eines der skizzierten Bilder oder Erinnerungsmuster zu? Sie alle zusammen? Keines? Deutungen jener Zeit, des ausgehenden 8. und beginnenden 9. Jahrhunderts, verlangen nach Kenntnis der Maßstäbe, an denen damals alles Tun gemessen wurde. Sie galten für den mächtigsten Herrscher des Mittelalters wie für jeden seiner Weggenossen. Sie sind uns indessen, den zweiflerischen Zeitgenossen des frühen 21. Jahrhunderts, fremd geworden, gestatten nur Annäherungen an die verflossene Gegenwart und fordern eine Archäologie des ge*schicht*lichen Gedächtnisses, die Schicht um Schicht der sich überlagernden Kulturen abträgt, bis sie zu der erstrebten vorgedrungen ist und sie offenlegt, ohne doch die vielfarbige Lebensfülle von einst ganz überschauen zu können.

Annäherung also an eine fremde, abgelebte, eine verblichene Zeit, in der die Knoten von Wissen, Glauben und Handeln, von gesellschaftlichen Werten und persönlichen Emotionen anders geschürzt wurden als heute; Annäherung an Karl den Großen, an einen König, einen Herrscher, einen Menschen, den niemand mehr kennt, der Mythos geworden ist, Symbol, Chiffre; Annäherung an seine Freunde, Helfer und Gegner, – heute, da nur noch die Gegenwart zählt, nur das lustvolle Leben, der prickelnde Rausch, «das gezeichnete Ich». Wie da sich nähern? Wie die verflüchtigten Begierden und Enttäuschungen der Toten erfassen? Ihre fremdgewordenen Sünden? Ihren Glauben? Ihre Ziele?

Kein Erinnern bringt das Gestern zurück, jede erinnerte Vergangenheit ist das bald unbewußte, bald bewußte Gedächtniskonstrukt einer Gegenwart mit ihren Freuden, Sorgen, Feindschaften und Ängsten, mit der Gesamtheit ihrer Erfahrungen, mit ihrem Wissen und ihren Wertungen der ihr aus der Vergangenheit zugeflossenen Informationen, mit ihren Wünschen, Zielen und Hoffnungen[19]. Kein Erinnern gibt unverformt wieder, was einst wahrgenommen wurde. Das gilt für das Werk der Historiker von heute wie der Geschichtsschreiber von einst, für jedweden Bericht aus jenen abgelegenen Zeiten, für Einhard wie für seine Leser und Interpreten, für jeden Annalisten. Alles ist Gegenwart, in der sich die Vergangenheit spiegelt. Das gilt erst recht für die Hinterlassenschaften von Kulturen mit so beschränkter Schriftlichkeit, wie es das Zeitalter Karls des Großen war. Wir lesen Einhards «Vita Karoli» mit dem Wissen der 1200 Jahre, die seit ihrer Niederschrift ins Land geflossen sind. Vergangenes läßt sich kein zweites Mal sehen oder hören.

Die Geschichte fließt immerzu fort, weil sie dem menschlichen Gedächtnis verhaftet ist; sie muß stets neu überdacht und neu erzählt werden, weil sie immer jüngeren menschlichen Generationen zur Erbauung dienen muß und zur Belehrung. Sie bietet kein ewig unveränderliches «So-war-es», kaum daß sie ein dürres Gerippe von belanglosen Sachverhalten zu bewahren vermag, denen erst der ‹visionäre› Historiker Sinn verleiht. Sie besitzt eine nur bruchstückhaft memorierbare, kaum überschaubare Vergangenheit und eine Zukunft so dunkel wie menschliche Zukunft überhaupt. Ihr Substrat, die menschliche Erinnerung, ruht nie, ist vielmehr endlos fortwirkenden Modulationskräften ausgesetzt, weil sie, die Erinnerung, sich bereits in das Geschehen selbst einnistet und immer andere Hörer- oder Leserschaft ansprechen soll. Auch die sog. «Reichsannalen» sahen sich ja bald im Umfeld des Königshofes ‹imperial› überarbeitet. Allein kirchliches Gebetsgedenken, das liturgische Memorialwesen, konnte diesen Deformationskräften zäheren Widerstand entgegensetzen, ohne ihnen doch ganz zu entrinnen. Erinnert wurden im wesentlichen ja bloß die Namen derer, für die gebetet werden sollte.

Annäherungen also, nur Annäherungen an jene fernen Epochen sind möglich. Sie folgen, von Geschichtsschreibern, einem Paulus Diaconus, Einhard, Notker, den anonymen Annalisten, wohl auch den Nonnen in Chelles und sonstigen, vom Zufall gestreuten Zeugnissen unterstützt, mancherlei Visionen, auch Warnungen und besonderen Hinweisen, die den erwähnten Verformungskräften Rechnung trugen und sich von ihnen leiten ließen. Spuren des vielfältigen Wandels in und von Karls Zeitalter bleiben, sind zwar, wenn auch von den Zeitenstürmen verweht, oftmals nur noch undeutlich und schwach den Überlieferungen eingedrückt. Doch auch diese spärlichen Reste können Historiker aufdecken und mit einiger Geduld bis zu ihrem Ursprung zurückverfolgen – eben als Wissensarchäologen, die sich mit dem Bündel ihrer Fragen allmählich von heute nach gestern vorarbeiten. Aber sie bleiben auch damit stets «Heutige».

Was läßt sich also unter diesen Bedingungen über die Kindheit und die Knabenjahre Karls, des künftigen Helden, erkennen? Welches Bild von der Welt rings um das Frankenreich entwarfen seine Zeitgenossen, und wie zeigte es sich dem jungen, zu weiten Eroberungen aufbrechenden Frankenkönig? Welche Erwartungen hatte er zu erfüllen? Wie wurde der Konsens unter den Franken und ihren Großen zu den fortwährenden Kriegen des Königs gestiftet, und warum konnte er bewahrt werden? Endlich treten Karl als christlicher Herrscher und sein Königshof als Zentrum eines nachhaltigen Erneuerungswerkes in den Blick. Dann öffnet sich der Weg zur Wiedergeburt des westlichen Kaisertums und tritt das Ringen der letzten Jahre des Imperators Augustus um ein von höchsten Werten, von Frieden und Gerechtigkeit geformtes Reich aus den spärlichen, oft weitgestreuten Hinterlassenschaften hervor.

Das Werkzeug, das die Historiker bei solchem Vordringen in die Tiefen der Vergangenheit einsetzen, besteht nicht aus Spaten und Kelle, sondern im Wissen. So spiegelt, was sie freizulegen erhoffen, ihre eigene Gegenwart; spiegelt sie in den Werten und Maßstäben, die sie aufspüren, dem Glauben und Aberglauben, dem Wissen und Können, den Lebenswelten und Lebensformen, den Wahrnehmungsweisen und dem Gedächtnis von einst. Auch heutige Historiker entwerfen nur Karlsbilder, nicht anders, als es am Ende des Mittelalters ein Albrecht Dürer tat, der seinen idealen *Karolus Magnus Imperator* ins Bild bannte – gewiß nach allen Regeln dieser oder jener Kunst und dennoch weit vom einstigen Leben entfernt (Abb. 60). Davon handelt das letzte Kapitel.

Dieses unerreichbare Früher, das sich noch in die jüngsten Regeln der Kunst eingenistet hat, formt unser eigenes Denken, Handeln und Forschen. Jeder Blick in die Vergangenheit gleicht nur einem Blick in den Spiegel, dessen Bild sich als Brechung des Könnens und Wissens eigener Gegenwart erweist, ihrer Leidenschaften und Zweifel. Wir sind es, die nach Wahrnehmungsweisen und Herrschaftsstrukturen fragen, nicht Karl, wir, die der doppelten Buchführung mit Kosten und Gewinn huldigen, nicht der Erfolge erzielende und Mißerfolge verkraftende große König und Kaiser. Geschichte – das sind immer auch wir selbst. So gleicht, genau genommen, kein Karl der Große einem anderen Karl dem Großen.

Annäherung also an Karl... Er starb, wie es die Kirche gebot, von Vorzeichen gewarnt, gefaßt und ruhig. Von Buße war keine Rede. Nur kurz – mehr gebührte sich nicht – wurden Totenklagen in den Klöstern angestimmt und Trauergesänge wie der erhaltene «*planctus Karoli*» vielleicht aus Bobbio, der alten Gründung Columbans, die unter Karl sich einer neuen Blüte erfreute; auch Tränen flossen[20]. «Christus, der Du die himmlischen Heerscharen lenkest, gewähre Karl Ruhe in Deinem Königreich!» «Auf Deinem heiligen Thron, oh Christus, empfange den frommen Karl mit Deinen Aposteln!» So gedachten die Lebenden öffentlich des großen Toten, der beim König des Himmels um Audienz nachsuchte, in gläubiger Zuversicht und hoffnungsvoll. Leichenreden – wie sie in der Barockzeit üblich wurden – waren das nicht.

Karl wußte – von dem Angelsachsen Alkuin instruiert, dem einstigen Schulmeister von York, den er erfolgreich für sich hatte gewinnen können – um die Nähe des Jüngsten Gerichts[21]. Er war ein gläubiger Christ, so gut man es zu seiner Zeit sein konnte. Er war aber auch ein Mann sinnlichster Lebensfreude gewesen. Er hatte die Lüste der Liebe gesucht und genossen, wieder und wieder. Groß war dieses Leben gewiß, wohl auch fromm nach dem Maßstab der Zeit, doch selig war es nicht. Zwar hatte der König und Kaiser die wundervolle Erlöser- und Marienkirche in Aachen errichtet, sie reich mit Gold und Silber geschmückt und ausgestattet; auch war er regelmäßig morgens und abends zur Kirche gegangen, hatte, solange es seine Gesundheit erlaubte, die nächtlichen Horen mitgefeiert. Aber Wollust galt als Todsünde. Sie verlangte Buße. Warum mied Karl sie nicht? Konnte er ihren jenseitigen Folgen entgehen? Auch Zorn, Rache, Gewalt waren Karl nicht fremd. Konnte alles aufgewogen werden durch gute Taten? Und hatte er solche aus eigenem Willen vollbracht oder durch Gottes vorauseilende Gnade? Manch ein Zeitgenosse hegte Zweifel. Die Theologen der Epoche ergingen sich bald in Sünden- und Prädestinationslehren. Bußbücher, oft aus Irland ins Frankenreich gebracht, hielten Sündenkataloge und Tilgungstarife bereit; nur langsam setzte sich die Lebensbeichte durch. Hilfe aber für den Leidenden sollte das tausendfache Gebet der Mönche des ganzen Reiches gewähren.

Was ließ sich auf die Waagschale St. Michaels legen? Karl hatte Glaubensboten aussenden lassen und die Ausbreitung der Kirche gefördert, hatte neue Bistümer, wo es erforderlich war, gegründet und ausgestattet. Er hatte in tiefer Sorge um die Ordnung der Kirche und die Einhaltung der kirchlichen Normen Reformen ins Werk gesetzt, den Schutz für Klerus und Kirchengut, soweit es möglich war, realisiert. Ewiges Gotteslob erschallte in den Klöstern und sollte in seinem Reich nicht verstummen. Es sollte in korrekter Sprache ertönen, Gottes würdig und ein Wohlgefallen. Die Erneuerung der Bildung, die Karl ins Werk setzte, diente diesem heiligen Zweck. Der König hatte, wie wohl kein zweiter Herrscher vor ihm, den Nachfolger Petri geachtet, auf dessen Felsen die Kirche stand. Er hatte als erster der Könige und Kaiser in einer für die Zukunft entscheidenden Weise mit dem Rechtssatz ernst gemacht, wonach der Papst jeder menschlichen Gerichtsbarkeit entrückt sei. Den Schutz der Armen, wie ihn die Religion gebot, hatte er zu verwirklichen getrachtet. Der Christen jenseits des Meeres hatte er sich angenommen, ihnen Almosen zur Erneuerung ihrer Kirchen geschickt.

Dies alles ließ sich nun in die Waagschale des Engels legen, jedenfalls in den Augen von Karls Freunden. Die Besiegten und Geächteten mochten anders empfinden. Ihnen dürfte er als Gewaltherrscher in Erinnerung geblieben sein, als Unterdrücker und Tyrann. Doch die Überlieferung überhörte ihre Stimme. Jedenfalls zunächst. Sie schienen, folgt man den zeitgenössischen Zeugnissen, für alle Zeit zum Schweigen verurteilt zu sein. Erst Jahrhunderte später brachen sie sich Bahn, artikulierten sich etwa in dieser oder jener «Chanson de geste» oder weiteren Sagen – wie beispielsweise der Geschichte von den vier Haimonskindern – gespeist aus mündlichen Überlieferungen und nachträglichen Verzeichnungen. Sie zeugen von unterschwelliger Feindschaft und Empörung gegen den Kaiser, von Ablehnung und Kritik zumal im Südwesten des alten Karlsreiches, in Aquitanien, das tatsächlich erst im 13. Jahrhundert in der Folge der Kreuzzüge gegen die Albigenser fester an die französische Krone gebunden wurde. Karl erschien in diesen «Liedern» als Antiheld, geradezu als Karikatur eines Königs, mitunter ins Lächerliche verzerrt[22].

Und Karl selbst? Zu keinen autobiographischen Äußerungen schwang sich der König und Kaiser auf. Seine Selbstzeugnisse sind anderer Art, aber sie fehlen nicht völlig. Sie ergänzen den Tatenbericht der «Reichsannalen». Sie verstecken sich in jener theologischen Streitschrift gegen den griechischen «Bilderkult», die er nach dem Konzil von 787 in Auftrag gab. Das Ergebnis wurde ihm, dem Laien, zur Prüfung vorgelesen, und er kommentierte einzelne seiner Sätze, nicht alle mit knappen, emphatischen Worten[23]. Die Sätze, die ihn zu seinen Ausrufen hinrissen, lassen eine Ahnung aufsteigen von Karls innerstem Wesen, gläubig, ernst und schlicht[24]. Der dem hl. Ambrosius zugewiesene Ausspruch etwa: «Wie Gott ist, lebt und sinnt, so ist, lebt und sinnt auch die Seele nach ihrem Maß». «Gut!» Nach ihrem Maß! Wie maß Karl seine Seele? Noch einmal derselbe Pseudo-Ambrosius: «Je mehr jeder die Tugenden in sich hat, um so näher ist er bei Gott, um so mehr ist er Gleichnis seines Schöpfers.» «Sehr gut!» Der tugendgeleitete König: nahe bei Gott, ein Gleichnis seines Schöpfers, ein Eigen-Anspruch des Herrschers jenseits aller Panegyrik. Endlich der Apostel Paulus: «Rühmt Gott und tragt ihn in eurem Leibe!» «*Catholice*!» Der König der Kirche ergeben, als geisterfüllter Gottesträger, als Nachfolger Christi! In solchen Sätzen mochte Karl Momente seines eigenen Geistes erkennen, nach ihnen handeln. Katholisch, Gott nahe, nach dem Maß seiner Seele.

So überdauerten der Ruhm, die kostbare Kirche mit ihrem Thron und Karls Grab, kryptisch auch Skepsis und Feindseligkeit; und es blieben Glaube und Hoffnung. Der Ort jener Qualen, der Läuterungsberg, nicht die Hölle, nährte sie. Spätere hielten den Kaiser in der Tat aller Sünden für ledig. Schon der Kaiser Otto III., ein Sachse von Vatersseite, wollte im apokalyptischen Jahr 1000 Karl, den «Apostel» der Sachsen, als welcher er, der Sieger, seit dem ausgehenden 9. Jahrhundert im Land der Ottonen galt, zur Ehre der Altäre erheben. Es mißlang, um erst anderthalb Jahrhunderte später, im Jahr 1165, und nicht ohne politisches Kalkül des regierenden Kaisers aus Schwaben, Friedrich Barbarossas, und unter der Aufsicht des kirchlich gebannten Erzbischofs Rainald von Köln vollendet zu werden[25]. Der Papst, der es billigte, Paschal III., gilt als Gegenpapst; in das Martyrologium Romanum, das Verzeichnis der Heiligen der gesamten Kirche, wurde der selige Kaiser wohl deshalb nicht aufgenommen. Aber in Aachen und Frankfurt, in Reims, in Zürich und an einigen anderen Orten wird seiner seitdem als eines Heiligen gedacht. Am 28. Januar, seinem Sterbetag, wird sein Offizium zelebriert.

II

DER KNABE

1

Die unbekannte Kindheit eines Herrschers

Pferdemist und Jauchegruben, Hühnerhöfe und Schweinezucht, Ochsen und Gemächlichkeit – Karl wuchs in ländlicher Umwelt auf. Sattel und Zaumzeug von klein an, der Geruch der Ställe, der Ruf der Knechte, das Quietschen der Lastkarren – das war seine Welt. Hier mochte der Knabe tollen und sein Kräfte messen, hier reifte er zum Mann. Die Merowinger, die Vorgänger der Karolinger auf dem Königsthron, residierten zumeist noch in Städten[1]. Karls Familie aber bevorzugte – wenn auch nicht ausschließlich, wie Karls zahlreiche Aufenthalte in Worms oder Regensburg verdeutlichen – wohl aus Gründen leichterer Versorgung offene, ländliche Herrschaftssitze, Pfalzen genannt, große Gutshöfe, *villae*, mit Herrenhaus, vielleicht als Fachwerk errichtet, mit Wirtschaftsgebäuden, Werkstätten, Arbeitshäusern für Frauen (sog. *genicia*), Grob- und Hufschmieden, Stallungen, Mühlen, mit Häusern für Kleriker, Höflinge und Dienstpersonal, geeignet, den König und sein Gefolge für mehrere Tage oder Wochen zu versorgen; und jede Pfalz besaß eine Pfalzkapelle, in der die Königsfamilie täglich zur Messe ging und betete.

Das Landleben verlangte zudem ständigen Wechsel. Der Vater, seine Kinder, deren Mutter, ob schwanger oder nicht, die Dienerschaft und schützenden Krieger: Sie alle waren unablässig unterwegs, zumeist in der «Königslandschaft» zwischen Loire, Seine, Maas und Rhein, von Pfalz zu Pfalz, von Zeltlager zu Zeltlager, ruhelos, doch gemächlich (Zeit war nicht kostbar), die Kinder in der Sänfte oder auf dem Pferderücken – so wuchs Karl ins Leben.

Gewiß, Karl kannte auch – eingebettet in Grundherrschaften – Städte: Paris, Trier, Köln, Vienne, Arles, Mainz, Worms, Regensburg und wie sie alle hießen. In Begleitung seines Vaters hatte er die meisten schon besucht. Sie waren seit der Römerzeit überkommen, doch – wie allerorts Ruinen zeigten – zusammengeschrumpft oder lagen in Trümmern, boten gerade noch Raum für den Bischof und die erforderlichen Kirchen, aber kaum mehr für längere Königsaufenthalte. Und sie bildeten – vielleicht von Italien abgesehen – keinen eigenen Rechtsbezirk; ein spezifisches Stadtrecht gab es noch nicht, einen durchorganisierten Ausgleich zwischen Stadt und Umland noch weniger, eine irgendwie verfaßte Bürgerschaft, ein Bürgertum schon gar nicht. Damit aber fehlte das gesellschaftliche Substrat für so abstrakte Konzepte wie «Gleichheit». Nicht einmal vor dem göttlichen Gericht wurden nach damaligem Verständnis alle gleich beurteilt. Die Adelsgesellschaft, in die Karl hineinwuchs, war durch Ungleichheit geprägt, deren Wahrung zwar «Gerechtigkeit» hieß, deren Wirklichkeit aber «Konkurrenz» und «Konflikt» beherrschten.

An Karls Kindheit erinnerte nur eine späte Legende. Siebenjährig und übermütig, tollte darin der Knabe während des kirchlichen, von Wundern begleiteten Rituals zwischen den ausgehobenen Gräbern für die Gebeine von Heiligen in St-Germain (bei Paris) herum. Seinen ersten Zahn habe er dabei verloren. So will es die Sage, hübsch erzählt und doch erfunden. Daß Kinder spielen und auch künftige Könige ausgelassen herumtollen, kann schwerlich verwundern. Wahr ist die Geschichte dennoch nicht. Karl soll sie selbst erzählt haben. Aber kein erwachsener Mensch erinnert sich, wann und wie er den ersten seiner zwanzig Milchzähne verlor; die zeitlichen Umstände passen obendrein nicht. Karls Geburtsjahr steht nicht mit letzter Sicherheit fest. Sein Biograph Einhard, der den König und Kaiser lange kannte und an seinem Hof diente, erinnerte sich unzutreffend, als er von seinem Tod im 72. Lebensjahr sprach. Mit einiger Wahrscheinlichkeit aber ist Karls Geburt im Jahr 748 zu bestimmen. Der Tag dürfte der 2. April gewesen sein[2]. Das Jahr aber paßt nicht zu der Erzählung vom verlorenen Zahn.

Die Episode, die Historiker so gerne aufgreifen, weil sie sonst aus Karls Kindheit nichts zu berichten wüßten, wurde am Ende des

9. Jahrhunderts fern vom Königshof fingiert, um Besitz und Rechte jener Heiligengräber zu sichern. Der schon legendäre Karl sollte ihnen – und sei es als Kind – dabei zur Seite stehen: ein verbreitetes Erfindungsmuster, doch nichts zur Kindheit des Heros, leider. Die Knabenjahre aller frühmittelalterlichen Herrscher, bestiegen sie nicht bereits im Kindesalter den Thron, entziehen sich unserer Kenntnis. Die Gründe liegen im Desinteresse aller Geschichtsschreiber an der Realität kindlicher Entwicklung und an der Erziehung. Vom Sterben, dem Verlassen der Welt, handelten sie gern, nicht vom Hineinwachsen in dieselbe. Taten wurden gefeiert, nicht Bedingungen. Stereotype Kindheitsmuster wurden verbreitet, keine wirklichen Schicksale.

An Karls Kindheit und Jugend zu erinnern, hielt auch Einhard für überflüssig, da niemand mehr lebe, der sich an sie erinnere. Der Geburtsort ist unbekannt; er könnte aber, so ergibt der damalige Reiseweg der Eltern, in der Pfalz Ver zwischen Paris und Compiègne zu suchen sein; in diesem Raum lag der Schwerpunkt von Pippins Herrschaft[3]. Der Vater wird seine Freude über die lange Jahre herbeigesehnte Geburt des Sohnes weithin bekannt gemacht haben. Doch niemand bewahrte die Erinnerung an die frühen Jahre des künftigen Königs. Vater Pippin und Mutter Bertrada, der jüngere, mit zwanzig Jahren verstorbene Bruder Karlmann, ein weiterer Bruder Pippin, den der Tod schon mit zwei Jahren ereilte, die Schwester Gisela sind bekannt, deren schlecht bezeugten Ehepläne mit dem langobardischen Königssohn Adelchis und dem byzantinischen Kaisersohn Leon sich zerschlugen und die als Äbtissin von Chelles und Soissons knapp vier Jahr vor ihrem Bruder ins Grab sank; zwei weitere Schwestern, Rothaid und Adelheid, sind nur durch ihre Epitaphien in Metz bezeugt und starben als Kleinkinder[4].

Der junge Karl selbst dürfte auch seine nächsten Verwandten – einbestellt vom Vater – allenfalls bei feierlichen Anlässen getroffen haben. Doch besaß die Mutter, der vermutlich die Erziehung des Kleinkindes oblag, noch in Karls ersten Königsjahren einigen Einfluß auf den Sohn und unter den Franken, bevor Karl sich ihm entzog. Bertrada entstammte einer der mächtigsten Familien Austrasiens, die um Laon und zumal im Eifelraum begütert war und durch die das bedeutende Kloster Prüm mit seinem ausgedehnten Besitz in die Hand der Karolinger gelangte[5]. Pippins Vater Karl Martell hatte in erster Ehe bereits eine Tante Bertradas heimgeführt. Zweifellos erleichterte und förderte die neuerliche Verbindung mit dieser Familie Pippins Aufstieg zum Königtum.

Die Prägungen der Kindheit lassen sich bei so eklatantem Schweigen der Überlieferung kaum erahnen. Kein Geschichtsschreiber gedachte Karls Amme – bis zum dritten Lebensjahr dürfte er tatsächlich gestillt worden sein – gedachte seiner weltlichen und geistlichen Erzieher und Lehrer. Doch gab es sie und dürften sie zur Größe des künftigen Königs einen erheblichen Beitrag geleistet haben. Sie scherzten mit dem Kind und wiesen den Knaben zurecht, lehrten ihn – etwa ab dem sechsten Lebensjahr – lesen und beten, den Sohn des eben König gewordenen Vaters wahrscheinlich sogar Latein[6]. Tanzte der Rohrstock des Lehrers auch auf seinem Rücken? Die ersten, die so formenden Lebensjahre des königlichen Knaben ließen sich allenfalls als kollektive Biographie darstellen, die vielfältige Informationen von hier und da zu einem zeittypischen, keinem individuellen Leben vermischt[7]. Eine eigene Jugend gewinnt der Große auf diese Weise jedoch nicht. Wesentliche Momente seiner Biographie sind damit für immer verschlossen.

Prinzipien, Ziele und Ideale weltlicher Prinzenerziehung wurden trotz mancherlei (zumeist jüngerer) Fürstenspiegel nicht eigens dem Pergament anvertraut, obwohl sie auch damals so prägend auf die heranreifende Seele gewirkt haben wie heutigen Tags. Wie lernte Karl, Emotionen zu steuern, die Pubertät zu überstehen, mit deren Erreichen die Volljährigkeit und Rechtsfähigkeit eintraten, wie Sozialkompetenz zu erwerben? Man muß ihm die Sage von der Herkunft der Franken aus Troja erzählt haben; er scheint sie für wahr gehalten zu haben; jedenfalls durfte der Langobarde am Königshof, Paulus Diaconus, den «Trojaner Anchisa», den Vater des Aeneas, zum Namenspatron von Karls Ur-Ur-Großvater *Anschise*, den Sohn des hl. Arnulf von Metz, erklären[8]. Als Vettern der Romgründer erschienen Karl seine Ahnen. Konditionierte solche Vorfahrenschaft Rang, Status und Selbstbewußtsein der Familie? Doch wissen wir nicht, wie der adelsstolze Knabe erzogen wurde. Die entscheidenden Prägungen sind dem Historiker somit verborgen und allerlei Vermutungen überlassen. Karls künftige Größe bleibt menschlich ein Rätsel.

Wir müssen nach verstreuten Gedächtnisspuren suchen, danach, was Karl selbst erinnert haben könnte, was er festgehalten wissen wollte, Erinnerungsbilder für sich und eine weitere Hofgesellschaft. Nur ein schmales Band, kaum zu erahnen, zeichnet sich ab, das zu den Erfahrungen seiner Kindheit und Jugend und deren Wirkung auf den künftigen König leiten könnte. Unter der schon begründeten Voraussetzung[9], daß die Einträge der ersten Jahrzehnte in den hofnahen «Reichsannalen» unter dem unmittelbaren Einfluß des Königs Karl zustande kamen, könnten sie Aufschluß über jenes Geschehen liefern, das den Knaben und heranwachsenden Königssohn in besonderer Weise berührt hatte. Was verraten sie?

Dieses offiziöse Annalenwerk griff nur kurz in die Vergangenheit zurück. Es setzte mit dem Tod des väterlichen Großvaters Karl Martell im Jahr 741 und mit der Nachfolge seiner Söhne Karlmann und Pippin, des Vaters Karls des Großen, ein. Vieles, was auch damals bekannten älteren Zeugnissen zu entnehmen war, blieb ausgeblendet oder wurde geradezu verfälschend dargestellt. Gleich einem schwachen Rinnsal fließen die Jahreseinträge bis zu 767/68, Karls eigenem Herrschaftsantritt. Andere Annalenwerke der Epoche wirken geschwätziger, etwa die Fortsetzung des sog. Fredegar[10] oder die gleichfalls mit dem Königshof in Verbindung stehenden, aber jüngeren und die «Reichsannalen» benutzenden «älteren Metzer Annalen»[11]. Mit dem Jahr der Thronbesteigung Karls des Großen aber änderte es sich. Jetzt wurden auch die «Reichsannalen» informativer. Bildete das Werk zuvor mit seinen knappen Nachrichten bloß eine Art Leitfaden zur Vorgeschichte des großen Königs? Eine Stichwortsammlung für Erinnerungsbilder? Einen persönlichen aide-mémoire? Den Grundtenor, wie künftige Geschichtsschreibung die Vergangenheit darzustellen habe[12]? Kurzum: Karls eigenes Bild der wichtigsten Erfahrungen seiner Jugend?

Die Annalen bieten Momente, die eine solche Annahme nahelegen. Da springt der Eintrag zum Jahr 759 in die Augen. Er beschränkte sich – von der Weihnachtsfeier abgesehen – auf eine überraschende Nachricht: «In diesem Jahr wurde dem König Pippin ein Sohn geboren, dem der genannte König seinen Namen gab, daß er Pippin heiße wie sein Vater. Er lebte zwei Jahre und starb im dritten.» Es ist der einzige Geburtseintrag für das Karolingerhaus, den diese Annalen verzeichneten; nicht einmal Karls eigene oder die Geburt seiner Kinder fanden hier Erwähnung. Dieses Pippins Geburt und – nur hier überliefert – sein Tod ragten somit heraus. Eine Memorialnotiz ganz besonderer Art. Denn keine zweite wurde hier einem unmündigen Kinde gewidmet. Der Tod seines kleinen Bruders muß Karl in besonderer Weise berührt haben.

Der Eintrag spiegelt nicht die Trauer eines unbekannten Annalisten, vielmehr das Totengedenken des Königs[13]. Eben gerade war der dreizehn- oder vierzehnjährige Karl von seinem ersten oder zweiten Feldzug mit dem Vater heimgekehrt[14]. Hatte er nun das Sterben des kleinen Pippin so eindringlich erlebt? Oder hatte der Vater ihm damals, um 761, Himiltrud zugeführt und diese ihm den ersten Sohn geschenkt? Derselbe erhielt den Namen des Vaters – und des toten Bruders[15]. Liegt also im Totengedenken zugleich eine verborgene Geburtsanzeige? Vergessen hat Karl seinen kleinen Bruder nicht. Ihn bewegte überhaupt der frühe Tod seiner Geschwister. Das bezeugen die beiden Epitaphien in Metz für seine gleichfalls als Kleinkinder verstorbenen Schwestern[16].

Wie dem aber sei, der Jahreseintrag über den unglücklichen Pippin spiegelt Karls persönliche Anteilnahme an dem fraglichen Annalenwerk und bietet damit zugleich einen Rückblick auf Formkräfte in Karls Jugendbiographie. So gesehen, dürfen die übrigen Einträge in analoger Weise, in ihrer Relevanz für Karl knapp gewürdigt werden. Worauf verweisen sie?

Das Jahr 747 erinnerte erstmals an das Hilfsgesuch Grifos, Pippins Bruder, bei den feindlichen Sachsen, auch das folgende Jahr kannte neben einer Erwähnung der bairischen Angelegenheiten nur noch die Nachricht von der Flucht Grifos über Sachsen und Baiern zu Waifar von Aquitanien – ein deutlicher Hinweis auf die

Legitimität des Bruderkrieges und der Kriege gegen Waifar, Sachsen und Baiern, und damit ein Hinweis zugleich auf die Legitimität von Pippins Aufstieg zum Königtum. Diesen Erfolg verkündeten die Einträge zu den Jahren 749 und 750. Aus den beiden anschließenden Jahren war nichts festzuhalten. Das Jahr 753 handelte – nach 747 – von Pippins zweitem Sachsenkrieg, dem Tod Grifos und vor allem von der Ankunft des Papstes Stephan II. im Frankenreich, bei der, wie anderweitig bekannt, Karl als sechsjähriger Knabe eine wichtige Aufgabe zu erfüllen hatte[17]; das kommende Jahr brachte dann die Königssalbung Pippins und seiner beiden Söhne durch den Papst.

Das Jahr 755 beherrschten Pippins erster Italienzug und die Restitution der Besitzungen des hl. Petrus, das Vorspiel also zu Karls eigenem Zug gegen die Langobarden; dazu kam die erbrelevante Meldung vom Tod Karlmanns, Pippins Bruder. 756 folgte der zweite Italienzug mit analogem Erfolg und größerer Gabe an den hl. Petrus, die Karl selbst mit bestätigen durfte[18]. Seine Verbundenheit mit dem Apostelfürsten und dessen Stellvertreter wurde damit hervorgehoben, zugleich die Ruchlosigkeit, Unglaubwürdigkeit und Unzuverlässigkeit der Langobarden und ihres Königs – eine Erfahrung, die Karl nicht vergessen sollte.

Der Eintrag zu 757 gedachte neben einer weiteren Tassilo-Notiz die Ankunft einer ‹imperialen› (Wasser-)Orgel aus Griechenland, deren Töne wohl lange in Karls Ohren nachklangen. Ein verheißungsvolles Zeichen! Das folgende Jahr verwies erneut auf einen Feldzug Pippins gegen Sachsen, die jetzt zwar zu einem Zins von jährlich 300 Pferden verurteilt wurden, sich aber als hartnäckige Gegner erwiesen. Die Jahre 760 bis 764 waren ausschließlich erfüllt von Pippins Kampf gegen Waifar von Aquitanien, in dessen Verlauf zum Jahr 761 Karls erste Beteiligung an einem Kriegszug – eigens eingefügt in die benutzte Vorlage – hervorgehoben wurde, eines Krieges auch, der nach Karls Herrschaftsantritt dessen erstes Militärunternehmen heraufbeschwor und nach einem erfolgreichen Ende rief. Das Jahr 765 vermerkte außer einem Hoftag in Attigny nur das Weihnachtsfest in der nun erstmals erwähnten Pfalz zu Aachen; für 766 interessierte ein weiterer Zug nach Aquitanien, ebenso wie in den beiden folgenden Jahren. Der frühere Eintrag erinnerte an die Eroberung von Toulouse und Albi, mithin des Südwestens Aquitaniens, der spätere brachte das Ende Waifars, den Tod des Königs Pippin und die Nachfolge seiner Söhne Karl und Karlmann. Der «glorreiche Herr König Karl» feierte dann sein erstes Weihnachten in Aachen.

Die Kriege in Aquitanien, gegen Langobarden und Sachsen, die Ausschaltung der karolingischen «Nebenlinie» und der Aufstieg der Karls-Linie zu Alleinherrschaft und Königtum, die «Treulosigkeit» Tassilos von Baiern und die Verehrung des hl. Petrus – das waren die Ereignisse und Eindrücke, die Karl, nachdem er den Thron bestiegen hatte, aus seiner Jugendzeit erinnert und festgehalten wissen wollte, neben dem Tod des kleinen Pippin, seiner ersten eigenen Kriegsbeteiligung und seiner Liebe zu Aachen. Die nämlichen Geschehensbündel beherrschten auf Jahre hinaus Karls eigene Königstaten: der rasche, erfolgreiche Krieg in Aquitanien, die jahrelangen schweren Kämpfe gegen Sachsen, die Übernahme des langobardischen Königreiches, der erste überraschende Rombesuch, die enge Verbundenheit zum apostolischen Stuhl, die Memorialpflege und die folgenreiche ‹Begegnung› mit Aachen. Es schien, als erfüllte der Sohn ein Vermächtnis seines Vaters. Wollte er, daß die Franken seine, Karls, eigene Geschichte so sahen? Auf Pippins Führungselite konnte er sich weiterhin stützen. Man ahnt, ja sieht geradezu, wie der Knabe bewundernd seinem Vater hierhin und dorthin folgte – sei es in Gedanken oder in eigener Person, wie dessen Handeln als Wegweiser des künftigen Königtums erschien und nach Vollendung rief, und wie verpflichtend das Gedenken war.

Wunderliches erzählte man sich später über Aachen. Pippin habe, als dort unvermutet heiße Quellen hervorbrachen, bloß mit Hemd und Sandalen bekleidet und von einem Kreuzzeichen geschützt, sein Schwert gegen einen Dämon in Schattengestalt gestoßen, so tief, daß Unrat, Blut und stinkendes Fett hervorquollen, bevor reines, heißes, heilsames Wasser floß[19]. Hinter der Geschichte versteckte sich eine Reminiszenz an den antiken römischen Badeort. Verrieten noch Götterbilder, Weihinschriften, Tempelreste die unreinen Geister? Etwa den keltischen Gott *Grannus*, dem Aachen, *Aquisgrani*, «an den Wassern des Granus», seinen Namen verdankte[20]? Wurden sie gründlich zerstört? Wie immer, eines gibt die Anekdote klar zu erkennen: Daß Karl nämlich die Liebe zu Aachen von seinem Vater geerbt hatte.

Krieg also, eine agonale, auch die eigene Familie nicht verschonende soziale Umwelt als Kindheitserfahrung. Sie prägte die Sozialisation des künftigen Herrschers. In der Tat, Krieg hieß die vordringlichste Aufgabe eines frühmittelalterlichen Königs; die innere Ordnung des Reiches erwähnten die Annalen im Laufe der folgenden Jahre bestenfalls nur nebenbei. Unabdingbar galt für einen König sich als Heerführer zu bewähren, ein Pferd bändigen, reiten, das Schwert und den Jagdspieß, die Saufeder gebrauchen zu können und den Kampf gegen den Eber zu bestehen. Es war Training für Körper, Kampf und Krieg und Herrschaftszeichen. Jagdunfälle mit tödlichem Ausgang sind für Karls Urenkel bezeugt. Die Jagd sollte den Beweis königlichen Mutes und herausragender Tapferkeit liefern. Auch jetzt erzählte man sich eine sprechende Anekdote: Wie Pippin mit einem Schwertstreich den Nacken eines Löwen durchbohrte und mit einem Hieb den Kopf eines Stieres vom Rumpf trennte – ein Stierkampf zur Herrschaftslegitimation. «Da fielen seine Leute wie vom Donner geschlagen zu Boden und riefen: ‹Nur ein Narr könnte bezweifeln, daß eure Herrlichkeit über die Sterblichen gebietet!›» Notker von St. Gallen überlieferte diese Mär (II,15).

Auch Karl war ein großer Jäger. «Da stürmt der Vater Karl herbei, ... schneller als die Vögel fliegen, und stößt der Bestie die Lanze ins Herz, das kalte Eisen tief in den Leib des Untiers ... Da bricht der Eber zusammen». So feierte um das Jahr 800 ein höfischer Dichter den königlichen Jäger[21]. Als Vater ließ Karl seine Söhne «nach fränkischem Brauch ... im Reiten, Waffengebrauch und Jagen», seine Töchter «fürs Weben, mit Spinnrocken und Spindel unterweisen», wie sein Biograph berichtete (c. 19). Das letzte war topisch und vielleicht nicht ganz realistisch. Denn auch die Töchter lernten Latein, lernten Menschen zu führen, Güter zu verwalten, zu reiten, von Hof zu Hof zu ziehen, kurzum: an der Herrschaft zu partizipieren.

Solche Jugend war kein Kinderspiel. Ein König sollte – wie es damals vom bairischen Herzog hieß – ein Heer führen, mit lauter Stimme Befehle erteilen können. Ein rituelles Sprechen dürfte gemeint gewesen sein, ähnlich der militärischen Kommandosprache. Der König sollte reden können; Rede war Herrschaftserfordernis, nicht zuletzt die Rede vor den Vasallen und dem Heer. Die Königsrede, *adnuntiatio*, ist später, unter Karls Enkeln, gut bezeugt. Karl wird es entsprechend frühzeitig gelernt haben. Er «war ein wortgewandter, mitreißender Redner», überlieferte sein Biograph (c. 25) mit klarer, heller Stimme (*clara voce*), die «aber seiner Statur kaum entsprach» (c. 22). Die Rede freilich verlangte nicht nur eine weittragende Stimme; sie verlangte Kenntnisse, Bildung, wie Karl selbst später hervorhob[22].

Von den Königstugenden, der Gerechtigkeitspflege, dem Schutz für Arme, Witwen, Waisen und dergleichen schwiegen die Annalen. Allein der Schutz und die Ordnung der Kirche fanden hin und wieder Erwähnung, wohl ein Zeichen dafür, daß sie der königlichen Herrschaftswaltung zugeordnet wurden, nicht etwa privater Frömmigkeit. Anderweitig überlieferte Einzelzeugnisse aus späterer Zeit verraten mehr. Zwar handelten auch sie nicht von Karls Kindheit und Jugend, aber sie setzen die Erfahrungen dieser Jahre voraus und gestatten damit noch einmal vorsichtige Rückschlüsse.

2

Literate Bildung und Erziehung zum Glauben

Vor allem Bildung tat Not; sie war im 7. und 8. Jahrhundert verkümmert. Der Glaube aber, die Kirche, der Gottesdienst dürsteten nach ihr. Eine neue, dem Glauben zugewandte, doch methodisch geschulte Wissenselite mußte neuerlich herangebildet werden. Karl dürfte das Erfordernis frühzeitig erfaßt oder erahnt und selbst schon als Knabe eine religiöse und literate Erziehung genossen haben.

Als König wird er seinen Glauben unumwunden bekunden: «Da uns die göttliche Milde unablässig in Krieg und Frieden schützt, ... deshalb wollen wir, da wir Sorge tragen, den Stand unserer Kirchen ständig zu verbessern, die durch die Nachlässigkeit unserer Vorfahren nahezu vergessene Aufgabe der Wissenschaft (*litterarum officina*) mit wachem Eifer erneuern (*reparare*) und – so viele wir können – durch unser Beispiel zu eindringlichen Studien der freien Künste anhalten»[23]. Heilen, was schadhaft war. Erneuern, zum Studium nötigen: Das beschrieb die Königsaufgabe schlechthin, der Karl sich stellen wird.

Sein Bildungsprogramm war nicht Selbstzweck. Es diente dem Gottesdienst und damit der Sicherung und Legitimation der eigenen Herrschaft. Die Notwendigkeit der Devotion vor Gott und seinen Heiligen, auch vor dem höchsten Bischof erfuhr der Knabe, als ihn die Königssalbung des Vaters, seiner selbst und des Bruders darauf verwies, die Benediktion auch der Mutter und der Franken und des gesamten künftigen Königsgeschlechts. Die Segnung durch den Nachfolger, Erben, Stellvertreter des Apostelfürsten gemahnte unvergeßlich den künftigen Kaiser schon in jungen Jahren verheißungsvoll an die stärkende und legitimierende Macht Sankt Peters. Ihr blieb er Zeit seines Lebens verpflichtet.

Nach der Salbung durch den Papst wurde – so mochte es scheinen – alles besser: Die Franken folgten dem Vater, der Bruder und Neffen ausgeschaltet und sich zum König aufgeschwungen hatte, bereitwillig, der zweifache Sieg gegen die Langobarden, der Gewinn Septimaniens und Narbonnes gegen die Sarazenen, der immer erfolgreichere Krieg gegen Waifar in Aquitanien offenbarten das Heil, das fortan auf Pippin und Karl ruhte. Der Knabe mußte empfänglich geworden sein für die Lehren seiner geistlichen Erzieher. Die Scheu vor den Geheimnissen des Glaubens, die er noch als Herrscher offenbarte, sein Respekt vor der Heiligkeit der Kirche und ihrer Priester, seine Unterwerfung unter die Macht der Heiligen und Gottes selbst, die er vom ersten Tag seiner Herrschaft an offenbarte, kurz: seine Frömmigkeit (*pietas*), sein nie vernachlässigter Gottesdienst (*cultus divinus*), dürften in seiner Kindheit geweckt, in seiner Jugend gestärkt worden sein.

Eine gewisse literate Bildung wurde von einem Königssohn erwartet. Karl übertraf hierin alle seine Vorfahren und Vorgänger. Er soll das Latein wie seine Muttersprache gesprochen haben, behauptete – vielleicht in postumer panegyrischer Übersteigerung – sein Biograph Einhard (c. 25) lange Jahre nach des Kaisers Tod. Als König soll er sich in der Dialektik geübt haben, wie sein Lehrmeister Alkuin nicht nur festhielt, sondern gegen Kritik, es sei unnütz, verteidigte (ep. 174); auf Altfränkisch wäre das gar nicht möglich gewesen.

Karl zeigte sich an den Wissenschaften interessiert und übte sich selbst in ihnen. Die Grundlage dazu dürfte im Artes-Unterricht im Knabenalter gelegt worden sein. Selbst ein wenig Griechisch soll der König verstanden haben, behauptete Einhard (c. 25). Karls später gut bezeugtes Interesse für die Zeitberechnung, den Computus, und die Astronomie dürften gleichfalls damals geweckt worden sein. Als König habe er Wert auf die Bildung seiner eigenen Kinder in den freien Künsten gelegt, «um die er sich selbst bemühte», wie abermals Einhard andeutete (c. 19). Die Erfahrungen seiner Knabenjahre werden es Karl nahegelegt haben. Ein karolingischer Prinz dürfte fortan, selbst wenn es nicht ausdrücklich bezeugt ist, einen ordentlichen Lateinunterricht genossen haben; derselbe fing gewöhnlich etwa mit dem siebten Lebensjahr an. Auch Lesen, lautes Lesen, dessen Erlernen vom Schreiben getrennt war, wurde dem Königsknaben zugemutet.

In welchem Umfang Karl diesen Bildungszielen tatsächlich Genüge tat, sei dahingestellt. Doch zu viel Latein umgab in seinen reifen Jahren den Herrscher, als daß es ihm unverständlich gewesen sein könnte. Rätsel und Scherze, Lieder und scharf gewürzte Ironie bedienten sich vor ihm des Lateins. Wer aber hätte zu lachen und zu raten gewagt, ohne daß der König mitlachen, mitraten konnte? In der Tat, Karl soll gemeinsam mit seinem Vetter Adalhard, dem späteren Abt von Corbie, die Schulbank gedrückt haben, der seinerseits – wie Karl dann selbst – neben der lateinischen Sprachkenntnis ein besonderes Interesse für Mathematik, Astronomie und Komputistik (der Wissenschaft für die Kalenderberechnung) an den Tag legte und sich in der Dialektik beschlagen zeigte[24]. Karl wird sich noch als König daran erinnern. Schreiben freilich – es galt als Handwerk, nicht als Wissenschaft – konnte der Kaiser trotz einiger später Versuche nicht; seine Hand – schwerterprobt – wird zu schwer und ungelenk gewesen sein, um mit dem zarten Gänsekiel recht umzugehen.

Ob der Sinn des Knaben nach geistlicher Erbauung stand? Gewiß nicht nur. Er kannte und liebte, so erinnerte sich Einhard (c. 29), die Lieder, die in der Volkssprache kursierten, Heldengedichte, «heidnische und uralte Lieder» (*barbara et antiquissima carmina*), die von den Taten und Kriegen früherer Könige handelten. Karl ließ sie sammeln und aufzeichnen. Wir wüßten gerne, welche Schätze dieses Liederbuch barg. Doch Karls Sohn Ludwig ließ das einzige Exemplar – in frommer Anwandlung – vernichten. Nur Vermutungen sind möglich. Alboin und Rosamunde, König Etzel und Dietrich von Bern, Gunther von Worms und Siegfried, die Nibelungen könnten die Helden auch von Karls Jugend gewesen sein. Eine eherne Reiterstatue Dietrichs von Bern ließ der Herr Italiens später – aus welchem Grund auch immer – nach Aachen schaffen[25]; auch sie ging unter Ludwig dem Frommen unter. Sicherlich hatte Karl Freude an den Heldentaten, an den Erzählungen vom weltlichen Treiben an diesem und jenem Hof. Gewißheit über Karls Lektüre in jenen frühen Jahren ist dennoch nicht zu gewinnen. Vermutlich hörte er schon als Knabe von der Herkunft der Franken und seiner Ahnen aus Troja. Doch ein altfränkisches Trojalied ist nicht bezeugt. Ging es verloren? Wie immer, König David – wie ihn später seine Höflinge nannten – liebte Lieder, zu Fistula und Plectrum gesungen. Es werden nicht nur geistliche Gesänge gewesen sein.

Geistliche Lektüre durfte freilich nicht fehlen. Sie hat, wie Karls künftiges Herrscherleben zeigt, nachhaltig auf den Heranwachsenden gewirkt. Die Psalmen werden nicht nur den Mönchen vertraut gewesen sein. Kostbare Handschriften wie der von Karl für den Papst Hadrian bestimmte Dagulf-Psalter entstanden. Augustins «*De doctrina christiana*» und «*De civitate Dei*» soll der König und Kaiser in besonderer Weise geschätzt haben, wie – auf das letztere bezogen – wiederum Einhard (c. 24) erwähnte. Die «Christenlehre» könnte Karl schon in jungen Jahren zur Hinführung auf die christliche Bildung erhalten haben. Sie bot Anleitungen zur Bibellektüre und lehrte, wie von den körperlichen und zeitlichen Dingen das Ewige und Geistige erfaßt werden könne (I,4,10). Als Vater hielt er seinen Sohn Ludwig zu ihrer Lektüre an.

Als König aber stieß er sich an der sprachlichen Unzuverlässigkeit der handschriftlichen Verbreitung von Gotteswort und Heiliger Schrift, am fehlerbehafteten Psalmengesang. Er hatte eine verwirrende Überlieferungslage vorgefunden. Zwei spätantike Bibelübersetzungen – «Vetus Latina» und «Vulgata» – existierten nebeneinander. Zumeist kursierten die einzelnen biblischen Bücher oder Büchergruppen in einzelnen Handschriften, «Ganzbibeln» (Pandekten) gab es nur vereinzelt. Die Texte in Italien, Gallien, Spanien oder bei Iren und Angelsachsen stimmten zudem keineswegs überein. Vielfach waren sie durch die Abschreiber verderbt und grammatikalisch inkorrekt. Deshalb verlangte Karl im Jahr 789 von seinen Gelehrten deren Revision und sprachliche Korrektur. Deren erste könnte die (heute nur unvollständig erhaltene) Bibel des Abtes Maurdramnus von Corbie gewesen sein, die schon vor 781 entstand und insgesamt 12 oder 13 Bände umfaßt haben könnte[26]. Deren wirkmächtigste und heute noch in mehreren Handschriften erhaltene redigierte der Angelsachse Alkuin; sie sollte in gewisser Weise die Grundlage für die heutige lateinische Vulgata abgeben.

«Karls Rolle besteht nicht darin, daß er bei Alkuin eine Bibelrevision in Auftrag gegeben und sie dann im Reich eingeführt hätte. Er hat vielmehr den nötigen Untergrund geschaffen, das geistige Interesse und den lebhaften kulturellen Austausch gefördert, den Anstoß zu wissenschaftlicher Tätigkeit gegeben. Er zeigte mahnend auf die Wichtigkeit eines korrigierten Bibeltextes»[27].

Die wissenschaftlich wertvollste, sogar Textkritik nicht scheuende Revision redigierte der Gote Theodulf, den Karl zum Bischof von Orléans erhoben hatte; sie bediente sich einer sehr kleinen Minuskel und drängte tatsächlich die gesamte Heilige Schrift, Altes und Neues Testament, in einen einzigen handlichen Codex zusammen. Der Psalter lag in drei Versionen vor, die sich gelegentlich in einer Handschrift synoptisch vereint sahen: der hebräischen (*iuxta Hebraeos*), der römischen und der gallischen Version, welch letzterer Karl selbst den Vorzug gab, ohne sie doch für sein Reich als verbindlich zu erklären[28]. Auch dieses früh bezeugte Verlangen nach dem fehlerfrei verkündeten Gotteswort dürfte schon vor der Königszeit Karls des Großen geweckt worden sein.

Ohne Zweifel sollte der künftige Herrscher die kirchlichen Gebote befolgen, später das Volk zum Glauben leiten, selbst die hl. Messe besuchen, zu fasten, zu beten wissen, für Arme, Witwen und Waisen sorgen, die Kirchen schützen und dergleichen mehr. Ein gottgefälliges Leben würde göttlichen Segen auf seine Herrschaftswaltung lenken. Immer wieder wurde es dem König nahegelegt und ohne Zweifel schon dem Knaben gelehrt. Eine aufkommende «Fachliteratur», Mahnschreiben, Königs- und Fürstenspiegel, sorgten unter Lesekundigen für die Kenntnis und Verbreitung solcher Werte[29]. Karls Erzieher dürften entsprechende Lehren nicht unbekannt gewesen sein.

Später, als junger König, empfing Karl selbst einschlägige Schriften. Ein Ire, Cathuulf, wandte sich mahnend an ihn, als er eben von seinem ersten Italienzug zurückkehrte[30]: «Mein Herr König, ich bitte dich, stets Dessen eingedenk zu sein, der – wie ich glaube – dich aus Nichts erschuf und aus dem Geringsten zum Größten machte» und zur «Glorie des Königtums Europas» erhöhte. «Gedenke stets mein König, daß du Gottes Stellvertretung innehast, um alle Seine Glieder zu schützen und zu lenken und für sie Rechenschaft abzulegen im Jüngsten Gericht – auch für dich selbst». Acht Wohltaten verdanke er Gott, so führte Cathuulf aus, die ihn auf den Gipfel geführt hätten. Jetzt aber solle er eingedenk seiner Pflichten sein: Die *lex Dei* (mithin die Heilige Schrift) stets zu lesen, keinen Christen an Heiden zu verkaufen (ein bemerkenswerter Hinweis auf Sklavenhandel), die «Braut Christi», die Kirche, zu kleiden. «Acht Säulen» solle er stets mit sich führen, um «die Burg Gottes zu stützen» (*castra Dei … sustentare*): Wahrheit, Geduld, Freigebigkeit, Überzeugungskraft, Bestrafung der Bösen, Erhöhung der Guten, leichte Steuern, Billigkeit des Gerichtsurteils. Er solle ferner in seinem ganzen Reich die Gesetze erneuern und das

Unrecht ausrotten, zu festgesetzten Tagen für St. Michael, den Bezwinger Satans (Apc 12,7–9) und Seelenwäger im Jüngsten Gericht, und für den hl. Petrus, den Apostelfürsten, im gesamten Reich die hl. Messe singen lassen.

Las Karl, was ihm geraten war? Nahm er paränetische Schriften zur Kenntnis? Verstand er sie? Wir wissen es nicht, dürfen es aber – Frucht der Erziehung auch jetzt – vermuten. Immerhin, die zweifache Gruppe von acht Werten und acht «Säulen» der Gottesburg könnte einen tiefen Eindruck bei dem religiös empfänglichen Karl hinterlassen haben, als er Jahre später sich an die Planung seiner eigenen Gottesburg, der Aachener Pfalzkirche, machte. Schon als Heranwachsender wird er entsprechende Mahnungen empfangen haben. Die Achtung des Kirchenrechts wird ihm gleichfalls schon in seiner Jugend, nicht erst durch den Iren, nahegebracht worden sein. Als König trachtete er danach, das Recht zu festigen und ihm allgemeine Geltung zu verschaffen; doch widersprachen sich manche Normen, ohne daß Karl sie glättete. Auch hinderte solcher Legalismus Karl nicht, sich über die eine oder andere kirchliche Norm hinwegzusetzen. Seine Ehen beispielsweise befolgten in keiner Weise das geltende Kirchenrecht; sie verstießen eklatant dagegen.

Karls Religiosität entsprach der seiner Zeit. Er glaubte, was und wie es ihm seine kirchlichen Berater – Päpste, Bischöfe, Äbte und Kleriker – nahelegten und lehrten. Die Glaubenshorizonte seiner Umwelt waren auch die seinen. Das gestattet, von dieser mit einiger Vorsicht auf Karl selbst und die Prägungen seiner Kindheit zurückzuschließen. Er achtete sein Leben lang auf die Einhaltung der religiösen Riten und der Gebote der Religion. Er erwarb Reliquien und verehrte sie. Er achtete zugleich darauf, daß der verbreitete Reliquienschwindel nicht überhand nahm; ihre Echtheit bewiesen Reliquien dadurch, daß sie Wunder wirkten[31]. Jenseitsvisionen beschrieben, was die Seelen nach dem Tod erwartete, und worauf man sich im Leben vorbereiten sollte. Der Glauben, der dem Volk zugemutet wurde, war schlicht. Um ihn «zu haben», genügten wenige Formeln. Um sie zu begründen oder zu verteidigen, wandten Karls Gelehrte allen dialektischen Scharfsinn auf, dessen ihre Zeit verfügte. Das Volk durfte sich mit den Formeln begnügen.

Der König vollzog – von Kindheit an darin eingeübt – die Rituale, die damals von einem christlichen Herrscher erwartet wurden. Er besuchte morgens und abends die Kirche, täglich die Messe, nahm mitunter am nächtlichen Stundengebet teil, achtete peinlich genau – zumal bei den Lesungen und dem Psalmengesang – auf würdigen Vollzug; so erinnerte sich Einhard (c. 26). Die heilspendende Armenfürsorge pflegte er kontinuierlich; noch sein Testament gedachte ihrer (ebd. c. 33). Selbst die orientalischen Christen soll er mit Geld unterstützt haben (ebd. c. 27). Was Einhard hervorhob, entsprach ritualisierter Frömmigkeit, auch wenn Karl sich damit nicht begnügte. An reichsweit angesagten Fasten und Demutsbekundungen nahm noch der Kaiser teil[32]. Nur von Buße, gar öffentlicher Buße, wie sie später Karls Sohn Ludwig inszenierte, schwieg der Biograph. Selbst als Vorzeichen den nahenden Tod ankündigten, verlautete kein Wort über sie. Unterwarf sich Karl der stillen, aus Irland eindringenden Tarifbuße, die für jede Sünde ihr spezifisches Bußmaß bereithielt? Wagte niemand, ihn bußbedürftiger Sünde zu zeihen?

Nachdem Karl zum Kaiser gekrönt war, verlangte er von allen die Kenntnis dieser wenigen Formeln. *Hloset ir, chindo liupostun, rihti dera calaupa …* «Gehorcht, liebste Kinder, dem Gebot des Glaubens … Der Glaube hat wirklich nur wenige Worte, aber sehr große Geheimnisse sind darin enthalten. Der Heilige Geist hat wahrhaftig den Lehrern der Christenheit, den heiligen Boten, diese Worte in solcher Kürze diktiert, daß, was alle Christen glauben und immer bekennen sollen, alle verstehen und im Gedächtnis behalten können. Wie kann sich ein Mensch Christ nennen, der diese wenigen Worte des Glaubens, in denen sein Heil liegt und durch die er errettet werden soll, und auch die Worte des Gebets des Herrn, die der Herr selbst als Gebet eingesetzt hat, wie kann der ein Christ sein, der sie weder lernen noch im Gedächtnis behalten will? … Jetzt beeile sich jeder Mensch, der ein Christ sein will, das Glaubensbekenntnis und auch das Gebet des Herrn schleunigst zu lernen und auch die zu unterrichten, die er aus der Taufe heben

2 Fränkisches Taufgelöbnis 9. Jahrhundert, Domstiftsbibliothek Merseburg (Cod. 136 f. 16r)

wird, damit er am Tag des Gerichts nicht gezwungen werde Rechenschaft abzulegen. Denn es ist Gottes Gebot und … Befehl unseres Herrn (des Kaisers)».

Daz ist … unsares herrin capot. So ließ Karl sein Volk unterweisen und mahnen[33]. Königsbefehl und Gerichtsdrohung vereinten sich zur Religionspraxis des Volkes. Das Jüngste Gericht drohte ihnen allen gleichermaßen. Die verordnete Religion war Herrschaftsinstrument; aber der Herrscher war ihr von seinen ersten Lebenstagen an gleichfalls unterworfen. Alle Christen sollten die Formeln auswendig hersagen können, eben den Glauben «haben» und das Jüngste Gericht fürchten. Innerlichkeit kannte dieser Glauben nicht. Gottesfurcht und die Angst vor der Hölle mit ihren Torturen drängten zur Heilshoffnung durch demütigen Ritualvollzug. Tatsächlich wurde Christi Höllenfahrt in Gallien ins Glaubensbekenntnis eingefügt und gelangte von dort aus nach Rom. Er selbst, Karl, wird als Kind entsprechend angehalten worden sein und solche Forderungen verinnerlicht haben. Sie schlossen später ein tieferes Eindringen in die Glaubenswahrheiten nicht aus, ohne den König deshalb von Gewaltaktionen abzuhalten. Strafe gehörte zum Wesen des Glaubens. Gott und die Heiligen züchtigten die Unbotmäßigen mit Krankheit, Qualen, Todesfurcht und vorzeitigem Tod. Der König mußte die Gottlosen strafen.

Das Glaubensbekenntnis und das «Vaterunser» waren in die «deutsche» Volkssprache übertragen. *Gilaubiu in got fater almahtîgon, scepphion himiles enti erda. Endi heilenton Christ … Nidhar steig ci helliu, in thritten dage arstuat fona tóotem, úf steig ci himilom … thanan quȩmendi ci ardeilenne quecchêm endi dóodêm,* so klang es im karlszeitlichen fränkischen Weißenburger Katechismus; *Fater unseer, thu pist in himile, uuihi namun dinan, qheme rihhi din,* so in St. Gallen auf Alemannisch. Karl könnte beides auf Lateinisch gebetet haben. Taufgelöbnisse und Abschwörformeln, Beicht- und Bußformeln standen für das illiterate Volk zur Verfügung: *Fosahhistu unholdun? Ih fursahu. Forsahhistu unholdun uuerc endi uuilon? Ih fursahhu…* «Schwörst

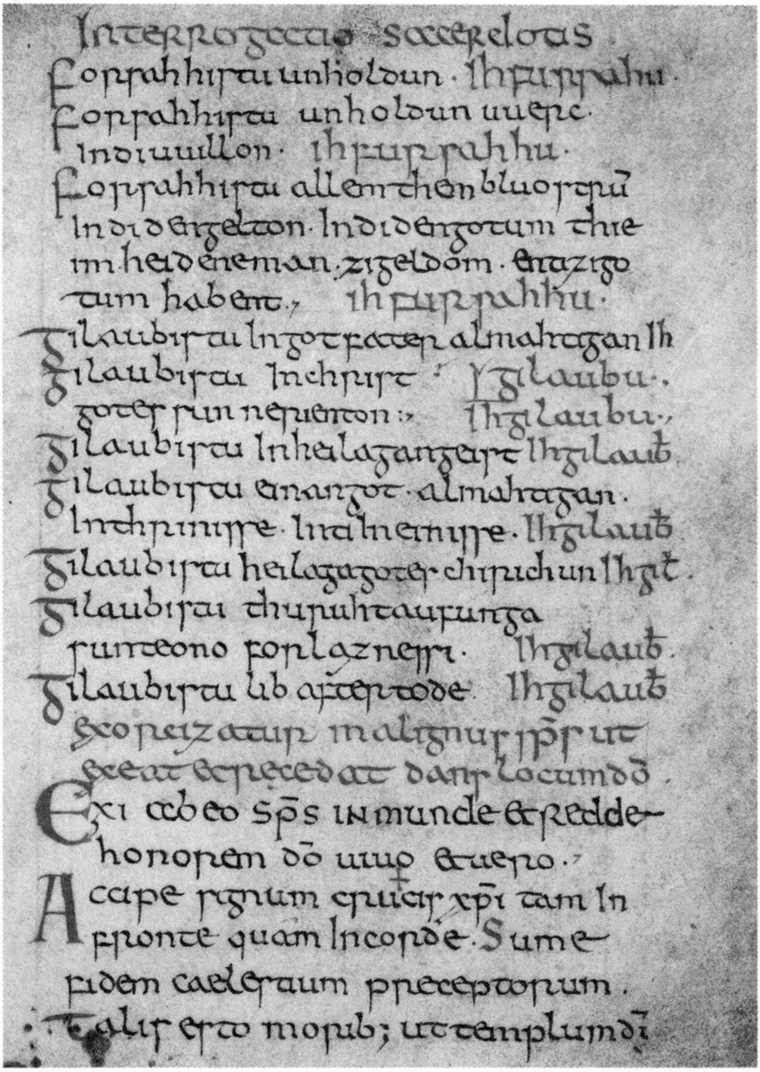

Interrogatio sacerdotis
Forsahhistu unholdun. Ih fursahhu.
Forsahhistu unholdun uuerc
indi uuillon. Ih fursahhu.
Forsahhistu allem them bluostrum
indi den gelton. indi den gotum thie
im heidene man zi geldom. enti zi go
tum habent. Ih fursahhu.
Gilaubistu in got fater almahtigan Ih
gilaubistu in christ. Ih gilaubu.
gotes sun nerienton. Ih gilaubu.
Gilaubistu in heilagan geist Ih gilaub.
Gilaubistu einan got. almahtigan.
in thrinisse. in einnisse. Ih gilaub.
Gilaubistu heilaga gotes chirichun Ih gil.
Gilaubistu thuruh taufunga
sunteono forlaznessi. Ih gilaub.
Gilaubistu lib after tode. Ih gilaub.
Exorcizatur maligni sps ut
exeat et recedat dans locum do.
Exi ab eo sps inmunde et redde
honorem do uiuo et uero.
Accipe signum crucis xpi tam in
fronte quam in corde. Sume
fidem caelestium preceptorum.
Talis esto moribus ut templum di

du dem Teufel ab? Ich schwöre ab. Schwörst du dem Teufel in Werk und Willen ab? Ich schwöre ab»… So zu bekennen wurde den getauften Sachsen abverlangt, um dann zu beichten: *Ich uuirdu gote almahtigen bigihtig enti allen gotes heilagon allero minero suntono… meinero eido, ubilero fluocho, liogannes, stelannes. huores, manslahti*, «falsche Eide, böse Flüche, Lügen,

Diebstahl, Unzucht, Totschlag»... Solcher Inquisition wurden wohl die besiegten und auf Befehl des Königs zur Taufe geführten Sachsen unterworfen: Formalisiertes Christentum auch hier. Karl wird es als Bekehrung gewertet haben.

Die Glaubenswelten des Volkes jenseits solcher Formeln entziehen sich der Kenntnis des Historikers. Magische Gebräuche und heidnische Traditionen bestanden teilweise noch Jahrhunderte fort und schufen mancherlei synkretistische Religions- und Lebensformen. Von ihnen umgeben wuchs Karl auf. An Zauber glaubte das Volk noch lange nach seinem Tod. Die berühmten Merseburger Zaubersprüche bieten ein Beispiel. *Eiris sazun idisi, sazun hera duoder. / Suma hapt heptidun, suma heri lezidun, / suma clubodun umbi cuoniouuidi: / insprinc haptbandun, inuar uigândun*[34]. Die zauberhaften Anspielungen sind heute nicht mehr zu verstehen. Wieweit sie es damals waren, sei dahingestellt. Sie zu murmeln konnte nicht schaden.

Oft genug war der Zauber nur notdürftig christlich überformt, wie der Trierer Spruch gegen das Lahmen des Pferdes verdeutlichen kann: *Quam Krist endi sancte Stephan zi ther burg zi Saloniun: thar uuárth sancte Stephanes hros entphangan. Soso Krist gibuozta themo sancte Stephanes hrosse thaz entphangana, so gibuozi ihc it mid Kristes fullesti thessemo hrosse. Pater noster. Uuala Krist, thu geuuertho gibuozian thuruch thina gnatha thesemo hrosse thaz antphangana atha thaz spurihalz, sose thu themo sancte Stephanes hrosse gibuoztos zi thero burg Salonium. Amen*[35]. Das war sympathetischer Zauber, der sich geheimnisvoller Namen und vorbildlicher (angeblicher) Wunder zu bedienen trachtete, die einen analogen Schaden heilten, so wie einst das lahmende Roß des hl. Stephan durch Christi Wort. Karl dürften entsprechende Praktiken nicht fremd gewesen sein; jedenfalls suchte er sie auszurotten[36].

Die Religiosität wohl auch des Königs war weit entfernt von theologischen Spekulationen, war rituelle Praxis und schlicht, formgebunden, wenn auch nicht nur. Karl verlangte nach Wissen und Verstehen, nach Begründungen. Dazu befragte der Herrscher seine Gelehrten. Lektüre von Kirchenvätern erwartete Karl von seinen Kindern. Er selbst habe sie gepflegt, sich etwa bei Tisch daraus vorlesen lassen, vermeldet sein Biograph. Führte Karl diese Sitte erst an seinem Hof ein oder hatte er sie von der Tafel seines Vaters übernommen? Welche Kapitel er in der Schrift «Von der Gemeinde Gottes» besonders schätzte, bleibt unbekannt; wie er sie verstand, erst recht. Vielleicht waren es gerade die letzten Bücher, die sich mit dem Kommen des Jüngsten Gerichts befaßten. Gerichts- und Endzeiterwartung hielten die Gläubigen jedenfalls in ihrem Bann. Karl stellte keine Ausnahme dar. Auch er erwartete in absehbarer Zeit das «Jüngste Gericht» und wird schon mit seinem Nahen konfrontiert worden sein. Sein Lehrmeister Alkuin mahnte ihn noch später mit seinen bedrohlichen Vorzeichen. Christlich getönte Prognostik war dem König und Kaiser nicht fremd. Fragen nach Weltalter und Kalender beschäftigten ihn im Alter immer nachhaltiger. Freilich bemerkte der Kaiser auch die Widersprüchlichkeit aller Zeitberechnungen[37]. Die Sorge aber vor dem Gericht blieb gegenwärtig.

Dieses Gericht wurde mit schreckenden Imaginationen vor Augen gestellt. Es geschah mit eindringlichen, aufrüttelnden Worten – bedrohlich, gewaltreich, Angst weckend und nach guten Taten rufend. «Wenn aber der Richter der Lebenden und der Toten vom Himmel her erwartet wird», so hieß es in Augustins Christentumslehre (I,15,14,31), «jagt er den Ungläubigen große Furcht ein, damit sie sich zur Gewissenhaftigkeit bekehren und ihn mehr durch gutes Handeln ersehnen, als bei schlechtem Handeln sich vor ihm fürchten»[38]. Kein Kalender vermochte solche Worte zu entkräften. Aus der Spätantike überkommene Apokalypse-Illustrationen – faßbar in karolingerzeitlichen Kopien wie der Trierer Apokalypse[39] – bannten die Schreckensszenen noch nicht ins Bild, auch wenn sie Satan, erst in Ketten gebunden, dann als Schlange entfesselt, mithin die apokalyptischen tausend Jahre der Kirchengeschichte, imaginierten. Es waren die Worte, die wirkten und die Schrecken des Gerichts durch Predigt und Paränese verbreiteten.

Die Angst vor den Strafen des Jenseits, vor den Schrecken der Hölle und dem Jüngsten Gericht verschonten den König nicht. Karl lernte, am Ende der Zeiten zu leben, vor dem Anheben eines

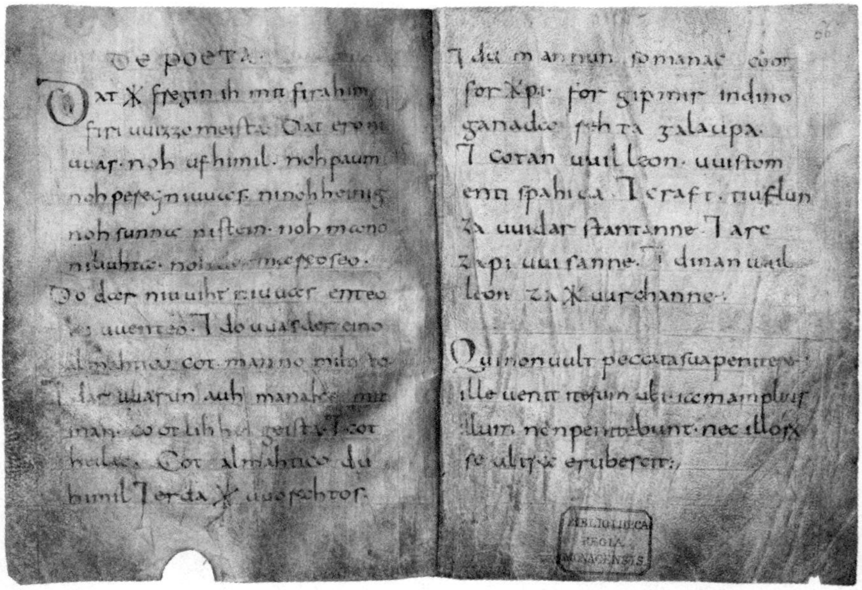

De poeta.
Dat gafregin ih mit firahim
firi uuizzo meista. Dat ero ni
uuas noh ufhimil. noh paum
noh pereg ni uuas. ni noh heinig
noh sunna ni stein. noh mano
ni liuhta. noh der mareoseo.
Do dar niuuiht ni uuas enteo
ni uuenteo. enti do uuas der eino
almahtico cot. manno miltisto.
enti dar uuarun auh manake mit
inan. cootlihhe geista. enti cot
heilac. Cot almahtico du
himil enti erda gauuorahtos.
enti du mannun so manac coot
forgapi. forgip mir in dino
ganada rehta galaupa.
enti cotan uuilleon. uuistom
enti spahida. enti craft. tiuflun
za uuidarstantanne. enti arc
za piuuisanne. enti dinan uuil
leon za gauurchanne.

Qui non uult peccata sua penitere
ille uenit iterum ubi iam amplius
illum non penitebunt nec illos
se ulterius erubescere.

neuen, des letzten Äons der Weltgeschichte. Auch als er sich später für ein jüngeres Weltalter entschied, das jenes Ende noch länger hinauszuschieben schien, blieb die Ungewißheit. Die Welt war erschaffen, sie sollte wieder vergehen, und zwar in absehbarer, in historischer Zeit. So entsprach es Gottes Willen. Heilige hatten es so gelehrt und geweissagt. Wiederholt wurde es für Karls Hof festgehalten. Wann die Zeit erfüllt sei, blieb Geheimnis. Die Vorzeichen des anrückenden Endes aber nahm der König und Kaiser nicht anders wahr als die Gelehrten seines Gefolges; überhaupt achtete er auf die Zeichen am Himmel und auf der Erde, um sich für anrückendes Unheil, ja, für den eigenen Tod zu wappnen. Sein Biograph Einhard deutete es an (c. 32). Erdbeben, Dürre, Hungersnot galten ihm selbst als untrügliche Zeichen von Gottes Zorn. Karls Dienst für Gott und Kirche darf als Frucht seiner Erziehung gelten. Noch als Kaiser machte er ihn zur Maxime seines Tuns[40].

Vielleicht hatte er schon als Schüler von den «zwölf Übeln der Welt» (*duodecim abusiva saeculi*) gehört, die bald dem hl. Patrick, bald den Kirchenvätern Augustinus oder Isidor zugeschrieben wurden und die den «tugendlosen Herrn» und den «ungerechten König» geißelten. In Karls Zeit jedenfalls verbreiteten sie sich. Der «gerechte König» hatte nach dieser Lehre die Untertanen nicht nur zu leiten und zu bessern, sein Regiment bewirke Freude unter den Menschen, so hieß es, Fruchtbarkeit der Erde und überhaupt «die Hoffnung auf die künftige Glückseligkeit». Der König aber, «der keine Gerechtigkeit wirkt», werde beim (Jüngsten) Gericht «den Primat der Pein» (*in poenis primatum*) erlangen. «Denn alle die Sünder, die er jetzt unter sich hat, werden in der künftigen Qual als Schadensmaß auf ihm lasten»[41]. Karl war empfänglich für solche Lehren, für die Gebote der Religion und der Kirche. Er hatte sie in der Zeit seines Vaters als Stärkung der Königsgewalt erfahren; es sollte sich unter ihm selbst nicht ändern: Ein kriegerischer König mit Gottesfurcht und Frieden und Gericht im Sinn.

3 Wessobrunner Gebet aus dem Kloster Wessobrunn, um 800 (München Bayer. Staatsbibliothek clm 22053III), vgl. unten S. 348 und S. 436

3

Formkräfte des karolingischen Königtums

Schlachtgetümmel, wohin er sah; der Umwelt, in der Karl aufwuchs, konnte er nicht entrinnen. Sie war waffenklirrend, todbringend und weltlich und prägte seine Seele; sie zeichnete künftiges Handeln vor. Die Nähe zu Tod und göttlichem Gericht verwehrte aber nicht und verdarb nicht die Freuden der Welt, sie förderte sie eher, als daß sie dieselben bändigte, rief zugleich mahnend und laut immer wieder nach Buße. Der Fürst, auch Karl, der Mann, kannte höchst irdische Bedürfnisse, Erbarmungslosigkeit ebenso wie Zorn, Rache, die Versuchungen der Macht wie der Lust. Von Askese war Karl weit entfernt. Erfrischende Sinnlichkeit durchzog sein Dasein. Wie er büßte, entzieht sich des Einblicks. Aber Karl vereinte sein Leben mit der Sorge für Gottesdienst und

Kirche, für Glaubensausbreitung und die Erziehung des Volkes zum Glauben. Seine Jugend hatte ihn vieles gelehrt.

«Gier», Machtkämpfe, Gewalt und Eidbruch regierten die Welt, für die Karl erzogen wurde. Er wuchs in einer agonalen Gesellschaft auf, geprägt von Eifersucht und Neid, durchsetzt von einer Ethik adeliger Konkurrenz, von Heimtücke, Rache und vielen Toten. Sie beherrschten die jüngste Vergangenheit seiner Familie, die eigene Kindheit und Jugend des künftigen Kaisers. «Franken erhoben sich gegeneinander», «schwere Verfolgung im Volk der Franken», «Franken zogen gegen Karl (Martell)», «Karl zog gegen (den Friesenherzog) Ratbod, verlor viele Männer und floh», «ein großes gegenseitiges Gemetzel»; doch dann: «Karl (Martell) kehrte mit großer Kriegsbeute heim», «Karl kehrte als Sieger heim». So las es sich etwa im familiären Gedächtnis[42].

Der an diesen Kämpfen beteiligte Adel hatte sich schon in vorkarolingischer Zeit etabliert, wohl nicht als Rechtsstand, aber als eine durch Prestige, Verwandtschaft, Besitz, Einfluß, autogene Macht und Status hervorgehobene soziale Elite. Karls Familie selbst zählte zu diesen «Mächtigen» oder «Großen», wie sie die zeitgenössischen Autoren nannten. Antagonistische Interessen spalteten diesen Adel. Wer sich durchsetzen wollte, mußte sie überspielen, die Adelskräfte einen und an sich binden. Innerfamiliäre und innerfränkische Konflikte erfüllten das gesamte 8. Jahrhundert mit ihrem Kriegslärm und blieben unvergessen. Den Aufstieg der Karolinger und die Frühzeit ihres Königtums kennzeichnete eine einzige Spur von Verrat, von Krieg und Tod. Gerade auf sie verwies – wenn auch vielfach nur in Andeutungen – die zunächst noch wortkarge, informationsarme Geschichtsschreibung der frühen Karolingerzeit. Genaueres und Einzelheiten bleiben verborgen. Würde der künftige König, Karl, dies ändern und die Adelskräfte auf Dauer bändigen können?

Der Knabe wird – weithin auf mündliche Traditionen angewiesen – die Geschichte seiner Familie und ihres Aufstiegs zum Königtum gehört haben, dazu mancherlei Sagen und Legenden. Karl selbst erzählte dem Paulus Diaconus die Anekdote über seinen heiligen Ahnherrn Arnulf von Metz, dessen im Fluß verlorener Bischofsring wunderbarer Weise im Bauch eines Fisches wiedergefunden wurde[43]. Geschichtsbücher gab es damals noch nicht oder nur in ungenügender Ausführlichkeit. Schriftlich aufgezeichnet finden sich heute nicht viel mehr als die Fortsetzungen der Chronik des sog. Fredegar, die illegitime Karolinger, Childebrand und Nibelung, Onkel und Vetter Pippins, bis zur Karlszeit fortführten, und der sog. «*Liber Historiae Francorum*»[44]. Erst unter ihm selbst, Karl, sollte es anders werden und eine breite, freilich die unliebsame Vergangenheit überspringende und ausklammernde Geschichtsschreibung einsetzen. Gerade die «Reichsannalen» selektierten und filterten, was sie berichteten, nach den Wünschen des Königs.

Gewalt, Verfolgung, Tod begleiteten also den Aufstieg der Karolinger. Karls Großvater etwa, der Hausmeier Karl, der später den Beinamen «der Hammer» (Martell) erhielt, und in kirchlichen Kreisen des 9. Jahrhunderts als Schädiger des Kirchengutes verdammt wurde, hatte sich nur mit Kampf und Krieg gegen die eigenen Halbbrüder durchsetzen können[45]. Seine Söhne hielten es ebenso. Blutige Familienfehden und Kriege beherrschten den Ausbau der karolingischen Macht – wie später, im 9. und 10. Jahrhundert, ihren Niedergang. Zwischen 714 und 768 finden sich bloß fünf Jahre ohne Krieg. Alleinherrschaft und deren Expansion auch über den Süden Galliens und über die Provence winkten als Lohn solcher Kampfbereitschaft, hoher Gewinn, der die beteiligten Großen zu beschenken erlaubte.

Das Reich, über das dieser Karl seine Macht faktisch ausgedehnt hatte[46], kannte noch mancherlei römische Traditionen – im Süden mit der Fortdauer römischen Vulgarrechts und höherer Literalität mehr, im Norden weniger. Es brachte zunächst ein gewisses Kulturgefälle zum Vorschein, beschleunigte aber eine Art Entwicklungshilfe des kulturreichen Südens für die Kernlande des Frankenreiches zwischen Loire, Maas und Rhein. Die antiken Städte waren zwar auch im Süden geschrumpft, hatten freilich ihr städtisches Leben nicht gänzlich eingebüßt. Die Hafenstädte öffneten sich noch dem Fernhandel nach Konstantinopel und dem Orient; die muslimischen Machthaber der südlichsten Regionen Galliens mit Narbonne im Zentrum lenkten die Blicke nach Spanien und Afrika. Nicht zuletzt die großen Judengemeinden hier und da dürften eine ausgedehnte Kommunikation aufrecht erhalten haben. Einige Bischofsstädte ragten hervor: Tours, Poitiers, Vienne, Arles, Marseille, obwohl auch sie nur noch einen schwachen Abglanz ihrer einstigen Größe boten. Die Franken, die sich das Land nördlich der Loire unterworfen hatten, verharrten in bäuerlicher Kultur. Die karolingischen Hausmeier und Könige betätigten sich nicht zuletzt als Grundherren und Großbauern mit ihrer Sorge für Viehzucht, Wald und Flur.

Ohne ein schlagkräftiges Heer wäre der Aufstieg nicht gelungen. Zwar bot der fränkische König ursprünglich für den Kriegsfall alle freien Franken auf: eine Fußtruppe mit leichter Bewaffnung. Aber die Kriegstechnik war nun weiterentwickelt und stützte sich auf eine vergleichsweise schnelle, gut bewaffnete Reitertruppe. Das Kriegspferd wurde zum wertvollen Besitz. Den letzten Königen aus dem Haus der Merowinger, mehr symbolische Idole als Herrscher, fehlten die nötigen Ressourcen, um eine solche Reitertruppe aufstellen zu können. Sie mußten es den Adelskräften ihres Landes überlassen. Der Reichtum der Kirchen, des Adels und zumal des karolingischen Hausmeiers (*maior domus*), der einstmals nur der höchste «Diener» des Königs gewesen war, hatte das ihnen noch zugewiesene Königsgut längst überstiegen. Doch selbst die nicht unbeträchtlichen Eigenmittel der Karolinger genügten nicht, um große Heere aufzurüsten; weitere Quellen mußten dafür erschlossen werden.

Kampfpferde zu halten, der Besitz von Waffen und Brünnen, das Training für den Kampf erforderten reichen Grundbesitz, der die Krieger vom Broterwerb mit eigener Hand unabhängig machte. Ein Helm kostete 6 Pfennig (*denarii*), eine Brünne das Doppelte, ein Schwert mit Scheide 7 Pfennig, die Beinschienen 6, Lanze und Schild 2, ein Hengst 7, eine Stute nur 3 Pfennig, alles zusammen mithin 40 Pfennig, den Wert von 18–20 Kühen[47]. In der Agrargesellschaft des 8. Jahrhunderts bildeten sie ein beträchtliches Vermögen. Um so viel Vieh ein Jahr lang durchfüttern zu können, bedurfte es mindestens zwölf, eher noch mehr Höfe (Hufen) mit ihren schollegebundenen bald freien, bald unfreien Leuten oder auch kleine Grundherrschaften, die von Unfreien ohne Eigenbesitz, sog. Manzipien, bewirtschaftet wurden.

Unter diesen Umständen konnte die Finanzierung einer Kriegerschar in keiner Weise allein durch die erhoffte Beute erfolgen. Der ständige Krieg setzte vielmehr soziale Umbrüche voraus, die alle Ordnung auf ihn ausrichtete und einen Kriegeradel ins Leben rief, der auf den Landverleiher und Heerführer zugeordnet war. Es zeichnete Karl Martell aus, daß er diese Neuorganisation zu planen und mit brutaler Gewalt zu realisieren vermochte. Besitzverleihung in großem Stil band fortan die Krieger unmittelbar an den verleihenden Herrn, zu förderst eben an die Karolinger.

Zur Ausstattung dieser Kriegsleute requirierte Karl das reiche Kirchengut. Es war seit der Antike kontinuierlich gewachsen und übertraf aufs Ganze gesehen jedes andere Vermögen. Karl aber konfiszierte es – als Hausmeier vielleicht im Namen des Königs, doch zu eigenem Nutzen – in weitem Umfang, um seine Gefolgsleute auszustatten und zu belohnen. Zum Ausgleich für die gewaltigen «Säkularisationen» – man könnte sie auch Zwangsanleihen nennen – wurde der geschädigten Kirche zwar der «Zehnte» oder zusätzlich der «Neunte» (was hieß das neunte und zehnte Zehntel des wirtschaftlichen Ertrags) zugestanden, die zuvor unüblich waren. Die Folgen waren noch kaum abzusehen. Die beiden Zehnten belasteten das Kirchenvolk, zumal die kleinen Höfe, kompensierten aber kaum die erlittenen Verluste der Geistlichkeit. Den Nutzen trug der Adel davon, dessen Grundherrschaften wuchsen. Der Karolinger aber hatte mit dergleichen Maßnahmen tatsächlich vermocht, seine Macht auch über Standesgenossen auszudehnen, sie zu bündeln und zu konzentrieren. Der Erfolg segnete seine Herrschaft und legitimierte die Mittel, jedenfalls fürs erste. Karls Enkel, der seinen Namen trug, wird auf sie zurückgreifen und ebenfalls Bischöfen und Klöstern mit ihrem noch immer reichen Grundbesitz und einem Laien als Abt militärische Aufgaben zuweisen.

Legitimierende Erfolge waren schnell gefunden. Ein wenig bedeutender Sieg im Jahr 732 gegen weit nach Norden vorgedrungene Muslime bei Tours und Poitiers wurde zum gewaltigen Triumph deklariert und festigte Karls Ruhm. Bis nach Rom drang die Botschaft. Überhaupt, die militärischen Leistungen dieses Karl scheinen ihm im Volk – seit wann ist unbekannt – den Beinamen der «Hammer», *Tudites* oder *Martellus*, eingetragen zu haben; die ältesten Belege finden sich freilich erst am Ende des 9. Jahrhunderts[48]. Der Papst setzte neue Hoffnungen auf den siegreichen Krieger und bat um Hilfe gegen die Feinde im eigenen Land, die Langobarden, die endlich ganz Italien mit Einschluß Roms erobern wollten. Der Karolinger aber versagte sich dem apostolischen Vater. Karl der Große kannte seinen Großvater nicht, dessen Namen er trug; er wußte nur um ihn.

So gefestigt war des älteren Karl Macht noch nicht, daß er ein Ausgreifen nach Italien wagen konnte; zudem stand er mit den Langobarden im Bund. Der notwendige Konsens seiner Gefolgsleute zum Krieg wäre kaum zu erlangen gewesen. Auch war Südgallien, Septimanien, die Provinz um Narbonne, noch nicht in fränkischer Hand; von dort drohte immer wieder Gefahr. Erst Martells Sohn Pippin wird sich zunächst das Land und endlich auch nach dreijähriger Belagerung die Stadt selbst im Jahr 759 unterwerfen. Das päpstliche Bittschreiben an den älteren Karl wurde gleichwohl gut verwahrt. Sein gleichnamiger Enkel kannte es und ließ es als ein Dokument engster Beziehungen zwischen Frankenkönig und Papst an den Beginn seiner Sammlung mit Abschriften der Papstbriefe setzen, in den «Codex Carolinus».

Karl Martell teilte – wie später sein berühmter Enkel – mit mehreren Frauen das Lager und zeugte mit ihnen Söhne. Es sorgte, als die Nachfolge eintrat, für blutigen Streit, der bis tief in die Kindheit des Enkels nachhallte und nicht anders als unter den früheren Königen aus merowingischem Haus in verheerende und tödliche Kämpfe mündete. Karls Söhne Pippin, Karlmann und Grifo stritten um das Hausmeieramt und um die Macht. Die Franken folgten den beiden Älteren anfänglich nur zögernd und keineswegs einhellig. Ihr Adel sah sich zur Parteinahme gezwungen, die für ihn nicht minder hohe Risiken für Besitz, Einfluß und Leben heraufbeschwor als für die Karolinger selbst. Pippin und Karlmann erhoben noch einmal, ein letztes Mal, einen Merowinger auf den Königsthron, Childerich III., um ihre Macht zu erhalten – eine Marionette mit leerem Königsnamen. Nur Pippin, Karls des Großen Vater, setzte sich schließlich dauerhaft durch. Er schaltete noch im Bund mit Karlmann, seinen

Mutterbruder, den jüngsten aus, ihren Halbbruder Grifo, der zuletzt nach Aquitanien floh und erschlagen wurde, als er von Burgund aus gegen Pippin rüstete und nach Italien ausweichen wollte. Der künftige Kaiser zählte damals fünf Jahre.

Auch Karlmann sah sich aus der Macht gedrängt, mußte sich weit fort ins Kloster erst nach St. Andreas auf dem Monte Soratte nördlich von Rom, dann, als zu viele Franken dorthin strömten, weiter nach Süden nach Montecassino zurückziehen, «um im Mönchsstand zu verharren», *monachyrio ordine perseveraturus*[49]. Sein ältester Sohn Drogo, zuvor dem Schutz des noch söhnelosen Onkels anvertraut, konnte sich nicht halten. Pippin sorgte schließlich, nachdem ihm, dem lange Kinderlosen, im Jahr 748 ein erster und bald darauf ein zweiter Sohn geboren waren, für Drogos und seiner Brüder dauerhafte Ausschaltung. Sie wurden zu Mönchen geschoren. Karls Geburt war von Schrecken begleitet, «von Aufruhr der Völker», wie ein Zeitgenosse, Willibald von Eichstätt, bemerkte[50]. Vergebens intervenierte der Vater, Karlmann, im Gefolge des Papstes Stephan II. im Jahr 753 eigens aus dem Kloster ins Frankenreich zurückgeeilt, bei seinem Bruder. Er starb im folgenden Jahr, noch bevor er in sein Kloster zurückkehren konnte. Drogo und seine fünf Brüder aber endeten zu Mönchen geschoren, in irgendwelchen Klöstern versteckt, namenlos; kein Zeugnis überlieferte, wo und wann sie starben. Kein Gebetsgedenken gedachte ihrer. Es war gefährlich, ein Karolinger zu sein. Der künftige Kaiser erfuhr es von Kindesbeinen an und – wird es wie sein Vater halten.

Das alles erwies sich als schwere Hypothek für die Zukunft. Die Erinnerung an die Gewalttaten von Vater und Großvater gegen die eigenen Verwandten, die den umstürzlerischen Aufstieg der Karolinger zum Königsthron begleiteten, belastete erst Pippins, dann noch Karls des Großen Regierung, seitdem er selbst den Thron bestiegen hatte. Sie sollte aus dem Gedächtnis des Volkes ausgeschabt werden. Eine überaus knappe, zudem geschönte Darstellung in den «Reichsannalen» verdrängte die Konflikte in bemerkenswerter Radikalität, voll sachlicher Auslassungen und nachweislicher Fehler, kaum daß sie die Königserhebung Pippins im Jahr 751 erwähnten. Es geschah mit unzutreffenden, verfrühenden Jahresangaben –

auch jetzt also irreführend und verschleiernd. Doch «fortan eilte das Gerücht seiner, Pippins, Macht und die Furcht vor seiner Kühnheit durch alle Lande»[51].

Die Erinnerung an die überstandenen Schrecken sollte dauerhaft ausgelöscht werden. Ein päpstlicher Bescheid, Zustimmung (eines Teils) des Adels, gar eine Wahl «nach der (bis dahin nicht bezeugten) Sitte der Franken» und eine Salbung mit heiligem Öl durch Bischöfe oder den hl. Bonifatius legitimierten nun die Revolution[52]. Wie alles wirklich sich zutrug, ist kaum mehr auszumachen. Allein jener Grifo, als angeblich illegitimer Sproß und als Aufrührer diskriminiert, fand in den «Reichsannalen» Erwähnung, während alle Spannungen seiner Brüder Karlmann und Pippin untereinander verschwiegen wurden. Karl aber mochte sich gegen Ende seines Lebens an die verdrängten Erfahrungen seiner Kindheit und die gewaltsame Ausschaltung von Onkel und Vetter erinnern, mochte auf Besserung sinnen, als es galt, die eigene Nachfolge friedlich zu regeln. Die agonale Ethik seiner Zeit und ihrer Gesellschaft sollte sich freilich auch jetzt stärker erweisen als jeder gute Wille.

Nur ein Nebenzweig von Karl Martells Nachkommen entging (fürs erste) der völligen Ausschaltung oder Vernichtung. Der Hausmeier besaß von einer unbekannten Dame einen Sohn Bernhard. Dessen Söhne Adalhard, Karls Mitschüler, und Wala – Kinder unterschiedlicher Mütter auch sie, einer Fränkin der erste, einer Sächsin der zweite – sowie deren Schwestern Gundrada und Theodrada gelangten unter ihrem Vetter Karl zu einigem Einfluß am Hof. Für erbberechtigt galten sie zu keiner Zeit. Das dürfte ihnen das Leben gerettet haben. Glänzende Karrieren standen ihnen bevor, bis sie dann Mißgunst und Neid am Hofe Ludwigs des Frommen zu stürzen drohten und das Frankenreich dem Zerfall entgegen trieben.

4
Der junge Karl begegnet zum ersten Mal einem Papst

Schon das Kind wurde an Herrscherpflichten gewöhnt. Karl erfuhr es im Alter von sechs Jahren. Es galt eben, den segnenden Legitimitätsspender der eigenen Königswürde zu empfangen, den Papst Stephan II. Damals wurde der Knabe an die hundert Meilen weit vom Vater ausgesandt, um den römischen Pontifex «mit Jubel, Freude und großem Aufwand» einzuholen und in die Königspfalz nach Ponthion zu geleiten[53], wo er am Epiphaniastag 754 den hocherfreuten König treffen sollte. Vor den staunenden Augen des Knaben entfaltete sich der Prunk des Papsttums, das ganze ritualisierte Handeln, das – was der junge Herr natürlich nicht wußte – dem byzantinisch-kaiserlichen Zeremoniell nachempfunden war, das feierliche Geleit, die wehenden Fahnen, die Kreuze, der Reichtum und die Pracht des Ornats. Pippin selbst muß ins Staunen geraten sein ob des Pomps, den die Römer vor seinen Augen entfalteten. Alsbald sorgte er dafür, daß der Bischof Chrodegang von Metz Kleriker nach Rom sandte, die den *Cantus Romanus*, den liturgischen Gesang der römischen Kirche, studieren und im Frankenreich heimisch machen sollten.

Der Sohn sah, wie der Vater dem Pontifex drei Meilen entgegen ritt, dort vom Pferd stieg, sich erniedrigte und zu Boden fiel, dem allerheiligsten Priester den Stratordienst leistete, was hieß: sein Pferd eine Strecke Wegs am Zügel führte und ihm wie ein Pferdeknecht diente – er, der König, der Sieger, der mächtigste Mann im Frankenreich. Der Knabe sah weiter, wie sich eine Prozession formte, hörte, wie der Papst und sein Gefolge das Gloria anstimmten, dann endlose Laudes – ein im Frankenreich geformter, litaneiähnlicher, akklamierender Gesang zur Herrscherverehrung[54] – und wie alle schließlich unter Hymnengesängen die Pfalz erreichten. So hat der römische Geschichtsschreiber, der Autor des Stephanslebens im Papstbuch, dem «Liber pontificalis», die Szene unter Ausklammerung all dessen festgehalten, was der Würde und dem

Selbstverständnis des kaisergleichen Nachfolgers des Apostelfürsten abträglich zu sein schien[55]. So ähnlich dürfte sie sich auch dem jungen Karl ins Gedächtnis eingeschrieben haben: Fremd und Staunen weckend, das Wunder Roms.

Gewiß, Momente fehlten nicht, die solche Würde und solches Selbstverständnis abträglich zu sein schienen. Doch sie konnte das staunende Kind nicht wahrnehmen. Erst die «Reichsannalen» tradierten sie. Der Papst kam als Bittsteller zu den Franken, dessen Führungselite mit der Königin an der Spitze damals keineswegs geschlossen seinen Wünschen zuzustimmen bereit war. Stärkste Mittel waren erforderlich, um die Zögernden zu gewinnen. Stephan könnte in seiner Not sich zu ihnen bereit gefunden haben.

An Karls Hof meinte man sich in der Tat später daran zu erinnern. Danach sah der Knabe Karl, wie der Pontifex am Tag nach dem Empfang sich mit seinem ganzen Gefolge bittfällig, in Sack und Asche, vor dem Vater zu Boden warf, «beim Erbarmen des allmächtigen Gottes und den Verdiensten der seligen Apostel Petrus und Paulus» den Vater beschwor, ihn und das römische Volk aus der Gewalt der Langobarden zu befreien, erlebte, wie der König ihn selbst, Karl, und seinen Bruder hieß, gemeinsam mit dem Vater und fränkischen Großen Stephan und seine Leute zum Zeichen künftigen Schutzes und der Befreiung vom Boden zu erheben, und sah, wie der Vater endlich den Bitten des Papstes nachgab[56].

4 Rom, S. Clemente, Unterkirche, päpstliche Prozession aus Anlaß der Translation des hl. Clemens durch Kyrill und Method (Fresko des 11. Jahrhunderts)

Ein stärkeres Mittel als die Selbstdemütigung des kaisergleichen Mannes stand nicht zu Gebote. Ahnte Karl irgendwann im nachhinein, daß mit dieser Reise des römischen Pontifex tatsächlich eine umstürzende Entscheidung gefallen war, die Rom für alle Zeit aus dem Reich der (ost)römischen Kaiser, der Nachfolger Konstantins des Großen, herauslöste, wenn auch nicht verselbständigte, wohl aber in das Reich der Karolinger trieb?

Noch nie war ein Frankenkönig einem Nachfolger des Apostelfürsten gegenüber getreten. Neue Rituale wurden erforderlich. An den Langobarden, gegen die nun nach fränkischer Hilfe gerufen wurde, wollte man sich nicht messen. Man folgte vielmehr dem Vorbild des römischen Zeremoniells, soweit es den Franken bekannt war. Dort, in Rom, zog man dem Kaiser sechs Meilen entgegen, nicht freilich seinem Vertreter, dem Exarchen; dort wurde dem eben gekrönten Papst von römischen Großen der Stratordienst erwiesen. Später, im Jahr 800, wird Leo III. den künftigen Kaiser Karl zwölf Meilen vor der Stadt empfangen[57]. Jetzt kam der Frankenkönig dem Vicarius Petri drei Meilen entgegen und leistete ihm wie ein römischer Würdenträger den Stratordienst – wenn der Bericht des «Liber Pontificalis» zutrifft.

Welch ein Schauspiel, welch ein Spektakel! Was auch im einzelnen geschehen sein mag, es waren eindrucksvolle Momente. Sie mußten in ihrer Gegensätzlich- und Fremdartigkeit nachhaltig auf den jungen Karl wirken. Eine Schlüsselszene, auch wenn keine Zeile verrät, was der Knabe empfand, als er den Römern gegenübertrat, damals, im prägsamen Kindesalter, als er staunend den Prunk erfaßte, mit dem sie auftraten, den Glanz, den sie verbreiteten, ihre Demut und die Reaktion seines Vaters und der Franken. Selbst die «Reichsannalen» schwiegen davon. Sie hielten das Kommen des

Papstes und seine Hilfsbitte fest, auch daß der Mönch Karlmann von seinem Abt geschickt worden sei, um gegen die päpstliche Bitte zu agieren, doch jeder Hinweis auf das Zeremoniell und auf Karls Beteiligung unterblieb. Auch später schwiegen sie über das Empfangszeremoniell. Sollte es offen bleiben für künftige Neugestaltung?

Nur einmal scheint derartiges Schweigen gebrochen zu sein, als nämlich Theodulf – gewiß in Übereinstimmung mit seinem König – denselben in der Schrift gegen den griechischen Bilderkult an Stephans II. Reise nach Gallien erinnerte und an die Bedeutung, die seitdem der römische Gesang für den König besaß. Damals habe sein Vater Pippin in Gemeinschaft mit dem Papst dafür Sorge getragen, die römische Weise des Psalmodierens, den *ordo psallendi*, zu übernehmen, auf daß, wie sie im Glauben eins seien, Gallien und Rom auch geeint seien «in der verehrungswürdigen Tradition des einen Gesanges (*unius modulaminis*) und sich nicht unterschieden durch unterschiedliche Zelebration der Liturgie (*officiorum varia celebratio*)». Karl selbst habe, als er erstmals nach Rom geeilt sei, mit Unterstützung des Papstes Hadrian den römischen Gesang in ganz Gallien, in Germanien (dem Land rechts des Rheins), in Italien, ja auch unter den Sachsen und anderen Völkern des Nordens übernehmen lassen. Da nickte der König, als er Theodulf zuhörte, in Erinnerung an seine Knabenjahre und an seinen ersten Rombesuch vor knapp zwei Jahrzehnten: «Ja, es trifft alles zu», *totum bene*[58].

Wie immer, der Knabe empfing damals, im Jahr 753/54, eine erste Ahnung von der Größe Roms, die ihm Zeit seines Lebens vor Augen stehen sollte, eine Ahnung zugleich von der Erhabenheit des Nachfolgers und Vicarius Petri, des Himmelswächters. Fromme Scheu vor dem heiligen Amt begleitete ihn sein Leben lang. Die Lehrautorität der römischen Kirche und ihrer Bischöfe hat er später explizit anerkannt: «alles richtig», *bene omnia*[59]. Er sah im Papst den Hort und Garanten der Rechtgläubigkeit, den Beter, der das Heil auf die Gläubigen herabflehte, der sein Königtum zu festigen und zu stärken vermochte, sah aber auch dessen Schutzbedürftigkeit und Schwäche. Der Erbe St. Peters und sein Stellvertreter auf Erden mußte, anders konnte es der heranwachsende Knabe nicht empfinden, selbst in seiner Ohnmacht ein mächtiger Mann sein, sakrosankt und Heil spendend.

Der apostolische Vater war herbeigeeilt, um in eigener Person, nachdrücklicher als seine Vorgänger, Hilfe gegen die Langobarden zu erflehen. Es geschah zu günstiger Stunde. Der karolingische Usurpator bedurfte selbst der Hilfe, um die Unruhe im Volk zu bändigen. Pippin schloß mit dem Papst ein «Freundschaftsbündnis» (*amicitia*), das er beschwor: Freund wolle er dessen Freunden, Feind dessen Feinden sein[60]. Bis ins 11. Jahrhundert wurde diese «Freundschaft» zwischen Papst und Frankenkönig – begleitet von einem schriftlichen *Pactum* – immer wieder erneuert. Der Knabe Karl wird rituelle Akte beobachtet, aber deren ‹politischen› Sinn ebensowenig durchschaut haben, wie er das «geistliche Bündnis» bemerkte, das Pippin wohl damals mit Stephan II. einging, eine «Gevatterschaft», deren konstitutiver Akt – eine Taufe oder Firmung – nicht überliefert wurde. Auch dieses Bündnis wird Karl mit Hadrian I. und mit Leo III. erneuern, doch nicht die knappste Notiz aus dem Frankenreich handelte davon oder dem Geleit, während die Päpste bis hin zu Leo III. nicht müde wurden, auf diese *compaternitas* zu verweisen[61]. Freilich wurden Pippins oder Karls Schreiben nach Rom nicht oder nur in knapper und zufälliger Auswahl überliefert, und in ihnen mag sich manch klärendes Wort gefunden haben.

Pippin verlangte nach stärkeren Mitteln als nur menschlichen Worten. Er stiftete eine Altarmensa, vielleicht einen transportablen Altar, an dem vor der *Confessio* in der Peterskirche die Messe gesungen werden sollte. Stephans Bruder und Nachfolger Paul I. hat sie feierlich konsekriert[62]. Die Gabe sicherte symbolisch und rituell die Präsenz des Karolingers im Kultus der Apostelkirche und das Stiftergedenken beim Petrusgrab. Der Apostelfürst sollte verpflichtet sein, dem König sich dauerhaft hilfreich zu erweisen. Endlich dürfte Pippin damals die Übertragung der Gebeine der hl. Petronilla, die als Petrus-Tochter galt, aus der Stadt in eine eigene Kapelle im Anschluß an den südlichen Querhausarm der Peterskirche veranlaßt haben[63]. Auch diese Kapelle galt dem «ewigen Gedächtnis», der *memoria aeterna*, des Frankenkönigs, seiner liturgischen

Präsenz in der Peterskirche[64]. Das alles aber entzog sich den Augen des Knaben Karl und fand auch keinen Widerhall in den «Reichsannalen». Und dennoch: Die Devotion, die der König Pippin vor dem Apostelfürsten und seinem Nachfolger erwies, muß bei dessen Sohn einen nachhaltigen Eindruck hinterlassen haben.

Der Papst wurde in die Königsabtei St-Denis, seinem Winterquartier, geleitet. Dort salbte er Pippin und seine Söhne zu Königen, so berichteten die Annalen, und erklärte sie zu *Patricii Romanorum*[65]. Die Bedeutung dieses Titels war unklar, da er an sich mit einem byzantinischen Hofrang verbunden war, den allein der Kaiser verlieh. Der Exarch, der Vertreter des Kaisers in Italien, hatte diesen Titel getragen. Doch an seine Stelle sollte der Frankenkönig schwerlich treten. Irgendwie sollte den Karolingern vielmehr die übernommene Schutzpflicht gegenwärtig bleiben; der neuartige «Patriziat» mochte dazu dienen. Pippin griff den eigentümlichen Titel nicht auf; und auch Karl wird ihn erst übernehmen, nachdem er ein erstes Mal sein Gebet an den Apostelgräbern verrichtet hatte. Die Salbung indessen sollte von der Ausschaltung und dem verschuldeten Tod der Verwandten, sollte von allen Vertrags- und Rechtsbrüchen des Neukönigs reinigen, den Umsturz rechtfertigen und sollte Pippins Autorität unter den Franken stärken.

An Ostern traf man sich noch einmal, jetzt in der Pfalz Quierzy, um tatsächlich den zuvor von Pippin erst auf einer zweiten Reichsversammlung durchgesetzten Kriegszug nach Italien zu verkünden. Der König sicherte abermals, wie in Ponthion, dem Papst die «Rückgabe» des Exarchats Ravenna und weiterer Gerechtsame «des hl. Petrus des römischen Gemeinwesens» (*beati Petri rei publicae Romanorum*) zu[66], die der Langobardenkönig Aistulf unlängst an sich gerissen hatte: dem Apostelfürsten und seinem Vikar und nicht dem Kaiser im fernen Konstantinopel, der zuvor seit Justinians Tagen deren Herr gewesen war.

Der eben zum Königtum aufgestiegene, noch keineswegs unangefochtene Karolinger wagte damit viel. Denn längst nicht der gesamte fränkische Adel stand hinter ihm oder wünschte gar einen Krieg gegen die Langobarden. Pippin war zum Erfolg verdammt. Durch einen solchen mußten die Gegner zum Verstummen gebracht werden. Die durch vielerlei Akte bezeugte Devotion vor dem Apostelfürsten erfüllte somit nicht nur die Wünsche des Bischofs von Rom, sondern sollte ohne Zweifel zugleich die fränkischen Gegner des Unternehmens beschwichtigen. Sie sollten für den Apostel, für die Freiheit seiner Kirche über die Alpen ziehen, für keinen fremden Herrscher.

Die Söhne, so jung sie waren, wurden in die Verpflichtung einbezogen: Der sechsjährige Karl bekräftigte das Restitutionsversprechen; sogar der Name des dreijährigen Karlmann wurde dem Akt hinzugefügt[67]. Diese «Pippinische Schenkung», deren territorialer Umfang nicht mehr völlig zu klären ist, sollte die Grundlegung des Kirchenstaates werden, der in seinen letzten Resten noch heute existiert. Karl der Große wird sich noch als König an die Begegnungen von Ponthion und Quierzy erinnert haben, zumal ihn die Päpste regelmäßig an die Erfüllung des Versprechens gemahnten. Doch als Knabe wird er kaum erfaßt haben, was zwischen seinem Vater und dem Gast aus Rom verabredet wurde. Verwirklicht hat auch der König Karl diese Schenkung nicht, obgleich er sie erneuerte. Die «Reichsannalen» übergingen denn auch alle Hinweise auf Pippins und Karls Versprechungen; allein römische Zeugnisse verwiesen auf sie.

Pippins Königswürde, wie immer sie erlangt war, war also, im Jahr 754, durch päpstliche Salbung legitimiert. Die Annalen schwiegen über dieses Zeremoniell; doch verrät eine in ihrer Echtheit lange umstrittene anonyme ‹Notiz› aus dem Jahr 767 mehr über das Geschehen und vor allem, was mit ihm intendiert war: An ein und demselben Tag wurden danach Pippin mit seinen beiden Söhnen von Stephan II. in St-Denis gesalbt und gesegnet (*unctus et benedictus, consecrati*)[68]. Auch Pippins Gemahlin Bertrada wurde gesegnet gleich den fränkischen Großen; ihnen wurde verboten, jemals einen König «aus den Lenden eines anderen» zu wählen, vielmehr allein aus jenen, welche die göttliche Gnade jetzt durch die Hand des erhabensten Bischof zu weihen beschlossen habe[69]. Die Merowinger und die Neffen Drogo mit seinen Brüdern schloß dieser Spruch für alle Zeit vom Königtum aus. Karl, der sechsjährige Knabe, erlebte hier zum ersten Mal den überwältigenden Zauber einer päpstlichen Weihe und der befestigenden Wirkung, die sie verströmte. Er hat es nicht vergessen und später seine für legitim erachteten Söhne in gleicher Weise – und nun in Rom – salben lassen.

Pippin zog nach Italien. Aistulf wurde zum Frieden gedrängt, den er schon im folgenden Jahr wieder brach. Der Frankenkönig eilte noch einmal mit Heeresmacht nach Italien, um dem Papst wiederum gegen die Langobarden beizustehen. Petrus selbst, der Apostelfürst, hatte ihn, da auch jetzt einige Franken und an ihrer Spitze die Königin Bertrada abrieten, herbeigerufen: «Ich, Petrus, der Apostel Gottes, der euch zu Kindern angenommen hat, ... der ich euch Franken mir unter allen Völkern erwählte, ... ich dränge und mahne euch, ... schützt mein Volk, ... verteidigt Rom ... und die Römer, eure Brüder, vor den ruchlosen Langobarden! ... Kommt, kommt, bei dem lebendigen und wahren Gott, ich beschwöre euch, kommt, helft, bevor der Lebensborn, aus dem ihr trinkt und wiedergeboren werdet, versiegt, bevor der letzte Funke der hellen Flamme verglüht, die euch leuchtet, bevor eure geistliche Mutter, Gottes heilige Kirche, ... geschändet wird»[70]. Das Schreiben verfehlte seine Wirkung nicht; es verrät viel über die Mentalitäten von König, Adel und Volk der Franken. Übermenschliche Mächte griffen in das Geschick der Völker ein, zumal der Apostelfürst unterstützte die neue Dynastie. Der Knabe Karl konnte dessen Eingreifen geradezu mit eigenen Augen verfolgen. Auch diesen Brief wollte Karl bewahrt wissen.

Mit größter Sorge betrachtete Byzanz die Entwicklung im Westen. Der Kaiser Konstantin V. suchte, sich in die italischen Angelegenheiten einzuschalten, und schickte zu direkten Verhandlungen und unter Umgehung des Papstes einen hochrangigen Gesandten an den eben Pavia belagernden Frankenkönig[71]. Wenigstens im nachhinein muß Karl auch davon gehört haben. Georgios, so hieß der Gesandte, versprach dem König «reiche kaiserliche Gaben», wenn er «Ravenna und die übrigen Städte und Burgen des Exarchats der kaiserlichen Gewalt wieder zubillige». Pippin aber blieb hart; er widerrief sein früheres Versprechen nicht. Nur aus Liebe zum hl. Petrus habe er – so bekräftigte er eidlich – sich in die Kriege gestürzt, nichts könne die fraglichen Städte «der Gewalt St. Peters sowie dem Recht der römischen Kirche und des apostolischen Stuhles entreißen». Der König entließ den Gesandten, der – warum? – über Rom, wo er nichts erreichen konnte, an den Bosporus zurückkehrte.

Das «Papstbuch», das allein dieses Geschehen festhielt, verschwieg, was scharfsinnige Folgerung aus den seit Pippins erneuerter «Schenkung» ungewöhnlich zahlreichen Funden byzantinischer Münzen und Bleisiegel kaiserlicher Domänenverwalter in Sizilien nach der Mitte des 8. Jahrhunderts erahnen läßt: Daß nämlich die dortigen reichen und leistungskräftigen päpstlichen Patrimonien kurz zuvor durch den Kaiser endgültig eingezogen worden waren, daß darunter – wie später aus Karls Briefwechsel mit Hadrian I. hervorgeht – zumal die päpstliche Armenfürsorge und der kirchliche Lichterdienst litten, und daß Pippins Zuweisungen in Nord- und Mittelitalien die Verluste kompensieren sollten. Vielleicht einigte sich damals, im Jahr 757, der Karolinger mit dem Basileus darüber sogar in Form eines wechselseitigen Tauschgeschäfts; doch bleibt das einstweilen bloße Vermutung[72]. Sizilien diente nicht zuletzt der kaiserlichen Flotte als Basis.

Endlich wurde Aistulf besiegt und zur Herausgabe der gewonnenen Gebiete an das römische «Gemeinwesen St. Peters» (*b. Petrus rei publicae Romanorum*) und zu hohen Kontributionen an den Papst gezwungen. Eine Urkunde, die sich im päpstlichen Archiv befinde, habe alles bekräftigt. Der dem Papst von früher vertraute Abt Fulrad von St-Denis wurde ausgeschickt, die Übergabe der Städte in die Wege zu leiten und die eingesammelten Stadtschlüssel an der *Confessio* des Apostelfürsten zu deponieren. So der Bericht des «Liber pontificalis». Jede einzelne Stadt nannte er mit Namen. Es war Territorienzuweisung nach Eroberungsrecht und die Konstituierung einer *Res publica*, die es zuvor nicht gab. Doch schonte Pippin das langobardische Königtum und ließ es abermals als unabhängiges, aber tributpflichtiges Reich bestehen. Die «Reichsannalen» schwiegen auch dazu.

Der junge Karl, der künftige König, erfuhr frühzeitig, daß die Hauptaufgabe eines Herrschers der Krieg sei. Seine Kindheit war erfüllt vom Waffenlärm, eingebettet in Kriege, die der Vater führte: Krieg gegen Sachsen, Krieg gegen Aquitanier, gegen Baiern, gegen Langobarden, gefolgt von Friedensschwüren, gebrochenen Eiden, neuen Kämpfen, Jahr um Jahr. Was zwischen den Kriegen geschah, verlohnte keinen Eintrag in die «Reichsannalen». Der junge Mann erfuhr ferner, daß der Adel, der mitkämpfen sollte, zu jedem Krieg eigens gewonnen werden mußte. Und dennoch: Zum Krieg trat ein Zweites, trat Rom und der Glaube an die Macht St. Peters, des Himmelspförtners, die der Knabe inszeniert sah, trat das Bedürfnis, beiden Genüge zu tun. Krieg und Erneuerung wurden die Triebkräfte des zweiten karolingischen Königs, des ersten mittelalterlichen Kaisers.

Schwerlich begleitete schon der Knabe den Vater nach Italien, hörte aber nachträglich ohne Zweifel, wie der Vater Ortschaften niederbrennen, ganze Regionen verwüsten ließ, reiche Schätze nach Hause trug und darauf achtete, daß auch seine Leute mit reicher Kriegsbeute heimkehren und ihr Gefolge beschenken konnten. Es war früher Anschauungsunterricht und mentale Einübung in karolingische Herrschaftspraxis. Karl wird es jedenfalls später so halten, wie er es vom Vater gelernt hatte: Kriege führen, Beute machen und seine Leute belohnen.

Pippins Söhne wurden vermutlich, wie es dem salischen Recht entsprach, mit zwölf Jahren für mündig erklärt; im Jahr 760 jedenfalls urkundete Karl erstmals gemeinsam mit seinem Vater (DPipp 14), wie es gelegentlich auch später nachzuweisen ist. Jetzt wurde er auch vom Vater auf Kriegszüge mitgenommen. Im folgenden Jahr begleitete er Pippin tatsächlich auf eine Heerfahrt; sie führte nach Aquitanien und sei – so die «Reichsannalen» – Karls erster Kriegszug gewesen. Beide Königssöhne wurden wenig später, nachdem auch der jüngere Karlmann die Volljährigkeit erreicht hatte (763), mit eigenen Herrschaftsbereichen, einigen Grafschaften, ausgestattet. Karls Gebiet scheint um LeMans gelegen zu haben[73]. Weitere Kriegszüge mit dem Vater folgten. Überhaupt wünschte Pippin seine heranwachsenden, für mündig erklärten Söhne regelmäßig in seinem Gefolge. Es könnte so gut eine Erziehungs- wie eine Vorsichtsmaßnahme gewesen sein.

Vielleicht wurden damals den jungen Herren auch die ersten Frauen zugeführt. Die Welt verlangte ihren Tribut. Er vertrug sich nicht immer mit den Geboten der Religion und der Kirche, die Keuschheit und sexuelle Enthaltsamkeit forderten. Karls erste Gemahlin war – spätestens 763, als ihm der Vater die ersten Grafschaften übertrug[74] – dem Fünfzehn- oder Sechzehnjährigen bestimmt worden, ohne daß eine förmliche Ehe mit Dotation und Wittum geschlossen wurde. Gleichwohl betrachtete sie der Papst, Stephan III., als gültig. Karl fand Gefallen am Umgang mit dem weiblichen Geschlecht. Noch im Jenseits sollte er dafür büßen. Himiltrud, so hieß jene Dame, gebar ihm einen Sohn, der den Namen des Großvaters erhielt: Pippin. Der junge Mann hatte die erste Pflicht eines Kronprinzen erfüllt: selbst einen Thronfolger zu zeugen. Er hatte sich als herrschaftstauglich erwiesen. Was aber wußte er von der Welt, die er erobern wollte? Was konnte er wissen? Welchen Nutzen zog er daraus?

III

DIE UMWELT DES FRANKENREICHES: KOMMUNIKATION MIT DEN FREMDEN

1

Grenzen der Wahrnehmung

Leuchttum Europas»[1] – so feierte ein Dichter den Kaiser Karl. Es klang nach kontinentaler Weite. Indes, was wußte der Sänger von Europa? Was von der Welt? Was der besungene Herrscher? Was dessen vom Kriegslärm widerhallender Hof? Der Hof seines Vaters, an dem er erzogen wurde? Das Wissen, das Karl dort hatte sammeln können, mußte ihn auf seine künftige Herrschaft in einer Umwelt vorbereiten, deren Potentaten eigene Pläne hegten. Wie verläßlich also war das höfische Wissen? Wie immer die Antwort: Der Aufstieg des Frankenreiches von einer randseitigen zu einer mediterranen Macht offenbart, wie erfolgreich der Franke es zu nutzen verstand.

Speiste es sich aus bloßer Buchgelehrsamkeit, wie sie etwa Isidors von Sevilla «Etymologien» boten, über die Pippins Hof verfügte? Oder aus realer Erfahrung? Weit hatten Karl, sein Vater Pippin und der Großvater die Grenzen ihres Reiches vorgeschoben. Endlose Kriege hatten den Vater und ihn selbst, Karl, über die Alpen geführt, hatten ihn bis vor Benevent, über die Pyrenäen an den Ebro und die Donau abwärts nach Pannonien, hatten ihn an Elbe und Eider geführt. Aneinander gereiht glichen die zurückgelegten Wege einem Ritt um die ganze Erde. Welche geographischen Kenntnisse, welche Raumvorstellungen leiteten die Aufmärsche? Bestätigten die durch die Kriegszüge gewonnenen Erfahrungen die angelesene Ahnung von den Kontinenten Europa, Asien und Afrika (oder Libyen, wie der dritte Kontinent in antiker Tradition heißen konnte), von ihrer Größe, ihren Völkern, Religionen, Herrschaftsstrukturen und Beziehungsnetzen? Schufen die Kriege ein neues Wissen um Europa?

Die Blicke der Franken und ihrer Könige richteten sich nach dem nahen Osten und dem nächstgelegenen Süden, selten nach dem Westen, wo Iren und Angelsachsen wohnten, und bis zu Karls Zeit nie nach dem Norden. So begrenzt blieb das Reich der Karolinger, wie weit seine Herrscher auch vordrangen, randseitig, rückte nicht, auch nicht für wenige Jahre ins Zentrum der Welt. Seine Zeitgenossen in Byzanz oder im Reich der Kalifen schalteten und walteten mit dem Weltwissen der griechischen Antike, im Blick auf mächtige Nachbarn und mit ausgedehnten Beziehungen bis nach Indien und dem Fernen Osten. Sie tauschten Gesandtschaften und Wissen mit diesen fernen Ländern. Die «arabischen» Ziffern etwa besitzen ihr Vorbild in Indien. Arabische Kaufleute stießen auf der Jagd nach Sklaven und dem weißen Gold bis tief nach Afrika vor.

Den Franken blieb solche Weite verborgen. Allein China repräsentierte – geographisch gesehen – eine vergleichbare «Randkultur» wie ihr Reich. Doch der Sohn des Himmels regierte ein Reich zu groß, zu gewaltig, als daß sich das kleine, aufstrebende und dynastischen Zufällen sich verdankende Frankenreich mit ihm hätte messen dürfen. Als großer Vermittler zwischen Fernost und Fernwest erwies sich das arabische Reich, das die Umayyaden aufgebaut und eben, um 750, die Abbasiden übernommen hatten. Nur Sibirien entzog sich noch dem Blick aller Erben der Antike, während Skandinavien wenigstens den Iren bekannt war und den Franken nun, in der Zeit Karls des Großen, mit den Einfällen nordischer Piraten näher rückte.

Von alldem aber sprach man an Pippins oder Karls Hof nicht. Kein erhaltener königsnaher Text handelte von den Fremden und ihren Ländern. Es war, als wüßte man nichts von den benachbarten Regionen und ihren Völkern. Niemand lernte deren Sprache. Die Drachenboote jener Piraten tauchten stets «plötzlich» und um so gefährlicher am Horizont auf, wie aus ortloser Ferne. Seide kam aus Konstantinopel oder «Persien», nicht aus den Ländern jenseits der Seidenstraße. Orientalische Gewürze verwöhnten die fränkischen Gaumen noch wenig, kaum daß der Fernhandel das eine oder andere ihnen zutrug. Wer wußte schon, wenn er ein Beutelchen oder Krüglein erwarb, wo der Zimt wuchs, der Moschusochse sein Sekret lieferte? Gebracht wurden derartige Luxuswaren von jüdischen Fernhändlern aus Italien, Südgallien oder al-Andalus. Woher diese Waren tatsächlich kamen, erwähnte keine überlieferte Aufzeichnung. China wäre ein unverständlicher Name gewesen. So blieb auch «Europa» ein blasses Schemen.

Ähnlich stand es um die Vorstellungen der räumlichen Weiten. Wir Heutigen messen Entfernungen in Kilometern, Flächen in Quadratkilometern, Geschwindigkeiten in Kilometern pro Stunde. Wir besitzen maßstabsgerechte Karten, Straßenkarten noch und noch, für ganz Europa, für Asien, für Amerika, besitzen einen Globus und klicken auf «Google Earth». Wir sehen die Welt von oben, aus Flugzeugen und Raumstationen. Die Menschen der Karlszeit, auch die Herren, lebten dem Boden näher. Die Erdkrume war ihnen vertraut, die Saat und Ernte, der Wegrain für das Pferdefutter auf der Reise. Fränkische Markbeschreibungen oder Siedlungsunternehmungen der Karlszeit verraten einen wachen Sinn der Zeitgenossen für das Naheliegende.

Aber übergreifende Abstraktion zur Raumerfassung des ganzen Reiches oder doch einzelner Regionen desselben, gar deren Einordnung in ein ganzes Weltbild war nicht ihre Sache. Kein Kartenbild erleichterte die Orientierung. Niemand kalkulierte mit Infra- oder Raumstruktur. Doch fragte der Stratege Karl, wie er bequemer von Mainz an Main und Donau gelangen könnte, ließ eine Brücke über den Rhein schlagen und plante einen schiffbaren Main-Donau-Kanal. Beide Unternehmungen scheiterten und wurden von seinen Nachfolgern nicht wieder aufgegriffen. Unbefestigte Wege führten von Ort zu Ort, auch die Fernwege wurden zu Fuß begangen oder von Reitern genutzt, allenfalls von leichten Karren befahren, welche Ochsen zogen, selten Pferde.

Die Ordnung des Raumes folgte den Kirchenprovinzen, die je ein Erzbischof, den Diözesen, die stets ein Bischof leitete, den Kirchspielen und kirchlichen Gerichtsbezirken, den Grafschaften und der schier endlosen Zahl der Gaue. Sie alle lagen – dem Reiseweg entsprechend – nacheinander, nicht nebeneinander. Kein Zeitgenosse beschrieb mit Hilfe irgendwelcher Provinzen Karls Reich, geschweige denn die Lage dieses Reiches inmitten fremder Reiche. Vermutlich verfügte auch Karl über keine Übersicht über sie alle.

Auch im 9. Jahrhundert besaß kein Herrscher Kenntnis aller dieser mehr oder weniger fest umgrenzten Räume. Kein Alemanne oder Baier, kein Graf oder Bischof hätte die Gaue Ostfrankens oder Sachsens aufzählen können, vielleicht nicht einmal die Landstriche seiner eigenen Heimat. Auch der König mußte das Wissen bei Bedarf von Ortskundigen erfragen. Nichtwissen bedrohte jede Herrschaft. Als man sich 842 anschickte, das Reich zu teilen, mußte eine eigene Kommission eingesetzt werden, nur um die jeweiligen Grenzregionen aufzunehmen[2].

Als Baiern oder Sachsen dem Karlsreich eingefügt, als die Herrschaft der Awaren in Pannonien beseitigt war, rüstete sich kein Schreibkundiger, um das Gewonnene in Worte zu fassen. Kein König gab eine Landesbeschreibung in Auftrag. Der Reichtum eines Landes blieb verborgen. Keiner beachtete und beurteilte die künftige Gegenwart der fremden Völker, von denen man wußte, und ihrer Bewohner; niemand die sozialen und politischen Folgen von deren Aufnahme ins Frankenreich. Allein die Bischöfe der Pannonien benachbarten Diözesen Passau, Salzburg und Aquileia stritten um die Missionskompetenz dort. Als normannische Piraten die Küsten bedrohten, wollte Karl Schiffe gebaut wissen, aber Feindaufklärung unterblieb; und eine schlagkräftige Flotte lief auch nicht vom Stapel. Man reagierte, agierte aber nicht im vorhinein. Bestenfalls drangen kontextlose Einzelinformationen an das Ohr des Frankenkönigs. Jenes *Europa*, als dessen Leuchttum Karl sich besingen ließ, wurde, soweit die Überlieferung reicht, zu keiner Zeit reflektiert und gewann über die bloße Auflistung von Provinznamen hinaus keine Gestalt.

Und die Menschen? Von Karl gibt es – von dem späten Einhard abgesehen – keine gleichzeitige Personenbeschreibung, von einem nach antiker Vorlage geschaffenen Münzbild und vielleicht der berühmten Reiterstatuette des Louvre abgesehen kein zeitgenössisches Herrscherbild. Die Wahrnehmungsmuster, mit denen die soziale Umwelt erfaßt wurde, orientierten sich an Familie, Status und Rang; persönliche Leistungen spielten da keine Rolle. Dem mangelnden Blick für den Raum entsprach somit ein mangelnder Sinn für seine Bevölkerung. Die Menschen wohnten weitgestreut, oft kaum ein Duzend auf den Quadratkilometer. Die weit überwiegend unfreie Bewohnerschaft wurde bestenfalls als Herrschaftsobjekt erfaßt, als abgaben- und dienstpflichtige Leute. Karl unterschied nur Freie und Unfreie; maßgeblich aber waren nur die Großen, die *primores*, *optimates*, *maiores*, *potentes* oder wie immer sie hießen. Kein einziger Knecht am Königshof, keine Magd fand sich genannt, obgleich auch in Aachen mehr unfreies Dienstpersonal als Herren anzutreffen war.

Es gab – aus der Antike überkommen – stadtähnliche Siedlungskonzentrationen, «Civitates»: Marseille, Arles, Narbonne, Orléans, Paris, Köln, Mainz, Augsburg, Regensburg und andere. Aber wer reflektierte schon den Austausch zwischen Stadt und Land, wie ihn heutige Geographen oder Historiker untersuchen? Niemand verzeichnete die Leistungskraft der Infrastruktur, die Hemmnisse einer zersplitterten Herrschaftsorganisation, den Ertrag der Salz- oder Erzgruben. Wer registrierte schon die Unterschiede zwischen Marseille und Augsburg, Arles und Regensburg? Zwischen dem Norden und Süden, dem Osten und Westen des Karlsreiches? Als Gesandte nach Rom, Konstantinopel oder Jerusalem diente manch einer der Großen Pippins oder Karls; aber keiner hinterließ einen Reisebericht, eine Völker- oder Landesbeschreibung; was sie ihren Königen berichteten, entzieht sich weithin unserem Wissen.

Zwar setzten bald nach Karls Tod die Aufzeichnungen der Urbare und Polyptichen ein, die beschreibenden und zählenden Aufnahmen klösterlicher und kirchlicher Grundherrschaften. Sie zählten auch die Menschen, die auf jeder der überprüften «Hufen» wohnten, namenlos sie alle, Männer, Frauen, Kinder. Aber sie addierten sie nicht zu einer Gesamtbevölkerung, und sei es bloß der eben erfaßten Grundherrschaft oder des fraglichen Ortes. Die Hufner dort waren auf den Grundherrn fixiert oder auf seinen Vertreter, den Meier oder *Judex*, auf die Nachbarschaft, auf die Pfarr- und Gerichtsgemeinde. Der König war fern, auch für Freie kaum zu erreichen, der Graf, des Königs Vertreter, eher gefürchtet als aufgesucht. Genau Buch geführt wurde bestenfalls in kleinem Rahmen. Daß Karl über ein Reich regierte, das vielleicht – wie moderne Historiker erschließen – etwa 20 Millionen Menschen bewohnten, hätte niemand zu erfassen vermocht.

Der schollegebundene Freie hatte in der Regel Abgaben zu entrichten, der Unfreie mußte Frondienste leisten, drei Tage die Woche oder einige Wochen im Jahr, um die Felder zu bestellen. Aber wer wollte es zu einem Bruttosozialprodukt addieren? Wer hätte es können? Den Wert solcher Informationen hätte niemand zu schätzen gewußt.

In der Dimension des ganzen Volkes zu denken, des «Frankenvolkes», *populus Francorum*, war wohl dem Adel vertraut; aber diese Ganzheit betraf in der Regel nur den Adel selbst, vielleicht noch einige Freie, aber nicht das gemeine Volk. Neben die Franken traten zudem die anderen Völker des Karlsreiches, die «Gentes» der Goten, Burgunder, Alemannen, Baiern, Sachsen, Langobarden und Römer. Sie unterschieden sich durch Selbstbewußtsein, Herkunftswissen, Recht und Tracht, durch Siedlungsweisen und Lebensformen, auch wenn die intergentilen Ehen des Adels, der «Reichsaristokratie»[3], die Unterschiede zu verwischen begannen. Doch Selbstbewußtsein und gentiles Recht hielten sich bis weit ins hohe und späte Mittelalter, wie etwa Sachsen- oder Schwabenspiegel verdeutlichen mögen.

Schon gar nicht erfuhr die Bewohnerschaft fremder Länder Beachtung, nicht deren Herrschafts- und Sozialordnung, nicht die Lebensformen, Speisen oder differenzierenden Trachten. Das Fremde blieb fremd. Kein Franke fragte, was die Nordleute zu ihren tollkühnen Fahrten trieb. 4500 aufständische Sachsen – eine der wenigen überlieferten Bevölkerungszahlen – habe Karl hinrichten lassen, hieß es zum Jahr 782 in den «Reichsannalen». Die Zahl war gewiß übertrieben; aber Karl wollte sie – vielleicht zur Abschreckung – festgehalten wissen. Wer aber hätte eine Volkszählung vornehmen können? Später, zum Jahr 798, steht zu lesen, ein Drittel der waffentragenden Männer sei deportiert worden, insgesamt, so läßt sich mit aller Vorsicht berechnen, 1600 Menschen[4]. Die Zahlen lassen sich schlechthin nicht überprüfen. Zählverfahren zur Volkszählung sind nicht bekannt, eine darauf gerichtete Feindaufklärung noch weniger. Die «Dichte» der Bevölkerung, ihr kontinuierliches Wachstum, das zweifellos zu konstatieren ist und das der moderne Historiker etwa an der Teilung und Viertelung der Hufen im Verlauf des 9. Jahrhunderts wahrnehmen zu können meint[5], blieben unbeobachtet und in seinen Folgen unbeachtet.

Lebenserwartung, gar durchschnittliche Lebenserwartung, war keine gedankliche Größe dieser Epoche. Abstraktionen vom realen Leben, von den selbstbezogenen menschlichen Erfahrungen, waren ungewohnt; allenfalls fand sich der *populus* erwähnt, was in der Regel nicht das einfache Volk meinte, sondern jene Großen und Mächtigen, die bei dem entsprechenden Geschehen anwesend waren. Zu Wort kamen nur jene wenigen, die lesen und schreiben konnten und zur machttragenden Elite zählten. Die Dorfgemeinden, soweit es sie schon gab, die Angehörigen der Grundherrschaften, die allenfalls im Hofgericht des Grundherrn oder seines Vogts ein Sprachrohr besaßen, sind für den Historiker für immer verstummt.

Viele Menschen starben als Säuglinge, manche in reifem, manche in hohem Alter. Karl der Große wurde etwas über 65 Jahre alt, sein Bruder Karlmann 20, seine Schwester Gisela, die Äbtissin von Chelles und von Notre Dame in Soisson, 53, sein Bruder Pippin keine zwei Jahre alt. Von Karls eigenen 18 Kindern erreichten die Äbtissin Theodrada ein Alter von annähernd 63 Jahren, der Kaiser Ludwig von 62, der Erzbischof Hugo von 54 Jahren; drei starben im Säuglingsalter, die übrigen, soweit erkennbar, im Alter zwischen 20 und 40 Jahren[6]. Unter den Armen muß mit Tötung von Säuglingen, vor allem Mädchen gerechnet werden – aus Not. Auch ausgesetzt wurden viele – Urbilder für das Märchen von Hänsel und Gretel. Man konnte die Kinder nicht ernährten. So war das eben. Die Menschen lebten in ihrer Welt, reich und arm, satt und hungrig, nicht wenige in Not. Viele waren es ohnehin nicht, ein paar Millionen, wo heute zwanzigmal so viele leben.

Überregionale und interkulturelle Kommunikation, so selten sie zu beobachten ist, war den zahlenmäßig kleinen Eliten vorbehalten. Wenige Hundert Personen traten hervor. In den Reichsannalen der Zeit Karls des Großen (768–814) beispielsweise wurden lediglich etwa 150 Namen aufgeführt: Vertraute des Königs, Freunde und Feinde. Die erhaltenen Briefe und Urkunden könnten die Anzahl der Namen erhöhen, doch nicht den Gesamteindruck verschieben. Der Berater- und Helferstab des Königs, die Zahl seiner Vertrauten, würde noch immer erstaunlich klein bleiben. So wenig aber die Personen sich genannt finden, so selten die Beziehungen zu auswärtigen Herrschern.

Nur vereinzelte ‹diplomatische› Anlässe boten – von seltenen Pilgerreisen abgesehen – Gelegenheit für Begegnungen mit Fremden. ‹Technische› Schwierigkeiten hemmten die Beziehungen. Als Karl im Jahr 797 eine Gesandtschaft nach Bagdad schickte, dauerte es drei Jahre, bevor – nach einigen Todesfällen – die Antwort von dort bei ihm eintraf. Arabische Gesandte am Karlshof wurden eher bestaunt als verstanden; Juden dürften dabei als Dolmetscher tätig gewesen sein. Das Reisen war neben den Gefahren der Fremde, von Wegen und Schiffahrtsrouten, von Krankheit, Wetter und Jahreszeit abhängig; Gemächlichkeit war angesagt, nicht Eile.

Die nötigen Sprachkenntnisse besaßen die wenigsten. Dolmetscher waren selten, doch unabdingbar; mitunter vollzog sich die Kommunikation über mehrere ‹interpretierende› Zwischenstufen. Die Verständigung – auch mit den Griechen – beschränkte sich auf Nötigstes und Naheliegendes. Mißverständnisse waren an der Tagesordnung. Interkultureller Austausch zwischen dem Frankenreich und Byzanz oder der arabischen Welt war auf diesem Wege eher zäh als effizient. Er sah sich verwiesen auf einige wenige, begrenzte Kontaktzonen wie Spanien, Süditalien, Rom oder Venedig mit einer entsprechend verzögerten Ausbreitung in die nördlichen Regionen.

Kulturelle Eigenentwicklungen und Differenzen übertönten somit die Kulturkontakte. Diese waren nicht ausgeschlossen, aber ihre Dichte und Intensität recht unterschiedlich und insgesamt zu spärlich, als daß sie gediegene Informationen hätten vermitteln können. Kriege bescherten vor allem Beutegüter und weniger Erfahrungen mit fremden Kulturen. Pilgerfahrten nach Rom und ins Heilige Land verschafften eher seltsame Eindrücke. Das Frankenreich und seine Völkerschaften waren unter Karls Vater Pippin, so läßt sich vorsichtig zusammenfassen, zu sehr noch mit sich selbst beschäftigt, als daß sie schon in die Weite der Welt hätten ausgreifen können. Erst unter Karl begann es sich für wenige Jahrzehnte zu ändern.

Immerhin repräsentierten die Gelehrten am Karlshof – Iren, Angelsachsen, Goten, Langobarden – unterschiedliche Wissenskulturen, von denen das Frankenreich profitieren konnte. Die geographischen Kenntnisse konnten sich dadurch erweitern. Ein Alkuin brachte angelsächsische Erfahrungswelten dem Karlshof näher. Ein Mann wie der Westgote Theodulf von Orléans konnte möglicherweise ein wenig Arabisch; jedenfalls öffnete sich durch ihn und seinesgleichen der geistige Horizont nach dem muslimischen Spanien. Langobarden wie Paulus Diaconus vermittelten byzantinisch-griechische Kultur nach dem Norden. Die Welt der Slawen und Skandinavier blieb im Dunkeln; keiner von ihnen ließ sich an Pippins oder Karls Hof erblicken.

Das Wissen der Bücher war an die Greifbarkeit einer Handschrift gebunden und verbreitete sich nur langsam. Die «Germania» des Tacitus etwa, die ja doch einige Informationen zu den Völkern rechts des Rheins bis hin nach Finnland zu bieten hatte, existierte um 850/860, soweit wir wissen, nur in einer oder zwei Handschriften in Fulda und Hersfeld[7]. Karl besaß, so wird vermutet, eine beachtenswerte Hofbibliothek, die freilich nur splitterhaft erschlossen werden kann[8]. Antike Autoren, soweit sie sich des Lateins und nicht des Griechischen bedienten, vermittelten ein Bildungswissen, dem in der Regel keine eigene Erfahrung mehr zugrundelag. Auch die «Germanen» des Tacitus, die Völkerschaften nämlich rechts des Rheins, gab es nicht mehr. Wir wüßten auch nicht, daß die antiken oder spätantiken Texte herangezogen wurden, um ‹diplomatisches›, ‹politisches› oder militärisches Handeln vorzubereiten.

Isidors von Sevilla «Etymologien» dürften noch die weiteste Verbreitung gefunden haben. Sie ließen sich in je einem Buch über die Erde, deren Kugelgestalt bekannt war, über das Paradies und die Provinzen des Erdkreises aus, sowie allgemein über Städte, Äkker und Ackermaße. «Die bewohnbare Erde befindet sich», damit setzte das Buch 14 ein, «in der mittleren Region der Welt» (14,1,1).

«Der Erdkreis ist von allen Seiten vom Ozean umgeben» (14,2,1). Es folgten die Kontinente Asien (wo das irdische Paradies lag), Europa und «Lybien» (d.h. Afrika). Die *Arabia beata* kannte noch keine Muslime (14,3,15). Inseln wurden erwähnt und Gebirge, doch keine Menschen. Die Darstellung war rettungslos veraltet.

Das folgende Buch 15 nannte zwar zahlreiche Städte und ihre mythischen Gründer, menschliche Wohnstätten, öffentliche Gebäude, Befestigungen und Ähnliches, doch wiederum keine Menschen, die ihren Tätigkeiten nachgingen. Immerhin, die «Etymologien» prunkten mit einem reichen Wissensschatz, tradierten Namen und Zuordnungen. Doch den Weg etwa von Aachen nach Rom oder Konstantinopel, Jerusalem oder Bagdad konnte man damit nicht verfolgen. Zurechtfinden in der Welt oder nur in Europa ließ sich mit Hilfe dieser Enzyklopädie aus Spanien kaum.

Über die unterschiedlichen Kulturen der «Alten Welt», durchweg vormoderne Gesellschaften, wenn auch unterschiedlichster Organisation und Geschlossenheit, erfuhr man nichts. Die «barbarischen» Zivilisationen des europäischen Nordens und Ostens, die vergleichsweise schlichten Ackerbauern und Viehzüchter der Länder rechts des Rheins und nördlich der Donau sahen sich nicht verglichen mit den mittelmeerischen Hochkulturen. Nomaden waren die Awaren im Karpatenbecken; aber niemand beschrieb ihre Lebensformen. Das kollektive Identitätsbewußtsein der Eliten, für das Rang, Status und Verwandtschaft grundlegend waren, um an den maßgeblichen Entscheidungen der jeweiligen Gruppen zu partizipieren, wurde nicht thematisiert. Man wußte insgesamt wenig voneinander.

Man wird die Perspektive freilich auch umkehren dürfen: Auch die Welt wußte wenig von den Franken, ihren Königen und ihrer Anstrengungen um eine neue Blütezeit. Allein in Byzanz sammelte man frühzeitig Informationen über sie. Die muslimischen Herrscher dürften Christen als Gesandte zu den Christen geschickt haben. Für Hârûn al-Rašid beispielsweise, der Gesandtschaften mit Karl dem Großen tauschte, fanden sich bei arabischen Geschichtsschreibern nur schwache, erst neuerdings erkannte Spuren dieses Austauschs[9].

Nicht einmal das näher Gelegene sah sich im Frankenreich ausführlich beschrieben. Kümmerten sich der König und seine Eliten so wenig um die Länder und Völker ringsum? Selbst Einhard, der die einzelnen Kriege seines Königs gegen fremde Völker aufzählte, schwieg über die Bekriegten. Hatte Karl deshalb, wegen Uninformiertheit, die schwere Schlappe im Baskenland im Jahr 778 erlitten? Was wußte der karolingische Hof von Griechen und den Muselmanen Spaniens, von Basken, Awaren, Wikingern, die für ihn Piraten waren, von Slawen, Wilzen oder Abodriten, zu denen keine Schwerter exportiert werden sollten? Wie nahm er sie alle wahr? Wieweit achtete er sie? Toleranz, so zeigen die flüchtigsten Blicke in zeitgenössische Fürstenspiegel und Erziehungsschriften, war deren Sache nicht. Der Fremde, war er nicht Händler, Gesandter oder Gast, wurde in seinem Fremdsein kaum geachtet, eher als Bedrohung empfunden. Jede Kommunikation mit ihm fiel schwer und mißlang nur allzuhäufig. Es fehlten angemessene Wahrnehmungs- und Deutungsmuster, um die Anderen in ihrem Anderssein erfassen und würdigen zu können.

Karl duldete Fremde an seinem Hof, ja, er liebte sie, die dort so zahlreich waren, daß es in Palast und Reich geradezu als lästig empfunden wurde, wie Einhard notierte. Der Biograph dürfte dabei an die gelehrten Iren, Angelsachsen, Westgoten und Langobarden gedacht haben und daran, daß sie den Franken oder Alemannen so viele kirchliche Ämter ‹weggeschnappt› hatten. «Doch Karl ließ es sich in seiner Großherzigkeit nicht verdrießen, da der Nachteil durch das Lob der Freigebigkeit und einen guten Ruf wettgemacht wurde» (c. 21). Einhards Bemerkung verrät wenn schon keine Feindseligkeit, so doch eine abwehrende Haltung gegen ‹Überfremdung› der Hofgesellschaft und des Königsdienstes. Unter Ludwig dem Frommen begann sich diese Abwehrhaltung tatsächlich auszuwirken. Sie schwächte die Dynamik der kulturellen Entwicklung.

Die Berichte aus fremden Ländern im Umfeld des Frankenreiches, die – soweit für uns nachprüfbar – im Frankenreich kursierten, boten wenig Information über diese. Nur vereinzelt fanden sich zeitgenössische Reiseberichte aus unterschiedlichen Zeiten mit mageren, bestenfalls splitterhaften Beschreibungen. Immerhin berichtete Willibald, der spätere Bischof von Eichstätt, vielleicht 50 Jahre nach dem Geschehen der Nonne Hugeburc von seiner Pilgerreise nach Jerusalem. Er hatte sie um 720 angetreten. Die Nonne beschrieb seine Fahrt von Ort zu Ort, notierte die Schwierigkeiten bei der Einreise ins «Sarazenen»-Land, streifte knapp die Rückreise, die Willibald um Kalabrien herum nach Catania und Reggio führte und sogar einen Besuch des Stromboli gestattet haben soll. Dort habe er einen neugierigen Blick in die Abgründe der Hölle werfen wollen, doch Ascheregen hätte es verhindert. In Montecassino endete die Pilgerreise dann[10].

Indes, solange der Angelsachse auch in Ländern unter dem Halbmond, unter «Sarazenen», reiste und verweilte, von deren Religion findet sich nichts beachtet und nichts referiert. Jede Kirche wurde erwähnt, doch über Muslime und Juden eilte die Feder hinweg. Immerhin erinnerte sich Willibald an den (wie so oft mit dem Namen verwechselten) Titel des *Myrmumni*, des «Emirs al Mummenin», des «Herrschers der Gläubigen». Genau beschrieb Willibald lediglich das Heilige Grab[11]. Was mündlich berichtet wurde, läßt sich nicht mehr erkunden. Mit welcher Art Information Karls Gesandte später nach Konstantinopel, Jerusalem oder Bagdad zogen oder von dort zurückkehrten, ist unbekannt. Ungewöhnliche Geschenke weckten noch die größte Aufmerksamkeit; das Wissen über die fremde Welt versteckte sich dahinter.

Aus der Antike floß der Karlszeit freilich mancherlei geographische Kenntnis zu. Walahfrid Strabo etwa, der seine weite Bildung allerdings erst nach Karls des Großen Tod grundgelegt und unter Hrabanus Maurus in Fulda vertieft haben konnte, verwies auf die «Historien» des Orosius (I,2,60), um die Lage Alemanniens oder Schwabens in das geographische Weltbild einzuordnen. Auch den «*Polyhistor*» des Solinus (21,2) kannte und zitierte er aus dem nämlichen Grund. Alpen, Bodensee, Rhein, Aare, Donau, Drau und Save, die Provinzen Noricum, Rätien, Pannonien, die Stadt Bregenz, die nähere Umwelt seines Klosters also, standen ihm mit ihrer Lage klar vor Augen. Irland, Britannien und Spanien wußte er nur verschwommen zu verorten. Doch korrigierte der gelehrte Reichenauer Mönch mit seinem angelesenen Wissen die unzutreffende Meinung «vieler», rechnete also mit einem mangelhaften geographischen Wissen seiner Zeitgenossen[12]. Wenigstens die Kenntnis des Orosius dürfen wir auch für den Hof Karls des Großen erwarten.

Eigene ethnographische und geographische Abhandlungen verfertigten dessen Zeitgenossen kaum. Wohl um die Mitte des 8. Jahrhunderts entstand eine merkwürdige, schwer zu deutende, vielleicht satirisch gemeinte kosmologische Schrift, die «Kosmographie» eines fiktiven Aethicus. Der anonyme Autor muß «eine mit ungewöhnlicher Phantasie begabte Persönlichkeit gewesen sein»[13]. Das Werk wurde angeblich von dem Kirchenvater Hieronymus aus dem Griechischen übersetzt und redigiert; es stellt eine bunte Mischung aus angelesenem Wissen, vielleicht aus Byzanz herzu geflossenen Informationen dar, aus Mythen (*Romulus* führte Krieg gegen *Francus*), Phantasie und Fiktionen, «eine raffiniert aufgebaute Erdbeschreibung, die schon vom Stoff her für die Erdichtung großen Spielraum gewährte». Selbst vergleichsweise nah gelegene Regionen wurden mit erfundenen Orten und Ereignissen garniert. Eigene Erfahrung lag dem Konstrukt kaum zugrunde. Zur Orientierung in der realen Welt eignete es sich nicht, als geistiges Herrschaftsinstrument noch weniger. Eher verrät es, in welcher Mischung aus tradiertem Wissen, Phantasie und Imagination damals der geographische Raum und die Vorstellungen von der Erde konstruiert wurden.

Die ältesten Handschriften(fragmente) reichen noch vor das Jahr 800 zurück. Sie könnten, doch ist es umstritten, auf Salzburg als Entstehungsort des Werkes verweisen; auch Bobbio wird dafür in Anschlag gebracht. Der Autor fing gelehrt mit der Weltschöpfung an, beschrieb Erde, Meer und Himmel, ließ die Welt von dem fiktiven Aethicus bereisen und wandte sich endlich den in der Bibel nicht genannten Völkern zu, wobei sich abermals Mythisches und Wirkliches durchdrangen. Immerhin, er bot ein Weltbild vom spanischen Westen über das Land der Amazonen, Byzanz und Kaukasus bis nach Innerasien, vom skandinavischen Norden bis zur nordafrikanischen Wüstenzone im Süden; kein Fleckchen Erde blieb in diesem Bild unausgefüllt und leer. Doch selbst dieser erfindungsfreudige Autor, dem durchaus die Kugelgestalt der Erde vorschwebte, ließ seine Phantasie nicht über den beschriebenen Westen, Osten oder Süden hinaus schweifen. Da gab es nichts, nichts, was zu erwähnen verlohnte.

Nähe zu den bereisten Ländern und den Wahrnehmungsweisen der Zeit kann auch einem wohl schon in König Pippins Zeit im Frankenreich verfügbaren Werk attestiert werden: Adamnans Bericht über Arculfs, wohl eines Franken, Pilgerreise nach Jerusalem. ‹Politische› Informationen bot er nicht. Der Bischof hatte die Fahrt um 670/680, mithin ein halbes Jahrhundert nach der Eroberung der heiligen Stadt durch die Araber, unternommen[14]. Der Autor Adamnan (er starb 704) war zuletzt Abt von Iona, Columbans d. Ä. Gründung auf der kleinen Insel vor Schottland; einer der Iren oder Angelsachsen könnte eine Handschrift mit ins Frankenreich gebracht haben, wenn der Text nicht überhaupt dort entstanden war. Jedenfalls gehören die ältesten Handschriften vielleicht noch vor die Mitte des 9. Jahrhunderts oder bald hernach und gehen über wenige Zwischenstufen auf das Original zurück[15]. Zudem hatte Beda Venerabilis das Itinerar bearbeitet; diese Version könnte bei der Hochschätzung des Verehrungswürdigen durch Alkuin an Karls Hof bekannt gewesen sein[16].

Arculf lieferte eine knappe Beschreibung seiner Reise durch byzantinisches und arabisches Gebiet und handelte ausführlich im Stil eines Reiseführers von den heiligen Stätten in Jerusalem. Für die Orte des Heiligen Landes stützte sich der irische Autor wiederholt auf des Eusebios «*Onomasticon*» in der Übersetzung des hl. Hieronymus[17], das er stilistisch nachzuahmen versuchte; auch andere antike Quellen wurden herangezogen. Das Werk ist somit eine Mischung aus Bericht und Literaturkenntnis. Immerhin, es vermittelte, als man es im Frankenreich zu lesen bekam, ein gewisses zeitnahes Wissen über den Vorderen Orient. Aber dasselbe war nun buchgelehrtes Wissen, das nur eingeschränkt zur Orientierung in der Wirklichkeit taugte.

Zumeist wurden ohnehin nur Bauwerke, zumal christliche Kirchen und die Grabbauten verehrungswürdiger Heiliger beschrieben, auch in Konstantinopel nur die «große runde Kirche», mithin die Hagia Sophia, doch kein einziger Palast, wohl aber – wie in Jerusalem mit dem Davidstor – die Stadtmauer. Gelegentlich wurde, so in dem bestens befestigten Damaskus, auf eine «Sarazenenkirche», doch wohl eine Moschee, verwiesen (II,28). Auf dem Tempelberg in Jerusalem sah Arculf den Vorgängerbau der al-Aqsa-Moschee, schon er – «wie man behaupte» – für 3000 Gläubige bestimmt (I,1,14); betreten hat er ihn nicht. Das Zusammenleben von Juden, Christen und Muslimen wurde bestenfalls flüchtig gestreift.

Einige Beobachtungen ragten heraus. Der Pilger rümpfte die Nase ob der Menge an Dung, den Kamele, Pferde, Esel und Ochsen hinterließen, das Vieh eben der unzähligen Leute, die am 12. September zum Jahrmarkt nach Jerusalem strömten (I,1,7). Das Grab Mariens, der Mutter des Herrn, im Tal Josaphat fand Arculf leer (II,12,2–3): «Wie, wann und von welchen Leuten ihr heiliger Leib entfernt wurde und wo er der Auferstehung harrt, weiß niemand». Die Himmelfahrt der Gottesmutter war – anders als dann für den Angelsachsen Willibald[18] – noch nicht verkündet. Entfernungen gab Arculf, wie jedem Franken vertraut, in Tagesreisen an: Vom Berg Tabor nach Damaskus, der Residenz des «Königs der Sarazenen», sieben Tage (II,29), von Jerusalem über Jaffa und mit dem Schiff nach Alexandria 40 Tage (II,30). Zur Hinreise nach dem Heiligen Land verlautete nichts; die Fahrt zurück von Alexandria nach der «Metropole des römischen Reiches» führte über Kreta (III,1); von Konstantinopel bis zur Donaumündung seien es die Küste entlang 40 Meilen (III,1).

Das Zeremoniell der Kreuzverehrung in Konstantinopel stach dem frommen Mann in die Augen. Eine solche aufwendige Inszenierung, wie sie dort ablief, war im Westen unbekannt und erschien eher skurril. An drei Tagen nämlich werde die Kreuzreliquie auf dem Altar präsentiert, am Tag des Abendmahls, also am Gründonnerstag, bei welcher Gelegenheit erst der Basileus, dann streng nach Würde alle Hofchargen das Kreuz küßten, dann am Karfreitag, an dem die «Königin» und ihre Damen die Reliquie küssend verehrten, endlich am Samstag vor Ostern, wenn der Bischof und der gesamte Klerus das «Siegesholz» küßten und wieder in seinem

Reliquiar bargen (III,3.5–10). Auch hörte Arculf Erzählungen von einem Bild des hl. Georg und einem der Gottesmutter, und wie aus dem Marienbild (*imaginis tabula*) wunderbarer Weise stets Öl herabtropfte. (III, 4–5). So war hier ein bunter Strauß von Einzelinformationen ohne innere Systematik zusammengetragen und über das ganze Büchlein verstreut. Anders werden auch die Informationen nicht gewesen sein, die an Pippins Hof kursierten und die der junge Karl zur Kenntnis nehmen konnte.

Das am späten Karlshof verfügbare geographische Wissen dürfte der unter Ludwig dem Frommen literarisch aktive Ire Dicuil bezeugen. Er griff für seinen «*Liber de mensura orbis terrae*» auf antike Autoren zurück, die damals wenigstens teilweise am Hof Karls des Großen verfügbar waren wie etwa die «*Mensuratio orbis*». Sie hatte im Jahr 435 der Kaiser Theodosius II. in Auftrag gegeben; unter Karl befand sich ein Exemplar in der Hofbibliothek. Dicuil zitierte auch Plinius d. Ä., Solinus, Orosius, Isidor von Sevilla und andere[19]; selbst zeitgenössische Reiseberichte wußte er in die schmale Schrift einzuarbeiten. Europa, Asien und Afrika («Lybien») wurden Provinz für Provinz in ihren Ausdehnungen abgehandelt, dann die Flüsse, die wichtigsten Inseln, das Tyrrhenische Meer und die großen Gebirge.

Dicuil scheute sich dabei nicht, seine Vorlagen zu korrigieren oder in ihrer Zuverlässigkeit anzuzweifeln: «Sie irren», notierte er selbstbewußt (7,13). Nach Norden weitete sich der Blick erstmals bis nach Island, im Osten reichte er über Arabien, Persien mit Ganges und Indus bis nach Indien, im Süden – vom Niltal abgesehen – nicht über die Küstenprovinzen hinaus. Bei Nil und Ägypten, dem Land des Moses, verweilte der Autor besonders lange, beschrieb die Überschwemmungen, das Flußdelta, die großen mosaischen «Lagerhäuser» (d. h. die Pyramiden) und manches andere, erfuhr davon, was keiner antiken Vorlage entsprach, daß ein Pilger (über einen Kanal) zu Schiff vom Nil zum Roten Meer gelangt sei. Für Indien erwähnte er Nashorn und Elefanten, in Afrika die Hyänen. Hinsichtlich der Fabelvölker, von denen Solinus sprach, hegte er Zweifel. Damit war wenig anzufangen.

 Im Norden Britanniens nannte Dicuil nicht ohne Wissensstolz

die vielen größeren und kleineren Inseln: «auf einigen wohnte ich, einige besuchte ich, einige sah ich nur, von einigen las ich» (7,6), Inseln, die kein antiker Autor kannte, die ursprünglich menschenleer gewesen, doch von Normannen mit Vieh und Schafen besiedelt worden seien (7,15). *Thile ultima*, Island, am Wendekreis des Krebses gelegen, hatte er vielleicht selbst besucht und konnte – erstmals – das Phänomen der Mitternachtssonne beschreiben, «die sich gleichsam hinter einem kleinen Hügel verberge», aber keine Finsternis bewirke, so daß «der Mensch vielmehr tun kann, was er will», sogar eine Laus von seinem Hemd ablesen (7,8–13). Bei aller Unvollkommenheit, der kritische Sinn gegenüber den antiken Autoritäten in Verbindung mit eigenen oder glaubwürdigen fremden Erfahrungen offenbarte das Erkenntnisinteresse Karls des Großen, einen Willen zu globaler Orientierung und realistischer Erdbeschreibung, wie er dessen Handeln bestimmte, vor allem aber: ein wachsendes Wissen, das handlungsleitend dem König zur Verfügung stand[20].

Erfahrung, so selten sich auch Reisende aus dem Karlsreich auf den Weg machten, und Lektüre mußten einander ergänzen. Entsprechend langsam wuchs das Erfahrungswissen. Die Überlieferungen aus der Antike boten wenig Hilfe zur Orientierung in der Gegenwart, die Eindrücke der Pilger führten kaum über biblische Muster hinaus. Nicht einmal, wenn Gefahren von außen drohten, wie etwa mit den feindlichen Normanneneinfällen, verstand man den Gegner in seiner sozialen Andersartigkeit wahrzunehmen oder zu erkunden, auch wenn in den Grenzregionen das Wissen über die Nachbarn genauer und detailreicher gewesen sein dürfte[21]. Die Welt jenseits der Grenzen wurde oft genug mit Argwohn betrachtet, den die wenigen Informationen schwerlich zu zerstreuen vermochten. Entsprechend dürftig nehmen sich die Hinweise über die Fremden in den zeitgenössischen Zeugnissen aus, soweit sie heute noch erhalten sind.

Fremde Menschen, Sprachen, Lebensgewohnheiten blieben aus den erhaltenen Berichten nahezu vollständig ausgeklammert. Kein Franke schärfte die Feder, um Konstantinopel, gar die fremdartigen, unverständlichen Lebensformen in Byzanz zu beschreiben, obgleich dort, an Bosporus und Goldenem Horn, der eine oder andere von ihnen geweilt hatte. Mißverständnisse erschwerten die Kommunikation. Regelmäßig wurden Klagen über miserable Unterkunft und arrogante Behandlung erhoben.

Selbst als die Langobarden der Herrschaft des Frankenkönigs unterworfen waren, notierte kein Franke vergleichend die Eigentümlichkeiten des eigenen und des besiegten Volkes, seine Herrschaftsverhältnisse wie etwa die Leistungskraft der langobardischen Finanzverwaltung, seine Sozialordnung, seine Lebensweisen, geschweige denn irgendwelcher Völker ringsum. Paulus Diaconus dürfte einiges aus der Geschichte seines Volkes und seiner Familie am fränkischen Hof zum besten gegeben haben; doch niemand hielt es des Aufzeichnens wert. Seine Langobardengeschichte aber lag noch nicht vor. Interkulturelle Lernprozesse liefen entsprechend langsam an.

Ein Vergleich setzte vor allem systematisches Fragen voraus, logische Konzepte wie «Gattung» und «Art», «das Eigene» oder «das Fremde», ihre «Eigentümlichkeit» (*proprium*) und ihre «Differenz» oder ihr jeweils «zufälliges Beiwerk» (*accidentia*). Doch eben erst, mit den Impulsen vom Hof Karls des Großen, fingen die Franken an, ein an derartigen Größen geschultes Denken, Wahrnehmen und Prüfen einzuüben. Es sollte bis zum hohen Mittelalter dauern, bis es allgemein vertraut war und sich in der Praxis bewährte. Nur allmählich weitete sich der Horizont der Gelehrten. Immerhin, an Karls Hof war ein Anfang gemacht. Das Wissen über das Fremde verdichtete sich, die Vorstellungen, die man sich davon machte, wurden klarer, die Informationen sachdienlicher. Karl wußte auch das Wenige zu nutzen.

Je weiter entfernt, desto spröder wurden freilich die Nachrichten zu fremden Ländern und Völkern. Die Wege in den Vorderen Orient waren durch Pilger – oft genug als Spione verdächtigt – und wiederholte Gesandtschaften, vielleicht auch durch vereinzelte Handelskontakte bekannt. Fränkische Fernkaufleute nach Spanien, Afrika oder Konstantinopel sind nicht bezeugt. Allein die italienischen Seestädte mit dem zu Ostrom gehörenden Venedig oder Neapel an der Spitze knüpften nun weiträumige Handelsnetze.

Doch die Kaufleute schrieben ihre Erfahrungen nicht nieder; wir kennen sie nicht. Karl aber konnte sie gelegentlich zu Rate ziehen.

In Rom, das bis zur Mitte des 8. Jahrhunderts und ein paar Jahre länger zum oströmischen Imperium gehörte, unterhielt man gewisse Beziehungen nach Konstantinopel, auch nach Jerusalem und seinen Klöstern. Der Papst Zacharias, der den Karolingern den so günstigen Bescheid über die Königswürde erteilt haben soll, war der letzte Grieche auf dem Thron St. Peters. Er kam aus Kalabrien. Aber an keiner Stelle des offiziösen Papstbuches, des «Liber Pontificalis», wurden byzantinische Verhältnisse oder die Lebenswelten in Konstantinopel, Sizilien oder dem Süden der Halbinsel festgehalten. Karl suchte den Handel mit Westslawen auf wenige Grenzstationen zu beschränken; es gab ihn also. Doch über die Slawen erfahren wir aus den karlszeitlichen Zeugnissen so gut wie nichts.

Der noch immer ausgedehnte byzantinische Handel mochte über die Seidenstraße China erreichen, nach dem Westen indessen kam er zum Erliegen. Die wohl letzte Spur von ihm findet sich zum Jahr 776 in einem Schreiben des Papstes Hadrian an Karl, wonach griechische Sklavenhändler an der Küste Latiums aufgetaucht seien, die von Langobarden unfreie Leute, Manzipien, erworben hätten, um sie an «das unsägliche Volk der Sarazenen» zu verkaufen; ihre Schiffe habe er, Hadrian, nachdem sie Civitavecchia anliefen, in Brand stecken, die Griechen festsetzen lassen. Nicht der Sklavenhandel als solcher sollte unterbunden werden, sondern daß Christen Christen an Nichtchristen verkauften. Hunger hätte jene Armen getrieben, sich feilzubieten; einige hätten sich aus Not freiwillig den griechischen Sklavenhändlern übergeben[22].

Schutz der Armen also und Abwendung von Byzanz gingen hier Hand in Hand. Diese Griechen freilich, die mit den Sarazenen Handel trieben, dürften aus Sizilien oder Süditalien, nicht aus Konstantinopel gekommen sein. Daß Häfen in Gallien, Marseille oder Narbonne, das erst 759 von den Muslimen zurückerobert worden war, angelaufen wurden, läßt sich nicht erweisen. Die Handelsverbindung, die Konstantinopel mit dem Westen verband, übernahm eben in der Zeit Karls des Großen neben Neapel oder

Amalfi zunehmend Venedig, dessen Aufstieg nun begann. Sklavenhandel dürfte auch den Franken vertraut gewesen sein, auch wenn kein unmittelbares Zeugnis dazu vorliegt[23].

Allein jüdische Fernhändler reisten um die halbe Erde; sie vermittelten zwischen den Kontinenten von China bis ins Reich der Franken und nach Spanien. Die letzten Spuren des antiken römischen Welthandels zeigten sich hier. Die Radhaniten – so hießen diese Kaufleute – besaßen klare geographische Vorstellungen und sollen, so wußte der arabische Chronist Ibn Khordadhbeh im späteren 9. Jahrhundert, die Welt von Westen nach Osten und von Osten nach Westen durchzogen haben; sie waren polyglott, sollen Arabisch, Persisch, «Römisch» (d. h. Griechisch und/oder Lateinisch), Fränkisch, Spanisch und Slawisch gesprochen haben. Aus dem Westen hätten sie Sklaven und Sklavinnen, Knaben, Brokat, Rizinus, Felle und Schwerter geholt.

Ihre Wege beschrieb Ibn Khordadhbeh genau: Zu Schiff aus dem Frankenreich oder auch von Spanien über Tanger mit Karawanen Nordafrika entlang bis Suez, von dort zu Schiff nach Indien und China, so lief die Handelsroute nach dem Osten. Von dort hätten die Radhaniten Moschus, Gewürze, Aloe, Zimt und andere Produkte des Orients importiert; Seide wurde, wie es scheint, nicht erwähnt. Die Heimkehrer hätten von Ägypten aus Konstantinopel, Antiochia und – über Land – Bagdad erreicht und von dort aus den Persischen Golf; auch den Palast des Königs der Franken hätten sie aufgesucht. Das Land der Slawen und Chasaren hätten einige von ihnen bereist; von dort seien sie ebenfalls über die nördliche Seidenstraße bis nach China vorgedrungen.

Rätselhaft ist der Name dieser «Radhaniten» (ar-Rhadâniya, Radhanim), ungewiß, wo diese Fernhändler ihren Heimatsitz hatten. Die Deutungsvorschläge weichen weit voneinander ab; sie verweisen auf Ragha in Persien, auf Radhan, einen Vorort von Bagdad, auf den Namen der Rhone und manche Autoren vermuten deshalb die Radhaniten an Maas und Rhone zu Hause[24]. Gewißheit ist einstweilen nicht zu gewinnen. Doch läßt der Chronist ohne Beachtung der Religionsunterschiede die Wege der Kauffahrer regelmäßig im Westen, im Frankenreich und in Spanien, beginnen und dorthin zurückkehren. Vielleicht versteckt sich darin ein Hinweis auf ihre Herkunft. Bildeten sie eine Art «internationale» Handelsgesellschaft? Vielleicht kennen wir einen von ihnen mit Namen, Isaak nämlich, jenen jüdischen Kaufmann, den Karl der Große im Jahr 797 nach Bagdad sandte, und der dann drei Jahre später (auf dem von Ibn Khordadhbeh beschriebenen Weg über Nordafrika) den Elefanten Abul Abaz zurückführte. Karl hätte sich eines Wissens bedient, das seinem Hof abging. Denn das exakte geographische Wissen dieser Radhaniten blieb den Franken und lateinischen Christen – anders als den Ländern des Islam – nach Ausweis der Überlieferungen verborgen. Es verriet freilich auch keine Interna der vielen Herrschaften, die sich von China bis Spanien erstreckten.

2

Fernes Byzanz und noch fernerer Dâr al-Islâm

Die Umwelt des Frankenreiches mußte, seitdem dort die Karolinger herrschten, gleichsam vom König und seinen Eliten neu erkundet, irgendwie neu erfunden werden. Es geschah in Auseinandersetzung mit der sich wandelnden Realität. Doch zeitigte es – vielleicht von den angelsächsischen Königreichen abgesehen – keine umfassende Kenntnis der fremden Reiche und kein sonderliches Bedürfnis, sie zu erforschen, gar zu beschreiben. Deren Leistungen und Schwierigkeiten im Innern und nach außen wurden am Hof Pippins und seines großen Sohnes – soweit die verfügbaren Zeugnisse ein Urteil erlauben – kaum wahrgenommen. So wurde das Fremde in seinem Anderssein kaum verstanden.

Beide Könige schlossen Verträge mit fremden Mächten. Sie galten als «Freundschaft» (*amicitia*), waren für die Franken beschworene, rechtsförmliche wechselseitige Bindungen der Partner[25].

Freundschaft aber war nicht gleich Freundschaft; hier und da bedeutete sie anderes. Sie taugte nur bedingt für das Vertragswesen zwischen den fremden Reichen und Völkern mit je unterschiedlichen Traditionen, Rechten und Religionen. Selbst unter den Franken stiftete sie keine Dauer. Fremdes Vertragsverhalten war mit ihr nicht gebändigt. Schon die Sicherung eines Vertrages divergierte. Nur unter Christen war der Eid auf Reliquien oder die heiligen Schriften üblich.

Wenige Jahre nach seiner Königserhebung tauschte Pippin Gesandtschaften mit dem Basileus in Konstantinopel, von wo tatsächlich die Initiative ausging. Anlaß boten die beiden Kriegszüge des Franken nach Italien in den Jahren 755 und 756 und das Vorgehen des Karolingers dort und zugunsten der *res publica Romanorum*. Konstantinopel, *Ostrom* oder Byzanz, war damals im Innern vom beginnenden Bilderstreit erschüttert, von außen durch Araber und Bulgaren bedrängt. Weder den Angriff der Langobarden, noch den militärischen Einfall Pippins konnten die Rhomäer parieren. Ihre Streitkräfte waren im Osten gebunden. Es blieb ihnen, wie so oft, nur die Diplomatie.

Die Frankenkönige wußten um jenes Imperium, aber sie kannten es kaum. Die Herrschaft des Basileus setzte das alte römische Kaisertum fort. Die Millionenstadt Konstantinopel war seit Konstantin dem Großen und Justinian dessen Mitte. Die Selbstbezeichnung des Volkes als «Römer» (Rhomaioi) und ihres Reiches als «Romania» reflektierte den traditionsgespeisten Anspruch des Basileus, der Kaiser schlechthin zu sein, der einzige Kaiser der Römer, obgleich sein Titel sich mit dem ‹nackten› «Basileus» («König») begnügte. Der Westen hingegen verweigerte die Selbstbezeichnung und nannte gewöhnlich diese «Römer» despektierlich «Griechen».

Ostrom hatte zwar nach jahrhundertelangen Kämpfen die Perserkriege siegreich überstanden, sah sich aber seit derselben Zeit in verlustreiche Abwehrkämpfe gegen die Araber verstrickt. Bald trat die militärische Bedrohung durch die (Proto-)Bulgaren hinzu, die seit dem späteren 7. Jahrhundert die Nordgrenze des Reiches unsicher machten[26]. In manchen Jahren – wie etwa 759/60[27] – entbrannte der Zweifrontenkrieg gegen Araber und Bulgaren mit voller Wucht. Dieses Reitervolk blieb ebenso wie die Chasaren an der Nordküste des Schwarzen Meeres noch für Karl den Großen eine unbekannte ethnische Größe; erst unter seinen Enkeln trat es in das Gesichtsfeld der Franken.

Während Byzanz von außen vielseitige Bedrängnis spürte, sonnte sich der lateinische Westen in dem tatsächlich von den Rhomäern ausgehenden Schutz. Er machte seinen Aufstieg möglich. Den Franken indessen wurde wohl zu keiner Zeit bewußt, was sie den oft gescholtenen «Griechen» schuldeten. Auch die langen Küsten Italiens verloren erst mit der Zeit den Schutz der Dromonen, der schweren Kriegsschiffe der byzantinischen Flotte. Bei der Verteidigung Konstantinopels gelangte «griechisches Feuer» zum Einsatz, das sogar auf dem Meer brannte und seine Wirkung einer Magnesiumverbindung verdankte. Eine Neuorganisation der byzantinischen Provinzen, der «Themen», durch Konstantin V. zumal in Kleinasien, dann auch in Süditalien ließ die Abwehr auch zu Land effizienter werden. Sizilien stand unter einem «Strategos» und diente der Flotte als Operationsbasis.

Im Innern entfachte die Orthodoxie zwar keine dogmatischen Differenzen zum westlichen Christentum, zumal Rom selbst, die päpstliche Kirche, zur Zeit der frühen Karolinger stark vom Osten geprägt war; wohl aber unterschieden sich die Gewohnheiten in der Kultpraxis. So fastete die Ostkirche auch samstags und verwandte für die Kommunion gesäuertes Brot, während der Westen ungesäuertes Brot konsekrierte. Sichtbar oder zu schmecken, wie sie waren, weckten solche Unterschiede mit der Zeit gerade bei den Franken Irritation, Skepsis und Ablehnung bis hin zu unverhüllter Feindseligkeit. Einen bald dominierenden Streitpunkt bescherte der Umgang der Orthodoxen mit den Ikonen. In der Ostkirche, die mit ihren Ausläufern bis nach Rom reichte, genossen die Bilder Christi, der Gottesmutter oder der Heiligen hohe Verehrung. Doch eben jetzt rührte sich in Konstantinopel eine mehr oder weniger strenge Ablehnung der Bilder, der Ikonoklasmus[28]. Er war mit internen Machtkämpfen verknüpft und konnte sich auf Dauer nicht durchsetzen. Bald kehrte der Bilderkult zurück, der in den Randprovinzen des Reiches ohnehin zu keiner Zeit überwunden war.

Karl der Große wird gegen vermeintliche Auswüchse des wiedererstarkten Kultes den Scharfsinn seiner Gelehrten aufrufen.

Gerade in der Stadt Rom hatte die Bildverehrung eine lange Tradition[29]. Eine Reihe ehrwürdiger, noch heute existenter Ikonen zeugt davon: die Marienikone des Pantheon aus dem 6. oder frühen 7. Jahrhundert, die kaiserinnengleiche «Madonna della Clemenza» in Trastevere aus dem frühen 8. Jahrhundert, die aus S. Maria Antiqua nach der gleichfalls am Forum Romanum gelegenen S. Francesca Romana überführte Ikone des 7. Jahrhunderts, die *Maria Advocata* (Madonna von S. Sisto: Abb. 47) in S. Maria del Rosario, die Marienikone *Salus populi Romani* bzw. ihre Vorlage in S. Maria Maggiore oder die *Achiropiite*, die Christusikone der päpstlichen Privatkapelle, der *Sancta Sanctorum* im Lateran.

Kirche und Volk verehrten diese Bilder. Legenden rankten sich um sie. Lampen oder Kerzen brannten vor ihnen. Sie wurden in Prozessionen durch die Straßen getragen. Gaben privater oder kirchlicher Stifter, wurden sie in den öffentlichen Kult einbezogen. So hieß es in der Vita Stephans II., eben jenes Papstes, der Pippin und seine Söhne salbte, er habe die Bittprozession zur Abwehr der langobardischen Belagerung «mit dem heiligsten Bild des Herrn, unseres Erlösers Jesus Christus, das man die *Achiropsita* nennt», angeführt und die Tafel gemeinsam mit anderen Klerikern auf seinen Schultern vom Lateran zur S. Maria ad Praesepe (S. M. Maggiore) getragen, um dort, das Haupt mit Asche bestreut, zum Herrn um Hilfe zu flehen[30]. Die Ikone diente geradezu als Unterpfand göttlicher Hilfe. Diese Salvatortafel wurde jährlich zu Gründonnerstag an den Stellen der Wundmale Christi mit geweihtem Öl gesalbt. Karl der Große dürfte die Zeremonie wenigstens einmal erlebt haben. Heute ist auf der Tafel ob der jahrhundertelangen Verehrung freilich nichts mehr zu erkennen; allein hochmittelalterliche Nachahmungen wecken eine Ahnung dessen, was einst zu sehen war[31].

Die lateinische Kultur in Konstantinopel versank nach Justinian völlig im Griechentum. Keine lateinischen Texte waren mehr verbreitet, kein Cicero, kein Horaz, kein Tacitus, kein Augustinus oder Hieronymus. Dafür aber las man Platon und Aristoteles, Origenes und die anderen griechischen Kirchenväter. Auch medizinische Schriften wie das umfangreiche Werk Galens oder des Hippokrates kursierten. Überhaupt antike Texte wie Homers «Ilias» und «Odyssee» wurden in Byzanz gerettet, die Historiker Herodot oder Thukydides. Technisches Wissen fehlte nicht. Noch leistete man sich die teure Kriegsflotte. Doch zunehmend hatten sich seit Justinian Gesellschaft, Politik, Wirtschaft und Kultur auf Konstantinopel konzentriert. Gold, Seide, Reichtum häuften sich am Bosporus; alle Handelsströme waren nach der Kaiserstadt ausgerichtet. Die Kehrseite solchen Glanzes war die Vernachlässigung der Provinzen in jeder Hinsicht: politisch, wirtschaftlich, kulturell. Da half es auch nicht, daß die Fernbeziehungen der Griechen nach Innerasien und Persien reichten. Die katastrophalen Folgen der Eingrenzung traten zu Tage, als die Araber zu ihren Eroberungszügen aufbrachen.

Aufmerksam hatte der Kaiser Konstantin V. die Entwicklung im Westen beobachten lassen. Es mag erstaunen, wie genau seine Informationen waren. Der Chronist Theophanes, der zu Beginn des 9. Jahrhunderts, um 810/13, die Federn wetzte, verfügte über eine Notiz, die er zwar zum falschen Jahr 6216 AM (723/24 CE) einordnete, die aber präzis das Geschehen umriß: Den Angriff des langobardischen Königs Aistulf, die «Flucht» des Papstes Stephan II. zu den Franken und ihrem Maiordomus Pippin, der tatsächlich die Macht innehabe, während ihr König untätig zu Hause sitze, esse und trinke und bloß am 1. Mai sich dem Volke zeige, Geschenke tausche und wieder nach Hause eile. Diese Könige hießen die «Langhaarigen», weil sie ihr Haupthaar den Rücken herunter wachsen ließen – «wie Schweine». Diesem Pippin nun, der – so Theophanes in Verwechslung von Sohn und Vater – die Araber an der Loire geschlagen habe, habe Stephan die Königsmacht verliehen, den einstigen König aber zum Mönch scheren lassen. Pippin habe zwei Söhne: Karl und Karlmann. Eine gleichartige, die politischen Hintergründe des Zeitgeschehens einfangende Notiz über Ostrom findet sich in keinem fränkischen Annalenwerk.

Im Wissen also, was sich im Westen abspielte, wandte sich Konstantin an den Karolinger. Pippin lehnte das kaiserliche Ansinnen ab, Ravenna und die Städte des Exarchats, die Aistulf erobert und der Franke dem hl. Petrus hatte restituieren lassen, wieder der kaiserlichen Herrschaft zu unterstellen. Der Basileus mußte es in seiner Machtlosigkeit hinnehmen. Um nicht allen Einfluß in Italien zu verlieren, ging er ein Freundschaftsbündnis mit dem Barbaren ein. Pippin mochte darin die Anerkennung seines Königtums erkennen, die Rhomäer handelten eher in Fortsetzung römischer Traditionen, die in den «Freunden» minderrangige, abhängige Herrschaftsträger sahen[32]. Immerhin könnte der Frankenkönig sich auf einen Tauschhandel eingelassen haben: das Exarchat nämlich für die beschlagnahmten päpstlichen Patrimonien auf Sizilien[33].

Das selbstbewußte und machtvolle Eingreifen des Karolingers südlich der Alpen und seine beunruhigende Übereinkunft mit dem Patriarchen des Westens, die Zuweisung des Exarchats, der Pentapolis, Tusziens, Spoletos und anderer italienischer Provinzen an denselben und nicht zurück an Ostrom, das alles mußte den Basileus in Unruhe versetzen. Konstantin V. bot später, als sich die Folgen der «Pippinischen Schenkung» auszuwirken begannen – vielleicht um 766/67 –, dem Franken ein Ehebündnis an, dessen Zweck wohl gleichfalls ein Widerruf dieser Schenkung darstellte. Der Kaiser warb nun für seinen Sohn Leon um Pippins Tochter Gisela[34]. Pippin lehnte abermals ab. Vielleicht fiel die Entscheidung auf der Synode von Gentilly, die zu Beginn des Jahres 767 tagte, und an der byzantinische und päpstliche Gesandte teilnahmen. Man stritt sich über «die heilige Trinität und die heiligen Bilder»; vielleicht fochten die Franken damals schon für ihr Glaubensbekenntnis, das den Heiligen Geist nicht nur vom «Vater», sondern auch vom «Sohn» seinen Ausgang nehmen ließ[35]. Genaueres ist freilich unbekannt. Vermutlich aber suchte die griechische Seite das bilderfeindliche Konzil von Hiereia im Jahr 754 zu rechtfertigen, was den lebhaftesten Widerspruch Altroms mit seinem lebendigen Ikonenkult herausfordern mußte. Die Franken begannen, sich ins Mächtespiel am Mittelmeer hineinzudrängen.

Da trafen zwei höchst unterschiedliche christliche Welten aufeinander, die einander immer weniger verstanden und einander skeptisch und mißtrauisch beargwöhnten. Fremdartige Eindrücke irritierten die Franken. Die byzantinische Diplomatie, die antike, griechisch-römische Tradition fortsetzte, erschien ihnen suspekt, wie verschlagenes Lügnertum. Sie ziehen die «Griechen» immer wieder der Arroganz und übelster Machenschaften. Die bald in den Vordergrund tretenden theologischen Differenzen hinsichtlich des Glaubensbekenntnisses und der Bilderfrage ergänzten die sich häufenden Vorurteile.

Pippins Antwort an Konstantin erging nicht nur der Bilderfrage wegen[36]. Sie war vielmehr eine Devotionserklärung für den hl. Petrus; Revisionen zugunsten Ostroms wurden ausgeschlossen, der Ehewunsch abgeschlagen. Da erlosch die Freundschaft mit Byzanz so rasch, wie sie geschlossen war. Pippins Sohn Karl mochte schon damals, kurz bevor er die Nachfolge seines Vaters antrat, die dogmatische Unzuverlässigkeit der Griechen und die Notwendigkeit, aber auch die Möglichkeit erkannt haben, ihnen im Bunde mit Rom erfolgreich Widerstand entgegenzusetzen. Er konnte sogar nach wenigen Jahren, durch keine diplomatischen Rücksichten behindert, das bislang byzantinische Istrien seinem Reich integrieren (778). Erst im Jahr 781 besserten sich für wenige Jahre die Ost-West-Beziehungen wieder; abermals ging die Initiative von Konstantinopel aus, abermals endete sie ohne Erfolg.

Karls Gesandte lernten Konstantinopel und seinen Kaiserpalast kennen. Sie kamen schwerlich aus dem Staunen heraus, obgleich kein zeitgleicher Zeuge ihre Eindrücke beschrieb und sie in negativer Inversion den höfischen Pomp verachteten. Kein fränkischer Bericht über Konstantinopel zu Zeiten Karls blieb erhalten. Das Geschehen dort stieß mit seinen fremdartigen Ritualen und Liturgien eher ab, als daß es zur Nachahmung lockte. Doch der sagenhafte Reichtum der Rhomäer, die römische Tradition, die dort noch lebendig war, die feine Lebensart, die sie pflegten, und das kulturelle Wissen, das ihnen eine unter den Franken schmerzlich spürbare Überlegenheit verschaffte, weckten nicht zuletzt Neid. Erst aus später mündlicher und sachlich verzerrter Tradition findet sich der eine oder andere Reflex der karlischen Gesandtschaften.[37] Doch selbst oder gerade in der Kritik und Ablehnung tauschten die Kulturen einander aus.

Nicht von ungefähr erfahren wir aus den letzten Regierungsjahren Pippins, daß der Frankenkönig Gesandtschaften mit dem Kalifen in Bagdad wechselte[38]. Es geschah zum ersten Mal in der Geschichte der Franken und verdeutlicht das neue Ansehen, das ihr Königtum durch die Karolinger gewonnen hatte. Das *Kalifat* konnte eine einzigartige Erfolgsgeschichte vorweisen, einen unaufhaltsamen Aufstieg und eine beängstigende Machterweiterung. Der Prophet Mohammed hatte mit dem Islam erreicht, was in Arabien das dort nicht unbekannte Christentum nicht vermocht hatte, die zuvor uneinigen Araber zu einen. Sie waren ursprünglich Beduinen mit allerlei Kulten, die städtische Zentren wie die Handelsstadt Mekka oder Medina kannten; Judentum und Christentum waren gerade dort nicht fremd. Die soziale Organisation entsprach der einer zersplitterten Clangesellschaft. Der Koran und das Mohammed-Leben, die durch mündliche Traditionen ergänzt wurden, einten die bislang Uneinigen nicht nur religiös, sondern auch herrschaftlich. Regionale Unruhen und Gewalt aber blieben an der Tagesordnung; der Islam war von Anfang an eine kriegerische Religion.

Der lateinische Westen hat diese Entwicklung kaum mitbekommen; selbst im nachhinein forschte man nicht über die Formierung des neuen Gegners. Ostrom indessen war aus naheliegenden Gründen höchst wachsam. Man erzählte sich manche merkwürdige Geschichte. Sie tauchten mitunter das Auftreten der Wüstensöhne in apokalyptisches Licht. Juden etwa hätten Mohammed für den Messias gehalten und seine Religion angenommen. Als er Kamelfleisch aß, erkannten sie zwar ihren Fehler, blieben aber auf seiner Seite. So notierte noch der byzantinische Geschichtsschreiber Theophanes zum Todesjahr des Propheten, AM 6122, und ließ weitere Einzelheiten des Prophetenlebens und der Lehre folgen, wenn auch polemisch verzerrt. Er starb, «der Herrscher der Sarazenen und falsche Prophet». Die lateinischen Christen jenseits der arabischen Grenzen besaßen damals derartige Kenntnis nicht.

Mohammeds Tod im Jahr 632 und die ersten Konflikte um die Nachfolge des Propheten hielten die raschen Eroberungen und die weite Ausdehnung, den Bau des Hauses, von «Dar al-Islam», nicht auf. Mohammeds Stamm, die Quraiš, übernahm, durchaus der arabischen Gesellschaftsorganisation gemäß, die Führung. Der «Nachfolger des Propheten Gottes», arabisch *Ḫalîfat rasûli 'llâh*, kurz der «Kalif», war zugleich religiöser wie politischer Führer.

Die Expansion des Kalifats erfolgte in kaum glaublich, atemberaubend kurzen Jahrzehnten: Im Jahr 638 wurde Jerusalem erobert, zwei Jahre später fiel Ägypten, die Kornkammer Konstantinopels, 647/89 Karthago, im Jahr 711 wurde Spanien betreten und nach nur zwei Jahren waren die Pyrenäen erreicht, bald überschritten und das Land im Norden der Berge mit Narbonne im Zentrum unterworfen. Streifscharen drangen bald bis tief nach Aquitanien hinein; eine von ihnen wurde durch Karl Martell im Jahr 732 gestellt und geschlagen, was die karolingische Propaganda als großen Sieg feierte. Angriffe auf Sizilien ließen nach Karls des Großen Zeit nicht lange mehr auf sich warten.

Erstaunlich rasch, noch im 7. Jahrhundert, rüsteten die Araber, Landbewohner, die sie ursprünglich waren, eine schlagkräftige Flotte aus, die die bislang das Meer beherrschenden Griechen das Fürchten lehrte und sogar Konstantinopel selbst bedrohte. Das Reich, das hier entstand, erstreckte sich vom Indus bis an die Pyrenäen, vom Kaukasus bis nach Aden am Ausgang des Roten Meeres, weiter als das antike römische Imperium zur Zeit seiner größten Ausdehnung. Der arabische Fernhandel erreichte Indien und China, Sansibar und Ostafrika; und nur für kurze Zeit in den Jahrzehnten um 700 war die Handelsschiffahrt in die lateinische Welt des Westens eingeschränkt oder unterbrochen. Am nachhaltigsten spürbar wurde es durch das Ausbleiben des ägyptischen Papyrus, der bislang weithin als Beschreibstoff gedient hatte. Der Westen sah sich fortan auf das teure Pergament verwiesen[39].

Die Unterworfenen außerhalb der arabischen Halbinsel wurden nicht zur Konversion gezwungen. Juden und Christen wurden dezidiert als Anhänger einer «Buchreligion» geschont, was regionale oder lokale Drangsalierung und Verfolgung nicht ausschloß. Allein höhere Steuern, als sie Muslime zu entrichten hatten, lasteten stets auf ihnen. Gerade auch Christen dienten in der Zivilverwaltung des Kalifats. Ihnen wurden in den ersten Jahrhunderten arabischer Herrschaft zahllose Übersetzungen aus dem Griechischen verdankt. Die Rezeption des antiken, griechischen Wissens wurde damit ungeheuer erleichtert und beschleunigt. Zumal Medizin, Technik, Astronomie oder Mathematik besaßen unter den Arabern hohe Bedeutung. Philosophie hingegen wurde aus religiösen Gründen eher argwöhnisch betrachtet.

Keine fremden Mächte, vielmehr innere Streitigkeiten stoppten die Expansion. Der Streit um den rechten Nachfolger eskalierte. Bereits der dritte Kalif, Uthman, und sein Nachfolger Ali wurden ermordet, was zur Spaltung in Schia und Sunna führte. Ein Clan der Quraiš, die Umayyaden, setzte sich durch, ohne die Spaltung zu überwinden; für ein knappes Jahrhundert, bis hin zur Zeit des ersten karolingischen Königs Pippin, stellten sie die Kalifen. Das alles wurde in Konstantinopel registriert.

Das gewaltige Reich, das die Umayyaden geschaffen hatten, zeigte erste Desintegrationserscheinungen. Nicht zuletzt die eigenen Traditionen der unterworfenen Völker – etwa der Berber – erwiesen sich je länger desto wirksamer als trennende Kraft. Der arabische Westen, auch Afrika, die Provinzen um das antike Karthago, gingen zunehmend eigene Wege. Die Fernwirkungen des Umsturzes reichten bis in den lateinischen Westen. Die Franken freilich ahnten von den zugrundeliegenden Entwicklungen fürs erste nichts, obgleich auch sie Muslime zu Nachbarn hatten. Als sich die Karolinger zu Königen aufwarfen, beherrschten diese die gesamte südwestliche Mittelmeerküste von Spanien bis nach Narbonne.

Die Umayyaden errichteten ihren Sitz in Damaskus, einer Stadt mit überwiegend christlicher Bevölkerung. Gerade diese Christen erleichterten die Anpassung der arabischen Herrscher und ihres Reiches an spätantike Bildung. Besorgt, doch nicht ohne Schadenfreude meldete beispielsweise der byzantinische Chronist Theophanes zum Jahr 6251 AM (759/60 CE), die Araber hätten den Christen verboten, als öffentliche Schreiber tätig zu sein. Sie hätten aber das Verbot widerrufen müssen, «weil sie selbst (die Araber) unfähig seien, Urteile zu protokollieren». Die gehässige Sottise konnte natürlich das hohe geistige und intellektuelle Niveau im Reich der Kalifen nicht überdecken und schon gar nicht verschleiern, daß gerade Christen an dieser Erfolgsgeschichte mitwirkten. Lateinische Geschichtsschreiber freilich, die selten genug zur Feder griffen, ließen sich das alles entgehen.

Die Umayyaden wurden um die Mitte des 8. Jahrhunderts von den Abbasiden, Nachkommen von Mohammeds Onkel Abbas, verdrängt. Es sollte ein glanzvoller Neubeginn werden. Al-Mansûr, ein entschiedener Anhänger eines rationalistischen Islam, der Mu'tazila, gab Damaskus auf und verlegte seine Residenz im Jahr 762 an den Tigris nach Bagdad. «Dies ist der Ort, an dem ich bauen will.» Astrologen und Horoskope hatten es empfohlen. «Die Dinge können über den Euphrat, den Tigris und ein Netz von Kanälen hierherkommen. Nur ein Platz wie dieser wird sowohl das Heer als auch die Bevölkerung ernähren.» So ließ der Geschichtsschreiber at-Tabari anderthalb Jahrhunderte später den Kalifen in einer Weise räsonieren, wie sie unter den Franken noch lange auf sich warten ließ[40]. Überhaupt, dieser Kalif legte Wert auf das Wissen, das er der Unwissenheit früherer Machthaber gegenüberstellte. Er allein verfügte über eine gottgegebene, rechtleitende Urteilskraft; er lenkte und erzog das Volk[41].

Nur ein Umayyadenprinz, 'Abd-ar-Rahmân, war durch Zufall dem Untergang seiner Familie entgangen, hatte über Nordafrika Spanien erreicht und dort ein unabhängiges Emirat zu errichten begonnen (756). Ein ungewöhnliches Emigrantenschicksal. Erfolgreich sicherte der Flüchtling ad-Dakhil, «der Neuankömmling», wie der Ehrennahme dieses ersten Umayyaden in al-Andalus später lautete, in den folgenden Jahren die Grenzen nach Norden, gegen Christen und Franken. Das Licht des Orients aber, die Palmen, die Heimat, Damaskus vergaß er nicht. Eine einzelne Palme in Spanien konnte ihn an das Verlorene erinnern:

«Oh Reiter auf dem Weg in meine Heimat,
mit Grüßen sei zu Freunden hingesandt.
Mein Leib verweilt, du siehst es, hierzulande;
mein Herz und seine Lieben weilen dortzuland.
Die Trennung wurde unser Los, wir mußten scheiden;
die Trennung hat den Schlaf aus meinem Aug gebannt.

Gott hat uns diese Trennung anbefohlen;
vielleicht kommt auch ein Wiedersehn aus seiner Hand».

Allah verwehrte es; allein diese und andere Verse des Vertriebenen durften bleiben[42]. Doch sein Land, al-Andalus, wurde ein Land blühender arabischer Kultur. Wasser, Holz und Energie standen überreich zur Verfügung; dazu kam das noch vorhandene Wissen der «Römer», Goten, Christen, Juden. Das alles vereinte sich mit den «Gaben», dem kulturellen Kapital, das die Araber mit ins Land brachten. Gerade auch Christen und Juden lauschten den Geschichten der Araber, folgten immer bereitwilliger dem Vorbild der Muslime, deren Dichtungen in ihrer Schönheit und Vollkommenheit die Poesie der Lateiner damals nichts Vergleichbares zur Seite zu stellen hatte. Kurz vor seinem Tod begann 'Abd-ar-Rahmân I. den neuartigen, architektonisch kühnen Bau der wundervollen Moschee von Córdoba, und blühende Gärten schmückten seine Residenz am Guadalquivir. Den Kalifentitel freilich nahmen seine Nachfahren erst im 10. Jahrhundert an.

Gegen diesen letzten Umayyaden nun suchte der Abbasiden-Kalif al-Mansûr, Thronräuber, der er war, Verbündete; das lenkte seine Blicke auch nach Norden, dorthin, wo nahezu gleichzeitig der Umsturz gegen die regierende Dynastie der Merowinger erfolgt war[43]. Die Franken hatten zudem den Erfolgen der Muslime Einhalt geboten und begannen nun, zum Gegenangriff zu rüsten. Vermutlich schickte al-Mansûr zu Pippin eine Gesandtschaft, die am fränkischen Hof im Jahr 764 oder 765 eintraf[44]; der König beantwortete sie umgehend. Die ausgetauschten Botschaften finden sich nicht überliefert. Eine neuerliche Gegengesandtschaft des Kalifen drei Jahre später, die wahrscheinlich wie wohl auch die vorangegangene von Christen geführt wurde, kam mit reichen Geschenken[45]. Offenbar hatte der Karolinger eine freundliche Antwort erteilt. Ob der karolingische Hof bei Gelegenheit dieser Gesandtschaften die eigenen kulturellen Defizite und seine Rückständigkeit zu spüren bekam; ob diese Erfahrung als Stachel im Fleisch der eigenen geistigen Kultur blieb und reizte und zum Aufholen drängte? Ob der jugendliche Karl derartiges empfunden hat? Nachzuweisen ist es nicht, denkbar aber allemal. Karl war nicht blind für das Wissen der Fremden.

Noch freilich war es zu früh für ein Vorgehen der Franken gegen die umayyadische Herrschaft in Spanien. Erst unter Karl dem Großen konnte es geschehen. Die Gesandtschaften der Byzantiner und der Araber verdeutlichten jedoch, daß im östlichen Mittelmeer die Veränderungen des Westens nicht bloß wahrgenommen wurden, vielmehr Reaktionen hervorriefen und eigenen Zielen nutzbar gemacht werden sollten. Ein gleichartiges diplomatisches Geschick fehlte auf fränkischer Seite. Immerhin, das Frankenreich wurde durch diese Vorgänge aus seiner Randseitigkeit wieder in die großen Geschehnisse der Mittelmeerwelt hineingezogen.

Was immer Kaufleute, Pilger oder die auch damals nicht fehlenden Grenzgänger über die Muslime erfahren haben mochten, es kam gegen die feindseligen Vorurteile, die im Westen kursierten, zunächst nicht an. Aufklärung war nicht gesucht; der dennoch nicht fehlende interkulturelle Austausch vollzog sich unterschwellig, schleichend, nicht absichtsvoll. Entsprechend mangelte es dem Westen für lange Zeit an korrekten Informationen über den Islam und die Länder im «Haus des Islam», wie überhaupt über jede fremde Religion. Es fehlten analytische Muster für die Auseinandersetzung mit fremden Kulten und Kulturen. Sie entwickelten sich erst mit der Zeit. Biblische Hinweise duldeten keine fremden Götter und verwarfen jede verstehende und jede teilnehmende Begegnung. Die Religion der anderen war gerade das differenzierende, einander ausschließende, Feindschaft stiftende Moment.

Pippins Sohn Karl erbte mit dem Reich auch das Ansehen seines Vaters im Westen wie im Osten. Doch als er seit den frühen 780er Jahren die Beziehungen zu Konstantinopel und gegen Ende des Jahrhunderts zu Bagdad wiederaufnahm, hatte sich die Lage völlig verändert. Der Frankenkönig hatte sich selbst zum König der Langobarden aufgeschwungen, sein Reich weit über Rom hinaus nach Süditalien, bis an die Grenzen zu Kalabrien und Apulien ausgedehnt, nach Pannonien vorgeschoben; Karl hatte sich mit Heeresmacht am Ebro gezeigt, hatte auch die größten Anstrengungen unternommen, um die eigene geistige Kultur auf eine vergleichbare Höhe mit Griechen und ‹Sarazenen› zu heben; endlich trachtete er nach der Kaiserkrone.

3

Die nächsten Nachbarn

Ein lebhafter Austausch zumal mit Iren und Angelsachsen zeichnete das Frankenreich aus. Die Kommunikation mit anderen benachbarten Völkern schränkte deren Heidentum ein; allenfalls überwand der grenznahe Handel die Barrieren. Unter den beiden genannten Völkern genoß – aus unterschiedlicher Tradition – die Literalität eine relativ weite Verbreitung. Bei den Iren waren sogar Griechischkenntnisse anzutreffen; aus welcher Tradition sie sich speisten, ist unklar. Die Sozial- und Herrschaftsordnung Irlands glich in keiner Weise jener des Kontinents. Seine Kirche folgte nicht den römisch-kontinentalen Gewohnheiten; dem Papsttum wurde sie erst im 12. Jahrhundert mit der Eroberung durch England unterworfen. Der hl. Patrick, oder wer immer den Iren in spätantiker Zeit das Christentum gebracht hatte, leitete eine Entwicklung ein, die völlig anders verlief als auf dem Kontinent oder unter den Angelsachsen. Sie war bedingt durch die lange Isolation und geprägt durch eine hohe Klosterkultur, die auch das theologische Wissen und das Kirchenrecht verwaltete.

Trotz der hohen mündlichen Kultur der «filid», Dichter und Träger der Überlieferung im Land, scheinen die Iren keine eigene Geschichtsschreibung während des früheren Mittelalters entwikkelt zu haben, wohl aber eine hohe Buchkunst. Eine hierarchische Kirchenordnung gab es unter ihnen nicht; doch fehlten Bischöfe nicht, nämlich Priester mit Weihefunktionen. Sie lebten oftmals in Mehrzahl in ihren Klöstern und waren ihrem Abt unterworfen. Verbreitet war die eigentümliche Tradition der «*peregrinatio sancta*», eines ziellosen Aufbruchs in die Welt, um dort den Glauben zu verkünden, wohin es die Pilger verschlug. Karl der Große sollte davon profitieren.

Ganz anders die Angelsachsen. Nach dem Ende des römischen Imperiums in Britannien und mit der Einwanderung der Angeln und Sachsen kehrte zugleich das Heidentum auf die Insel zurück. Wodan, so wußte Beda in seiner Geschichte der Angelsachsen (um 730), galt als Stammvater der meisten ihrer Herrschergeschlechter. Erst mit dem ausgehenden 6. Jahrhundert erschienen wieder – von Papst Gregor dem Großen geschickt – Missionare unter ihnen. Die Bekehrten blieben kontinuierlich – bis hin zu Heinrich VIII. im 16. Jahrhundert – der römischen Kirche verbunden. Der hl. Augustinus von Canterbury organisierte ihre Kirche; die bald zwei Erzbistümer umfaßte, neben Canterbury noch York, dazu zahlreiche Bistümer. Anders als auf dem Kontinent waren die Bischofskirchen mit Klöstern verbunden. Sie sorgten für die Pflege und Ausbreitung der literaten lateinischen Kultur; Griechisch wurde hier freilich nicht gelehrt. Von der Insel stammt aber die älteste Textspur der «Regula s. Benedicti», integriert etwa um 670 in eine Regel für Nonnen. Die großen Domschulen wie jene von York besaßen wertvolle Bibliotheken mit kostbaren Manuskripten, die manch eine Abschrift in das Frankenreich vermittelten.

Die durch die Mission gestiftete Rombindung führte zahlreiche angelsächsische Pilger zu den Apostelgräbern. Einige wie der westsächsische König Ina im früheren oder Offa von Mercia im ausgehenden 8. Jahrhundert entrichteten zur Unterstützung dortiger Kirchen freiwillig Abgaben nach Rom, den später so genannten «Peterspfennig». Seit dem beginnenden 8. Jahrhundert waren die Angelsachsen bereit und in der Lage, selbst zu missionieren. Das Frankenreich zog seinen Nutzen daraus. Die Heiligen Willibrord, Winfrid/Bonifatius, Willibald von Eichstätt oder dessen Bruder Wunibald, missionierten hier, gründeten Klöster, reformierten Kirchen. Willibalds Schwester Walburga folgte dem Bruder; ihre Klostergründung in Eichstätt blüht noch heute.

Karls Kirchenreform aber verlangte nach mehr als bloß nach Missionaren, so wirksam deren Tätigkeit einst auch war. Ihn dür-

stete nach dem Wissen der Iren und Angelsachsen. Nachdrücklich bemühte er sich um den gelehrten Alkuin, den er tatsächlich für sich gewinnen konnte. Er kam zunächst für einige Jahre, dann für dauernd und wirkte als Lehrer in Aachen und in Tours. Die Mission konnte fortan mit den Kräften seines eigenen Reiches voranschreiten. Lebhafte Beziehungen unterhielt der Karolinger zu Offa, dem bedeutenden und erfolgreichen König von Mercia. Karl warb noch als König sogar um eine Tochter des Angelsachsen für seinen gleichnamigen Sohn. Offa verlangte im Gegenzug eine Tochter Karls für den eigenen Sohn. Daran scheiterte das Ehebündnis. Karl nahm es übel und reagierte mit einer dreijährigen Sperre für englische Schiffe, was nicht zuletzt auf die Bedeutung des Handels mit England verweist. Auf dem Festland ragte Dorestadt als fränkisches

Handelszentrum hervor. Offa orientierte tatsächlich, seit der Zeit König Pippins, seine Pfennig-Währung am fränkischen Vorbild.

5 König Offa von Mercia, Kopie eines abbasidischen Golddinars mit der Schahâda und dem Namen des Königs OFFA / REX *(London, Britisches Museum)*

Gelegentlich prägten die Könige Mercias sogar Goldmünzen. Waren sie für den Handel bestimmt oder sollten sie als repräsentative Gabe dienen, etwa für den Papst? Eigentümlich mutet ein Golddinar an, der sich heute im Britischen Museum befindet. Seine Vorderseite (Avers) ziert eine (auf dem Kopf stehende) arabische Münzlegende, in die der Münzherr integriert erscheint: OFFA REX; auf dem Revers aber findet sich – unbeholfen, doch erkennbar nachgeahmt – der erste Teil der Schahâda: *Lâ ilâha illâ 'llâh* («Es gibt keinen Gott außer Gott»)[46]. Was wußte man in Mercia, was im Frankenreich über die Herkunft des arabischen Geldes? Zu lesen vermochte man die Münzlegende sicherlich nicht. Dennoch mußte das Geld die Blicke nach dem arabischen Osten und dem Mittelmeer lenken. Folgte Karl diesen Winken? Gold freilich diente ihm, von seltensten Ausnahmen abgesehen, nicht zur Münzprägung.

Alkuin vermittelte den Frieden zwischen den Königen und einen Handelsvertrag. Karl hatte dem gelehrten Mann eben, im Jahr 796, das Stift St. Martin in Tours anvertraut; so blieb derselbe im Frankenreich. Die unruhige Lage seiner Heimat bewirkte ein übriges: Er wüßte nicht, was er dort solle; bittere Anklagen erhob er wider sein eigenes Volk. Normannische Piraten plünderten und verwüsteten Kirchen, so schrieb er dem König Offa, Altäre würden durch Meineide befleckt, Klöster mit Ehebruch geschändet, die Erde mit dem Blut ihrer Herren getränkt. «Weh dem sündigen Volk, dem Volk böser Ungerechtigkeit, den Söhnen des Verbrechens. Sie verließen Gott und überschütteten den heiligen Erlöser in ihren Verbrechen mit Blasphemien», so klagte Alkuin mit dem Prophetenwort (Is. 1,4) und ermahnte den König, ein guter Lenker seines Volkes zu sein[47]. Immerhin, über Alkuins enge Kontakte in seine Heimat erfuhr auch der fränkische Hof, wie die Verhältnisse dort bestellt waren.

Jetzt also wurde der Frieden zwischen Karl und dem König von Mercia erneuert; ein Vertrag regelte die Modalitäten. Wallfahrer nach Rom, so gewährte nun der Frankenkönig, blieben unbehelligt; der Handel genösse den üblichen Schutz, was aber Zollzahlungen nicht ausschloß. Auch Pilger, die Handel trieben, wurden von der Zollpflicht nicht ausgenommen[48]. Angelsächsische Flüchtlinge und Emigranten aus Mercia hatten Unterschlupf an Karls Hof und in seinem Reich gefunden[49]. Karl verwandte sich bei dem Erzbischof Athilhard von Canterbury für sie und ihre ungefährdete Rückkehr.

Kriege der Franken gegen die benachbarten Sachsen brachten zugleich die Nachbarschaft zu Slawen und den künftigen Dänen mit sich. Doch die Beziehungen zu den genannten Völkern erschöpften sich im wesentlichen zur Zeit Karls des Großen in Grenzsicherung und – jenseits der Elbe – in einzelnen militärischen Überfällen. Galten diese letzteren der Sklavenjagd?

Die «Urheimat» der Slawen ist umstritten; sie könnte – so ergeben sprachliche Befunde – in den Nordost-Karpaten gelegen haben. Ihre Ausbreitung entzieht sich der genaueren Einsicht der Historiker. Antike Autoren kannten sie kaum; seit dem 6. Jahrhundert unterschieden die Geschichtsschreiber Wenden, Anten und Slawen; manche verlegten ihre Heimat in die Region der Mäotischen Sümpfe; noch der sächsische Autor des 10. Jahrhunderts, Widukind von Corvey, kolportiert die Geschichte von den Hexen in den Mäotischen Sümpfen. Die Sprache zerfiel, nicht anders als die germanische Sprache, in verschiedene Untergruppen. Sie einte somit kaum; überhaupt etablierten sich zahlreiche Kleingruppen unter unterschiedlichen Namen an Elbe und Oder und weiter nach Osten bis zum Don. Die Einteilung in West-, Süd- und Ostslawen ist eine Erfindung moderner Wissenschaft. Der sog. «Bayerische Geograph», ein anonymes Verzeichnis der Völker östlich des Frankenreiches aus der zweiten Hälfte des 9. Jahrhunderts, verzeichnete knapp 60 verschiedene Völkerschaften von den Bulgaren im Süden bis zu den Anrainern der Ostsee[50]. Die Karlszeit hatte es demnach mit einer Reihe von Kleinvölkern zu tun, die allenfalls im Westen verwandte religiöse Kulte verband. Genaueres wird freilich erst seit dem 10. Jahrhundert bekannt und verweist bereits auf eine fortschreitende Differenzierung.

Im 8. und beginnenden 9. Jahrhundert zeigten sich noch keine Ansätze zu eigener Reichsbildung. Ein gewisser Samo, der ein fränkischer Kaufmann gewesen und im Jahr 623/24 zu den «Wenden», nämlich in das Gebiet der March gezogen sein soll, scheint – so legt die sog. Fredegar-Chronik nahe (4,48) – erfolgreich die Abwehr der dortigen Slawen gegen die Awaren organisiert und eine Herrschaft errichtet zu haben, die sich durch knapp drei Jahrzehnte selbst gegen die Franken behauptete (4,68) und erst mit Samos Tod unterging. Genaueres ist auch dazu unbekannt. Weiterhin gelangten bis in die Zeit Karls des Großen nur spärliche Informationen über Slawen zu den Franken und damit in schriftliche Überlieferung.

Die eben erwähnten Awaren, die im 6. Jahrhundert in das Karpatenbecken und nach Pannonien eingedrungen waren, blieben für alle umliegenden Völker einschließlich der Byzantiner gefährliche Feinde, bis sie 796 endgültig besiegt waren und ein Jahrzehnt später das Christentum angenommen hatten. Die Franken schlossen kein Bündnis mit Byzanz gegen sie. Nur selten erschienen ihre Gesandten am Karlshof, wie sie – schon ein Zeichen der Schwäche – im Jahr 782 die überarbeiteten «Reichsannalen» vermerkten: Sie seien «des Friedens wegen» gekommen; Karl habe sie «angehört und entlassen». Über ihre nomadische Lebensweise, Sozialverfassung und Kultur verlautete bei karlszeitlichen Autoren nichts.

Noch heute herrscht Unklarheit über die Entstehung des Volkes[51]. Fraglich erscheint, ob es sich überhaupt um eine einzige Ethnie handelte, oder ob diese von byzantinischen Autoren bald Skythen bald Hunnen genannten, bei den westlichen Geschichtsschreibern gewöhnlich nur als Hunnen auftauchenden Nachbarn Baierns einen mehr oder weniger festen Völkerverband bildeten. Die erhaltenen Sprachzeugnisse sind viel zu dürftig, als daß mit ihnen die ethnische Frage entschieden werden könnte. Gewiß scheint ihre Herkunft aus der asiatischen Steppe, aus dem westlichen Turkestan, zu sein; chinesische Zeugnisse scheinen sie zu kennen. Vor ‹Türken› gewichen, finden sie sich seit 463 nördlich des Schwarzen Meeres, seit etwa 568 drängten sie ins Karpatenbecken, aus dem damals die Langobarden nach Italien abzogen. In den Jahren 791–796 besiegelten die Awarenkriege Karls des Großen und seines Sohnes Pippin, des Königs von Italien, das Ende ihrer Herrschaft.

Was sich in Mähren unmittelbar nach dem Ende des Awarenreiches abspielte, erwähnte kein gleichzeitiger Autor. Erst im weiteren Verlauf des 9. Jahrhunderts, seit etwa 820/830, traten dort, wo sich zeitweilig Byzanz, der römische und der fränkisch-bairische Einfluß trafen, neuere Ansätze zur Reichsbildung hervor, die sich bis nach Pannonien ausgedehnt haben dürften. Wieder könnte der Fernhandel eine fördernde Wirkung geübt haben. Denn an den Straßen von Regensburg aus die Donau abwärts nach Konstantinopel und über Prag und Krakau nach Kiew in Richtung Konstantinopel und Samarkand führten Handelsrouten, die zumal durch Sklaven- und Wachshandel den dortigen Herren erhebliche Reichtümer zuspielten. Diese wiederum konnten dem Aufbau militärischer Gefolgschaften dienen.

Die Zollordnung von Raffelstetten, einer Mautstelle an der Donau in der bairischen Ostmark, von etwa 902/906 gibt einen Fernhandel zu erkennen, der schwerlich erst um 900 entstand, vielmehr wenigstens in Ansätzen schon in der Zeit Karls des Großen bestanden haben dürfte. Das Kapitular von Diedenhofen aus dem Jahr 805 verdeutlicht grenznahen Handel mit Slawen und Awaren. Fränkische Händler, so verfügte der Kaiser da, dürften nicht weiter als bis nach Bardovic, Schezla (nicht zu identifizieren), Magdeburg, Erfurt, Halazstat (ein abgelegener Ort bei Bamberg), Forchheim, Pfreimt (bei Nabburg in der Oberpfalz), Regensburg und Lorch (an der Enz) gehen. Weder Waffen noch Brünnen dürften sie verkaufen[52]. Der verbotene Waffenhandel läßt eine slawische Oberschicht erahnen, die es den Franken gleichtun wollte. Im Gegenzug könnten die letzteren Handel mit ungetauften slawischen Sklaven betrieben haben.

Kein Franke verirrte sich zu den Dänen; sie blieben fremd. Nur dürftige Informationen aus der skandinavischen Welt hatten ohnehin den fränkischen Königshof vor der Zeit Karls des Großen oder unter diesem Herrscher erreicht. Reichsbildungen und Ethnogenese setzten gleichwohl in der Zeit der fränkischen Kaiser ein, zuerst bei den Dänen und den Svea um den Mälarsee, der namengebenden Völkerschaft der künftigen Schweden[53]. Analphabeten, die sie alle trotz gelegentlicher Runeninschriften waren, pflegten sie ihre mündliche Überlieferungen in einer hochentwickelten Liedtradition, die nur zum kleineren Teil und keineswegs mit unverändertem Inhalt in spätere Aufzeichnungen Eingang fanden[54]. Die vielen Inseln und die langen Küsten verwiesen die Skandinavier frühzeitig auf die Seefahrt. Die Leistungsfähigkeit ihrer Schiffe, die Reichweite ihrer Seefahrten und die Gefährlichkeit ihrer Unternehmungen blieben den Nachbarn mit Einschluß der Franken freilich lange verborgen.

Wikinger, abgeleitet aus dem altnordischen *víkingr*, was den Seekrieger oder Piraten meinte, überfielen am 8. Juni 793 das meernahe Kloster Lindisfarne, eine bedeutende Pilgerstätte vor der ostschottischen Küste, und bald darauf das alte Inselkloster Iona, eine Gründung des älteren Columban, inmitten der Inneren Hebriden (795, 802, 805), und fortan weitere Ziele in Britannien und Irland. Ihre Organisation in kleinen Gefolgschaften mit wenigen Schiffen machte diese Piraten durch ihre unvergleichliche Mobilität ungeheuer gefährlich; doch bald bildeten sich größere Verbände. Schon die ersten Züge lohnten, brachten Gold und Sklaven und verlockten zu einer endlosen Kette von Überfällen und Plünderungen entlang sämtlicher Küsten Europas. Handel und Beutehoffnung vereinten sich da. Durch Alkuin, den gelehrten Angelsachsen an seinem Hof, erfuhr Karl der Große frühzeitig von den schlimmen Ereignissen. So war er nicht überrascht, wenn auch unvorbereitet, als «Dänen» erstmals im Jahr 810 mit 200 Kielen an den Küsten seines Reiches auftauchten und in Friesland plünderten[55].

Die Gründe für die Wikingerfahrten blieben den Franken verborgen; sie erkannten in den «Nordmännern» bloß Räuber, Piraten, Heiden, deren Religion ihnen fremd war; Goldgier habe sie getrieben. Die heidnischen Kulte sind mehr oder weniger unbekannt, die Texte der «Edda» viel zu spät, als daß sie kompetente Auskunft über die Glaubenswelten der Skandinavier um 800 geben könnten. Snorris Prosa-Edda entstand um 1220/1230, die Lieder-Edda etwa ein halbes Jahrhundert später[56]. Die Sozialordnung dieser «Piraten» entzog sich den Blicken der Franken vollends; sie blieb ihnen unbegreiflich und in ihren Auswirkungen um so gefährlicher.

Was trieb diese Leute in die Fremde? Was wußte Karl davon? Seit dem früheren 9. Jahrhundert trachteten die Ankömmlinge aus dem Norden nach Landnahme, nach Ansiedlung und Herrschaftsbildung. Spätere Überlieferungen sprachen von Überbevölkerung in der Heimat. Eher freilich dürften erste Machtkonzentrationen, ein auf Unterwerfung der freien Hofbesitzer drängendes Königtum, der Konkurrenzkampf einzelner Mitglieder der Königssippe und eben die Suche nach neuen Siedlungsräumen zu den gewinnträchtigen Fahrten animiert haben. Erfolg dabei steigerte das Sozialprestige und mit ihm die eigene Macht. Den Franken der Zeit Karls des Großen blieben freilich die Routen der Wikinger von Skandinavien über die osteuropäischen Flüsse nach Konstantinopel weithin fremd, wohl nicht einmal vom Hörensagen bekannt. Auch die Fernbeziehungen, die bis nach Samarkand reichten und sich etwa durch Münzfunde belegen lassen, waren dem Westen nicht vertraut.

4

Karls Welt

Karl wuchs in eine Welt hinein, die sich vielerorts im Umbruch befand. Die Hochkulturen am Mittelmeer bildeten zu seiner Zeit religiös keine Einheit mehr, auch wenn sie wirtschaftlich keineswegs völlig auseinanderdrifteten. Die Vielfalt der Kulturen, die sich seit dem 7. Jahrhundert auszubilden begannen, förderten und beschleunigten diesen Wandel; der interkulturelle Austausch ließ nicht lange auf sich warten. Schon in Karls Zeit setzte er – wenn auch eher zaghaft – ein. Die das Frankenreich umgebenden Nachbarn, Sarazenen, Angelsachsen, Dänen, Slawen, Awaren, Griechen – sie bildeten Karls Welt, über die ihm Wissen zufloß, in der er sich bewähren und mit seinem Königtum bestehen mußte, in die er mit seinem Handeln eingriff und die er tatsächlich verändern sollte.

Die noch entlegeneren Regionen der «Alten Welt» lagen für die Franken zu fern, als daß sie sich ihren Horizonten erschlossen. Aus antiken Werken verfügten sie wohl über den einen oder anderen Namen, ohne ihn doch mit einer eigentlichen Landeskunde verbinden zu können. Hinweise auf Persien, Indien oder eben Samarkand – Kulturregionen, deren Wirkungen unmittelbar, wenn auch unbemerkt in die westliche Welt ausstrahlten – fehlten, von seltenen Ausnahmen abgesehen, bei den Autoren der Karlszeit, von Sibirien, Mongolei, China oder Japan ganz zu schweigen. Diese Regionen waren nicht einmal den antiken griechischen oder lateinischen Geographen geläufig.

Die großen Umbrüche in China wirkten sich zwar indirekt auch auf den Westen aus, führten zu Völkerwanderungen, die – wie unlängst mit den Hunnen und den Awaren – erst im Westen endeten, aber ein Wissen über die Ursachen solcher Völkerbewegungen besaß man hier nicht, nicht einmal eine Ahnung. Umgekehrt kümmerten sich die Chinesen nicht um den äußersten Westen, von dem sie eine so geringe Vorstellung besaßen wie derselbe von ihnen; selbst die Geschehnisse in Arabien und dem Vorderen Orient waren ohne Belang für das Reich der Mitte. Die Intensität des wechselseitigen Wissens war gering, zufällig und fragmentarisch, bestenfalls durch Händler vermittelt.

Entsprechendes gilt für Afrika südlich der Sahara. Auch wenn arabische Händler nach Sansibar vorgedrungen sind, auf der Jagd nach Sklaven, Gold und Elfenbein den Kontinent betreten haben und bald in sein Inneres vorstießen, so besaßen die Franken davon nicht die geringste Kenntnis. Die Entwicklungen dort entziehen sich weitgehend noch dem modernen Historiker. Selbst Ägypten war den Franken – abgesehen von biblischen Reminiszenzen – unbekannt; und das Geschehen im Maghreb, so unmittelbar es auch das Frankenreich angehen mochte, blieb ausgeblendet. Dort aber, an Afrikas Küsten, regte sich mit den Berbern eine der Zentralregierung in Bagdad entgleitende Herrschaftsbildung. Nur das Geschehen in Spanien entging den Franken nicht völlig. Nicht zuletzt nach Gallien emigrierte «Goten» informierten auch den fränkischen König über die Entwicklung südlich der Pyrenäen. Von dort, auch über Italien drangen kulturelle und technische Innovationen aus der arabischen Welt nach dem christlichen Norden.

Erkennbar betroffen sah sich Karl von diesen Entwicklungen nach Auskunft der Überlieferung nicht. Das Nähergelegene forderte Karls Aufmerksamkeit. An sämtlichen Grenzen seines Reiches wurde er tatsächlich militärisch aktiv, drohend, erobernd, grenzsichernd und durch Austausch von Gesandtschaften. Konstantinopel, Jerusalem, Bagdad, Kairouan, kaum Córdoba, wohl aber Toledo rückten mit den Jahren in das Gesichtsfeld seiner Franken. Zunächst freilich dominierte der Krieg; und er richtete sich gegen die nächsten Nachbarn.

IV

DER KRIEGSKÖNIG

I

Bruderkrieg droht

Karl war groß, ein Hüne von Gestalt, ein ganzer Kerl; um Haupteslänge überragte er die meisten seiner Zeitgenossen. Der Rest seiner Gebeine in Aachen, als Reliquien gehütet und verehrt, verrät es. Von Kindesbeinen an hatte er sich im Waffengebrauch und Kampf geübt. So verlangte es sein Stand, so erwarteten es seine Leute. Jeden Herbst ging Karl zur Jagd; für einige Wochen gönnte er sich dann dieses Vergnügen. Noch im Alter hielt er es so. Die Jagd war Zeitvertreib und mehr, war Erfordernis, Herrenattitüde, Herrschaftsritual. Sie konnte Kraft, Mut und Kühnheit beweisen, war – als Drückjagd organisiert – einem Manöver vergleichbar, befeuerte durch Vorbild das eigene Gefolge, bot Gelegenheit zur Zurschaustellung von Mannestugend. Der große Jäger konnte Schrecken verbreiten und Furcht vor dem Herrn und König wecken. Die Jagd war Training auch für den Krieg. Von Karls Enkeln und Urenkeln ist gut bezeugt, daß sie als Kinder und Jugendliche zur Jagd ritten, mit scharfen Waffen wilde Scherze trieben und den eigenen Tod riskierten. Der junge Karl wird es nicht anders gehalten haben. Spätestens mit dreizehn Jahren begleitete er den Vater in den Krieg. Seine wachsenden Kräfte wurden frühzeitig auf wachsende Aufgaben vorbereitet. Zweimal, sagt Einhard (c. 8), habe er später, als König, in der Schlachtreihe mitgekämpft.

Karl war etwa 20 Jahre alt, als er die Herrschaft im Jahr 768 antrat, sein Bruder Karlmann 17. Ihr Vater hatte erst kurz vor seinem Tod sein Reich unter seine beiden Söhne geteilt. Dem älteren fiel dabei Austrasien, der größte Teil Neustriens und halb Aquitanien zu, während der jüngere Burgund, die nördlich angrenzenden Gebiete der «Francia» bis nach Paris und St-Denis, die Provence, Gotien, Elsaß, Alemannien und den anderen Teil Aquitaniens erhielt.

Die Reichsteilung hatte Karl weite Teile des fränkischen Kernlandes, der östlichen «Francia», die Grenzzonen nach Sachsen und Randbereiche in Aquitanien eingebracht. Sein Reich umklammerte somit nördlich und westlich den Herrschaftsraum seines Bruders. Dort, im Süden, hielt Karl sich selten auf. Besaß er hier keine zuverlässigen Parteigänger? Keine für Königsaufenthalte geeigneten Pfalzen? Immerhin richtete sich sein erster eigener, noch 768 unternommener Kriegszug gegen Hunold, den Sohn Waifars, eben dorthin. Oder galt es zunächst, die Herrschaft in den fränkischen Kernlanden zu sichern? Denn die beiden Brüder und ihre Gefolgschaften beargwöhnten einander von Anfang an. Doch auch später begab Karl sich eher selten in das Land südlich der Loire. Es erschien fast als ein Nebenland seiner Königsherrschaft.

Konfliktfrei verlief keine Erbteilung. Das durch ein halbes Jahrhundert zusammengewachsene Reich der Franken vergaß seine Einheit nicht. Die Besitzungen der Kirchen und Klöster oder der Großen, auf deren Loyalität jeder der beiden Könige angewiesen war, ihre Familien und deren Interessen reichten über die Teilungsgrenzen hinweg. Karl wird es zu nutzen verstehen, durchaus zum Nachteil seines Bruders. Karlmanns Reich grenzte mit Alemannien und der Provence an Italien; es bescherte Spannungen zum Langobardenreich.

Zunächst freilich beschickten beide Könige im Jahr 769 auf Einladung des Papstes Stephan III. mit ihren Bischöfen eine römische Synode[1]. Am Tiber hatte sich die Lage seit Pippins Eingreifen in Italien und mit dem Tod Pauls III. im Jahr 767 dramatisch verändert. Noch wenige Jahre zuvor hatte dieser Papst gejubelt: Desiderius, der Nachfolger Aistulfs, habe in friedlicher Gesinnung und in großer Demut die Schwellen der Apostel aufgesucht, Restitutionszusagen gemacht und über den Papst um einen Friedensvertrag mit Pippin gebeten, «auf daß das Volk Gottes beider Seiten in großer Sicherheit und in der Ruhe des Friedens leben könne»[2]. Jetzt aber überstürzten sich die Ereignisse.

Der langobardische Druck auf Rom ließ trotz der Niederlagen gegen die Franken und trotz gegenteiliger vertraglicher Zusicherungen nicht nach. Die fränkische Teilung mußte Desiderius geradezu zu neuerlichen Angriffen ermuntern. In Rom breiteten sich Unruhen aus. Gewaltsam war Konstantin II. nach Pauls I. Tod zum Papst erhoben worden; die Gegner um den Primicerius Christophorus konnten fliehen, langobardische Unterstützung gewinnen und Rom zurückerobern. Sie setzten nun ihrerseits nach Ermordung des langobardischen Kandidaten einen Vertrauten der früheren Päpste, eben Stephan III., auf den Thron des Apostelfürsten; er bedurfte fremder Hilfe, suchte und fand sie bei den Franken. Damit hatte sich das Blatt abermals gewendet.

Eindringlich beschwor Stephan die beiden Frankenkönige bei den Gefahren des Jüngsten Gerichts zur Wiederherstellung der Rechte des hl. Petrus gegen die Langobarden[3]. Jene Synode vom April 769 verdammte denn auch Konstantin als Usurpator und verurteilte zudem die Bilderfeindschaft, den Ikonoklasmus, der Griechen. Die Franken ließen sich dabei wohl auf die römische Variante des Bilderkults ein[4]. Endlich wurde die Lehre aus den überstandenen Schrecken gezogen und die Papstwahl neu geregelt: Nur wer ordnungsgemäß alle Weihegrade bis zum Diakon oder zum Kardinalpriester durchlaufen habe, dürfe zum Papst gewählt werden, keine Laien oder Kleriker mit bloß niederen Weihen[5].

Doch bald drangen Gerüchte an den Tiber, einer der Frankenkönige wolle eine langobardische Prinzessin, ihre Schwester Gisela aber den langobardischen Thronfolger ehelichen. Wer jener Bräutigam sei, war noch unbekannt. Der doppelte Eheplan mußte den Papst zutiefst erschrecken. Eilig richtete Stephan einen Brandbrief an beide Könige. Mit heftigen Worten verdammte er die «teuflische» Absicht. Wie könne ein so glänzendes Herrschergeschlecht wie das ihre aus dem edlen, erhabenen Volk der Franken solchem Wahnsinn verfallen, sich mit den perfiden Langobarden, diesem stinkenden Volk, das unter die Zahl der Völker nicht gezählt werden dürfte, das dem Geschlecht der Leprosen entstamme, sich also mit diesem abstoßenden, verfluchten Volk zu verbinden und zu beflecken, zumal ihnen bereits vom Vater die schönsten Gemahlinnen aus dem eigenen Volk zugeführt worden seien[6]. Sie hätten versprochen, dem hl. Petrus und seinem Vertreter, dem Papst, Freund zu sein und deren Feinden Feind. Bei Gefahr ihres Seelenheils, es

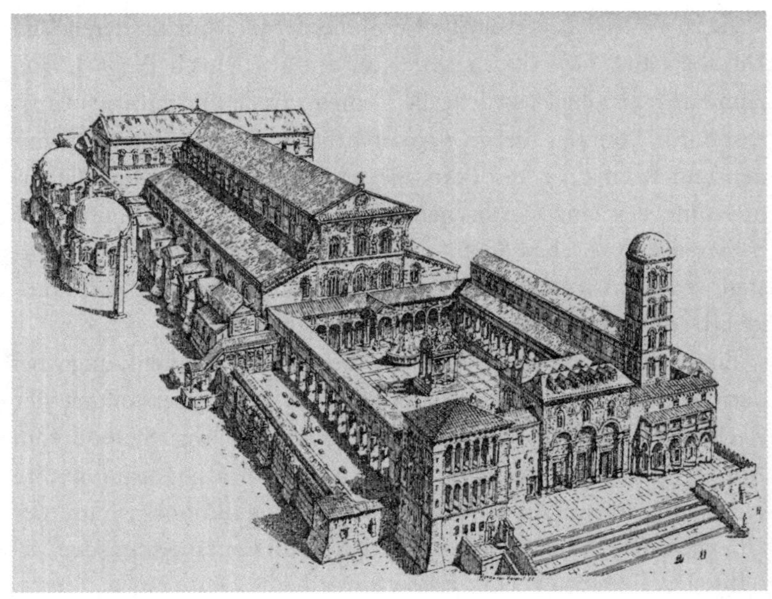

sei ihnen nicht erlaubt, aus fremden Volk eine Gemahlin zu wählen. Sonst drohe das Anathem, der Kirchenbann.

Der junge König Karl – er war der Bräutigam – ließ sich von den päpstlichen Drohungen nicht schrecken. Bedrängt von seiner Mutter und dem einen oder anderen seiner Großen, schloß er ein durch die Ehe bekräftigtes Bündnis mit Desiderius. Bertrada hatte schon zuvor, unter Pippin, gegen den Langobardenkrieg agiert; jetzt eilte sie selbst nach Rom, um den Papst zu besänftigen. Auf dem Rückweg aber geleitete sie die erwählte Braut zu ihrem Sohn. Stephan suchte alsbald und als Antwort auf eine Gesandtschaft Karlmanns das Bündnis mit Karls Bruder, dem «allerchristlichsten König», und bot ihm die Patenschaft für dessen Sohn Pippin und dessen Salbung an[7].

Unter Bertradas Einfluß schien Karl tatsächlich eine Kehrtwendung zu vollziehen. Seine Ehe war, als sie im Jahr 770 tatsächlich eingegangen wurde[8], eingebunden in ein weites Heiratsnetz, da zwei Schwestern der Braut, Liutperga und Adalperga, mit Karls Vetter Tassilo von Baiern und mit dem Herzog Arichis II. von Benevent verheiratet waren. Das langobardische Königshaus entstammte zudem, wenn die Verwandtschaft auch schon längere Zeit zurücklag, demselben Geschlecht wie der Baiernherzog selbst, den Agilolfingern. Bertradas Tochter Gisela sollte um dieselbe Zeit im Gegenzug Desiderius' Sohn Adelchis ehelichen, was freilich nicht mehr realisiert wurde. Stephans Nachfolger Hadrian aber taufte Tassilos und Liutpergas ältesten Sohn Theodo im Jahr 772[9] – ein Zeichen, daß diese Ehen Perspektiven eröffneten, die mehr bedeuteten als lediglich dynastische Verbindungen. Karl mochte dann jene Taufe als eine Warnung verstehen.

6 Alt Sankt Peter, die Kirche zur Zeit Karls des Großen; unter der hinteren Kuppel befand sich die Kapelle der hl. Petronilla (Rekonstruktionszeichnung des 16. Jahrhunderts, Pietro Costarosa, *Le Basiliche Cristiane, Rom 1892).*

Neue Kämpfe brachen in Rom aus. Die Gegner des Christophorus gewannen die Oberhand; Stephan III. verband sich mit ihnen, die unter Führung eines gewissen Paulus Afiarta ein Bündnis mit den Langobarden wünschten. Karlmann sah sich plötzlich isoliert und plante, wie man in Rom munkelte, einen Kriegszug gegen die Langobarden und gegen Rom. Stephan aber pries nun, im Frühjahr 771, vor Bertrada und Karl den König Desiderius und dessen Volk, eben noch als Auswurf der Menschheit gescholten, als Retter vor den Mordplänen des Christophorus und des Gesandten Karlmanns. Vielleicht hatte der Papst den Langobarden sogar nach Rom eingeladen; jedenfalls konnte er sich unter dessen Schutz tatsächlich in die Peterskirche retten und halten, bis Christophorus geblendet und die Seinen ausgeschaltet waren. Mit dem Langobarden habe er sich guten Willens geeint und von ihm alle Gerechtsame des hl. Petrus vollständig empfangen[10]. Was sich da tatsächlich in Italien und Rom vollzog, konnte man im fernen Frankenreich schwerlich durchschauen. Der «Liber Pontificalis» warf nach Stephans Tod, doch entgegen dem zitierten Papstschreiben, dem Desiderius böse Umtriebe vor; er allein trage an dem ganzen Unglück die Schuld[11]. Wie aber nahm Karl das alles, dieses innerrömische Intrigenspiel in der Apostelstadt, auf, das nur durch Gewalt von außen zu beenden war?

Der junge König hat es zweifellos als eine Erfahrung vermerkt, die er später nutzen wird. Er lenkte nun sein Handeln in neue Bahnen. Ob er geheime Informationen aus Rom besaß? Immerhin hatte er seinen Kanzler Hitherius damals an den Tiber geschickt, «wahrhaftig euer und unser aufrichtiger Getreuer» (wie Stephan ihn lobte), der sich um die Restitution päpstlicher Patrimonien im Herzogtum Benevent kümmern sollte[12]. Schon zu Beginn des Jahres 771, noch vor der Zeit, zu der Desiderius nach Rom aufbrach, trennte Karl sich – eine Kriegserklärung – von dessen Tochter, seiner Gemahlin. Seine Mutter war enttäuscht. Bis zuletzt wollte sie die Ehe retten, die sie angebahnt hatte. Karl verweigerte sich ihr. Die Langobardin, deren Name wohl absichtlich nicht überliefert wurde, hatte ihm, so kurz wie die Ehe währte[13], kein Kind geschenkt, er mochte sie nicht, er brauchte sie nicht. Er schickte sie seiner Mutter zum Trotz und entgegen dem Kirchenrecht zu ihrem Vater zurück. Es muß viele Monate vor dem Tod seines Bruders geschehen sein[14] und verhieß über kurz oder lang den Krieg. Vielleicht war die Scheidung auch ein Akt der Emanzipation des zweiundzwanzigjährigen Königs von der gebieterischen Mutter, die vergebens versucht hatte, zwischen ihren Söhnen zu vermitteln.

Der Papst schwieg; kein Widerspruch erging trotz ihrer Illegitimität gegen die noch zu Lebzeiten der Langobardin folgende dritte Ehe des Frankenkönigs, die er im Frühjahr 771 mit Hildegard schloß[15], einer jungen Dame von knapp dreizehn Jahren aus höchstem alemannischen Adel; neun Kinder sollte sie dem Gatten bis zu ihrem frühen Tod mit etwa 26 Jahren schenken. So wie derselbe bald Jahr um Jahr in den Krieg zog, so trug sie Jahr um Jahr ein Kind[16].

Alemannien aber, dessen Führungsschicht Karl mit dieser Ehe zweifellos zu gewinnen trachtete, gehörte zum Reich seines Bruders. Der Konflikt mit diesem schien unausweichlich; und mehr als das. Denn durch Alemannien führten wichtigste Paßstraßen nach Italien, wohin Karl offenkundig mit seiner dritten Ehe zu blicken begann. Karls Vetter Adalhard schalt den jungen König wegen der illegitimen Ehe, zog sich vom Hofleben zurück und wurde Mönch – aus Protest, wie es später hieß[17]. Wieweit es zutraf, sei dahingestellt. In späteren Jahren war Adalhard einer der treuesten Ratgeber des Kaisers. Karl aber rüstete gegen die Langobarden. Auch an Kriegsvorbereitungen gegen den Bruder meinte man sich später am Karlshof zu erinnern.

Karls Ehe mit Hildegard riß freilich das ganze feingesponnene Netz von Heiratsbündnissen ein und knüpfte tatsächlich ein neues, das zu handhaben höchstes Geschick verlangte, aber reicheren Fang versprach. Es zeigt den jungen König bei dem ersten eigenständigen Herrschaftsakt als einen kühnen, risikobereiten Planer. Denn die alemannische Dame gehörte durch ihre Mutter dem alten alemannischen Herzogsgeschlecht an und dieses war – wie man mit guten Gründen annehmen darf – ein Seitenzweig der Agilolfinger, eben jener Sippe, die in Baiern die Herzöge stellte und auch – mit entfernteren Verwandten – auf dem Königsthron in Pavia saß. Odilo, der Vater Tassilos von Baiern, und Hildegards Mutter Imma dürften Geschwister gewesen sein. Die neue Ehe verhieß somit Krieg gegen die Langobarden, Krieg auch mit dem Bruder. Verhieß sie als Fernziel auch Krieg um Baiern? Fürs erste aber schloß der Frankenkönig «Freundschaft» mit seinem bairischen Vetter[18].

Über Karlmanns dreijähriges Königtum wurde wenig berichtet. Zwölf Urkunden – zumal für das Kloster St-Denis – blieben erhalten, drei mehr als für seinen Bruder aus derselben Zeit. Seine Ehe mit Gerberga, deren Herkunft unbekannt ist, war bereits mit zwei Söhnen gesegnet, deren älterer den Namen des Großvaters trug, während Karl ebenfalls einen Sohn Pippin aus einer Verbindung besaß, die wegen der Ehe mit der langobardischen Prinzessin getrennt wurde. Die Spannungen zwischen den beiden Königen wurden von den durch Karl geprägten Geschichtsschreibern mehr oder weniger verschwiegen. Nach Einhard (c. 5) und den überarbeiteten Reichsannalen soll der jüngere seinem Bruder die Hilfe verweigert haben, als dieser nach Aquitanien und bis zur Gascogne rückte, um den Krieg, den sein Vater begonnen hatte, erfolgreich zu beenden und das Land definitiv seiner Herrschaft zu unterwerfen. Es war – wie Einhard bemerkte – Karls erster Krieg. Die offene Feindseligkeit zwischen den Brüdern war bald zu spüren[19], zumal nachdem Karlmann die militärischen Aktivitäten des Langobardenkönigs Desiderius gegen Rom erst zu unterstützen, dann zu bekämpfen begann[20]. Waren die Brüder in eine Art Wettlauf um Italien eingetreten? Empfand Karl es so, dann mußte er handeln; er durfte sich jetzt gegen seinen Bruder der Unterstützung des

Papstes gewiß sein. Wie immer, der Tod verhinderte den drohenden Bruderkrieg. Am 4. Dezember 771 starb Karlmann – eines plötzlichen, aber natürlichen Todes.

Karl erkannte seine Chance, gegen seine minderjährigen Neffen das ganze Erbe seines Vaters zu übernehmen. Maßgebliche Große aus Karlmanns Reich – der Erzbischof Wichar von Sens, der Abt Fulrad von St-Denis, die Grafen Warin und Adalhard – huldigten ihm noch im Dezember, und salbten ihn zu Corbény zu ihrem König[21]. Hatten sie mit Karlmanns Tod gerechnet? Hintertrieb Karl die Nachfolge seiner Neffen? Oder ging die Initiative von diesen Großen aus, die keinen Kindkönig wünschten? Jetzt erst grenzte Karls Reich auch an Italien. Karlmanns Witwe ahnte, kaum daß ihr Gemahl gestorben, nichts Gutes. Sie floh mit ihren Kindern nach Pavia, unter den Schutz des Langobardenkönigs, der dem vertragsbrüchigen einstigen Schwiegersohn nicht freundlich gesonnen gewesen sein konnte, und floh weiter nach Verona. Was erhoffte Gerberga sich? Wollte sie nach Baiern entkommen, das damals unter dem Herzog Tassilo III. noch nicht unter der Botmäßigkeit des Frankenkönigs stand? Oder noch weiter fliehen, sich nach Konstantinopel retten, wo früher schon Exilanten aus dem Langobardenreich Zuflucht gefunden hatten und wohin sich auch Adelchis, der Sohn des Desiderius, retten wird?

Fürs erste aber vertraute sie dem Schutz der Langobarden. Deren König schien bereit, den Karlmann-Söhnen oder deren ältesten Pippin zur Königsherrschaft der Franken zu verhelfen. Schon bat er den Papst Hadrian zu ihm zu kommen, um die Königsknaben zu salben[22]. Die Absicht war offenkundig: hier die erneuerte Spaltung der Franken, dort den Papst zu sich zu locken. Genutzt hat es nichts. Vielleicht brachte überhaupt erst die überstürzte Flucht die Karlmann-Söhne um das Erbe und – Desiderius um die Krone.

2

Italien ruft

Karl jedenfalls war gewarnt. Er wechselte die Seiten und war nun der natürliche Verbündete des Papstes, der Gegenspieler des Desiderius; er erkundigte sich in Rom besorgt, ob derselbe die früher zugesagten Restitutionen an den hl. Petrus und die Römer, wie versprochen, tatsächlich eingehalten habe, und drohte ihm, als die Antwort negativ ausfiel[23]. Der Karolinger suchte offenkundig eine definitive Entscheidung; er legitimierte sie mit einer neuerlichen Hilfsbitte seitens des Papstes Hadrian I. Damals begegnete Karl Alkuin, dem hochgelehrten Mann, zum ersten Mal. Der Angelsachse begleitete die Gesandtschaft des Königs nach Rom. Hadrians Gesandte mußten über See reisen, da die Langobarden den Römern den Weg verlegt hatten[24].

Desiderius schlug Karls Warnungen in den Wind. Der Karolinger aber nutzte den Aufschub zu einem Überfall nach Sachsen. Diese Nachbarn bescherten den Franken seit Jahrhunderten zahllose Gefahren und Kriege. Man kämpfte mit wechselndem Erfolg. Dorthin also brach Karl im Jahr 772 erstmals auf. Er mochte auf einen raschen Erfolg hoffen, und die Ereignisse schienen ihm recht zu geben. Schnell drang er bis zur Eresburg vor (Niedermarsberg an der Diemel), und zerstörte das dort oder auf dem weiteren Weg gelegene zentrale sächsische Heiligtum der «Irminsul»[25]. Ungeheure Schätze, «Gold und Silber», seien ihm in die Hände gefallen, jubelten die «Reichsannalen» zum Jahr 772, vielleicht heidnische Opfergaben; die Beute steigerte die Kriegslust auch des Gefolges[26]. Karl zeichnete sich als erfolgreicher Kriegsherr aus, dem zu folgen lohnte. Noch bis zur Weser stieß er vor, «verwüstete mit Schwert und Feuer das ganze Land», ließ sich Geißeln stellen und zog sich dann mit seinen Kriegern wieder zurück.

Nach diesem Triumph rüstete der König alsbald gegen die Langobarden. Im Spätjahr 773 brach er über Genf mit zwei Heersäulen nach Italien auf. Deren eine führte er selbst über den Mont Cenis, deren andere sein Onkel Bernhard über den Großen St. Bernhard.

Ein letzter Friedensversuch sei von Desiderius böswillig (*malignam mentem*) in seiner Verstocktheit (*duritia*) verworfen worden. Die Antwort, erfunden oder wahr, legitimierte den folgenden Angriff[27]. Karl nahm im Kloster Novalese bei Susa Quartier. Schon habe er alle Vorräte der Mönche verzehrt, da erschien, so erzählte man sich dort noch im 11. Jahrhundert, ein «Sänger» (*ioculator*): «Welchen Lohn empfängt der Mann, der Karl ins Reich Italien führt auf Wegen, wo kein Speer ihn trifft, kein Schild gebrochen wird?» Ein Kollaborateur hatte da zur Fiedel gegriffen, ein Mann, der den fränkischen Heerbann auf Schleichwegen in den Rücken des eigenen Königs zu führen bereit sich fand[28]. Hatten ihn die Mönche bestellt? Tatsächlich wußten die fränkischen Quellen, daß eine Spezialabteilung (*legionem ex probatissimis pugnatoribus*) die Verteidigungslinie der Langobarden bei den Klausen von Susa auf versteckten Gebirgspfaden umgangen habe. Auch Bernhard könnte mit seiner Truppe eingetroffen sein. Desiderius mußte sich – plötzlich im Rücken bedroht – kampflos in das stark befestigte Pavia zurückziehen, in seine Hauptstadt. Begleitet war er von Autcar, dem Fluchthelfer der Karlmannwitwe Gerberga[29]. In Pavia wurde er eingeschlossen. Neun Monate konnte er sich halten; dann mußte er sich ergeben.

Als Karl, wohl noch im Jahr 773, nach Verona vorstieß, wohin sich Karlmanns Witwe geflüchtet hatte, wurde sie mit ihren Kindern dem Schwager ausgeliefert; seitdem verliert sich ihre und ihrer Söhne Spur. Der Sieger allein schrieb die Geschichte, und er verschwieg, was der eigenen Herrschaft noch in später Erinnerung schaden konnte. Karls Neffen verschwanden, nachdem sie sich, wie allein die zeitgenössische offiziöse Papstgeschichte, der «Liber Pontificalis», berichtete, ihrem Onkel ergeben hatten[30]. Niemand hielt ihr weiteres Geschick, ihren Untergang fest, niemand sollte ihnen je gehorchen, niemand wissen, wie sie – legitime, herrschaftsberechtigte Karolinger – endeten, niemand ihr Grab kennen, ihr Totengedenken pflegen. Wurden sie zu Mönchen geschoren? Ebnete ein Mord den Aufstieg des Großen?

Karl, «der von Gott geschützte, der große König» aber, «der allerchristlichste König der Franken», wie ihn der «Liber Pontificalis» pries[31], unterbrach noch einmal die sich hinschleppende Belagerung und eilte «zu den Schwellen der Apostel», um dort das Osterfest zu begehen[32]. Seine Gemahlin Hildegard hatte er nach Pavia nachkommen lassen; sie war schwanger. Jetzt ließ er sie in den Zelten zurück; sie sollte im Lager niederkommen. Einen besonderen Grund für den Rombesuch verschweigen, wenn vom Gebet an den Gräbern der Apostelfürsten abgesehen wird, unsere Informanten. Suchte der König wie einst sein Vater die päpstliche Zustimmung zu den geplanten grundstürzenden Neuerungen in Italien? Suchte er bei dem Erben und Nachfolger St. Peters Entlastung von Sünden, vom Verwandtenmord? Zustimmung zu seiner dritten Ehe? Suchte er gar die Wirklichkeit jenes Rombildes, das er seit seinen Knabenjahren im Herzen trug?

Hadrian war erstaunt und erschrocken, als der Franke mit großem Gefolge, doch ohne Heer nach Rom vorrückte, so bestätigte seine Lebensbeschreibung im «Liber Pontificalis». Kein Langobardenkönig hatte die Stadt je betreten dürfen; Desiderius war im kurzen Augenblick des Einvernehmens mit dem apostolischen Stuhl nur bis St. Peter vor den Mauern vorgedrungen. Karl aber nahte als «Freund», als «Patricius der Römer». Ihm durften die Tore nicht verschlossen bleiben. Allein schon, daß Karl mit Heeresmacht im Langobardenreich erschienen war, hatte dem Papst die freiwillige Unterwerfung Spoletos und Rietis, auch Fermos, Anconas, Osimos und der Bewohner von Città di Castello eingebracht. Die lang erstrebte eigenständige Herrschaft schien sich zu realisieren. Sah sie sich nun durch den Franken gefährdet? Wie also den König und *Patricius Romanorum* empfangen?

Der Papst mußte eilends ein Zeremoniell improvisieren und griff dazu auf das Protokoll zur Einholung des Exarchen zurück, des Vertreters des oströmischen Kaisers in Ravenna. Dreißig Meilen vor die Stadt eilten die *Iudices* mit den Fahnen dem Kommenden entgegen, am ersten Meilenstein erwarteten ihn die Scholen der Miliz und die Knaben samt ihren Lehrern. Mit Palm- und Ölzweigen, mit Laudes und Akklamationen begrüßten sie den Fremden «wie es üblich ist, den Exarchen oder den Patricius zu empfangen». Aus Ehrfurcht vor den Kreuzen stieg Karl vom Pferd und begab sich mit seinen Großen zu Fuß nach St. Peter. Dort erwartete

ihn der Papst mit dem gesamten römischen Klerus und Volk. Karl aber stieg die Treppen zur Kirche empor, indem er jede einzelne Stufe küßte. Im Atrium umarmten Papst und König einander; der König ergriff die Hand des Papstes; gemeinsam betraten sie die Apostelkirche. «Gesegnet sei, der da kommt im Namen des Herrn!», so sang der Klerus, während Hadrian und Karl zur Confessio über dem Grab des Heiligen strebten und Gottes Macht anriefen, «daß er ihnen durch die Hilfe des Apostelfürsten den Sieg gewähre» [33].

Dann bat der König den Pontifex, die Stadt betreten zu dürfen; so überliefert der «Liber pontificalis» und nur er. Hadrian mußte einwilligen. Wechselseitig schwuren beide einander Sicherheit, erneuerten vermutlich bei dieser Gelegenheit das *Pactum*, den Freundschaftsvertrag, den einst Karls Vater Pippin mit Stephan II. geschlossen hatte. Danach hielt der Frankenkönig und Patricius der Römer seinen Einzug in der Stadt. Am Karsamstag des Jahres 774 stand er oben auf dem Celio, einem der «sieben Hügel» Roms, innerhalb der ewigen Stadt – 274 Jahr nach dem Gotenkönig Theoderich dem Großen, der als letzter Barbarenherrscher, und 112 Jahre nach Konstanz II., der als letzter Kaiser Rom betreten hatte. Trotz aller bezeugten Freundschaftsbeteuerung: Es war eine Demütigung der Stadt und ihres Bischofs, die seit Jahrhunderten keinen fremden Herrscher in ihren Mauern geduldet hatten. Deutlicher, für jeden Römer sichtbar, wer immer die Straßen säumte, konnte sich der eingetretene Umbruch nicht manifestieren.

7 Kästchen von Samogher (bei Pola in Istrien, heute Venedig, Museo archeologico). Die Imagination in der Mitte gilt als Darstellung des Ziboriums (mit Hetoimasia) von Alt Sankt Peter und wird dem 5. Jahrhundert zugeschrieben.

Karl kam von der Apostelkirche, wo er bei S. Petronilla Quartier genommen hatte, war über die Tiberbrücke beim Mausoleum des Kaisers Hadrian (der Engelsburg von heute) geritten, rechts vorbei am *Circus Flamineus* (der Piazza Navona), links unterhalb des Kapitols, quer durch die Stadt, kam geritten über das Forum, vorbei an S. Maria Antiqua zur Rechten, an Titus- und Severus-Bogen, am Konstantins-Bogen, am Kolosseum zur Linken, vorbei an S. Clemente, an den trutzigen Quattro Coronati, ritt den letzten, steilen, von Weinbergen begleiteten Anstieg hoch auf den Celio, grüßte dort (den vermeintlichen) Konstantin auf seinem Roß, der da als eherner Herrscher gebot, sah sich um auf dem weiten Platz, dem *campus Lateranensis*, sah, was – wie er glauben durfte – von dieses Kaisers *Palatium* die Jahrhunderte überdauert hatte, stieg vom Pferd und begab sich mit seinem kleinen Gefolge in das porphyrprunkende Oktogon des kaiserlichen Taufbades, wo er den Taufen und der anschließenden Firmung durch den Papst in der Kreuzkapelle des Baptisteriums beiwohnte (vgl. Abb. VIII). Endlich zog er gemeinsam mit Hadrian zur *Basilica Constantiniana*, die seit jeher dem Erlöser und dem Apostel Johannes geweiht war, zur Bischofskirche des römischen Pontifex, die Konstantin gestiftet hatte[34]. Dort, inmitten Roms, das kein König der Langobarden je hatte betreten dürfen und wo auch sein Vater nie geweilt hatte, verrichtete er, der Franke, sein Gebet. Dann kehrte er nach St. Peter zurück, wo er sich – jenseits der aurelianischen Mauern – bei S. Petronilla seine Pfalz gewählt hatte.

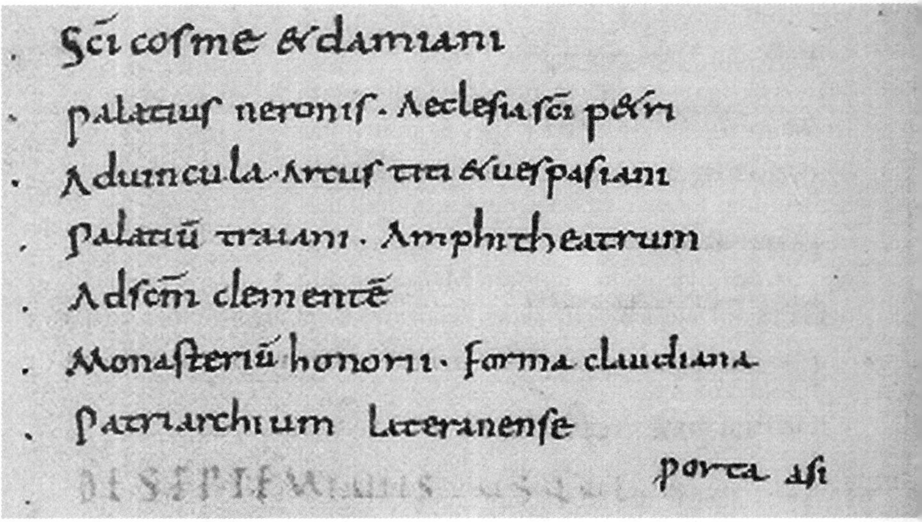
Sci cosme & damiani
palatius neronis. Aeclesia sci petri
Aduncula. Arcus titi & uespasiani
palatiũ traiani. Amphitheatrum
Ad scm̃ clementẽ
Monasteriũ honorii. forma claudiana
Patriarchium Lateranense
porta asi

8 Doppelseite aus dem Anonymus Einsidlensis (Detail) mit dem Weg von der Peterskirche zur Laterankirche (Sanctus Johannes in Lateranis), *vor 800, Kloster Einsiedeln, Stiftsbibliothek Cod. 326 f. 83b-84a*

9 Karls des Großen Weg durch Rom von der Peterskirche auf den Monte Celio (nach Bauer, *Anonymus Einsidlensis)*

Die Ostertage beging der König gemeinsam mit dem Papst. Die Auferstehung des Herrn war ein Fest, das die ganze Stadt nach uraltem Ritual zelebrierte. Prozessionen mit Fahnen und Kreuzen zogen durch die Straßen zu den Stationskirchen. Papst, Klerus, die *Iudices*, die Milizen, alle im feierlichen Ornat, die gesamte Bürgerschaft, die am Karsamstag Getauften und nun auch der Frankenkönig und römische Patricius waren in die Feierlichkeiten einbegriffen und zogen zu den großen Patriarchatskirchen. Diese Stadt, noch in ihren Ruinen groß, empfing den Frankenkönig, ihren Schutzherrn. Karl sah die Fülle ihrer Gotteshäuser, eines ehrfurchtgebietender, herrlicher, überwältigender als das andere, betete in den Kirchen Konstantins des Großen, feierte mit dem Papst.

Erinnerungen an die Kindheit mögen in Karl aufgestiegen sein, als er, der Knabe, den Papst Stephan eingeholt und zum Vater geleitet, wie er staunend den römischen Pomp bewundert hatte[35]. Jetzt aber enthüllte sich ihm, «dem allerchristlichsten König der Franken», die ganze Feierlichkeit der päpstlichen Zeremonien und

Adscm theodorum
palatinus
Testamentum · Arcus constantini
meta sudante
Caput affricae
Quattuor coronati
Scī iohannis inlateranis
naria

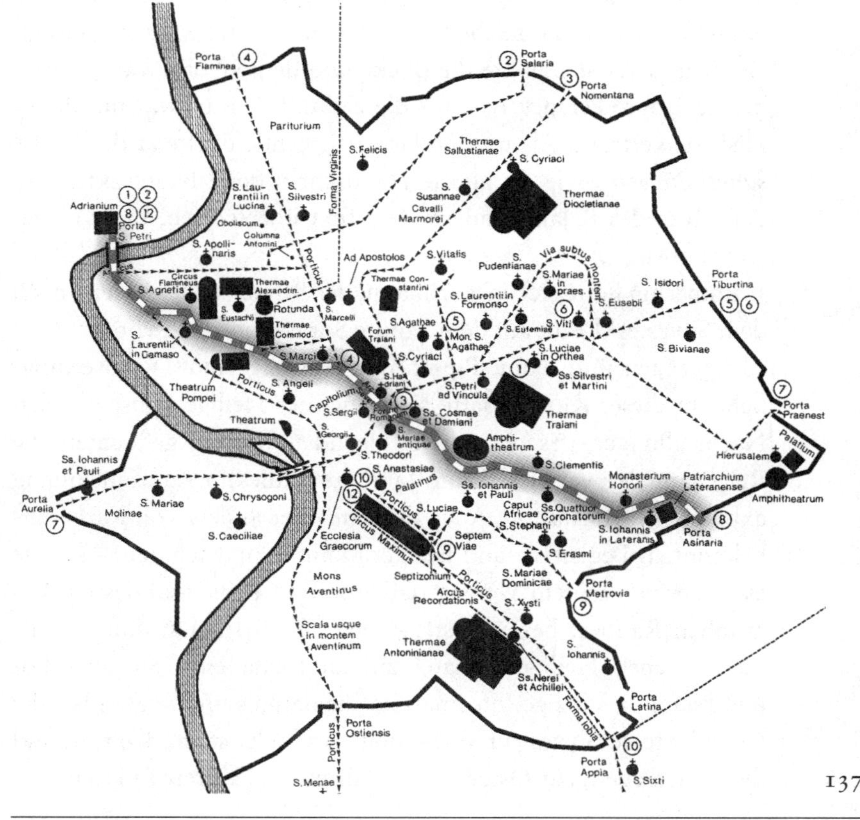

137

10 Bronzestatue des Mark Aurel, heute im Kapitolinischen Museum, galt in Karls Zeit als Konstantin der Große, genannt Caballus Constantini, *das Roß Konstantins*

Rituale und der Abglanz der alten Größe Roms; jetzt verfestigten sich die Erinnerungen seiner Kindheit, formten eine Vision vielleicht noch nicht von Romerneuerung, wohl aber davon, daß Schwert und Religion, daß Macht, Glaube und Wissenschaft sich verbünden müßten, um mit Rom Schritt halten zu können. Was aber sah er, was konnte er sehen oben auf dem Celio? Und wie mußte er es deuten? Wie griff er es auf?

Der sechsundzwanzigjährige König betrat mit wissendem Blick den Ort, den die Geschichte der Heilung des Kaisers Konstantin vom Aussatz durch die lebenspendende Taufe auszeichnete, «Konstantin, der keine Dämonen angerufen, sondern den wahren Gott verehrte», wie es bei Augustinus hieß. Der hl. Silvester hatte die Taufe eben dort vollzogen, wo Karl sich nun befand; ihr seien, so wußte die Tradition, reiche Gaben an die römische Kirche gefolgt. Derartiges Wissen lenkte die Blicke und deutete das Wahrgenommene, formte Perspektiven für die Zukunft[36]. Karl war mit dieser Historie vertraut. Als unzuverlässige Legende dürfte er die *Passio sancti Silvestri*, wie die älteste Handschrift der Silvesterakten aus der Mitte des 8. Jahrhunderts den Text überschrieb, nicht eingestuft haben.

Immerhin hatte sich ja Karlmann, der Bruder seines Vaters, nach dem Silvesterkloster auf dem Monte Soratte nördlich vor Rom zurückgezogen und damit Pippin den Aufstieg zum Thron ermöglicht. In dieses Kloster hatte sich einst der Heilige selbst vor den Nachstellungen des christenverfolgenden Kaisers geflüchtet; die Reichsannalen verwiesen zum Jahr 746 in diesem Zusammenhang explizit auf Konstantin. Auch der eine oder andere von Karls (unbekannten) Begleitern und Beratern kannte und schätzte – so wie es später von seinem Vetter Adalhard von Corbie und dessen Biographen Radbert bezeugt ist[37] – jene Überlieferung, ohne sie als «fabelreichen Heiligenroman» zu durchschauen[38]. Sie aber bot und bietet die einzige Information, die damals und heute über die Geschichte des Ortes zur Verfügung stand oder steht, den Karl und die Seinen eben, zur Osterzeit des Jahres 774, betreten hatten.

Damals, als Karl diesen von der Tradition ausgezeichneten Ort erreichte, könnte er den von der *Passio sancti Silvestri* vorgestellten Konstantin als Vorbild zu betrachten gelernt haben, als Typus eines christlichen, rombeherrschenden Kaisers. Der Papst Hadrian

durfte nur wenige Jahre später (778) – doch wohl in Erwartung nicht nur des königlichen Beifalls, sondern vor allem der Zustimmung für die Anspielung – an den «frommen Konstantin heiligen Angedenkens, den großen Kaiser», *sanctae recordationis piissim(us) Constantin(us) Magn(us) imperator*, und seine reichen Schenkungen erinnern und durfte ihn selbst, den Karolinger, «den neuen, Gottes allerchristlichsten Kaiser Konstantin» heißen: *novus christianissimus Dei Constantinus imperator*[39]. Auch in Karls Frankenreich konnte der Typus Konstantins als christlicher Herrscher immer wieder evoziert werden[40]. Dessen späterer Abfall von der Orthodoxie blieb freilich nicht verborgen und verdüsterte das Bild; er verwehrte Lobeshymnen und – soweit es den lateinischen Westen betraf – die Ehre der Altäre. Was aber suggerierte die Legende dem Frankenkönig?

Sie ist in den «Actus b. Silvestri» noch aus dem fünften oder sechsten Jahrhundert überliefert und sie sprach den hier fraglichen Ort auf dem Celio immer wieder als kaiserlichen Repräsentationsort an, durchweg und ausschließlich als kaiserlichen Palastkomplex. Hier, in seinem *palatium Lateranense*, folgte Konstantin den Eingebungen römischer Frömmigkeit (*pietas*), hier sah er im

Traum die Bilder der Apostelfürsten, die ihn zur Heilung an den Bischof Silvester verwiesen, hier trat er ins heilende Taufbad, stiftete er, ohne sie an den Papst zu schenken[41], die Salvatorbasilika und erließ er Gesetze zur Erhöhung der römischen Kirche. Kein explizites Zeugnis, auch nicht das Silvesterleben im «Liber Pontificalis», ließ diesen kaiserlichen Palastkomplex indessen in kirchlichen Besitz überwechseln, auch wenn die normative Macht des Faktischen die *Basilica Constantiniana*, wie sie damals noch regelmäßig hieß, eben die Salvatorkirche, zur Bischofskirche des Papstes gemacht hatte.

11 Rom, Santi Quattro Coronati, Darstellung nach Ettore Roesler Franz 1864. Das Bild verdeutlicht die dünne Bebauung Roms noch im 19. Jahrhundert; zur Zeit Karls des Großen dürfte es ähnlich ausgesehen haben.

So blieb alles, was dem – nun in Konstantinopel residierenden – Kaiser in der Stadt Rom zugeordnet war, in den folgenden Jahrhunderten von kirchlichem Zugriff unberührt. Nicht einmal der *Sessorium*-Palast, die einstige Residenz der Kaiserin Helena, deren Atrium wohl durch Konstantins Mutter in eine Kirche umgewandelt worden war, zu Santa Croce in Gerusalemme, gelangte an den Papst und fiel mit der Zeit in Ruinen[42]. Die feierlichen Orationen am Ostersonntag für den Kaiser, den Frankenkönig und andere erklangen noch in der Frühzeit Karls des Großen[43]. Erst jetzt erreichte der lange Ablösungsprozeß des päpstlichen Rom vom byzantinischen Imperium seine entscheidende Phase[44]. Bis dahin aber, mithin als Karl die Stadt betrat, wurden die Rechte des Kaisers beachtet.

Das galt zumal für jene Bauten, die nach der Silvesterlegende als kaiserlicher Lateranpalast zu gelten hatten. Sie existierten, als die *Passio* entstand, gleichzeitig mit dem päpstlichen «Haus», dem «Bischofs-» oder «Patriarchenhaus» (*episcopium* oder *patriarchium*), waren mit demselben also nicht identisch und lagen räumlich deutlich getrennt von jenen; so überdauerte es bis zu Karls Zeit unverändert, so lange nämlich wie mit dem Exarchen die Kaisergewalt in der Stadt gegenwärtig war. Wie nun präsentierte sich dieses Areal auf dem Celio, als der Franke mit seinen Leuten die Stadt und die konstantinische Salvatorbasilika mit ihrem Baptisterium besuchte? Was sahen er und seine Begleiter? Wie mußten sie –

12 Rom, Lateran, der Eingang zur Basilika bei Nr. 1, rechts davon im Bild die Taufkirche (S. Giovanni in Fonte), Nr. 6 zeigt den Caballus Constantini, die übrigen Gebäude in der Bildmitte gehörten zum päpstlichen Palast; Rekonstruktion durch Giovanni CIAMPINI, *De sacris aedificiis a Constantino Magno constructis, Rom 1693.*

von der *Passio* angeleitet – ihre Wahrnehmungen deuten?

Der fragliche Bereich des Celio, ganz am Rand der Stadt, von Weinbergen umgeben und direkt bei der Aurelianischen Mauer gelegen, hieß nach seinen einstigen Besitzern, jener konsularen Familie der Laterani, die Nero im ersten nachchristlichen Jahrhundert enteignet, Septimius Severus in einen Teil ihres alten Besitzes wieder investiert hatte, bevor dieser – aus unbekanntem Grund – erneut in kaiserliche Hand fiel, hieß also «bei den Laterani», *ad Lateranis*. Der Ort behielt bis zum beginnenden Hochmittelalter diesen Namen bei. «Lateran» war somit zu Karls Zeit nicht der Name des päpstlichen *Patriarchiums*, nicht der Sitz des Papstes, sondern ein Lokativ zur Angabe von dessen innerstädtischer Lage auf dem Celio. Die Bischofskirche des Papstes war die «Konstantinische» oder die «Lateranensische Basilica», die Basilika also, die Konstantin gestiftet hatte oder die «bei den Laterani» stand. Die antike Herkunft des Namens erinnerte freilich zu Karls Zeit, soweit erkennbar, niemand mehr.

Der Komplex der fraglichen Bauten konnte aber für einen Besucher wie Karl, der mit dem Wissen der Silvesterlegende den Platz überschaute, ohne weiteres als kaiserliches Herrschaftszentrum gelten. Nach Osten zu, schon jenseits der Straße zur nahegelegenen Porta Asinaria, befand sich das päpstliche *Patriarchium*. Zacharias hatte es um die Mitte des 8. Jahrhunderts erneuern lassen. Im Südosten begrenzte die mächtige Salvatorkirche das Areal und schuf damit einen großen Platz, den *Campus Lateranensis*. Ihn beherrschte der sog. *Caballus Constantini*, nämlich das eherne Reiterbild Marc Aurels, das im früheren Mittelalter als Bild des Kirchenstifters Konstantin galt (deshalb wohl der Vernichtung entging) und erst im 16. Jahrhundert auf das Kapitol gebracht wurde. Westlich davon lag das Baptisterium, heute S. Giovanni in Fonte, hinter beiden Kirchen die Stadtmauer. Noch weiter im Westen, in einiger Entfernung von dem *Patriarchium*, lagen jene Bauten, die dem «konstantinischen»

Palast zugewiesen werden durften. Im Norden begrenzte die *Aqua Claudia*, der claudische Aquädukt, der seit antiker Zeit die Bauten auf dem Celio mit Wasser versorgte, den Platz. Im Nordwesten dieses Bereichs und zwar nahe bei und vor dem (angeblichen) Kaiserpalast lag das «lateranensische Bad» (*balneus Lateranensis,* Abb. VIII).

Dieser Bebauungsplan, der sich Karl dort, «bei den Laterani», darbot, prägte sich dem jungen, von ersten Erfolgen umschmeichelten König dauerhaft ein. Er war in wenige Parameter zu zerlegen: Kirche, Platz, Palast und Reiterbild. So wurde er das sichtbare Zeichen von christlicher Herrschermacht und Größe; so sollte er – wie sich zeigen wird – nach vielen Jahren in Aachen erneuert werden. Der König wußte fortan, welche Ziele es zu verwirklichen galt. Sein Königtum, sein Reich, sollte sich diesem Rom angleichen.

Karl war die folgenden Tage an allen päpstlichen Kulthandlungen beteiligt. Ritt er mit in den Prozessionen des apostolischen Vaters zu den Stationsgottesdiensten? In den Kirchen lauschte er der päpstlichen Liturgie und der *schola cantorum* und ihrem wundervollen Jubelgesang. Die Osternacht beging er mit dem Taufgottesdienst und in der Erlöserkirche, kehrte anschließend zu seinem Quartier bei Sankt Peter zurück, um des Morgens in feierlicher Prozession römischer

13 Das Innere der konstantinischen Taufkirche, heute S. Giovanni in Fonte

Würdenträger zur päpstlichen Osterfeier in S. Maria ad Praesepe (S. Maria Maggiore) geleitet zu werden; nach der Messe begab sich der Prozessionszug mit Papst und Frankenkönig zum *Patriarchium*, wo sie gemeinsam – eine rituelle Speisegemeinschaft – das Mahl einnahmen; am Montag zelebrierte Hadrian in St. Peter, wo dem König die Lau-

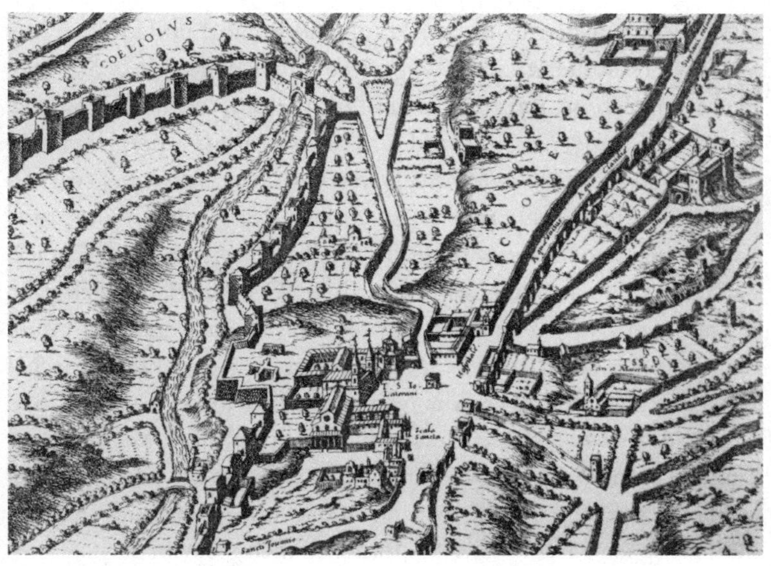

14 Der Romplan Étienne Dupéracs *von 1577 verdeutlicht die «Insellage» des päpstlichen Lateran (Bildvordergrund) innerhalb der Stadtmauern Roms. Links neben den päpstlichen Palastbauten befindet sich die konstantinische Basilika, weiter links die Aurelianische Mauer, rechts vom Papstpalast liegt der Campus Lateranensis, oberhalb der Kirche der Kreuzgang und die Bauten für Kanoniker, rechts daneben ist das Oktogon der Taufkirche zu erkennen, im Winkel zwischen den beiden nächstgelegenen, auf den Campus mündenden Straßen liegt das berühmte Hospital, in dessen Nachbarschaft und unter dessen Areal die für Konstantins Palast geltenden Ruinen gefunden wurden, erkennbar sind noch die Ruinen der antiken Wasserleitung, der Aqua Claudia, am oben rechten Bildrand ist die Kirche der SS Quattro Coronati eingezeichnet. Von den Erweiterungsbauten des Papstpalastes und dem Hospital abgesehen, entspricht der Gesamteindruck noch der Konstellation zur Zeit Karls des Großen.*

des gesungen wurden, am Dienstag in St. Paul vor den Mauern, den beiden Grabkirchen der Apostelfürsten. Am Mittwoch trafen sich beide erneut in St. Peter, wo Hadrian um die Bestätigung der sog. «Pippinischen Schenkung» bat, mithin des (bemerkenswert schlecht bezeugten) Versprechens einer Territorienzuweisung seines Vaters[45], die Karl schon als Knabe gemeinsam mit seinem Bruder Karlmann in Quierzy bekräftigt habe. Sie wurde verlesen und vom König erneuert, doch in welchem Sinn: herrschafts-, kirchen- oder abgabenrechtlich?

Der «Liber Pontificalis» hielt alles fest, auch die rätselhafte, weil in ihrer Herkunft und Bedeutung dunkle Grenzlinie im Norden, den Raum des künftigen «Kirchenstaates» und mehr als diesen, um den es in den kommenden Jahrhunderten so viel Streit geben sollte: *a Lunis cum insula Corsica, deinde in Suriano, deinde in Monte Bardone, id est in Verceto, deinde in Parma, deinde in Regio; et exinde in Mantua atque Monte Silicis, simulque et universum exarchatum Ravennantium, sicut antiquitus erat, atque provincias Venetiarum et Istria; necnon et cunctum ducatum Spolitinum seu Beneventanum.* («Von Luni mit der Insel Corsica nach Suriano, nach dem Monte Bardone (Cisa-Pass), nämlich nach Berceto, von dort nach Parma, weiter nach Reggio, und nach Mantua und Monselice (bei Padua) zugleich mit dem gesamten Exarchat Ravenna, wie es früher war, sowie die Provinzen Venezien und Istrien, dazu den gesamten Dukat Spoleto und Benevent»). Der erste Teil beschrieb wohl den Verlauf einer Straße, ob als Grenzlinie, ist unklar, der zweite aber Provinzen. Rätselhaft ist das Ganze, denn der römischen Kirche stand ursprünglich nichts davon zu.

Mit eigener Hand habe Karl die Urkunde unterfertigt und alle Bischöfe, Äbte, Herzöge und Grafen hätten sie gezeichnet. Ein Exemplar wurde auf dem Altar des Apostelfürsten unter das Evangelienbuch gelegt, ein zweites in der Confessio, dem Gebetsraum unmittelbar beim Apostelgrab, deponiert. Eidlich hätten sich alle beteiligten Franken mit Einschluß des Königs dem hl. Petrus und seinem Stellvertreter, dem Papst Hadrian, verpflichtet, das Schenkungsversprechen (*donationis promissionem*) einzuhalten. Ein drittes Exemplar dieser erneuerten Promission sei endlich für das päpstliche Archiv bestimmt gewesen.

Erhalten hat sich keines von ihnen[46]. Realisiert wurde das Versprechen in herrschaftsrechtlichem Sinn ebensowenig, jedenfalls nicht von Karl und nicht in dem angegebenen Umfang. Die fränkischen Zeugnisse übergingen ohnehin das ganze Geschehen; auch die sog. «Reichsannalen», hofnah wie sie waren, schwiegen sich aus über das Geschehen in der ewigen Stadt[47]. Sie begnügten sich mit einer lakonisch knappen, nichtsdestotrotz aussagekräftigen, mit einer geradezu von Routine geformten Notiz: Der König habe «Ostern in Rom» gefeiert und sei von dort zur Belagerung Pavias zurückgekehrt. In Rom – nicht anders als in einer seiner fränkischen Pfalzen.

Ob solche Kürze einen erst nachträglich erhobenen Herrschaftsanspruch bekundete oder schon Karls Intentionen im Jahr 774 tradierte, sei dahingestellt. Offenkundig wollte Karl aber um 790, als die «Reichsannalen» komponiert wurden, jeden Hinweis auf die «Pippinische Schenkung» und ihre Begleitumstände, die nun Karls Schenkung war, ja, schon jeden Anlaß für dieselbe vermieden wissen. Auch Einhard überging die «Schenkung», deren Urkunde auch ihm nicht vorlag. Doch das Wissen um den Erneuerungsakt blieb lebendig, festgeschrieben im «Liber Pontificalis» und noch im 16. Jahrhundert wurde (von der Hand Taddeo Zuccaros) an einer Wand der «Sala Regia», dem repräsentativen Empfangssaal im vatikanischen Palast, ein Karl vergegenwärtigt, der ein Diplom unterschrieb, das schon seit Jahrhunderten nicht mehr existierte[48].

Die Sorgen des Papstes aber manifestierten sich in seinen Maßnahmen nach des Königs Abzug. Er betete und stiftete nicht nur für den Karolinger[49]. Fortan datierte er seine Urkunden nicht mehr nach den römisch-byzantinischen Kaiserjahren, sondern «unter der Herrschaft Jesu Christi» nach seinen eigenen Pontifikatsjahren. Er wollte deutlich machen, wer der Herr Roms sei. Auch ließ Hadrian Münzen schlagen, die auf dem Avers nicht mehr das Kaiserbild schmückten, sondern seinen eigenen Namen *Hadrianus papa* oder gar ein Brustbild seiner selbst mit der umlaufenden Legende *Dominus noster Adrianus papa.* Gewiß, Hadrian prägte nicht in Gold, keine kaiserlichen *Solidi.* Dennoch verkündeten auch die Silbermünzen das Programm der Unabhängigkeit vom Kaiser – und vom Frankenkönig. Ja, der Papst ließ erstmals – wie dann seit dem Hochmittelalter so oft – die Waffen ergreifen und in Abwehr – wie er Karl wissen ließ – eines Vorstoßes des Herzogs Arichis von Benevent Terracina erobern[50]. Doch der «Liber Pontificalis» schwieg fortan über weltliche Belange der römischen Kirche. Die dem Karolinger geöffneten Tore der ewigen Stadt und der mit seinem Zug ins Zentrum des konstantinischen Rom offenkundige Herrschergestus des Frankenkönigs ließen seinen Autor verstummen und nur noch für geistliche Aktivitäten des Papstes zur Feder greifen.

15 Münze Hadrians I. (Fitzwilliam Museum, Cambridge)

Auch Karl schwieg über die Entwicklung in Rom, wenn auch nicht völlig. Er kehrte nach den österlichen Tagen und etwa vier oder fünf Wochen Abwesenheit zur Belagerung Pavias zurück. Wer diese Stadt beherrschte, die sich nach neunmonatiger Belagerung endlich ergab, war Herr des Langobardenreiches. Der Karolinger schwang sich – anders als sein Vater – nun selbst zu dessen König auf. Er hatte es vermutlich so geplant, seitdem er die Königstochter, seine Gemahlin, verstoßen hatte. Anders auch als der Vater betonte er nunmehr die Zuordnung Roms zu seiner Herrschaft. Künftig hieß er: «König der Franken und Langobarden und Patricius der Römer». Was immer *patricius* zuvor bedeutet haben mochte, jetzt war es ein Herrschaftstitel. So wie Karl als König über Franken und Langobarden herrschte, so herrschte er als Patricius über die Römer.

Die Besiegten traf ein tristes Los. Desiderius und seine Gemahlin Ansa nahm der Sieger mit sich ins Frankenreich und steckte sie in uns unbekannte Klöster, dazu die Königstochter ohne Namen – seine verstoßene Gemahlin[51]. Haß, nur Haß konnten die Augen der Gedemütigten bekunden, als die Blicke sich trafen. Italiens Norden und Mitte war in die fränkische Herrschaft integriert, auch wenn in den folgenden Jahren 775 und 776 noch Cividale im Friaul und Treviso erobert werden mußten und weiterhin Aufstände drohten und der Papst symbolisch seine eigene Hoheit zu wahren trachtete.

3
Grundzüge der fränkischen Heeresorganisation

Die Kriege gegen Sachsen und Langobarden waren Auftakt einer endlosen Reihe von Feldzügen und Kriegen. Die Sachsen selbst mehrten sie. Sie hatten die Abwesenheit des Königs genutzt, um sich – wie es auf fränkischer Seite hieß – gegen die Franken zu erheben. So eilte Karl von einem Krieg in den nächsten, jahraus jahrein, mehr als dreißig Jahre lang. Ein König mußte sich im Krieg bewähren, wollte er bestehen; er mußte seine Leute mit Beute bedienen, wollte er sich halten. Einhard lobte es. Er zählte aus der Rückschau acht Kriege, was heißen sollte acht Fronten, acht Gegner des Frankenkönigs, die er mit Krieg überzog: Aquitanier, Sachsen, Langobarden, Sarazenen, Baiern, Bretonen, Beneventaner, Slawen. Doch beließ der Biograph es bei Andeutungen, ohne auf Details einzugehen. Er wünschte in der krisenbedrohten Zeit, für die er schrieb, den Frieden zu feiern. Karl aber war ein kriegerischer König, wenn auch mit Frieden als Ziel. Nur zwei Jahre ruhte der König vom Krieg. Erst nachdem Karl die Kaiserkrone errungen hatte, widmete er sich vordringlich der inneren Ordnung seines ins Unermeßliche gewachsenen Reiches und traten die Feldzüge zurück.

Die Organisation des Krieges folgte den fränkischen Traditionen und den Errungenschaften seines Großvaters. Die Kriegsführung – Strategie, Taktik, Ausrüstung und Kampfweise – ist nur annäherungsweise zu rekonstruieren[52]. Vielleicht wirkte noch diese oder jene Kenntnis antiker Kriegskunst nach. Die soziale Zusammensetzung der Truppen läßt sich noch schwerer bestimmen. Daß grundsätzlich alle Freien heerpflichtig gewesen seien, wie lange Zeit angenommen wurde, wird heute vielfach bestritten[53]. Statt dessen wird nachdrücklich auf die Großen mit ihren Gefolgschaften verwiesen, die das Rückgrat der Heere bildeten. Wen konnte der König zu den Waffen rufen? Er selbst verfügte, wie es scheint, über ein kleines stehendes Heer; hierhin und dorthin konnte er kleine Truppenkontingente verlegen.

War er sonst auf den Konsens seiner Großen zum Krieg angewiesen, um eine schlagkräftige Truppe aufbieten zu können? Wie ließ sich solche Zustimmung erreichen? Durch Güterschenkungen? Durch Landleihe? Durch regionale oder lokale Herrschaftsbeteiligung als Graf oder Verwalter von Königsgut? Durch die Aussicht auf Beute? Durch Gold und Silber? Durch dies alles zusammen? Gewiß ist, daß Karl seine Königsvasallen etwa in Südgallien mit reichem Domanialbesitz ausstattete. Dafür war zu dienen: Wer zwölf Mansen (Hufen) besaß, sollte als Reiter mit Brünne dienen[54], wer weniger besaß, bloß als Krieger.

Die meisten Krieger hatten als Kompensation für ihre Ausstattungsgüter ihre Bewaffnung selbst zu besorgen; waren sie «unbehaust» (*non casati*), stellte der Herr Waffen und Pferde. Die Verpflegung hatte jeder, der einrückte, für drei Monate mit sich zu führen. Bei längerer Dauer mußte das heimgesuchte Land die Truppe ernähren. Ohne Fourage war kein längerer Kriegszug möglich. Das Futter für die Pferde wurde kaum auf den Ochsenkarren des Trosses gezogen, allenfalls die Zelte, die freilich bloß für die Herren mitgeschleppt wurden. Die Marschleistung war bei ‹Ochsengeschwindigkeit› entsprechend gering. Mehr als 15, höchstens 20 km pro Tag konnte keine Truppe vorrücken. Der Krieg – so gemächlich wie das Leben – rollte auf schlechten Wegen mit der Geschwindigkeit von Ochsenkarren übers Land, hilflos, wie sich zeigen sollte, gegen die schnellen Segler der Wikinger. Eine Heersäule von etwa 1000 Kriegern zu Pferd, immer zu zweit nebeneinander, mit Vorhut und Nachhut und dem Troß auf Ochsenkarren dazwischen wälzte sich auf fünf oder mehr Kilometern Länge durch die Lande; wie groß die Heere tatsächlich waren, ist freilich unbekannt. Gefahr aber drohte durch sie allemal – für Freund und Feind.

Die Bewaffnung war im Vergleich zu späteren Zeiten leicht[55]. Lanze, Lang- und Kurzschwert und Schild für die meisten, Pfeil und Bogen, eine Brünne für die Reichen, die zwölf oder mehr Hufen besaßen, soweit sie mit ihren Leuten zur Heeresfolge verpflichtet waren. Bischöfe, Äbte, Äbtissinnen und Grafen sollten ein Waffenlager unterhalten, um ihre Leute auszustatten. Die meisten

Krieger kamen zu Fuß. Ein Pferd – man rechnet mit einer Widerristhöhe von ca. 140 (heute 160) cm[56] – konnten sich und mußten sich wiederum wie die schwere Bewaffnung nur die reicheren Franken leisten. Die früher verbreitete Wurfaxt der Franken, die «Francisca», war nicht mehr in Gebrauch. Die Lanze diente vordringlich als Nahkampfwaffe. Mitunter brachte man zwei Lanzen mit; die eine wurde geworfen, die andere diente als Stichwaffe. Wer ein Schwert besaß, mußte spezielle Kampftechniken trainiert haben. Ein Helm zeichnete ursprünglich lediglich den Adel, vielleicht bloß die Anführer aus; um 800 dürfte er verbreiteter gewesen sein.

Die Truppen stellten neben dem König die großen und kleinen Vasallen, die Bischöfe und Äbte. Einberufungsbefehle haben sich erst aus der Zeit Ludwigs des Frommen erhalten; so etwa mit einem Schreiben des zuständigen *Missus*, des Erzbischofs Heti von Trier nämlich, an den Bischof Frothard von Toul vom Jahr 817: Da war der strikte Befehl (*terribile imperium*) des Kaisers «an alle Äbte, Äbtissinnen, Grafen, Königsvasallen und an alles Volk» in seinem Missatbezirk ergangen, «die der königlichen Gewalt zu Kriegsdienst verpflichtet sind», sich zum Abmarsch bereitzuhalten, so daß wenn der Befehl morgens einträfe, sie des Abends, wenn am Abend, sie des Morgens zum Sammelplatz abrücken könnten[57]. Und zwölf Jahre später hieß es in einem analogen Befehl, «alle Leute im gesamten Reich, die zum Heerzug verpflichtet sind, sollen sich bereithalten mit Pferden, Waffen, Kriegskleidung (*vestimenta*), Lastkarren und Lebensmitteln, daß sie, wann immer es ihnen befohlen wird, ohne Verzug ausrücken könnten»[58]. Die Boten, die zu solcher Bereitschaft aufriefen, sollten auf ihren Fahrten von den kriegsverpflichteten Herren und Herrinnen verköstigt werden; zur Legitimation trugen sie eine sog. *Tractoria*, eine entsprechende königliche Anweisung, mit sich[59].

Unter Karl sah es nicht anders aus. Ein Einberufungsschreiben des Kaisers an den Abt Fulrad von St-Denis im Jahr 806 gibt darüber Auskunft[60]. Die üblichen Waffen und sonstiges Kriegsgerät – Axt, Messer, Schanzgerät, eiserne Spaten und dergleichen – wurden gefordert, dazu Lebensmittel und Kleidung. «Vom Zeitpunkt des Aufbruchs des Heeres muß der Proviant für drei Monate reichen, Waffen und Kleider sind für ein halbes Jahr mitzuführen»; so hieß es in der Anweisung Karls.

Zur Schlacht dürften die Feinde auf Rufweite gegeneinander vorgedrungen sein. Provokation durch kühne Reiter oder durch Schmähreden sollten den Feind aus der Deckung locken; man rannte, um die Schlacht zu beginnen, «in schnellem Lauf» aufeinander los. Karls Enkel Nithard hielt es fest (III,6). Scheinfluchten gehörten zur zeitgenössischen Taktik; derselbe Autor beschrieb das Training für eine solche: «Ein Teil der Truppe tat, als wolle er sich mit dem Schild auf dem Rücken vor den Verfolgern zu den Seinen retten, dann suchten sie die zu verfolgen, vor denen sie flohen, bis endlich beide Könige, umgeben von ihrer jungen Mannschaft, mit lautem Gebrüll und im Galopp die Speere schwingend hervorbrachen und bald diesen bald jenen, der sich zur Flucht wandte, bedrohten». Die einzelnen Trupps führten einzelne Große, so wie es für den Markgrafen Roland, den Truchsessen Eggihard und den Pfalzgrafen Anshelm als Führer der Nachhut auf dem Rückzug aus Spanien bezeugt ist. Die Kampfweise in der Schlacht konzentrierte sich auf eine Serie von Zweikämpfen, Reiter gegen Reiter, Mann gegen Mann.

«Sie strafften ihre Panzerhemden und gürteten ihre Schwerter über die Eisenringe, die Männer, als sie zum Kampf ritten. ... Dann ließen sie die Eschenlanzen gegeneinander rasen, mit einem so harten Stoß, daß sie sich fest in die Schilde gruben. Darauf ließen sie ihre laut dröhnenden Schilde selbst aufeinanderprallen. Sie schlugen voll Ingrimm auf die weißen Schilde ein, bis ihnen das Lindenholz zu Spänen zerfiel». So schilderte das althochdeutsche Hildebrandslied aus der Zeit Karls des Großen den Zweikampf zweier adeliger Krieger[61]. Einige Handschriftenillustrationen – etwa der «Utrecht-», der «Stuttgarter» oder der «Goldene Psalter» in St. Gallen (Abb. VII) – zeigen Kampfszenen, ohne daß sicher auszumachen wäre, wieweit dieselben eine zeitgenössische Praxis darstellten oder nur spätantiken Vorlagen folgten.

Im «Waltharius», einem lateinischen Versgedicht aus dem 10. Jahrhundert, wurden Schlachten besungen: «Mit einem Blick überschaute er das Kampfgelände und stellte die Schlachtreihe in

Ordnung auf über die weiten Fluren und Felder. Schon waren sich die beiden Heerhaufen auf Speerwurfweite entgegengerückt und machten halt. Dann erhob sich von beiden Seiten Kampfgeschrei in die Lüfte; Signalhörner ließen zugleich ihren schaurigen Klang erschallen, und alsbald flogen hinüber und herüber in dichter Folge die Lanzen; Eschen- und Kirschholzspeere vereinten miteinander ihr Spiel, und wie der Blitz schnellten funkelnd dahin die geschleuderten Spieße. ... Als schließlich alle Wurfwaffen von beiden Seiten verschossen waren, griff jede Hand nach dem Schwert. Sie zogen die blitzenden Klingen und hoben dann ihre Schilde wieder, und nun prallten die Heere aufeinander und begannen den Kampf von neuem. Im Zusammenstoß Bug gegen Bug zerbarst zum Teil die Brust der Pferde ... Walther indes inmitten des Treffens stürmte vor im Schlachtgetümmel, mähte alles mit der Waffe nieder, was sich ihm in den Weg stellte»[62]. Karl und seine Großen werden mit ihren Franken entsprechend in die Schlacht gerückt sein. Er selbst stürzte sich zweimal ins Kampfgetümmel.

4

Sachsen erfordert einen dreißigjährigen Krieg

Der rasche Erfolg gegen die Langobarden ermunterte dazu, auch gegen die Sachsen den endgültigen Sieg zu erfechten. Sie hatten die Abwesenheit des Königs genutzt, um sich für die Zerstörung der Irminsul zu rächen. Grenznahe Kirchen wie das Kloster in Fritzlar oder der von Bonifatius errichtete Bischofssitz auf der Büraburg (bei Marburg) wurden niedergebrannt[63]. Karl sah darin einen Vertragsbruch, durchschaute freilich nicht das systemische Zusammenspiel aller Bedürfnisse, den Zusammenhang nämlich zwischen Sozial- und Herrschaftsordnung des Volkes, Kultverpflichtung, Vertragseinungen und Widerstand. Insgesamt 15 Verträge schloß er in den folgenden Jahren bis 785 mit Sachsen, um entsprechend viele Vertragsbrüche zu beklagen[64]. Des Königs Zorn wuchs. Hatte er die einen für Taufe und Frieden gewonnen, so verharrten die anderen bei ihren traditionellen Kulten und in Feindschaft. Kein Vertrag erfaßte alle Sachsen, die zwischen Rhein, Elbe und Schlei ihre Wohnstätten hatten.

Die sächsische Sozialordnung und Landeskultur entsprach in keiner Weise jener der Franken und erschwerte diesen, den Gegner recht zu packen[65]. Die Sachsen besaßen keine einheitliche Führung; sie waren überhaupt weniger ein «einig Volk» als vielmehr eine Gruppe von kleinen Völkerschaften. Tatsächlich kannte Bonifatius (ep. 43) acht Gruppierungen mit Namen: *Thuringi, Hessi, Borthari, Nistresi, Uuedrecii, Lognai, Suduodi und Grafelti*[66], von denen im 9. Jahrhundert nur die ersten beiden und die letzten anzutreffen waren. Dazu kamen Haruden, Barden und noch andere. Das Land, das den Franken als «Sachsen» erschien, soll in drei Gebiete, «Heerschaften», eingeteilt gewesen sein, die ihrerseits keine gentile oder politische Einheit darstellten: Ostfalen, Westfalen und Engern, dazu kamen noch Wigmodien um Bremen oder bis zur Elbe, der Bardengau an der unteren Elbe, die Gebiete nördlich der Elbe (Transalbingien) und eine Reihe weiterer Regionen, Gaue, Siedlungsgebiete. Karl mußte jede dieser Gruppen besiegen oder doch ihren Adel für sich gewinnen; der Mission, der Gründung von Bistümern und Pfarrkirchen kam dabei eine wichtige Rolle zu[67]. Die Unkenntnis der Fremden rächte sich.

Die Ostfalen führte im Jahr 775 Hessi, die Engern Brun[68]; die Westfalen kämpften wenig später mit dem «Herzog» Widukind an der Spitze. Einzelne Gaue standen unter «Satrapen». Das Volk habe sich in drei gesellschaftliche Stände gegliedert: Adel, Freie und Laten[69]. Sie würden sich, so heißt es, jährlich bei Marklo, einem bislang nicht identifizierten Ort an der Weser, zu einer «Generalversammlung» vereinen, um Gesetze zu revidieren, Urteile zu fällen und Entscheidungen über Krieg und Frieden und Religion gemeinsam zu treffen. Jeweils hätten sich dazu die «Satrapen», und je zwölf gewählte Vertreter aus Adel, Freien und Laten zusammengefunden[70]. Das klingt zu geordnet, um nicht nachträglich konstruiert zu sein.

Einen König kannten die Sachsen nicht, für den Krieg wählten ihre «Satrapen» (eine Art Kleinkönige) durch Los einen Heerführer (*dux*), so berichtete Beda Venerabilis im früheren 8. Jahrhundert[71]. Die einzige Nachricht über die jährliche «Generalversammlung» findet sich erst in der älteren Lebensbeschreibung des hl. Lebuin, eines angelsächsischen Missionars in der Zeit Karls des Großen, die in der zweiten Hälfte des 9. Jahrhunderts aufgezeichnet wurde. Lebuin soll in Marklo gepredigt haben. «Es verkündet euch Gott, der König Himmels und der Erde, und sein Sohn Jesus Christus, daß, wenn ihr die Seinen werden und tun wollt, was er durch seine Diener euch befielt, er euch so große Güter zukommen läßt, wie ihr niemals zuvor vernommen habt». Und dann soll er gedroht haben: «Im Nachbarland hat ein König gerüstet, um in euer Land einzufallen, es zu plündern und zu verwüsten, um euch mit vielfältiger Fehde zu überziehen, ins Exil zu schicken, zu enterben und zu töten»[72].

Wieweit die Altsachsen den Angelsachsen verstanden, sei dahingestellt. Vielleicht haben Gesten den Ernst der Lage verdeutlicht. Knapper aber, als Lebuin es tat, lassen sich Karls Krieg gegen die Sachsen und dessen Ziele nicht zusammenfassen: Taufe oder Exil und Tod. Karl hat alle drei Mittel praktiziert. Der Krieg aber bescherte ihnen mittelfristig einen hohen kulturellen Gewinn: den Anschluß nämlich des weiten Barbarenlandes zwischen Rhein, Elbe und Schlei an die Hochzivilisation des Mittelmeerraumes – ein Erfolg, wie ihn der römische Kaiser Augustus und seine Nachfolger nicht hatten erringen können. Schon bald erwies er sich als großes Glück auch für die Besiegten. Ein Jahrhundert nach ihrer Niederlage verehrten sie den großen Karl als ihren Glaubensboten, ihren Apostel.

Eine eigene Geschichtsschreibung hatten die Sachsen bislang nicht entwickelt; nicht einmal sonderlich instruktive Runeninschriften haben sich erhalten. Auch altsächsische heidnische Lieder oder sonstige Traditionen sind aus karolingischer Zeit nicht überkommen; späte Traditionen, wie sie etwa Widukind von Corvey im 10. Jahrhundert präsentierte, dürften schon von Gelehrsamkeit überformt und kaum mehr ursprünglich sein. Literalität war den Sachsen ebenso unbekannt wie Monotheismus.

So tritt die ursprüngliche Herrschafts- und Sozialordnung der Sachsen nur aus diesem einen späten Zeugnis der Lebuin-Vita entgegen, das sich von mancherlei neueren Entwicklungen bereits überlagert sah. Gerade das knappe Marklo-Kapitel, von der älteren Forschung für zuverlässig erachtet, sieht sich Zweifeln ausgesetzt. Karl der Große freilich erkannte bald die Gefahr und den Widerstand, die von solcherart Versammlungen des Volkes ausgingen, und verbot sie kurzerhand. Allein die vom König gebotenen Zusammenkünfte und die Gerichtstage der vom König eingesetzten Grafen sollten noch zulässig sein. Die Priester sollten dabei die Grafen kontrollieren[73].

Karl wollte die Gefahr, die von diesen Sachsen ausging, ein für allemal gebannt wissen. Er schwor es sich. Der nun begonnene Krieg schleppte sich über nahezu dreiunddreißig Jahre, schrieb Einhard (c. 7). Erst im Jahr 805 schien das Ziel endgültig erreicht zu sein. Es richtete sich auf Eingliederung aller Sachsen ins Frankenreich und auf deren Taufe. Viele Sachsen leisteten erbitterten Widerstand gegen eine Befreiung durch Unterjochung, wie sie in immer neuen Burgen, Kirchen und Abgaben, die der König errichten und einfordern ließ, sichtbar und spürbar wurden. Sie blieben lange resistent gegen die Botschaft von Jesus Christus, von Jüngstem Gericht, von Himmelreich und Hölle. Das Volk hing an seinen alten Kulten und magischen Praktiken, am Dämonenkult, wie es aus christlicher Sicht hieß. Deren Unterdrückung diente dem Frankenkönig als Kampfmittel, die Mission, die Errichtung von Tauf- und Bischofskirchen, von Sendgerichten und die Einführung des Zehnten als Unterwerfungstechnik. Sie mußten den Sachsen als Fortführung von Krieg und Freiheitsberaubung mit anderen Mitteln erscheinen. Doch mit der Zeit einte ihre Eingliederung ins Frankenreich, wie es scheint, die Sachsen zu einem Volk.

Mission aber am Ende der Zeiten war ein heilsgeschichtliches Erfordernis. Gregor der Große hatte es wiederholt verkündet. Die Angelsachsen, von ihm missioniert, wußten darum[74]. Sie verbreiteten des heiligen Papstes Lehre auch auf dem Kontinent[75]. Karl dem Großen konnte sie nicht fremd geblieben sein. Sie verlangte die Zerschlagung heidnischer Dämonenkulte. Damit aber hatte der

Frankenkönig schon bei seinem ersten Kriegszug ins Sachsenland begonnen, damals, im Jahr 772, als er die Irminsul niederreißen ließ; dieser erste Erfolg führte auf beiden Seiten zu einer Eskalation der Gewalt. Die Sachsen überfielen, plünderten und zerstörten Kirchen, die Franken drängten – bald von Frankfurt aus, bald über den Hellweg vom Rhein an die Weser – immer tiefer und verheerender ins Land und suchten die Unterwerfung der Besiegten unter das Joch der fremden Religion.

«Mit einem ungeheuren Heer und Christi Namen auf den Lippen brach Karl nach Sachsen auf», so erinnerte man es in kollektiver Verallgemeinerung später, ohne damit einen einzelnen Kriegszug anzusprechen. «In seinem Gefolge führte er zahllose Bischöfe, Äbte, Priester sowie rechtgläubige und glaubenskundige Leute mit sich, damit sie das Sachsenvolk, das vom Anbeginn der Welt an von den Stricken der Dämonen gefesselt war, mit heiliger Lehre dem Glauben an das sanfte und süße Joch Christi unterwürfen»[76]. Es war – so schien es – vergebens. Die folgenden Kämpfe wurden vielleicht deshalb, je länger sie währten, um so erbitterter geführt; bereits 774 soll Karl die Parole ausgegeben haben, die dann nahezu die gesamte Kriegszeit über Gültigkeit behielt: Taufe oder Tod. Sie spiegelte nicht nur die Rückschau der Zeit Ludwigs des Frommen[77]. Zwangsweise Massentaufen förderten die Missionsarbeit freilich nicht.

Über die verfolgten sächsischen Kulte und Götter ist wenig bekannt; die «Reichsannalen» verloren kein Wort darüber. «Dem Dämonenkult ergeben» seien die Sachsen gewesen, meinte Einhard (c. 7), was immer es bedeuten mochte. Genauere Kenntnis hatte Karls Biograph sich nicht verschafft. Jene *Irminsul*, jene «Allsäule», soll ein großer, hoch aufgerichteter Baumstamm gewesen und so genannt worden sein, «weil sie gleichsam alles trug», *quasi sustinens omnia*. So wußte um 860, als die Sachsen längst für Christen galten und mit den Franken zu einem Volk vereint waren, der Fuldaer Schulmeister Rudolf[78]. Viel verraten auch diese Ausführungen nicht und sonst hatte Rudolf wenig zu ergänzen. Er zitierte gerade zur Religion der Sachsen die «*Germania*» des Tacitus – die einzige Spur dieses berühmten Textes aus dem Mittelalter. Kenntnis der aktuellen Kultpraktiken verraten diese Zitate freilich nicht.

Immerhin wußte eine altsächsische Abschwörformel, die eine Fuldaer oder Hersfelder Handschrift aus der Zeit um 800 überliefert, etwas von *Thunaer*, *Woden, Saxnote* und ihren Genossen (Thor, Wodan und Saxnot), denen die Neubekehrten entsagen sollten[79]. Götterbilder waren den Sachsen, wie es scheint, nicht vertraut, vermutlich aber Kultidole. Die Heiden opferten – anders als die Christen in ihren Kirchen – auf Felsen und in heiligen Hainen; sie bestäubten Idole mit Mehl, formten sie aus Tüchern und trugen sie durch die Felder, was auf einen Fruchtbarkeitskult verweist. Magie und Zauber waren verbreitet[80]. Grabhügel sind archäologisch nachzuweisen; an ihnen dürfte in der Tat ein spezieller Toten- und Grabkult praktiziert worden sein. Wer seine Toten verbrenne, sollte mit dem Tod bestraft werden; ebenso wer dem Teufel opfere und die Hostie «nach Heidenart» den Dämonen darbringe. Wer auf Quellen, Bäume und Haine schwöre, sollte je nach Stand mit einer hohen Geldbuße büßen[81]. So gebot Karl im Verlauf der Kriege. Wie rasch sich derartige Verbote durchsetzten, ist nicht zu ermessen. Es wird einige Zeit gedauert haben.

Die Mission der Friesen war durch Bonifatius, der unter ihnen den Märtyrertod erlitt, gefördert. Auch bei den Sachsen wirkten zunächst ‹stammesverwandte› angelsächsische Missionare wie der schwarze und der weiße Ewald, dunkelhaarig der eine, blond der andere, die Willibrord aus Echternach nach Westfalen entsandt hatte, wo auch sie erschlagen wurden. Genaueres ist nicht bekannt. Karl aber knüpfte an diese Anfänge an und drängte mit Macht auf die Christianisierung der Sachsen; sie legitimierte nicht zuletzt nach christlicher Auffassung den Krieg. «Mit eiserner Zunge» (*ferrea lingua*) habe er ihnen gepredigt, so hieß es einmal in der Rückschau[82], eben mit Kampf, Hinrichtungen und Todesstrafen. Sie hätten wiederholt versprochen, das Christentum anzunehmen, so Einhard, und in ihrer Treulosigkeit nichts gehalten.

Der Kampf der Religionen war eine Sache auf Leben und Tod. Mission schien in der Tat gefährlich, sie war immer wieder von «Aufständen» bedroht[83]. Ihre Träger bewiesen Mut, viele wurden

Märtyrer; die Heiden aber hielten dieselben für verrückt. Einige sind mit Namen bekannt. Der Angelsachse Willehad begegnete seit etwa 780 als Missionsbischof in Wigmodien, dem Raum um das heutige Bremen, vielleicht auch weiter nach Osten ausgedehnt. Er ließ Kirchen errichten, predigte – der indigenen Bevölkerung einigermaßen unverständlich – das Evangelium, ließ ihr den Weg zum ewigen Leben weisen. So beteuerte seine Vita, die freilich erst um 845 aufgezeichnet wurde und weniger reale Details als vielmehr einen typischen Verlauf tradierte. Liudger, ein Friese, der in Utrecht die Schule Gregors, in York die Schule Alkuins besucht hatte, missionierte zunächst in seinem eigenen Volk, östlich der unteren Ems, bevor er ins innere Westfalen, nach Münster zog, um dort zuletzt, im Jahr 805, mit Karls Unterstützung das Bistum zu begründen.

Auch sein Wirken wurde erst mit jahrzehntelanger Verspätung kurz vor der Mitte des 9. Jahrhunderts von seinem Verwandten und zweiten Nachfolger Altfrid beschrieben, als vieles über ihn schon in Legenden gehüllt war[84]. Doch er selbst hatte eine Lebensbeschreibung des hl. Gregor von Utrecht, seines Lehrers, um 790/791 verfaßt und mit ihr verriet er manches über seine eigene Missionsarbeit[85]. Sie entsprach nicht dem Vorgehen des Königs, verkündete aber die «rechte Norm des Lebens» (*rectissima norma vivendi*). Liudger pries das Vorbild des Völkerapostels Paulus, dem er auch seine namengebende Stiftsgründung in Münster widmete. Kirchengründung, Predigt, Gottesdienst, durch zahlreiche einheimische Schüler, die für die Missionsarbeit geeignet und geschult waren, begleiteten dieses Missionswerk.

Dieser Glaubensbote setzte auf Bekehrung durch Vorbild, durch Überzeugung und Verstehen, nicht auf Gewalt, «lehrend und auf dem Weg Gottes voranschreitend»[86]. Seine Klostergründung auf Familienbesitz in Werden an der Ruhr, die bald aufblühen sollte, diente zugleich als rückwärtige Missionsstation. Vorbereitet hatte er sie durch einen längeren Aufenthalt in Montecassino, um dort die Gewohnheiten des Benedikt-Klosters kennenzulernen[87]. Die Zerstörung heidnischer Idole begleitete freilich auch Liudgers Predigt[88]. Der fremde Kult und seine Symbole mußten ausgerottet werden und durften nicht neben den eigenen religiösen Zeichen bestehen bleiben. So forderte und fordert es jeder Kampf der Religionen.

Tief ins Landesinnere fiel der König ein[89]. Bis zur Oker drang er im Jahr 775 vor. Dort ließ er sich Geiseln aus allen drei «Heerschaften» stellen. Im folgenden Jahr berief er eine Versammlung an den Lippequellen, auf der er sich die zwiefache Zusage geben ließ: sich taufen zu lassen und die fränkische Herrschaft anzuerkennen. Abermals ein Jahr später kam es bei der «Karlsburg», wohl dem späteren Paderborn, zu ersten Massentaufen. Doch so schnell unterwarfen die Sachsen sich nicht. Der Krieg flammte hier und da immer wieder neu auf; er verschärfte sich, nachdem Widukind auf sächsischer Seite die Führung übernommen hatte[90]. Er entstammte einer vornehmen westfälischen Familie, die noch im kommenden Jahrhundert eine herausragende Rolle spielen sollte.

Geschickt organisierte Widukind den Widerstand. Am Süntelgebirge wagte er – vertragswidrig wie es heißt – die Schlacht gegen eine fränkische Truppe, die zu einer Strafaktion gegen Slawen ausgeschickt worden war, und rieb sie auf. Karl, der die Sachsen bereits unterworfen wähnen mochte, war erbittert; er drang nun selbst bis zur Mündung der Aller in die Weser vor und rächte den «Vertragsbruch». 4500 Sachsen habe er damals, im Jahr 782, hinrichten lassen, die von ‹vertragstreuen› Sachsen dem König ausgeliefert worden seien[91]. Die «Reichsannalen» hielten es fest. Die Zahl mag übertrieben sein, der Sachverhalt ist nicht zu bezweifeln. Erde und Fluß färbten sich rot von Blut. Auf dem diesjährigen Hoftag in Lippspringe wurden erste Grafschaften eingerichtet, die gerade auch sächsischen Herren übertragen wurden. Geiselstellung und Deportationen sollten jeden Widerstand brechen. Karl selbst ließ sich die Brünne fester schnallen, griff zum Schwert und stürzte sich in die Schlacht; zweimal, im Jahr 783, soll er so erbittert gewesen sein, berichtete Einhard (c. 8).

Widukind freilich entkam dem Blutgericht von Verden. Doch auch dieser Mann mußte sich nach jahrelangem, tapferem und einfallsreichem Widerstand der fränkischen Überlegenheit beugen, sich schon im folgenden Jahr gemeinsam mit seinem Schwiegersohn Abbi unterwerfen und – an Weihnachten 785 in Attigny –

taufen lassen. Karl soll sein Pate gewesen sein und ihn mit reichen Geschenken geehrt haben. Der tapfere Mann durfte sich auf seine Besitzungen zurückziehen und verschwand in keinem Kloster wie sonst die Gegner des Frankenkönigs. Das Andenken an den Widerstandskämpfer blieb unter den Sachsen lange lebendig. Noch im 10. Jahrhundert gedachte man seiner. Der Papst ordnete liturgische Dankesfeiern an, um Karls Sieg zu würdigen[92].

In jenen Jahren verschärften Krieges wurde irgendwann zwischen 780 und 782 das Bistum Mainz zu einem Erzbistum erhoben; seine Kirchenprovinz sollte sich über weite Teile des Sachsenlandes erstrecken; doch auch die Kölner Provinz griff mit den in den kommenden Jahren entstehenden Bistümern Münster, Osnabrück, Minden und zunächst auch Bremen nach Sachsen aus. Der neue Erzbischof, der Bonifatius-Gefährte Lull, selbst ein «Sachse» aus Britannien, dürfte sich nachdrücklich dem Ausbau der Kirchenorganisation gewidmet haben. Ob auf ihn die 33 Kapitel der «Capitulatio de partibus Saxoniae» zurückgingen, einer Rechtsverordnung mit drakonischen Strafen bis hin zur Todesstrafe bei Aktionen gegen christliche Einrichtungen und den König, die Karl um die nämliche Zeit erließ[93]?

Kirchen sollten höhere Sakralität (*honorem*) genießen als je die heidnischen Kultorte (c. 1) und ein spezieller Friedensbereich mit Asylrecht sein (c. 2). Zuwiderhandeln wird mit dem Feuertod geahndet (c. 3). Wer in der Fastenzeit Fleisch ißt, soll mit dem Tod bestraft werden, es sei denn, ein Priester stellte eine Notlage fest, die jedem Fleisch zu essen erlaube (c. 4). Wer einen Bischof, Priester oder Diakon tötet, soll des Todes sein (c. 6). Wer, vom Teufel getäuscht, nach Heidenart glaubt, ein Mann oder eine Frau seien Hexen und würden Menschen essen und sie deshalb selbst verbrennt und ihr Fleisch ißt, soll mit dem Tod bestraft werden (c. 6). Wer nach heidnischem Ritus einen Toten verbrennt, soll mit dem Tod bestraft werden (c. 7). Wer gegen einen Christen Pläne schmiedet oder einer List gegen den König und das Christenvolk zustimmt, soll des Todes sein (c. 10). Sonntags sollten alle zur Kirche gehen (c. 18); der Kirchgang diente offenkundig als Mittel der Sozialkontrolle. Andere Abschnitte verlangten die Übertragung von je zwei Hufen für jede der neugegründeten Pfarrkirchen, die von den Gaubewohnern zu stellen seien, unterwarfen die Neubekehrten dem Zehntrecht, verbaten illegitime Ehen, verlangten die Kindertaufe binnen Jahresfrist, die ausschließliche Benutzung der christlichen Friedhöfe und dergleichen mehr.

Wir wissen nicht, wieweit diese Rechtverordnungen den Lebenswirklichkeiten der Sachsen entsprachen und ob sie tatsächlich und wie lange sie praktiziert wurden; sie sind nur in einer einzigen Handschrift überliefert. Dennoch verraten sie viel über die Erbitterung, mit der damals auf beiden Seiten gekämpft wurde, und über die Abwehr des christlichen Kultes durch das heidnische Volk. Sie sollten die Eigenständigkeit des Volkes beenden, seine Kulte vernichten, es selbst dem Königsbann und seine freie Rechtsprechung den vom König eingesetzten Grafen unterwerfen (c. 28–31 und 34). Jahrzehnte später, als neuerlich das Ende der Kämpfe winkte, wurden die Bestimmungen abgemildert und die Sachsen rechtlich den Franken mehr oder weniger gleichgestellt[94]. Die «Lex Saxonum» nahm dann verstärkt Rücksicht auf alte Rechtsgewohnheiten des Volkes.

Der letzte Widerstand ging von Nordalbingien aus, wohin sich einst auch Widukind geflüchtet hatte. Neuerlich, im Jahr 791, widersetzte man sich der fränkischen Herrschaft, als Karl mit seinem Heer gegen die Awaren zog. Abermals sollte es Jahre dauern, bis der Frankenkönig wieder Herr der Lage war. Die Brutalität auch dieser Kämpfe schlägt noch aus den Berichten der überarbeiteten Version der «Reichsannalen» entgegen: «Obwohl die Sachsen im vergangenen Sommer (des Jahres 794) Geiseln gestellt und, wie es ihnen befohlen war, auch Treueide geleistet hatten, vergaß der König ihre Treulosigkeit nicht, ließ … eine allgemeine Versammlung zusammentreten, fiel mit dem Heer nach Sachsen ein, durchquerte das Land und verwüstete es nahezu völlig. Als er in den Gau *Bardengoi* kam, schlug er bei dem Ort, der Bardowick heißt, sein Lager auf und erwartete die Ankunft der Slawen, denen er befohlen hatte, vor ihm zu erscheinen. Da traf die Nachricht ein, daß Wizzin, der König der Abodriten, als er im Begriff stand, über die Elbe zu setzen, auf dem Fluß in einen von den Sachsen gelegten Hinterhalt geraten und von ihnen erschlagen worden sei. Dieses Verbrechen stachelte den Zorn des Königs zu noch schnellerer Unterwerfung der Sachsen an und trieb ihn zu noch größerem Haß gegen das verruchte Volk. Deshalb verwüstete er das Land zum großen Teil und kehrte mit den Geiseln, die er sich hatte stellen lassen, nach Franken zurück»[95].

Unterschiedliche Taktiken kamen in diesem Krieg zum Einsatz. Zumal der sächsische Adel war leichter für den Anschluß an die Franken zu gewinnen als das übrige Volk. Er konnte durch die Einbindung in die mediterrane Kultur und das fränkische Herrschaftssystem nur gewinnen. Der König setzte zudem loyale Sachsen als Grafen ein, ein wirksamer Anreiz zum Übertritt. Der Widerstand wurde tatsächlich in erster Linie von den Freien und Laten getragen; sie erhoben sich sogar noch einmal in den Jahren 841 und 843 während des Stellinga-Aufstands. Jährliche Feldzüge, Burgenbau und wiederholte Überwinterung des Königs und seines Heeres in Sachsen lasteten schwer auf Volk und Land. Regelmäßig waren Geiseln zu stellen, Deportationen, Massenhinrichtungen fehlten nicht. Die Einrichtung der für die Sachsen fremdartigen Grafschaften und die Mission vollendete das Werk der Waffen. Grafschaftsbezirke, Kirchen- und Bistumsgründungen teilten das Land in neuartige Sprengel. Ob dabei alte Gaue Berücksichtigung fanden? Liudger etwa wurde als Priester über fünf Gaue gesetzt. Die dürren Berichte der Annalen, die dem Historiker heute allein noch zur Verfügung stehen, schweigen weithin über die Durchführungs- und Organisationspraxis der Bistumsgründungen.

Die Geschichte von Liudger und Münster ragt ohnehin mit ihrer (relativen) Informationsdichte einsam heraus. Für die anderen sächsischen Bistümer fehlen vergleichbare Zeugnisse. So muß ihre bloße Aufzählung genügen. Bis zu Karls Tod wurden Bremen (787), Paderborn (799), Minden und Verden an der Aller (um 800), Halberstadt und Osnabrück (804) sowie Münster (805) gegründet, deren weitere Organisation zunächst dunkel bleibt. Klöster entstanden erst nach Karls Tod im Land. Den Beginn machte Corvey, «Neu-Corbie», wie es damals hieß, eine Gründung von

Karls Vettern Adalhard und Wala, die zunächst auch dem Mutterkloster Corbie unterstand. Zuvor unterstützten fränkische Klöster wie Echternach, Hersfeld, Fulda oder Liudgers Gründung Werden an der Ruhr die Missionsarbeit. Um 800 war bereits das Frauenstift Herford entstanden.

In Paderborn war schon 20 Jahre vor dem Bistum eine Pfalz errichtet worden, vielleicht die nur zum Jahr 776 genannte «Karlsburg» (*Urbs Caroli*) an der Lippe, wie die Gründung in antikisierender Manier genannt worden sein könnte. Das Geschehen war damals von einer Massentaufe begleitet. Die Pfalz war immerhin so prachtvoll ausgestattet, daß Karl hier im Jahr 777 einen Hoftag einberufen und gut zwei Jahrzehnte später, im Jahr 799, Papst Leo III. empfangen konnte, der nun in Gemeinschaft mit dem König das Bistum gegründet haben soll[96]. Die Anlage besaß eine Salvatorkirche (*templa creatoris*) sowie eine Halle (*celsa tecta*), die damals mit Bildteppichen (*pictis vestibus*) geschmückt war und in der das Gastmahl zelebriert wurde[97]. Den Bischof von Rom in das eben dem Christentum gewonnene Sachsenland kommen zu lassen, war ohne Zweifel ein effektvoller programmatischer Akt. Karl konnte sich hier dem Stellvertreter Petri, dem Haupt der Kirche, als Heidensieger und Mehrer der Christenheit offenbaren, als Schutzherr der Kirche, als künftiger Kaiser.

5

Mangelnde Aufklärung: Spanien und Benevent

Nicht jeder der folgenden Kriege Karls führte, auch wenn sie für ihn glücklich endeten, zu Mission. Ohne Zweifel zielten die Kämpfe gegen Muslime auf Ausweitung des Christentums. Die Umbrüche in der Welt des Islam warfen ihre Schatten tatsächlich bis ins Frankenreich. Die Araber, die seit dem Jahr 711 ins Land gedrungen waren und nach wenigen Jahren die Pyrenäen erreicht und sie bald auch überschritten hatten, hatten nicht die gesamte iberische Halbinsel erobert. Im Norden und Nordwesten gab es christliche Restgebiete wie die Basken um Pamplona und vor allem die «letzten Goten» in Kantabrien, Asturien und Galizien. Sie, diese «Goten», bildeten die Keimzellen für das neue christliche Königreich Asturien und an sie band die Tradition im späteren 9. Jahrhundert die Ideologie der Reconquista. Der tatkräftige Alfons II., seit 791 für 49 Jahre König, ein erfolgreicher Feldherr gegen die Muslime, darf als der erfolgreichste Baumeister des jungen aufstrebenden Königreiches gelten, dessen Sitz er nach Oviedo verlegte. Alfons suchte die Unterstützung durch die Franken; in seinen Schreiben und durch Gesandte habe er, der «König von Galizien und Asturien», sich als Karls Vasall (*proprium*) ausgegeben, schrieb Einhard (c. 16). Wieweit es zutraf, sei dahingestellt.

Die zahlreichen Christen unter dem Islam, sog. Mozaraber, lebten vor allem in den Städten. Sie sollten von der hohen arabischen Kultur profitieren, die sich in al-Andalus entfaltete. Aus ihren Gemeinden drangen frühzeitig Nachrichten an den Karlshof. Sie weckten eher Sorge als Hoffnung, da sie häretische Tendenzen zu erkennen gaben. Der Erzbischof Elipand von Toledo vertrat unter Berufung auf den Apostel Paulus, doch eher infiziert vom Islam eine Theologie, die Christus seiner Menschlichkeit nach nur als Adoptivsohn Gottes betrachtete. Auch Allah hatte keinen Sohn.

Der neue Glaubensirrtum drang in das zum Frankenreich gehörende Pyrenäenbistum Urgell ein. Die Ausbreitung von Häresien aber entsprach den eschatologischen Naherwartungen der Christenheit, wie sie der Arabereinfall in Spanien aktualisiert hatte. Der um 776 entstandene – vielleicht schon nach dem Programm des Autors eindrucksvoll illustrierte – Apokalypse-Kommentar des Abtes Beatus von Liébana (im Königreich Asturien) gab solcher Naherwartung Ausdruck[98]. Beatus selbst focht gegen den Adoptianismus, zitierte aber ausgiebig (ohne ihn als solchen zu erkennen) den spätantiken donatistischen Häretiker Tyconius, dessen verlorener Kommentar weithin aus diesen Zitaten rekonstruiert werden kann. Endzeitliche Erwartungen verknüpften sich also mit der Abwehr der Muslime. Für Karl war das Vorgehen im Pyrenäenraum nicht nur eine militärische Frage.

Das Emirat von Córdoba selbst präsentierte sich keineswegs als ein in sich befriedetes Land, wie nicht nur die Jahresberichte der mozarabischen Chronik von 754 zeigen[99], sondern auch im Reich Karls des Großen bekannt wurde. Die Araber befehdeten sich wechselseitig. Erst der Neuankömmling, der letzte Umayyade, 'Abd-ar-Rahmân (756–88), einte al-Andalus. Doch die inneren Spannungen setzten sich unter seinen Söhnen und Nachfolgern fort. Deshalb bat wohl ein vornehmer Muslim, Sulaimân al-A'râbi von Barcelona, der sich im Jahr 777 an Karls Hof eingefunden hatte, den Frankenkönig um Hilfe gegen den Umayyaden-Emir[100].

Karl sah glänzende Aussichten, wie der Vater und Großvater Erfolge gegen die «wüsten» Sarazenen[101] zu erringen und das Reich zu erweitern. Weitere Rebellen schienen sich zu rühren. Die Machthaber der Städte Saragossa und Huesca begehrten Unabhängigkeit vom Emir von Córdoba. Auch die Statthalter von Barcelona und Girona gebärdeten sich aufsässig und trachteten – vielleicht in Loyalität zu den Abbasiden – nach Lösung vom Emirat. Als sie wieder unterworfen werden sollten, suchte eben Sulaimân al-A'râbi, angeblich im Bund mit al-Husain al-Ansâri von Zaragossa, Karls Hilfe gegen 'Abd-ar-Rahmân, erschien in Paderborn und «übergab sich und die Städte, die ihm der König der Sarazenen übertragen hatte», wie der Überarbeiter der «Reichsannalen» – vermutlich in legitimierender, zugleich verschleiernder Rückdatierung – behauptete[102]. Tatsächlich wurde ein Angriffskrieg zum Verteidigungskrieg erklärt, Verteidigung nicht zuletzt der Christen in Spanien. Auf diese Weise besaß Karl einen ‹legitimen› Grund zum Vorstoß über die Pyrenäen, oder er sollte doch in den Augen der Franken einen solchen Grund besitzen[103].

Der König ließ sich ohne ausreichende Aufklärung auf das spanische Abenteuer ein, entschloß sich schon im kommenden Jahr zum Krieg, berief den Heerbann und rückte nach Süden. Gemeinsam mit seiner Gemahlin brach er auf. In Chasseneuil, einer Pfalz im nördlichen Aquitanien, ließ er sie zurück; Hildegard war schwanger. Sie durfte Gott danken, daß sie ihren Gemahl wiedersah. Der hatte das Risiko dieses Krieges unterschätzt.

Er, Karl, und seine Franken besaßen kein zuverlässiges Wissen über den Islam, keine Erfahrung mit den diplomatischen Gepflogenheiten der arabischen Eroberer Spaniens, keine zureichende Kenntnis der tatsächlichen Lage in al-Andalus, obwohl sie vor Jahrzehnten während des arabischen Vorstoßes bis an die Loire Muslimen begegnet waren. Karl Martells Sieg über «Sarazenen» war unvergessen; aber dem Kampf war keine Aufklärung über die Fremden gefolgt, auch unter Karl nicht. Weder deren Sozial- noch deren Herrschaftsethik oder Kriegstechniken waren ihnen bekannt. Stereotype Feindbilder schotteten vielmehr das Wissen um den Gegner vor den Franken ab. Beda Venerabilis, Alkuins große Autorität, hatte für das frühere Mittelalter das maßgebliche Muster zur Ausgrenzung der Sarazenen geschaffen. Sie seien Götzen- und Teufelsdiener, Luziferverehrer[104]. Die fremde Sprache, die abschreckende Religion, ihre nicht durchschauten Herrschaftsverhältnisse und die unbegreifliche Kultur der Araber verbargen die realen Erfolgsaussichten des begonnenen Krieges.

Die Quittung für das Nichtwissen erhielt Karl umgehend. Al-Ansâri öffnete dem Franken die Tore seiner Stadt nicht. Der Franke konnte nur ein paar Geiseln nehmen und zum Rückzug blasen. Al-A'râbi sollte vermutlich als Gefangener mit in sein Reich geführt werden. Im Tal von Roncesvalles geriet die fränkische Nachhut in einen Hinterhalt christlicher Basken. Die Gründe für diesen Überfall sind unklar. Wahrscheinlich rächten die Täter sich für die Plünderung von Pamplona, zu der Karl sich zuvor hatte hinreißen lassen, um «als Sieger nach Hause zurückzukehren»[105]. Die schweren Waffen der Franken seien im engen Tal nutzlos gewesen, meinte Einhard (c. 9). Arabische Quellen wollen freilich wissen, daß damals al-A'râbi aus fränkischer Hand befreit worden sei[106]. Waren auch Muslime an dem Gefecht beteiligt? Auszuschließen ist es nicht. Das berühmte «Rolandslied» des 11./12. Jahrhunderts wußte nur von solchen.

Die «Reichsannalen» verschweigen den peinlichen Rückschlag des gefeierten Königs. Erst ihre Überarbeitung, die in den 820er Jahren entstand, erinnerte knapp an ihn; und auch Einhard gedachte offen und ein wenig ausführlicher des Desasters. Der Biograph nannte sogar die Führer der Nachhut bei Namen: den Truchseß Eggihard, den Pfalzgrafen Anshelm und den Grafen der bretonischen Mark Hruodland/Roland; sie seien mit vielen anderen erschlagen worden. Bis zur Stunde, so Einhard, sei die Tat nicht vergolten worden. Wollte er vor übereilten Aktionen warnen? Oder hoffte er auf einen fränkischen Gegenschlag? Im Jahr 827 jedenfalls gab es Anlaß für beides[107].

Karl aber kehrte im Jahr 778 gesund zurück. In Chasseneuil, nördlich von Poitiers gelegen, konnte er seine Gemahlin wieder in die Arme schließen, und mit ihr einen Knaben, der den Namen Chlodwig/Ludwig empfing, den glänzendsten Namen, mit dem das untergegangene merowingische Königshaus aufwarten konnte; sein Zwillingsbruder Chlothar/Lothar war gleich nach der Geburt gestorben. Mit diesen Namen «sippte» sich der Karolinger gleichsam an die Merowinger an[108]. Warum suchte Karl eben jetzt und nur jetzt, nach der Niederlage, den Anschluß an die frühere Dynastie, an den Sieger Chlodwig und die beiden Chlothare, Sieger auch sie? Chlodwig hatte dort, vor Poitiers, die Verheißung des Sieges empfangen über die häretischen Westgoten, die Gewißheit also der Ausdehnung des eigenen Frankenreiches[109]. Wollte Karl an diese Tradition anknüpfen, sich angesichts der Niederlage als Sieger feiern lassen, diese überhaupt vergessen lassen? Wieder verwehrt das Schweigen der Überlieferung jede genauere Einsicht. Doch es verrät viel über die manipulierenden Impulse frühmittelalterlicher Geschichtsschreibung.

Das Scheitern des spanischen Feldzugs im Jahr 778 offenbarte Unkenntnis des fremden Landes und mangelnde Aufklärung über die Verhältnisse jenseits der eigenen Reichsgrenzen, über fremdes Recht, fremde Ethik und fremde Religion, fremde Kampfweisen, wie sie damals durchaus Loyalität und Vertragsverhalten bestimmen konnten. Karl hatte anscheinend auf ein Kommendationsverfahren gesetzt, wie es ihm geläufig, doch unter Muslimen unbekannt war. Später, als Landeskenner wie Theodulf sich am fränkischen Hof eingefunden hatten, könnte es anders geworden sein.

Jedenfalls verbesserte sich in den 780er Jahren die Erfolgsbilanz gegen die Muslime in Spanien, zwar in kleinen Schritten und nicht ohne Rückschläge, dennoch kontinuierlich. Noch vor dem Jahr 790 wurde etwa das Bistum Urgell eingerichtet. Auch soll schon 'Abd-ar-Rahmân, durch Karls Erfolge bedrängt, Friedensverhandlungen eröffnet und eine Verschwägerung mit dem Frankenkönig angestrebt haben. So überlieferte ein später arabischer Geschichtsschreiber, Aḥmad al-Maqqarî. Zum Frieden sei Karl bereit gewesen, zur Verschwägerung allerdings nicht[110].

Jenes dramatische Geschehen indessen animierte die Dichter. Der heroische Kampf von Roncevaux und der Untergang der Helden ähnelte ja dem «Wehgeschick» des «Hildbrandsliedes» und war wohl so recht nach dem Geschmack der Zeit. Die Schlacht in den Pyrenäen wurde zum Ausgangspunkt des berühmten «Rolandsliedes», dessen «Urfassung» nicht erhalten blieb, doch zahlreiche weitere Motive und jüngere Handlungsstränge – etwa aus der Zeit des Erzbischofs Hincmar von Reims – integrierte. Seine ältesten Spuren finden sich in Hinweisen des 11. Jahrhunderts aus Katalonien; die erste erhaltene französische Vollversion («Chanson de Roland») ist um 1100 anzusetzen; die deutsche Fassung – um von den zahlreichen späteren Versionen bis hin zu Ariosts «*Rolando furioso*» zu schweigen – entstand am Hof Heinrichs des Löwen auf Bitten seiner Gemahlin Mathilde, einer englischen Königstochter aus dem Haus der Grafen von Anjou[111].

Als Zeugnis des realen Geschehens ist das Lied unbrauchbar, als Schulbeispiel für die imaginative und aktualisierende Kraft des kulturellen Gedächtnisses von hohem Wert. Eggihard und Anshelm verschwanden aus der Sage, nur Roland blieb, wurde zu einem Neffen des Kaisers, der nun selbst – ein Kreuzritter – in den Kampf eingriff und die Toten rächte. Man mag es als Kontamination einer dreißigjährigen Geschichte betrachten, die tatsächlich zum Gewinn Barcelonas führte. Im Kontext der Heiligsprechung Karls des Großen im Jahr 1165 wurde das Lied über den Heidensieger und seine Paladine geschichtsmächtig.

Die Niederlage sollte rasch überwunden werden. Reformmaßnahmen für Kirche und Königtum[112], auch das mit Nachdruck ver-

16 Taufszene 9. Jh. (Staatsbibl. München clm 22053, wohl aus Wessobrunn)

folgte Ziel der Eingliederung der Sachsen in Karls Reich sollten sie vergessen machen. Doch auch Italien und Rom verlangten seine Gegenwart. Karl hatte seit dem ersten Besuch dort die ewige Stadt nicht aus den Augen verloren. Dreimal kehrte er nach Italien zurück, bevor eine entscheidende Wende eingeleitet wurde, in den Jahren 776, 780/781 und 787. Für den Papst hatten sich die Verhältnisse nicht zuletzt durch das wiederholte Eingreifen der Karolinger und die Ausschaltung des langobardischen Königtums erheblich verbessert.

Doch fürchtete Hadrian I. im Herbst 775 Verschwörungen der Herzöge Hildebrand von Spoleto, Arichis von Benevent und Rodcausus von Friaul gegen ihn und Karl. Die Feinde sollten sich mit den Griechen verbündet haben, um Adelchis, des Desiderius nach Konstantinopel geflüchteten Sohn, auf den Thron zurückzuführen[113]. Karls Herrschaft in Italien war in der Tat nicht so gefestigt, wie es die (durchweg jüngeren) fränkischen Quellen vorgaben. So war der König über die Alpen geeilt, hatte den Aufstand in Friaul niedergeschlagen, war aber, ohne nach Rom weiterzuziehen, nach dem Norden zurückgekehrt, da ihm Unruhen in Sachsen gemeldet worden waren, die seine Gegenwart erforderten. Rom konnte warten, und Hadrian mußte seine Geschicke selbst in die Hand nehmen.

Das Papsttum entfaltete in diesen Jahren in der Tat eigene Herrschaft, die keine Rücksicht mehr auf den Kaiser in Konstantinopel nahm. Sie äußerte sich etwa in Übergriffen auf griechische Sklavenhändler, die mit ihren Schiffen im Hafen von Civitavecchia lagen[114], oder spiegelte sich in eigener Münzprägung des Papstes, in Silber, nicht in Gold, was als kaiserliches Exklusivrecht galt. Im Jahr 778 wagte Hadrian einen Vorstoß nach Süden. Päpstliche Truppen überfielen Terracina im Dukat von Neapel – der erste nachweisbare Kriegszug eines Papstes[115]. Er brachte keine Entlastung, sondern erhöhte die Gefahr für Rom, da sich Neapel mit den Griechen und mit Benevent gegen Rom verbündete.

Auch in Mittel- und Norditalien befolgte niemand, nicht einmal die fränkischen Königsboten, die «Schenkung» Pippins und übergab, was versprochen war. Hadrian beklagte es offen. Er gemahnte Karl, der eben nach Spanien zog, an das Vorbild des frommen

Konstantin des Großen. Der habe dem hl. Silvester reiche Patrimonien in Italien zukommen lassen: in Tuszien, Spoleto, Benevent, Corsica und in der Sabina[116] – ein Schreiben, das Jahrzehnte später, um 830/834, einem fränkischen Fälscher vielleicht das Stichwort für die Erfindung der berüchtigten «Konstantinischen Schenkung» lieferte, die freilich der Kirchen-, nicht der Besitz- und Herrschaftsordnung galt[117].

Erst vier Jahre nach dem letzten Italienzug brach Karl nach dem Süden auf, um, wie es hieß, in Rom zu beten[118]. Weihnachten 780 feierte er in Pavia. Zu Ostern weilte er in der Stadt der Apostel. Am Karsamstag ließ er seinen vierjährigen Sohn Karlmann von Hadrian auf den Namen Pippin taufen, zwei Tage später ihn und dessen Bruder Ludwig zu Königen salben und krönen: Pippin zum König der Langobarden, Ludwig zum König der Aquitanier. Der Namenswechsel erscheint rätselhaft. Namen aber waren Symbole. Immerhin führte in Italien die Erinnerung an einen Karlmann zunächst zu einem Mönch, sodann zu einem König, der in Feindschaft zum apostolischen Stuhl gestorben war. Pippin indessen rief den Sieger über die Langobarden, den Getreuen des hl. Petrus, den Schutzherrn der römischen Kirche wach, während Karlmanns Name in Italien und Rom eher diskreditiert war. So dürfte die neue Königswürde den Grund für den Namenswechsel des älteren der beiden Knaben geliefert haben.

Im zeitlichen Umfeld der Taufe Pippins entstand das berühmte, von Karl gemeinsam mit der Königin Hildegard vor Aufbruch nach Italien bestellte, mit Gold- und Silbertinte nicht sparende und nach dem Schreiber benannte Godescalc-Evangelistar – ein Meisterwerk nicht nur der Buchillumination, sondern ein frühes Zeugnis für das Aufgreifen und die Weiterentwicklung fremder Anregungen; sie mochten sich der Antike oder Spätantike, Italien, angelsächischer Vorbilder oder Byzanz verdanken, durch Buch- oder Wandschmuck nahegelegt[119] (Abb. II und III). «In diesem Jahr (781) war der Herr König Karl in St. Peter (in Rom) und wurde sein Sohn Pippin getauft»; so steht es als Randbemerkung der Ostertafel am Ende des Manuskripts. Es war der verheißungsvolle Auftakt einer Illuminationskunst, die heutige Kunsthistoriker unmittelbar der Hofschule Karls des Großen zuweisen. Auf dem Rückweg nach dem Frankenland taufte der Erzbischof von Mailand Karls eben geborene Tochter Gisela[120]. Die hochschwangere Gemahlin hatte also erneut die beschwerliche Reise über die Alpen – zu Pferd oder in der Sänfte – auf sich zu nehmen.

Das Neben- oder Mitkönigtum, das Karl mit den Krönungen seiner Söhne ins Leben rief, diente der Herrschaftssicherung. Eine

Königskrönung war den Franken wenig vertraut; doch die langobardischen Könige trugen Kronen und auch der Fürst von Benevent, Arichis II., bediente sich einer solchen, um seine Würde hervorzuheben. Der kleine Pippin durfte da nicht zurückstehen; sein Bruder Ludwig partizipierte an dem neuen Zeremoniell. Die Gegenwart eines Königs, und sei er ein Kind, förderte symbolisch die Einung und Konsolidierung des Landes und sollte die karolingische Herrschaft in den eroberten Ländern vergegenwärtigen. Italien besaß nun wieder eine Mitte, bald eine Hofhaltung in Verona, eine eigene Hofkapelle, die vermutlich Angilbert einrichtete, der Laienabt von Centula und einer der dem König vertrautesten Männer, dazu ein Königsgericht[121]. Zahlreiche Franken übernahmen nun in Italien neu errichtete Grafschaften, wie es sie dort zuvor nicht gegeben hatte. Erfahrene Große führten die Regentschaft, neben oder nach Angilbert Adalhard von Corbie, ein Onkel von Vatersseite, der nächste männliche Verwandte, und andere wie etwa der Abt Waldo von Reichenau, bald Bischof von Pavia, der für den sterbenden Wetti ob seiner hervorragenden Karriere nach seinem Tod im Jahr 806 für lange Zeit seine «unbedachten Taten» am Läuterungsberg zu büßen hatte[122]. Karl aber war nun ein König, der über Könige herrschte, kaisergleich.

In Rom indessen sträubte sich die Feder gegen solche Gunsterweise für den Karolinger. Karl rückte nicht nach Süden gegen Byzanz, wie der Papst erhofft haben mochte. Statt dessen schloß er ein Bündnis mit Ostrom, wo eben gerade nach dem Tod des Kaisers Leon IV. seine Witwe Irene die Herrschaft für ihren zehnjährigen Sohn Konstantin VI. übernommen hatte. Mit Gewalt und Diplomatie suchte sie sich gegen immer neue, stets gefährliche Oppositionskräfte zu sichern. Karl ließ sich auf das Bündnis ein[123].

Der «Liber Pontificalis», der noch zu 774 überaus detailliert und voll Freude über die Bestätigung des Schenkungsversprechens Pippins berichtet hatte, schwieg fortan. Zwar hatte Hadrian den Frankenkönig an die Erfüllung eben dieses Versprechens von Ponthion, Quierzy und Rom gemahnt, doch Karl hatte sich jetzt, im Jahr 781, nur bereit gefunden, gewisse Patrimonien in der Sabina, dazu Gefälle im Herzogtum Spoleto und in der Toskana dem Papst zuzuweisen. Im Gegenzug scheint Hadrian auf die Übertragung wenigstens Spoletos und Tusziens verzichtet zu haben, wie er urkundlich festschreiben mußte[124]. Fortan erinnerte er nicht mehr wie zuvor wiederholt an jenes Versprechen. Die bemerkenswerte Papsturkunde ging freilich verloren, während das kulturelle Gedächtnis die «Pippinische Schenkung» jahrhundertelang memorierte und immer wieder auch ohne Urkunde wirksam zu machen verstand.

Eine Darstellung von Hadrians Pontifikat seit dem Jahr 774 unterblieb. Nur noch interne Leistungen für die römische Kirche und in der Stadt fanden im «Liber Pontificalis» Erwähnung, hier eine Kirchenerneuerung, dort einige Kerzenstiftungen, andernorts der Altarschmuck und dergleichen mehr. Deutlicher konnte der Einschnitt, den Karls des Großen Erscheinen in Italien bewirkt hatte, nicht hervortreten. Keine einzige noch so knappe Aussage über die engen Beziehungen zum Frankenkönig, über die uns einige Briefe an Karl Auskunft geben, keine Hinweise auf die sich lockernden Bindungen des Bischofs von Rom an die Kaiser in Konstantinopel, die Hadrian eben verwirklichte, überhaupt nichts zur politischen Umwelt folgten noch. Karls Besuch in der Stadt hatte Rom zum Verstummen gebracht; erst unter Hadrians Nachfolger Leo III. fand es für kurze Zeit die Sprache wieder. Hadrian, der die Langobardengefahr hatte bannen, die Herrschaft Ostroms hatte meiden wollen, mußte sich nun dem Frankenkönig beugen.

Sechs Jahre später, im Jahr 786, schien die Zeit reif zu sein für einen neuen Italienzug des Frankenkönigs. Karl, eben dem Aufstand des Thüringers Hardrat entkommen[125] und von einem erfolgreichen Kriegszug gegen die Bretonen zurück, beging bereits das Weihnachtsfest in Florenz (ArF) und eilte, ohne sich zu verweilen, gleich weiter nach Rom. Die «Reichsannalen» verschleierten den Grund der Fahrt. «Um an den Schwellen der Apostel zu beten», so notierten sie stereotyp, auch «um die italischen Angelegenheiten zu ordnen und um mit den Gesandten des Basileus zu verhandeln». Erst die Überarbeitung aus der Zeit Ludwigs des Frommen wurde genauer: Karl habe geglaubt, mit Benevent das letzte unabhängige langobardische Fürstentum seinem Königtum unterwerfen zu können[126].

Der beneventanische Fürstenhof glänzte um 786/787 im Licht einer hellstrahlenden geistigen und künstlerischen Kultur[127]. Hier kreuzte sich der Einfluß des Ostens mit jenem des Westens. Der aufwendige fürstliche Hofstaat, das dort gepflegte Zeremoniell oder die gleichfalls an Byzanz orientierte Münzprägung machten es sichtbar. Das Herzogtum profitierte von der Nähe nicht nur zu Byzanz, sondern auch der nun aufstrebenden Klöster Montecassino und S. Vincenzo al Volturno; seine Fürsten vermochten auch, sich gegen Karl zu behaupten[128]. Wie früher in Pavia gab es auch in Benevent eine Hofschule. Karl könnte sie – vermittelt über Paulus Diaconus – mit zu einem Vorbild für seinen eigenen Hof gemacht haben. Bildende Kunst und Buchmalerei standen in Blüte; Freskenreste und Baudenkmäler zeugen noch heute davon. Eine eigene Minuskelschrift mit eigenwilligen Buchstaben, die sog. Beneventana, wurde dort entwickelt und jahrhundertelang gepflegt[129]. Vorbilder und Anregungen gingen von dort aus ins Frankenreich und an den Hof Karls des Großen[130]. Paulus Diaconus darf als einer ihrer Vermittler gelten.

Die Hofkirche des Herzogs Arichis II. – «für die Erlösung unserer Seele und das Heil unsres Volkes und Landes» erbaut und bald mit einem Nonnenkloster verbunden – war, gleich der justinianischen Staatskirche in Konstantinopel, der heiligen Sophia, «der wahren Weisheit Gottes», geweiht und verwies schon mit ihrem Patrozinium auf das griechische Vorbild; sie griff als Zentralbau mit zwei konzentrischen Umgängen erklärtermaßen auch den Baugedanken jener Kirche auf. Antike Säulen und Kapitelle trugen das Sechseck der Kuppel. Karl dürfte durch Paulus Diaconus auch von diesem Bauwerk und seinem Kloster erfahren haben; seine eigene, nach Rückkehr aus Italien ins Werk gesetzte Gründung in Aachen konnte, ja, durfte keiner anderen Bauform folgen. Wie hätte sie sonst mit der Repräsentationsfunktion des Basileus und des Fürsten Schritt halten können? Und wie die Sophienkirche Benevents einem Nonnenkloster zugewiesen war, so richtete der Frankenkönig, vielleicht auch erst sein Nachfolger an seiner dem Erlöser und der Gottesmutter geweihten Pfalzkirche ein Chorherrenstift ein.

Der Herzog Arichis II., der seit 758 als Herzog regierte und sich seit dem Ende des Königtums in Pavia «Fürst», *Princeps*, nannte und damit seinen Anspruch zur Fortsetzung langobardischer Herrschaft zum Ausdruck brachte, hatte es geschickt bald durch Bündnisse, bald durch Vertragsbrüche verstanden, sich seine Unabhängigkeit gegenüber den Griechen, dem langobardischen Königtum und dem Karolinger zu bewahren. Sein Sohn und Nachfolger Grimoald wird auf diesen Grundlagen das Fürstentum Benevent weiter festigen und das Fundament für eine jahrhundertelange Zukunft errichten.

In Rom wurde nun gemeinsam mit dem Papst ein Kriegsplan gegen Benevent geschmiedet. Hadrian hoffte auf die Wiedergewinnung päpstlicher Patrimonien. Arichis aber kam dem Krieg zuvor. Er schickte Geschenke und bot, um einen fränkischen Angriff auf sein Fürstentum abzuwehren, seinen jüngeren Sohn Grimoald als Geisel. Der Papst mißtraute dem Friedensangebot des Herzogs und drängte, so die «Reichsannalen», gemeinsam mit den fränkischen Großen zum Krieg. Das Heer stieß jedoch nur bis Capua vor.

Arichis wich aus, als Karl sich seinem Land näherte, und zog sich nach Salerno zurück. Er «wagte nicht, Karl ins Antlitz zu schauen» und schickte zum Verhandeln seine beiden Söhne, Romuald und Grimoald, zum König. Man einigte sich – «damit das Land nicht verwüstet, die Bistümer und Klöster nicht wüst fielen» – dahingehend, daß der Herzog zwölf Geiseln stelle, als dreizehnte seinen jüngeren Sohn Grimoald, und daß er selbst, Arichis, mit seinem Thronerben Romuald und dem Volk von Benevent den Vertrag beschwöre. Karl mußte sich damit bescheiden; erreicht hatte er wenig. Mit Mühe hatte er sein Prestige zu wahren vermocht.

Immerhin hatte er schon auf dem Hinweg Montecassino besucht[131], dort eine Abschrift des angeblich von Benedikt mit eigener Hand geschrieben Regelkodex bestellt und die Sammlung mit Musterpredigten seines alten Bekannten Paulus Diaconus entgegengenommen. Der Papst Zacharias soll jene Regel, wie man sich in Montecassino erzählte, um die Jahrhundertmitte mit einigen weiteren Gerätschaften aus dem Besitz des Heiligen dem unlängst erstandenen Kloster geschenkt haben[132]. So konnte sie als Reliquie des Mönchsvaters in dem an Benedikt-Reliquien armen Kloster gelten. Eine Abschrift von diesem Codex mußte in besonderer Weise für authentisch betrachtet werden. Zum Dank stellte Karl dann –

bereits auf dem Rückweg in Rom – dem Kloster ein Immunitätsprivileg mit freier Abtswahl aus[133]. So kostbar also der Regeltext und die Homiliensammlung, so dürftig war das politische Ergebnis des teuren Unternehmens. Karl zog sich nach dem Norden zurück, ohne den langobardischen Süden seinem Reich eingegliedert oder auch nur herrschaftlich geordnet zu haben, betrat abermals Rom, wo er zum dritten Mal mit Hadrian Ostern feierte (ArF). Der Diakon Paulus aber, der nun wieder in sein Kloster zurückgekehrt war, wirkte damals mit an der Abfassung eines jener Schriftstücke, die als Inkunabeln von Karls Bildungserneuerung zu gelten haben, an der sog. «Epistola generalis»[134].

Doch im Süden Italiens braute sich neues Unheil zusammen[135]. Arichis von Benevent hielt sich nicht an die Übereinkunft mit Karl, nahm Kontakt zu den Griechen auf und war gegen die Zusicherung des damals noch byzantinischen Dukats von Neapel und der Patricius-Würde bereit, sein eigenes Fürstentum Byzanz zu unterstellen. Die abziehenden Franken konnten ihn kaum mehr gefährden, der ferne Kaiser am Bosporus ebensowenig. Doch starb Arichis am 26. August 787, bevor die Zustimmung aus Byzanz ihn erreichte; sein Sohn Romuald war noch vor ihm ins Grab gesunken. Paulus Diaconus sandte der Witwe Adelperga, seiner einstigen Schülerin, ein rühmendes und anrührendes Beileidsgedicht[136]: «Großer Fürst», «berühmtester Held», «Vorzüglicher Arichis, oh Zierde, oh Schmerz!»

Hadrian aber geriet in höchste Sorge. Denn nun war tatsächlich, wie früher immer wieder befürchtet, mit den Griechen Adelchis, der Sohn des Desiderius, in Italien eingetroffen, um seine Hand nach dem Erbe seines Vaters auszustrecken. Adelperga verhandelte in dieser Situation mit Karl über die Freilassung ihres Sohnes und nunmehrigen beneventanischen Thronfolgers Grimoald. Der hatte in der kurzen Zeit seiner Internierung das Vertrauen des Frankenkönigs gewinnen können.

Karl entließ ihn entgegen den Warnungen des Papstes aus der Haft; Grimoald hielt fürs erste Wort, vielleicht, weil ihm die Griechen Neapel nicht übergaben. Er griff gegen die Griechen zu den Waffen. Gemeinsam mit dem Herzog Hildebrand von Spoleto und einer kleinen fränkischen Truppe schlug er sie. Adelchis mußte nach Konstantinopel zurückkehren, wo er «als Pensionär» sein Leben beschloß[137]. In Italien hat er nicht wieder eingegriffen. Grimoald aber konnte die Selbständigkeit zwischen den Mächten behaupten, ja, sie weiter festigen, auch wenn oder gerade weil er sich schon wenige Jahre später, um 791, wieder den Griechen annäherte und damit in den folgenden Jahren wiederholt Feldzüge des Königs Pippin von Italien gegen sich heraufbeschwor.

6

Wachsende Konkurrenz: Byzanz

Mittlerweile hatte sich Karls Verhältnis zu Ostrom entscheidend verschlechtert. Der fränkische Vorstoß nach Süden bedrohte die byzantinische Einflußsphäre. Kalabrien und Apulien waren wie Sizilien «rhomäische» Territorien; sie grenzten an Benevent, dessen Zugehörigkeit zum langobardischen Königtum eher nominell als real war und sich nach dessen Einbindung in den fränkischen Herrschaftsbereich weiter gelockert hatte. Auch der Dukat von Neapel gehörte wenigstens dem Anspruch nach zum Reich der Rhomäer; seine letzten beiden Bischöfe hatten freilich, dem Bildkult zugeneigt, die Weihe in Rom gesucht. Der jüngere von ihnen, Stephan, hatte als Herzog und Consul die bischöfliche Kathedra bestiegen und schien damit – ähnlich dem Bischof von Rom – den Weg zu einer Art geistlichem Fürstentum betreten zu haben.

Schon des ersten Königs Pippin Gesandte müssen mit widersprüchlichen Eindrücken aus dem Osten zurückgekehrt sein. Sprache, Herrscherzeremoniell und Kult müssen ihnen fremd erschienen sein. Die byzantinische Diplomatie blieb überhaupt den Franken unverständlich und erschien ihnen je länger desto deutlicher als verschlagenes Lügnertum. Sie ziehen die «Griechen» der Arroganz und übelster Machenschaften; dazu traten eben jetzt die bekannten Differenzen hinsichtlich des Glaubensbekenntnisses und vor allem in der Bilderfrage. Der Papst beklagte die Enteignung großer Latifundien in Sizilien und Süditalien durch den Kaiser. Das alles schürte tiefes Mißtrauen. Doch galt Byzanz schlechthin als die christliche Vormacht am Mittelmeer, und die Anerkennung des karolingischen Königtums durch eben sie durfte im Westen als wichtiger Erfolg verbucht werden.

Die Nachricht vom Tod Konstantins V. im September 775 erreichte Karl im Frühjahr 776 über Rom[138]. Der Franke besaß offenbar keine eigenen Informanten aus Konstantinopel. Politische Turbulenzen begleiteten die Nachfolge in Ostrom; Konstantins Sohn und Nachfolger Leon IV. aber blieb ein Gegner des Bildkultes. Die Wirren wiederholten sich, als Leon selbst schon fünf Jahre später starb. Erst mit seinen Nachfolgern wich der Ikonoklasmus einer erneuten Bilderverehrung. Das Reich oder doch Konstantinopel fiel nun aus einem Extrem ins andere. Die Franken waren mit beidem nicht einverstanden. Sie schätzten Bilder als Mittel der Unterweisung, aber sie verehrten sie nicht.

Leons Witwe Irene kämpfte als Mitkaiserin für ihren vierjährigen Sohn Konstantin um die Macht. Aufstände begleiteten diesen Anfang und gefährdeten die Herrschaft des Kindkaisers und seiner Mutter. Zumal der Statthalter Siziliens, Elpidios, erhob sich und warf sich zum Kaiser auf. Damals suchte die Kaiserin Karls Unterstützung und bot dem Franken ein Bündnis an, das durch eine Eheabsprache gefestigt wurde. Der Chronist Theophanes berichtete es zum Jahr 6274 AM (= 781/782 CE). Konstantin sollte Karls «rote» Tochter, Rothrud, (Erythro) heiraten. Irene überstand die Krise; Elpidios floh nach Afrika, wo er sich weiterhin als Basileus gebärden durfte[139]. Irene aber regierte zuletzt als selbständige Kaiserin in Konstantinopel, die erste, die Byzanz kannte; fünf Jahre, 797–802, sonnte sie sich in der Macht, bevor eine Revolte sie verdrängte und sie bald darauf starb. Ihre Goldsolidi trugen die Legende *Eirini Basilisse,* «Kaiserin Irene», auf der zeitgenössischen Emailtafel der Pala d'Oro in Venedig gar den Titel *eusebestate auguste*, «erhabenste Kaiserin».

Die Verlobung der beiden Königskinder wurde im Jahr 781 vereinbart; so notierten die Lorscher Annalen knapp[140]. Ein Griechischlehrer für die erwählte Braut blieb gleich im Westen; auch Paulus Diaconus könnte entsprechenden Sprachunterricht erteilt haben. Karl hatte den Eheplan demnach tatsächlich verfolgt; er bescherte nicht zuletzt, wie es ihn dünken mochte, die Anerkennung seiner Herrschaft in Italien durch Byzanz. Für den Papst freilich stellte das griechisch-fränkische Bündnis eher eine Bedrohung dar.

Dann aber, im Jahr 787 und in Capua, erschienen neuerlich griechische Gesandte vor Karl; sie hätten, so behaupteten Jahre später die überarbeiteten «Reichsannalen» zum Jahr 786, unsere einzige westliche Quelle, Rothrud als Kaiserbraut erbeten[141]. Die Hinweise dieses Annalisten, die mit einer weiteren Notiz zum folgenden Jahr zusammen gelesen werden müssen, sind freilich kryptisch. Sie erweckten den Eindruck, als habe der König eben jetzt die Zustimmung zu der längst verabredeten Ehe verzögert, worauf der geprellte Bräutigam, Konstantin VI., im folgenden Jahr zornentbrannt Truppen ins Land habe einfallen lassen.

Die Gründe dieser Verschleierung sind undurchsichtig. Manipulierte der unbekannte Autor auch diesen Bericht nach den autoritativen Wünschen des Königs? War das tatsächliche Geschehen nicht mehr bekannt, als der Annalist nur wenige Jahre später zur Feder griff[142], und zog er seine eigenen Folgerungen? Die karlszeitlichen Texte jedenfalls – «Reichsannalen» und «Metzer Annalen» – übergingen die gesamte Episode vom fränkisch-griechischen Verlöbnis mit Schweigen. Sie manipulierten halb bewußt, halb unbewußt das einstige Geschehen und schufen ein autoritatives Vergangenheitsbild, wie es erinnert werden sollte.

Der griechische Chronist Theophanes behauptete indessen glaubwürdig zum Weltjahr 6281 (= AD 788/789), die «Basilissa» habe – von neueren arabischen Angriffen bedroht, wie der Kontext ergibt – zum Verdruß ihres Sohnes den Vertrag mit Karl gelöst und Konstantin eine andere Braut, die Armenierin Maria von Amnia, bestimmt. Es war ein innenpolitischer Schachzug der Kaiserin. Die späten westlichen Annalen setzten den Bruch des Bündnisses zwar gleichfalls ins Jahr 788, scheinen ihn aber Karl zuzuschreiben[143]; der Annalist dürfte damit nicht bloß einen Mißerfolg Karls verschleiert, sondern die Verletzung fränkischen Stolzes durch die Zurückweisung der Braut, einer Tochter ihres Königs, kaschiert und die neuerlichen Feindseligkeiten gegen die Griechen legitimiert haben. Das Gedächtnis, auch das kulturelle Gedächtnis, selektiert und manipuliert das zu erinnernde Geschehen, indem es die Erinnerungen aktualisiert. Als der jüngere «Reichsannalist» seine Federn schärfte, herrschten neuerlich Spannungen zwischen den beiden christlichen Reichen.

Karl hatte tatsächlich eben, im Jahr 786/787, wie aus der abseits vom politischen Geschehen entstandenen Klostergeschichte von St-Wandrille hervorgeht, seinen Kapellan Witbold nach Konstantinopel geschickt, um über die Ehe zu verhandeln. Er rechnete ganz offenkundig noch mit ihr. Der Gesandte kehrte – ein bemerkenswertes Zeugnis für Reise- und Verhandlungsdauer – anderthalb Jahre nach seinem Aufbruch zurück[144]. Karl belohnte ihn mit einer Abtei; er war offenkundig mit Witbold zufrieden. Irenes Absage im kommenden Jahr muß ihn schwer getroffen haben. Der König, durchaus geübt im Zurückweisen einer Königstochter, dürfte die Demütigung seiner selbst, seiner Franken und seiner Tochter, der verschmähten Braut, schwer verwunden haben. Rächen konnte er sich nicht. Doch nie wieder wird er eine Tochter für eine rechtsgültige Ehe freigeben; eher riskierte er – wie gegenüber dem König Offa von Mercia[145] – den Bruch freundschaftlicher Beziehungen. Er ließ ihnen, diesen «gekrönten Täubchen», wie Alkuin sie später hieß, freie Hand, steckte sie in kein Kloster, wie man hätte erwarten sollen, verwehrte ihnen aber eine rechtsgültige Heirat. Karl behielt sie bei sich am Hof, wo sie die Männer necken, auch verführen und ihren Gefühlen und Bedürfnissen freien Lauf lassen konnten.

Der König scheute eine militärische Auseinandersetzung mit den Griechen, so wie umgekehrt auch diese. Eine Ausweitung des Reiches gegen Byzanz gelang zu keiner Zeit dauerhaft, war vielleicht auch nicht intendiert. Doch das gebrochene Verlöbnis beendete die kurze Phase der Eintracht vollends, als eine Einladung zu dem Konzil nach Nicäa ausblieb, dem 7. ökumenischen Konzil, das sich hauptsächlich mit dem Bildkult auseinandersetzte. Der Friede war neuerlich in Gefahr. Erst seit 797 tastete man sich wieder aneinander heran. Das Mißtrauen gegen die griechische Arroganz aber blieb.

7

Die Kriege mehren sich: Baiern und Pannonien

Der Zug nach dem Süden Italiens ist eher als Fehlschlag, denn als Erfolg zu bezeichnen. Böse Vorzeichen hatten ihn begleitet: Rätselhafte Kreuze erschienen auf den Kleidern, Blut floß aus der Erde und tropfte vom Himmel; Furcht verbreitete sich im Volk, der Tod hielt Ernte, der Erzbischof Lull von Mainz starb; Karl aber rückte nach Rom vor[146]. Der König muß selbst sein Scheitern im Süden erkannt haben. Denn unvermutet und offenkundig in manipulierender Absicht wechselte der Autor der ursprünglichen «Reichsannalen» das Thema.

17 Kelch des Herzogs Tassilo III. von Baiern, durch Inschrift identifiziert; TASSILO DUX FORTIS + LIUTPIRC VIRGA REGALIS *(«Tassilo, tapferer Herzog, und Liutpirc, königlicher Sproß») (Stift Kremsmünster)*

Kaum nämlich habe Karl Rom erreicht, seien dort, noch während des Osterfestes, Gesandte Tassilos von Baiern, der Bischof Arn von Salzburg und der Abt Hunrich von Mondsee, erschienen und hätten den Papst um Friedensvermittlung zwischen ihrem Herrn und dem König gebeten. Er, so Karls Antwort, wünschte nichts dringlicher als dies; doch wollten die Gesandten ohne Rücksprache mit dem Herzog nichts entscheiden. Hadrian habe das bairische Angebot für ein Lügengespinst (*mendacia*) gehalten, es durchschaut, den Herzog alsbald mit seinen Gesinnungsgenossen gebannt, sie zudem an den Gehorsam gemahnt, den sie einst dem König Pippin versprochen hätten, und habe Karl samt seinem Heer im vorhinein «von der Gefahr der Sünde absolviert, der sie durch Brand, Mord und jegliche Übeltat» verfallen könnten, wenn sie nach Baiern einfielen (ArF). Das sah nach einem Freibrief zum Kriege aus. Wieder, wie einst aus Anlaß der Königserhebung Pippins, wurde die päpstliche Autorität bemüht, um ein zweifelhaftes, ja umstürzlerisches Gebaren des Karolingers zu legitimieren.

Nichts davon dürfte so stimmen, wie es niedergeschrieben wurde. Der Annalist dürfte vielmehr auch jetzt der gegen Tassilo gerichteten, nachträglichen Umdeutung des Geschehens gefolgt

A
ω

sein, wie sie der König gewünscht hatte. Was wirklich in Rom zwischen Karl und dem ihm treuen Arn von Salzburg verhandelt worden war, entzieht sich unserer Kenntnis. Kaum aber war das Osterfest verstrichen, ließ Karl zum Rückmarsch in die «Francia» sammeln. Über Ravenna, das er jetzt erstmals besuchte, und über Pavia kehrte er nach Worms zurück.

Man erinnerte sich in Ravenna an eine eigentümliche Geschichte. Der Bischof Gratiosus habe nämlich den König zum Mahl eingeladen, sei aber von seinen Leuten gewarnt worden, in seiner Einfalt nicht übereilt das Wort zu ergreifen. Er versprach es: «Nein, nein, meine Söhne, ich will den Mund halten.» Beim Essen aber habe er sich Karl zugewandt: «*Pappa, pappa*, mein Herr König». Karl verwundert: «Was bedeutet diese Rede *pappa*, *pappa*?» «Kümmert euch, Herr, unser König, nicht darum. Dieser euer Diener, dieser Redner ist schlichten Gemüts. Er will wie eine besorgte Mutter eure Milde zum Essen und Vergnügen auffordern.» Da habe Karl allen Schweigen geboten: «Er ist ein wahrer Israelit» (Joh. 1,47). «Danach aber setzte der Bischof durch, was er von ihm erbat»[147].

Vielleicht traf auch das Gegenteil zu. Denn Karls Aufenthalt in Ravenna, so kurz er war, blieb nicht ohne Folgen. Der König nahm starke Eindrücke mit nach Hause; er hatte als Gast des Erzbischofs ohne Zweifel die großen Kirchen – den Dom, S. Apollinare Nuovo und vor allem das Wunderwerk von S. Vitale besucht und bestaunt. Der Eindruck muß ihn überwältigt haben. In S. Vitale fand der Herrscher aus dem Norden das Muster, nach dem er seine Pfalzkirche in Aachen auszugestalten wünschte. Sie wurde gleich S. Vitale ein Zentralbau mit Apsis, mit zwei übereinandergestellten Säulenreihen und kostbarem Mosaikschmuck. Umgehend bat Karl Hadrian um die Erlaubnis, aus Ravenna, vielleicht auch aus Rom Marmor und Säulen, kostbare antike Stücke, einige aus imperialem rotem und grünem Porphyr, nach dem Frankenreich schaffen zu dürfen. Er durfte. Alsbald muß der Abbruch – vielleicht in den Resten des Kaiser- und Exarchenpalastes – begonnen und Ochsengespanne, vielleicht auch Lastschiffe sich mit den tonnenschweren Säulen auf den mühsamen Weg über die Alpen oder die Küsten entlang nach Aachen gemacht haben.

In dieser Stadt, der alten Kaiserresidenz, dem einstigen Sitz des Exarchen, hat sich denn auch die einzige zeitgenössische Inschrift auf Karl, für den «König der Franken und Langobarden und Patricius der Römer» (*[ca]roli regi francorum et langubardorum hac patricio ro[manorum]*), bis heute erhalten. Sie muß mit Karls Aufenthalt in der Stadt im Jahr 787 zusammenhängen, da sein nächster Auftritt dort im Jahr 801 erst nach der Kaiserkrönung erfolgte. Wollte der Eroberer die bevorstehende Demolierung und Plünderung antiker Bauwerke mit eigenen Stiftungen oder Neubauten etwa durch fränkische Baumeister[148] kompensieren?

In Worms traf Karl seine Gemahlin Fastrada wieder; «beide erfreuten sich aneinander und lobten Gott für seine Barmherzigkeit»; die «Reichsannalen» hielten diese ‹private› Notiz fest. Die eigentümliche Nachricht, eingeschoben zwischen der Angriffsberechtigung gegen Tassilo und dem Kriegszug nach Baiern noch in demselben Jahr, gibt Rätsel auf. Fastrada hatte vielleicht für die Zeit der Abwesenheit gewisse Königsrechte wahrgenommen. Vielleicht aber bedeutete der auffallende, ja einzigartige ‹familiäre› Einschub in die Geschichte von Tassilos Untergang mehr und hatten die Freude der Gatten aneinander und das Gotteslob einen triftigen Grund und die Königin wurde schwanger[149] und erhoffte sich einen Sohn, für den es – da der König seine Reiche an die Hildegard-Söhne schon verteilt hatte – noch ein Königreich zu gewinnen galt. Baiern? Alsbald jedenfalls rückte der König mit seinen Truppen gegen Tassilo[150]; Fastrada wird später intrigieren und den «buckligen» Pippin, für den zunächst, wohl noch um 791/792, Baiern vorgesehen gewesen zu sein scheint, mit ihrer «Bosheit» und wohl noch immer in Hoffnung auf einen eigenen Sohn in den Aufstand und den Untergang treiben[151].

Zunächst aber wurde Karls Vetter Tassilo III., der Sohn der Schwester seines Vaters, ausgeschaltet[152]. Karls Vater, der König Pippin, soll dem Neffen, der noch im Kindesalter stand, gegen den eigenen Bruder, Grifo, den Sohn der Baierin Swanahild, als der nach der bairischen Herzogswürde griff, die Nachfolge seines Vaters Odilo gesichert haben; so berichten die «Reichsannalen». Es mag zutreffen, obgleich die Nachrichten dieser Annalen, die gegen Tassilo schürten, insgesamt als nachträgliches Konstrukt zur Diffamierung des ‹undankbaren› Vasallen zu werten sind. Im Jahr 756 zog Tassilo mit Pippin nach Italien gegen den Langobardenkönig Aistulf. Der Agilolfinger herrschte unangefochten in seinem Land, ging Bündnisse mit fremden Mächten ein und leitete die Kirche Baierns durch Synoden, die er einberief und denen er vorsaß. Es war eine königsgleiche Herrschaft, die der Baiernherzog übte[153]. Karl aber gewann das Land nahezu ohne Schwertstreich, doch mit um so größerer Heimtücke. Es war eine lohnende Beute. Baiern war reich gesegnet mit Wein, mit Eisen, Gold und Silber, mit Bienen und Honig (was hieß: mit dem kostbaren Wachs) und mit «Männern hochgewachsen und voll Kraft», wie es eben damals die Lebensbeschreibung des hl. Emmeram festhielt[154].

Tatkräftig lenkten erst Mutter und Sohn, dann seit 754/757 Tassilo, der gut zehn Jahre älter als Karl war, allein die Geschicke des Landes, seiner Bistümer und Klöster[155]. Der Herzog beförderte die Slawenmission im Land, erfocht im Jahr 772 einen gefeierten Sieg gegen heidnische Karantanen, gründete die Klöster Weltenburg an der Donau, Mattsee, Innichen, Kremsmünster, Frauenchiemsee und vielleicht noch einige weitere, übernahm wohl auch adelige Gründungen wie Metten[156]. Die unter ihm tagende Synode von Dingolfing, zu der sich die Bischöfe des Landes im Jahr 776/777 versammelt hatten, schärfte u. a. die Sonntagsheiligung ein und erließ ehe- und erbrechtliche Bestimmungen; auch wurde eine Gebetsverbrüderung zwischen Bischöfen und Klöstern beschlossen[157]. Die Synode von Neuching hatte einige Jahre zuvor geboten, daß die Priester lesen und Schule halten können und daß sie die heiligen Schriften verstehen sollten, die Horen, die Psalmen und die übrigen Orationen zu singen vermöchten, wie es den bald folgenden Reformbemühungen seines Vetters im Frankenreich entsprach; Gesang sollte die bairischen Kirchen erfüllen und die Gläubigen erfreuen. Auch suchte man Spannungen zu mildern, wie sie zwischen Bischöfen und Klöstern herrschten[158].

An jedem Bischofsitz – in Neuburg, Säben, Salzburg, Passau, Regensburg, Freising – sollte eine Schule eingerichtet werden[159]. Dort lernte man Latein, das nahm sich etwa folgendermaßen aus: *Stultus: Stulti sunt Romani, sapienti sunt Paioari, Tole sint Uualhâ, spâhe sint peigira* («Blöd sind die Romanen, klug sind die Baiern»)[160]. Damals lebte vermutlich noch eine ansehnliche Gruppe von «Welschen» – wie heute noch in einigen südtiroler Alpentälern – in einzelnen Siedlungsinseln im Land. Die Mission wurde weiter gefördert und schritt erfolgreich voran, seitdem Bonifatius unter dem Herzog Odilo, Tassilos Vater, in dem Land die ersten Reformen in die Wege geleitet hatte. Die Gründung der Klöster diente somit nicht nur der Landeserschließung, die nun bis in die Alpentäler vordrang, sondern zugleich der Ausbreitung und Festigung des Glaubens, der nötigen Bildung und der beide tragenden Institutionen.

Tassilo suchte das Bündnis mit den Langobarden und ihrem König Desiderius, dessen Tochter Liutberga er im Jahr 763 ehelichte; auch mit den Awaren, seinen ungetauften Nachbarn im Osten, verhandelte er. Und nicht zuletzt unterhielt er gute Beziehungen nach Rom. Im Jahr 772, im Jahr seines Sieges gegen die Karantanen, taufte Hadrian I. Tassilos ältesten Sohn Theodo. Dieser Herrscher schien mehr als bloß ein Herzog zu sein, wie einen solchen einstmals die Frankenkönige eingesetzt hatten. Tassilo regierte sein Land als *Princeps*. So feierten ihn die Synoden. «Wir danken Gott, der dich zu unseren Zeiten zum Fürsten erhob»[161].

War es der Glanz dieses Fürstentums, der Karl gegen Tassilo aufbrachte, dessen Drang nach Unabhängigkeit? Hatte der Herzog seine Macht überschätzt? Agierte die Königin Fastrada gegen ihn? Wie immer, Tassilo taumelte in die Katastrophe. Wie sich der Konflikt zwischen den beiden Vettern anbahnte, warum er sich zuspitzte, das alles verhüllt der Zeugnismangel. Als Karl nach Spanien zog, habe ihn ein bairisches Aufgebot begleitet (ArF). Doch drei Jahre später soll Karl den Herzog durch den Papst Hadrian an seine Treupflicht gegenüber dem Frankenkönig gemahnt haben; gegen Geiselstellung sei Tassilo nach Worms gezogen, um den Eid zu erneuern, den er einst zugunsten Pippins, Karls und der Franken geleistet habe; zudem seien zwölf bairische Geiseln durch den Bischof Simpert von Augsburg übergeben worden. Tassilo aber habe den Eid nicht lange gehalten (ArF). Der erst schleichende, dann rasche Zusammenbruch der agilolfingischen Macht läßt eine geringe Solidarität zwischen dem Adel im Land und dem Herzog vermuten. Arn von Salzburg etwa, der seine Karriere unter Tassilo begann, besaß alsbald das Vertrauen des Karolingers.

Die Ausschaltung des Agilolfingers durch Karl war wohl nicht nur auf den Gewinn Baierns gerichtet. Sie wurde zu derselben Zeit in die Wege geleitet, als ein Aufstand von Langobarden Karls Herrschaft in Italien bedrohte. Damals wurden zahlreiche langobardische Geiseln ins Frankenland verschleppt[162]. Tassilos Söhne Theodo und Theodbert aber, legitime Enkel des entmachteten Langobardenkönigs Desiderius, kamen nach dessen Niederlage als erste Anwärter auf den Thron in Pavia in Betracht.

Das Vorgehen gegen Tassilo seit dem Jahr 787 galt somit zugleich der Sicherung der karolingischen Herrschaft südlich der Alpen. Damals ließ Hadrian, wie es scheint und vermutlich auf Druck des Karolingers, den Herzog fallen[163]. Tassilo aber mußte sich dem eben aus Benevent zurückgekehrten und nun mit Heeresmacht, mit drei Heersäulen gegen Baiern bis zum Lech vorrückenden König unterwerfen, sein Land mit einem Stab tradieren und Vasallität schwören; seinen Sohn Theodo mußte er als Geisel dem königlichen Vetter übergeben[164]. Übrigens scheint auch die Witwe des Fürsten Arichis von Benevent, Liutprands Tochter Adelperga, Karls Zugriff auf ihre beiden Töchter gefürchtet zu haben, während, wie Einhard (c. 10) berichtete, ihr Sohn Grimoald so lange als Geisel am Hof des Frankenkönigs verbringen mußte, bis Karl seiner Haltung sicher war[165].

Der Agilolfinger mußte sich nicht nur unterwerfen; er wurde im folgenden Jahr vor eine Synode nach Ingelheim gerufen oder gelockt, wo ihn abtrünnige, profränkisch gesonnene Baiern des Eidbruchs und eines Bündnisses mit den Awaren bezichtigten. «Hätte er», so soll er trotzig gerufen haben, «zehn Söhne, sie sollten eher zugrundegehen, als daß die Verträge eingehalten würden und sein Eid ungebrochen bliebe; lieber wolle er sterben als so zu leben» (ArF). Zuletzt wurde ihm dort, in Ingelheim, wegen des todeswürdigen Verbrechens der Fahnenflucht, des *harisliz*, der Prozeß gemacht. Das Verbrechen müßte, hätte es denn stattgefunden, viele

Jahre zuvor, während Pippins Feldzugs nach Aquitanien im Jahr 763 geschehen sein. Das zuvor nie angesprochene Delikt verdankte sich jetzt, ein Vierteljahrhundert nach jenem Krieg, der ‹Erinnerung› von «Franken und Baiern, Langobarden und Sachsen und, wer sich aus den übrigen Provinzen zur Synode eingefunden hatte» (ArF). Glaubhaft ist das alles nicht; ein böser Schauprozeß beraubte den Agilolfinger seines Status, seiner Freiheit und seiner Herrschaft. Wie sich Langobarden oder Sachsen dieses Verbrechens erinnern sollten, bleibt ohnehin schleierhaft.

Tassilo wurde – so noch immer die «Reichsannalen» – von den in Ingelheim versammelten Großen aller Völker einstimmig zum Tod verurteilt. Allein sein königlicher Vetter begnadigte ihn in seiner Großmut, der Bitte des Herzogs folgend, zur Einweisung in ein Kloster. Da wurde der Herzog, «um seine Seele zu retten», in St. Goar, sein Sohn Theodo in St. Maximin bei Trier zu Mönchen geschoren; die Herzogin Liutberga aber hatte wie ihre Töchter den Schleier zu nehmen, deren eine in Chelles der Aufsicht von Karls Schwester übergeben, deren andere nach Laon ins Kloster eingewiesen wurde[166].

Mit der Darstellung der «Reichsannalen» war ein verzerrendes ‹Ergebnisprotokoll› geschaffen, von dem Karl wünschte, daß es Verbreitung fände. Es hielt ein Konstrukt fest, das künftig von Franken, Baiern, Langobarden, Sachsen und allen anderen erinnert werden sollte, kein wirkliches Geschehen. Die Annalen schufen, vom königlichen Willen gelenkt, ein Erinnerungsbild, das gründlich ‹gereinigt› und ‹übermalt› worden war und das die gewaltsame Ausschaltung eines christlichen Herrschers durch den siegreichen Karolinger beschönigen und legitimieren sollte. Ihre ganze Geschichte wurde im nachhinein verformt und verfälschend dargestellt – ein Zeichen dafür, für wie skandalös Karls Zeitgenossen um 790 sein Vorgehen gegen den eigenen Vetter empfanden[167].

Allein versteckte frühere und von den «Reichsannalen» unabhängige Zeugnisse, zumal die Annalen aus dem elsässischen Kloster Murbach und einige seltene Briefe, verraten durch Einzelhinweise das ganze verschlagene Vorgehen des Königs[168]: Daß Karl irgendwie Tassilos Gemahlin und Kinder nach Ingelheim locken oder herbeischaffen ließ, sich irgendwie auch des Herzogsschatzes bemächtigen konnte; daß dann in Ingelheim der freiwillig erschienene Tassilo (immerhin befand sich sein ältester Sohn Theodo seit dem Vorjahr als Geisel in Karls Hand) seiner Waffen entkleidet und vor den König geführt wurde; daß der den Vetter seiner Nachstellungen und Listen wegen, die er mit fremden Völkern gegen den König ins Werk zu setzen versucht habe, öffentlich zur Rede gestellt habe; daß Tassilo es nicht habe abstreiten können und endlich «unfreiwillig» zum Mönch geschoren worden sei. Dies letzte sei, um den Königshof mit so schmachvollem Vorgang nicht zu entehren, auf des Herzogs Bitte hin im benachbarten Kloster St. Goar geschehen; anschließend sei Tassilo nach Jumièges verbracht worden. Seine beiden Söhne seien gleichfalls zwangsgeschoren und verbannt worden; die Gemahlin und die Töchter traf ein gleiches Geschick[169].

Damit war das Herzogtum der Agilolfinger in Baiern, das immerhin anderthalb Jahrhunderte gewährt hatte, am Ende. Das Geschlecht Agilolfs war durch verschlagene Heimtücke für alle Zeit ausgeschaltet, gerechtfertigt durch Tassilos eingestandene Absprachen mit den Feinden des Christenglaubens. Die Awaren nutzten tatsächlich die Lage zu einem neuerlichen Einfall nach Baiern und Italien. «Das alles widerfuhr deshalb», so der nachdenkliche Murbacher Annalist, «zu Glorie und Ehre dem Herrn König, zu Irritation und zum Schaden seinen Feinden, weil der Schöpfer aller Dinge ihn für immer zum Triumphator bestimmte». Die bairische Katastrophe folgte Gottes Willen. Der Himmel selbst legitimierte die Gewalt gegen den christlichen Herzog.

Das Land wurde, so hieß es weiter in den dubiosen «Reichsannalen», Karls Schwager Gerold als «Präfekten» übertragen. Wahrscheinlich aber sollte es zunächst zur Ausstattung des erstgeborenen Karlssohnes Pippin dienen, bevor Intrigen der Königin Fastrada es verwehrten und den Sohn der Himiltrud in den Aufstand trieben. Die «Reichsannalen» übergingen das abermals mit Schweigen[170]. Gerold dürfte erst später die ‹Präfektur› übernommen haben; doch war der König in der Personalwahl keineswegs frei. Denn sein Schwager war zwar ein Franke, aber über seine Mutter – wie die Königin Hildegard – mit der alten alemannischen Herzogsfamilie verwandt. Diese genealogische Verbindung machte ihn – wie es scheint – zugleich zu einem entfernten Vetter Tassilos, da das alemannische Herzogshaus, wie schon angedeutet, einem Seitenzweig der Agilolfinger zuzuordnen sein dürfte[171]. Gerolds Ernennung sollte offenbar die zweifellos nach dem Sturz des Baiernherzogs virulente antifränkische Stimmung im Land verstummen lassen.

Selbst gegen Handschriften tobte der bairische Krieg, wie der sog. Psalter von Montpellier (Ms 409) bezeugt (Abb. I). Er ist mit Gold, Silber und farbigen Initialen kostbar ausgestattet, besitzt ein auffallend kleines Format und war damit geeignet, den reisenden Fürsten zu begleiten. Er entstand, so ergeben die paläographischen Daten, im Kloster Mondsee und dürfte für Tassilo III. hergestellt worden sein. Mit dessen Schatz fiel er in die Hände der Sieger. Alsbald büßte er die letzten fünf Blatt ein, die wohl liturgische, «laudes»-ähnliche Texte für den Herzog und seine Familie enthielten, und nun durch karolingische «Laudes» ersetzt wurden. Es muß vor dem Jahr 792 geschehen sein. Denn noch wurde des erstgeborenen Karlssohnes Pippin gemeinsam mit seinen Brüdern gedacht, der sich eben im Jahr 792 auf seinen unglücklichen Aufstand einließ. Buchverstümmelung erschien als Herrschaftsakt.

Der Psalter gelangte, wie die Lokalheiligen von Soissons in der Litanei – Bantaridus, Drauscius, Vodoaldus, Leodardus, dazu auch Medrisma – anzunehmen nahelegen, nach dem dortigen Frauenstift Notre Dame[172], dem Karls Schwester Gisela vorstand, und dessen Leitung Rothrud – die vom Basileus verschmähte Braut und künftige Geliebte des Grafen Rorico – nach dem Tod ihrer Tante übertragen worden sein dürfte. Sie starb freilich wenige Monate nach Gisela im Jahr 810. Zuvor wurde nach den «Laudes» eine kurze Litanei (von einer jüngeren Hand und in nicht einwandfreiem Latein) eingefügt mit dem Schlußgebet: «Christus, gewähre der Schwester (*soror*) namens Rothrud selig zu sein (*esse beatam* als Formel der Sündenvergebung), auf daß sie dir immerdar diene». Offenbar wurde ihr der erbeutete Psalter des besiegten Onkels mit ins Kloster gegeben[173]. Später gelangte die Handschrift nach Auxerre[174].

Lange erfreute Gerold sich seiner Stellung nicht; er fiel schon im Jahr 799 im Kampf gegen die Awaren. Doch er, der Wohltäter

St. Gallens und der Förderer des Inselklosters auf der Reichenau, wo er auch sein Grab fand, durfte sich nach Wettis Schau, weil im Heidenkampf gefallen, himmlischer Freuden gewiß sein[175]. Karl selbst indessen eilte sogleich, kaum daß Tassilo ausgeschaltet war, nach Regensburg, um «die Grenzen und Marken des Landes gegen die Awaren zu ordnen» (ArF), und feierte bald darauf, in den Jahren 791 und 792, das Geburtsfest des Herrn in der alten Herzogsstadt. Tassilo aber wurde nach sechs Jahren noch einmal aus dem Kloster geholt, vor die Synode in Frankfurt gestellt, um seine «Schuld» zum wiederholten Mal öffentlich zu bekennen und für sich und seine Söhne für immer auf Baiern zu verzichten. Karls Gewaltherrschaft benötigte Geständnis und kirchlichen Segen, öffentliche Inszenierung des Endes.

Die Spuren des Umsturzes bewahrten die Urkunden des unglücklichen Herzogs. Zahlreiche Privilegien Tassilos für Salzburg sind kopial überliefert. Sie enthüllen die einschneidend die Vergangenheit deformierende Macht des Siegers. Zwei Abschriften sind erhalten, die nur durch zehn Jahre, durch zehn entscheidende, alles verändernde, die ganze Vergangenheit umwertende Jahre getrennt sind. Die ältere Abschrift, der *Indiculus Arnonis*, entstand vor Tassilos Sturz, die jüngere, die sog. *Breves notitiae*, wurde bald hernach angefertigt und spiegelt das traurige Los des Baiernherzogs. Jetzt hatte sich überall, wo zuvor nur dieser oder – während seiner Minderjährigkeit – Tassilo gemeinsam mit seiner Mutter als Aussteller firmiert hatte, eine explizite Zustimmung des Königs Pippin eingeschlichen[176]. Das Gedächtnis ließ sich manipulieren. Es verlangte jetzt, nach dem Sturz der Agilolfinger, schon für das frühere Rechtshandeln die Bestätigung durch einen Karolinger, damit die Zukunft gesichert sei. Karls gegenwärtige Macht verformte einmal mehr die Vergangenheit.

Der Erfolg brachte neue Kämpfe mit sich. Karls Reich grenzte fortan an das Gebiet der Awaren. Dieses Reitervolk aus den asiatischen Steppen, in der Mitte des 6. Jahrhunderts nach Ost- und Mitteleuropa eingefallen, war im Jahr 788 ein letztes Mal zu einem Vorstoß nach Italien aufgebrochen, wo seine Krieger plünderten, und nach Baiern, wo sie abgewehrt wurden. Jetzt rüstete der Frankenkönig gegen sie. Groß war ihre Widerstandkraft nicht mehr, die einst als Schrecken der Römer, Slawen oder Langobarden nach Pannonien vorgedrungen waren[177]. Im Jahr 626 hatten sie Konstantinopel erreicht. «Ihr Leben ist der Krieg», hieß es in Anlehnung an die biblischen Makkabäer bei Theodor Synkellos, einem griechischen Autor des früheren 7. Jahrhunderts. Ihre Bewaffnung war furchterregend; weder Römer oder Griechen noch sonst ein Volk des Westens hatten ihnen Gleiches entgegenzusetzen. Das Kriegshandbuch aus der Zeit des Kaisers Maurikios, um 600 verfaßt, bewunderte sie: Steigbügel, schwere Panzer für Mensch und Pferd, Kompositbogen, Lanze und Schwert, dazu eine dem Westen fremde Taktik schienen die Awaren unbesiegbar zu machen. Die Rhomäer, durchaus mit der Kriegskunst vertraut, beeilten sich nachzuahmen, was sie nur nachahmen konnten.

Gegen diese einstmals unbesiegbaren Awaren rüstete nun der Karolinger[178]. Alle Völker seines Reiches stellten Truppen, die sich in Regensburg versammelten. Im Spätsommer 791 riefen die Signalhörner zum ersten Feldzug gegen die Awaren. Nördlich und südlich der Donau fiel Karls geteiltes Heer ins Land. Erleichtert schrieb er der Gemahlin, sein Sohn Pippin habe ihm gemeldet, daß er selbst und der Papst gesund seien; die Grenzen seien sicher und die Truppe, die eben ins Awarengebiet eingefallen sei, habe einen Sieg errungen; ein Bischof, ein Herzog und zwei Grafen hätten sie geführt. 150 Gefangene habe man gemacht. Verwundert aber sei er, Karl, daß Fastrada weder durch Boten noch durch Brief ihn über ihre Gesundheit und über sonstige Vorkommnisse berichtet habe; er wünsche häufiger Post – mitten im Krieg ein rührendes Zeugnis liebevoller Fürsorge und Anhänglichkeit[179]. Dreitägiges Fasten und Gottesdienste, auch das war dem Brief zu entnehmen, stimmten schon die eigenen Krieger auf die Kämpfe ein. Bis über die Enns drang der König vor. Doch die Feinde wichen zurück, ohne sich dem Gegner zu stellen. Karl und sein Heer kehrten enttäuscht nach Baiern heim.

Das nächste Jahr sah den Karolinger erneut gegen die Awaren vorrücken. Er setzte alle technischen Mittel ein, über die er verfügte. Eine leicht zu verlagernde Schiffsbrücke ermöglichte ein wiederholtes rasches Überqueren der Donau, hinüber und herüber, ein Kanal zwischen Main und Donau, der eben begonnen wurde, sollte künftig die Mobilität des Königs noch weiter erhöhen, aus den Zentren der Macht an den Rand des Reiches. Vielleicht diente auch schon die Rheinbrücke bei Mainz, die Einhard erwähnte (c. 17), deren Bauzeit indessen nicht feststeht, der raschen Beweglichkeit gegen den fernen Gegner. Doch auch die aufwendigste Technik bescherte keinen Erfolg. Sachsen und Elbslawen nutzten die Bindung des fränkischen Heerbannes im Südosten zu neuen Überfällen.

Die Awaren waren unter sich uneins, viele verlangten nach Frieden mit den Franken. Im Jahr 795 schickte schließlich der fränkische Herzog von Friaul, Erich, von Italien aus ein kleines schlagkräftiges Heer, das ein Slawe namens Woynimir führte, nach Pannonien. Der «Ring», der Sitz des Khans, wurde geplündert und im folgenden Jahr tatsächlich durch den König Italiens, Pippin, vollends erobert. Der Khan wurde erschlagen, sein Schatz, eine unermeßliche Beute, wurde aufgeteilt. Theodulf besang den Triumph: Gott habe Karl die reichen Schätze Pannoniens geschenkt; die Awaren kämen nun, um sich Christus zu unterwerfen; der früher wilde Hunne sei nun ein Getreuer des Glaubens: *Estque humilis fidei, qui fuit ante ferox*[180]. Auch die Apostelgräber in Rom empfingen ihren Teil von der Beute – «aus Dank an Gott, den Spender aller Gnaden»; ihn überbrachte «Angilbert, sein (Karls) geliebter Abt» (ArF). Pannonien wurde dem Karlsreich eingegliedert; sogleich setzte die Mission ein und fortan konkurrierte das ins Unermeßliche gewachsene Frankenreich mit Byzanz.

8

Was brachten die Kriege?

Was war das Ziel, das der König mit seinen Kriegen verfolgte? Allein die Ausweitung der Christenheit am Ende der Zeiten? Bei aller Gläubigkeit des Königs, man mag es kaum annehmen wollen.

Auch weltliche Gesichtspunkte kamen hinzu. Karl war ein Kriegskönig wie alle frühmittelalterlichen Könige, wie sein Vater und wie die langobardischen Könige ebenfalls. Es entsprach seiner Erziehung, dem verpflichtenden Ideal eines Königs. Kriegerische Erfolge sollten ohne Zweifel und mußten die karolingische Revolte gegen die Merowinger, die Gewaltaktionen gegen nächste Verwandte vergessen lassen und die eigene Königsherrschaft sichern. Sie war anfänglich – so legt es etwa die «Clausula de unctione Pippini» von 767 nahe – keineswegs so gefestigt, wie die vergleichsweise späten Zeugnisse der durchweg hofnahen Geschichtsschreibung vorspielen möchten. Der junge Karl war geradezu zum Erobern verdammt; er mußte sein Reich ausweiten, um sich wahrhaft als König zu erweisen und sein Gefolge angemessen entlohnen zu können. So zog er Jahr für Jahr in den Krieg. Mit jedem Erfolg aber wurde er tiefer in das Machtgefüge der Mittelmeerwelt hineingezogen.

Eine egalisierende Einheit, die das gesamte Karlsreich erfaßte, lag freilich nicht in Karls Sinn. Sachsen und Baiern blieben eigene Völker und Länder, die Langobarden ein eigenes Königreich; in Aquitanien schien sogar der Prozeß einer eigenen Nationsbildung eingeleitet zu sein. Die Sprachen, die Volksrechte, Lebensformen und Gewohnheiten, ihr Erb- und Eherecht trennten die Völker nach wie vor. Die erfolgreichen Kriege addierten nur fremde Länder und Völker, sie verschmolzen sie nicht zu einem homogenen karolingischen Herrschaftsverband. Gleichwohl fehlten integrative Momente nicht. Karl selbst muß sie gewünscht haben. Noch bevor die Unterwerfung der eroberten Gebiete beendet war, schickte er seine Leute in die eroberten Gebiete, um dort seine Herrschaft zu sichern. Dieser ‹Personenschub› wirkte bis in die kommenden Jahrhunderte.

In Italien begegnet etwa im 11. und vereinzelt im 12. Jahrhundert eine *vivente-lege*-Formel, die anzeigt, nach welchem Volksrecht die betreffende Person lebt. Franken, Alemannen und Baiern sind durch sie südlich der Alpen bezeugt. Auch nach Sachsen gelangten Franken, wie umgekehrt Sachsen nicht nur in fränkische Gebiete deportiert wurden, vielmehr auch im Königs- oder Kirchendienst dorthin gelangten. Auch Ehen konnten über die Völ-

kergrenzen hinweg geschlossen werden. Eine homogene Reichsbevölkerung entstand freilich durch diese Maßnahmen, die lediglich bestimmte Schichten der Freien und des Adels erfaßten, nicht. Organisatorisch drangen mit den beteiligten Personen, wenn auch nicht nur durch sie, das Lehnswesen (soweit entwickelt) und das Grafschaftswesen in die eroberten Gebiete. Nachhaltig wirkte auch die Zuordnung der Kirche auf Rom und den Papst, die Karl konsequent zu beachten verlangte.

18 Mals (Vinschgau, Südtirol, St.Benedikt, weltliche Stifterfigur 8. Jahrhundert); das Fresko zeigt den Herrn in üblicher fränkischer Tracht.

Das alles wuchs freilich nicht zu einem einheitlichen System zusammen. Das Trennende brachte sich weiterhin zur Geltung. Eine ‹Reichsloyalität› konnte es nicht geben, weil das «Reich», wenn es anderes bezeichnete als den räumlichen Umfang von Karls Herrschaftsgebiet, allein der personalen Sphäre des Königs zugeordnet war. Auch Karl dachte, da Gott ihm vier oder drei Söhne geschenkt hatte, in Kategorien der Teilung, nicht der Einheit, selbst wenn er anders teilen mochte als seine Vorgänger. So fehlte – von den genannten vier Faktoren: Personenentsendung, Lehnswesen, Einrichtung von Grafschaften und Bindung an das Papsttum abgesehen – eine integrative Klammer, eine logische Integrationsfigur.

Selbst die kirchlichen Gewohnheiten hier und da wichen voneinander ab. Sogar das Glaubensbekenntnis betete die römische Kirche mit dem Papst an der Spitze anders als die Franken. So war – neben mancherlei Abweichungen – in der spanisch-westgotischen und der angelsächsischen Kirche, auch in einigen der überlieferten lateinischen Glaubensbekenntnissen aus dem frühmittelalterlichen Frankenreich dem Bekenntnis, wie es auf dem 2. Konzil von Konstantinopel im Jahr 381 verkündet worden war (dem sog. Nicaeno-Constantinopolitanum), ein kleiner, dogmatisch unwesentlicher Zusatz eingefügt worden. Danach ging der Heilige Geist nicht nur «vom Vater», sondern «vom Vater und vom Sohn» aus (*a patre filioque*)[181]. Die erhaltenen volkssprachlichen Versionen, etwa das fränkische oder alemannische Credo, übergingen freilich den fraglichen Passus.

Karl indessen wünschte die Einheit in Glaubensfragen; so drang er auf Einfügung des *filioque* ins Bekenntnis – Anlaß für fortgesetzte Kontroversen und lauten Streit mit den Griechen. Doch auch Leo III. widersetzte sich trotz nachdrücklichen Drängens der Franken dieser Erweiterung und bekundete allen sichtbar die Differenz: Auf großen silbernen Tafeln ließ er neben dem Eingang zur Confessio des Apostelfürsten und über dem Eingang zum Grab des Apostels Paulus – auf Griechisch und Lateinisch dort, nur auf Lateinisch hier – mithin an den besuchtesten Pilgerstätten der lateinischen Christenheit, das Bekenntnis ohne das *filioque* (oder das *et filio*) verkünden. Erst Jahrhunderte später, unter Benedikt VIII., fand die Änderung Aufnahme in die römische Liturgie. So blieb es dabei: Nicht einmal die Kirche vermochte einheitliche Gewohnheiten zu stiften; bunte Vielfalt prägte vielmehr das durch Kriege zusammengebrachte karlische Vielvölkerreich.

Karl aber war nicht nur das Opfer des kriegerischen Ethos seiner Zeit. Er hegte eigene Ziele. Der Krieg gegen die Sachsen und gegen die Langobarden wurde zur nämlichen Zeit ins Werk gesetzt. Dachte er schon an Rom, wohin er mitten im Langobardenkrieg zog, an Rom in einem ganz profanen Sinn? Die Gallia Narbonensis, Italien, Rom, Spanien, Baiern, Pannonien, waren durchweg alte römische Provinzen. Dem Franken blieb das nicht verborgen. Selbst Sachsen fügte sich, wenn – man denke an die Schlacht im Teutoburger Wald – mit Einhards Karls-Vita die Augustus-Vita des Sueton zum Muster dienen darf, in ein Ensemble römischer Erneuerung. Er, Karl, halte, so wußte ein Geschichtsschreiber, Rom und die Kaisersitze des Westens – was hieß: Trier, Arles, Mailand, Ravenna – in seiner Hand[182]. War es das, was der Eroberer von Anfang an anstrebte? Die Erneuerung des westlichen Kaisertums? Auch das wird man bezweifeln, wenn auch unverkennbar ist, daß sich dem König mit wachsendem Erfolg Entsprechendes aufdrängen konnte.

Wohl aber legitimierte die Religion jeden seiner Kriege – nicht zuletzt vor ihm, Karl, selbst. Denn jeder Krieg, in den er zog, war begleitet oder gefolgt von Maßnahmen, die Gott und seinen Heiligen huldigten. Die Menschen sollten den größten Nutzen aus seinen Kämpfen ziehen: künftiges Heil und die Hoffnung auf ewige Seligkeit. Landes- und Kirchenorganisation, «Reparations»- und

Reformmaßnahmen, Wohltat über Wohltat nach den Wertmaßstäben der Zeit. Keiner der älteren Karolinger hat ihretwegen Kriege geführt. Erst Karl verfolgte höhere Ziele. In Italien sorgte er, so gut er konnte, für den Frieden im Land und sicherte die Unabhängigkeit der römischen Kirche. In Südgallien und Nordspanien drängte er den Islam zurück. Der Überfall auf Baiern scheint mit päpstlicher Zustimmung erfolgt zu sein. Pannonien wurde dem Christentum zurückgewonnen. Was Sachsen betraf, so leisteten der Frankenkönig und seine Helfer bewußte und gezielte Kulturvermittlung in Regionen, die von der Hochzivilisation des Mittelmeerraumes noch kaum erfaßt waren. Literalität und methodisch kontrollierte Rationalität zogen mit dem Christentum in Länder, die bislang jeder Schriftlichkeit entrateten.

Der König wünschte die Geistlichkeit an seiner Seite; von ihr ließ er sich vornehmlich beraten, wie die Inhalte seiner Kapitularien verdeutlichen. Er bot ihr einen Gabentausch größten Ausmaßes. Der Papst gemahnte den König frühzeitig an dieses Tauschgeschäft. Die siegreiche Macht des Himmelpförtners, die er, Hadrian, betend, mit erhobenen Armen, auf ihn herabflehen sollte, stärkte allgegenwärtig den König[183]. Als Gegengabe übertrug der Frankenkönig und Patricius der Römer dem Erben und Nachfolger St. Peters und der römischen Kirche weite Territorien und Patrimonien und gewährte seinen machtvollen Schutz. Dreihundert «Kyrie eleison» (*krieleyson*) habe der Papst tagtäglich, seitdem der Franke Rom verlassen habe, in allen stadtrömischen Kirchen und Diakonien singen lassen und Gott, den Herrn, gebeten «daß er euch Verzeihung für die Sünden, größte Freude des Glücks und vielfache Siege vom Himmel schenke» – ein Jubelgesang, der die gesamte Stadt erfüllte. So ließ Hadrian noch im Jahr 774 den jungen König wissen[184]. Karl ordnete im Gegenzug die gesamte Kirche seines Reiches auf Rom und den Papst zu. Er wünschte keinen kirchlichen Sonderweg der Franken, wie ihn etwa die Westgoten oder die Iren schon vor Jahrhunderten eingeschlagen hatten. Und dieser ‹Gabentausch› wirkte über Jahrhunderte fort, bis in die Gegenwart des 21. Jahrhunderts.

Karl hielt eigentümliche Rückschau auf seine Kriege, wie sie die «Reichsannalen» in ihrer von ihm zweifellos gebilligten Darstellung zu erkennen geben. Sie sollte die Legitimität seines Handelns bekunden. Sie schönte, deformierte, verschleierte, überging dafür nicht nur unliebsames Geschehen oder Rückschläge wie einst in Spanien im Jahr 778, wie angesichts der gescheiterten Ehe von Karls Tochter Rothrud (788) oder wie im Fall der Gewaltmaßnahmen gegen Tassilo von Baiern; sie überzeichnete und übersteigerte Erfolge wie etwa die Siege gegen die Sachsen vor 782. Ja, diese gefeierten Siege hatten die zuvor erlittenen Niederlagen zu verdekken: Der Sieg gegen die Sachsen die Niederlage in Spanien, der Sieg gegen Tassilo das Scheitern in Süditalien.

Unabhängig freilich von dermaßen geschönter Darstellung zeichnete sich eine deutliche Herrschaftsverlagerung ab. Ruhte das karolingische Machtschwergewicht noch unter Pippin im Raum um Paris und Compiègne, so zeigen die Ausstell- und Empfängerorte von Karls Urkunden, daß es sich im Zuge der Sachsenkriege und der Eingliederung Baierns nach Norden und Osten verschoben hatte. Die Rheinlinie trat nun als Hauptachse hervor, Köln, Mainz, Worms, Frankfurt, Paderborn, vor allem aber Aachen rückten ins Zentrum[185].

Lernte Karl aus seinen Kriegen? Aus Niederlagen und Siegen? Aus den erlittenen Rückschlägen? Mißtrauen war wohl angebracht gegenüber «Griechen» und «Sarazenen». Jedenfalls setzte der König in Spanien fortan eher auf Gewalt als auf Verträge und auch gegen Byzanz griff er erst zu den Waffen, bevor er sich neuerlich auf Verhandlungen einließ. Mußte die Härte der ersten Kriegsjahre gegen die Sachsen sich in Milde verkehren, um endgültig siegen zu können? Fürchtete der König und Kaiser, die Gewalt, die er rief, nicht bändigen zu können? Sie bedurfte eines Gegengewichts, das Karl in Kirche, Glauben und Wissenschaft zu finden hoffte, in der Festigung seiner eigenen Herrschaft nach den Normen damaligen Christentums.

V

HERRSCHAFTSSTRUKTUREN

I

Wirtschaften im frühen Mittelalter

Die endlosen Kriege verschlangen ein Vermögen; die Sicherung des Friedens kam nicht billiger. Karl begriff, daß der erfolgreiche König erfolgreich wirtschaften mußte. Wie konnte er beide, Krieg und Frieden, sich leisten? Wie wurden sie finanziert? Geld, nämlich gemünztes Feinsilber, gab es zwar. Aber es reichte niemals, um des Königs Kriegsvolk oder auch nur seine Amtleute, Gutsverwalter oder Grafen zu bezahlen[1]. Andere Instrumente der ‹Entlohnung› mußten nutzbar gemacht werden. Wie also wurden die Kosten erwirtschaftet? Wie die Krieger wirtschaftlich unterhalten? Ein König hatte viele Mäuler zu stopfen, einen ganzen Hofstaat, Kleriker, Gäste, fremde Gesandtschaften und alle gemäß deren und dem eigenen Rang, eben königlich; er mußte Größe, Macht und Reichtum inszenieren, Pracht entfalten, schenken, seinen Reichtum verschwenden. Das alles kam teuer. Er mußte Gott danken, standesgemäß. Wer trug die Kosten? Wie kam der Reichtum zustande? Wer erwirtschaftete ihn? Wie wurde er gewahrt und gemehrt? Wer partizipierte daran? Die Antwort auf diese Fragen führt zu dem riesigen Grundbesitz, über den der König in seinem ganzen Reich verfügte und der effizient verwaltet werden mußte.

«Wir wollen, daß unsere Gutshöfe, die wir bestimmt haben, unserem Bedarf zu dienen, ausschließlich uns dienen und niemandem sonst»[2]. Das Ziel war klar: Die Wirtschaft hatte den königlichen Interessen zu folgen und ausschließlich ihnen, so begehrlich die Blicke der anderen auch sein mochten. Karl kümmerte sich um diese Wirtschaft wie wenige seinesgleichen. Die erhaltenen Zeugnisse gewähren aufschlußreiche Einblicke in das zeitgenössische Wirtschaftshandeln, in die Organisation des königlichen Besitzes, in die Fürsorge für des Königs Leute, in seine Planungen und sei-

19 Pflugführer, Miniatur aus dem «Stuttgarter Psalter» (um 830); das Gespann mit zwei Ochsen erforderte die Kooperation mehrerer Hufner oder eine Grundherrschaft.

nen Ordnungswillen[3]. Nur eines verraten sie nicht: Die Zahl der Menschen, die hier lebten. Der König und Kaiser betrieb eine für seine Zeit höchst erfolgreiche, effiziente und noch heute – in Umrissen erkennbar – auf Leistungssteigerung angelegte Wirtschaftspolitik. Sie beschränkte sich nicht auf Landwirtschaft und Viehzucht; sie schloß Bergbau, Handwerk und Handel mit ein; und sie bediente sich, wo immer möglich, des Geldes. Märkte waren Karl nicht fremd. Das alles wurde zunehmend rational geordnet und gelenkt.

Die Wirtschaft war, obgleich zumal auf altem römischen Boden städtische Siedlungen nicht unbekannt waren, grundherrschaftlich organisiert, nämlich in großen Güterkomplexen, die bald durch selbständig wirtschaftende oder unfreie, dienstverpflichtete Kleinbetriebe, bald auch in Eigenbetrieb durch sog. Manzipien, besitzlose Arbeitskräfte, bewirtschaftet wurden. Kirchen und Kriege, der Frieden ließen sich finanzieren, wenn auch nicht durch den König allein. Diese Seite seiner Regierung ist Karls Biographen Einhard, der selbst große Grundherrschaften besaß, auf Grund eines entsprechenden Schweigens seines Vorbildes Sueton völlig entgangen. Kein Dichter besang den erfolgreichen Ökonomen, der Karl war. Niemandem entlockte eine gute Haushaltung ein Lob, wohl aber die verschwenderische Milde des Herrschers.

Der schier unermeßliche königliche Domanialbesitz speiste sich aus altem Eigengut der Familie, aus einstigem, durch den Umsturz gewonnenem merowingischem Königsgut, und nicht zuletzt aus neueren Konfiskationen; auch herrenloses Gut fiel an den König. Eroberungen in Aquitanien, Italien, Sachsen, Baiern oder gegen die Awaren mehrten den Besitz fortwährend. Das ererbte Hausgut lag in zusammenhängenden Komplexen vor allem um Metz, an der mittleren Mosel, von Trier über Echternach bis nach Prüm sowie im Raum um Nivelles und Stablo. Das alte Königsgut der Merowinger durchzog die gesamte «Francia». Die genaue Ausdehnung und Dichte des Königsgutes tritt freilich allein durch die Vergabepraxis hervor, dadurch also, daß es geschmälert wurde.

Der weite und sich durch lange Jahrzehnte mehrende Besitz,

auch die erbeuteten Schätze Sachsens, Italiens oder der Awaren durften den König großzügig und gabenfreudig machen. Der Krieg verwöhnte die Täter. Karl stattete seine Getreuen, weltlichen Großen, Bistümer und Klöster in der Tat mit reichen Landschenkungen aus; das päpstliche Rom vergaß er zu keiner Zeit. Sie alle erhielten ihren Anteil an der Beute, auch der Herr des Himmels. Solcher Dank und solche «Milde» offenbarten Karls Größe; sie schienen den eigenen Reichtum kaum zu schmälern, obgleich sie langfristig den Domanialbesitz bedrohen mußten. Doch die systemisch bedingte Reziprozität der Herrschaftsordnung verlangte nach ihr. Die Nachteile eines derartigen «Gabentausches» bekamen Karls Nachfolger freilich bald zu spüren.

Aufs Ganze gesehen stellte das karolingische Königtum des 8./9. Jahrhunderts eine wirtschaftliche Großmacht dar, mit der kein zweiter Herr und keine Kirche im Karlsreich konkurrieren konnten. Karl sorgte sich um deren wirtschaftlichen Belange. So gerne er zum Himmel aufblickte, den Lauf der Sterne verfolgte[4], so gläubig er seine Erfolge der Gnade Gottes zu danken wußte, der Ertrag der Erde bot die unerläßliche Grundlage, die Karl zu keiner Zeit vernachlässigt wissen wollte. Um sie kümmerte er sich fortgesetzt und höchstpersönlich.

Die Struktur und die Grundzüge der Organisation des Königsgutes übernahm Karl ohne Zweifel von seinen Vorgängern, doch traten sie erst unter ihm deutlicher hervor und lassen sich aufgrund erhaltener Zeugnisse einigermaßen präzis erfassen[5]. Innovative Strukturmaßnahmen zeichneten sich ab. Karl dürfte die Kontrolle über Arbeitsorganisation und Abgabenlieferung erheblich ausgeweitet, das ‹Versickern› der Erträge eingedämmt haben, konnte wohl auch die Produktion verbessern, nämlich durch effizientere Überwachung den Ertrag steigern. Berater wie der Abt Adalhard von Corbie könnten ihm dabei mit ihrem Gespür für mittelfristige Planung, Bedarfskalkulation und Rücklagenbildung, die er in seiner Klosterordnung an den Tag legte, zur Seite gestanden haben[6].

Rodung und Kolonisation, die gesamte Agrarproduktion, die Vieh- und Pferdezucht, der Weinbau, Imkerei, Wachs und Seifensiederei, die Salzgewinnung, das ganze Montanwesen, aber auch Handwerk, Waffenproduktion, Woll- und Leinenweberei, auch der Nah- und Fernhandel, Geldwesen und Sozialfürsorge, die Versorgung von Königshof, Heer und Volk, kurzum alles griff, soweit es in Karls Macht stand, ineinander und war grundherrschaftlich organisiert. Die Organisation entschied über die Leistungsfähigkeit. Wachs (für die vielen Altarkerzen), Salz (zum Konservieren) und Tuch waren Exportschlager damaliger Zeit, auch Schwerter und Brünnen.

Die Städte Galliens, der «Francia» oder der Länder rechts des Rheins, bloße Siedlungskonzentrationen, die sie nun waren, besaßen kein eigenes Recht, waren vielmehr in eine königliche oder bischöfliche Grundherrschaft integriert oder dem Landrecht und damit dem Grafen unterstellt. Doch konzentrierten sich Händler, Waren, Geld und Markt in ihnen. Gelegentlich erhielt einer der Kaufleute ein Zollprivileg[7]. Derartige Zollbefreiungen gab es bereits unter den Merowingern; sie setzten sich unter den Karolingern fort[8]. In St-Denis wurde der Dionysiusmarkt mit seinen Zollfreiheiten geschützt[9]. Spezielle Marktprivilegien hat Karl freilich noch nicht ausgestellt; doch gab es ein Kapitular (?) «Über den Markt unserer Pfalz», d. h. Aachens; die Kaufleute dort genossen – jedenfalls unter Ludwig dem Frommen – Zollfreiheit im gesamten Reich mit Ausnahme einiger Grenzstationen[10].

Neue Städte jenseits der einstigen römischen Reichsgrenzen entstanden nur allmählich und zwar im Schatten der Königspfalzen wie Frankfurt, des einen oder anderen Klosters wie Fulda oder Werden, auch aus manch einem Handelsort an den Küsten wie

Hamburg oder Bremen, vor allem aber an Bischofssitzen wie Paderborn oder Münster. Es läßt sich freilich nicht erkennen, daß Karl – von den Bistümern abgesehen – diesen Trend zur Stadtentstehung sonderlich förderte, auch wenn Kaufleute grundsätzlich unter dem Schutz des Königs standen.

Karls Maßnahmen spiegelten sich in einer vergleichsweise umfangreichen Serie einschlägiger Dokumente. Einzigartig nach Inhalt und Überlieferung sticht das «*Capitulare de villis*» (CdV) hervor, ein Kapitular über Wirtschaftshöfe. Kapitularien waren königliche Verordnungen, administrative Erlasse und Rechtsgebote, die der König (oder Kaiser) in Übereinstimmung mit seinen Großen beraten und beschlossen hatte und die ihren Namen nach ihrer Ordnung in «Kapiteln» trugen. Sie besaßen – so zeichnet sich durch neuere Beobachtungen ab – zwar einen stabilen normativen Gehalt, aber keine verbindliche Form[11]. Sie wurden in der Regel als Folge einzelner «Abschnitte» mit je eigenem Inhalt (*capitula*) verbreitet, nur gelegentlich in feierlicher Form, ähnlich einem Diplom (ohne ein solches zu sein), häufiger aber in formlosen, vielleicht privaten Listen überliefert. Der König konnte in erster Person Singular oder Plural sprechen; der Wortlaut konnte aber auch in verallgemeinernden Sätzen mit oder ohne Hinweis auf den königlichen Willen festgehalten werden. Der normative Geltungsgrund lag in jedem Fall im mündlich erzielten Konsens zwischen dem König und den beteiligten Großen, während die Aufzeichnung mehr als Gedächtnisstütze zu gelten hat denn als formale Norm. Diese «Kapitularien» spiegeln am eindringlichsten Karls Herrschaftspraxis[12].

Das «*Capitulare de villis*» nun galt entweder generell für das Königsgut oder speziell für jene Höfe, die vordringlich oder ausschließlich die eigene «Tafel» des reisenden Hofes (*discus,* c. 24, oder *ad opus nostrum* c. 30) zu versorgen hatten (sog. Tafelgüter); umstritten ist, ob es unter Karl dem Großen oder erst unter Ludwig dem Frommen angelegt wurde, aus dessen Zeit die Handschrift stammt. Einstimmigkeit ist in dieser Frage unter den Forschern einstweilen nicht zu erzielen. Wie dem aber sei, das «*Capitulare de villis*» verdeutlicht allgemeine Grundlinien der königlichen Güterordnung und ihrer umsichtigen Wirtschaftsorganisation, die kaum erst unter Ludwig dem Frommen und durch ihn entstand. Das Kapitular darf somit auch für die Zeit Karls des Großen herangezogen werden[13].

Auch das «Lorscher Reichsurbar», überliefert im Codex Laureshamensis des 12. Jahrhunderts, handelt von der königlichen Grundherrschaft und gehört sachlich teilweise in die Epoche des großen Karls[14]. Aus dessen Spätzeit hat sich in Mailand das Fragment einer weiteren wirtschaftsrelevanten Anordnung erhalten, das ursprünglich wohl nach St-Denis gehörte und beispielsweise die zumeist in Geld zu entrichtenden Abgaben freier Leute auf königlichem Land betraf, das sie aufgrund eines Leihe-, eines sog. Prekarie-Vertrages, nutzen durften, und das damit ebenfalls über die königliche Grundherrschaft zu informieren vermag[15].

Ein Urbar ist das Verzeichnis von Domanialbesitz und dessen Einkünften, über die ein Herr verfügte. Das Lorscher Urbar sowie das etwas jüngere, gleichfalls die königliche Grundherrschaft betreffende Urbar aus Churrätien ergänzen gerade die Hinweise auf Organisation und Leistungskraft der karolingischen Domänenwirtschaft[16]. Es zeichnen sich in allen genannten Dokumenten immer wieder gleichartige Strukturen der Organisation und Domänenverwaltung ab, wie sie eben unter Karl wirksam wurden.

Zu diesen Zeugnissen treten noch das eine oder andere (aus tatsächlich benutzten Anweisungen kompilierte) Musterformular zur Rechenschaftslegung, das die Zeiten überdauerte[17], gelegentliche Hinweise in Kapitularien und vereinzelte jüngere Urbare (wie das Urbar des Klosters Prüm aus dem späten 9. Jahrhundert), die mit gebotener Vorsicht auch für die Karlszeit herangezogen werden dürfen. Der berühmte Klosterplan von St. Gallen, wohl auf der Reichenau entstanden und als Idealplan entworfen, gehört zwar erst in die Zeit Ludwigs des Frommen, weist sachlich aber mit seinen zentralen Wirtschafteinrichtungen ohne Zweifel in die Zeit Karls des Großen zurück und kann gleichartige Verhältnisse in den königlichen und klösterlichen Grundherrschaften verdeutlichen[18]. Die erwähnten Urbare aus der «Francia» oder aus Mitteleuropa unterschieden sich nicht prinzipiell voneinander; allein die Grundherrschaft im Süden

Galliens oder in Italien war – ihrer anderen Herkunft gemäß – kleinteiliger und weniger ‹zentralistisch› geordnet.

Das Königsgut verteilte sich über das gesamte Gebiet, das Karls Königsgewalt unterstand, lag mitunter in Gemengelage mit Kirchen- und Adelsbesitz, in der Regel freilich in großen zusammenhängenden Komplexen und war nicht bloß in einzelne *Villae*, königliche Wirtschaftshöfe mit abgabepflichtigen Bauernstellen («Hufen»), gegliedert, sondern in riesige Domänen. Der Komplex um Frankfurt etwa umfaßte zahlreiche Orte in der Wetterau, dazu im Süden den Forst Dreieich, der sich bis in das Vorfeld des heutigen Darmstadt erstreckte. Die Amtsbezirke, *ministeria* oder *fisci*, unterstanden eigenen Verwaltern, *iudices* oder *actores*, die vielfach aus dem regionalen Adel genommen waren. Der Umstand barg die Gefahr der Entfremdung in sich, wie sich nach Karl nur zu deutlich zeigen sollte. Wieweit die Bezeichnungen austauschbar waren, mithin gleichartige Sachverhalte betrafen, wird diskutiert.

Dem König stand in der Wirtschaftspraxis die Königin zur Seite. Tatsächlich hat sich ein Privileg erhalten, mit dem Karl gemeinsam mit seiner Gemahlin Hildegard schenkt[19]. Obwohl die Wirtschaftshöfe über ganz «Gallien» und «Germanien» streuten, gehörten sie zum Hauswesen und zum Rechtskreis des Hauses. Hier herrschte die «Hausherrin». Das *Capitulare de villis* sprach sie unmittelbar an. Gerade die «Tafelgüter» unterlagen ihrer «Zuständigkeit»[20]. Deren Produkte dienten neben dem reisenden Königshof, den Leuten an Ort und Stelle, mitunter der Versorgung des Heeres (c. 30, c. 64). Überschüsse sollten zum Verkauf gelangen (c. 33). Sogar der Kirchenzehnt und der «Neunte», d. h. ein zweiter Zehnt, wurden in den Grundherrschaften fällig (c. 6); er sollte ausschließlich an Eigenkirchen und an keine ‹auswärtigen› Kirchen entrichtet werden. Jeder Königshof (*villa*) sollte – etwa für einen Königsbesuch – in der Kammer bereithalten: Betten, Matratzen, Federbetten, Bettlaken, Tischdecken, Sitzbänke, eherne, bleierne, eiserne und hölzerne Gefäße, Kohlebecken, Ketten und überhaupt alle nötigen Utensilien, «so daß es nicht nötig ist, sie andernorts zu besorgen oder zu leihen» (c. 42). Weich, bequem und warm wünschte der König zur Winterszeit zu nächtigen.

Die «Ministerien» der Meier (*maiores*) sollten nicht ausgedehnter sein, als dieser Amtmann an einem Tag umreiten oder überschauen könne (c. 26). Die Meier sollten keinesfalls aus den Reihen der Mächtigen (*potentiores*) genommen werden, «sondern aus der Mittelschicht (*mediocres*), deren Angehörige treu sind» (c. 60) – Zeichen einer stets latenten Sorge des Königs um die stets bedrohliche Konkurrenz der eigenen Großen. Die Organisation der Grundherrschaft sollte also überschau- und leicht kontrollierbar sein, um ihre Sicherheit zu gewährleisten. Den *iudices* sollte aber auch in den Meiern keine Konkurrenz erwachsen.

Die Amtleute (*iudices*) hatten Förster, Pflugführer, Kellermeister oder Zöllner und andere Spezialisten unter sich (c. 6). Auf Befehl der Königin, des Seneschalls oder des Mundschenks sollten die *iudices* umgehend, um Rechenschaft abzulegen, an den Königshof eilen (c. 16). Sie sollten die Hörigen des Königs nicht für ihre Dienste heranziehen und keine Gaben (*dona*) von ihnen annehmen, «kein Pferd, keinen Ochsen, keine Kuh, kein Schwein, keinen Hammel, kein Ferkel, kein Lamm oder sonst ein Vieh, es sei denn eine Flasche (Wein), Gemüse, Obst, Hühner und Eier» (c. 3); auch sollten sie sich die Meute ihrer Jagdhunde nicht von ihnen durchfüttern lassen (c. 11). Man ahnt schlimmste Bedrückung. Konnte sich der König in seinen Domänen nicht stets mit seinen Anordnungen gegen die Verwalter durchsetzen? Klagen seiner Hörigen oder der Aufseher (*iuniores*) gegen die *iudices* sollten tatsächlich zum König durchgelassen werden (c. 57). Ob es jemals geschah?

Jeder *iudex* hatte jährlich zu Weihnachten schriftlich – wie anzunehmen ist – Rechenschaft abzulegen. Detaillierte Angaben wurden dafür verlangt über die erbrachten Dienste, die eingegangenen Abgaben und Zinse, über den Schaden durch Wilddiebe, über Zolleinnahmen, über den Ernteertrag aus Feld, Wald und Wiese, über die erbrachten Arbeiten an Brücken und Fähren, die Einnahmen oder Erträge an Marktgewinn, Brenn- und Bauholz, an Gemüse, Honig und Wachs, auch über Weinertrag und die gebraute Biermenge, über die Handwerksproduktion, kurzum über alles, was der Amtsführung unterlag – alles «genau und getrennt und geordnet», «damit wir wissen, was uns zur Verfügung steht» (c. 62). Die

Schriftlichkeit war nicht selbstverständlich: Karl hatte sie schon früher angeordnet, doch war sie nicht befolgt worden[21]. Eine entsprechend detaillierte Abrechnung hat sich nicht erhalten; doch zeigen immerhin glücklich überlieferte Muster wie etwa die «Brevium exempla», daß zumindest einzelne Abrechnungen tatsächlich eingegangen sein dürften[22]. Die Grafen hatten mit der Königsgutsverwaltung nichts zu tun; sie wurden dezidiert aus ihr ferngehalten. Zur Kontrolle dienten von Fall zu Fall entsandte Königsboten (*missi*)[23]. Besaß der König ein Gespür für Ertragsschwankungen oder gar den Wirtschaftswandel? Zeugnisse davon haben sich vom Königshof nicht erhalten; allein Karls Vetter und Berater Adalhard von Corbie gab, worauf sogleich zurückzukommen ist, einige dahingehende Überlegungen zu erkennen.

Die Sprache der erwähnten Dokumente unterschied sich grundlegend von den reformatorischen Akten zugunsten von Königtum und Kirche. Dort kamen Verben des Bittens zum Einsatz; der Herr bat seine Großen. Hier aber befahl er; er «wollte» und seine Leute «sollten»; hier erwartete er Gehorsam und nur er oder seine Gemahlin. Hier handelte der König als Hausherr; er gebrauchte die Sprache des häuslichen Rechtskreises. «Wir wollen, daß unsere Wirtschaftshöfe, die wir zu unserer Versorgung bestimmt haben, allein unseren Belangen dienen sollen und keinem anderen Menschen». «Wir wollen, daß sie im Garten alle Kräuter pflanzen». So begann und so endete das *Capitulare de villis*. «Daß kein Amtmann (*iudex*) sich unterfange, unser Gesinde in seinen Dienst zu nehmen...».

Wirtschaft will wachsen, auch damals. Eine beträchtliche Ertrags- und Leistungssteigerung der Wirtschaftshöfe verlangte allein schon die – für die Zeitgenossen kaum wahrnehmbar – trotz regelmäßiger Hungersnot wachsende Bevölkerung. Karl scheint zur detaillierteren Effizienzkontrolle ein neuartiges Mittel erprobt zu haben: die «Verhufung» nämlich der großen, seiner Oberaufsicht zugänglichen Grundherrschaften[24]. Er ließ dazu, soweit seine Ordnungsmacht reichte, in der königlichen Grundherrschaft und in den Königsklöstern, das Land nach «Hufen» einteilen (lat. *hubae* oder auch *mansi*), nach Betriebseinheiten, und in entsprechenden Verzeichnissen, Urbaren oder Polyptichen, erfassen.

Die Urbare verzeichneten räumlich geordnet den Besitz, die Bewirtschaftung und die Abgaben jeder einzelnen der erfaßten Hufen. Aus Karls Zeit ist kein Polyptichon erhalten, erst im 9. Jahrhundert setzte die Überlieferung ein. Die Struktur dieser kirchlichen Grundherrschaften dürfte dennoch durch Karl in wechselseitiger Anlehnung an die königliche Grundherrschaft reformiert worden sein, wie aus erhaltenen Abgabenmustern, den «Brevium exempla»[25], hervorgeht. Das Polyptichon des Abtes Irmino von St-Germain-des-Prés in der Île de France aus der Zeit Ludwigs des Frommen läßt in etwa das Ergebnis solcher Umorganisation erkennen; auch das Prümer Urbar, aus einem dem Königshaus unmittelbar unterstehenden Kloster, oder das älteste Urbar des Klosters Werden an der Ruhr (heute Essen), eine Gründung des hl. Liudger, geben, obgleich erst aus der Zeit um 900 überliefert, eine entsprechende Organisation zu erkennen. Werden lag am Hellweg, der wichtigen Altstraße von Duisburg über Dortmund nach Paderborn und weiter nach Sachsen, die Karl wiederholt zog. Diese Urbare wurden, soweit wir sie kennen, jeweils nur ein einziges Mal angelegt und nicht fortgeschrieben. Die Dynamik wirtschaftlichen Wandels, die auch im 8./9. Jahrhundert nicht fehlte, trat demnach nicht in den Blick und wurde kein Handlungsmotiv der Grundherren – trotz entgegengerichteter Bemühungen des Königs.

Die genaue Größe einer Hufe ist nicht überliefert; sie schwankte zudem nach Bewirtschaftungsart und Boden; in Gebieten mit Weinbau muß sie kleiner gewesen sein als bei Ackerbau oder Viehzucht. Gelegentlich wird heute eine Größe von ca. 10 ha vermutet[26]. Wie immer, diese Hofstellen waren so bemessen, daß eine kleinbäuerliche Familie – ein Mann, eine Frau, bestenfalls ein Knecht und einige Kinder – mit ihren Kräften sie bewirtschaften, der Ertrag diese Leute nicht nur ernähren, sondern einen gewissen Überschuß abwerfen konnte. Viel größer als zehn Hektar wird demnach eine Hufe nicht gewesen sein. Derartige Verhufung förderte die Überschaubarkeit der Grundherrschaften, ließ die Höhe der Erträge und damit den Nutzen für den König und die übrigen Herren sicherer kalkulieren. Karl verlangte es eben gerade deshalb, «damit wir wissen können, worüber und über wieviel wir verfügen können»[27].

20 Die Hacke war eines der wichtigsten Arbeitsinstrumente für den Feldbau (Stuttgarter Psalter)

Die Formen der Abhängigkeit der Güter vom König variierten: Es gab in Eigenwirtschaft genutztes Gut (Salgut), Leihegut, mit dem Vasallen belehnt waren, an freie Bauern ausgegebenes Zinsgut. In der «Francia» dominierte ein bipartites Wirtschaften. Der Salhof mit seinen Ländereien wurde oftmals von Hunderten von Knechten («Manzipien») bewirtschaftet, während anderes Land, zahlreiche Hufen, an Freie oder an schollegebundene Kolonen ausgegeben waren. Diese Hufen mußten höhere Abgaben leisten, während die Unfreien zur Fronarbeit herangezogen wurden und geringe Abgaben zu erwirtschaften hatten. Die Belastung lag dabei auf dem Hof, nicht auf der Person.

Der König handelte – so zeigt das *Capitulare de villis* – wie ein sorgsamer Gutsherr oder Hausvater mit einem wachen Blick für militärischen Nutzen. Zuchthengste etwa sollten stets auf die besten Weiden geschickt werden; tauge einer nichts oder werde er zu alt, sollte es dem König gemeldet werden (c.13). Hengstfohlen sollten rechtzeitig separiert werden; nähme die Menge der Stutenfohlen zu, so sollten sie in eigenen Gehegen weiden (c. 14). Das waren kriegswichtige Maßnahmen, da das Frankenheer zunehmend beritten sein sollte. Immer wieder begegneten Hinweise auf militärischen Bedarf. So sollten die *iudices* dafür Sorge tragen, daß stabile, mit Eisenreifen verstärkte Fässer «zum Heer und in die Königspfalz» geschickt würden und keine Schläuche (c. 68).

Karls Fürsorge erstreckte sich auch auf kleine Details. Bei den Mehlmühlen sollten Hühner und Gänse gehalten werden (c.18), bei Scheunen wenigstens 100 Hühner und 30 Gänse (c.19). Jede *villa* sollte Kuh-, Schweine-, Schaf-, Ziegen- und Bocksställe aufweisen; der Kuh- und Ochsenbestand zur Fleischversorgung sollte ausreichend und ordentlich sein (c. 23). Was für die königliche Tafel bestimmt sei, sollte «gut und ausgezeichnet und bestens zubereitet» sein (c. 24). Die Wachsabgaben der *judices* waren beträchtlich, was auf ausgedehnte Imkerei verwies (c. 59). Für jede *villa* sei ein eigener Imker einzusetzen (c. 17). Honig war zwar das einzige Süßungsmittel, das damals zur Verfügung stand; doch vor allem mußte die unendliche Nachfrage nach Wachs bedient werden, dessen die Kirche und – seltener – die Zimmerbeleuchtung, mithin auch der König für seinen persönlichen Gebrauch bedurften. Das Auftreten von Wölfen soll dem König gemeldet, ihr Fell dem König übergeben werden; im Mai sollen die Welpen aufgespürt werden (c. 69). Ein Wolfsfellcape machte zwar nicht viel her, eignete sich aber bestens zum Schutz vor Regen und Schnee.

Wald und Forsten sollten gut gehegt werden; wo man roden könne, solle man roden. Die Leute sollten dann verhindern, daß der Wald die neuen Felder wieder überwuchere. «Wo Wald sein soll, da soll nicht erlaubt sein zu fällen oder zu schädigen». Auch das Hochwild sollte gehegt werden. Beizjagd mit Habicht und Sperbern soll nur «zum Nutzen des Königs» zulässig sein, also gegen eine Pachtgebühr. Der Verwalter, die Meier und ihre Leute sollten, wenn sie ihre Schweine zur Mast in die Königswälder trieben, vorbildlich den Zehnt an den König entrichten, «auf daß auch die übrigen Leute ihren Zehnt vollständig abliefern» (c. 36). Diese Schutz- und Zinsbestimmungen entsprachen der für die zeitgenössischen Verhältnisse extensiven Waldwirtschaft. Jeder Hausbau, die Pfalzen und ihre Baulichkeiten mit Einschluß regelmäßiger Ausbesserung und Erneuerung, die Fundamente der Kirchen, deren Dächer und Dachstühle – alles erforderte kostbares Holz bester Qualität, zumal Eichen (vgl. Abb. VI). Die Fundamente der Aachener Marienkirche sicherten zahlreiche jahrzehntealte Eichen im feuchten Untergrund[28]. Die Rodung schritt rasch voran.

Die Überschüsse der großen Grundherrschaften an Agrarprodukten dürften beträchtlich gewesen sein. Der Verkauf kam bestenfalls bei regionaler Hungersnot der breiten Bevölkerung zugute. Die Hörigen sollten «tüchtig arbeiten und sich nicht auf dem Markt tummeln» (c. 54). Kargheit und Armut dürften deren Leben bestimmt haben, Hunger und Schmalhans Küchenmeister regierten. Für das 9. Jahrhundert verweist die regelmäßig anzutreffende extreme Überzahl männlicher Individuen im Vergleich zu weiblichen in einzelnen Siedlungen gerade in der Île de France auf regelmäßige Mädchentötung – aus Not, wie anzunehmen ist. Karl forderte immer wieder Fürsorge- und Schutzmaßnahmen für die Armen, was erwarten läßt, daß schon zu seiner Zeit demographisch wirksame Eingriffe in die Reproduktionsverhältnisse vorgenommen wurden. Die Bevölkerung wuchs dennoch; und langsam wuchs auch die Zahl jener durchweg kirchlichen Einrichtungen, die Findelkinder aufnehmen konnten und wollten.

Trotz des erkennbaren Übergewichts der Agrarproduktion herrschte keine reine Agrar- oder gar Tauschwirtschaft. Auch das geben das *Capitulare de villis* und andere Zeugnisse zu erkennen. Dort wurde vom Weinkauf gesprochen oder vom Verbot des Marktbesuches für die arbeitende Bevölkerung (c. 54). Überschüsse wurden tatsächlich für den Verkauf freigegeben[29]. Das Fragment aus St-Denis handelte von Brücken-, Fähr-, Markt- und anderen Zöllen[30]. Zahlreiche Zinse waren in Geld zu entrichten, was Naturalabgaben nicht ausschloß. Handwerk, Markt und Fernhandel fehlten in den Grundherrschaften nicht. Zumindest die Herrenhöfe partizipierten am Angebot an Fernhandelsgütern. Gewürze, Weihrauch, wohl auch Seide und andere Luxusprodukte gelangten ins Frankenreich. Die Münzreform von 794[31] verdeutlichte die Bedeutung des Geldwesens. Sie gipfelte in der Gewichtserhöhung der Pfennige, die nun ca. 1,7 g Silber aufweisen sollten. Die etwa 40 Münzstätten lagen durchweg links des Rheins. Diese Reform sollte tatsächlich nicht nur das monetarische System in Frankreich und Deutschland vorgeben; mit ihr war zugleich eine Finanzreform eingeleitet, die für Jahrhunderte maßgeblich wurde, sogar Angelsachsen paßten sich an. Das Geld, ausgeprägtes Silber,

spielte für Karls Wirtschaftsordnung ganz offenkundig eine wichtige Rolle.

Nicht nur der Agrarertrag wurde geregelt, sondern auch die handwerkliche Produktion. Jede *villa* sollte Werkstätten vorweisen für die verschiedensten Handwerke, nicht zuletzt für Waffenschmiede. Ein freies Unternehmertum läßt sich nicht erkennen. Alle Produktion war irgendwie in Grundherrschaften eingebunden und entsprechend organisiert. Dadurch wurde Arbeitsteilung möglich. Spezielle Frauenarbeitshäuser (*genicia*) mit 20–30 oder noch mehr Arbeiterinnen dienten der Weberei. Sie sollten, so Karl, in festen Häusern mit Öfen ihrer Arbeit nachgehen, mithin gerade im Winter (CdV 49).

Die Sonntagsruhe freilich war zu heiligen. Am Tag des Herrn durften die Frauen keine «Knechtsarbeit» (*opera servilia*) verrichten, weder weben noch Stoffe schneiden, nicht nähen, sticken, Wolle zupfen, Flachs schlagen, außerhalb des Hauses Wäsche waschen oder Schafe scheren. So verfügte es die «Admonitio generalis»[32]. Stattdessen sollten sie die hl. Messe besuchen, was sehr wohl mit Hin- und Rückweg einen Tag in Anspruch nehmen konnte. Das Sticken und Weben der Königstöchter, das Einhard erwähnte, war von solchem Verbot wohl ausgenommen.

Die schlichten, vertikal aufgestellten (Gewichts-)Webstühle ließen jedes Tuch – neun Ellen lang, fünf Ellen breit – jedes Stück Leinen, jeden Mantel, jedes Hemd ein mühseliges und langwieriges Stück Arbeit werden. Verarbeitet wurden Wolle und Flachs. Der komfortable Trittwebstuhl läßt sich erst seit dem 10. Jahrhundert nachweisen. Dennoch zeichneten erhebliche Produktionsleistungen die Betriebe aus. Es gelang eben durch die Konzentration der Frauenarbeit. Tücher wurden Exportartikel. Als Karl etwa dem Kalifen Gaben unterbreitete, wurden die Tücher eigens erwähnt. In der Mitte des 9. Jahrhunderts löste das Kloster Lorsch mancherorts die Leistungen an Tüchern durch Geldzahlungen ab[33]. Die Maßnahme deutet kaum auf einen geschrumpften Bedarf, viel eher auf die Konzentration der Produktion etwa in Arbeitshäusern hin.

21 Zwei Webtechniken, senkrecht der Gewichtswebstuhl, das angedeutete Haus stellt ein genitium dar (Utrechter Psalter, 1. Hälfte 9. Jahrhundert).

Bei allen Einzelverfügungen, ein umfassendes Konzept für das Ineinandergreifen aller wirtschaftsrelevanten Maßnahmen, mithin von «Volkswirtschaft», gab es nicht. Jede Grundherrschaft war ein eigener, irgendwie autarker Wirtschaftsbereich, und jeder Herr, und so auch der König, war allein für ihn zuständig. Eine systematische Kooperation wenigstens der königlichen *ministeria*, eine gezielte Standortplanung läßt sich nicht erkennen und war bestenfalls in Ansätzen wirksam. Gleichwohl war Karls wirtschaftsplanerisches Handeln auf Wachstum gerichtet. Ertrag und Produktion sollten gesteigert werden zum Nutzen von König, Heer, Kirche und Bevölkerung.

Hinweise auf die Wege und Straßen fehlen im «*Capitulare de villis*». Das antike Straßenwesen war weithin zusammengebrochen, obgleich die eine oder andere Römerstraße noch benutzbar war. Die antiken «Straßenmeistereien», die für den Erhalt der Straßen zu sorgen hatten, gab es nicht mehr. Altstraßen ohne Pflasterung waren im Winter besser zu begehen als im feuchten Frühjahr oder Sommer. Regionale und lokale Verbindungspfade spielten für das Botenwesen eine erhebliche Rolle. Transportleistungen zur weiträumigen wirtschaftlichen Versorgung und für den Krieg sind nur im Rahmen der Grundherrschaften bezeugt. Eine reichsweite Verkehrsplanung – vom Mainzer Brückenbau abgesehen – ist nicht zu erkennen.

Die Schatten der Kriege lagen auch über aller Wirtschaft. Jeder Freie mit einem bestimmten Mindestvermögen mußte eine Brünne, ein Kettenhemd, zum Kriegsdienst tragen. Dafür hatte der Krieger auf eigene Kosten zu sorgen. Das Aussehen einer Brünne verdeutlicht wohl eine Miniatur im «Goldenen Psalter» von St. Gallen (Abb. VII). Sie zeigt ‹Hemden› aus ineinandergebundenen Eisenringen statt aus Leinen gewebt. Bequem waren diese Eisenhemden nicht. Dauerte der Krieg zu lange, sollte der König die Kämpfer entlohnen. Das Kriegsgerät mußte in den Grundherrschaften produziert und bereitgestellt, Waffen, Zugochsen und Pferde in ihnen bereitgehalten werden[34]. Brünne, Helm, Schild, Speer, Schwert, Bogen, Sattel und Zaumzeug – alles Produkte der Grundherrschaft.

Das entsprechende Handwerk ist dort gut bezeugt[35]. Der König verlangte Eisen-, Gold- und Silberschmiede in seinen «Ministerien», Schuster, Drechsler, Stellmacher, Schildmacher, Fischer, Falkner, Seifensieder, Bier- und Schnapsbrauer, Bäcker («um Semmeln für unseren Gebrauch zu backen»), Netzmacher für Fisch- und Vogelfang und andere Gewerbe mehr (CdV 45). Die Grob- und Waffenschmiede (*fabri ferramentorum*) im Unterschied zu Goldschmieden finden sich auch auf dem wohl idealen St. Galler Klosterplan eingezeichnet. Sie werden, insbesondere wenn sie für die kriegsdienstpflichtigen Klöster wie Fleury, Ferrières, Corbie, Lorsch oder Tegernsee zu arbeiten hatten, nicht nur Pflugscharen, Messer, Nägel, Hufeisen, Radreifen und Mühleisen produziert haben, zumal sie sich auf dem Plan durch Schwertfeger (*emundatores vel politores gladiorum*) und Schildner (*scutarii*) ergänzt sehen. Adelige Grundherrschaften dürften kaum weniger umfassend ausgestattet gewesen sein.

Auch Waffenschmiede begegneten nicht als «freie» Unternehmer, was wohl kaum eine Folge mangelnder Überlieferung ist. Woher sollten sie den nötigen Rohstoff bezogen haben, dessen Abbau – ähnlich wie das Salz – Grundherren zugewiesen war? Spezielle Produktionszentren sind nicht bekannt; doch dürften sie in der Nähe der Eisenvorkommen gelegen haben. Bezog der freie Franke, der zum Kriegsdienst verpflichtet war und keine große Grundherrschaft hinter sich wußte, seine Waffen auf dem Markt? Gab es also einen Waffenhandel? Karl verbot freilich den Export von Brünnen und Schwertern zu Slawen oder Awaren[36]. Offenbar waren Produktionskapazität und Qualität entsprechend hoch und Kaufleute konnten sich mit entsprechenden Waren versorgen. Oder suchte der König, sich die Kontrolle über den Waffenbesitz vorzubehalten? Zur «Pflicht» der Amtleute gehörte nämlich die Pflege und Prüfung der eisernen Kriegswaffen (*ferramenta*); «sie sollen bei Rückkehr (vom Krieg) in der Kammer deponiert werden» (CdV 42). Noch in seinem Testament wird Karl übrigens seiner Waffen und Sättel gedenken.

Von Wachfeuern, die unterhalten, und von Wachdiensten, die geleistet werden mußten, ist die Rede; auch Königsgut im Land war offenbar nicht sicher (CdV 27). Die Anordnung bezog sich wohl keineswegs nur auf die Grenze nach Süden, gegen das muslimische und feindliche Spanien, sondern dürfte für jeglichen Grenzschutz gegolten haben. Zäune sollten die einzelnen Gehöfte umgeben. Deren Schutz vor Überlastung diente das Verbot, Königsboten oder Gesandtschaften, auch wenn sie zum König eilten, ohne dessen oder der Königin ausdrückliche Genehmigung auf den Wirtschaftshöfen einzuquartieren (c. 27). Regelungen zur internen Gerichtsbarkeit in den einzelnen «Ministerien» fehlten nicht.

2

Wie wurden Grundherrschaften verwaltet?

Die Grundherrschaften des Adels waren der Einwirkung des Königs entzogen. Wohl aber kümmerte sich der König in beschränktem Maße um den kirchlichen Besitz. Derselbe genoß vielfach Königsschutz und mehrte sich durch Schenkungen an die Klöster. Sie erfolgten regelmäßig als Gegengaben für das Gebet der Mönche, konnten aber auch dem Schutzbedürfnis der wirtschaftlich schwächeren Freien genügen. Diese «Prekaristen» tradierten sich mit ihrem Besitz in den Schutz des Klosters, erhielten als «Prekarie» ihren Besitz zurück und durften lebenslänglich dessen Ertrag genießen. Die Wirkung entspricht etwa einer Art Rentenvertrag.

Karl nun verlangte nach Gewißheit über Umfang und Leistungskraft königlicher und kirchlicher Grundherrschaften. Anordnungen, wie sie die sog. «Brevium exempla» festhielten, lassen sie erahnen[37]. Diese «Briefe» boten Berichtsmuster, die der König angefordert hatte, nämlich Aufzeichnungen über Besitz und Ertrag verschiedener Typen von Herrenhof. Als Beispiel für die Ausstattung eines bischöflichen Hofs diente die augsburgische Kirche Staffelsee[38]; als Königskloster und für die ihm zugute gekommenen Selbsttraditionen mit anschließendem Präkarievertrag hielt das elsässische Weißenburg und seine Präkaristen in der Diözese Worms her; für einen Königshof und seine Ausstattung standen der königliche *fiscus* Annappes im heutigen Département Nord, südwestlich davon der *fiscus Treola* sowie einige weitere ungenannte königliche Herrenhöfe als Exempel[39]. Die überlieferten Berichte wurden als Muster verwandt, wie etwa ihre Kapitel 23 und 24 mit Anweisungen an den aufnehmenden *Missus* zu erkennen geben: «Entsprechend sollst du den Rest davon verzeichnen» und «Ebenso ist das Vieh zu verzeichnen». Diese Muster überliefern die einzigen Bestandsaufnahmen zentraler Herrenhöfe, die sich aus Karls Zeit erhalten haben, und müssen hier exemplarisch betrachtet werden. Sie verraten Umsicht, Fürsorge und Gewinnerwartung. Berichterstatter waren eigens ausgesandte Königsboten.

In Staffelsee wurde die Michaelskirche mit ihrer Ausstattung ausgewählt: «der Altar mit Gold und Silber geschmückt, fünf vergoldete Reliquienkapseln mit durchscheinenden Edelsteinen und Kristallen verziert, dazu eine kupferne teilvergoldete, ein Reliquienkreuz aus vergoldetem Blattsilber mit einem Riegel, ein zweites kleines Reliquienkreuz aus Gold und Glas, ein größeres Kreuz aus Gold und Silber mit durchscheinenden Edelsteinen. Es hängt über dem Altar eine teilvergoldete silberne Krone». Paramente und Altargerätschaften wurden verzeichnet, die Bücher detailliert katalogisiert: vorwiegend biblische und neutestamentliche Schriften, doch auch eine Handschrift mit Homilien Gregors des Großen, einen *liber canonum excerptus*, mithin eine Sammlung des Kirchenrechts, einen Psalmenkommentar ohne Autorennennung, zwei Antiphonare, den Matthäus-Kommentar des hl. Hieronymus und eine Handschrift der Regel des hl. Benedikt. Die materielle Ausstattung einer Grundherrschaft wurde mit dergleichen Inventaren durchsichtig.

«Dann finden wir dort» – so die Kontrolleure – «den Herrenhof und das Haus mit den übrigen Bauten, die zur Kirche gehören. Dem Hof sind zugeordnet 740 Joch Pflugland, Wiesen, die 610 Fuder Heu einbringen können. Von der Ernte fanden wir bloß die 30 Fuder, die wir an die 72 Pfründner gaben, ... weiter ein zugerittenes Roß, 26 Ochsen, 20 Kühe, 1 Stier, 61 Stück Kleinvieh, 5 Kälber, 87 Schafe, 14 Lämmer, 17 Hammel, 58 Ziegen, 12 Böcklein, 40 Schweine, 50 Ferkel, 63 Gänse, 50 Küken». «Es gibt dort ein *Genitium* mit 24 Frauen», die wohl an zwölf Webstühlen arbeiteten; der Lagerbestand des Hauses wurde mit fünf leichten Wolltüchern, vier Leinentüchern, fünf Hemden festgehalten. Eine Mühle wurde verzeichnet, die jährlich zwölf Scheffel Gewinn abwarf. Das waren Besitz und Ertrag des zentralen Salhofes ohne die Leistungen der abhängigen Hufner.

Dem Hof waren 23 besetzte Freienhufen angeschlossen, deren Abgaben, Pflug-, Ernte- oder Spezialdienste minutiös verzeichnet wurden, ferner 19 Knechtshufen, die neben geringeren Abgaben rund um das Jahr wöchentlich 3 Tage zu fronen und deren Frauen je ein Leinenhemd oder Stoffe abzuliefern hatten. Etwa ein Viertel der Freien hatte – gewöhnlich zu Fuß – Botendienste zu verrichten; benötigten sie ein Pferd, mußten sie es selbst unterhalten. Wenigstens die Hälfte der Freien leistete Kriegsdienst, die anderen durften sich dafür mit einem zweiten Mann zusammentun, mußten aber je einen oder zwei Zugochsen stellen, der Rest sandte zwei Ochsen jährlich zum Heer; die Leute hatten sie also über das Jahr durchzufüttern. Augsburg verfügte über insgesamt sieben Herrenhöfe, die nicht einzeln verzeichnet wurden. Allein die Summe aller Villikationen wurde beispielhaft angeführt: «1006 besetzte Freienhufen, unbesetzte 35, 421 besetzte Knechtshufen, unbesetzte 45, zusammen 1427 besetzte und 80 unbesetzte Hufen», insgesamt vielleicht 7000–8000 Seelen ohne die «unbehausten» Manzipien.

Staffelsee war mit seinen 42 Hufen neben dem Herrenland und etwa 200–300 Menschen ein eher kleiner Herrenhof. Die Zahl der Knechtshufen unterschritt dabei deutlich die Zahl der Freienhufen, auf denen Kriegsdienst lastete, der teilweise abwechselnd abgeleistet werden durfte. Bestand eine Tendenz zur Aufgabe der Knechtshufen? Jedenfalls übertraf die Menge der unbesetzten Knechts- die Anzahl der unbesetzten Freienhufen. Die Freien hatten die Kriegsochsen durchzufüttern, ohne Zweifel eine erhebliche Belastung. Waren die anderen Herrenhöfe des Bistums Augsburg in etwa gleich ausgestattet, so mußte der Bischof um die 400 oder mehr Leute für Karls Kriegszüge stellen und annähernd ebenso viele Ochsen. Pferde wurden in Staffelsee nur wenige gehalten, wohl für die Botendienste; doch überrascht die vergleichsweise hohe Zahl der Boten. Etwa ein Drittel der Frauen mußte jährlich wenigstens ein linnenes Hemd abliefern. Etwa 150 oder mehr Weberinnen in acht oder mehr *genitia* könnten den Bischof mit Woll- und Leinentüchern versorgt haben, die wenigstens teilweise, wie der Lagerbestand in Staffelsee zu zeigen scheint, den Handel bedienten haben dürften. Auch Backen und Brauen war Frauenarbeit, ebenso Garten- und Erntearbeit oder die Früchte des Waldes zu sammeln[40].

Als Beispiel für freie Prekaristen und Lehensleute (*beneficiarii*) sowie die Verzeichnung von deren Besitz dienten Traditionen an das Kloster Weißenburg, die im Bistum Worms lagen. Übergeben wurden Herrenhaus sowie – zahlenmäßig erfaßt – abhängige Knechtshufen, Weinberge, dazu die Lehen des Klosters an die Prekaristen, darunter gelegentlich auch eine Eigenkirche. Diese «Beneficiaristen» erhielten mitunter umfangreichere Lehen mit Herrenhaus, abhängigen besetzten und unbesetzten Freien- und Knechtshufen, Wiesen, Weinbergen, Waldnutzungsrechten; auch eine Mühle oder Vieh konnten vergeben werden. Alles sollte verzeichnet werden.

Die Königshöfe verlangten neben dem Agrarbetrieb nach repräsentativen Einrichtungen. Sie sollten (neben den Hufen, dem Vieh und dem Ertrag, die aber in den Mustern nicht aufgelistet sind) mit ihren Ausstattungen verzeichnet werden. So fanden sich in Annappes u.a. der aus Stein errichtete «Königssaal» mit drei Kammern, das ganze Haus von Söllern umgeben, mit elf Frauengemächern, 17 zum Königshof gehörenden Holzhäusern, mit Stall, Küche, anderen Versorgungseinrichtungen, alles von einem festen Zaun umgeben mit steinerner Toranlage, über der sich ein Wach- oder Wohnraum befand. Weiterhin wurden verzeichnet ein Bett, ein Tischtuch, verschiedene Gefäße, zwei bronzene und ein eisernes Kohlebecken und anderes Gerät, Sensen und Sicheln und hölzerne Arbeitsgeräte. Einmal wurde (an ungenanntem Ort) festgehalten, daß keine Gold-, Silber- und Eisenschmiede anzutreffen seien und nichts für die Jagd. Ein andermal fand sich ein steinernes Herrenhaus innen mit Holz vertäfelt erwähnt.

Dann wurde der Vorrat der Scheunen und Lagerhäuser, weiterhin der Viehbestand erfaßt. In Annappes wurden registriert: 51 ältere, fünf dreijährige, sieben zweijährige Stuten und ebenso viele diesjährige Stuten, zehn zweijährige und acht einjährige Füllen, drei Zuchthengste gefolgt von 16 Ochsen, zwei Eseln, 50 Kühen mit Kälbern, 20 Jungtieren, 38 einjährigen Kälbern, drei Stieren, 260 ausgewachsenen Schweinen, 100 Ferkeln und anderes mehr. Annappes und grundsätzlich auch die anderen erwähnten Königshöfe waren hervorragend ausgestattet, sie dienten weithin der Pferdezucht. An einem der Höfe wurden 79 ältere, 24 dreijährige, 12 zweijährige, 13 einjährige Stuten gezählt, dazu sechs zweijährige, 12 einjährige Füllen und vier (Zucht-)Hengste, dazu weiteres Großvieh. Die diesbezüglichen Anordnungen des «*Capitulare de Villis*» wurden offenkundig befolgt. In welchem Stall aber standen die vielen Kriegshengste? Waren sie an die kriegsdienstpflichtigen Freien verteilt, die keine eigene Pferdezucht betreiben konnten, oder zentral an einem anderen Königshof eingestellt? Der Königshof Annappes war ohne weiteres in der Lage, den König mit seinem Gefolge für einige Zeit aufzunehmen; Karl dürfte den Hof tatsächlich im Jahr 800 besucht haben, als er mit seinem Gefolge von Aachen zur Inspektion der Nordseeküste und nach St-Riquier zog[41].

Der König wollte wissen, worüber er verfügen konnte. Sah er auch die Mühen und den Schweiß, den Hunger, die Not, die sich hinter solchen Zahlen verbargen, das unendliche Leid? Dachte er an die schwer schuftenden Menschen, wenn er solche Berichte entgegennahm? Wie kalkulierte er? Pflegte er Ansätze zur Ertragsrechnung? Etwa für anstehende Planungen? Zur Linderung der Not? Sammelte er die eingegangenen Berichte, um sie jahrweise vergleichen, vielleicht auch um seine Amtmänner kontrollieren zu können?

Nichts dergleichen sah sich überliefert. Doch schwerlich lebte man wirtschaftlich in den Tag hinein. Die Verfügungen von der Frankfurter Synode im Jahr 794 geben größere Umsicht zu erkennen und deutliche Hinweise auf Sozialfürsorge. Wie wurden sie umgesetzt? Allein einige wenige Maßnahmen Adalhards von Corbie, dessen Kloster seiner Größe wegen auch Kriegsdienst leisten mußte, verraten eine gewisse zeitgenössische Rechenhaftigkeit im Kontext grundherrschaftlicher Verwaltung, Planung und Fürsorge. Aus keinem zweiten Kloster der Karolingerzeit liegen so umfassende Informationen vor wie aus Corbie.

Als Abt und Grundherr kümmerte Karls Vetter sich ausgiebig um die innere Ordnung des Klosterbesitzes oder genauer: um die Neuordnung. Denn die einschlägigen Statuten (*brevia*) datieren erst aus dem Jahr 822 und damit erst aus der Zeit nach Adalhards Rückkehr aus der Verbannung, in die ihn Ludwig der Fromme nach Karls Tod getrieben hatte[42]. Doch bietet der Wortlaut keinen Anhaltspunkt für gravierende Abweichungen gegenüber der Zeit davor. Sie zeigen eine eindringliche effiziente Besitzverwaltung, die sich durchaus an die königlichen Dokumente anschließt. Hatte Adalhard einst an ihnen mitgewirkt? Im Kloster lebten damals, im Jahr 822, knapp 350 Mönche, doch sollte mit einer Konventsstärke von 400 Brüdern kalkuliert werden[43].

Erhalten sind die Bestimmungen über die Pfründner, das Armenhospital, den jeweiligen Ernteertrag, über die Klostergärten, das Refektorium und die Küche der Brüder, über die Klosterpforte und die Verwaltung der Zehnten. Angefügt findet sich eine Bestimmung über die Kellerei, daß nämlich 600 Schweine pro Jahr zu schlachten seien, nämlich 60 für die Pforte, 370 für den Kellermeister (nämlich eines pro Tag und fünf zusätzlich), 120 für die

Pfründner und 50 zur Verfügung des Abtes. Die 370 Schweine der Kellerei – sie wurden vielfach zu Pökelfleisch und Wurst verarbeitet – sollten den Bedarf für die Kranken, die Vasallen und die übrigen Kostempfänger decken, die nicht zur Pforte gehörten oder zu den Pfründnern zählten. Auch die 120 Schweine der Pfründner wurden über die Kellerei verarbeitet. Genau wurde verfügt, wie der Kellermeister mit dem Geschlachteten umzugehen habe, wie der Anteil der Pfründner zu verteilen oder jener der Pforte zu verwenden sei[44]. Er sollte schriftlich darüber Buch führen.

Der Betrieb wurde durch Dienstleute wie Kämmerer, Kellermeister, Pförtner oder Seneschall geleitet, ein Amtmann beaufsichtigte die Gesamtheit der Wirtschaftshöfe (*actor villarum*), auch für Hospital und Gärtnerei waren eigene Amtsträger zuständig. Sie führten die Aufsicht etwa über die genau 150 geistlichen oder laikalen Pfründner, nicht mehr und nicht weniger; jeder Pfründner bekam demnach für sich und seine Familie etwa 4/5 eines Schweins pro Jahr. Das Kloster setzte sie, nicht anders als andere Grundherren, für den Innen- und Außendienst ein, etwa in den einzelnen Werkstätten (beispielsweise für Grob- oder Goldschmiede, Schildmacher, Pergamenterer) oder für spezielle Aufgaben (wie Pferdezucht oder Hospital); auch drei Erzgießer (*fusarii*) und zwei Ärzte befanden sich unter ihnen. Genau wurde aufgelistet, wieviel Brot, wann und wieviel Bier, Beerenwein oder Wein die einzelnen Pfründer erhalten sollten, welche Sonderrationen ihnen an den 13 kirchlichen Festen und welche Ober- und Unterkleider, welche Mützen ihnen zustünden[45].

Analog wurden die übrigen Dienstbereiche geregelt. Im Armenhaus wurden Nacht für Nacht 12 Arme aufgenommen, dazu wurden Bedürftige gespeist. Gebrauchte Kleider und Schuhwerk wurde an sie verteilt. Gab es an Karls Königshöfen entsprechende Einrichtungen? Genau festgelegt wurde der jährliche Getreideeingang, über dessen Verteilung Tag für Tag der Propst die Aufsicht führte. Doch da die Ernte manchmal besser, manchmal schlechter, manchmal höher, manchmal geringer ausfalle, soll nach einer kleineren Gewichtseinheit als am Königshof so gemittelt werden (*mediocriter estimantes*), daß stets mit einer bestimmten Ertragsmenge gerechnet werden kann. Genau vorgeschrieben wurden die Brotmenge und Brotverteilung pro Tag; und geschätzt werden sollte, was die Mindest-, die Durchschnitts- und die Höchstmenge an Brot sei, um zu kontrollieren, wieviel an die Knechte, wieviel an die Brüder, an die Vasallen, an die Gäste, an die Schüler, an die Pfründner gehe. Der Zehnt soll für jede Frucht und jedes Feld eigens abgeliefert werden, da ja die Qualität der einzelnen Felder nicht identisch sei[46]; auch der Tierzehnt wurde genau beschrieben.

Adalhard kümmerte sich somit um die Umverteilung der Erträge, um die Sicherung der Versorgung für die Hörigen, um Gäste, Kranke und Arme und nicht zuletzt um Steigerung der Erträge und Leistungen. Letzteres betonte er ausdrücklich: Von jedem Ertrag wünsche man, «daß er wachse und nicht schwinde»[47]. Dieser Abt kalkulierte stets Reserven ein. Geld war nicht fremd; auch Hörige konnten mit Geld entlohnt werden. Des Königs Grundherrschaft dürfte prinzipiell nach denselben Regeln verwaltet worden sein, wobei freilich die Abgabenregelung durch die Größe der Grundherrschaften, die Vielzahl der Pfalzen, die Ordnung der Tafelgüter und den wandernden Königshof erschwert gewesen sein muß.

Ertragssteigerung war hier und da das Ziel. Verbesserte Anbaumethoden konnten dazu führen; nicht zuletzt aber ausgedehnte Rodungen. Sie wurden in großem Umfang durchgeführt oder begonnen. Weite Urwälder – etwa Ardennen, Eifel, Taunus, Odenwald, Westerwald oder Alpen – wurden seit damals, nicht erst in den folgenden Jahrhunderten dem Landesausbau durch König, Kirchen und die Großen preisgegeben. Gerade Klöster widmeten sich dieser Aufgabe. Lorsch etwa, um nur dieses Beispiel zu nennen, das dem König bald nach seiner Gründung übertragen worden war, kann zum Exempel dienen. Sein reicher Besitz verpflichtete das Kloster bald auch zum Kriegsdienst.

Die Heppenheimer Mark, die Karl dem eben an ihn tradierten Lorsch zuwies und die – wie eine im Jahr 795 auf Befehl des Königs durchgeführte Grenzbeschreibung zu erkennen gibt – bis zur Grenze an den Maingau und damit von der heutigen Bergstraße bis tief in den Odenwald hinein reichte, diese Mark läßt nicht nur damalige Ansätze zur Landesbeschreibung, sondern vor allem die

Anmutung an die Klöster zur Landeserschließung erkennen. Der halbe Odenwald bis nach Michelstadt, damals ein weithin unberührter Urwald, lag zur Kolonisation vor den Mönchen[48]. Hinzu kommt die Grenzbeschreibung des Kirchspiels der Heppenheimer Pfarrkirche St. Peter. Auch sie weist auf Karl zurück: «Dies ist die Umgrenzung (*terminatio*) dieser Kirche»: Nun folgt über 26 Orte die Beschreibung einer etwa 40 km langen Grenze, von Ort zu Ort, von hier nach dort. «Diese Grenzbeschreibung (*terminatio*) wurde durchgeführt im Jahr 805 von dem großen Karl, dem Römerkaiser». So steht es auf der steinernen Tafel des 12. Jahrhunderts, die sich heute im Untergeschoß des Kirchturms befindet, deren Lautstand der althochdeutschen Ortsnamen textlich tatsächlich in die Karlszeit verweisen dürfte[49]. Auch dieses Kirchspiel reichte in den Odenwald hinein und dokumentiert eben gerade die frühe Kolonisationsleistung der Mönche.

Im Gegenzug entstanden neue Forsten, was hieß: gehegte Waldgebiete wie etwa in den – nahe an Aachen gelegenen – Ardennen. Karl selbst hatte seinen Gutsverwaltern entsprechende Anweisungen erteilt: «Daß unsere Wälder und Forsten gut geschützt werden. Wo sich ein geeigneter Ort zum Roden findet, sollen sie roden, und die Felder sollen nicht mehr vom Wald überwuchert werden. Wo Wald sein soll, sollen sie ihn nicht schlagen oder schädigen. Das Wild in unseren Forsten sollen sie hegen»[50]. Der König wollte jagen können.

Vor allem aber schuf die Rodung neue Ackerflächen, die unter den Pflug genommen werden konnten. Sie verbesserte die Ernährungslage. Immer mehr Menschen fanden Nahrung. Damit einher ging die Zunahme des Getreideanbaus; auch die Dreifelderwirtschaft mit ihrem Flurzwang scheint eingeführt worden zu sein, wenn auch nicht überall und gewiß nicht in den Gebieten mit extensiver Weidewirtschaft. Die jetzt erschlossenen fetten Böden ließen sich nur mit dem schweren schollewendenden Pflug bearbeiten, erbrachten aber einen höheren Ertrag. Dieser Räderpflug verlangte ein Zuggespann von mindesten zwei Ochsen, eine Größe, die sich keiner der kleinen ‹Bauern› leisten konnte, wohl aber in den Grundherrschaften möglich wurde. Karl profitierte hier von einer technischen Entwicklung, die er nicht selbst auf den Weg gebracht hatte.

Die Anfälligkeit für Hunger blieb dennoch groß. Adalhard rechnete freilich nicht mit ihm. Die Zentren der Grundherrschaft waren anscheinend weniger von ihm betroffen. Es mußte – bei einem Verhältnis von Saat- zu Erntekorn beim Brotgetreide von 1:3 oder bestenfalls 1:4 (heute 1:16 oder noch besser) – der Ertrag nur um ein Korn sinken und ein Drittel oder Viertel der Ernte fiel aus. Das Volk lebte weithin von Getreidebrei, Brot, Käse und – sozial differenziert – von Fleisch. Nur der Adel durfte Hochwild jagen; einfachen Leuten blieb oft nur ein Mastschwein im Jahr, etwas Federvieh und Eier, dazu vielleicht ein erbeuteter Hase. Die Schweinezucht wurde unter den Franken intensiv betrieben. Karls des Großen Lieblingsspeise sei Wildbret gewesen, erinnerte sich Einhard (c. 24). Der Arme durfte sich daran nicht vergreifen.

Hungersnöte kehrten regelmäßig wieder, mancherorts alle drei bis fünf Jahre; es läßt sich am Knochenwuchs erkennen und durch entsprechende Friedhofsgrabungen nachweisen. Karl trachtete wiederholt danach, dem Hunger mit Preisgeboten für Getreide und Brot und durch preisgünstigen Verkauf des Überschußgetreides seiner Grundherrschaften entgegenzuwirken. So verlangten es die Religion und die ökonomische Vernunft, sofern sie auf die Erhaltung der Arbeitskräfte abzielte. Ausreichende Vorratshaltung für ‹Interventionsgetreide› gab es in der Tat nur auf den zentralen Höfen der Grundherrschaften, nicht bei den einzelnen Hufeninhabern. Es wurde bei Hungersnot oft genug nur zu Wucherpreisen abgegeben – auch von Bischöfen oder Äbten und trotz entgegenstehender Gebote von König und Synode. Religiöse Gebote zu verwirklichen war volkswirtschaftlich relevant. Ein weiträumiger, interregionaler Getreidetransport war ohnehin nur im Bereich schiffbarer Flüsse möglich. So beschränkten sich die Eingriffsmöglichkeiten des Königs auf unzureichende Maßnahmen wie die erwähnten Preisdiktate und die Verkaufsbereitschaft.

Die Kosten der Kriege wälzte der König zumal auf die Freien ab. Ihre Belastung durch den regelmäßigen Kriegsdienst wuchs mit den Jahren. Sie erforderte des Königs Eingreifen. Fragmentarische Spuren von «Sozialgesetzgebung» haben sich erhalten. Da hatten sich Kirchenhörige und Fiskalinen aus der Gegend von Le Mans über die

Arbeitsbelastung beklagt, und Karl verfügte nun: Wer ein bestimmtes, kleines Ackermaß besaß und ein gesundes Zugtier, sollte einen Tag die Woche für den Herrn pflügen, nicht mehr; bei zu geringer Ausstattung sollte er sich mit anderen zur Erfüllung des Dienstes zusammentun. Wer auch dazu nicht in der Lage sei, sollte seinem Herrn drei Tage die Woche von morgens bis abends Handarbeit leisten. Es sei aber so geregelt, daß einige die ganze, andere die halbe Woche und einige nur zwei Tage pro Woche zu arbeiten hätten. Daran sollen die Hörigen nicht rütteln. Offenbar waren die drei Tage ein Mittelwert für die Gruppe der ärmsten Hörigen. Mehr Arbeitszeit sollte ihnen freilich auch nicht abverlangt werden[51]. Die restlichen Wochentage konnten sie sich um die eigene Wirtschaft kümmern.

Die zahlreichen Prekaristenverträge des Klosters Weißenburg verrieten einen Trend unter freien Leuten, sich in dauernde, durch Zinszahlung ausgedrückte Abhängigkeit von schützenden Herren – wie einem Kloster – zu begeben. Solche Verträge führten in keine Hörigkeit. Die von Karl nun Umsorgten sollten abgehalten werden, auf ihre Unabhängigkeit zu verzichten, sich fremden Herren zu ergeben und damit dem ruinösen Kriegsdienst zu entziehen. Karls Sorge nützte somit zugleich dem Erhalt der militärischen Stärke des Königs.

Der gerade die ‹armen› Freien bedrückende Kriegsdienst sollte geregelt und deren Belastungen reduziert werden. Das Streben nach Gerechtigkeit stieß sich an unkontrollierten Maßen und Gewichten, am chaotischen Münzwesen. Die Synode von Frankfurt verlangte nach Besserung. Das christliche Liebesgebot forderte derartiges. Eine Münzreform wurde eingeleitet. Das Geld, mithin das zu Denaren geprägte Feinsilber, sollte fortan zu Hohlmaß und Schüttgewicht in fester Relation stehen[52]. Alles mußte gerecht, überschaubar, prüfbar, rational geordnet werden. Karl wurde ein König des Ordnens.

Der Hunger aber nagte fortgesetzt. «Der allerfrömmste Herr, unser König, setzte mit Zustimmung der Synode fest, daß kein Mensch, er sei kirchlichen oder weltlichen Standes, die Ernte niemals, weder zur Zeit des Überflusses noch zur Zeit der Teuerung teurer» verkaufe als zu den nun, auf der Synode von Frankfurt 794, festgesetzten Preisen[53]. So wurde zu Beginn weiterer Gebote zum Nutzen für Kirche und König verkündet. Doch ohne die Großen, ohne die Beteiligung der Bischöfe und einflußreichen Äbte wäre ein solches Unterfangen von früh an zum Scheitern verurteilt gewesen. Die Mächtigen und – mit ihnen synonym – die Reichen mußten mit einbezogen werden. Sie wurden, ermahnt von den Drohungen des Jüngsten Gerichts und der Hölle, auf das christliche Liebesgebot verpflichtet; den Armen und Elendspersonen sollte sich die christliche Caritas tätig zuwenden.

«Wer ein Lehen von uns (dem König) innehat, soll eindringlich mit Gottes Hilfe dafür Sorge tragen, daß kein dem Lehen zugeordneter Knecht Hungers sterbe; was den Eigenbedarf für seine Leute übersteigt, soll er wie geboten verkaufen»[54]. Solches verlangte dasselbe Frankfurter Kapitular. Dessen 33. und 34. Kapitel lauteten: «Daß der katholische Glaube an die heilige Trinität, das Herrengebet, das Glaubensbekenntnis allen verkündet werde. Daß Geiz und Habsucht unterdrückt werden.» Glaubensgebote und Wirtschaftsordnung, Königsgewalt und Kirchenreform gingen Hand in Hand oder sollten es doch. Unterwerfung unter die Gebote der Religion, unter Gott, und Wirtschaftshandeln waren Momente derselben Königsherrschaft. Karl wünschte sie in seinem gesamten Herrschaftsgebiet zu verwirklichen, gerade auch unter seinen Großen und für alles Volk. Christliche Sozialethik sollte eingeübt und praktiziert werden. Ein solches Unterfangen verlangte umfassende Reformen. Würden die Großen ihrem König Folge leisten?

3

Zentrum und Peripherie

Ich erinnere mich deiner Bitte und meines Versprechens, in knappen Worten einige Empfehlungen für deine Tätigkeit aufzuzeichnen, die – wie ich weiß – dich mit Streitigkeiten befassen läßt, damit du die väterlichen Mahnworte gleich zur Hand haben kannst. Du solltest ihrer eingedenk sein und dich durch sie zum Streben nach ewiger Seligkeit anhalten lassen. Gerne komme ich einer so löblichen Bitte nach und wünsche mir, daß meine Sätze deinem ewigen Heil dienlich seien. Ich weiß, daß du mit vielen weltlichen Angelegenheiten befaßt bist. Deshalb bitte ich dein Heilsstreben, dieses Schreiben regelmäßig zu lesen, damit dein Geist, von äußeren Mühen erschöpft, zu sich selbst zurückkehren und erkennen kann, was ihm frommt und wohin er streben soll. Bereite dir durch großzügige Almosen, durch Gerechtigkeit der Richter und der Urteile, durch stete Barmherzigkeit in unermüdlichem Wollen die Wohnstätte himmlischer Glorie.»

Alkuin schrieb es dem Grafen Wido, einem der großen Herren im Gefolge der Karolinger, dem Stammvater eines Geschlechts, das noch zur Kaiserwürde aufsteigen sollte, als er dessen Wunsch nachgekommen war und ihm ein kleines Mahnbüchlein zusandte[55]. Im Jahr 802 war dieser Wido kaiserlicher *Missus* in der Touraine, mithin in Alkuins Nachbarschaft; damals dürfte die kleine Schrift entstanden sein, die alsbald weite Verbreitung fand – eine Paränese gewiß, doch von einem Grafen erbeten, um sein eben angetretenes weltliches Amt in rechter, nämlich in einer den Geboten der Religion gemäßen Weise wahrnehmen zu können. Wido folgte mit einer solchen Bitte gewiß keinem Befehl oder auch nur einem Wunsch des Kaisers, wohl aber dessen Vorbild. Dessen Intentionen entsprach ein solches Verhalten allemal. Karls Ziele teilten sich seinen Großen mit.

Keine realen Herrschaftsverhältnisse, keine Hinweise auf die antagonistischen Interessen der Adelsgesellschaft sprach der geistliche Autor an. Der Glaube an die Macht des Guten, die Hoffnung auf den Glauben, der Berge versetzen könne, diktierten die Ermahnungen. Institutionelle und strukturelle Perspektiven fehlten dieser auf Praxis gerichteten Ethik ganz. Keine andere zeitgenössische Schrift füllte die Lücke. Die Wirklichkeit sollte den Geboten der Kirche und der Religion folgen.

Zuerst müsse der Mensch erkennen, «was wahres Wissen und wahre Weisheit» seien, so begann Alkuin seine Ausführungen. Es folgten jeweils knappe, straff formulierte Erläuterungen über die christlichen Tugenden, über Weisheit, Glaube, Liebe, Hoffnung, über regelmäßige Lektüre der heiligen Schriften – Anweisung an einen Laien, wohlgemerkt – über Frieden, Barmherzigkeit, Nachsicht, Geduld, Demut, Zerknirschung des Herzens, über Beichte, Buße, Bekehrung, Gottesfurcht, Almosen, Keuschheit, die Meidung von Betrug, über die einzusetzenden Richter und rechtes Richten, über falsches Zeugnis, über Neid als gesellschaftlich wirksamem Mißstand, über Hochmut und Zorn, dann über die sieben Todsünden und die vier Kardinaltugenden Klugheit, Gerechtigkeit, Tapferkeit und Mäßigung. Alkuin schloß mit erneuter Aufforderung an den Grafen zur regelmäßigen Lektüre seines Handbüchleins. «Glaube nicht, daß du als Laie das Himmelreich nicht betreten darfst.» Dessen Pforten stünden «jedem Geschlecht, jedem Alter, jeder Person gemäß ihren Verdiensten offen».

Ideal und Wirklichkeit klafften freilich weit auseinander. Auch ein Karl konnte es nicht verhindern. «Nicht Rächer des Unrechts, sondern Freunde Satans» seien die immer wieder der Habgier bezichtigten Grafen; so vernahm der Reichenauer Schulmeister Wetti sterbend die Botschaft des Engels[56]. Gerechte verurteilten, Schuldige (*reos*) rechtfertigten sie; mit Dieben und Verbrechern hielten sie Gemeinschaft[57]. Bald endlose Klagen. Die Wirklichkeit der Adelsgesellschaft sorgte fortgesetzt für Konflikte unter Großen und Kirchen und riß auch deren Leute mit in die Streitigkeiten hinein. Je reicher sie waren, desto gieriger gebärdeten sie sich, so schien es. Die Herrschaftsethik blieb da nur allzuleicht auf der Strecke.

Da hatte ein Graf freie Leute ihrer Freiheit beraubt; es gelang ihnen, vor dem Kaiser (Ludwig) zu klagen. Der schickte einen Königsboten zur Untersuchung, der den Sachverhalt bestätigt fand. Der Kaiser befreite sie durch sein Mandat vom «Joch der Knechtschaft und gab ihnen und ihren mit-verknechteten Verwandten die frühere Freiheit zurück», und zwar für alle Zukunft. Analoge Fälle waren wiederholt zu beklagen, wie aus der Kanzleiformel zu folgern ist, welche das entsprechende Mandat bereithielt[58]. Unter Karl werden die Verhältnisse kaum besser gewesen sein. Geiz und Habsucht ließen sich weder ‹oben› noch ‹unten› zertreten. Der Unfrieden entsprang, davon waren die geistlichen Berater des Königs überzeugt, aus der Mißachtung der kirchlichen Gebote, folgte den Anstiftungen des Teufels. Sie mußten jeden schnellen Reformerfolg hemmen.

Um so dringlicher wurde die Neuordnung von Königsherrschaft und Kirche – weit über jede Grundherrschaft hinaus, um so dringlicher auch die Mahnrede Alkuins an den Grafen Wido. Alles sollte den Erfordernissen jener Gottesverehrung, jener Gebote und Werte angepaßt werden, die das Königtum selbst stärken und schützen und den Frieden im Volk verwirklichen sollten. Der Adel freilich mußte für Karls Ziele gewonnen werden und mehr als das: Er mußte eben diese sich zu eigen machen. Wido tat es mit Alkuins Hilfe.

Offenkundig, wenn vielleicht auch nicht erst durch gewalttätige Grafen, wurde die Notwendigkeit verbesserter Kooperation zwischen König und Adel, als Anschläge gegen Karl ruchbar wurden. Der Aufstand des Thüringers Hardrada im Jahr 786 sollte noch lange nachwirken. Treulose Leute hätten «große Wirrnis im Reich des Herrn Königs Karl» gestiftet[59]. Die Aufrührer hätten sich, gefaßt, mit der Behauptung gerechtfertigt, sie hätten dem König keine Treue geschworen. Dem mußte abgeholfen werden. Königsboten wurden ausgesandt, vermutlich im Jahr 789, die überall, soweit Karls Macht nur reichte, von Bischöfen, Äbten, Grafen und Königsvasallen die Treueide einfordern sollten, wie es «von alters her» – so hieß es in legitimatorischer Verschleierung – üblich gewesen sei. Hatten sich mehr als nur einige Thüringer dem König widersetzt?

Es sollten alle schwören, Vögte und Vikare, Zentenare und die Gesamtheit des Volkes, wer nur das 12. Lebensjahr erreicht und zu den Gerichtsversammlungen zu kommen hatte, Gaubewohner, Hintersassen, Knechte, fremde Vasallen (*in bassallatico honorati* oder *commendati*), alle. Flüchtige, die sich der Vereidigung entziehen wollten, sollten dem König gemeldet werden[60]. Karl verlangte diese Treueide für sich und seine Söhne; die Eidformel wurde vorgeschrieben: «So verspreche ich, der NN, zugunsten meines Herrn, des Königs Karl, und seiner Söhne, daß ich treu bin und mein Lebtag lang treu sein werde ohne List und böse Absicht»[61]. Der Eid verpflichtete zu Treue, nicht zu Dienst; damit unterschied er sich von jenem Treueid, den ein Vasall seinem Herrn leistete. Die «Boten», *missi dominici*, die jene Eidleistungen zu überwachen hatten, sollten zudem dafür sorgen, daß ohne Ausnahme alle (*omnes generaliter*) wie befohlen zum Heerbann des Königs einrückten; eine allgemeine Heerfahrt war angesagt worden. Die Betroffenen aber sollten einander durch Briefe kundtun, wann und wo sie sich versammeln könnten[62].

Der Hinweis auf die *vassi*, die wie alle anderen zu schwören hätten, verrät, daß der «Getreue» und der «Vasall» nicht identisch waren, auch wenn beide einen Treueid leisteten. Der Vasall war vielmehr ein Mann, der seinem Herrn Dienste schuldete. Er konnte ein bloßer Kriegsknecht sein, ausgestattet mit königlichem oder fremdem Leihegut, für das er seine Dienste, gewöhnlich Waffendienste, zu erbringen hatte, ausgestattet vielleicht sogar nur mit seinen Waffen: mit Pferd, Schild, Lanze, Lang- und Kurzschwert[63]; er konnte aber auch ein Abt, ein Graf oder – jedenfalls unter Ludwig dem Frommen – ein Königssohn sein[64]. Der Begriff verwies auf keinen Rechtsstatus, sondern auf ein Reziprozitätsverhältnis zwischen einem «Mann» und seinem Herrn. Eingegangen wurde es durch mündlichen Vertrag, sichtbar gemacht durch Symbolhandlungen wie etwa den Handgang (*homagium*) und eben durch Treueid.

Das «Reich», nämlich die Herrschaftsordnung des Königs, präsentierte sich in den zitierten oder vergleichbaren Anweisungen als königlich gestifteter Herrschafts- und Friedensverband, konstituiert durch personale Bindungen des Adels an den König und zusammengehalten durch eine verpflichtende christliche Herrschaftsethik. Institutionelle Momente fehlten zwar nicht völlig; man denke an die eben erwähnte Vasallität oder an das in demselben Kapitular angesprochene Gerichtswesen und seine Organisation in den Grafschaften. Doch sie betrafen, vom König und seinem Hof abgesehen, in keiner Weise das «Reich» als Institution; einen Begriff von «Reichsverfassung», eine Vorstellung vom Gesamtzusammenhang aller Ordnungsmomente besaß damals niemand. Zu weit war die Königsmacht von Adelsmacht durchlöchert.

Die Grafen und ihre Tätigkeitsbereiche (*ministeria*) waren grundsätzlich dem König zugeordnet, auch wenn vorkarolingische Verhältnisse weiterwirkten und dem König oftmals die Hände banden. Schätzungen der Anzahl der Grafschaften bewegen sich zwischen 250/300 oder auch deutlich weniger[65]. Ein geschlossenes Grafschaftsnetz ist nicht zu erkennen. Namentlich bekannt sind nur die wenigsten Grafen; in den zeitgenössischen Annalen treten sie nur selten hervor und ohne die Urkunden und die Gedenkeinträge der Totenbücher blieb die durch sie repräsentierte höchste Adelsschicht im Reich der Karolinger vollends im dunkeln[66]. Erblichkeit ihrer «Dienstbereiche» waren keinesfalls die Regel, auch wenn die Söhne von Grafen die größten Chancen besaßen, ebenfalls eine (doch selten die väterliche) Grafschaft zu übernehmen. Eine Bürokratie gab es ebensowenig, eine allgemeine Reichsuntertanenschaft durch Geburt, spezielle Reichsorgane schon gar nicht, eben nur «Diener» (*ministri*) des Königs und «Dienst» für denselben. Derartiges «Dienertum» dürfte freilich mehr der karolingischen Herrschaftsideologie entsprochen haben als der sozialen und ‹politischen› Realität.

Immerhin sorgte sich mit Karl ein König erstmals seit römischer Zeit explizit für den Schutz der Grenzen; damit und jetzt formte sich eine Vorstellung von «Reichsgrenze» als der Außengrenze des gesamten Frankenreiches (*fines vel marcae*: ArF 788), die Vorstellung also von einem territorial begrenzten Herrschaftsraum des Frankenkönigs. Einzelne Grenzmarken wurden eingerichtet, ohne daß ein geschlossener Markensaum das Reich umgab[67]. Erste «Markgrafen» (*marchiones*) traten in Erscheinung, die mehr als eine Grafschaft verwalteten und für den regionalen Grenzschutz zuständig waren. Der bretonische Markgraf Roland ist durch Sage und Lied berühmt geworden, Erich von Friaul durch seine Leistungen an der Südostgrenze des Reiches gegen die Awaren.

Der Selbstorganisation der Großen auf ihrem Allodial- und Lehnsbesitz kam konstitutive Bedeutung zu. Der König konnte und mußte auf sie einwirken und sie zu lenken versuchen, sollte sie nicht in eine ungewünschte Richtung treiben; aber er hütete sich, in den Adelsbesitz hineinzuregieren. Er war auf die Treue und

Loyalität seiner «Mächtigen» oder «Großen» angewiesen. Wiederholte königliche «Gaben» konnten und mußten deren Gefolgschaft bekräftigen und dauerhaft sichern. An jedem gewinnträchtigen Erfolg des Königs partizipierten auf diese Weise auch seine Leute. Dadurch entstanden weit gestreute, wenn auch unzusammenhängende Besitzkomplexe des «Reichsadels», die von der Nordsee oder dem Atlantik bis weit nach Italien reichen konnten. Ein Chadaloh etwa, selbst Grafensohn und Vater eines Grafen, war Angehöriger der Sippe der Bertholde, nach denen die (Bertolds- oder West-)Baar noch heute heißt, begegnete seit 790 in St. Galler Urkunden und diente Karl als Missus in Italien; Ludwig der Fromme erhob ihn zum Herzog von Friaul[68]. Die Interessen dieser «Reichsaristokratie» waren entsprechend weiträumig[69].

Die Gemahlin des Königs, aus einer einflußreichen Familie gewählt, half gleichermaßen den Konsens unter den Eliten zu stärken. Nicht zuletzt aus diesem Grund dürfte Karl zur dritten Ehe eine Braut erwählt haben, die ihm eine große Anhängerschaft im alemannischen und bairischen Adel zuführte. Analoge Gründe dürften zur Ehe mit der Ostfränkin Fastrada geführt haben, auch wenn es nicht zu kontrollieren ist. Die Ehefrauen waren – nicht anders als im Adel auch sonst – in das politische System eingebunden. Der Treueid, den Karl die Untertanen schwören ließ, überging allerdings die Königin; und von Gleichberechtigung war man weit entfernt. Karl folgte, wie auch seine Zeitgenossen, der alten, auf den Apostel Paulus gestützten Lehre, daß die Frau dem Manne untertan sein soll, «da ihr Geist geringer und zur Versuchung bereitwilliger sei»[70]. Dennoch: Konsensuale Herrschaft und Reziprozität der Macht kennzeichneten unter Karl die Königsherrschaft, an der auch die Königin partizipierte.

Wie durchsetzungskräftig war unter derart personalen Bedingungen der königliche Befehl, das *verbum regis*? Wer hielt sich an dasselbe? Eine Antwort läßt das schon zitierte «Capitulare missorum» von 789 erahnen. Klagen hatten nämlich das Ohr des Königs erreicht, wonach «viele» um ihr Recht bangen müßten (die Grafen also ihre Aufgaben nicht erwartungsgemäß durchführten). Es sei aber der Wille des Königs, daß jedermanns Recht unversehrt gewahrt bliebe. Das zielte zwar auf keine allgemeine Rechtsgleichheit, festigte vielmehr die herrschende Ungleichheit zwischen «frei» und «unfrei», «mächtig» und «arm». Doch immerhin, das «subjektive», «personale» Recht, nach dem jeder lebte, sollte geschützt werden. Es nützte dem Frieden im Volk, erschwerte freilich sozialen Wandel. Wo aber Graf oder Königsbote das Recht verletzt hätten, mithin die Vertreter des Königs selbst, da sollte es dem König gemeldet werden: «Denn er will dies grundlegend bessern»[71].

Der Mißstand zeigte sich offen; er war durch die personale Herrschaftsstruktur bedingt. Den wachen Blicken eines Alkuin war er nicht verborgen geblieben. Das Gericht tagte selten, doch an vorgeschriebenen Orten. Beweis wurde gewöhnlich durch Eid erhoben; falsches Zeugnis und Meineid waren an der Tagesordnung. Die Rechtsuchenden mußten oftmals von weither anreisen. Wer konnte es sich leisten? Fanden sie genügend Eidhelfer? Wieweit die Besserungsabsicht von Erfolg gekrönt war, muß tatsächlich dahingestellt bleiben. Noch in seinen letzten Jahren beklagte der Kaiser die rechtswidrige Bedrückung der Armen durch die «Mächtigen»; und Alkuin mahnte den Grafen Wido gewiß aus triftigem Grund zu Barmherzigkeit und Billigkeit von Richtern und Urteilen.

Die Bedrängten waren keineswegs Hörige, vielmehr Freie. Manche von ihnen würden aus purer Not zu Betrügern, Räubern und Verbrechern, so hieß es andernorts[72]. Raub – aus Not oder welchen Gründen auch immer – war weit verbreitet im Frankenreich. Er traf dieselben Armen auch als Opfer – ein Kreislauf, den die Armen insgesamt mit wachsender Abhängigkeit von den regionalen Machthabern zu bezahlen hatten. Vergebens suchte Karl, ihm dauerhaft beizukommen[73]. Gelungen ist es ihm ebensowenig wie irgendeinem seiner Nachfolger. Die «Mächtigen» gehorchten dem König bei räumlicher Distanz nur, wenn es ihnen nutzte, im Austausch gegen Gaben und Huld, gesteigertes Prestige, Ehre und Rangerhöhung.

Die Schwierigkeiten begannen mit der herrschaftlichen Durchdringung des Raumes. Nur wo der König weilte, da war das «Reich», da galt das «Königswort». Da konnte er seinen Willen und seine Herrschaft durchsetzen. Je weiter vom Zentrum entfernt die Großen agierten, desto unabhängiger gebärdeten sie sich, desto stärker war er auf ihre Loyalität angewiesen. Wer erfuhr, was Karl angeordnet hatte, wann er seine Kapitularien kundmachte, wo die Königsboten ihren Inhalt verkündeten, was sie geboten, wen der König schützte? Fühlte der Hörer sich angesprochen? Die Überlieferung ist viel zu dürftig, als daß die Effizienz der Erlasse heute noch kontrolliert werden könnte, obwohl das Beispiel der «Admonitio generalis» die Verbreitungswege zu erkennen gibt[74].

Die eingesetzten Mittel der Raumbeherrschung erscheinen nach heutigen Maßstäben primitiv, waren aber für damals die effizientesten: Regelmäßige Hoftage, zu denen sich Bischöfe, Äbte und Grafen versammelten, ferner schriftliche Anweisungen des Königs, ein funktionierendes Botenwesen, königliche Gewaltboten mit Kontroll- und Sonderbefugnissen, Kommunikation der Großen untereinander gemäß dem königlichen Willen, die Bindung von deren eigener militärischer Kompetenz an das Königtum, vor allem aber Dezentralisation. Karls «Reich» war in der Tat multizentrisch. Frühzeitig richtete Karl abhängige Königtümer ein, an deren Spitze er seine noch minderjährigen Söhne setzte, im Jahr 781 Italien und Aquitanien für Karlmann-Pippin und Ludwig, dann die «Francia» als potentielles Erbe für seinen ältesten Sohn Karl, dem vorläufig der «Dukat von LeMans» (*ducatus Cenomannicus*), «das Reich westlich der Seine» (*regnum ultra Segona*), zugewiesen wurde[75]; später auch Baiern vielleicht für einen erhofften Sohn der Fastrada, dann (um 791/792) für den «buckligen» Pippin[76].

Die Maßnahme wurde wohl schon im Jahr 780 vorbereitet: «Der König Karl teilte seine Königreiche unter seine Söhne», hieß es zu diesem Jahr in den Annalen von St-Amand[77]. Die Kommunikation zwischen den Königen erfolgte über Boten, über *missi dominici* und über regelmäßige Besuche der Söhne am Hof des Vaters. Die Gewalt, die Karls Söhne übten, entglitt auf diese Weise der Lenkung durch den ‹Großkönig› nicht; sie bildeten Zwischenstationen der zentralen Königsherrschaft. Auch die Markgrafschaften bildeten regionale Herrschaftszentren.

Karl regierte in der Tat durch Anweisungen unmittelbar auch nach Italien oder Aquitanien hinein. So schickte der König seinen gleichnamigen Sohn im Jahr 801 mit Heeresmacht nach Aquitanien, um dessen Bruder bei der Belagerung Barcelonas beizustehen. So sollte Ludwig seinem Bruder Pippin in Italien zur Seite springen. Die Kapitularien galten prinzipiell, wenn nicht anderes verfügt wurde, in Karls gesamtem Machtbereich mit Einschluß der Unterkönigtümer. Allein für Italien konnten eigene Kapitularien ergehen[78], die auch von Karls Sohn Pippin ausgegangen zu sein scheinen; für Aquitanien fehlen gleichartige Zeugnisse[79].

Mit der Beauftragung von *missi dominici*, den Königsboten, schuf sich Karl wiederum seit etwa den 780er Jahren ein den personalen Verhältnissen seiner Königsmacht angemessenes Herrschaftsinstrument. Er konnte dafür auf ältere Verhältnisse zurückgreifen; seit der Kaiserkrönung wurde das Institut der «Herrenboten» noch effizienter ausgestaltet[80]. Diese *Missi* sollten nachgeordnete Funktionsträger wie Bischöfe und Äbte, Grafen und königliche Vasallen in definierten Amtsbezirken kontrollieren, gelegentlich auch die Kommunikation mit den Königssöhnen gewährleisten. Sie besaßen somit räumlich und sachlich abgegrenzte Aufgabenbereiche. Verbreitung der Kapitularien und sonstigen Verfügungen, Verwaltung und Gericht, nur gelegentlich auch militärische Aufgaben wurden ihnen übertragen. So hatten im Jahr 787 ein Abt und ein Graf die Grundherrschaft des Klosters St-Wandrille zu kontrollieren[81], so sollten sechs Jahre später ein Graf und ein Kleriker dem jungen König Ludwig in Aquitanien bestimmte Pfalzen, Doué, Chasseneuil, Angeac und Ebreuil, in vierjährigem Wechsel zur Residenz während der Wintermonate zuweisen, damit unmittelbar in die Ordnung der aquitanischen Königsherrschaft eingreifen[82].

Die *Missi* bekamen (wohl schriftliche) Instruktionen mit auf den Weg, oft nur kurze Gedächtnisstützen, gleichsam Merkzettel: «Über Diebe und Räuber. Über falsche Zeugen. Über Meineidige. Über Flüchtige. Über Leute, die wegen kleiner Vergehen eingesperrt wurden. Über die Münze»[83]. Knapp formuliert oder ausführlicher ausgeführt, bewirkten derartige Kontrollanweisungen dennoch eine eingeschränkte Ubiquität königlicher Herrschaft. Glücksfälle der Überlieferung, wie sie durch den weitverbreiteten «Allgemeinen Mahnerlaß» von 789 greifbar sind, geben unterschiedliche Verbreitungsstränge der Erlasse zu erkennen; im Fall der «Admonitio generalis» sind es mindestens sieben Verbreitungswege noch aus dem 8. Jahrhundert[84]. Sie spiegeln die Aktivitäten der fächerförmig vom Königshof ausziehenden *Missi*, die ihre jeweils mitgeführte Abschrift des authentischen Exemplars der Aachener Pfalz an den geeigneten Zentren – einem Kloster, Bischofsitz oder weltlichem Herrschaftszentrum – erneut abschreiben ließen und damit eine flächendeckende Verbreitung des fraglichen Erlasses garantierten. Ob damit freilich die allgemeine Praxis oder bloß ein Sonderfall bezeugt ist, muß offen bleiben.

Die Überlieferung der «Admonitio generalis» verrät über Karls Herrschaftspraxis am Beispiel einer heute in Leiden liegenden Handschrift (Voss. Lat. Q. 119) sogar noch mehr. Diese Handschrift bietet nämlich die Spur eines von Königsboten mitgeführten Heftes, das mehrere Rechtstexte enthielt, anhand derer die *Missi* ihre Missatsprengel informieren und kontrollieren konnten[85]. Das Heft fand bald nach dem Jahr 805 in Tours Eingang in eine größere Sammlung. Es betraf Aquitanien und die dorthin entsandten Boten, den Bischof Mancio von Toulouse und den Pfalzgrafen Eugerius. Sie sollten den allgemeinen Treueid der Bevölkerung entgegennehmen, der eben im Jahr 789 angeordnet war; doch ausgestattet waren die beiden mit einem «Breviar», das wenigstens vier Kapitularien enthielt: das Kapitular von Herstal aus dem Jahr 779 und neben der «Admonitio generalis» noch zwei weitere Erlasse des Jahres 789[86]. Karl regierte sein wachsendes «Reich» mit Hilfe schriftlicher Erlasse, eigens entsandter Gewaltboten, schriftlicher und mündlicher Publikation der Erlasse vor Ort; die Rückmeldungen seiner *Missi* informierte ihn über die Lage und über die Notwendigkeit, hier oder da unmittelbar einzugreifen.

Wiederholt, seit dem Jahr 802 regelmäßig, traten ein Bischof oder ein Abt und ein Graf gemeinsam die Mission für ihren Bezirk an, so daß dort tatsächlich kirchliche und weltliche Sachverhalte untersucht werden konnten. Es scheint, daß damals in den Kernlanden des Frankenreiches – der engeren «Francia» und in Burgund – feste Sprengel für die Kontrollfunktionen der Königsboten eingerichtet wurden (*missatica*), während sie zuvor nur ad hoc entsandt wurden[87]. Beide, der Geistliche und der weltliche Missus, stammten gewöhnlich nicht oder nicht immer aus dem Adel der fraglichen Regionen; ihre Autorität ruhte in dem königlichen Auftrag, den sie auszuführen hatten. Eine gewisse Effizienz dieses Herrschaftsinstruments läßt sich für die Zeit Karls des Großen und in den ersten Jahren Ludwigs des Frommen nicht bezweifeln. Doch Grenzen traten ebenfalls zutage. Passiver Widerstand gegen die königlichen Anordnungen dürfte verbreitet gewesen sein; und ob die *Missi* stets nur zum Wohl des Königs handelten, sei dahingestellt. Wer konnte sie schon zwingen, sich an die Tugendlehre eines Alkuin zu halten, wenn nicht die Drohung göttlichen Zorns, der Torturen der Hölle, die ewige Verdammnis. Auch der Angelsachse appellierte an sie. Wirkte die Gefahr des Verlusts der königlichen Huld stärker?

Die Grafen agierten als die Vertreter des Königs in ihren Grafschaften. Regelmäßige ‹ungebotene› und außerordentliche ‹gebotene› Gerichtstage versammelten die Gerichtsgemeinden der Freien zum Gericht und zur Entgegennahme der königlichen Beschlüsse. Auf Hoftagen und vielleicht vor den «Missi» mußten die Grafen bei Bedarf Rede und Antwort stehen; sie konnten also zur Rechenschaft gezogen werden. Rechtlose Gewaltmaßnahmen und Fehlurteile von Grafenseite sollten vor den König gebracht werden.

Jeder Herr, der Bewaffnete aufbieten konnte, jeder Bischof, jeder Abt, jeder Graf, jeder Große trat als politische Potenz in Erscheinung. Seine Freunde und Verwandten, clanartige Verbände, stärkten ihn. Zwischen den Grafen und dem regionalen Großen laikalen oder klerikalen Standes konnten durchaus Spannungen bis hin zur Blutfehde auftreten, hervorgerufen durch Neid, Zorn, Rache, Gewalt, falsches Zeugnis, Meineid und die übrigen Laster, die kein Gericht zu bändigen vermochte. Sie zu verhindern und ihrer Herr zu werden, war nicht zuletzt Aufgabe des Königs.

Auch Karl mußte – wie etwa die Begründungen für seine Ehen zeigten – auf einflußreiche Adelsgruppen Rücksicht nehmen und sie an sich zu binden suchen. Wiederholte Verbote von Schwureinungen sollten – ohne durchschlagenden Erfolg – Auswüchse königsunabhängiger Machtkonzentrationen verhindern. Konfrontation mit Adelsverbänden konnte sich der König nur in Ausnahmefällen erlauben. Immerhin, Widos Bitte und Alkuins Versprechen offenbarten Einsichten zumindest einiger der Großen in den Handlungsbedarf und bemühten sich um Wege zu rechtem und gerechtem Handeln. Die Herrscherethik begann zu wirken.

Alkuin setzte Lesefähigkeit und Lateinkenntnissen bei weltlichen Großen voraus. Karl wird sie ebenfalls erwartet haben. In der Tat, deutlich erkennbar nahm unter diesem König die Literalität der Herrschaftswaltung zu. Möglich wurde es vor allem, weil die Kirchen in eminentem Maße Schulen einrichteten und in die königliche Herrschaftspraxis einbezogen wurden. In den Reihen des Klerus wurden – jedenfalls nördlich der Alpen – jene Schreiber, Kapellane, lesekundigen Verwalter herangebildet, die für das werdende Großreich erforderlich waren. In Italien lebte wohl seit der Antike eine vergleichsweise hohe und gerade auch für das Rechtswesen geschulte Laienbildung fort.

Der Herrscher agierte gewöhnlich reaktiv, nicht «präaktiv». Oft waren Rückfragen nötig. Ein Satz solcher Antworten auf Anfragen eines «Gewaltboten» hat sich erhalten[88]. «Du fragtest, ob ein Graf für die Urteilsniederschrift (*de notitia*) einen Schilling erhalten soll, auch die Schöffen und der Notar (*cancellarius*). Lies das römische Rechtsbuch (*Romanam legem*) und handhabe es, wie du es dort findest; betrifft es aber die Lex Salica (also fränkisches Recht), und findest du dort nichts zur Sache, dann laß es auf unserem Hofgerichtstag erfragen» (c. 2). «Du fragtest» – in dieser Frage steckten wesentliche Momente der Herrschaftsstruktur und Herrschaftseffizienz. Fragte niemand, dann traf kein Königswort ein. Das römische Recht, das nur im Süden Galliens und teilweise in Italien galt, hielt noch einige allgemeine Normen bereit, auf die der König verweisen konnte. Das fränkische Recht war auf Mündlichkeit angewiesen, auf ad-hoc-Entscheidungen. Immer wieder ergingen Einzelentscheidungen; sie addierten sich zu keiner Gesamtnorm, zu keinem Reichsganzen, schon gar nicht zu einem Reichsgesetzbuch. Die Not führte oft genug die Feder, die dann von Fehler zu Fehler eilte, von Einzelkorrektur zu Einzelkorrektur.

Bischöfe und Äbte und andere königsunmittelbare Leute, die sich weigerten, zum Missatgericht zu erscheinen, sollten vom Missus mit Königsbann belegt werden; sie verfielen also der Strafe der 60 Schillinge. Weigerten sie sich auch dann noch zu kommen, sollten ihre Namen dem Königsgericht schriftlich gemeldet werden (c. 5). Brückenzoll sollte nur an den eingeführten Zollstellen erhoben werden. «Wir hatten es euch mündlich aufgetragen, aber ihr habt es nicht realisiert» (*intellexistis*) (c. 6). Auch dürfe kein unfreier Mann seine Freilassungsurkunde (*carta*) eigenständig präsentieren; vielmehr soll sie sein bisheriger Herr prüfen und, «wenn er es kann», als falsch zurückweisen (c. 7). Die Königsherrschaft war instabil; sie mußte sich von Mal zu Mal neu durchsetzen; je weiter entfernt vom Zentrum sie sich erweisen mußte, desto zögerlicher gelang es. Damit sind zur Genüge die großen Schwierigkeiten umrissen, mit denen Karl sich konfrontiert sah.

Wie lange dauerte es, bis des Königs Antwort eintraf, auch wenn das Botenwesen funktionierte? War sie dann noch aktuell? Als Beispiel kann noch einmal Karls Brief an seine Gemahlin Fastrada dienen[89]. Er handelte von wichtigen Informationen, die für den gerade durchzuführenden Kriegszug gegen die Awaren von entscheidender Bedeutung sein mußten, und die eben Karls Sohn Pippin aus Italien ihm durch Boten hatte zukommen lassen. Die Nachricht setzt einen vorgängigen Boten des Vaters an den Sohn voraus, dessen Botschaft dafür sorgte, daß die militärischen Operationen der beiden Könige und ihrer Truppen über weite Entfernungen hinweg koordiniert werden konnten. Persönliche Mitteilungen ergänzten die herrschaftsrelevanten Informationen, welch letztere der Königin zur Realisierung übertragen wurden. In demselben Schreiben aber beklagte sich Karl über ausbleibende Boten von seiner Gemahlin. Effizienz und Schwächen des Botensystems offenbaren sich hier in ein und demselben Zeugnis. Mit beidem war eben zu rechnen.

Das Heer trug wesentlich zur Stärke von Karls Frankenreich bei. Nur der König durfte den Heerbann einberufen; er entschied wohl auch, wo die Truppen auszuheben waren. Kaum hatte jeder Freie einzurücken[90]. Es bedurfte grundsätzlich zu einem Krieg der Zustimmung der Großen. Oft genug – wie etwa in den ersten Kriegen gegen die Langobarden – waren sie sich uneins. Dann kam es auf den König an, wie er seine Truppen aufzubieten vermochte, und auf die weiteren Umstände, was dann mit den ‹Kriegsdienstverweigerern› geschehen sollte oder konnte. Die Attraktivität möglicher Beute oder tatsächliche Gunsterweise des Königs erleichterten die Entscheidung.

Vasallen des Königs und der Großen bildeten zunehmend das Rückgrat des Heeres. Sie waren eigens mit Besitz ausgestattet, hatten dafür Waffen, Pferd und sonstige Ausrüstung, etwa eine teure Brünne, zu stellen. Diese militärorientierte Vasallität war ein Kennzeichen des Frankenreiches. «Königsvasallen», *vassi dominici*, verfügten über wenigstens zwölf oder wesentlich mehr Hufen. Das Leihewesen erstreckte sich, auch wenn es sich noch zu keinem abgerundeten Lehnswesen entwickelt hatte, gerade auf die Kampftruppen der Karolinger. Mehr und mehr drängte diese Entwicklung das Gros der freien Männer aus dem Heer. Der Sachverhalt spiegelte deren wachsende Armut und sozialen Niedergang; manch ein freier Mann zog eine geschützte Unfreiheit der risikobehafteten Freiheit vor und ergab sich einem fremden Herrn. Karl bedachte in seinen späten Jahren Konsequenzen, indem er die Heerpflicht jener Armen nach Maßgabe ihres Vermögens begrenzte[91]. Aber er hielt damit den sozialen Abstieg der Betroffenen nicht auf; tatsächlich waren umwälzende Mediatisierungsprozesse der freien Leute im Gang, die in zunehmende Abhängigkeit von den regionalen Großen – Grafen, Bischöfen oder sonstigen Herren – gerieten, deren Schutz sie suchen mußten. Unter Karl war es noch kaum zu spüren; doch langfristig verselbständigten sich die Regionen gegenüber dem königlichen Zentrum.

4

Orientierung in der Weite des Raumes

Karl herrschte über ein Riesenreich. Welche Vorstellungen machte er sich von demselben? Von dem weiten Raum zwischen Nordsee und Kampanien, hin zu den Pyrenäen oder zum Ebro, zwischen Atlantik und Elbe, in dem er sein Königtum zur Geltung brachte, von den regionalen Gewalten hier und dort? Wir wissen es nicht. So häufig Karls Erlasse Momente von Herrschaftsethik zur Sprache brachten, so selten beachteten sie reale Bedingungen, die Verhältnisse hier und da, die Schwierigkeiten der Kommunikation, die Reisezeiten, alle technische Details. Wieweit fügte Karl die Teile – Königtum, Dukat, Grafschaft, Kirchenprovinz, Bistum je hier und dort gedanklich zu einem Ganzen zusammen? Sonderliche Hilfsmittel standen ihm nicht zur Verfügung. Die kirchliche Raumgliederung von den Kirchenprovinzen bis zu den Pfarrsprengeln bot noch das am weitesten entwickelte und zugleich stabilste ‹Verwaltungsnetzwerk› über das gesamte Reichsgebiet; doch es ließ sich immer nur vor Ort erfassen. Anweisungen des Königs konnten im Idealfall über diese Raumordnung von ‹oben› nach ‹unten› durchgereicht und beim Volk tatsächlich wirksam werden. Niemand aber besaß eine vollständige Kenntnis dieser Binnenstruktur des Reiches.

Unbekannt ist, wie Karl sich räumlich orientierte. Die Dimensionen seines «Reiches» ließen sich nur annähernd erahnen, Befehle entsprechend langsam übermitteln. Geschwindigkeit war keine vertraute Dimension. Entfernungen wurden konkret in Tagesreisen, nicht abstrakt in Normmaßen gemessen, nicht in Meilen oder Kilometern. Auch Karl wußte aus Erfahrung, wie weit sich der Weg aus der «Francia» nach Rom oder Regensburg dehnte. Das leistungsfähige Postsystem römischer Zeit war längst zusammengebrochen. An seine Stelle waren Behelfe durch eine Vielzahl von Boten getreten, wie sie aus der Beschreibung des Augsburger Klosters Staffelsee bekannt sind[92]. Auch des Königs Botenwesen dürfte weit entwickelt gewesen sein; vermutlich waren auch in seinem Fall bestimmte Boten einzelnen Pfalzen zugeordnet, die – ortskundig – für eine rasche Weiterleitung der Befehle und Nachrichten sorgen konnten.

Abstrakte Kartenbilder gab es nicht; die antiken Geographen hatten sich zumeist des Griechischen bedient, das im lateinischen Westen mehr oder weniger, von Ausnahmen wie Rom abgesehen, vergessen war. Die römischen Straßenkarten waren mit wenigen Ausnahmen wie die berühmte «Tabula Peutingeriana» untergegangen[93]; wir wüßten nicht, daß eine von ihnen noch in Gebrauch war. Die erhaltene «Tafel», die Konrad Celtis entdeckte und Konrad Peutinger übergab, kopierte im 12. Jahrhundert – über eine karolingerzeitliche Zwischenstufe? – eine Karte des 4. Jahrhunderts. Mainz, Köln, Xanten oder Tongern lassen sich entdecken, Aachen, Echternach, Prüm oder Lorsch nicht. Ob ein frühmittelalterlicher Besitzer sich auf ihr zurechtgefunden hätte?

Das Wissen des Volkes war kleinräumig, orts- oder regionsgebunden; allein die «Reichsaristokratie» besaß einen weiteren Horizont. Keine geographischen Karten, sondern Himmelsrichtungen, Strapazen, endlose Ritte, Zeltlager, das Abreiten der Straßen und Fernwege bestimmte ihr aller Wissen um den Raum. Nur im Kernraum der «Francia» zog Karl von Pfalz zu Pfalz; auf seinen Zügen nach Aquitanien, Sachsen oder nach Baiern, auch in der Lombardei mußte er sich mit Zelten behelfen.

Der Weg nach Rom etwa zog sich von Etappenort zu Etappenort, aufgereiht wie Perlen an einer Kette, entlang der Straßen, die über die Alpen nach Süden führten, festgehalten in knappen Verzeichnissen. Von Pavia nach Rom folgte die Straße schon in Karls Zeit der später so genannten «Frankenstraße», der *Via Francigena*, der großen Heer- und Pilgerstraße, die über Lucca, Florenz, Siena und Acquapendente Rom erreichte und teilweise die antike Via Cassia, eine alte Konsularstraße, benutzen konnte[94]. Karl wird sie gezogen sein. Doch selbst in Italien stand es um die alten römischen Straßen nicht mehr immer zum besten. Immerhin bildete die Via Amerina, auch sie eine antike Konsularstraße, das Rückgrat der Verbindungen zwischen dem Exarchat Ravenna und dem Dukat von Rom, und als solches zugleich des werdenden Kirchenstaates. Karl kannte sie wohl ebenfalls; sie führte von Rom aus östlich der Cassia und westlich der Flaminia nach Ameria (heute Amelia in Umbrien)[95].

Sonst mangelte es weitgehend an einem leistungsstarken Straßenwesen. Die antiken Post- und Etappenstationen hatten die einstigen Dienstpflichten nicht tradiert. Gras, Gestrüpp und Wald überwucherten die Trassen; sie verfielen. Östlich des Rheins sah es noch schlimmer aus als im einstmals römischen Gallien. Entsprechend eingeschränkt waren die Beweglichkeit und die Transportkapazitäten. Zumeist rollten nur zweirädrige Ochsenkarren über die Wege. Wieweit vierrädrige Reisewagen, wie sie die Antike und die Merowingerzeit kannten, noch in Gebrauch standen, ist nicht zu prüfen. Technische Schwierigkeiten hemmten die Kommunikation.

Die Lage von Rhein, Rezat, Altmühl und Donau wurde Karl «von einigen, die behaupteten, es in Erfahrung gebracht zu haben»[96], so klar vor Augen geführt, daß er im Zuge des Awarenkrieges im Jahr 793 einen schiffbaren Verbindungskanal – die noch heute drei Kilometer lange und Wasser führende *fossa Carolina* – zwischen den großen Flüssen planen und ausheben lassen konnte. Er scheiterte an technischen Problemen, nicht am geographischen Wissen; die von tagelangem Regen aufgeweichte Erde rutschte immer wieder nach. Doch auch so ließen sich, wie wiederholt geschehen, die Schiffe über die tatsächlich günstigste Stelle von dem einen zum anderen Wasserlauf umsetzen[97].

Die herausragende Bedeutung von Mainz, Worms, Frankfurt im Zentrum seiner Länder ließ Karl eine hölzerne Brücke «von 500 Schritt Länge» bei Mainz über den Rhein schlagen, die freilich binnen Jahresfrist einem Feuer zum Opfer fiel. Sie sollte steinern erneuert werden, was Karls Tod verwehrte[98]. Der König wußte Sachsen bald von Süden, bald von Westen aus, von Frankfurt und Duisburg aus, anzugreifen; wahrscheinlich standen ihm dafür einheimische Führer zur Verfügung – eine ideale Ergänzung von Wissen der Ferne und Wissen der Nähe. Sie gestattete weiträumige Kommunikation, aber keine rasche Erledigung eiliger Entscheidungen und Maßnahmen.

Nicht alle Regionen des wachsenden Karlsreiches wurden in gleich intensiver Weise von den Reformplänen und der Fürsorge des Königs erfaßt. Wiederum standen die Kerngebiete im Mittelpunkt. Der König konnte nicht überall sein. Auch wenn er – jedenfalls in seiner Frühzeit – regelmäßig den weiten Kernraum seines «Reiches», die *Francia*, durchzog, so sahen Neustrien (deren Westgebiet, westlich der Seine) oder Alemannien ihn selten, Baiern zeitweise häufiger. Auch Aquitanien suchte er nur gelegentlich auf; doch führte der Weg nach Spanien durch dieses Land. Italien betrat Karl immerhin fünf Mal. In den beiden letzten Regionen überließ er die Wahrnehmung der Königsherrschaft seinen Söhnen: in Aquitanien Ludwig, in Italien Pippin.

Auf seinen Wegen durch das «Reich» konnte Karl sich nur regionsweise auf Königspfalzen stützen. Sie boten Quartier und dienten der Versorgung des reisenden Königshofes. Sie lagen in der «Francia» dicht gedrängt, nur Tagesreisen voneinander entfernt; in Ostfranken und im Grenzgebiet zu Baiern, auch in Aquitanien oder Italien sah es, wie erwähnt, anders aus, erst recht in Sachsen. Dort war die Pfalz Paderborn, am Zusammenfluß von Pader und Lippe gelegen, die Karl seit dem Jahr 776 errichten ließ, für lange Zeit einzigartig. Man mußte sich oft genug irgendwie behelfen. Als der König im Jahr 793 von Regensburg nach Frankfurt zurückkehrte, schlug er zwischen Altmühl und Rezat seine Zelte auf; dort empfing er eine päpstliche Gesandtschaft, die «große Geschenke» überbrachte[99]. Die Gesandtschaft des Kalifen Hârûn al-Rašid im Jahr 801 begrüßte Karl im Heer- und Zeltlager zwischen Pavia und Vercelli. Auch wenn dafür besondere Gründe vorlagen, so hätte ihm dort keine Pfalz zur Verfügung gestanden.

Die Versorgung des reisenden Königshofes war schwierig und erforderte vorauseilendes Wissen um den Reiseweg. Zog doch – so hat man erschlossen – mit dem König ein Gefolge, das bis zu 2000 Personen zählen konnte[100]. Die Gastung oblag den Pfalzen; doch wurden gerade auch Klöster und Bischöfe dafür herangezogen. Der Königsgastung durfte man sich nicht entziehen. Ein königlicher Besuch hier oder da war gewiß ehrenvoll, bedeutete ohne Zweifel einen Hulderweis, aber er kam den Gastgeber teuer zu stehen. 2000 Mäuler zu stopfen, und sei es nur für einen Tag, dazu die Pferde und weitere Zugtiere – da wurden die Vorräte aufgezehrt, die Ochsen, die Schafe geschlachtet, das Heu verfüttert. Das lombardische Kloster Novalese bekam es schon auf dem ersten Italienzug des jungen Frankenkönigs zu spüren; der König soll geblieben sein, bis die Speicher und Vorratskammern leergegessen waren[101]. Privilegien sollten den Schaden kompensieren; sie aber kamen auf Dauer gesehen das Königtum teuer zu stehen.

Karl konnte teilweise an ältere Herrschaftspraxis aus der Zeit seines Vaters anknüpfen. Sie bestand in den Zentren der «Francia» fort. Doch war zumindest teilweise eine Neuorganisation bei der dauernden Ausweitung der Reichsgrenzen unabdingbar. Neue Grafschaften entstanden nicht nur in Sachsen, auch in Italien, da das Langobardenreich keine Grafen gekannt hatte. In Gallien hatten viele spätantike *civitates* – große oder kleine Siedlungsgebilde mit städtischem Zentrum und abgegrenztem Hinterland – die kulturellen Verschiebungen seit dem Ende des römischen Imperiums überdauert. Rechts des Rheins und nördlich der Donau aber gab es keine Städte.

Selbst in den Gebieten des einstigen Römerreiches südlich der Donau oder im ehemaligen Dekumatenland hatten sich die Verhältnisse gründlich geändert. Passau, Regensburg, Salzburg oder Augsburg waren geschrumpft oder lagen in Trümmern; auch nicht die Spur einer *Civitas*-Organisation hatte die Zeiten seit dem Abzug der römischen Truppen überlebt. Immerhin hatten Salzburg (*Iuvavum*), Regensburg (*castra Regina*) und Augsburg (*Augusta Vindelicorum*) ihre römischen Namen behalten, was – aller Bajuwarisierung zum Trotz – für eine romanische Bevölkerungskontinuität spricht. Die neugeschaffenen Grafschaften in diesen Regionen lehnten sich mitunter an ältere Gaue an. Genauere Grenzen werden freilich erst lange Zeit nach Karl dem Großen erkennbar.

Gelegentlich verraten einige überlieferte Briefe, etwa die Briefe Einhards, wie die Großen und analog wohl auch der König mit ihren Verwaltern kommunizierten. Hier wurde befohlen, getadelt, gescholten. «Wir wollen, daß du einige Leute nach Aachen schickst, die unsere Wohnung renovieren und herrichten, und daß du, was wir dort benötigen, nämlich Mehl, Bier, Wein, Käse und das übrige, wie üblich zur rechten Zeit dorthin bringen läßt»[102]. «Wir wundern uns sehr, daß alles so blieb, wie es war, was wir zu erledigen befahlen. ... Was du nach Mühlheim hättest schicken sollen, hast du nicht geschickt ... nur 30 Schweine und nicht einmal gute, nur mittelmäßige ... Wenn von dort (Fritzlar) nichts Besseres kommt, als was du schicktest, was nutzt mir dann das Lehen dort»[103]. «Wir tun dir kund, daß wir Wachs brauchen für unseren Bedarf. Hier können wir keines auftreiben, weil der Honigertrag in den letzten beiden Jahren schlecht war»[104]. Selbstredend war der Ton in den Briefen an Bischöfe, Grafen oder den Kaiser freundlich und demütig.

Insgesamt freilich erwiesen sich die Maßnahmen Karls des Großen – hier bestätigend, dort erneuernd, andernorts innovativ – als höchst wirksam. Die aus der Spätantike, der ‹Väterzeit›, übernommene, erneuerte und fest etablierte Kirchenverfassung überdauerte bis heute. «Grafen» gab es grundsätzlich nur in den Grenzen des Karlsreiches und jener Herrschaftsgebilde, die von dort geprägt wurden, auch wenn sich die Grafschaften zum Hochmittelalter hin verschoben oder auflösten. Das Institut der Grafen griff sogar in jene Neubildungen über, die direkt oder indirekt auf das alte Karlsreich zurückführten wie etwa in das normannische England, das normannische Königreich Sizilien oder die Herrschaftsbildungen der Kreuzfahrer im Heiligen Land. Entsprechendes gilt für die Vasallität, die gleichfalls nur in Regionen mit karolingischen Wurzeln anzutreffen ist und tatsächlich die Grundlage abgab für das hochmittelalterliche Lehnswesen. Allein die Grundherrschaft als eine der Säulen, auf denen die Macht Karls des Großen ruhte, unterlag nach seiner Zeit deutlichem Wandel, verhielt sich also nicht anders als heutige Wirtschaft auch.

5

Sonderfall Italien

In Italien war alles anders als in der «Francia», das mediterrane Klima, der Fortbestand alter Traditionen, die Sprache, die soziale Ordnung, die Rechte, die Produktionsordnungen, die Beziehungen zum Papst, die Religionspraxis, die Bildungsverhältnisse, das Wissen, kurzum alles. Die antike Stadtkultur war nicht völlig erloschen, obgleich auch hier wie andernorts die Stadtareale geschrumpft waren und Ruinenfelder sie umgeben konnten. Erhaltene oder restaurierte Bauten zeugten allenthalben von dem einstigen Glanz. Das urbane Zentrum, die *civitas*, der Sitz des Bischofs und seit karolingischer Zeit eines Grafen, war umgeben von einem mehr oder weniger ausgedehnten Umland, dem *comitatus*. Mitunter erwiesen sich diese stadtzentrierten Grafschaften als ausgesprochen kleinräumig. Die Begegnung der Franken mit diesem Land und seinen Menschen aber, die Konfrontation mit dem Fremden seit der Eroberung Pavias, mit der noch wahrnehmbaren Antike, lenkte geistige Innovationsschübe nach dem Norden. Karl mußte je länger desto deutlicher eine gewisse Rückständigkeit seines eigenen Frankenreiches erkennen. Ein ungeheurer Reformbedarf offenbarte sich ihm. Die Einsicht traf zusammen mit den ersten Reformanstrengungen, die bereits unter Karls Vater Pippin unternommen worden waren.

Die Langobarden hatten nicht das gesamte Land erobert; weite Regionen Italiens waren kaiserlich, was hieß: römisch geblieben. Ihr Zentrum bildete Ravenna, der Sitz des Exarchen, des Vertreters des Kaisers in Italien. Auch als der König Liudprand die Via Emilia nach Südosten vordringen, im Jahr 728 Bologna und 23 Jahre später sein Nachfolger Aistulf Ravenna erobern konnten, führten diese Erfolge zu keiner Einebnung der Herrschafts- und Rechtsverhältnisse. Südöstlich von Modena, in der «Romagna», galt römisches, nicht langobardisches Recht; hier herrschten andere Verhältnisse als im Westen und Norden des Landes. Heerwesen, Personenstand, Gerichtsverfassung und anderes unterschieden sich hier und da kräftig.

22 Bernhard von Italien als König und Gesetzgeber, Kapitularienhandschrift, früheres 9. Jahrhundert (Benediktinerstift St. Paul im Lavanttal, Kärnten, Cod. 4/1 f. 1v)

In der Mitte der Halbinsel erstreckte sich das langobardische Herzogtum von Spoleto; es war mehr oder weniger unabhängig vom Königtum in Pavia, doch unterstand es dem Frankenkönig. Weiter im Süden formte sich allmählich der «Kirchenstaat» des Papstes, das «Patrimonium Petri». Noch weiter gegen Mittag hielt der Herzog von Benevent die Herrschaft in Händen, auch er ein Langobarde und längst unabhängig vom König in Pavia. Er vermochte, zwischen den Fronten lavierend, auch den Karolingern erfolgreich Widerstand entgegenzusetzen. Apulien und Kalabrien gehörten noch unangefochten zum Reich der Rhomäer. Die Apenninhalbinsel bot damit alles andere als ein geschlossenes Bild. Auch ein Karl konnte hier nur erobern; das Land aber rechtlich oder kulturell zu einen, vermochte er nicht.

Pavia zeichnete sich durch eine Reihe zentraler Einrichtungen aus. Die Königspfalz war das Zentrum der Herrschaft, der Sitz der königlichen Finanzverwaltung, wo alle Abgaben (*exactiones*) zusammenflossen, wo das Königsgericht tagte, an dem nicht nur rechts-, sondern auch schriftkundige «Hofrichter» (*judices palatii*) und Hofnotare tätig waren. Karls Schenkungen italienischer Güter verwiesen wiederholt auf die an das *palacium* fließenden Abgaben[105]. Vielleicht war dort eine Rechtsschule zu Hause, an der die Richter den Umgang mit dem langobardischen Recht lehrten. Die sog. *Honorantiae civitatis*, eine Ämterbeschreibung der königlichen Kammer und der Pfalz, lassen noch etwas von der Effizienz der frühmittelalterlichen Organisation der Königsmacht erahnen. Sie stammten in der vorliegenden Form zwar erst aus spätottonisch-frühsalischer Zeit, doch besaßen sie vermutlich ältere und wohl in die langobardischen Jahrhunderte zurückreichende Wurzeln.

Auf diese verweist gleich das erste Kapitel: «Ihr alle, die Liebe, Nutzen und Ehre des Reichs der Lombardei erfüllt, vernehmt frohen und rechten Geistes, daß alle Ämter, die der Kammer des Königs und der Pfalz zugeordnet sind, und alle Königsrechte der Langobarden in alten Zeiten eingerichtet wurden»[106]. Nament-

lich erwähnt wurden freilich nur Könige des 10. Jahrhunderts, kein einziger Karolinger oder gar Langobarde. Geregelt wurden die Handelszölle und die Münze, die Abgaben der Goldwäscher und anderer Gewerbe, auch die Vormundschaft für reiche Frauen wurde bestimmt, die keinen Muntwalt hatten. In der Stadt und in Verbindung mit dem Königshof blühten eine oder mehrere Schulen, an denen Laien lehrten und die Laien besuchten; sie sorgten für eine noch immer beachtenswerte literate Bildung; sie reichten auf jeden Fall in die Langobardenzeit zurück. Karl sollte davon profitieren, auch wenn die Traditionen des Frankenreiches und das Personalitätsprinzip des Rechts die Übernahmen der Institutionen verhinderten.

In der Tat, die Laienbildung blühte in der Stadt am Ticino und andernorts. Die Grammatik, der Lateinunterricht, der die Dichtkunst mit einschloß, standen in hohen Ehren. Petrus Pisanus hatte dort unterrichtet, bevor er mit Karl nach Norden zog. Auch Paulus Diaconus war als Laie in Pavia zur Schule gegangen, hatte dann zeitweilig dort selbst als Lehrer gewirkt, bevor er die Prinzessin Adalperga nach Benevent begleitete und sich später, nach dem Untergang des Langobardenreiches, nach Montecassino zurückzog. Paulinus, den Karl seiner Bildung wegen erst an seinen Hof gezogen hatte und dann zum Erzbischof von Aquileia erhob, war Lehrer in Cividale gewesen, dem Herrschaftszentrum im Friuli, noch heute durch seinen einzigartigen «Tempietto» ausgezeichnet. Vielleicht überlebten – etwa in Pavia oder in Mailand – sogar Handwerker- und überhaupt Berufskollegien den schleichenden Niedergang der Antike.

Die karolingischen Könige Italiens freilich residierten nicht in Pavia, sie bevorzugten, vielleicht der Nähe zu der Grenze gegen die Awaren wegen, zunächst die Pfalz in Verona. Dort sammelte Pippin, Karls Sohn, möglicherweise wie der Vater antike Texte und Handschriften. Vielleicht hat sich tatsächlich, gewiß ist es freilich nicht, in der Handschrift der Staatsbibliothek Berlin Diez B Sant. 66 ein Inventar erhalten, das freilich auch mit dem Karlshof in Verbindung zu bringen ist[107]. Das Bemerkenswerte dieser für das 8. Jahrhundert tatsächlich einzigartigen Liste sind die zahlreichen paganen lateinischen Autoren, die sich zwar in der fraglichen Bibliothek befunden haben könnten, aber am Hof des Frankenkönigs nicht nachzuweisen sind: die Dichter Lucan, Statius, Terenz, Juvenal, Tibull, Horaz, Claudian, Martial, die beiden Prosa-Autoren Cicero und Sallust, sowie die drei Grammatiker Julius Victor, Servius, Arusianus Messius. Wohin immer diese Liste gehörte, sie verweist auf einen weltlicheren Bildungshorizont als sonst im Frankenreich vor dem Jahr 800.

Überhaupt, neben Pavia, Verona oder Ravenna traten andere Zentren karolingischer Herrschaft und vorkarolingischer Bildung hervor. Ohne Zweifel gehörte die irische Klostergründung in Bobbio dazu. Auch Rom war – aller pippinischen Schenkung zum Trotz – nicht ausgenommen. Karl selbst hielt dort als Kaiser Gericht – zum Ärger des Papstes. In Oberitalien, der Stadt Rom und in Benevent, in der Nachbarschaft zu Byzanz, fanden sich – von den Iren abgesehen – die letzten Residuen an Griechischkenntnissen in der lateinischen Welt. Karl hat sie nicht erneuert.

In den einzelnen Regionen Italiens herrschten je eigene soziale Verhältnisse und ein je eigenes Recht. Langobardisches Recht galt im Herrschaftsgebiet der Langobarden, vulgarrömisches Recht in der Romagna; die Franken aber, die Baiern und Alemannen, die Karl nach Italien schickte, brachten ihr eigenes Recht mit, nach dem sie weiterhin bis ins Hochmittelalter lebten. In jedem Gericht mußte fortan erfragt werden, nach welchem Recht die Prozeßbeteiligten lebten. Das ursprünglich langobardische Herzogtum Spoleto bildete noch einmal politisch, rechtlich und kulturell eine Einheit für sich. Seit Karls Eroberung und Einbindung Italiens in seine Herrschaft rückte alles nebeneinander, um von dem noch immer langobardischen oder byzantinischen Süditalien ganz zu schweigen.

Das Kapitularienrecht erreichte zwar auch Italien. Doch gewöhnlich erließen die Könige eigene Kapitularien für das dortige Königreich. Sie setzten noch vor der Eroberung Pavias mit einer Verfügung ein, die Karl anscheinend im Lager erlassen hatte und die jenen Freien die Freiheit zurückgeben sollte, die sich aus Not in Knechtschaft verkauft hatten, inkorrekte Verkäufe von Eigengut sollten revidiert werden, Verkauf und Schenkung sollten wie früher nach dem Recht erfolgen[108]. Anscheinend hatte das Auftreten des fränkischen Heeres für einige Unsicherheit in der einheimischen Bevölkerung gesorgt.

Nur wichtigste Verfügungen des Nordens drangen in den Süden. Das bezeugt beispielsweise eine vergleichsweise frühe Sammlung, die bald nach 789 entstanden sein muß und in einer vermutlich in St. Gallen im frühen 9. Jahrhundert geschriebenen «kleinen Gebrauchshandschrift» (St. Gallen, Stiftsbibl. 733) überliefert ist[109]. Sie vereinte das erweiterte Kapitular von Herstal (779)[110] und die berühmte «Admonitio generalis» von 789[111] mit älteren italienischen Kapitularien Karls des Großen und seines Sohnes Pippin. Vielleicht war die Handschrift für den letzteren bestimmt, zu dessen Erbteil Alemannien mit St. Gallen gehören sollte, oder für dessen Sohn Bernhard, den jungen König Italiens.

Unter den Texten dieser Sammlung befindet sich auch ein Schreiben Karls an die weltlichen italienischen Großen[112]. Bereits die Adresse verdeutlicht mit der Fülle der genannten Amtsträger den Unterschied zum Frankenreich: «Den geliebten Grafen, Richtern, unseren Vasallen, den Vikaren, Zentenaren und allen unseren Boten und Beauftragten». Es sei ihm zu Ohren gekommen, so schalt der König die Angesprochenen, daß sie ihren Bischöfen und Priestern nicht in der Weise gehorchten, wie es das Kirchenrecht verlange, daß nämlich ihre Priester den Bischöfen nicht vorgestellt würden, daß sie fremde Kleriker an sich bänden und in ihre Kirchen einwiesen, daß sie den Zehnten und den Neunten sich aneigneten, die Zinszahlungen verweigerten und überhaupt die Erneuerung der Kirche verhinderten. Das mit dem Königssiegel versehene Schreiben, das wohl vor 789 den Königshof verließ, verdeutlicht nicht zuletzt die bestehenden Schwierigkeiten, die Reformziele in den Weiten des Karlsreiches durchzusetzen, und die Notwendigkeit, einen eigenen König – den Sohn Pippin – nach Italien zu entsenden. Die Kapitularien und Königsurkunden ergingen im Namen beider, des Vaters und des Sohnes.

So machtstabilisierend die Herrschaftsordnung im Frankenreich auch war, ohne Italien hätte Karl den Gipfel des Ruhms nicht ersteigen können. Drei einstige Kaisersitze lagen hier, Mailand, Ravenna und Rom, antikes Wissen und Gelehrsamkeit bündelten sich hier, das Haupt der Kirche hatte hier seinen Sitz. Vertrauteste Ratgeber entsandte er hierher, um seinem Sohn zur Seite zu stehen. Antikes, «römisches» Wissen floß von hier nach dem Norden. Italien brachte die Krone, die bald sein Haupt schmükken sollte.

VI

DER HERRSCHER

1

Der König schützt die Kirche und stärkt den Glauben

«Unsere Aufgabe ist es, Christi heilige Kirche vor der Zerstörung durch Ungläubige nach außen mit Waffen zu schützen, im Innern durch die Erkenntnis des katholischen Glaubens zu stärken». Wenn ein Satz aus Karls Briefwechsel mit den Päpsten ein allgemeines Herrschaftsprogramm umriß, dann diese Worte an den eben, im Dezember 795, geweihten Leo III.[1] Karl war nun 48 Jahre alt, auf der Höhe seiner Kraft, als er solches schreiben ließ. Er schwang das Schwert und festigte den Glauben. Seine Ziele lagen klar vor ihm. Katholisch, Gott nahe, nach dem Maß der eigenen Seele[2]: Eine mit der Königsherrschaft verschmelzende Religiosität, eine ‹politische› Religion könnte sie heißen, wenn der Begriff nicht Gefahr liefe, unzeitgemäß zu sein.

Karl war von früh an im Glauben erzogen. Er folgte seiner ewig gültigen Botschaft. Sie duldete keinen Wandel; sie konnte nur bedroht, nur von Häretikern verfälscht, nur verloren werden. Den Glauben zu schützen, war die Königsaufgabe schlechthin; er war für alle Zeit ausformuliert und verpflichtend. Wenige Zeugnisse und an ihrer Spitze das Glaubensbekenntnis bargen seine Botschaft, wenn auch in knappe, schwer ergründbare Worte gehüllt. Ihre Geheimnisse hatten die heiligen Kirchenväter erläutert. Daran war nicht zu rütteln; zu ihrem Glauben war zurückzukehren. Ihre Schriften verkündeten die rechte Norm. So etwa dürfte Karl es gesehen haben und entsprechend handelte er. Diesen Glauben zu verbreiten und weiter zu festigen, erkannte er nun als seine vordringlichste Aufgabe.

Wohin immer der König, der Eroberer, vorstieß, Glaubensboten begleiteten und folgten ihm. Karl stellte sich damit in eine lange

Tradition christlicher Herrscher. Aber das genügte ihm nicht; er drängte darüber hinaus und überschritt bisherige Grenzen. Er wachte über das rechte Verständnis dieses Glaubens, über das kanonische Wissen um ihn. Dem Papst wies er bloß das Gebet zu: «Eure Aufgabe, allerheiligster Vater, ist gleich Moses mit zu Gott erhobenen Händen unserem Dienst beizustehen (*nostram adiuvare militiam)*, auf daß, indem ihr betet, das Christenvolk durch Gott als Führer und Spender allezeit und allerorten den Sieg über die Feinde seines heiligen Namens davontrage, und der Name unseres Herrn Jesus Christus in der ganzen Welt verherrlicht werde». Der «Name», das war Gott, war die Kirche, der rechte Glaube. Karls vornehmste Bestimmung war, gestärkt vom Gebet des Nachfolgers Petri, die Verherrlichung des Namens Christi. Er hatte den Gipfel der Macht bestiegen. Da er siegte, war Gott mit ihm.

Den Brief hatte der Angelsachse Alkuin stilisiert, der unlängst wieder am fränkischen Hof eingetroffen war und fortan für immer im Frankenreich blieb. Eine spezifisch angelsächsische Position vertrat er mit den programmatischen Sätzen nicht. Was er diktierte, mußte tatsächlich Karls Vorstellungen und Wünschen, seinen Zielen entsprochen haben. Alkuins Kontrahent, der Westgote Theodulf, schon oder bald Bischof von Orléans, beeilte sich, die Aufgaben noch schärfer zu fassen: «Du (Karl) führst die Schlüssel der Kirche, er (Leo) die des Himmels. Du lenkst seine Macht, leitest Klerus und Volk. Er führt dich zu den himmlischen Chören»[3].

Andere sahen es in ähnlicher Weise. Der König sei «Vertreter Gottes, ein Bischof nur Vertreter Christi», so hieß es – in theologisch und kirchenrechtlich nicht unproblematischer Differenzierung – in dem Pastoralschreiben des Iren Cathuulf[4]; «Herr und Vater, König und Priester, aller Christen maßvollster Lenker» feierten ihn Italiens Bischöfe im Jahr 794[5]. «König und Priester»: Solche Lenkerschaft überstieg jede bloße Schutzherrschaft, griff in die Ordnung der Kirche ein, wachte über den Glauben, machte vor geistlichen Aufgaben nicht halt. Leo oder schon Hadrian konnten es schwerlich billigen, mußten es aber dulden. Jeder Krieg, jedes Gericht, das Karl hielt, jede Strafaktion, die er durchführen ließ, erst recht jedes Eingreifen in theologische Dispute, derer es nicht mangelte, war seiner Kirchenleitung geschuldet.

Karl handelte aus den Erfahrungen der zurückliegenden Jahrzehnte. Die Kirchen des Frankenreiches, ihre Priester und Besitzungen, hatten schwer unter den Nachwehen der unruhig-kriegerischen Verhältnisse des früheren 8. Jahrhunderts zu leiden. Hier mußte reformiert werden. «Kirche» aber umfaßte im Verständnis der Epoche mehr als nur die Geistlichkeit. «Kirche» überstieg alles Irdische; sie war der mystische Leib Christi, präsentierte sich gemäß dem Apostel Paulus als das einzige korporative Ordnungsmuster, über das die Zeitgenossen verfügten: Ein spiritueller Leib mit Haupt und Gliedern, mit Augen, Ohren und weiteren Organen (Röm. 12,4 und 1Kor. 12,12–28), eine heilige Einheit. Die durch den Apostel gesegnete Imagination eines mystischen Körpers mußte die tausendfältige Lebenswelt bildhaft in ein überschaubares, christlich geformtes, soziales und institutionelles Ganzes bannen.

Inmitten dieser Kirche, als ihr Glaubenswächter sie ordnend und leitend, sah sich der König. Die spirituelle Einheit bedurfte für ihre irdische Erscheinung seiner Fürsorge und seines Schutzes: Schutz für die vielen Kirchen und ihre Priester, für deren Besitz, für Klöster und Mönche, für den rechten Glauben und die seinetwegen erforderliche Bildung, für alle Christen und ihren Gottesdienst, Schutz auch für den Papst und die Apostelkirche in Rom. Die heilsnotwendige Friedensordnung wollte Karl verwirklichen; Friedensstiftung verstand er als seine dringlichste Aufgabe. So wuchs dem König eine Lenkungsmacht zu, die Kirche und Welt in Übereinstimmung bringen sollte, oder genauer: so zog er sie, der Not der Zeit gehorchend, an sich.

Eine scharfe Trennung von weltlich und geistlich, von «Königtum» und «Kirche», kannte Karl nicht; sie verbot sich damals von selbst. So war auch sein «Königtum» (*regnum*) eingebunden in die Kirche, deren Haupt Christus war. Die Geschichtsschreiber der Epoche, gefangen in den Traditionen ereignisbeschreibender Jahrbücher, schwiegen von religiösen Glaubenswelten und den Zielsetzungen, die sie weckten. Doch Karls Kapitularien und die Kanones seiner Synoden kündeten wieder und wieder davon; das zitierte

Schreiben an den Papst Leo deutete die Königsherrschaft und den Einsatz der Königsgewalt geradezu als Gottesdienst. Solche *militia* vereinte Krieg und Frieden, legitimierte die Kriege gegen Heiden und Ungläubige, gegen die Feinde Sankt Peters, legitimierte auch die Gewalt gegen jedweden Friedens- und Eidbrecher im eigenen Reich. Herrschaft als Gottesdienst rechtfertigte somit, ja, segnete Karls gewaltsames Vorgehen gegen die Sachsen und Langobarden, auch gegen seinen Vetter Tassilo. Denn «der Schöpfer aller Dinge hatte ihn (Karl) für immer zum Triumphator bestimmt»[6].

Neben dieser «Kirche», von der Karl oder Theodulf sprachen, traten, ohne daß Karl sie vernachlässigte, die drei oder vier anderen Seiten der Reichsordnung zurück: das Königshaus mit dem

Königsgut und seiner Bewirtschaftung, das Heer und das Gericht. Das mag eine Folge der zwar relativ günstigen, insgesamt aber dürftigen Überlieferung sein, die einseitig kirchliche Hinterlassenschaften bevorzugte, während Weltliches nur dann eine Chance hatte tradiert zu werden, wenn es rechtzeitig in kirchliche, zumal in klösterliche Archive gelangte[7].

23 Reiterstatuette, vermutlich Karl der Große, 9. Jahrhundert, heute im Louvre zu Paris

Doch ein spezifisch politisches, ein die divergierenden Interessen der Gesellschaft ausdifferenzierendes Denken existierte damals noch nicht oder nicht mehr. Das «Reich» war kein Subjekt, «Politik» keine reflektierte Handlungskategorie, «Reichspolitik» eine ferne, zukünftige, einstweilen undenkbare Größe. Jahrhunderte mußten noch ins Land ziehen, bevor es sich ändern sollte. «Kirche» indessen als übergreifende gottgestiftete Einheit und «Königshaus» (*palatium*, *aula*, *domus regis*) als ordnungsstiftendes Zentrum der «Königsherrschaft» und ihres Geltungsraumes (*regnum*), dazu das «Volk» der Franken und andere «Völker», sie formten den semantischen Rahmen, innerhalb dessen Karl mit seinen Zeitgenossen sich orientierte und seine Welt ordnete[8]. «Kirche» war ihnen die ungeteilte Einheit von Seelenheil und Herrschaftspraxis.

Hinter Alkuins Formulierung in dem Schreiben an Leo III. stand Karls erprobter Wille, das in diesem Brief umrissene Konzept zu realisieren. Keine leeren, bloß diplomatischen Floskeln sollten den eben erhobenen Papst begrüßen, vielmehr notwendige, vom König immerzu erfüllte, von Leo zu erfüllende Aufgaben. Das anspruchsvollste, höchste, seit langem verfolgte Ziel königlicher Herrschaftswaltung wurde dem Stellvertreter Petri zu Information und neuerlicher Segnung übermittelt, eben Schutz und Stärkung für Kirche und Glaube. «Eurer Heiligkeit», so hieß es in jenem Königsbrief an Leo noch, «vertrauen wir unser und aller unserer Getreuen Seligkeit an und bekunden wir die in Gottes Willen friedenstiftende Eintracht unseres ganzen Reiches». Tag für Tag möge der Papst den Apostelfürsten um die Festigkeit der Kirche, um das Heil des Königs und seiner Getreuen sowie für das Glück des ganzen ihm von Gott verliehenen Reiches bitten. Abschließend aber mahnte Karl den Empfänger, der König den Papst, «stets den heiligen Kanones zu gehorchen und den Geboten (*statuta*) der heiligen Väter Folge zu leisten». Wachte der König über die Amtsführung des Papstes? Gab der eben Gewählte Anlaß zu Besorgnis?

Karls Sorge um den rechten Glauben machte auch vor dem Bischof von Rom nicht Halt. Die programmatischen Sätze, denen Alkuin die Feder geliehen hatte, verwiesen den neuen Papst nicht nur auf seine pontifikalen Pflichten, sie waren zugleich eine Art Bestandsaufnahme von Karls bisheriger Herrschaft. Was Alkuin schrieb, hatte der Karolinger tatsächlich vorzuweisen. Gewalt allein, so hatte der König längst erkannt, hielt kein Reich zusammen, so sehr seine Größe auch auf der Spitze des Schwertes beruhte. Königsherrschaft, mithin das Reich, bedurfte der inneren Ordnung, und diese verlangte Gottes Segen. Gottes Huld aber mußte erworben und durch Dienst gesichert werden. Erfolg enthüllte die göttliche Gnade, Mißerfolg galt als himmlische Warnung, forderte Besserung und vermehrte Anstrengung. Karl folgte dieser schlichten Logik. Er unterwarf sich derselben Ethik, die er seinen Großen zumutete.

Die Sorge für die Kirche erwies sich als Medium der Herrschaftswaltung. Glaube und Herrschaft ergänzten einander, kooperierten und stärkten sich wechselseitig. Nicht, daß Karl die Geheimnisse des Glaubens seinen Machtambitionen geopfert hätte. Er wußte um die Drohungen des göttlichen Gerichts und um das heraneilende Ende der Zeiten. Sein Handeln sollte darauf zuführen; es trachtete nach Frieden, Eintracht und Gerechtigkeit in seinem Reich[9]. Einschlägige Schriften, die im Frankenreich kursierten, konnten den König genauer informieren. Selbst und gerade in der Volkssprache wurde die Botschaft verbreitet. Wer zum Gericht (*mahale*) müsse, so hieß es etwa im «Muspilli»-Lied (v. 65), sollte gerecht richten (*rahono ... rehto arteile*): *Denne ni darf er sorgen, denne er ze deru suonu quimit* («Dann muß er sich nicht sorgen, wenn er zum Jüngsten Gericht kommt»).

Eindringlicher noch warnte der Traktat über die zwölf Mißstände der Welt («*De duodecim abusivis saeculi*»). Er dürfte im 7. Jahrhundert in Irland entstanden sein und verbreitete sich nun in Karls Reich[10]. Der fünfte Mißstand war die Schamlosigkeit der Frauen, der sechste «der Herr ohne Tugend, dessen Herrschaftsgewalt unnütz ist»; der neunte war «der ungerechte König» (*rex iniquus*), der zwölfte das «Volk ohne Gesetz». «In der Gerechtigkeit des Königs wird der Thron erhöht», «Gerechtigkeit des Königs aber ist, niemanden mit seiner Gewalt rechtlos zu unterdrücken». Die Übeltaten aller Sünder seines Reiches würden im Jüngsten Gericht ihm, dem ungerechten König, aufgebürdet. Eine massive Drohung. Karl hütete sich, solche Sündenlast auf sich zu häufen[11]. Er strafte, aber mit «mildem Terror», wie Jahrzehnte später sein Enkel Nithard in seinen «Vier Büchern Geschichten» (I,1) festhalten wird. Er übte brutale Gewalt, aber von «Gerechtigkeit» diktiert. Übeltäter und Gegner wurden strafend ausgeschaltet, nicht – wie in früheren Jahrhunderten – getötet.

Der Kampf mit Waffen mochte Karl ein Leichtes dünken im Vergleich mit den Mühen, die sich vor die Erkenntnis des Glaubens und die innere Ordnung des Reiches schoben. Hürde über Hürde türmte sich auf; war die eine überwunden, ragte schon die nächste und höhere empor und jede neue verlangte ein Mehr an Wissen und Können; und mit ihnen wuchs der intellektuelle Zweifel, die Versuchung des Denkens, des Fragens, der Grenzen sprengenden Neugier. Der Stein der Erkenntnis, mühsam empor gewuchtet, kam fortgesetzt ins Rutschen und stürzte in bodenlose Tiefe. Auch Karl machte im Lauf seiner langen Regierungszeit diese Erfahrung. Was er dem Papst schreiben ließ, war Erfolgsbilanz und zugleich das Programm einer Sisyphus-Arbeit: Christi Kirche durch die Erkenntnis des Glaubens zu stärken.

2

«Restitution» und «Renovation»

Gesellschaftliche Umbrüche hatten in den voraufgegangenen Jahrhunderten alles verändert, das Leben, die Wissenschaft, die Kirche. Der spätantike römische Westen war taumelnd einem Kulturverfall erlegen, wie ihn der Orient nie erfuhr; die Christen, apokalyptische Erwartungen im Sinn, hatten ihn nicht aufzuhalten vermocht. Mannigfache Verluste hatten sich herbeigeschlichen, langsam und unmerklich; niemand hatte sie kommen sehen, niemand vor ihnen gewarnt. Tiefreichende Barbarisierung hatte die Kultur mit sich gerissen. Karl ahnte die Schäden, seitdem er den Ritualen des Papsttums, dem vornehmsten, dem einzigen noch verfügbaren Spiegel antiken Römertums begegnet war, einem Papsttum, das sich eben gerade, nach dem Untergang des Exarchats, zum Repräsentanten der *res publica Romana* aufzuschwingen begann; ahnte auch die Verluste an Wissen und Können, die seit dem Zeitalter der Kirchenväter eingetreten waren, als er erstmals Alkuin oder den Gelehrten Italiens begegnete.

Wie aber dem Niedergang trotzen? Wie den Wiederaufstieg einleiten? Biblische und historische Muster – der König Josias, der Westgotenkönig Athaulf – mahnten Erneuerung an. Doch wie sie realisieren? Die kulturelle Entwicklung war seit Jahrhunderten ins Stocken geraten und erstarrt, seitdem Rom von Goten und Vandalen geplündert, von den siegreichen Byzantinern an den Rand ihres Rhomäerreiches gedrängt war. Jener Athaulf, der Nachfolger des Romplünderers Alarich, über dessen Grab der Busento rauscht, hatte sich im Jahr 414 die Ehe mit der Kaisertochter Galla Placidia ertrotzt. Ein Barbar und eine Mesalliance für die edle Dame. Ein Gotenreich habe er aus dem Römerreich machen wollen, so habe er sich gebrüstet.

Doch die Dame, deren herrlicher Sarkophag noch heute in Ravenna zu bewundern ist, zähmte den Barbaren. Die zügellose Wildheit seiner Goten lasse sich keinen Gesetzen unterwerfen. Deshalb wolle er, der Gote, den Römernamen erneuern. «Restitution», Wiederherstellung, wurde zum Programm[12]. Die hoffnungsfrohe Hochzeitsrede hielt der Geschichtsschreiber Orosius fest, der mit dem hl. Augustinus zusammengearbeitet hatte. Ein auf Jahrhunderte unstillbares Bedürfnis nach «Erneuerung» (*renovare, renovatio*) und «Wiedergeburt» regte sich damit zum ersten Mal. Die Gnade des Neubeginns. Das Westgotenreich wurde in der Tat zu einem der letzten Residuen sterbender antiker Bildung im Westen.

Karl der Große und seine Franken zogen ihren Nutzen daraus, die Saat der Kaisertochter ging bei ihnen auf.

Seit dieser westgotisch-römischen Ehe begegnete solch romsüchtiger Erneuerungsdurst ein Jahrtausend lang als regelmäßig wiederkehrendes, als ein immer wieder aufflackerndes kulturstiftendes Verlangen, das eine Kette von *Renovatio*-Bemühungen und Renaissancen hinter sich herzog. Keine andere Kultur neben dem lateinischen Abendland kannte ein so kontinuierliches, immer wieder erneuertes Renovationsbedürfnis. Der Blick zurück förderte keine reaktionären Restaurationspläne; im Gegenteil, er suchte das Alte, um es sich anzuverwandeln und über sich hinauszuführen. Stets entstand Neues. Doch wie bei jedem Berg: Der Wiederaufstieg war mühseliger und dauerte länger als der Niedergang. Rückschläge und Abstürze waren nicht zu vermeiden. Es sollten Jahrhunderte vergehen, bis zum hohen Mittelalter des 12. und 13. Jahrhunderts, bevor wieder eine mit der Antike vergleichbare lateinische, tatsächlich eine neue Kultur entstanden war. Die Wende aber hatte Karl der Große eingeleitet[13]. Wie war sie möglich geworden?

Karls Brief an Leo III. verdeutlichte knapp, doch programmatisch Weg und Ziel: Eben Schwert und Glaube, königlicher Kirchen- und päpstlicher Gebetsschutz, Gottverlangen und Wissenschaft. Es galt Kirche und Religion zu stärken, das Gebet zu vervielfältigen, den Gottesdienst auszuweiten und eine gottgefällige Lebensordnung im Volk zu verwirklichen, um den Glauben zu festigen und die Kirche zu stärken, um Gott für sich zu gewinnen. Immer wieder verkündeten Karls Erlasse diese Ziele. Konkrete Forderungen und Maßnahmen folgten daraus.

Der frühere Verfall hatte nahezu alle Lebensbereiche erfaßt, keineswegs nur die Kirche: Die antiken Straßen vernachlässigt und unbrauchbar, die «*Gesta municipalia*», die Verzeichnisse hochwertiger Rechtsgeschäfte in den Städten, geschlossen und vergessen, die Bildung der Laien weithin geschrumpft. Die wenigsten Menschen der frühmittelalterlichen Jahrhunderte konnten lesen und schreiben. Die hochliterate Gesellschaft der Antike, zu der die christlichen Väter nicht wenig beigetragen hatten, war einer Kultur gewichen, die sich weithin – im Norden und Osten des Frankenreiches stärker als im Süden – mit Mündlichkeit begnügte und durch sie bestimmt wurde. Oralität prägte Lebensordnungen, Kommunikation und soziale Praktiken; sie entschied nicht zuletzt über den vorwaltenden Denkstil.

Da wurde eher umständlich beschrieben als analysiert, mehr gesammelt und gereiht als systematisiert, Ursache und Wirkung nicht immer geschieden, gar vertauscht. Logische Unterscheidungen zu treffen und Sachverhalte auszudifferenzieren, war fremd. Denkfiguren wie ‹das Ganze und seine Teile› schlummerten in ferner Zukunft. Abstraktionen wie ‹Gesellschaft›, ‹Herrschaftsverband›, wie ‹Lehnswesen› oder ‹Grundherrschaft› fehlten nicht nur, sie wären unbegreiflich gewesen; selbst das «Reich» trat nicht als Subjekt in Erscheinung, sondern nur als Objekt königlicher Herrschaft, wenn nicht als bloße Raumbezeichnung[14]. Konzepte wie «Genossenschafts-», «Verbands-» oder «Reichsrecht» schwebten unerkennbar in weiter Zukunft.

Karls fränkische Muttersprache, vermutlich auch das Romanisch, das im Westen und Süden Galliens gesprochen wurde, hätten derartiges nicht zu fassen vermocht. Jede Erneuerung von Religion und Theologie, jede Art von Gelehrsamkeit bedurfte des Lateins. Doch auch dieses war nicht mehr die Sprache Ciceros, Augustins oder Gregors des Großen. Es hatte längst den langen Weg in die romanischen Volkssprachen angetreten, war, wo es noch vertraut schien, «verwildert», «barbarisiert». Dort aber, wo Völker fremder Zunge aus unterschiedlichen Gründen nach dem Wissen der Alten griffen, mußte es eigens an Schulen gepflegt und gelehrt werden, bei Angelsachen und Iren, bei Langobarden oder Westgoten und jetzt eben auch bei den Franken. Im Nachahmen entstand ein ‹Neulatein› als die Sprache schmaler klerikaler Bildungseliten, an denen nur vereinzelt und ausnahmsweise die laikalen Herrschaftseliten teilhatten.

Schier unüberwindliche Sprachbarrieren schoben sich vor den Glauben und die Ordnung der Kirche. Wer begriff schon die Botschaft von dem dreieinigen Gott? Sie wurde im Westen des einstmals römischen Imperiums ausschließlich auf Latein verbreitet, das immer weniger Leute und schon gar nicht die Bewohner der Länder jenseits der alten römischen Reichsgrenzen verstanden.

Karl mußte in Sorge geraten. Wie sollte der Glaube das Volk jenseits der literaten Eliten erreichen? Weder Altes noch Neues Testament noch irgendein Werk eines einzigen Kirchenvaters wurden in den Jahrzehnten um 800 in eine Volkssprache übertragen. Das Unternehmen des Gotenbischofs Wulfila und seiner Nachfolger, die Bibel in die Volkssprache zu übersetzen, fand in Karls Reich keine Nachahmung, obgleich nicht auszuschließen ist, daß der König den berühmten «Codex Argenteus», heute in Uppsala (ein Blatt in Speyer), aus Ravenna in seine Hofbibliothek überführte, aus der sie dann im 9. Jahrhundert an das Kloster Werden gelangt sein könnte[15]. Alle Exegese, der ganze Glaubensdiskurs blieb Sache einer kleinen lateinisch zu schulenden Bildungselite.

Karl drang gleichwohl auf Bekehrung des schriftunkundigen Volkes. Es diente nicht zuletzt dem eigenen Heil. Dieser Aufgabe verschrieb er sich bis an sein Lebensende. Kaum hatte er Italien verlassen, setzten erste systematische Bemühungen ein, wenigstens die zentralen Texte des Glaubens – «Vaterunser» oder «Glaubensbekenntnis» – dem Volk in seiner Sprache nahezubringen[16]. Im 9. Jahrhundert folgte die stabreimende Evangelienharmonie des altsächsischen «Heliand» oder die fränkische Evangeliendichtung Otfrids von Weißenburg[17]. Sie war Karls Enkel Ludwig dem Deutschen gewidmet und verweist damit auf den hochrangigen adeligen Empfängerkreis solcher Unternehmungen. Beide Autoren begnügten sich mit mehr oder weniger freien Nachdichtungen, garnierten, was sie in Verse bannten, mit den Vorstellungswelten ihrer eigenen Gegenwart und lieferten gerade keine Übersetzungen, eher Einübungen in eine fremdartige Religion.

Karl wußte um «die Geheimnisse des Glaubens»[18], dem Volk mußten sie verborgen bleiben. Waren sie zu groß, als daß sie auf fränkisch oder alemannisch faßbar gewesen wären? Fürchtete man einen falschen, etwa magischen Gebrauch der heiligen, doch fremdklingenden Texte, als Formeln der Beschwörung und des Zaubers, wenn man sie dem Volk an die Hand gab? War eine Übersetzung mit dem Stigma der (arianischen) Häresie versehen? Gerade auch die christlichen Rituale, zumal die Feier der hl. Messe, wurden auf Latein zelebriert. Nur die Predigt des Priesters (die um

800 kaum mehr war als knappe Paraphrase der Perikope oder des Herrengebets) erfolgte in der Sprache des Volkes.

Unermüdlich erließ der König Gebote und Verbote. Herzusagende Gebetsformeln, nicht eigenes Verstehen sollten das Volk zum Heil führen, der Glaube an die Macht der Heiligen, an die Wirkung von Beichte und Buße. Aller «Schmutz des Heidentums» sollte abgeworfen, weggespült werden: Alle alten Rituale, Totenopfer, Weissagungen, Amulette, jede Art Zeichenschau oder Zauberspruch, «Hostienzauber, wie ihn einfältige Leute nach kirchlichem Muster in heidnischem Ritus bei Anrufung von Heiligen, heiliger Märtyrer oder Bekenner praktizierten». Das alles wecke nur Gottes Zorn. So wurde schon unter Karl Martell verbreitet[19]. Der Enkel erneuerte das Verbot.

Geändert haben sich die Mißstände gewiß nicht binnen weniger Jahre, wie ja auch die erzwungene sexuelle Enthaltsamkeit von Klerikern, Nonnen oder Mönchen nur mühsam durch die Androhung von Auspeitschen, jahrelanger Kerkerhaft bei Wasser und Brot Verbreitung fand. Andernorts, und zwar – wie es eigens hieß – in Baiern, schritt die Kirche gegen die «Seuche der Trunkenheit» ein; denn sie provoziere Streit und Zank, Zwietracht und Totschlag[20]. Geholfen hat es wenig. Das Volk hing an seinen Bräuchen. Sie galt es zu bekämpfen, um den Glauben zu festigen, im Volk durchzusetzen. Das Wissen mochte später folgen.

Die realen Lebensformen, wie sie von den Vätern überkommen waren, verharrten zäh. Sie waren zumeist engräumig, überschaubar, von wenigen Menschen bestimmt. Lebensnahe Regeln ordneten die Gemeinschaft. Haus und Hof, Verwandte und Freunde, Pfarrkirche und Gericht, Abgaben und Dienste, Konflikt und Konsens formten die Lebenswelten der Herren und Knechte. Nur die Führungseliten drängten sich um König und Grafen, um Bischöfe und Äbte, besaßen Bücher und hatten weite Horizonte im Blick. Ihnen oblag nun die «Wiederherstellung» und «Erneuerung» von Glaube und Kirche.

Diese «Reichsaristokratie», wie man sie genannt hat[21], zählte nur wenige Köpfe, ein paar hundert, vielleicht wenige tausend Leute. Eine bisweilen mörderische Konkurrenz durchsetzte ihr

Handeln. Jeder neidete dem andern den Erfolg, die Nähe zum König und seinen Paladinen. Gewalt war – und keineswegs nur als Folge von Trunkenheit und keineswegs nur unter Laien – in dieser agonalen Gesellschaft an der Tagesordnung. Sogar die Könige und ihre Verwandten waren gefährdet, wie Karl selbst nur zu deutlich bewies. Sie mußten mit Huld und Freigiebigkeit die Zustimmung der Großen zu ihrer Herrschaft erkaufen und deren Dauerhaftigkeit sichern; mitunter mußten sie um ihr Leben bangen. Der unerläßliche Konsens zwischen dem König und seinen Eliten verschlang unersättlich Gabe um Gabe.

Diese Gesellschaft verlangte den Kriegskönig. Doch Karl wollte mehr und anders. Seine bald klar zutage tretende Liebe zu den Wissenschaften, zur Astronomie, zur Komputistik und Mathematik, zu Dialektik und Rhetorik, sein Wissen um die Heilsbedürftigkeit dieser Gesellschaft weisen weit über das Kriegerische hinaus. War Karl im Grunde seines Herzens ein Gelehrter? Ein Mann der Wissenschaft? Förderte er sie deshalb? Gab es höhere Gründe für die Hinwendung zu ihnen? Gehörten auch sie oder gerade sie zum Programm des Kirchenschutzes und der Glaubensstärkung, wenn nicht des Volkes, so doch seiner geistlichen Hirten? Wie die Antwort auch ausfallen mag, in der agonalen Gesellschaft seiner Zeit mußte Karl den «Namen Jesu Christi» verherrlichen. Die Wissensgesellschaft, die Karl des Glaubens wegen erneuern wollte, trat vor dem Hintergrund von Krieg, Neid und Streit ins Leben, von Gewalt, wohin man schaute.

Der König und seine Berater konnten durchaus von jener gotisch-römischen Heirat wissen. Die Historien des Orosius, die von ihr handelten, waren am fränkischen Herrscherhof bekannt, und deren Botschaft aufzugreifen und auf das eigene Königtum zu übertragen, lag nahe[22]. Dieses Geschichtswerk war eine Kampfschrift gegen die Heiden und für den rechten Glauben, gegen jene, die – wie Orosius schrieb – nur «das Irdische kennen und, da sie das Künftige nicht suchen, das Vergangene vergessen und nicht beherzigen».

Der Apologet handelte vom Niedergang des heidnischen römischen Imperiums, von dessen mannigfachen früheren Züchtigungen durch Gott bis hin zur jüngsten Eroberung Roms durch die

Goten und verkündete die Notwendigkeit, dem wahren Gott zu dienen, seine Kirche zu schützen und zu erhöhen, um dem Tod zu entrinnen. Derselbe regierte, eine Vorankündigung kommender Schrekken, solange die wahre Religion unbekannt blieb; es war ein böser Tod, dem Teufel verwandt, der noch einmal in den jüngsten Tagen, zur Endzeit der Welt, bevor der Antichrist erscheine und das Jüngste Gericht drohe, triumphieren werde (I, prol.9–16). Die Erneuerung Roms, römischen Wissens und römischer Gelehrsamkeit, die Stärkung der römischen Kirche erschienen im Licht dieser christlich-apologetischen Weltdeutung als eine heilsnotwendige Aufgabe.

Karl verstand die Botschaft und suchte ihr zu folgen. Er mochte sie als seine eigene Bestimmung begreifen. Er hatte in seinem Reich Mängel über Mängel entdeckt, «wildes Barbarentum», was hieß: Reformbedarf. Um die Ordnung der Kirche stand es in der Tat schlecht trotz mannigfacher Anstrengungen seines Vaters Pippin. Die Ausbreitung des Glaubens stagnierte, als Karl die Herrschaft antrat; Aber- und Unglauben wucherten unbesiegt, Häresien machten sich breit, das Bildungswesen lag im argen, das nötig war, um dem Mißstand zu trotzen. Die Völker aber mußten den Glauben «haben». Er war für sie so heilsnotwendig wie für den König. Um ihn zu stärken, mußte die Gelehrsamkeit erneuert, das Wissen, das den Botschaften christlicher Väter zu folgen vermochte, wieder gepflanzt werden. Erneuerung auf vielen Ebenen wurde für den Karolinger ein Ziel mit weitreichenden Folgen.

3

Rom fasziniert

Doch wo beginnen? Programmatische Äußerungen Karls aus der Frühzeit seines Königtums fehlen. Nur sein Handeln spricht für sich. Es stand stets der Kirche nahe. Karls älteste bezeugte Urkunde erging für St-Denis, die Grabstätte seines Vaters, wo auch er selbst begraben sein wollte. Das Kloster aber, das der Abt Fulrad leitete, lag im Reichsteil seines Bruders. Karl übertrug ihm nun (aus Familiengut) das kleine Kloster St-Dié in den Vogesen, auf daß dort durch zehn oder fünfzehn Mönche ein Gebetsgedenken für ihn selbst, Karl, und den Verstorbenen eingerichtet werde – ein Gebet für Lebende und Tote, das weder «Tag noch Nacht» verstummen und über den Tod hinaus wirksam bleiben sollte[23]. Auch St-Dié lag im Reichsteil des Bruders. Die Gabe sollte zweifellos Fulrad, den einstigen Kanzler seines Vaters, für ihn, Karl, einnehmen, mochte aber zugleich als Affront gegen Karlmann verstanden werden, dem das Gebet der Mönche anscheinend nicht galt. Wem würde Gott sich gnädig erweisen?

Der Krieg gegen die Sachsen, der ja zugleich ein Krieg gegen Heiden und damit ein Krieg für die Ausweitung der Herrschaft Christi war und damit wiederum der Kirche weiten Gewinn bringen sollte, hatte verheißungsvoll im Jahr 772 mit der Zerstörung der Irminsul begonnen[24]. Nun mußten Taufe, Glaubensverkündung, Priester und Pfarreien den Truppen folgen, die Ordnung des Landes nach den Normen der Kirche. Der Bischof Lull von Mainz dürfte den König dabei beraten haben. Nur die Unterwerfung konnte dieses unverständige, widerspenstige, heidnische Volk zum Heil zwingen. Die Heilsvermittlung scheute keine Gewalt, aber diese richtete sich gegen die fremden Kulte, nicht gegen die Menschen, deren Seelenheil es zu schützen galt.

Die Einsicht vermehrten Handlungsbedarfs hatte sich durch die Erfahrungen vertieft, die Karl in den langen Monaten seines ersten Italienzuges hatte sammeln können. Sie zeitigten ja nicht nur militärischen Erfolg über die Langobarden. Damals begegnete Karl vielmehr ein zweites Mal «Rom», dem kirchlichen, dem sichtbaren und kulturstiftenden Rom. Dieses Rom aber bot wegweisende Winke, an denen Karl sein Handeln ausrichten konnte, eben katholisch, tugendgeleitet, nach dem Maß seiner Seele.

Sichtbar wurde es, als Karl zu Ostern 774 in der ewigen Stadt von dem Stellvertreter Petri empfangen wurde[25], empfangen wie der frühere Exarch von Ravenna, der Vertreter des Basileus: Das hatte symbolische Bedeutung. Der Franke rückte protokollarisch in die

einstige Stellung der «Rhomäer», der «Griechen», der «Byzantiner» ein, wenn auch nicht ganz. Denn der Exarch residierte in Rom auf dem Palatin, innerhalb der aurelianischen Mauern; Karl aber hatte sein Quartier bei S. Petronilla genommen, mithin außerhalb der Stadt[26]. Doch fortan führte er den Titel des *Patricius Romanorum*, von dem die Karolinger zuvor keinen Gebrauch gemacht hatten, und dokumentierte damit, daß er sich Rom herrschaftlich verbunden wußte[27]. Nichts, so hielt Einhard fest (c. 27), wünschte Karl sehnlicher, als die Autorität Roms durch sein Werk zu erneuern und die Kirche des Apostelfürsten zu schützen und zu schmücken.

24 *Fresko aus der Kirche S. Maria Antiqua am Fuß des Palatin. Die Kirche liegt heute in Ruinen, zu Karls Zeit war sie eine der wichtigsten Kirchen der Stadt.*

Karl verpflichtete sich dem hl. Petrus, seinem Vikar und der römischen Kirche. Freund wolle er, Karl, ihren Freunden, Feind ihren Feinden sein. Er habe es gemeinsam mit seinem Vater geschworen. Der Papst Stephan III. erinnerte ihn an diese Selbstbindung, als er Karls Ehe mit der Langobardin anklagte[28]. Der junge König folgte im wesentlichen diesem Eid. Als Gegengabe verlangte er Segen und Schutz des Apostelfürsten, das Gebet seines Vikars, und dieses erforderte die Übereinstimmung mit den Geboten der Kirche – ein spiritueller Gabentausch als Voraussetzung erfolgreicher Herrschaft. Hadrian I. gemahnte wiederholt daran. Die Päpste riefen diesen Tausch Karl zumal dann ins Gedächtnis, wenn sie seine Kirchenleitung zu weit in Glaubensfragen vordringen sahen und sie den königlichen Glaubenshüter in Schranken weisen wollten; und sie taten es nicht zuletzt, um einen symbolischen Schutzwall gegen die unmittelbare Herrschaft des Frankenkönigs über die *res publica Romanorum*, die verbliebenen Trümmer des byzantinisch-römischen Herrschaftsgebietes um die Stadt Rom, zu errichten.

Erste Schritte zur Erneuerung wurden tatsächlich damals in Rom eingeleitet. Denn Karl erbat sich noch während seines Besuches von Hadrian eine Kirchenrechtssammlung, wie sie die römische Kirche benutze. Der Papst beeilte sich, der Bitte nachzukommen, und ließ eine «Dionysiana», die historisch geordnete Rechtssammlung, die vor Jahrhunderten der römische Abt Dionysius Exiguus kompiliert hatte, um einige Anhänge erweitern und an Karl übersenden: die sog «Collectio Dionysio-Hadriana». Sie vereinte die Canones der Konzile mit päpstlichen Dekretalen und stellte damit die päpstlichen Rechtsverkündungen auf eine Ebene mit den Konzilsbeschlüssen. «Beachtest du diese Gebote, wirst du vom Glauben nie abweichen» (*A lege numquam discedi haec observans statuta*). Mit diesem Vers übergab der Papst die Sammlung an den Karolinger.

Der Codex authenticus der neuen Sammlung, das von Rom an Karl übersandte Exemplar, verblieb in der königlichen Bibliothek. Alle Abschriften nahmen von hier ihren Ausgang. Sie verbreiteten sich, wenn auch mit einer gewissen Verzögerung, über das gesamte

Frankenreich. Ob Karl die römischen Canones zur allgemeinen Norm wünschte? Verwirklicht worden wäre eine solche Planung nicht. Denn keineswegs folgte alles Kirchenrecht der päpstlichen Sammlung. Widersprüchlichkeit war unvermeidbar. Ältere Kollektionen des Kirchenrechts wurden durch sie nicht ersetzt – übrigens auch in Rom nicht. Einheitlichkeit der kanonischen Rechtsnormen schwebte in noch weiter Ferne und wurde unter Karl in keiner Weise erreicht. Wer entschied vor Ort, welche Sammlung den aktuellen Entscheidungen zugrunde gelegt werden sollte? Immerhin, die Regelungsabsicht war evident, während es «in den Niederungen des kirchlichen Alltags recht primitiv und schmutzig zuging»[29].

Die Übersendung der hadrianischen Sammlung begleiteten programmatische Verse. Karl habe, über die Langobarden triumphierend, den Glauben ergriffen, den er von Kindheit an (*ab oris*) empfangen habe; freudig und glückverheißend rasch sei er zu den Schwellen der Apostel geeilt, habe verlangt, durch das Gebet des Papstes von den Sünden seiner Jugend befreit zu werden und ihm, dem «Lehrer» (*magistro*), zugesichert, «ewig die heilige römische Kirche» und «das Recht des erhabenen Petrus seinem Schutzherrn zu schützen». Er folge der Lehre des apostolischen Stuhles, restituiere dessen Besitz und verdiene das himmlische Reich; auf Erden werde er über alle Feinde siegen. Das Recht erschien weniger als juristische Norm denn als Weisung der Heilsordnung.

So konnte Karl in diesen Begleitversen lesen: «Gott ehren, das göttliche Gebot stets lieben, den rechten Glauben wahren, heiliges Leben schützen, den Himmelspförtner zum Helfer in den Triumphen haben»; «dem Licht der Lehre, dem Glauben des apostolischen Stuhles folgen». Solche Worte dürften, wie der Kontext nahelegt, ein Echo von Karls eigenen Bekundungen vor dem Papst gewesen sein, wenn auch nicht nur. Die ersten fünf Maximen lagen seinem Handeln zugrunde; sie wurden, so gut er es vermochte und ohne sich sklavisch daran zu halten, zur Basis seines Erneuerungsprogramms. Die beiden letzten aber verwiesen den König auf die heilige Autorität des Nachfolgers Petri. Die Gebote des Papstes sollten, so mochte Hadrian hoffen, eine Schutzwehr errichten gegen die Herrschaft des Frankenkönigs über Rom[30].

«Mit Gottes und Sankt Peters Hilfe» habe Karl die Befestigungen der Langobarden überwunden; «mit Gottes Hilfe und durch Vermittlung der Apostelfürsten Petrus und Paulus kehrt der ruhmreiche König von Rom nach Pavia zurück», das er nach zehnmonatiger Belagerung nahm. *Magnus*, *christianissimus rex* («großer», «allerchristlichster König»), *a Deo protectus* («von Gott geschützt») feierte ihn der «Liber Pontificalis». *A Deo coronatus, magnus* und *pacificus* («von Gott gekrönt», «groß» und «friedestiftend») hieß er mit kaiserlichen Prädikaten in den Königslaudes, die ihm – jungem fränkischem Brauch folgend – der Papst singen ließ[31]: *Christus vincit, Christus regnat, Christus imperat. / Exaudi Christe. / Adriano summo pontifici et universali papae vita / Redemptor mundi. Tu lo iuva. / Sancte Petre. Tu lo iuva... Exaudi Christe. / Karolo excellentissimo et a Deo coronato magno et pacifico rege Francorum (et Langobardorum) ac Patricio Romanorum vita et victoria / Salvator mundi. Tu lo iuva. / Sancte Iohannis. Tu lo iuva*[32]. Am Schluß wurde «allen Richtern (den Großen und Mächtigen nämlich) und dem gesamten Heer der Franken Leben und Sieg» gleich dem König gewünscht. Mit dem dreifachen Christus-Ruf des Beginns endeten die Laudes. *Kyrie eleison, Christe eleison.* Die Übereinstimmung der fränkischen Königsherrschaft mit der göttlichen Weltordnung und den Heilszielen der Religion manifestierte sich in diesem Lobgesang. «Glorreicher König», *gloriosus rex* – so hieß ihn nun erstmals das Chronicon Anianense (Moissiacene)[33], dreimal wiederholten es zum Jahr 774 die «Reichsannalen»[34].

Neue Aufgaben wuchsen dem Herrscher in Italien zu. Hadrian erinnerte den König wiederholt an jenen Gabentausch und führte zugleich Klage gegen den Erzbischof von Ravenna, der sich «tyrannischen und anmaßenden Blicks dem hl. Petrus und uns entgegenstellt» und sich mit Berufung auf Karl der päpstlichen Obergewalt entzöge. «Eure und unsere Neider» erdreisteten sich, ihr zu nehmen, worüber sie zur Zeit der Langobardenherrschaft ungeschmälert verfügte. Nichts von den Versprechungen der Franken sei verwirklicht worden; so trumpften diese «gottlosen und frechen Leute» auf. Er, Karl, möge dagegen einschreiten, auf daß die heilige universale Kirche Gottes erhöht werde und er selbst, der

König, in diesem Leben mit Hilfe der Apostel Petrus und Paulus für lange Zeit die Zügel der Herrschaft mit unermeßlichen Siegen zu führen verdiene[35].

Das war das erste Schreiben dieses Papstes an den Frankenkönig, das Karl festhalten ließ; viele sollten folgen. Hadrian wußte, was den König bewegte: Der Segen der Apostelfürsten sollte in Krieg und Frieden auf ihm ruhen – eine Religion nicht der Innerlichkeit, sondern des Ritualvollzugs und des Gabentauschs. Im Schutz dieses Segens, der himmlischen Macht, wollte Karl sein Königtum erneuern, als «legitimer Schutzherr der heiligen Kirche», wie der Papst schon zuvor gemahnt hatte[36]. Ein Gabentausch war neuerlich inszeniert: der Schutz mit Waffen durch den König gegen den Gebetsschutz des Papstes[37]. Er gründete in beschworener Freundschaft. Aber er sollte den König auch davon abhalten, den Schutz des Apostelfürsten durch ein herrschaftliches Ausgreifen nach Rom aufs Spiel zu setzen.

Karl hatte «Freundschaft» mit Hadrian geschlossen; sie wurde sieben Jahre später – wie es früher schon durch seinen Vater Pippin geschehen war – durch ein geistliches Bündnis, eine Gevatterschaft, des Papstes Patenschaft nämlich aus Anlaß der Taufe Karlmann-Pippins, überhöht. Wechselseitige Eide vor der *Confessio* des Apostelfürsten hatten diese Freundschaft schon am Karsamstag des Jahres 774 gestiftet und die Voraussetzung geschaffen, daß Karl die Stadt Rom betreten konnte[38]. Einige Tage später folgte ihnen damals Karls Schenkungsversprechen, die Bestätigung also, das Exarchat und weitere mittelitalienische Gebiete dem apostolischen Stuhl zu restituieren[39]. Der König selbst bezeichnete später gegenüber Hadrians Nachfolger Leo III. diese Schwureinung als einen «Vertrag» (*pactum*), ein «unverletzliches Bündnis (*foedus*) der Treue und Liebe»[40]. Vielleicht verstanden beide Vertragspartner «Freundschaft» (*amicitia*), «Treue» (*fides*) und «Liebe» (*caritas*) unterschiedlich. Gleichwohl war mit diesem *Pactum* eine Entwicklung bekräftigt, die unter Pippin im Jahr 754 eingeleitet war und die bis ins 11. Jahrhundert Bestand haben sollte. Gewiß schloß der Pakt Karls Schutzversprechen für die römische Kirche mit ein; die Gegenleistung des Papstes war das Gebet.

Karl betrachtete in der Tat Hadrian, wie Einhard lange Jahre später erwähnte (c.19), als einen «Freund». Die Freundschaft währte bis zu Hadrians Tod. Er soll dem König Tränen entlockt haben, als sei der Bruder oder ein geliebter Sohn ins Grab gesunken. Und das mit Recht. Der Franke hatte diesem Nachfolger Petri unendlich viel zu verdanken, nicht zuletzt die Legitimation seines langobardischen Königtums und geistliche Hilfe zum Gewinn Baierns. Eindrucksvoll gestaltete er sein Totengedenken für Hadrian. Seine Liebe zu ihm bezeugte Karl nicht zuletzt durch eine Grabschrift in Versen auf kostbarer schwarzer Marmortafel. Der Angelsachse Alkuin und der Gote Theodulf sollten ihre Entwürfe dafür einreichen[41]. Die Tafel steht heute im Porticus der Peterskirche zu Rom, des Papstes und des Königs gedenkend.

Der Angelsachse hatte die Tränen des Königs besser zu deuten verstanden als der Westgote. Er gewann Karl für seine Verse, nicht nur, weil er ihn mit ihnen selbst die Klage anstimmen ließ, sondern vor allem, weil er den König unmittelbar mit ins Totengedenken für den Papst einbezog:

> *Nomina iungo simul titulis, clarissime, nostra:*
> *‹Hadrianus Carolus›, rex ego tuque pater.*
> *Quisquis legas versus, devoto pectore supplex:*
> *‹Ambarum mitis›, dic, ‹miserere deus›.*
> («Unsere Namen vereine ich zugleich durch die Verse,
> Erhabener: ‹Hadrian Karl›, König ich, und du Vater.
> Wer immer du bist, der die Verse liest, bittend in frommem Sinn,
> sprich: ‹O Gott, erbarme dich gnädig der beiden›).

So grüßt des Königs, Karls, Name auch heute noch jeden Besucher der Apostelkirche – wenn er zu lesen versteht.

Theodulfs elegische Verse waren gedanklich anspruchsvoller, doch nur mit einigem Glück entrannen sie dem Vergessen. Sie ließen Karl in Liebe und Schmerz den Toten beklagen, *me tuus*, «ich, der deine», ihn preisen auch, seinen Tod den Schmerz um die Eltern, Pippin und Bertrada, wieder wach rufen. Doch sie mahnten einen jeden einzelnen, einen jeden fremden Leser, wer immer er sei, der eigenen Hinfälligkeit, des eigenen Todes eingedenk zu sein. Das schmeckte Karl damals wenig.

HICPATERECCLESIAEROMAEDECVSINCLYTVSAVCTOR
HADRIANVSREQVIEMPAPABEATVSHABET
VIRCVIVITADSPIETASLEXGLORIACHRISTVS
PASTORAPOSTOLICVSPROMPTVSADOMNEBONVM
NOBILISEXMAGNAGENITVSIAMGENTEPARENTVM
SEDSACRISLONGENOBILIORMERITIS
EXORNARESTVDENSDEVOTOPECTOREPASTOR
SEMPERVBIQVESVOTEMPLASACRATADEO
ECCLESIASDONISPOPVLOSETDOGMATESCO
IMBVITETCVNCTISPANDITADASTRAVIAM
PAVPERIBVSLARGVSNVLLIPIETATESECVNDVS
ETPROPLEBESACRISPERVIGILINPRECIBVS
DOCTRINISOPIBVSMVRISEREXERATARCES
VRBSCAPVTORBISHONORINCLYTAROMATVAS
MORSCVINILNOCVITXPIQVAEMORTEPEREMPTAEST
IANVASEDVITAEMOXMELIORISERAT
POSTPATREMLACRIMANSKAROLVSHAECCARMINASCRIBSI
TVMIHIDVLCISAMORTEMODOPLANGOPATER
TVMEMORESTOMEISEQVITVRTEMENSMEASEMPER
CVMXPOTENEASREGNABEATAPOLI
TECLERVSPOPVLVSMAGNODILEXITAMORE
OMNIBVSVNVSAMOROPTIMEPRAESVLERAS
NOMINAIVNGOSIMVLTITVLISCLARISSIMENOSTRA
HADRIANVSKAROLVSREXEGOTVQ·PATER
QVISQ·LEGASVERSVSDEVOTOPECTORESVPPLEX
AMBORVMMITISDICMISEREREDS
HAECTVANVNCTENEATREQVIESCRSSIMEMEMBRA
CVMSCISANIMAGAVDEATALMADI
VLTIMAQVIPPETVASDONECTVBACLAMETINAVRES
PRINCIPECVMPETROSVRGEVIDEREDM
AVDITVRVSERISVOCEMSCIOIVDICISALMAM
INTRANVNCDNIGAVDIAMAGNATVI
TVNCMEMORESTOTVINATIPATEROPTIMEPOSCO
CVMPATREDICNATVSPERGATETISTEMEVS
OPETEREGNAPATERFELIXCAELESTIAXPI
INDETVVMPRECIBVSAVXILIAREGREGEM
DVMSOLIGNICOMORVTILVSSPLENDESCITABAXE
LAVSTVASCEPATERSEMPERINORBEMANET
SEDITBEATAEMEMORIAEHADRIANVSPAPA
ANNOSXXIIIMENSESXDIESXVIIOBIITVIIKLIAN

Sexus uterque, senex, iuvenis, puer, advena, civis,
Quisquis es, ‹Hadriano›, dic, ‹sit amoena quies›.
En est quod fuerat: pulvis de pulvere sumptus,
Sed putres cineres tu [deus] *reparare vales.*
Hos apices quicumque legis, te nosce futurum
Hoc quid hic est, omnis hoc caro pergit iter.
(«Mann oder Frau, alt oder jung, Kind, Fremder, Bürger,
wer immer du bist, sprich: ‹Hadrian sei heitere Ruhe›.
– Sieh, er ist, was er war, Staub vom Staube genommen,
doch den verwesten Staub vermagst [Gott] du zu erneuern.
– Der du diese Zeilen liest, wisse, daß du künftig sein wirst,
was er ist; alles Fleisch geht diesen Weg».)

Das Zeugnis von Karls Liebe zu dem Toten sollte, was niemand ahnen konnte, den Auftakt geben zu einer endlosen Feindschaft zwischen den beiden Dichtern[42]. Denn beide, Alkuin und Theodulf, überragten damals durch Wissen und Können die Hofgesellschaft; sie konkurrierten um den ersten Rang in der Gunst des Herrschers[43]. Die Verse repräsentierten damit nicht nur den Königshof als einen Hort der Bildung, vielmehr bezeugten sie die agonale, durch Konkurrenz beherrschte Grundstimmung der Eliten ihrer Zeit, die eben gerade auch die Geistlichen prägte. Karl aber verordnete «allem Christenvolk» ein Gebetsgedenken «für die Seele des gesegneten Vaters Hadrian», das ihn selbst, den König, und sein Königtum mit einschloß[44].

Schutz der Kirche und Ausbreitung der Friedensbotschaft waren damit ein Gebot der Stunde. Sie mußten alle Lebensbereiche erfassen und durchdringen, die Königsherrschaft wie die Kirchenordnung, die Bildung wie das Wirtschaften, das Handeln der Mächtigen wie den Schutz der Armen, die gesamte Gesellschaft vor allem aber die Menschen und zuvörderst die Großen am Hof. Karls Grabschrift für Hadrian aber galt nicht nur dem Toten, sondern sollte zugleich das Lob des Lebenden singen, und zwar in Rom, dem Haupt der Welt.

25 Marmortafel mit der Grabschrift, die Karl der Große dem Papst Hadrian I. widmete; die Verse dichtete Alkuin; heute im Atrium von Sankt Peter in Rom

4

Lehrer aus der Fremde

Angleichung an Rom durch Erneuerung: Das war das Programm, das Karl seit Jahren verfolgte. «David (so ließ Karl sich am Hofe feiern) wünscht Lehrer, weise im Geist, zum Schmuck, zum Ruhm jedweder Wissenschaft in der Königshalle zu haben, damit er fleißigen Geistes die Weisheit der Alten erneuere» (*renovet*)[45]. Mit Eroberungen, noch einmal sei es gesagt, war es nicht getan. Der Frankenkönig, der eben nach monatelangen Kämpfen das Reich der Langobarden in Oberitalien unterworfen, eine der letzten Bildungsinseln der Antike seiner Herrschaft eingefügt hatte, mußte erschrocken sein ob der Dürftigkeit literater Bildung in seinem fränkischen Reich. Er erkannte die «Überlegenheit, welche den Italienern ihre höhere geistige Bildung verlieh» und «faßte den Entschluß, seine Franken von dem Joch der Unwissenheit zu befreien»[46].

Er mochte sich an das fehlerhafte Latein seiner Mönche erinnern, das manch eine Fürbitte für ihn zu erkennen gegeben und ihn um die Wirksamkeit dieser Gebete hatte fürchten lassen. Bonifatius schon war irritiert, als er in Baiern einen Priester traf, der mit einer zur Unkenntlichkeit verstümmelten Formel «im Namen Vaterland, Tochter und des heiligen Geistes» taufte (*in nomine patria et filia et spiritus sancti*). Was tat's, solange niemand Latein verstand? Doch die Formeln besaßen magische Qualität. Sie mußten korrekt sein, um die rechte Wirkung zu erzielen. Nur in Rom achtete man mehr auf die Intention als auf die Worte. Doch nördlich der Alpen hieß es anders. Da sollte rechtes Wissen rechtem Tun vorausgehen. Karl verlangte es, der König, der bald mit den Wissenschaften vertrauter war als sonst ein Herrscher, und sie nachdrücklicher zu fördern gedachte, als bislang unter den Franken üblich.

Rechtes Wissen aber erforderte die Fähigkeit, korrekt zu sprechen, *recte loquendi*, und recht zu verstehen, was gebetet, gelesen oder gesprochen wurde. Karl hielt es später den Mönchen von Fulda und anderen zur Besserung ihrer für ungenügend befundenen Lateinkenntnisse vor[47]. Er tat es, wie der König betonte, als «Schützer und demütiger Helfer der heiligen Kirche». Ihn hätten Briefe voll fehlerhaften Lateins erreicht; sie ließen ihn mangelndes Verständnis der heiligen Schriften befürchten. Das durfte nicht geduldet werden. Gefährlich seien die Fehler gesprochener Rede, weitaus gefährlicher aber die Fehler im Verstehen (*sensuum*). Strengt euch an, damit ihr leichter und richtiger die Geheimnisse der göttlichen Schriften durchdringt. Im Herzen sollt ihr demütig sein, nach außen gelehrt und keusch im Leben, gelehrt im Reden, so daß eure Zuhörer von euch lernen können. So etwa mahnte der König, *interius devotos et exterius doctos*. Der rechte Glaube und der Schutz der Kirche forderten eine umfassende Erneuerung der Bildung, des Wissens und Könnens, der Schulen, der inneren Ordnung des Reiches, die zum ewigen Heilsziel hinführen sollte. Karl nahm sich selbst nicht aus. Kein geringerer als Alkuin lehrte den König, die Ordnung stiftenden Wissenschaften als Trittstufen zum Heil zu erkennen, «zur Verteidigung des wahren Glaubens und zu Verkündern der Wahrheit»[48].

Solche Korrektion ließ sich nur schrittweise verwirklichen. Im Reich der Langobarden und unter den Römern aber entdeckte Karl Gelehrsamkeit und Kunst, wie sie seinen Franken trotz aller Bemühungen des Vaters mangelte. Dort, im Süden, konnten noch Laien lesen und schreiben, konnten Latein und in Versen sprechen. Das fremde Italien öffnete dem jungen Herrscher die Augen für den ungeheuren Nachholbedarf seines eigenen Reiches, dessen spätantike Gelehrsamkeit sich zwar nicht völlig verflüchtigt, aber längst an Qualität, Verbreitung und Bedeutung eingebüßt hatte, ja, weithin verschüttet war. Es gab zu wenig Lehrer unter den Franken, zu wenig Schulen, kaum Schüler, kaum noch Bibliotheken. An Bibelhandschriften mangelte es. Nur wenige lernten Latein, den Schlüssel zur literaten Bildung, zu den Quellen des rechten Glaubens und der Wissenschaft. Kein Dichter trat auf, kein Bildschöpfer. Alles mußte erneuert werden.

Jener angelsächsische Mönch, der bei seiner Bischofsweihe durch den Papst Gregor II. in Rom den Namen Bonifatius erhielt, hatte schon vor Karls Herrscherjahren begonnen, im ‹barbarischen› Osten des Frankenreichs literates Wissen zu pflanzen. Er hatte dort drei Bistümer, Erfurt, Büraburg (bei Marburg) und Würzburg, dazu das Kloster Fulda zu gründen gewußt, hatte den Glauben gepredigt. Karl war sechs oder sieben Jahre alt, als der Angelsachse, zuletzt Bischof von Mainz, von Friesen erschlagen wurde, während er seinen Mördern von Christus predigte, der jüngste Märtyrer der Kirche.

Selbst König geworden mochte Karl sich oft an ihn erinnern. Sein Vater Pippin hatte wohl unter Bonifatius' Einfluß einige Kleriker nach Rom geschickt, um dort in die Geheimnisse des liturgischen Gesangs eingewiesen zu werden. Kirchenrecht und Kirchenzucht sollten reformiert werden. Bischofssynoden traten dazu auf Geheiß des Königs zusammen. Ein erneuertes Bildungsbemühen läßt sich erkennen, aber ihm fehlte noch der ‹große Atem›, die umfassende Vision, die allgemeine Forderung und die geeigneten Helfer. In Metz entstand immerhin vielleicht auf Pippins Drängen eine Sängerschule nach römischem Vorbild. Doch das genügte Karl nicht.

Königtum, Kirche und Reich bedurften einer geschulten Wissenselite. Sie sollte vor allem aus Franken, Alemannen oder Baiern bestehen, nicht aus Fremden. Deutlich zeichnete sich die Aufgabe ab, der Karl sich stellen mußte: der Erneuerung der Bildung, des Wissens und Könnens, der Ordnung von Kirche und Reich. Erste Erlasse knüpften an die Regierung des Vaters an. Doch Karls Erneuerungspläne griffen bald darüber hinaus. Die Lehrer, derer er bedurfte, waren unter seinen Nachhilfe bedürftigen Franken nicht zu finden. So warb der König um Gelehrte aus der Fremde. Daß er nach wenigen Jahren bereits die Fuldaer und andere an ihre Bildungsdefizite mahnen konnte, offenbart erste Erfolge. Das Reformwerk begann tatsächlich in den Zentren der Macht, am königlichen Hof und in einigen demselben nahestehenden Klöstern.

Bald nach seiner Rückkehr aus Italien, schon im Jahr 776, berief Karl den Langobarden Paulinus, Lehrer in Cividale, an seinen Hof; zehn Jahre später erhob er ihn zum Erzbischof von Aquileia. Es war eine gute Entscheidung; Paulinus unterstützte die Reformmaßnahmen des Frankenkönigs in Italien. Auch der Grammatiker

Petrus Pisanus, bislang Lehrer in Pavia, folgte Karls Ruf; der König soll selbst bei ihm Unterricht genommen haben. 781 kam es zu einer neuerlichen Begegnung mit Alkuin, dem gelehrten Angelsachsen. Er leitete jetzt die Schule in York, vertiefte sich zumal in das Trivium, die Grundwissenschaften der Grammatik (d.h. des Lateins), der Rhetorik (d.h. vernunftgeleiteter Redetechnik) und der Dialektik (d.h. des argumentativen Denkens). Auch auf den «Computus», die komplizierte Zeit- und Kalenderberechnung, die für die Kirche mit ihrem beweglichen Osterfest von grundlegender Bedeutung war, verstand er sich. Doch allzutief drang dieser Mann nicht in «die Stampfmühlen der Kalkulatoren und in die Rußküchen der Mathematiker» ein[49]. Die Kalenderreform, die Karl in späteren Jahren plante, mußte andere Helfer zu Rate ziehen[50].

Im folgenden Jahr 782 traf Alkuin für dauernd – mit mehrjähriger Unterbrechung zwischen 789 und 794 – am Königshof ein und übernahm dort die Hofschule. Es begann nun ein lebenslanger Dialog zwischen dem König und dem angelsächsischen Magister. Zahlreiche Briefe, an und für Karl geschrieben, zeugen davon[51]. Der König übertrug dem gelehrten Mann später, im Jahr 797, das Stift in Tours, das unter Alkuins Leitung zu der vielleicht wichtigsten Bildungsstätte des Frankenreiches wurde. «Seine Gelehrsamkeit trug so reiche Frucht, daß die heutigen Gallier oder Franken den alten Römern oder Athenern gleichkommen», jubelte im Nachhinein der Sanktgaller Mönch Notker[52].

Immer mehr Gelehrte strömten an des Königs Hof. Karls weithin bekannte Wißbegier, sein Reformeifer und nicht zuletzt die Karrierechancen, die der Königsdienst verhieß, lockten sie an. Aus aller Herren Länder kamen sie. Karl selbst brachte aus Italien im Jahr 781 auch den Langobarden Paulus Warnefrid mit nach dem Norden, einen gleichfalls herausragenden Grammatiker[53]. Er hatte sich bereits als Geschichtsschreiber einen Namen gemacht, hatte der Königstochter Adalperga in Pavia oder Benevent als Lehrer gedient, konnte und lehrte auch Griechisch. Er entstammte einer jener langobardischen Adelsfamilien, die einst, im 6. Jahrhundert, mit Alboin aus Pannonien nach Italien eingewandert waren.

Jetzt, eben im Jahr 780/781, erschien er vor dem Gewaltigen, um dort für seinen von Karl inhaftierten Bruder Arichis die Freilassung zu erwirken. Der König ließ ihn nicht wieder ziehen. Der gelehrte Mann, Gram und Heimweh im Herzen, blieb vier oder fünf Jahre am fränkischen Hof, um segensreich als Lehrer und Geschichtsschreiber zu wirken, bevor er in seine Heimat und sein Kloster zurückkehren durfte. Er unterrichtete die für eine Ehe mit dem jungen Kaiser Konstantin bestimmte Karlstochter Rothrud und verfaßte eine Geschichte der Bischöfe von Metz mit Verherrlichung der Karolingerfamilie. Nach Italien zurückgekehrt, zog er sich wieder ins ferne Benevent zurück, in das letzte noch halbwegs freie langobardische Fürstentum. Er war Mönch in Montecassino, wo er wohl den Mönchsnamen Paulus angenommen und die Diakonsweihe empfangen hatte. Karl erbat sich, bevor der gelehrte Mann ihn verließ, von ihm eine Sammlung von Predigten der Kirchenväter, die als Musterpredigten für das gesamte Frankenreich dienen sollten.

Zu etwa derselben Zeit, um 780, fand, aus Spanien geflüchtet, der Westgote Theodulf den Weg an den Karlshof, ein Kenner aristotelischer Dialektik, ein scharfsinniger, Ironie liebender Theologe. Karl betraute ihn später mit der anspruchsvollen Aufgabe der Widerlegung griechischer Irrtümer über den Bilderkult. Die gesamte lateinische Bibel, die Vulgata, bisher in Handschriften einzelner Bücher verstreut, verstand Theodulf in winzig kleiner Schrift in einen einzigen Codex zu handlichem Gebrauch zu vereinen, die ersten Ganzbibeln der Weltgeschichte in einem Band, ein Wunder an kritischem Sinn und Ordnung (Theodulf-Bibel). «Er überprüfte unermüdlich den Wortlaut, besorgte sich vornehmlich aus Italien Vulgata-Handschriften zum Vergleich, besserte ständig an einem Werkexemplar herum und griff sogar auf den hebräischen Text zurück, indem er einen getauften Juden die Übertragung des Hieronymus durchsehen ließ»[54]. Am Ende des Buches – *explicit liber* – ‹signierte› er nicht ohne Stolz sein Werk mit zwei Distichen: *vive deo felix per plurima tempora lector / theodulfi nec sis inmemor oro tui ./ finis adest operi. His, quibus est peragentibus actum ,/ sit pax vita salus et tibi lector ave*[55].

Gelehrt also der Gote, obendrein aber schmiedete er Verse voll ätzenden Spotts. Karl schätzte ihn sehr, übertrug ihm – vielleicht zum Dank für die «Libri Carolini» – das bedeutende Kloster Fleury (St-Benoît-sur-Loire) und andere Klöster und erhob ihn noch vor 798 zum Bischof von Orléans. Theodulfs bissiger Hohn ergoß sich mit Vorliebe über die Iren, die den Zugang zum Königshof gefunden hatten und dort ob ihrer fremdartigen Sitten und Gebräuche und ihrer eigentümlichen Bildung Anstoß erregten.

Muntere Geschichten kursierten, wie etwa zwei von ihnen, diesen «Schotten», im Gefolge bretonischer Kaufleute im Frankenreich landeten und Marktbesuchern weltliche und geistliche Wissenschaft als Ware ausriefen: «Wer Weisheit begehrt, der komme zu uns; er wird sie erhalten! Wir bieten sie feil.» Ihr Reklameruf drang bis vor Karl. Er bestellte sie zu sich, prüfte ihr Wissen und übertrug dem einen, Clemens mit Namen, ein gallisches, dem andern das Augustinus-Kloster bei Pavia als Unterrichtsstätten. Notker von St. Gallen erzählte diese famose Geschichte (I,1), deren Wahrheitsgehalt nicht auf die Goldwaage zu legen ist. Doch schimmert noch durch seine Worte der Neid hindurch, mit dem Karls Großzügigkeit gegenüber den Fremden den einen oder anderen Franken aufrüttelte.

So versammelte sich, vom König gerufen und belohnt, eine «internationale» Gelehrtengemeinschaft aus Langobarden, Angelsachsen, Iren und Westgoten am Hof, wie sie sonst nirgends, an keinem Fürstenhof, auch nicht in Rom, anzutreffen war. Spannungen und Feindseligkeiten blieben nicht aus. Die Fremden, angewiesen auf die Gnade des Königs, beargwöhnten einander, neideten einander den Erfolg, befehdeten sich mit Worten und Versen und sorgten aber gerade mit ihrer Konkurrenz für eine intellektuelle Lebendigkeit und geistige Frische wie seit Jahrhunderten nicht mehr im lateinischen Westen – belebende Auswüchse einer agonalen Gesellschaft.

5

Schulen, Skriptorien und Gebet

Eben diese Fremden sollten Schulen errichten. Deshalb wurden ihnen kirchliche Stifte und Klöster übertragen. Karl mutete die unaufschiebbare Aufgabe umfassender Bildungserneuerung vor allem den Klöstern, aber auch Stiftsschulen wie in Tours zu. Sie sollten dem verbreiteten Bildungsmangel abhelfen. Selbstverständlich war das nicht. Denn der Mönch sollte abgeschieden von der Welt, im Eremus, in der Eremitage, leben, sich nicht für die Bedürfnisse derselben abrackern, sondern für sein und seiner Gönner Seelenheil beten. Allein für den internen Klosterbedarf gab es bislang Schulen. Doch dafür hätten vergleichsweise wenige Kenntnisse und Inhalte genügt.

Jetzt aber verwandelten sich die bedeutenderen Klosterschulen in Allgemeinschulen, die tatsächlich dem gesamten Klerus, der Kirche und überhaupt der Welt zu dienen hatten, etwa indem sie die Bücher abschrieben, derer es dringend bedurfte[56]. Die Kosten der karolingischen Bildungsrevolution waren immens. Sie verlangten besondere ökonomische Maßnahmen für die Einrichtung der Schulen, für den Aufbau der Bibliotheken, für die Beschaffung der abzuschreibenden Vorlagen. Pfründen für Lehrer und Schüler wurden nötig.

Allein reichste Mäzene waren dem Kostendruck für eine Schule gewachsen, allen voran der König selbst, die großen Klöster und Stifte, mit einiger Verzögerung, dann aber um so größerem Erfolg auch Bischofskirchen; nur ganz rudimentär wurden Pfarrkirchen für die schlichte christliche Grundbildung herangezogen[57]. Gemessen an der wirtschaftlichen Leistungskraft der damaligen Gesellschaft und ihrer Produktivkraft, dem Bruttosozialprodukt, wenn man von einem solchen schon sprechen dürfte, war dieser Aufwand gewiß nicht geringer, eher höher als heutigen Tags. Aber er war auf viele Schultern verteilt, eben auf die großen Kirchen und Klöster mit ihren reichen Einkünften.

Schreibwerkstätten, Skriptorien, fanden sich zunächst nur vereinzelt, vorwiegend bei den großen Klöstern; ‹Ateliers› für Buchmalerei waren noch seltener. Das alles schränkte anfänglich die Verbreitung und Verbreitungsgeschwindigkeit des Wissens ungeheuer ein, nahm aber durch die Anstrengungen der Karlszeit alsbald zu. Der König wünschte die Abschreibe- und Sammeltätigkeiten zu intensivieren, die Anstrengungen zu vervielfältigen. Eine Fülle neuer Skriptorien entstand, eben Einrichtungen mit spezialisierten Arbeitsstätten zur Buchproduktion, vom Pergamenterer bis zum Schreiber und Illuminator.

Auch das bürdete den beteiligten Klöstern ungeahnte Kosten und kulturelle Gewichte auf. Jedes Buch verschlang je nach Ausstattung und Umfang ein großes oder kleines Vermögen. Für ein einziges Buch auf Pergament bedurfte es einer kleinen Ziegen- oder Schafherde, manch eines Kalbes; für großformatige Luxusbände entsprechend großer Herden, um von den kostbaren Farben zu schweigen, die mit Gold und Silber, mit Purpur und gemahlenen oder zerriebenen Halbedelsteinen nicht sparten. Seit etwa 780 gibt der noch erhaltene Handschriftenbestand eine gesteigerte Abschreibeaktivität zu erkennen; sie scheint vom Königshof ausgegangen zu sein und sehr bald die großen Klöster oder Kanonikerstifte erfaßt zu haben[58]. Deren Bibliotheken zählten bereits in den frühen Jahren Ludwigs des Frommen jeweils mehrere hundert Handschriften. Historiker rechnen mit etwa 10 000 karlszeitlichen Manuskripten.

Man war stolz auf die Leistung und bekundete es auch. Da notierte um das Jahr 800 ein Schreiber in Verona, der vielleicht gerade das kostbare Pergament für das zu schreibende Buch bereitet hatte, in vier Zeilen ein kleines, sich selbst feierndes Rätsel auf das erste Blatt seines Codex: *se pareba boves / alba pratalia araba / et albo versorio teneba / et negro semen seminaba* («Man spannte die Ochsen ein / ackerte weiße Wiesen / und hielt den weißen Pflugsterz / und säte schwarzen Samen»); man glättete also das Pergament, überzog es mit der Kalkschicht für die Schrift, hielt den Gänsekiel zum Schreiben und schrieb. Das war kein Latein mehr (das der Schreiber sehr wohl konnte), das war ein «Romanisch», das sich anschickte, die lange Reise zur Sprache Dantes anzutreten[59].

26–27 Elfenbeinerner Buchdeckel des Lorscher Evangeliars, Ada-Gruppe der Hofschule Karls des Großen, um 810 (die Christusseite heute in den Vatikanischen Museen; die Marienseite im Victoria and Albert Museum in London)

Die Kritik an Karls Anmutungen an die Klöster ließ nicht lange auf sich warten; sie meldete sich wenige Jahre nach seinem Tod unter Ludwig dem Frommen. Dessen von Benedikt von Aniane, dem Goten, gelenkte Klosterreform wollte die

Schule nur noch für den internen Bedarf der Klöster akzeptieren, konnte sich aber gegen die bald wieder dominierende Opposition etwa eines Adalhard von Corbie nicht durchsetzen. Die schulische Leistungsbereitschaft der Klöster blieb und rettete fürs erste die Wissenskultur.

Vorbildlos handelte der Frankenkönig dabei nicht. Iren und Angelsachsen hatten längst entsprechende schulische Muster geliefert. Klosterschulen waren unter ihnen weit verbreitet. Nahezu jede angelsächsische Bischofskirche besaß ein Domkloster mit Schule. Einige wie York, wo Alkuin tätig gewesen war, Canterbury oder die Klosterschule in Jarrow, die einst der verehrungswürdige Beda geleitet hatte, ragten mit ihren Bibliotheken, Lehrern und Schülern heraus. Die ersten Iren, Raefgot und Jonas, fanden sich, ohne daß Genaueres bekannt ist, schon vor 780 an Karls Hof ein; Alkuin begrüßte sie da[60].

Die kirchliche Organisation dieser Iren unterschied sich grundlegend von allen anderen westlichen Kirchen[61]. Ihre wichtigsten Institutionen waren Klöster, sie unterstanden einem Abt, unter ihm gab es Priester und Bischöfe, nämlich Mönche, die entsprechende Weihen empfangen hatten. Letztere verfügten nur über liturgische, nicht wie in der kontinentalen Kirche über jurisdiktionelle Kompetenzen. Manch eines dieser Klöster erteilte Latein-, gelegentlich sogar Griechischunterricht. Die Regeln und Gewohnheiten dieser Klöster wirkten fremd im Vergleich zu denen des Festlands. Buße wurde hier ein zentrales Thema der Lebensführung. Sie wurde gemäß der Schwere der Verfehlungen nach festen ‹Tarifen›, in Bußbüchern festgeschrieben, geleistet.

Diese Iren übten eine unruhige Glaubenspraxis. «Heilige Pilgerschaft» nannten sie es, eine Wanderschaft nämlich, deren Wege die göttliche Führung bestimmte, ein Aufbruch in die Fremde, in das Elend der Welt, ohne eigenes Ziel. Sie führte gelehrte Mönche seit merowingischer Zeit immer wieder hierhin und dorthin, auf die unbewohnten Inseln im Norden, ins Frankenreich oder nach Italien. Sie missionierten, gründeten Klöster und richteten, den Gewohnheiten ihrer Heimat folgend, dort Schulen ein. Luxeuil in den westlichen Vogesen, St. Gallen oder Bobbio[62] können als Beispiele genannt werden. Mit diesen Iren oder Schotten gelangten Ermahnungsschriften und neuartige Bußbücher ins Frankenreich; der eine oder andere konnte Griechisch. Neid, Hohn und Spott aber verfolgte diese gelehrten Leute ob ihrer fremdartigen Gewohnheiten nur allzuoft.

Lautstark erhob ein Höfling seine Stimme gegen einen der Iren, gegen Cadac-Andreas: «Tollwütiger, hör auf zu saufen, damit du im Todesschlaf wieder zu dir gelangst»[63]. Tranken die Iren mehr als andere? Brüsteten sie sich mit ihren Griechischkenntnissen, die sonst am Karlshof eher mangelten? Erregte ihre fremdartige Trauerbekundung Abscheu unter den Einheimischen? Der Dichter, der es aufspießte, war kein großer Poet, wohl auch kein großer Gelehrter; er kam aus den Landen rechts des Rheins. Manch ein Hörer ward dennoch bleich vor Zorn, weil so unflätige, fremdenfeindliche Scheltworte sein Ohr trafen, mancher bleich vor Neid, daß solche ‹Poesie› ihm nicht in seine Feder geflossen war. Der König aber liebte derartige Auftritte und wußte sie zu honorieren.

Was sollten diese Iren unter den Franken, überhaupt die vielen Fremden? Die lästigen Goten, die hochnäsigen Langobarden, die arroganten Griechen? Endlich gar die Barbaren von jenseits der Enns? Selbst Einhard, auch er ein germanischer Franke, erschrak, murmelte etwas von Überfremdung, die Hof und Reich lästig zu werden drohe. Doch hütete auch er sich, laut zu sprechen. Noch Jahrzehnte später sollte er Karls Nachfolger raten, sich vor Fremden zu hüten[64].

Karl aber liebte die Fremden. Die Impulse auch jener von weit her gereisten griff er auf. Der König förderte Bischofskirchen, Klöster und geistliche Stifte, alte und neue Gründungen. Manch eine übertrug er einem dieser Fremden. Eine Fülle kultureller und wissenschaftlicher Zentren entstand. Neue, bald überregional bedeutende Schulen blühten auf; erste Bischofsschulen eröffneten. Sie alle überzogen in den kommenden Jahrzehnten das Frankenreich von Norden nach Süden und von Westen nach Osten mit einem Netz von Bildungseinrichtungen.

Im Westen ragten, um nur einige zu nennen, heraus die Klöster St-Denis und Corbie, das Martinsstift in Tours, das Alkuin leitete, das Kloster Fleury unter Theodulf von Orléans, das Nonnenkloster Notre-Dame in Chelles, dem Karls Schwester Gisela vorstand; im Osten formten sich Mainz und Würzburg, die Klöster Fulda, und Lorsch, auch Weißenburg im Elsass (Wissembourg), die schwäbischen Klöster auf der Reichenau und in St. Gallen, die bairischen Bischofsschulen in Freising, dazu Regensburg mit dem Kloster St. Emmeram, bald Salzburg mit dem Kloster St. Peter. Skriptorien entstanden, Handschriften wurden produziert und Bibliotheken errichtet; auch die Buchmalerei blühte hier und da auf. Der Ertrag dieser Entwicklung förderte nicht zuletzt die Epoche Ludwigs des Frommen.

Über das gesamte Reich waren Hunderte von Klöstern verteilt. Der Wohlstand vieler von ihnen verpflichtete sie zu Reichsdiensten, keineswegs nur zum Unterhalt von Schulen. Unter Ludwig dem Frommen wurden sie nach ihrer materiellen Leistungskraft in drei Kategorien eingeteilt: in solche, die Abgaben an den König zu entrichten und Kriegsdienst zu leisten hatten, in solche, die nur abgabepflichtig waren und schließlich in die große Masse, die ausschließlich mit Gebeten dem Heil des Herrschers, seiner Söhne und des Imperiums dienen sollten. Die erste Kategorie führte das Kloster Fleury an, auch Corbie, Lorsch, Mondsee oder Tegernsee zählten zu ihr, zur zweiten Kategorie gehörten etwa Fulda und Hersfeld, zur dritten etwa Wessobrunn[65].

Vermutlich hatte schon Karl der Große die Klöster in ähnlicher Weise belastet. Schulen und Skriptorien zählten zu den Leistungen der dritten Kategorie. Frauenklöster waren davon nicht ausgenommen. Das Kloster Chelles etwa, immer wieder an Töchter des Karolingerhauses vergeben, scheint sich durch Geschichtsschreibung und Handschriftenproduktion ausgezeichnet zu haben[66]. Auch Laien partizipierten an dieser Bildungserneuerung. Einhard beispielsweise, der Biograph Karls des Großen, war ebenso Laie wie Karls Enkel, der Geschichtsschreiber Nithard. Um das Jahr 780 oder kurz zuvor konnten die ersten Früchte des erneuerten Bildungsbemühens geerntet werden. Damals kopierte der Abt Adam von Masmünster im Elsaß die «*Ars grammatica*» des Diomedes und widmete sie mit Versen dem König, vergaß dabei auch nicht, wortreich (doch wenig elegant) um die königliche Huld zu bitten[67].

Corbie in der Picardie ragte früh heraus. Eine merowingische Gründung des 7. Jahrhunderts, vereinte das Kloster materiellen Reichtum, gelehrte Mönche und eine reiche Bibliothek mit kostbaren kirchenrechtlichen und literarischen Texten. Beziehungen zu Bonifatius sind bezeugt. Die Mönche erfuhren bald die Förderung durch die Karolinger. Erste Gebetsverbrüderungen verbanden Klöster und Bischöfe überregional. Corbie etwa gehörte zu dem Gebetsbund von Attigny. Er war im Jahr 762 von 27 Bischöfen und 17 Äbten «für die Sache der Religion und das Heil der Seelen» geschlossen worden und sollte im Todesfall für jeden der Genannten einhundert Psalter und einhundert Messen singen lassen, jeder beteiligte Bischof persönlich dreißig Messen, ein Abt, der kein Bischof sei, möge einen Bischof um diese Messen bitten. Der Abt von Corbie sah sich so vereint mit den Bischöfen von Metz oder Mainz oder mit den Äbten von St-Denis, St-Germain des Près, St-Wandrille und zahlreichen anderen[68].

Unter dem Abt Maurdramnus, der im Jahr 780 starb, erlebte das Kloster eine erste Hochblüte. Berühmt und epochemachend durch Schrift und Bildschmuck wurde die unter ihm angefertigte Bibel. Seltene Texte wurden hier, im klösterlichen Skriptorium, abgeschrieben und erweiterten die Klosterbibliothek. Nicht zuletzt durch sie wurde das pikardische Kloster zu einer der wichtigsten Bildungsstätten des Frankenreiches. Karls Vettern Adalhard und Wala leiteten es als Äbte.

Von Corbie könnte jene Bewegung der Schrifterneuerung ausgegangen sein, der eine weltweite Zukunft beschieden war: Die Erfindung der karolingischen Minuskel. Sie setzte in klarer Graphie Groß- und Kleinbuchstaben mit Ober- und Unterlängen in ein Vierlinienschema und trennte deutlich die einzelnen Worte voneinander – eine unendlich wertvolle Lese- und Verstehenshilfe für jeden Text, für die heiligen Schriften so gut wie für alle der Schrift anvertraute Rede, und ein ästhetischer Zugriff obendrein. Gerade die Bibel des Maurdramnus gilt hierfür als Musterexemplar. Eine erste Spur der neuen Schrift findet sich schon unter dessen Vorgänger Leutcharius[69]. Das Layout einer Handschrift, die innere Ordnung ihrer Texte und ihrer Folien waren leicht zu überschauen und steigerten die graphische Schönheit jeder Buchseite: Auszeichnungsschriften wie Capitalis und Unziale, Semiunziale, Initialen mit oder ohne bildnerische Ausgestaltung, Gold- und Silbertinte, Purpurpergament, Illuminationen konnten einen seit Jahrhunderten nicht mehr erreichten Prunk vor Augen stellen. So geschah es zum Lobe Gottes und für des Königs Hof.

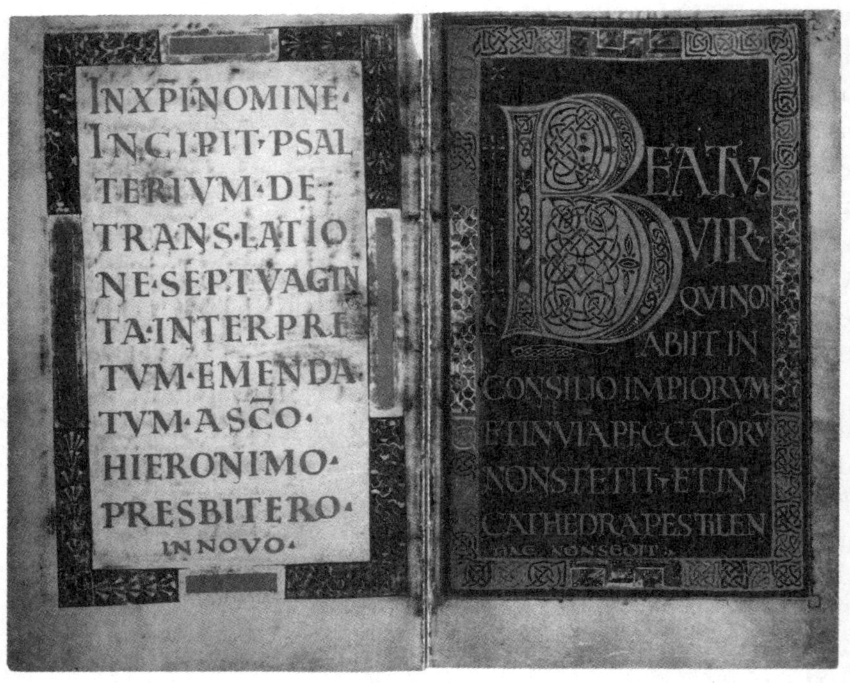

Unter den Augen des Königs entstand eine neue Buchkunst. Als frühes Beispiel, das für den König angefertigt wurde, gilt der Dagulf-Psalter. Einzigartig, geradezu epochemachend aber ragt das Evangelistar hervor, das Godesscalc signierte. «Mit goldenen Buchstaben auf pupurnen Blättern» war es geschrieben, sein Bildschmuck fesselt den Betrachter bis heute. Sein Schöpfer, vielleicht ein Diakon der Lütticher Kirche, sparte in der Tat nicht mit Gold und Silber; kostbare Miniaturen, aufwendige Rahmenleisten um die Texte, Gold- und Silbertinte auf Purpurpergament verhalfen dem Ganzen zu einer vielfach nachgeahmten Vorbildlichkeit. Geschaffen aber war dieses Wunderwerk für den König und seine Gemahlin Hildegard im Verlauf der Jahre 781/783, als beide nach Rom reisten; dort wurde ihr Sohn Karlmann von Hadrian auf den Namen Pippin getauft, was der zugehörige Kalender – in Goldtinte – eigens vermerkte[70]. Beide genannten Handschriften werden der sog. Hofschule zugewiesen, die eben entstand. Das Evangelistar ist überhaupt das erste Buch, das nachweislich von einem fränkischen König in Auftrag gegeben wurde. In ihm manifestierte sich Karls Erneuerungswille in einzigartiger Weise. Schrift, Text, Bild und Material vereinten sich zu einer Repräsentationskunst, mit der Karls Hof den Vergleich mit anderen Zentren nicht mehr zu scheuen brauchte.

28 Der Anfang des Dagulf-Psalters, den Karl der Große für den Papst Hadrian bestimmt hatte (zwischen 783/795), im 17. Jahrhundert aus der Aachener Schatzkammer nach Wien gelangt (Österreichische Nationalbibliothek Cod. 1861)

Östlich des Rheins nahmen sich die Verhältnisse keineswegs so günstig aus wie in Corbie oder überhaupt im Westen. Dort, im Osten, den die römische Zivilisation nie erreicht oder allenfalls gestreift hatte, bedurfte es eindringlicher Unterweisung und kräftiger Nachhilfe. Vieles war neu zu schaffen, Bistümer und Klöster, Stifte und Schulen. Innerhalb weniger Generationen wurde viel erreicht. Erste Lehrer gelangten – von Bonifatius vermittelt – aus England dorthin, die ersten identifizierbaren Schreiber in Freising und an anderen Schulen kamen von der Insel. Die bairischen Klöster und Bistümer, die schon unter den Agilolfingern entstanden und von Tassilo III. gefördert worden waren, genossen auch unter Karl königliche Fürsorge[71].

Im östlichen Franken waren die Bistümer Würzburg und Eichstätt entstanden. Bonifatius' Gründung Fulda, am Kreuzungspunkt wichtiger Fernwege nach Thüringen und Sachsen gelegen, die nun der Abt Sturmi leitete, hatte schon Karls Onkel Karlmann unterstützt. Noch um die Jahrhundertwende war es, nach dem ältesten erhaltenen Bücherverzeichnis zu schließen, bloß eine anachoretisch lebende Gemeinschaft von mehreren hundert Mönchen mit eher mangelhaften Lateinkenntnissen und unbedeutender Bildungsstätte[72]. Erst unter Karls Druck und durch den Schüler Alkuins, den *magister*, Leiter der Klosterschule und späteren Abt Hrabanus Maurus, sollte es sich ändern. Dann gehörte Fulda zu den herausragenden Bildungszentren des Frankenreiches; schon um die Mitte des 9. Jahrhunderts besaß es mehrere hundert Handschriften – das Lebenswerk zahlreicher schreibkundiger Mönche. Hersfeld, Fuldas Schwestergründung, ganz im Norden Altfrankens nach Sachsen zu gelegen, ging auf Initiative des Bischofs Lull von Mainz aus einer Einsiedelei hervor (769).

Trotz derartiger Anstrengungen – es bedurfte der Jahrhunderte, bevor sich ein neues Denken auf breiter Front durchsetzte. Es erforderte nicht zuletzt eine umfassende Verfügbarkeit des antiken Wissens. Zwar waren zu Karls Zeit hier und da noch antike Handschriften mit einschlägigen Texten zu greifen. Doch mußte man aufwendig suchen, um das eine oder andere Exemplar aufzuspüren, bedurfte es geduldiger Abschreibearbeit, um das Gefundene zu retten und zu verbreiten[73]. Das Material der alten Bücher war in der Regel der vergleichsweise billige, aber wenig widerstandsfähige Papyrus, selten das teure Pergament. Die Folgen waren bei Rückgang der Schreibtätigkeit und Papyrusproduktion katastrophal. Wir können es fast zahlenmäßig darstellen: Von den zum Teil riesigen antiken Bibliotheken mit schätzungsweise bis zu einer Million Bänden hat sich nichts erhalten. Keine einzige antike Papyrusrolle mit einem wissenschaftlichen Text überdauerte die Zeiten.

Von wenigen Ausnahmen abgesehen wäre kaum eine Spur antiker Gelehrsamkeit und Poesie noch sichtbar, nicht einmal die lateinischen Kirchenväter, hätten die Schreiber und Gelehrten jener Könige seit Karl sich nicht des dauerhaften Pergaments bedient. Ihr Fleiß hat uns diese Texte, ihr Eifer uns das antike Programm der «freien Künste» und die Handbücher zu den «mechanischen Künsten», die Reden Ciceros und die Traktate Senecas, den Zauber antiker Dichtung, einen Horaz, Ovid oder Plautus geschenkt, ihrer eigenen Gegenwart aber eine erste Ahnung von Kunst und Poesie. Die Rettung der vom Untergang bedrohten Schriften war damit, auch wenn das damals niemandem bewußt werden konnte, eingeleitet.

Und mehr als das. Denn auch die Wiedergeburt des logischen, überprüfbaren Regeln unterworfenen Denkens ereignete sich am Hof Karls des Großen. Wie jedes Neugeborene war es winzig, fürs erste auf fremde Hilfe angewiesen und dennoch lebendig. Doch wuchs es heran, vom König gefördert. Ein eigener, «westlicher» Denkstil konnte sich entwickeln und verbreiten. Er sollte die Welt unvorhersehbar verändern. Das Wunder dieser Geburt ist untrennbar mit dem Namen des Aristoteles und seiner Übersetzer verbunden, untrennbar aber auch mit dem Namen Karls des Großen und seines Hofes. Denn die erste Spur der Wiedergewinnung der logischen Werke des Stagiriten findet sich dort. Niemand konnte freilich ahnen, welch ungeheure Wirkung, welch breiter und breiter werdende Weg, welche unendlichen Verzweigungen davon ihren Ausgang nehmen sollten[74].

6

Reformen sind überfällig: Doch wo beginnen?

Reformen waren überfällig; denn auch die Bischöfe müßten vor Gott für ihre Amtsführung Rechenschaft ablegen. Verlangt waren nicht nur Korrekturen des Verhaltens; verlangt war die Erneuerung eines Wissens, das unter den Franken und ihren Geistlichen verschüttet war und nur allmählich wieder an die Oberfläche gelangte. Noch um 800 gab Theodulfs von Orléans weitverbreitetes, erstes Bischofskapitular üble Zustände zu erkennen. Lesung und Handarbeit wurden als Heilmittel empfohlen. Ob sie halfen? Da waren Brot, Wein und Wasser für die Opferung offenbar nicht immer sauber, näherten sich Frauen dem zelebrierenden Priester, lebten gar mit Priestern unter einem Dach, da lagerte Getreide und Heu in der Kirche, da trafen sich dort die Leute zum Schwatz, betranken sich Priester in den Schenken, manch einer kannte kaum die heiligen Schriften, mißbrauchte die heiligen Altargeräte zu unheiligem Zweck; mit den Pfarrschulen haperte es. Wenigstens zweimal am Tag sollte das Volk, gleichsam zur Selbstdisziplinierung, Glaubensbekenntnis und Vaterunser beten; anscheinend aber unterblieb es. So ging es fort – eine erschreckende Mängelliste trotz längst eingeleiteter Reformbemühungen, Zeugnis des schwerfälligen Aufbruchs zum langen Marsch in eine christliche Kultur[75].

Wie mag es 20 Jahre zuvor ausgesehen haben, als Karls Reformbemühungen erstmals greifbar wurden? Gewiß nicht besser. Jetzt, zehn Jahre nach seinem Herrschaftsantritt, setzte – der Überlieferung nach – die fortgesetzte Folge der Kapitularien ein, der königlichen Verordnungen, administrativen Erlasse und Rechtsgebote, die vom Königshof ihren Ausgang nahmen. Sie drängten endlich auf die Erfüllung des Reformprogramms, das für Karl allmählich Gestalt angenommen hatte[76]. Was die Verzögerung verschuldet hatte, ist unbekannt. Sollte der jetzige Neubeginn den mißglückten Spanienfeldzug und den katastrophalen Einfall der Sachsen, der ihm folgte, vergessen lassen? Sollte Gottes Zorn, der sich in den Niederlagen offenbarte, mit Reformen beschwichtigt, abgewendet, sollte aufkommende Unruhe unter den Großen besänftigt werden? Wirkten die Mahnungen des Papstes? Hatte Karl jetzt erst die Helfer gefunden, derer es bedurfte, um so umfassende Reformen ins Werk zu setzen?

Karl handelte nicht allein. Wer half ihm? Wir kennen kaum die Geistlichen seiner nächsten Umgebung, die Angehörigen der Hofkapelle, die engsten Vertrauten mit Namen. Allein der Erzkapellan, der greise Fulrad von St-Denis, und der Kanzler Rado, dazu einige der Notare, lassen sich für diese Frühzeit nennen. Vielleicht zog Karl damals schon Angilram von Metz, der nach Fulrads Tod (784) dessen Nachfolger wurde, verstärkt zur Beratung heran. Um 780 begegneten die Namen des Pfalzgrafen Worad, des Kämmerers Adalgis, des Marschalks Geilo und des Mundschenken Eberhard[77]; auch Gerold, der Bruder der Königin Hildegard, dürfte wiederholt am Hof anzutreffen gewesen sein. Zu Hoftag und Synode wurden sonst die Würdenträger eigens einberufen. Ein flüchtiges Streiflicht auf Karls Berater und die Hofgesellschaft dieser Zeit wirft ein Brief- oder Zirkulargedicht eines Hofbesuchers, Alkuins nämlich, mit dem er nach Heimkehr von einer Reise auf den Kontinent, um 778–780, Karl und seine Großen grüßte. Der Angelsachse hatte dem König wohl schon 774 in Rom seine Aufwartung gemacht[78], hatte ihn unlängst erneut besucht[79], weilte aber noch nicht für dauernd – wie dann, seit 782, nach der dritten Begegnung in Pavia (781) – am Königshof.

Auf seiner Reise möge der Brief, so die Fiktion, den «kühereichen» Bischof Albricus von Utrecht grüßen und seinen Prior

Hadda, der, da Friesland weder Öl noch Wein zu bieten habe, freundlich mit Honig und Butter aufwartete. Flieg weiter, Brief, meide Dorstad, wo der «schwarze» Hrotberct, ein geiziger, kunstloser Kaufmann, das Quartier verweigerte. Besuche rheinaufwärts den Bischof Ricvulf von Köln, weiter an der Mosel, in Echternach, den Abt und Bischof von Sens Samuhel-Beornrad, ein Vetter, vielleicht auch ein Schüler Alkuins. Dann eile zur Halle des Herrschers – «Sei gegrüßt, bester König, sei gegrüßt!», schmeichele dort dem *magister* Paulinus, warne (Alkuin kannte ihn schon lange) mit leisem Gruß vor Petrus Pisanus, der «– paßt auf – mit herkulischer Keule dreinschlägt», grüße die Hofleute Ricvulf, Raefgot, Jonas, zwei Iren, und den Kanzler Rado; geh' weiter nach Mainz zu dem Bischof Lull, nach Speyer und seinem Bischof Bassinus, endlich zu Fulrad von St-Denis, dem obersten Kapellan[80]. Alkuin nannte somit Bischöfe und Äbte bei Namen, stellte einen einzigen Laien bloß und schwieg von Königin oder Königssöhnen.

Die Vorbereitung der Hoftage mit ihren Entscheidungen lag ohne Zweifel in den Händen der Hofkapellane, der Notare und des Kanzlers. Doch waren auch eigens geladene geistliche und weltliche Große beteiligt[81]. Wer jeweils die Texte redigierte, ist ungewiß; der oberste Kapellan dürfte Einfluß genommen haben, dem Kanzler oblag nur das Beurkundungsgeschäft. Das älteste unzweifelhaft echte Kapitular des großen Königs wurde im März 779 auf einer Versammlung von Bischöfen, Äbten und Grafen vermutlich in Herstal in Übereinstimmung mit dem König beschlossen[82]. Ihr Konsens mit dem Herrscher wurde gleich einleitend hervorgehoben, doch kein einziger der erschienenen Herren wurde bei Namen genannt. Karls Handeln zeigte sich im Dienst für Gott mit den Großen seines Reiches geeint: Das Kapitular wandte sich «gemäß dem Willen Gottes aktuellen Aufgaben» zu (*secundum Dei voluntatem pro causis oportunis*), galt der Kirchenordnung und Kirchenzucht. Gottes und des Königs Wille geboten, daß die Bischöfe ihren Metropoliten untergeordnet seien und besserten, was zu bessern sei; daß in vakanten Bistümern umgehend Bischöfe erhoben würden; daß Mönche nach ihren Regeln leben und Äbtissinnen kontinuierlich in ihren Klöstern residieren sollten; daß Priester und die übrigen Kleriker der Gewalt ihrer Diözesanbischöfe und nur ihnen unterstünden; daß der Zehnte zu zahlen sei.

In den knappen Sätzen verbirgt sich eine der folgenreichsten Maßnahmen Karls des Großen, die Erneuerung nämlich der spätantiken Metropolitanverfassung im Frankenreich, die während des früheren Mittelalters untergegangen war, mit einem Erzbischof an der Spitze und mehreren Bistümern in der ihm untergeordneten Kirchenprovinz[83]. Der hl. Bonifatius hatte schon die mangelnde Kirchenorganisation moniert. Die Franken hätten seit über 80 Jahren keine Synode einberufen und keinen Erzbischof gekannt[84]. Das sollte sich nun ändern. Die Synode in Herstal erneuerte das spätantike Prinzip der Anlehnung kirchlicher Grenzen an die staatlichen. Sie beschloß, soweit wir sehen, die Neuerung auf Karls Drängen hin und mit Zustimmung Hadrians I. Karl aber orientierte sich jetzt, um dem Mißstand abzuhelfen, progammatisch an der *Notitia Galliarum*[85], dem antiken Verzeichnis aller staatlichen Provinzen mit ihren Metropolen (*metropoles*) und sonstigen Städten (*civitates*) der Zeit um 400. Hadrian hatte es ihm zukommen lassen. Die erneuerte Kirchenorganisation suchte bewußt und erklärtermaßen, dem Vorbild Gregors des Großen folgend, den Anschluß an die hierarchische Ordnung der spätantiken römischen Reichsverfassung[86]. Kirchenprovinzen und Erzbistümer wurden nun eingerichtet oder wieder errichtet. Den Anfang dürfte Reims, eine alte Metropole, gemacht haben, gefolgt von Mainz, einer eben erst entstehenden, deren Provinz bis tief ins Sachsenland, bis nach Verden an der Aller, reichen sollte und im Süden bis Konstanz und Chur sich erstreckte. Die Kirche wurde durch den Sachsenkrieg in bislang heidnische Regionen ausgeweitet; alle Welt konnte und sollte es sehen. Doch auch das unterworfene Land sollte aus der Neuordnung der Kirche seinen Nutzen ziehen; auch Sachsen wurde kirchlich eingeteilt. Denn die Kirchenordnung intensivierte und ordnete die Einbindung des alten Barbarenlandes in die Hochzivilisation des Mittelmeerraumes.

Fortan gewann, wie immer es sich früher verhalten hatte, der Erzbischof eine jurisdiktionelle Leitungsfunktion innerhalb seiner Kirchenprovinz. Er sollte regelmäßig Provinzialsynoden einberufen und damit eine gewisse Kontrolle über den Episkopat übernehmen, der seinerseits die Priesterschaft und den übrigen Klerus seiner Diözese zu beaufsichtigen hatte. Die Wirkung dieser Entscheidung Karls des Großen hält bis heute an. Nicht alle Metropolitanbezirke wurden damals zugleich erneuert. Die Realisierung des Programms erstreckte sich über wenigstens zwei Jahrzehnte; 798 wurde – wiederum auf Karls Bitte – Salzburg durch Leo III. zum Erzbistum Baierns erhoben. Jüngere Kaiser – Ludwig der Fromme oder Otto der Große – folgten noch später Karls Spuren.

Ergänzende weltliche Maßnahmen wurden in Herstal verkündet: daß etwa Räuber, die aus einer Immunität kämen, also aus einer Grundherrschaft, die der Graf nicht betreten dürfe, dennoch vor das Grafengericht zu bringen seien (c. 9), oder wie mit Meineidigen zu verfahren sei, daß Grafen nach «wahrer Gerechtigkeit», nicht aus Haß und Bosheit zu richten hätten, daß Gefolgschaften (*trustis* c. 14) und Schwureinigen (*sacramenta per gildonia* c. 16) nicht zu dulden seien; wer mit Abgaben (*cum collecta* c. 17) zur Pfalz des Königs reise, dürfe nicht überfallen werden; keine widerrechtlichen, neuen Zölle sollten erhoben, Brünnen (Rüstungen) nicht über die Reichsgrenzen hinaus verkauft werden; das Wehrgeld (eine finanzielle Bußleistung für Personenschädigung) sei zu zahlen oder anzunehmen, andernfalls das ferne Königsgericht einzuschalten sei. Unfreie Manzipien dürften nur unter Kontrolle eines kirchlichen oder weltlichen Richters und keinesfalls über die Grenzen ihrer Mark hinaus verkauft werden. Grafen und Königsvasallen, die ihrer Gerichtspflicht nicht nachkämen, sollten dazu öffentlich genötigt werden (c. 21). Der Ersttäter bei Raub solle ein Auge verlieren, bei wiederholtem Raub die Nase, beim dritten Mal sein Leben (c. 23) – drakonische Strafen mithin, um einer nicht zu bannenden Gefahr zu begegnen.

Es waren Nöte des kirchlichen und weltlichen Alltags, die einer gottgefälligen Ordnung widersprachen und den König handeln ließen, Mißstände, die er zu beseitigen trachtete. Sie verraten, welch unklare, oftmals verworrene und von Gewalt dominierte Verhältnisse in Kirche und Volk herrschten, wie das einfache Volk bedrängt wurde, welche Gefahren allenthalben lauerten; verraten aber auch, daß der König mit seinen Getreuen von Adelskräften mit eigenen kriegerischen Gefolgschaften unter Druck gesetzt wurde; verraten weiter, welch ungeheurer Anstrengung es bedurfte, um hier zu ändern oder zu bessern, und verraten nicht zuletzt, welch schlichtes additives Denken das Chaos lenken und beherrschen sollte: Hier eine Besserung und dort eine und noch eine dritte und vierte und so fort, eingebettet in den Willen Gottes und ihm gehorchend. Königsherrschaft war Gottesdienst, sollte Ordnung stiften in Volk und Kirche, den Konsens unter den Machteliten und war heilsnotwendig. Aber sie war weithin Stückwerk, ohne konzeptionelle Systematik.

Zehn Jahre später erging das nächste Kapitular, das sich erhalten hat, der berühmte «Allgemeine Mahnerlaß» («Admonitio generalis»), der sogleich genauer zu betrachten sein wird[87]. Er war durch Jahre hindurch und – koordiniert vom König – im Zusammenwirken aller damals am Hof versammelten Gelehrten vorbereitet worden. Nicht zuletzt Paulus Diaconus, der dann aber, als die «Admonitio» verkündet wurde, längst wieder in seinem Kloster weilte, dürfte Karl in seiner Planung der Bildungserneuerung nachdrücklich unterstützt haben. Er scheint an jenem Mahnschreiben mitgewirkt zu haben, das – soweit zu erkennen – an Lull von Mainz adressiert war und denselben zur literaten Bildung seines Klerus drängte. Er, Karl, wundere sich, obgleich der Erzbischof doch selbst ein gelehrter Mann sei, daß er sich nicht besser um diese Bildung sorge. In den Herzen seiner Untergebenen (*subditi*) verbreite sich die Düsternis des Nichtwissens. Das sei zu ändern. Sträubten sie sich, sollten sie mit sanften oder mit Scheltworten für «das Licht der Bildung entflammt werden»[88].

Ein zweites, etwas jüngeres Schreiben – bekannt als «Epistola generalis»[89] – ging an alle geistlichen «Lektoren». Er, Karl, wolle dafür sorgen, «daß der Stand (*status*) unserer Kirchen stets zum Besseren gedeihe». Was «die Nachlässigkeit unserer Vorgänger» versäumt habe, müsse deshalb erneuert werden (*reparare*). Er selbst, der König, wolle mit seinem Beispiel des Studiums der freien Künste zur Nachahmung auffordern. Durch Abschreiber verderbte Bücher habe er schon korrigieren lassen. Liturgische Lesungen sollten weiterhin verbessert werden. Seinen Familiar, den Diakon Paulus, habe er angewiesen, eine Blütenlese aus den «*Dicta* der katholischen Väter», ihren Predigten, zusammenzustellen. In zwei Bänden habe derselbe sie vorgelegt, nach Festtag für Festtag geordnet gemäß dem Zyklus des Kirchenjahres und «fehlerfrei» (*absque vitiis*). Er, der König, bestätige mit seiner Autorität die Bände und übergebe sie den christlichen Kirchen zur Benutzung. Diese «Epistel» mit dem kostbaren Selbstzeugnis des Herrschers war somit das Begleitschreiben zur Versendung der Homiliensammlung des Paulus Diaconus, die Karl im Jahr 787 aus Montecassino mit nach Norden brachte.

Durch Jahre hindurch also reifte die Zielsetzung der Bildungserneuerung, deren nächster Höhepunkt mit der «Admonitio generalis» erreicht war. Sie folgte mit einleitenden Kapiteln der «Dionysio-Hadriana», ergänzte sie aber eigenständig und verdeutlichte mit eindrucksvollen Worten den nämlichen gottergebenen Reform- und Erneuerungswillen, doch auch das nämliche punktuelle Vorgehen, das schon zuvor zu bemerken war. Der göttliche Schutz für Karls Königsherrschaft, das Maß seiner Seele verlangten strenge Kirchenzucht. «So schicken wir unsere Boten zu euch, die namens unserer Autorität gemeinsam mit euch bessern sollen, was zu bessern ist». Die Weisungen ergingen – überbracht von den *Missi dominici* – an Bischöfe, Priester, Mönche, verschleierte Jungfrauen und an alle Laien, das ganze Volk. Der gesammelte Reformbedarf schlug sich auf der nach Aachen zum 23. März 789 einberufenen Synode und dem begleitenden Hoftag nieder.

Die Mahnschrift freilich, die jetzt in die Weite des Karlsreiches hinausgesandt wurde, oder genauer: der Zeitpunkt, zu dem es geschah, dürfte nicht von ungefähr eingetreten sein. Wieder galt es, den Wirkungen einer Revolte, jener des Thüringers Hardrat und seiner Freunde im Jahr 786, und wohl auch des skandalösen Vorgehens gegen Tassilo von Baiern von 788 Heilsames entgegenzusetzen. Die offenbar gewordenen Krisensituationen sollten nicht nur in der Erinnerung mit Schweigen übergangen, sie sollten vor allem durch kirchenreformerische, Kontrolle ausweitende, den Glauben stärkende Aktivitäten vergessen gemacht werden. Die Kirchenordnung sollte sich als Herrschaftsinstrument bewähren.

Jene Thüringer hätten, so hieß es, den König zu fangen und zu töten geplant; sollte es mißlingen, so wollten sie ihm wenigstens den Gehorsam aufkündigen. Die «Reichsannalen» verschweigen den Aufruhr und seine Niederschlagung; erst ihre Überarbeitung unter Ludwig dem Frommen erinnerte mit knappen Worten daran. Karl wünschte, wie es scheint auch jetzt, daß keine Erinnerung an das böse Geschehen bewahrt werde. Allein das alte, nach Murbach im Elsaß verweisende Annalenwerk, das schon in Tassilos Fall Genaueres zu überliefern hatte, hielt abermals Einzelheiten fest. Karl habe, so wußten sie, frühzeitig von den aufrührerischen Plänen erfahren, zunächst aber nichts unternommen. Doch als einer der Beteiligten, wohl Hardrat, seine Tochter, die einem Franken nach fränkischen Recht verlobt war, trotz königlichen Befehls nicht freigeben wollte, brachen die Aufständischen los. Sie verstanden die Weigerung als Signal.

Der König ließ voll Zorn den Besitz der Ungehorsamen verwüsten, die sich, auf Gnade hoffend, nach Fulda, in den Schutz des hl. Bonifatius, flüchten konnten. Sie wurden vor Karl zitiert; «in Frieden» habe er sie vor sich führen lassen, habe sie selbst verhört: Ob es zuträfe, daß sie ihn zu töten beabsichtigt oder ihm den Befehl hätten verweigern wollen. Treuherzig, ja, leichtsinnig habe einer sich zu dem Eingeständnis hinreißen lassen: Wäre man seinem Rat gefolgt, hätte der König den Rhein nicht lebend überschritten. Karl aber, «der mildeste aller Frankenkönige», habe einige nach Rom zum hl. Petrus, andere zu Heiligen im Westen und nach Aquitanien geschickt. Dort sollten sie dem König und seinen Söhnen Treue schwören, was sie auch getan hätten. Auf dem Heimweg aber seien einige aufgegriffen und geblendet worden, andere, die bis nach Worms gelangten, seien dort festgenommen, fortgeschleppt und ebenfalls geblendet, ihr Besitz dem «Fiscus» zugeschlagen worden[90].

Karl hatte die Aufrührer erst bestrafen lassen, nachdem sie ihm vor heiligen Zeugen die Treue geschworen hatten. Die zeitliche Folge der Akte spielte keine Rolle; Ursache und Wirkung sahen sich vertauscht. Eidbruch war Eidbruch und verlangte gebührende Strafe. Die Friedenssorge legitimierte die Gewalt gegen treubrüchige Gewalttäter. Schuld am Aufstand sei freilich, so glaube man, die Grausamkeit der Königin Fastrada: so sollte Karls Biograph Einhard (c. 20) später seinen König rechtfertigen. Es kann kaum überzeugen. Friedenssicherung, Zorn, Verschlagenheit und Rache – dafür bedurfte es keiner Königin. «Der König aber lenkte das Reich der Franken, Langobarden und Römer unverletzt und unversehrt, weil sich der König der Himmel als sein Schutzherr erwies». So resümierte der Murbacher Autor die todbringende List seines Herrn, nachdenklich auch jetzt.

7

Auch ein König hat Sorgen: «Admonitio generalis»

Damals wohl verlangte Karl eine Vereidigung des ganzen Volkes, vom Bischof bis zum Knecht, weil treubrüchige Vasallen Unruhe ins Reich gebracht und das Leben des Königs bedroht hätten; nur Mönche durften sich – die Benedikt-Regel (c. 4,30) verbot ihnen den Eid – mit einem «Versprechen» begnügen. Sogar Unfreie sollten schwören, wenn sie von ihren Herren zu Verwaltungs- oder Waffendienst eingeteilt seien, wer immer «Pferde, Waffen, Schild, Lanze, Lang- oder Kurzschwert» besäße[91]. Treue also des Friedens wegen.

In der Tat, Karl sorgte sich um «das Heil ewigen Friedens und ewiger Glückseligkeit». Er lebte dem Ende der Zeiten zu. Geistliche und Laien wurden nun, als die Stürme von Aufständen und Prozeß überstanden waren, zum Frieden aufgerufen. Die «Admonitio generalis», die dazu im Jahr 789 verkündet wurde, forderte Eintracht und Einmütigkeit im ganzen Volk. Sie waren gefährdet gewesen und sollten erneuert werden. «Liebe deinen Nächsten wie dich selbst» (Levit. 19,18), so wurde gepredigt (c. 62) – Liebe gewiß auch gegen die ‹nur› geblendeten Thüringer, den ‹nur› entehrten Vetter des Königs. Ein langes Kapitel (c. 64) gegen den Meineid dürfte tatsächlich auf die ‹Eidbrüche› beider, der Revolutionäre und des Baiern, Bezug genommen haben.

«Wir bedenken in friedfertiger Einsicht frommen Geistes gemeinsam mit den Priestern und unseren Räten die überfließende Milde Christi, des Königs, gegen uns und unser Volk, bedenken auch, wie notwendig es sei, Ihm nicht nur mit ganzem Herzen und dem Mund fromm zu danken, sondern durch fortwährende gute Werke in Seinem Lobpreis fortzufahren, auf daß Er, der unserem Königtum so große Ehren erwies, uns und unser Königtum auf ewig Seinen Schutz zu gewähren erwürdige: Deshalb gefiel es uns, eure Aufmerksamkeit, ihr Priester der Kirchen Christi und Führer ihrer Herde, ihr helle Leuchten der Welt, zu bitten, in wachsamer Sorge und emsiger Mahnung das Gottesvolk zur Weide ewigen Lebens führen zu wollen und die verirrten Schafe auf den Schultern wahrer Vorbilder und Lehren in die Mauern kirchlicher Sicherheit zurückzutragen, damit der gierige Wolf keines von ihnen finde, das die kirchlichen Gebote verletzte oder die väterlichen Überlieferungen der universalen Konzile übertrat, und – fern sei es! – verschlinge». Karls ungewöhnlich ausführliche Eröffnung der Versammlung, das «Vorwort» der «Admonitio», bekundete Grund und Ziel königlichen Handelns. Sie war Königsrede schlechthin, ihre Sprache an biblische Vorbilder angelehnt und bemerkenswert bildhaft. Metaphern, nicht Abstraktionen lenkten die Zielsetzungen.

«Ich, Karl, durch die Gnade Gottes und seine schenkende Barmherzigkeit König und Lenker des Frankenreiches und ergebener Schutzherr der heiligen Kirche und ihr demütiger Helfer» – mit programmatischer Titulatur eröffnete Karl das programmatische Edikt, das – wie man gesagt hat – «die Autorität einer Urkunde, die Verbindlichkeit eines Briefes und die Überzeugungskraft einer Predigt bündelte»[92]. Hier sprach, gleich manchem seiner Vorgänger, seines Vaters und Onkels, vermutlich auch Justinians[93], der Gesetzgeber, selbstbewußt und demütig: «Ich, Karl». Das Volk sollte im Geist christlicher Liebe zum ewigen Leben geleitet, Falsches gebessert, Überflüssiges beseitigt und das Richtige zusammengestellt werden[94]. Karl folge dem Vorbild des «heiligen Josias», des biblischen Königs, der das Reich umfuhr, das Gott ihm verliehen hatte, um zu bessern und zu mahnen und den Kult des wahren Gottes zu erneuern. Nicht, daß er, Karl, sich Heiligkeit anmaße, wohl aber geselle er sich den Heiligen zu, weil er allenthalben, so gut er könne, ihrem Vorbild an Eifer für ein gutes Leben zu Preis und Ruhm Jesu Christi folgen wolle.

Karl handelte nach den Stichworten, die, wie ihn dünkte, der biblische König dem Frankenkönig zurief: Umfahren, Bessern, Mahnen, Erneuern. Die eben mit ihren Einleitungsworten zitierte «*Admonitio generalis*» von 789 bündelte des Königs Ziele. Hier sprach – und sei es durch den Mund der Synodalen – Karl, der Verteidiger des Glaubens, der Gesetzgeber auch für die Kirche. Nichts sollten die Adressaten außer acht lassen, was dem Volke Gottes nütze. Notwendiges (*necessaria*) und Nützliches (*utile*) sollten sie zusammenstellen, auf daß der allmächtige Gott die Sorgfalt der kirchlichen Stände und weltlichen Machthaber und den Gehorsam der Untertanen mit ewiger Glückseligkeit vergelte. Deshalb hatte der König die Bischöfe, Äbte und Grafen im März des Jahres 789 zu sich nach Aachen bestellt. Es war der erste große Hoftag, die erste Reichssynode, die er dorthin einberief, wo er bald für dauernd residieren wird.

Umfassend wie nie zuvor ließ Karl den Reformbedarf zusammenstellen; 80 und mehr Kapitel füllten den Katalog[95]. Soweit erkennbar, lieh Alkuin dem König für die Schlußredaktion die Feder; Wortwahl, Stil und Inhalt deuten darauf hin. Der gelehrte Angelsachse war unlängst erst, im Jahr 786, und vielleicht eben zu dem Zweck im Frankenreich und am Königshof eingetroffen, um dem Herrscher bei dessen längst geplanten Reformen von Reich und Kirche zur Seite zu stehen. Schon im folgenden Jahr, nachdem die «Admonitio» verkündet war, kehrte er in seine Heimat zurück, um erst drei Jahre später wieder und endgültig in die Dienste des Frankenkönigs zu treten. Alkuin erstellte – ohne Zweifel nach Karls Willen und nach eindringlicher Beratung mit allen Ratgebern des

29 Einbandzeichnung der ehemals Fuldaer Handschrift des Aachener Kapitulars, heute Wolfenbüttel Cod. Guelf. 496a. Die flüchtige Zeichnung dürfte Karl dem Großen gegolten haben.

Königs – einen einzigartigen Text. Am 23. März 789 wurde er ausgefertigt. Seine breite über das gesamte Reich mit Einschluß Italiens gestreute Überlieferung sowie die überprüfbare Wirkungsgeschichte der «Admonitio» lassen in diesem Kapitular – von Endzeitwissen diktiert – eine Art Grundgesetz des karolingischen Frankenreiches erkennen[96]. Vom Papst war zwar keine Rede; aber er war durch Hadrians «Collectio», der zahlreiche Normen entlehnt wurden, präsent.

Ordnung der Kirche, Kampf gegen Unbildung, Häresie und Aberglauben, Christianisierung des Volkes – so läßt sich der Inhalt knapp zusammenfassen. Zur Realisierung bedurfte der König der Mitwirkung aller Großen seines Reiches, der Bischöfe so gut wie der Grafen und Domänenverwalter. Regionale Unterschiede in der Verwirklichung sind deshalb zu unterstellen. Die älteste erhaltene Handschrift des Aachener Kapitulars, ein schmaler Codex aus Fulda, schließt mit Predigten Augustins und einer Erklärung des Vaterunsers, befolgte also bereits – vielleicht für die Mission in Sachsen bestimmt – die vorstehenden Gebote[97]. Die Handschrift wurde wohl noch vor dem Jahr 800 geschrieben und zeigt auf der Innenseite des vorderen Einbands in flüchtiger und unvollendeter, doch gleichzeitiger Strichzeichnung – gewiß nicht für die Augen des Königs bestimmt – ein Kirchengebäude und daneben eine männliche Gestalt, deren rechte Hand den auf dem Boden stehenden Schild hält, deren linke sich in Augenhöhe auf eine (nicht ausgeführte) Lanze (wohl eher als einen Kreuzstab) stützt. Der Vergleich gestattet, die Figur als antikisierendes Kaiserbild zu deuten, als Kaiser oder König, ja, als Karl selbst. So flüchtig und unbeholfen die Zeichnung wirkt, so deutlich tritt ihre Botschaft, die Lehre hervor, die sie verbreitete: Der Herrscher erscheint als mächtiger Schutzherr, der die Kirche mit Waffen schützt und – wie der folgende Text zu erkennen gab – nach den Geboten des Glaubens und der Kirchenväter in Vorbereitung der heraneilenden Endzeit erneuert.

Dieser Herrscher nun ging gegen Mißstände allenthalben in Kirche und Welt vor. Er trachtete nach einem Herrschaftsverband, der bis in die intimsten Regungen der Menschen christlich sein sollte. Altes Kirchenrecht, aus vielen Überlieferungen, zumal der «Dionysio-Hadriana» entlehnt, wurde in Erinnerung gerufen, neue kirchliche und weltliche Gebote zur Bereitung des Kommenden verkündet. Sie richteten sich – einzigartig unter allen Kapitularien des Königs – bald an die Bischöfe, an Priester und Klerus, an die Mönche, bald an «alle». Kein Kapitel wandte sich speziell an die Grafen, obgleich die mit der «Admonitio» durch das Land ziehenden Königsboten ohne Zweifel auch die in Aachen nicht anwesenden Grafen zu instruieren hatten.

Systematische Ordnung entbehrte das Stück, historisch gewachsenen Vorlagen entnommen, nicht völlig, auch wenn die Gründe zur Erneuerung dieser oder jener Norm und gerade keiner anderen nicht dargelegt wurden. Es ordnete seinen Stoff nach der Dreiteilung von «Notwendigem», «Nützlichem» und einer für Kapitularien ungewöhnlichen Glaubensverkündung. Lagen konkrete, heute aber verlorene Einzelklagen vor? «Man hörte ...», so hieß es einmal (c. 74). Hatten Karls Berater Mißstände zusammengetragen und gebündelt dem König zur Korrektur vorgelegt? Manifestierte sich also ein reaktives Handeln in den Geboten? Es galt der zu erneuernden Heilsordnung. Lange war beraten worden, bevor Alkuin die Schlußredaktion übernahm. Die einzelnen Kapitel folgten keinem übergreifenden gesetzgeberischen Plan, verkündeten vielmehr Gebote, die dem heilspendenden Kirchenrecht entnommen waren und den Bedürfnissen des Augenblicks gerecht werden sollten. Die Zeitgenossen griffen wohl deshalb immer wieder auf diesen Mahnerlaß zurück.

Die Anweisungen setzten mit Unabdingbarem (*necessaria*) ein (cc. 1–59). Ihr Wortlaut wechselte von der ersten Person des ‹Vorworts› und des Schlusses in die dritte allgemeiner Normen. Wer von seinem Bischof gebannt sei, damit begann die Abfolge der Kapitel, dürfe von niemandem zur Kommunion zugelassen werden. Es galt, die bischöfliche Jurisdiktionsgewalt zu stärken. Vor der Weihe zum Kleriker habe der Bischof Glauben und Lebensführung des Kandidaten zu prüfen. Umherziehende und fremde Kleriker dürften ohne Genehmigungsschreiben ihres Oberen nicht geweiht werden. Bischöfe oder Kleriker gegen eine Geldzahlung zu weihen, sei unzulässig. Priestern und Klerikern sei nicht gestattet, mit Frauen zusammenzuwohnen, es sei denn mit ihrer Mutter oder Schwester oder sonst unbescholtenen Personen. Ausleihe gegen Zins sei für alle verboten. Wetter-, Schadens- oder Heilzauber soll verboten und verdammt sein. Der Kampf gegen das Heidentum war noch lange nicht gewonnen. Weder Mönch noch Kleriker sollten sich in weltlichen Geschäften ergehen. Mönche und Weltkleriker sollten zum Essen und Trinken keine Tavernen aufsuchen. Ein Verhaltensethos wurde erneuert, an dem sich die Kirche insgesamt orientieren wollte. Sexuelle Reinheitsgebote gingen damit einher, die einzuhalten freilich den wenigsten gegeben war. Die Priester, die Gottesdiener, sollten reinen Leibes ihren heiligen Dienst versehen.

Unfreie durften nur mit Zustimmung ihres Herrn zum Kleriker oder Mönch geschoren werden. Allen sollte der Glaube an die

Hl. Dreifaltigkeit, an Christi Menschwerdung, sein Leiden, seine Auferstehung und Himmelfahrt gepredigt werden. Verboten sei, nach der Trennung einer Ehe zu Lebzeiten des bisherigen Partners eine neue Verbindung einzugehen. Sodomie und Homophilie unter Priestern sollte mit strengster Buße geahndet werden. Priester, die fortgesetzt gegen die Dekretalen verstießen und sich nicht bessern wollten, sollten abgesetzt werden. Das alles und mehr sollte in Erinnerung gerufen werden; man sollte sich daran halten, um nicht dem Anathem, dem schrecklichen Verdammungsurteil, zu verfallen. Doch durchgedrungen ist es trotz solcher Drohung nicht, jedenfalls nicht zur Gänze, manches bis heute nicht. Selbst Karl handelte nicht immer rechtens, hatte er doch den Passus über die Ehetrennung übertreten (c. 43), als er zu Lebzeiten zweier verstoßener Ehefrauen eine dritte zu sich nahm. Stand der König über dem Recht?

Es folgte – Karls Willen erfüllend – eine Reihe «nutzbringender» Normen zur Lebenspraxis (*utilia*) (cc. 60–79), die teilweise aus älteren Volksrechten oder früheren Kapitularien übernommen wurden. Sie überstiegen mitunter menschliches Maß. Der Glaube sollte von Bischöfen und Priestern dem Volk gepredigt werden. «Gott ist einzig» «und wir sollen ihn lieben aus ganzem Herzen, mit allem Verstand, aus ganzer Seele und mit aller Kraft». «Daß Friede herrsche und Eintracht und Einmütigkeit im gesamten Christenvolk zwischen Bischöfen, Äbten, Grafen, Richtern und allen hohen und niedrigen Personen, wo immer sie sich befinden; denn nichts gefällt Gott ohne Frieden» (c. 61). Auch Prälaten stritten, boten ihre Vasallen gegeneinander auf. Wieder und wieder wurde der Friedensappell in den kommenden Jahrzehnten erneuert – ohne letzten Erfolg. Gerecht sollte gerichtet werden. Die Richter sollten das Recht kennen, das weise Männer für das Volk zusammengestellt hätten. Doch was war Gerechtigkeit? Wer bemaß sie? Meineid sei zu fürchten; für jeden Eid sei im Jüngsten Gericht Rechenschaft abzulegen. Zäh hielten sich heidnische Praktiken. Noch gegen Ende von Karls Regierung war gegen sie vorzugehen. Auch jetzt wurden Wahrsagerei, Heil- und Schadenszauber, die Verehrung von Bäumen, Felsen und Quellen verboten[98]. Gegen Neid, Hass und Habsucht sei zu predigen und zumal gegen die Gier, das Grundübel menschlichen Verhaltens.

Gesellschaftliche Fragen wurden nicht nur mit den Verboten der mannigfachen Zauberei angeschnitten. Totschlag, Diebstahl, widerrechtliche Ehen, falsches Zeugnis seien zu ahnden. Wer einen Menschen getötet habe, sei dem königlichen Richter vorzuführen und nur, wenn das Gesetz es verlange, hinzurichten; das zielte gegen Blutrache und Privatfehde und diente ebenso dem Frieden im Reich wie der folgende Passus. Diebstahl, illegitimes Konkubinat, falsches Zeugnis sollten – vom König schon oft angemahnt – geahndet und verhindert werden. Die Bischöfe sollten Sorge tragen, daß ihre Priester die Gebetstexte der Messe verstünden, die Psalmen richtig sängen, das «Vaterunser» begriffen und ihrem Kirchenvolk recht auszulegen vermöchten. Manch einer verstand das Latein schlecht, das er in der Messe sang. Priester und Diakone sollten keine Waffen tragen, sich vielmehr mit Gottvertrauen wappnen. Wie weit war das Gegenteil verbreitet?

Gleiches Maß und korrekte Gewichte seien in Stadt und Kloster zu benutzen, auch das diente dem Frieden im Reich. «Alle» sollten für Fremde, Pilger und Arme dem Kirchenrecht angemessene Hospize bereithalten, «denn der Herr selbst wird in der Vergeltung des großen Tages (im Jüngsten Gericht) sagen: ‹Ich war ein Fremdling und ihr habt mich aufgenommen›» (c. 73). Apokryphe Schriften, angebliche «Himmelsbriefe» und dergleichen sollten den Flammen übergeben werden. Der Sonntag sei zu heiligen; niemand dürfe an diesem Tag «Knechtswerk» vollbringen, weder Feldarbeit, noch die Reben hegen, noch roden und Bäume fällen, noch Steine brechen, noch ein Haus bauen, noch jagen, noch weben, noch nähen, noch sticken, noch spinnen, noch Leinen schlagen, noch öffentlich die Kleider waschen – das alles war verboten, um den Herrentag zu ehren. Allein Kriegs-, Lebensmittel- und Totentransporte waren dann zulässig. Hier endlich, wenn auch nahezu am Ende des langen Kapitulars, fanden die außerkirchlichen Erfordernisse des Reiches Erwähnung. Karl hatte sie nicht aus den Augen verloren. An eine Reform oder auch nur Ergänzung der Volksrechte aber, der Rechte der Franken, Burgunden, Goten, Alemannen, Baiern oder

Langobarden, wagte er sich – von rigiden Normen für die neugetauften Sachsen abgesehen – erst nach der Kaiserkrönung[99].

Nicht die unwichtigsten Kapitel galten der Bildung (c. 70). Kirchen-, ja Heilsordnung und Literalität gehörten zusammen. Die Schüler sollten die Psalmen, die Buchstaben (*Notae*), also lesen und schreiben, auch den *cantus* lernen, mithin den liturgischen Gesang, sollten den *compotus* (die komplizierte Zeit- und Kalenderberechnung, die für die Feier von Opfertod, Auferstehung und Himmelfahrt des Herrn von grundlegender Bedeutung war) und die Grammatik (was hieß: das Latein) beherrschen. Die Texte der liturgischen Bücher sollten korrekt sein, da allzuoft wegen nachlässiger Abschriften falsch zelebriert werde. Evangeliar, Psalter und Missale sollten nur durch Erwachsene, nicht durch die Schüler, mit größter Sorgfalt abgeschrieben werden. Die Gebete der Messe und der Psalter seien verständig und würdig zu singen (c. 68). Den *cantus Romanus*, die Art und Weise, die hl. Messe zu singen, sollte – der Einheit mit dem apostolischen Stuhl und der friedlichen Eintracht der gesamten Kirche wegen – der fränkische Klerus beherrschen (c. 78). Neben der Erneuerung der hierarchischen und jurisdiktionellen Ordnung der Kirche sollten diese Bestimmungen am nachhaltigsten wirken, wenn man so will: bis heute.

Die zahlreichen Gebote endeten mit einem langen und predigtartigen Kapitel (c. 80). Es galt der Glaubensverkündung. Keine eigenen Lehren sollten verbreitet werden, sondern allein das, was die heiligen Schriften verkündeten: Nützliches, Verehrungswürdiges, Rechtes, daß Vater, Sohn und Heiliger Geist ein allmächtiger Gott seien, der Himmel und Erde schuf, daß sie eine Gottheit, eine Substanz und Majestät seien, in den drei Personen von Vater, Sohn und Heiligem Geist. Die ganze Glaubenslehre wurde ausgebreitet bis hin zur Verstoßung der Gottlosen «gemeinsam mit dem Teufel ins ewige Feuer», der Aufnahme der Gerechten «gemeinsam mit Christus ins ewige Leben». Der gesamte Lasterkatalog wurde zur Orientierung der Prediger und Volkserzieher in Erinnerung gerufen: Unzucht, Befleckung, Ausschweifung, Götzendienst, Zauberei, Feindschaft bis hin zu Totschlag, Trunksucht und Ausschweifung. Auch das Heilswerk wurde angesprochen: Demut, Geduld, Keuschheit, Nachsichtigkeit, Barmherzigkeit, Almosen und Sündenbekenntnis, Vergebung der Schuld den «Schuldigern». Die Lehre mündete endlich in die Warnung vor den Jüngsten Zeiten, in denen falsche Lehrer aufträten. «Deshalb, ihr Lieben, bereiten wir uns im Wissen der Wahrheit, damit wir den Gegnern der Wahrheit Widerstand leisten können und das Wort Gottes wachse». Der Wechsel zurück zur ersten Person schloß den König wieder mit ein. «Friede den Predigern, Gnade den Gehorsamen, Ruhm unserem Herrn Jesus Christus. Amen!»

Ein schlichter Glaube wurde zu verkünden geboten, Grundbedürfnisse der Kirche, ihrer Verfassung und hierarchischen Ordnung sowie des christlichen Alltags ins Gedächtnis gerufen. Alles aber mündete in die Erwartung der Endzeit. Alles Kirchenrecht, alle Kirchenordnung galt dem rechten Zuleben auf sie: «Wir sollen uns bereiten». Das irdische Reich des Frankenkönigs sollte in diesem Sinn geordnet, gebessert, erneuert, in eine gottgefällige Königsherrschaft verwandelt werden. Der Weg zum Himmelreich begann mit der Verwirklichung christlicher Weltordnung, so wie es Hadrian dem König mit der Zusendung seiner Rechtssammlung angedeutet hatte. Doch wer fand sich in dieser Fülle an Einzelverfügungen, in diesem Sammelsurium alter, neuer Sozialgebote zurecht? Nicht nur das illiterate Volk wird sich schwer getan haben.

Der König freilich blickte jetzt tiefer als zuvor, sah nun, im Jahr 789, deutlicher noch als früher neben dem großen Korrekturbedarf gerade auch mangelnde Literalität, mangelndes Wissen und Können als eine der maßgeblichen Ursachen des Verfalls. Er wollte Falsches bessern, seinen Hof, sein Königtum, die Völker seines Reiches, Religion und Kirche aufleuchten lassen, wollte Überflüssiges und Verderbtes wegschneiden, das Richtige herbeizwingen. Heilsames Tun verlangte rechtes Wissen. «Obgleich es besser ist», so mahnte Karl Kleriker und Mönche, «gut zu handeln als bloß zu wissen, so geht doch das Wissen dem Handeln voraus», *prius tamen est nosse quam facere* – welch schlichter, welch weiser Satz, den zu beherzigen auch heute jedem Politiker gut anstünde[100]. Knapper und umfassender konnte schwerlich der entscheidende

Reformimpuls formuliert werden. Es galt, alles zu erneuern nach den Maßgaben der Kirchenväter und den Heilsweisungen des Papstes, nach dem Maß eigener Gottesträgerschaft, um die Kirche zu schützen, den Glauben zu stärken, den Frieden zu fördern, die Welt zu ordnen. Doch vordringlich mußte das Wissen erneuert werden.

8

«Die Weisheit der Alten erneuern»

«Obgleich alles Wissen und jedes Studium der einzelnen wissenschaftlichen Disziplinen nur durch Rede erschlossen wird, fand sich bislang doch niemand, mein Sohn, in welcher Disziplin auch immer bewandert, der Ursache und Grundlage solcher Rede abhandeln wollte. Deshalb darf man über die Sorgfalt des Philosophen Aristoteles staunen, der, begierig, alles zu erforschen, mit der Untersuchung der Rede begann, von der er wußte, daß alle sie übergingen, daß sie aber jedem notwendig sei.» Mit diesen Sätzen begann eine kleine Kategorien- und Aussagenlehre, die am Königshof und in seinem Umfeld kursierte. Sie war in der Spätantike entstanden und frühzeitig an Karls Hof bekannt geworden. Hatte Alkuin sie mitgebracht oder der Gote Theodulf? Wie immer, sie lief unter dem Namen des hl. Augustinus, bewahrte aber die leicht faßliche Paraphrase des griechischem Philosophen Themistios (oder eines Autors seines Umkreises) aus dem vierten nachchristlichen Jahrhundert, vielleicht in der Übersetzung des Vettius Agorius Praetextatus[101].

Dieser Text der «*Categoriae decem*» findet sich in der absolut ältesten erhaltenen Handschrift mit einer aristotelischen Schrift überhaupt, die bislang aufgespürt wurde. Das Manuskript, das sich heute im Maristenkloster zu Rom befindet, entstand im Jahr 795 für den Erzbischof Leidrad vermutlich als Kopie eines am Hof schon verfügbaren Exemplars. Theodulf, dieser gelehrte Mann, hatte diese Kategorienschrift bereits für die von ihm um das Jahr 793/794 verfaßten «Libri Carolini» herangezogen[102]. Von «Nomen» und «Verb» stand da zu lesen, von «Sein», «Wahrnehmen» und «Aussprechen», von «Substanz» und «Accidens» (dem zufälligen Beiwerk wie etwa die Farbe eines Kleides) und von den zehn Kategorien des Aristoteles, auch von den «Antipoden», den «Gegenfüßlern» auf der anderen Seite der Erdkugel. «Nichts haben wir in dieser Schrift ausgelassen, das die Gelehrten erfreuen, die Ungelehrten aber um so gewisser belehren kann»; so versicherte großspurig der Autor am Ende seinen Leser. Eine Fülle von Fragen sah sich aufgeworfen, doch wer konnte sie beantworten?

Ein wacher Zeitgenosse mußte viele Defizite registrieren. Karl aber wurde neugierig. Die Aufgabe, für die er den fremden Gelehrten konsultierte, lag auf der Hand. Zu deutlich offenbarten sich die Lücken. Zu viel war untergegangen in den zurückliegenden Jahrhunderten. Es wurde mit fortschreitendem Wissen und Können immer offenkundiger. Der junge König bemerkte es frühzeitig und noch am Ende seines Lebens, nach über vierzig Regierungsjahren, beklagte es der welterfahrene Kaiser und widmete sich immer nachdrücklicher dem unvollendeten Reformwerk.

Es galt, die antiken Wissenschaftsdisziplinen zu erneuern, um den Anschluß an die Lehren der christlichen Väter zu gewinnen. Das weite Feld der brachliegenden Vernunftkultur mußte wieder bestellt werden. Dazu mußten ungewohnte Vokabeln gepaukt, philosophische Begriffe, eine Ausdrucksweise erlernt oder wieder erlernt und dialektische Denkfiguren neuerlich eingeübt werden, die lange brachlagen, doch den aristotelischen Vernunftregeln folgten. Der hl. Augustinus selbst hatte mit seiner «*Doctrina christiana*» den Weg gewiesen. Karl schätzte dieses Werk ebensosehr wie desselben Kirchenvaters große Apologie «*De Civitate Dei*», die mit Ausblicken auf das Weltende und das Jüngste Gericht schloß und damit die Dringlichkeit allen reformerischen Handelns unterstrich.

Eingebettet in Gottes- und Menschenliebe (I), in Gottesfurcht und Glauben (III) fand sich in der Lehrschrift des Heiligen (II,42–

60) als Erfordernis zur Bibelexegese eine Verteidigung auch heidnischer Wissenschaften, der Geschichte, der Komputistik und Astronomie, der Dialektik und der Rhetorik, der Mathematik und der Ethik. Zumal die Wissenschaft von den Schlußfolgerungen, Definitionen und Divisionen, mithin die Logik, überhaupt die «freien Künste» (und nur sie) seien für die Erfassung der Wahrheit von unbestreitbarem Nutzen, auch wenn sie selbst noch nicht die Wahrheit sind. So betonte Augustinus. Karl und seine Gelehrten mußten es als Programm verstehen, das es in die Praxis umzusetzen galt.

Die Schwierigkeiten, die sich einem Erfolg entgegenstellten, waren damals, vor 1200 Jahren, erheblich größer als im 20./21. Jahrhundert. Sie begannen – was Augustinus sich noch nicht hatte vorstellen können – mit der Sprache, dem Latein. Karls Muttersprache, ein lebensnahes Fränkisch, taugte kaum zu gelehrten, wissenschaftlichen, philosophischen, theologischen Höhenflügen. Sie verstummte vor der Dialektik. Den Lebensstadien der Haus- und Wildschweine, dem nach dem Pferd wichtigsten Tier der fränkischen Adeligen und ihrer Knechte, stand ein schier unerschöpflicher Reichtum an Wörtern zur Verfügung, der dem Latein wiederum abging. Eine schlichte Bildhaftigkeit der Aussage erschien an Stelle rationaler Argumentation, aufzählende Reihung statt Subordination, situatives statt abstraktes Denken, Redundanz[103].

Die primitiven, jeglicher Fachterminologie entratenden Muttersprachen der Franken, Alemannen oder Baiern hätten nicht den schlichtesten philosophischen oder theologischen Gedanken, keinen widerspruchsfreien Syllogismus formulieren können. Es fehlten Begriffe und entsprechende Aussagemuster. Doch die Wissenschaften bedurften des Lateins und damit einer Sprache, die selbst jenseits der ‹germanischen› Welt längst dem Wandel zu den romanischen Volkssprachen unterlag, die in keiner Weise die antike Klarheit bewahrt hatten.

Trotz letzter Reste an Lateinkenntnissen auf dem Kontinent schritt die Vulgarisierung des Lateins, der Weg also der antiken Sprache zu den regionalen ‹romanischen› Umgangssprachen, unaufhaltsam voran, und mit ihr traten Verluste an Aussagefähigkeit und Differenzierungsvermögen zu Tage. Die Erneuerung mußte also bei der Sprache beginnen, dem Latein. Um sie zu erlernen, mußten Schulen erst wieder eingerichtet werden. Die Psalmen, die liturgischen Texte, der Komputus, die Grammatiken sollten dort in korrigierten Handschriften vorliegen, verlangte deshalb die «Admonitio generalis» von 789[104]. Es genügte freilich noch immer nicht.

Die Predigt der meisten Geistlichen, das Medium religiöser Volkserziehung, klang roh und unbeholfen, wenn sie denn überhaupt gepflegt wurde. Wie aber sollte das Volk recht unterwiesen werden, wenn die Prediger selbst nicht verstanden, wovon sie sprachen? Die Homiliensammlung des Paulus Diaconus, die Karl in Montecassino erbeten hatte, konnte kaum Abhilfe schaffen, schon gar nicht in wenigen Jahren. Deutlich offenbarte gerade der erste explizite Beleg für den Sprachwandel, ein Kanon der im Jahr 813 in Tours zusammengetretenen Synode, den Mangel an Verständnis. Die Synode verlangte da, «damit alle leichter verstehen können, was gesagt wird», daß die Bischöfe den Inhalt ihrer Predigten in die «romanische Volkssprache», die *rustica Romana lingua*, und in die «deutsche», die *Thiodisca*, übersetzen sollten[105].

Auch ‹Romanen› verstanden mithin das Latein nicht mehr; auch sie mußten es neuerlich lernen. Die übersetzungsbedürftige Predigt verharrte bei unbedarfter Faßlichkeit der Aussage, bei publikumsgerechter Schlichtheit religiöser Praktiken und Doktrinen. Bischöfe aber predigten vor allem auf ihren Diözesansynoden, vor ihren Klerikern, nicht vor einfachem Volk. Gerade die Geistlichkeit hatte demnach ihre Schwierigkeit mit dem Latein und dem Verstehen und sollte nun die Schulbank drücken.

Karl ging mit seinem Beispiel voran; jedenfalls wurde es entsprechend propagiert. Er war der vornehmste Schüler seines Reiches. Er hatte schon als Königssohn eine literate Bildung genossen; als König vertiefte er sie. «Die Muttersprache genügte ihm nicht; er wandte sich fremden Sprachen zu, um sie zu lernen. Das Latein beherrschte er so ausgezeichnet, daß er es wie seine Muttersprache zu sprechen pflegte. Griechisch allerdings verstand er besser, als er es sprach. So beredt war er, daß er sprühend vor Witz erscheinen konnte.» So Einhards Rückschau (c. 25). Schon als Knabe muß der

Königssohn Latein gelernt haben; ob die Griechisch-Kenntnisse – vielleicht von Paulus Diaconus vermittelt – über ein paar Brocken hinausgereicht haben, sei dahingestellt. Der Biograph entwarf – anderthalb Jahrzehnte nach des Kaisers Tod – rückblickend ein Vorbild, an das der Autor Sohn und Enkel gemahnte. Zu Lebzeiten des großen Königs hieß es ungehemmt: «Er besiegt durch die Zaubermacht seiner Rede den großen Cicero, sein Sprechen übertrifft den wortgewaltigen Homer, in der Dialektik überragt er die alten Meister». Ein anonymer Poet pries überschwenglich seinen Herrn[106]. Das war Panegyrik, zweifellos; aber sie verkündete am Beispiel des Herrschers ein Programm und feierte erste Erfolge; so war es zugleich Propaganda für das Wissen.

In der Tat, vor Karls Ohren wurden Scherze auf Lateinisch inszeniert, Witze auf Lateinisch erzählt. Niemand aber hätte zu lachen gewagt, ohne daß es der König verstand und mitlachen konnte. Wurden in der Königshalle auch Rechenaufgaben gestellt? Etwa: «Ein Hausvater versorgt zwanzig *familiae*. Er will zwanzig Scheffel der Ernte verteilen, und zwar so, daß Männer drei Scheffel erhalten, Frauen zwei, Kinder einen halben. Sag, wenn du kannst, wieviele Männer, Frauen und Kinder es sind.» Karl dürfte der Empfänger der einschlägigen Aufgabensammlung gewesen sein; an der Bevorzugung der Männer störte er sich kaum. Der Autor dieser Brotverteilung, vermutlich Alkuin, lieferte die Lösung gleich mit: Ein Mann, fünf Frauen, vierzehn Kinder[107].

Reden war Herrschaftsinstrument in der durch Mündlichkeit geprägten Gesellschaft – auf Latein für die Gelehrten und die Kirchenleute, in der Volkssprache für das Heer. Karl handhabte es entsprechend. «Er war», so hielt Einhard fest (c. 25), «ein wortgewandter, ein mitreißender Redner, der aufs leichteste auszudrükken vermochte, was er wollte». Doch ist keine seiner Reden überliefert, obgleich sie vorausgesetzt werden dürfen. Er verlangte die Ausweitung lateinischer Sprachkompetenz. Die Lehrer selbst freilich mußten sich noch die ungewohnten Denk- und Aussageformen aneignen, die sie in den alten Texten und Bedeutungsschichten vorfanden, bevor sie dieselben an ihre Schüler weitergeben konnten.

Erste lateinisch-althochdeutsche Wörterbücher wurden angelegt, vermochten aber nur unzulänglich das Ziel eines sachgemäßen Verstehens zu fördern. Deren ältestes, der nach seinem ersten Lemma genannte «Abrogans», entstand, soweit erkennbar, in Baiern wohl um die Mitte des 8. Jahrhunderts vielleicht zum Zweck der Mission als eine – durchaus fehlerbehaftete – Übersetzung eines spätantiken lateinischen Wortverzeichnisses zur Bibellektüre. Der Text wurde aber in Karls Zeit wiederholt transkribiert. Die älteste erhaltene, wiederum nicht fehlerfreie Abschrift, heute in St. Gallen, wurde noch vor dem Jahr 800 vermutlich in einem alemannischen Kloster geschrieben, das von der großen Erneuerungsbewegung noch nicht erfaßt worden war[108]. Sie spiegelt damit besonders eindringlich die sprachlichen Hürden, die sich damals vor jedes tiefere Textverständnis schoben: «Es beginnen die Glossen aus dem alten Testament»: *Abrogans – dheomodi* («demütig»), *humilis – samftmoati* («sanftmütig»), *abba – faterlih* («väterlich») … *aegomet – ihha («ich»), ego ipse – ih selbo («ich selbst»), ego inquid – ich hquad* («ich sage»), *ego dixi – ih quidu* («ich habe gesagt») und so ging es fort, über mehr als 3600 Stichworte[109].

Die Geheimnisse des Glaubens erforderten indessen Subtileres, als die fränkische oder alemannische Zunge zu bieten hatte. Das «wilde Denken» der barbarischen Völker mußte «gezähmt», nämlich gründlich umgeformt, mußte aus aufzählenden, iterativen, parataktischen Redeweisen zu subordinativen, hypotaktischen geführt werden. Die Erneuerung mußte in jeder Hinsicht bei der Sprache beginnen. Die barbarischen Volkssprachen waren für die Liturgie nicht zugelassen; sie hätten deren Reichtum nicht zu fassen vermocht. Allein die zwei, drei wichtigsten Gebete waren in ‹germanische› Volkssprachen übersetzt; aus den ‹romanischen› Sprachgebieten des Frankenreiches sind keine gleichzeitigen Versionen des «Vaterunsers» bekannt. Die gotische Übersetzung des Neuen Testaments blieb fremd. Gottesdienst und Hochgebet, die rechte Verehrung des Allerhöchsten, riefen nach dem Latein. Wer sollte die Gebote der Kirche befolgen, wenn niemand sie recht verstand, sie korrekt lehrte, niemand sie recht zu erklären wußte?

Der erneuerte Sprachunterricht der geistigen Eliten orientierte sich zunächst am Latein der Kirchenväter und der antiken Grammatiker, dann auch an den heidnischen Literaten und der Hochsprache römischer Dichter. Man suchte sie nachzuahmen, so gut man es vermochte. Vor Vergil freilich warnte Alkuin seine Schüler: «Befleckt euch nicht mit der zügellosen Geschwätzigkeit der Rede Vergils; es genügen euch die Dichter des Göttlichen», so soll er – vergebens – gemahnt haben[110]. Was hätte er zur «Liebeskunst» Ovids zu sagen gehabt?

Dem ernsten Stil des Angelsachsen fehlte die ‹poetische› Leichtigkeit. Auch erschöpfte sich der neue Umgang mit dem Latein weithin und noch lange im Nachahmen. Erst nach Karl fand der eine oder andere Literat, selten genug, zu eigener schöpferischer Virtuosität. Solche ‹Imitatio› kaprizierte sich auf Redewendungen und Sprachfiguren, die in vergleichbar dünkenden Aussagen angetroffen wurden. Die antike Semantik blieb dabei, jedenfalls fürs erste, vielfach auf der Strecke. Es hätte eines sachlichen, sozialen und literarischen Kontextes zu reflektieren bedurft, wofür die Zeit noch nicht reif war.

Nur eindringlicher Sprach-, d. h. Grammatikunterricht, und Geduld konnten Abhilfe schaffen. Der König verlangte jenen nachdrücklich und immer wieder. Dieser Unterricht verharrte zudem nicht in Isolation, wurde vielmehr in antiker Tradition gemeinsam mit Rhetorik und Dialektik erteilt, der Fähigkeit also, systematisch Fragen zu stellen, die nach den Regeln der Logik zu beantworten waren. Lesen, Verstehen und Sprechen wurden dabei ein neues Ganzes, das zunächst die Gelehrten zu fassen trachteten, das auf Dauer aber, in den kommenden Jahrhunderten, die Volkssprachen insgesamt ergriff und sie sich mehr und mehr an das Latein und seine Aussagenmuster anlehnen ließ.

Was der oder jener zu lesen bekam, blieb oftmals dem Zufall überlassen. Die Gesamtheit antiker Literatur stand keineswegs mehr umfassend zur Verfügung. Vieles war untergegangen und für immer verloren. Nahezu alles Griechische war aus Mangel an Sprachkenntnis aus dem Bildungsreservoir der Lateiner ausgeschieden, soweit es in der Antike oder Spätantike keinen Übersetzer oder Kolporteur gefunden hatte. Tatsächlich wird das Bild der literarischen römischen Antike bis heute maßgeblich durch die Rezeptionsfreude der Karolingerzeit geprägt. Was sie von der lateinischen Literatur erreichte und rettete, blieb erhalten; was sie verschmähte oder nicht kannte, ist für alle Zeit verloren[111].

Der Aufwand, der zu betreiben war, um an die Texte zu gelangen, war enorm. Das Studienmaterial lag verstreut, hier und da; es mußte aufgespürt, sein Vorhandensein publik gemacht werden. Ungeduld war fehl am Platz. Wer lesen wollte, mußte weit umherreisen, mußte Texte entdecken, mußte Wissen sammeln und abschreiben, was er fand und was gefiel, Buch um Buch. Viel Fremdes, schwer Verständliches befand sich darunter. Erste Hilfe sollte eine Art enzyklopädischen Lexikons leisten, der «*Liber Glossarum*». Er bot, alphabetisch nach Lemmata geordnet, Bedeutungen und Synonyma zu jedem Stichwort und entstand vermutlich in Corbie um die Jahrhundertwende unter dem Abt Adalhard, Karls Vetter, vielleicht in des Königs Auftrag und unter dessen Kontrolle[112].

Das umfangreiche Werk stützte sich auf zahlreiche antike Autoren, auf grammatische, patristische, medizinische Schriften, auch auf die «Etymologien» Isidors von Sevilla. Ein Riesenbuch war da entstanden, das Werk mehrerer Jahre: 368 Blatt im Folioformat zählte das älteste Manuskript in Corbie, in je drei Kolumnen beschrieben, in zwei Bänden gebunden. An die zweihundert Schafe oder Ziegen mußten für das benötigte Pergament ihr Leben lassen. Nur reiche Skriptorien oder Mäzene konnten sich ein solches Opus leisten. Seine Verbreitung im 9. Jahrhundert zeigt, daß es tatsächlich benutzt wurde.

Was heute binnen weniger Sekunden oder Minuten via e-mail rund um die Welt geschickt werden kann, ausgedehnte Traktate, Inhalte ganzer Bücher und Bibliotheken, bedurfte langer Jahrzehnte, ja, ganzer Jahrhunderte, um eine Chance auf Verbreitung und Bewahrung zu erhalten. Auch nur die Chance. Denn die Verbreitung selbst war damit noch keineswegs gewährleistet. So rettete nur ein glücklicher Zufall die kleinen Schriften des Tacitus mit Einschluß der «Germania». Im letzten Moment wurde die einzige erhaltene Handschrift – sie stammte aus dem 9. Jahrhundert –

durch einen tüchtigen Humanisten des 15. Jahrhunderts buchstäblich vor der Verfütterung an die Schweine gerettet. Das gesamte Werk eines antiken Autors fand sich selten oder nie in den Bücherkisten auch der reichsten Bibliotheken. Florilegien, Exzerptsammlungen kamen in Mode. Vermutlich besaß kein einziges Kloster, keine Dombibliothek der Zeit um das Jahr 800 oder bald hernach das vollständige Werk des hl. Augustinus oder eines anderen Kirchenvaters, wie wertvoll jede einzelne ihrer Schriften auch eingeschätzt wurde.

Karl wurde der wichtigste Mäzen und der vornehmste Sammler seines Reiches. Viel Fremdes, Wunderbares, noch nicht Begriffenes befand sich in seiner Bibliothek. Seltenste Texte – wie etwa eine Handschrift der römischen Agrimensoren, der Kunst der Landvermessung[113] – dürften sich in seiner Bibliothek befunden haben. Eine Übersicht über deren Bestände ist freilich schwer zu erstellen, da kein Katalog oder Verzeichnis vorliegt. Doch darf angenommen werden, daß die Kenntnis und das Werk manch eines Autors über diese königliche Sammlung gerettet wurde.

Karl drang auf Nachhilfe, wo er Mängel entdeckte, belohnte mit Ämtern, wo er Erfolge erkannte, machte seinen wissensbeflissenen Hof zum nachahmenswerten Vorbild für die Herren und Völker seines Reiches und aller späteren Könige, zu einem Wissenszentrum und zur Schaltstelle der Wissensorganisation seines Reiches[114]. «Die freien Künste pflegte er auf das nachdrücklichste, ihre Lehrer verehrte er aufs höchste und stattete sie mit großen Ämtern aus»[115]. Der König und Kaiser wachte über der Qualität von Schülern und Lehrern in seinem Reich.

Fromme Stiftungen, zusätzliche Wirtschaftsgüter und Einkünfte waren erforderlich, sollte die nötige Bildungsrevolution gelingen, das ganze Karlsreich erfassen und die Jahre überdauern. Ohne das Königtum wäre alles viel schleppender, wenn überhaupt erfolgt; ohne den Druck, den Karl der Große selbst auf die Kirchen und Klöster ausübte, wäre es entsprechend schwieriger gewesen. Jetzt aber entstanden die Inkunabeln abendländischen Wissens und Könnens, auf die dann alle spätere Wissenschaft und Technik zurückgreifen konnte. Sammeln, verstehen, durchdenken wurde zum

Grundbedürfnis – das alles in einer Sprache, die erst erworben werden mußte, mit einer Fachterminologie, die es Schritt für Schritt zu entdecken galt, und mit einer Methodik, die noch niemand beherrschte.

Es bedurfte eines langen Atems, um das in der Antike erworbene Wissen an die künftigen Generationen weiterzugeben und sie es sich geistig aneignen zu lassen. Literate Bildung war selbst für den Adel ein Privileg, das nur die wenigsten genießen konnten. Die ersten überregional bedeutsamen Schulen entstanden um die von Karl aus der Fremde angeworbenen Lehrer; die besonders begabten Absolventen hatten dann – in einer Art Kettenreaktion – ihrerseits in ihren Heimatklöstern oder Kirchen Unterricht zu halten und Schulen aufzubauen. So wurden der junge Einhard, bald auch der Knabe Hraban von ihrem Abt Baugulf in Fulda zu Alkuin geschickt, bevor der erste seinerseits die Hofschule, der jüngere Hraban die Klosterschule seines Heimatklosters Fulda übernahm[116].

Zu den drei Grunddisziplinen der Grammatik, Dialektik und Rhetorik (der «Dreiweg», das Trivium) traten vier mathematisch orientierte Wissensbereiche: Arithmetik, Geometrie, Musik und Astronomie (der «Vierweg», das Quadrivium). Des hl. Augustinus «*De doctrina christiana*» oder die «Institutionen» des Cassiodor überlieferten den Kanon dieser «sieben freien Künste», Alkuin lehrte sie, auch wenn sein Handbuch dazu unvollendet blieb[117], Theodulf propagierte sie in Versen[118]. Der König und Kaiser selbst bedurfte zumal der «Mathematik» und der «Astronomie» zur Berechnung von Zeit und Weltlauf, für das Kalenderwesen und zur Bestimmung des für alles Endzeitwissen bedeutsamen Weltalters. An Astronomie hatte er seine besondere Freude. Der Computus spielte in seinem Briefwechsel mit Alkuin eine große Rolle[119]. Neugier lenkte Karls Blicke Tag und Nacht zum Himmel.

Ein fester Lektürekanon, wie es ihn später in den Schulen seit dem 10./11. Jahrhundert gab, bestand nicht, weder für die Grammatik, geschweige denn für eine Disziplin des Quadrivium. Die Schulen füllten ihre Bibliotheken erst allmählich. Wohl aber brachte der Gote Theodulf eine Lektüreliste mit, die in Versen christliche und heidnische Autoren verzeichnete, die er lesen lasse: Gregor den

Großen, Augustinus, Hilarius, Leo den Großen, Hieronymus, Ambrosius, Isidor von Sevilla, Johannes Chrysostomus, Cyprian und andere zahlreiche, doch eben auch einige heidnische «Philosophen», die Grammatiker Pompeius und Donat und den «geschwätzigen» Vergil. Die Nennung des Dichters war eine Spitze gegen Alkuin, der vor diesem Dichter gewarnt hatte. Theodulf aber legitimiert seine Lektüre – oft pflegten die «Philosophen» das Falsche der Dichter zum Wahren zu wenden – mit «mystischer» Deutungsmöglichkeit (*fabulae poetarum a philosophis mystice pertractentur*)[120].

Nicht immer verstand man, was man las, in angemessener Weise, keineswegs bedeutete jetzt das Gleiche Dasselbe. Die antike Semantik stand stets sozial, religiös und bildungsmäßig in einem fremden Kontext, was die Gelehrten des 8. und 9. Jahrhunderts noch nicht durchschauten. Die erotische «Liebeskunst», *Ars amatoria*, des Ovid konnte dann – wie das «Hohelied» der Bibel – allegorisch ausgelegt und spiritualisiert werden. Die *res publica* antiker römischer und karolingerzeitlicher Autoren stimmten in keinem Fall überein. Die *utilitas publica* ist kaum das «Gemeinwohl», vielmehr der Nutzen der beteiligten Großen. Petrus erschien als schwertschwingender Recke. Doch Nachahmung und Übung erlaubten erstaunliche Fortschritte.

Das reifste Beispiel solcher Imitationskunst bot Einhards «Karlsleben». Es mußte die untergegangene Literaturgattung weltlicher Biographik erneuern. Der Autor orientierte sich dazu an den Kaiserbiographien Suetons, zumal – aber nicht ausschließlich – an dessen Augustus-Vita. «Hier, Leser, hast du ein Buch, welches das Gedächtnis an einen wahrhaft berühmten und großen Mann festhält. Nichts findest du in ihm, was zu bewundern verlohnt außer seinen Taten – und vielleicht auch, daß ich barbarischer Mensch, der ich in der Sprache Roms nur ein wenig geübt bin, vermeine, angemessen elegant Latein schreiben zu können, und mich zu solcher Anmaßung hinreißen ließ»[121]. Nicht geringer Stolz ob der vollbrachten Leistung erfüllte den Autor. Dennoch, so bemerkenswert die Karlsvita in vielerlei Hinsicht auch ist, den spezifischen Reiz und die Souveränität Suetons hat sie nicht nachahmen können. Einhard fand auch keinen Nachfolger. Immerhin: Die Barbaren hatten Wissen und Darstellungsweise Roms erneuert. «Die Sprache Roms», die Sprache Ciceros nämlich, wie Einhard betonte und zeitgenössische Leser bemerkten, ebnete Wege zu einer neuen literaten Kultur. So nimmt Einhards «Vita Karoli» bei aller Begrenztheit eine unvergleichbare Sonderstellung ein.

Das Latein streifte im Gebrauch der karlszeitlichen Eliten seine Vulgarisierung ab, erneuerte sich und gestattete wieder erste Annäherungen an die antike Literatur, an Rhetorik, Philosophie und Theologie. Renovation aber bescherte Innovation. Erste eigene Gedanken meldeten sich. Noch waren es zarte Pflänzchen, die im Frankenreich zu sprießen begannen. Sie konnten sich kaum mit den blühenden Kulturen der Byzantiner oder der arabischen Welt messen; aber sie waren originell. Und sie sollten einmal reiche Frucht tragen. Die intellektuellen Eliten des Frankenreiches lernten wieder auf Latein zu denken. Die Trias von Grammatik, Rhetorik und Dialektik, an allen Schulen prinzipiell gleichartig gelehrt und konsequent eingeübt, Generation für Generation, wurde das intellektuelle Rüstzeug für den Wiederaufstieg der lateinischen, der gesamten abendländischen Kultur. Sie hatte freilich immer ausgiebiger die Nachhilfe des schubweise wiederentdeckten Aristoteles genossen.

9

Der weise König Karl

Karl, unsere Leuchte, teuerste Liebe des Volkes, du frommer König, du weiser Führer, hervorragend durch Tugend und Waffentaten, würdig alles Würdigen, das der Erdkreis lobt (*placet*)». So feierte Dagulf, der Urheber eines der ersten Bücher, das für den Karolinger geschrieben wurde, des ersten Psalters aus dem Umkreis des Königs (Abb. 28) den Empfänger und wünschte ihm, sich fortan (*demum*) im «davidischen Chor einfinden zu können». *Doctiloquax*, «weisheitskündender König», hieß er den Psalmisten mit feiner Anspielung auf seinen eigenen König, den redekundigen «David» des Königshofes[122].

Karl ließ es sich gefallen. Bildungshunger zeichnete ihn aus. Als «weiser Führer», «weiser König», als König der Gelehrsamkeit durchbrach er das zu seiner Zeit übliche Königsmuster. In der Tat, dieser Herrscher wollte wissen, wurde neugierig, verlangte nach Aufklärung. Alkuin sollte ihm dazu verhelfen. «Ich will dich über die Redekunst und ihre Regeln befragen. Lächerlich wäre es, sie gerade hier in der Königspfalz nicht zu beherzigen.» So ermunterte Karl den Angelsachsen zu einem rhetorischen Lehrgespräch, das zugleich logische Probleme streifte. Die ersten eigenen dialektischen Werke des Mittelalters kündigten sich damit an: Alkuins «*Rhetorik*» und seine «*Dialektik*», die beiden Grundwissenschaften jeder höheren, vernunftbetonten abendländischen Gelehrsamkeit, beide für Karl bestimmt, beide dialogisch aufgebaut, beide – wie indirekt auch immer – Aristoteles verpflichtet. Die breite Überlieferung belegt, daß der König die Lehrschriften nicht nur für sich begehrte, vielmehr für seinen ganzen Herrschaftsbereich, für die intellektuellen Eliten seines Reichs, ein weiser, ein weisender König. Nichts verdeutlicht stärker, mit welchem Nachdruck Karl selbst die Erneuerung des Denkens verlangte. Dialektik, Vernunft, sollte seinen gesamten Herrschaftsraum durchdringen.

«Gott hat dich, mein Herr König Karl», so begann der Angelsachse, «mit dem Licht der Weisheit erleuchtet und mit der Klarheit der Wissenschaft ausgezeichnet. Doch will ich, damit man mich nicht des Ungehorsams bezichtige, auf deine Fragen antworten». «Erläutere mir die Entdeckung der Rhetorik!» – «Einstmals lebten die Menschen, so wurde mir berichtet, wie wilde Tiere auf dem Feld, vermochten den Verstand nicht, nur ihre Körperkraft zu gebrauchen, versahen keinen Gottesdienst, keine menschliche Aufgabe. Nur blinde, unbesonnene Gier beherrschte sie zum Mißbrauch ihrer Kraft. Da erkannte ein bedeutender und kluger Mann, welch ein Stoff und welche Begabung in ihrem Geist schlummerte, wenn einer ihn nur hervorzulocken und zum Besseren zu leiten

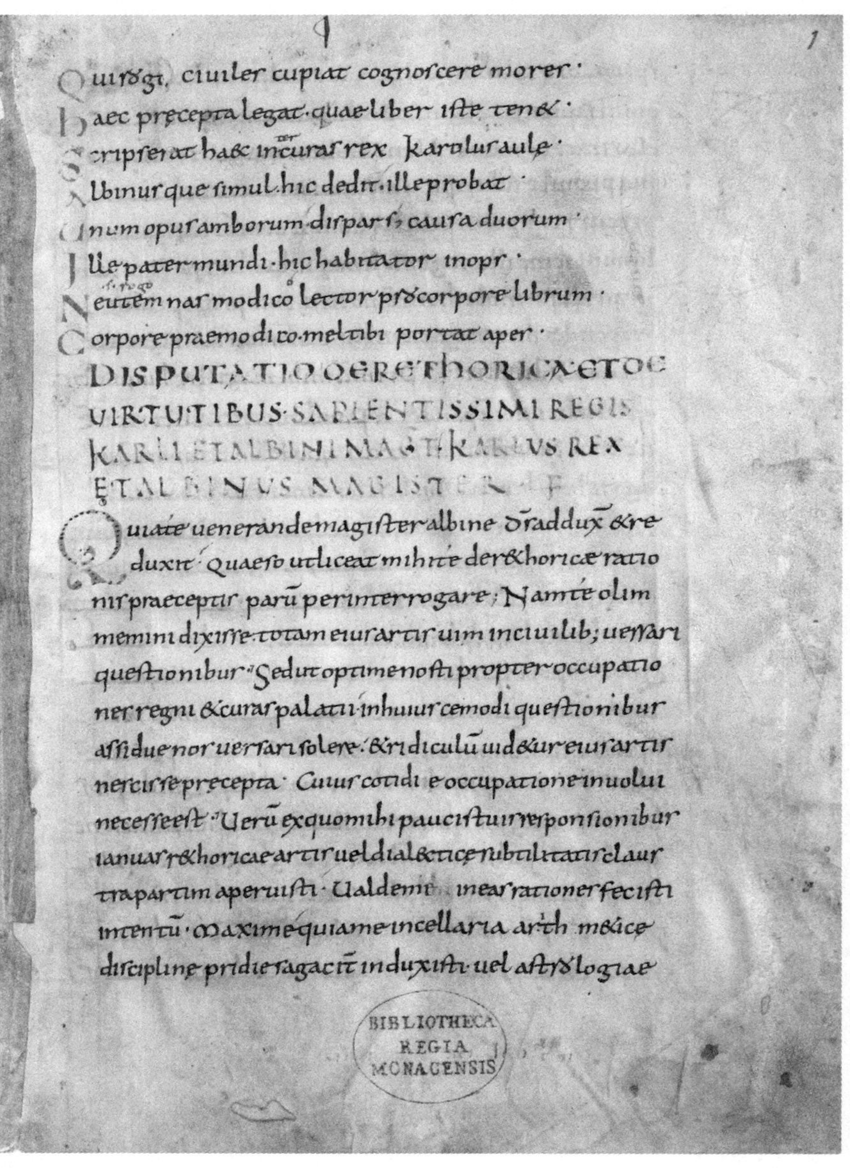

Quisquis ciuiles cupiat cognoscere mores·
Haec precepta legat· quae liber iste tenet·
Scripserat haec inter curas rex Karolus aule·
Albinus que simul· hic dedit· ille probat·
Unum opus amborum· dispar sed causa duorum·
Ille pater mundi· hic habitator inops·
Neu temnas modico lector pro corpore librum·
Corpore praemodico mel tibi portat apes·
DISPUTATIO DE RETHORICA ET DE
VIRTUTIBUS· SAPIENTISSIMI REGIS
KARLI ET ALBINI MAGISTRI· KAROLUS REX
ET ALBINUS MAGISTER
Quia te uenerande magister albine ds adduxit et re
duxit· Quaeso ut liceat mihi te de rethoricae ratio
nis praeceptis parum per interrogare; Nam te olim
memini dixisse totam eius artis uim in ciuilibus uersari
questionibus· Sed ut optime nosti propter occupatio
nes regni et curas palatii in huiuscemodi questionibus
assidue nos uersari solere· et ridiculum uidetur eius artis
nescisse precepta· Cuius cotidie occupatione inuolui
necesse est· Uerum ex quo mihi paucis tuis responsionibus
ianuas rethoricae artis uel dialecticae subtilitatis claus
tra partim aperuisti· Ualde mi ... in eas rationes fecisti
intentum· Maxime quia me in cellaria arithmeticae
disciplinae pridie sagaciter induxisti· uel astrologiae

vermöchte»[123]. Karl hörte aufmerksam zu. Rede, die Einübung nämlich in die antike Rhetorik, war Bildung, war Anfang und Grundlegung der Wissenschaft, zeugte von Vernunft und mehr als das, war dem animalischen Dasein entrissene Menschlichkeit, vernunftverpflichtete Menschenwürde, Herrscherpflicht, Maß auch der eigenen Seele. Entsprechend handelte der große Karl. Hoftage und die Lenkung seines Reiches sollten ihren Nutzen daraus ziehen.

30 Beginn der «Rhetorik» Alkuins, München, Bayerische Staatsbibliothek clm 14377

Alkuin folgte seinen antiken Vorbildern. Und dennoch: Wie ‹neuzeitlich› modern argumentierte dieser frühmittelalterliche Angelsachse: Aus dem tierhaften Zustand zum Gebrauch der Vernunft als Folge erwachender Erkenntnis. Das erinnert eher an Darwin denn an Kant, der in Kategorien des Fortschritts, nicht der Evolution dachte. Nichts da mit selbstverschuldeter Unmündigkeit. Im Gegenteil: Aus Tierhaftigkeit durch den geweckten Vernunftgebrauch zur Menschenwürde – eine grandiose Vision. Wohl aber implizierte Alkuins Fabel unterschiedliche Bildungsniveaus in unterschiedlichen menschlichen Gesellschaften. In Karls Reich aber sollte der Geist geweckt, der Gottesdienst verrichtet, die Menschen zum Besseren geleitet werden – und seien es fürs erste bloß die Eliten.

Schlichte Übungen standen am Anfang. «Was ist eine sophistische Rede?» Karl verlangte es zu wissen, Alkuin zögerte, dem König eine solche vorzuführen, zu despektierlich erschien es ihm. «Ist's erlaubt, dich zu fragen?» «Warum nicht?» Nun denn: Wer frage, sei nicht derselbe, der antworte. «Gewiß nicht.» «Was bist du?» «Ein Mensch». «Wenn du sagt, daß ich und du nicht dasselbe sind, ich aber ein Mensch bin, bist du folglich kein Mensch.» «In der Tat». «Und weiter: Wieviele Silben hat *homo* (d. i. Mensch)?» «Zwei.» «Bist du somit zwei Silben?» «Was soll der Quatsch?» «Du wolltest sophistische Verschlagenheit durchschauen»[124]. Die Rhetorik konnte auch nützlicher daherkommen: «Induktion ist eine Rede, die über gewisse (Aussagen) ungewisse Sachverhalte erschließt und den, der sich sträubt, zur Zustimmung nötigt.» Karl konnte kaum glauben, daß solches möglich sei. «Es erscheint unmöglich, daß durch Rede erreicht werden kann, einen Widerstrebenden zur Zustimmung zu bringen»[125]. Der König war an Zwang und Gewalt gewöhnt, an Betrug und Lüge.

Alkuins «*Dialectica*» verlangte nichts Anspruchsvolles, doch Un-

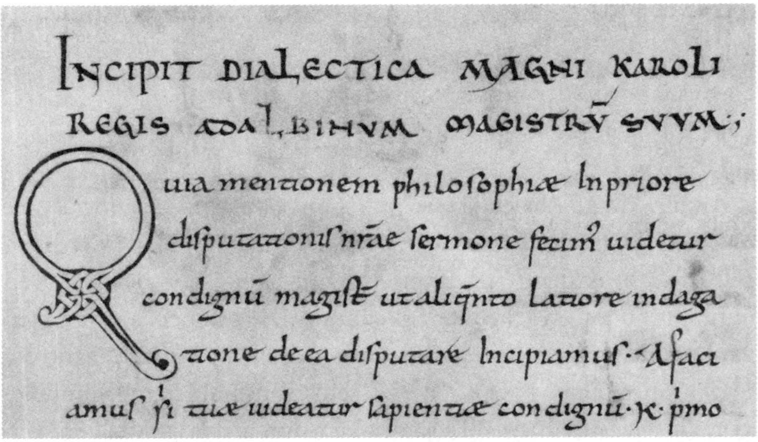
Incipit dialectica magni karoli
regis adalbinum magistrū suum;
Quia mentionem philosophiae in priore
disputationis nrae sermone fecim9 uidetur
condignū magist ut aliquanto latiore indaga
tione de ea disputare incipiamus· A faci
amus si tibi uideatur sapientiae condignū· K· pmo

gewohntes. Leicht faßlich und wiederum in dialogischer Gestalt führte sie die Kategorienlehre des Aristoteles und dessen «*Perihermeneias*» am Karlshof ein, die Lehre also von der Aussage. «Alkuin: Perihermeneias heißt die Schrift gleichsam vom Begreifen. – Karl: Wie vom Begreifen? – A. Jeder Sachverhalt, der einer ist und durch ein Wort dargestellt werden kann, wird entweder durch ein Nomen oder durch ein Verb bezeichnet. – K. Wie geschieht das eine oder das andere? – A. Durch das Nomen wird die Substanz eines jeden Dinges bezeichnet, etwa ‹Mensch›. Durch das Verb werden Handeln oder Leiden aufgewiesen, etwa: ‹der Mensch rennt›, ‹der Mensch wird gequält›. Diese beiden Elemente einer Rede bezeichnen das Ganze, das der Verstand zur Aussage entwirft.» Und so ging es fort, übrigens in mehr oder weniger direkter Anlehnung an des Themistios Darlegung. Solche Redeweise bot alles andere als hohe Philosophie; aber sie war ungewohnt, mußte eigens eingeübt werden und veränderte mit der Zeit Wahrnehmungs- und Aussageweisen.

Der König als Schüler. Nichts propagierte den Erneuerungswillen deutlicher als eine solche bald weitverbreitete Fiktion. Wer immer diese «Dialektik» las, konnte es und sollte es dem König nachtun. Die in gleicher Weise verbreitete «Rhetorik» des Angelsachsen galt keineswegs bloß dem Schmuck und dem Glanz einer blendenden Rede. Sie diente in der Antike den Parteien vor Gericht, schärfte deren argumentative Konfrontation im Prozeß, und verlangte deshalb systematisches Fragen, Gedächtnisschulung, brauchbare Definitionen und Unterscheidungen, eine logische Argumentationstechnik und verlangte nicht zuletzt nach Überzeugungskunst.

31 Beginn der «Dialektik» Alkuins, Cambridge, Corpus Christi College, Parker Library Ms. 206 f. 101r

Diese Disziplin grenzte nahe an die Dialektik, formte etwa die Zirkumstanzenlehre, die Lehre nämlich von dem durch beharrliches Fragen zu erhellenden Sachverhalt und seinen «Umständen», den *circumstantiae*, die katalogartig das «wer» und «was», das «wo» und «wann», das «warum», «womit» und «auf welche Weise» erfragte, die Kategorien nämlich des Aristoteles, mit deren Hilfe der Philosoph meinte, alles aussagen zu können. Kleine Schritte zu einem kontrollierbaren Vernunftgebrauch und zu einem von Vernunft geleiteten Wahrnehmen wurden am Hof und in den Schulen eingeübt; und mit ihnen zog unmerklich ein neuer Denkstil in die fränkische Gesellschaft und unter ihren Eliten ein. Der König aber wollte die Eliten seines Volkes an eine rationale Erfassung ihrer Welt heranführen; sein Vorbild sollte sie dazu drängen.

Mit einiger Übung gestattete diese Lehre, auch komplexe gesellschaftliche, herrschaftliche, organisatorische Zusammenhänge angemessen, in seinen Teilen und als Ganzes zu erfassen. Ein analytischer Sinn für Satzaussagen wurde geformt; zugleich wurden rational gelenkte Wahrnehmungsweisen und Fragemuster vermittelt und eingeübt, damit gleichfalls das Wahrnehmen selbst geschult und eine Neugier gepflanzt, die – wie sich zeigen sollte – vor nichts mehr halt machen wird. Diese Rhetorik entpuppte sich damit als eine Aufklärungswissenschaft, die unmittelbar der Dialektik in die Hand arbeitete.

Die wenigen, rudimentären Grundwissenschaften, die bald an allen Schulen eingeübt wurden, eine Handvoll spätantiker Texte, wieder und wieder traktiert, im Westen und Osten des Reiches, unter den Angelsachsen und in Italien, überall, wo die lateinische Sprache regierte, führten mit der Zeit nicht nur zu einer wachsenden Beherrschung der dialektischen Methode, zu einem immer entschlosseneren Vertrauen in das von den Regeln der Vernunft geleitete Denken, sondern mündeten zugleich in eine sich allmählich etablierende einheitliche intellektuelle Prägung des Abendlandes, das sich durch diese Schulung von Byzanz und der arabischsprachigen Welt zu unterscheiden begann. ‹Nationale› Variationen und ‹internationale› Konkurrenz waren damit nicht ausschlossen. Doch seit Karls Zeit verbreitete sich die aristotelisch geprägte Wissenschaftlichkeit an allen Schulen des Abendlandes in prinzipiell gleicher Weise.

Das erneuerte Wissen und Können wurde nicht um seiner selbst willen gesucht, die lateinische Sprachkompetenz nicht um der Logik willen erneuert. Beide dienten – wie der Kirchenvater Augustin gelehrt hatte – dem Heil der Seele, dem rechten Glauben, dem rechten Vollzug der heiligen Rituale, dem Verstehen der heiligen Schriften und der von Gott gestifteten Weltordnung und damit einer gottgefälligen Herrschaftswaltung bis hin zur Fürsorge für die Schwachen und Armen; auch sie gebot ja die Religion. Religiöse Motive lenkten tatsächlich Karls Sorge um die Bildung und mit ihr um die erste Stufe der Verwissenschaftlichung der europäischen intellektuellen Kultur. Daß diese Rationalität der Religion einmal gefährlich werden könnte, ahnte damals niemand.

Schon der Pisaner Petrus, einer der ersten Grammatiklehrer, die Karl an seinen Hof gezogen hatte, erinnerte seinen Auftraggeber an das hohe Ziel: Wer seinem Unterricht folgen wolle, höre auf, das kindliche Dunkel seines Geistes zu hegen, wolle mit seinen Worten keinen Streit anzetteln. Friedvoll bewahre er den Sinn des Textes. «Denn der König Christus selbst ist Friedensbringer». Es war der Friede der Seele, den das Wissen beschere, der Friede im Innern des christlichen Reiches, nicht die Kriegslosigkeit nach außen gegen die Feinde, gegen Häretiker oder Heiden. Was für eine Hoffnung!

Die Wissenschaften folgten Gottes Willen; sie spürten ihm nach, dem Er Seine Schöpfung unterworfen hatte. «Philosophen waren nicht die Schöpfer der Wissenschaften, nur ihre Entdecker. Denn der Schöpfer aller Dinge hat die Dinge in ihrer Natur bestimmt, wie Er wollte. Die Weisen der Welt waren die Entdecker dieser Wissenschaften in der Natur der Dinge.» Alkuin schrieb es dem König, als er ihn über den Lauf der Sonne durch den Zodiak belehrte[126]. Jedwede Wissenschaft suchte die Übereinstimmung mit Gottes Willen. «Was sonst bedenken und bestaunen wir als die

Weisheit des Schöpfers in dem natürlichen Lauf von Sonne, Mond und Sternen?»

Diese Wissenskultur sollte das Leben formen. Sie diente der Gottesverehrung, der Kirche, den Entscheidungen im königlichen Rat. Der Schutz des Glaubens, die Abwehr von Häresie und die Ordnung des Reiches riefen nach ihr: Grammatik gleichsam für das Gebet, Rhetorik für die Herrschaft, Dialektik für den Glauben, alles Wissen für die gottgefällige Ordnung der Welt. Diese Künste boten Theorien für die Wirklichkeit, für Herrschaftspraxis und Herrschaftswissen, für Karls Frankenreich. Der König ließ sie in seinem Reich verbreiten. Sie sollten keineswegs auf seinen Hof beschränkt bleiben. Bildung bedurfte zu allen Zeiten eines breiten Fundaments. Sie verkümmert, wenn das Fundament zu bröckeln beginnt. Karl wußte es aus den zurückliegenden Jahrhunderten seines eigenen Frankenreiches.

Das ganze aristotelische «Organon» freilich – es umfaßte neben der Kategorien- und der Aussagenlehre noch vier weitere Schriften: die Lehre vom logischen Schließen (Syllogistik), die Lehre vom Beweisen, die Topik (eine Argumentationslehre für den Disput) und endlich die Lehre von den Trugschlüssen – dieses «Organon» wurde freilich nur schrittweise rezipiert; es stand mit seinen letzten drei oder vier Schriften erst seit dem 12. Jahrhundert der lateinischen Welt zur Verfügung. Nur teilweise Ersatz bot eine kleine Schrift des Boethius «*De divisione*», die sich mit der logischen Unterscheidung befaßte. Das definierende Merkmal einer «Sache» (*proprium*) galt es von dessen zufälligem Beiwerk (*accidens*) zu unterscheiden. Ein Mensch bleibt ein Mensch, gleichgültig ob er groß oder klein, dick oder dünn ist, ob vielwissend oder arm im Geiste. Die Differenz zwischen verschiedenen Gegenständen, das sie unterscheidende Merkmal (wie etwa den Leibesumfang), galt es zu bestimmen. Zu differenzieren aber erleichterte das Ordnen, die Einteilung nämlich nach «*Genus*» und «*Species*» und weiter nach Unterarten: «Das Ganze wird in Teile geteilt, bis wir jedes Moment freigestellt haben, aus denen es zusammengesetzt ist» wie Haus in Dach, Wände, Fundament[127].

Die Zeit vor dem 12. Jahrhundert nutzte man zur Einübung in

kategoriales Denken, plagte sich also mit Proprium, Akzidens, Differenz und Division, verknüpfte diese Größen mit den Zirkumstanzen, die ihrerseits nach kategorialen Bestimmungen riefen. So formte sich durch drei Jahrhunderte eine rationale Denktechnik nach festen Regeln und in kontrollierbaren Schritten, die sich über alle Schulen des Abendlandes verbreitete. Von Schottland bis Süditalien und Sizilien, von Polen bis Portugal wurden prinzipiell in gleicher Weise Begriffe, Kategorien, Aussageweisen, Regeln, Differenzbestimmungen und dergleichen eingeübt, bevor im hohen Mittelalter der große, welthistorisch relevante Durchbruch erzielt wurde. Es war der wichtigste Modernisierungsschub, den das frühere Mittelalter eingeleitet hatte; er sollte sich bis zur heutigen Gegenwart auswirken. Am Hof Karls des Großen aber hatte diese Entwicklung begonnen. Alkuin hatte einen entscheidenden Anstoß gegeben. Voll stolzer Bescheidenheit präsentierte schon Einhard, ein Schüler des gelehrten Angelsachsen, sein Karlsleben. Es war ein «Buch» (Substanz), doch nicht irgendeines (Differenzbedarf), sondern eines, das von «bewundernswerten Taten» (Proprium) in «elegantem Latein» (Akzidens) berichtete (Kategorie des Handelns).

Immer wieder bedrängte der König Alkuin mit astronomischen Fragen, über das Mondalter und den Mondsprung, über die Planeten, über den Durchgang des Mondes durch den Zodiak, über die Bedeutung der erneuten Sichtbarkeit des Mars und anderes. Alkuin verwies auf das Werk des jüngeren Plinius, zitierte dasselbe aber wohl nach Beda. Eigens handelte er – im September 798 – über den eben, im vergangenen Juli/August (als die Sonne im Sternbild Löwe stand) wieder am Himmel erschienenen Mars, «dessen Erforschung unseren Geist schon lange beschäftigt; nicht einmal sein Wiedererscheinen vermag unsere Neugier zu stillen»[128]. In der Tat, Karl stellte unermüdlich Fragen. Ob dieser Wandelstern eine eigene Bahn ziehe oder der Macht der Sonne folge, wollte er wissen. Hatte er doch selbst seinen neuerlichen Aufgang beobachtet: «Geschah es aufgrund der Kraft (der Sonne) oder als Vorzeichen, daß er die Bahn zweier Jahre in einem vollendete? Begleitete er die Sonne, wie war dann sein schneller Lauf möglich?» Die ‹Schleifen› des Planeten beunruhigten den König.

Alkuins Antwort wich aus. Die Bahn des Planeten folge zwar seiner «natürlichen Ordnung», doch diese zu erklären unternahm der gelehrte Mann keinen Versuch. Immerhin bestritt er ihre Bedeutung als Vorzeichen. Hegte Karl astrologische Befürchtungen? Suchte der König den Zusammenhang zwischen Kosmos und Erde zu erfassen? Wie immer, seine Frage nach dem Mars behielt die nächsten 800 Jahre ihr Gewicht. Erst dann, als auch die Mathematiker gerüstet waren, sammelte Tycho Brahe systematisch die Daten der Marsschleifen, vermachte seine Tabellen testamentarisch seinem Kollegen am Hof des Kaisers Rudolf II., Johannes Kepler, der mit ihrer Hilfe die vier nach ihm benannten Gesetze entdeckte und berechnete, denen die Bahnen und Bewegung der Planeten um die Sonne folgten.

Weder Astronomie noch Astrologie stützten sich zu Karls Zeit auf eine breite Überlieferung. Sie waren mit keiner Grammatik und keiner Dialektik zu erfassen. Sie bedurften eines naturkundlichen Wissens, das zu Karls Zeit im lateinischen Westen noch spärlicher verbreitet war als jene ‹trivialen› Disziplinen. Nur wenige, insgesamt eher dürftige Lehrbücher, an ihrer Spitze Cassiodors «Institutionen», die den Stoff mehr andeuteten als darstellten, waren aus der Antike überkommen.

Von ihnen, den Bildungslehren der alten Griechen und Römer, erbte das Abendland die Teilung menschlicher Fähigkeiten in «freie» und «mechanische Künste». Für frei galten jene Disziplinen, die ohne Handarbeit zu verfolgen waren und keinen Brotberuf verlangten. Sie setzten in der Regel den freien, wohlhabenden Bürger voraus, für dessen Lebensunterhalt ein Heer von unterschiedlich abhängigen Leuten sich plagen mußte. «Mechanisch» war alles, was der Hände bedurfte wie etwa die Chirurgie oder die Medizin, die Jagdkunde, die Seefahrt, der Handel und jedwedes Gewerbe. Sie wurden denn auch nicht auf den Schulen gelehrt; erst im Zeitalter der Universitäten sollte es sich ändern.

Die «freien Künste» waren ihrerseits unterteilt in Trivium und Quadrivium. Das antike Programm dieser sieben «freien Künste» wurde offiziell nie aufgegeben. Unter Iren und Angelsachsen hielt es sich zum Teil in erweiterter Gestalt länger, auch unter Westgoten und Langobarden blieb die antike Bildung lebendiger als im Frankenreich. Hier schwand die Effizienz der Studien in den dunklen Jahrhunderten des Frühmittelalters, obgleich auch die Könige aus der Familie der Merowinger Latein konnten und zu lesen vermochten und auch unter dem Klerus manch ein gebildeter Mann noch anzutreffen war. Wissen und Fertigkeiten gingen aber insgesamt und aus mancherlei Gründen zurück. Erst jetzt, unter den ersten karolingischen Königen, zaghaft unter Pippin, mit Macht dann unter seinem großen Sohn Karl, setzte die Gegenbewegung ein.

Das Artesstudium sollte wieder erstehen. Die Siebenzahl des Kanons verfestigte sich neuerlich und nicht zuletzt durch Alkuins kleine Einführung zu einer unvollendeten enzyklopädisch angelegten Schrift über eben diese sieben «freien Künste» – er hieß sie: «*Disputatio de vera philosophia*». Der Angelsachse setzte sie seiner vor allem auf den Grammatiker Donat, aber etwa auch auf «*De interpretatione*» des Boethius gestützten «Grammatik» voran. Seine «Rhetorik» und «Dialektik» folgten ihr. Diese «Disputation» gedieh – wiederum in der schlichten sprachlichen Form eines Dialogs zwischen «Magister» und zwei «Schülern» (fragend der eine, ein Franke, klug der andere, ein Sachse) – zu einer knappen neuplatonisch geformten Anleitung zum Studium. Auch Karl wird seine Freude an ihr gehabt haben[129]. «Eure Neugier kennt kein Maß. Ihr wollt das Maß eines Handbüchleins übertreffen», lobt der Magister[130].

Philosophie, die Liebe zur Weisheit, sei aller Tugenden Meisterin, ein unverlierbarer Besitz, so führte der gelehrte Mann aus. Dem menschlichen Geist stehe das Licht des Wissens von Natur aus zur Verfügung, aber ohne Schulung bleibe es ein eingesperrtes Fünkchen. Leicht sei es, den Weg der Weisheit zu weisen, wenn sie um Gottes willen, um der Reinheit der Seele willen, um der Wahrheit willen, ja, um ihrer selbst willen gesucht werde und nicht, um menschliches Lob, weltliche Ehren und Reichtum. Dem menschlichen Geist sei das Streben nach dem Wahren und Guten von Natur aus eingegeben. Doch Maßhalten sei nötig, mahnte der Meister; es gelte das Wort «Nichts im Übermaß». Weisheit sei ein ewiger Schatz der Seele. Der Weg zu ihr führe über die sieben Säulen oder Trittstufen der Artes, der Grammatik, Rhetorik, Dialektik, Arithmetik,

Geometrie, Musik und Astrologie (d. h. Astronomie), über die Säulen der sieben Gaben des Heiligen Geistes, und über sie zur reinen Gottesschau[131]. Grammatik als erste Stufe zur Gottesschau – eben so wünschte es Karl. Wissenschaft verlangte nach Menschenbildung, nach dem Maß der eigenen Seele. Alkuin freilich war es nicht vergönnt, die Disziplinen des Quadriviums zu behandeln.

Der Erfolg eilte nicht in Riesenschritten herbei, aber er ließ auch nicht auf sich warten. Der «Aufstieg zur Weisheit» war für eine ganze Gesellschaft keine Angelegenheit weniger Jahrzehnte. Er bedurfte vieler menschlicher Generationen, sorgte mit der Zeit aber für eine recht einheitliche abendländische geistige Kultur. Nicht der rasche Fortschritt entschied, sondern die Dauerhaftigkeit der Intention und die Kontinuität der Übung; sie bewirkten jene Nachhaltigkeit, die sich der gesamten Kultur mitteilte und einen gemeinsamen Denkstil hervorbrachte.

Die aristotelische Propädeutik führte zu einem Aufbruch in die künftige Blütezeit der Scholastik, einem Aufbruch, der nie endete, der weiter und weiter drängte. Auf dieser Grundlage konnten sich die Anfänge abendländischer Theologie entfalten, der geistigen Durchdringung der Geheimnisse des Glaubens; ihr folgten die rationale, zunehmend von Glaubenszweifeln bedrängte Philosophie und die säkularen Wissenschaften. Beide wurden nicht zuletzt in der Auseinandersetzung mit tatsächlichen und vermeintlichen Häresien unverzichtbar und nahmen schon unter Karl – soweit es das Abendland betraf – einen Aufschwung wie seit Jahrhunderten nicht mehr. Gelehrsamkeit und Wissenschaft schickten nunmehr die frühmittelalterliche, überwiegend der Mündlichkeit verhafteten Gesellschaft auf den langen Marsch zu einer Vernunftkultur, die mit den Prinzipien methodisch kontrollierten Denkens einsetzte, über die Techniken rationaler Argumentation zur Kosmologie und zu exakten Wissenschaften fortschreiten sollte.

Ein lockeres Gespräch im Bad oder in der Königshalle genügte nicht. Geduldige Übung war verlangt. Es galt, in vielfältiger Weise zu handeln. Nicht der Krieg, die Ordnung von Kirche und Herrschaft erforderte Karls größte Aufmerksamkeit; sie war ohne Wissenschaft nicht zu realisieren. Reich und Kirche bedurften nach außen des Heeres, im Innern der Ordnung, des Gehorsams gegen die Gebote Gottes und der Kirchenväter, bedurften des rechten Wissens für Klerus und Laien, erneuerter lateinischer Sprachkompetenz, der Rhetorik und Dialektik, der Schulen und Bücher und der Gerechtigkeit. Der materielle Aufwand, der dafür zu betreiben war, forderte des Königs Schutz und seine Sorge um die eigenen Wirtschaftshöfe wie um die kirchlichen Grundherrschaften, mithin eine effiziente Wirtschaftsordnung, soweit sie dem Zugriff des Königs unterlag. Allenthalben wurde Erneuerungsbedarf sichtbar. Karl wußte darum.

Er, der mächtige König und Eroberer, verschmähte Belehrung nicht und er dankte seinem Lehrmeister Alkuin: «Ich gestehe, daß mich der Wissensdurst zum Fragen brachte, und ich danke dir, daß du keine Einwände dagegen hattest»[132]. Das war mehr als eine großmütige Geste des großen Mannes; der König wußte um die Dringlichkeit zu erneuernder Bildung. Er verlangte, er forderte sie, aber er ahnte zugleich, daß Wissen und Wissenschaft ein eigenes Reich bildeten, das zu betreten nicht jedermann – auch der erfolgreichste Eroberer nicht – berufen war. So dankte Karl Alkuin, der König dem Gelehrten – ein neugieriger, ein fragender und ein dankender König.

10

Die Kirche braucht Ordnung: Vielfalt des Rechts – Vielfalt der Kultpraxis – Ordnung ruft nach Hierarchie – Maßnahmen werden ergriffen – Auch Prälaten streiten

Vielfalt des Rechts

Die in den letzten Jahrzehnten des merowingischen Königtums erschütterte Ordnung bedurfte dringend der Erneuerung, der Festigung und des Schutzes. Karl aber bedurfte der Wissenschaft, um die Kirche durch «die Erkenntnis des Glaubens» zu stärken und «die Schlüssel der Kirche» in rechter Weise zu führen, ihre Ordnung zu erneuern, ihr Recht zu verwirklichen. Selbst den Papst Leo mahnte er, «den heiligen Kanones zu gehorchen und den Geboten (*statuta*) der heiligen Väter Folge zu leisten». Doch von einheitlichen Rechtsnormen war die Kirche weit entfernt. Die Lage war verwirrend. Immerhin, der König griff Bemühungen seines Vaters um rechtliche Übereinstimmung mit Rom auf. Von Hadrian I. hatte er sich ja schon im Jahr 774, als er von Pavia nach Rom geeilt war, eine Sammlung des dort geltenden Kirchenrechts erbeten, die tatsächlich den Kapiteln der «Admonitio generalis» zugrundegelegt wurde[133]. Einheitlichkeit des Kirchenrechts in seinem Reich freilich gewährleistete auch diese «Dionysio-Hadriana» nicht[134].

Neben ihr kursierten andere historisch geordnete Kollektionen, die weiterhin abgeschrieben wurden. Die sog. Quesnelliana, die «*Concordia canonum*» des Cresconius und einige kleinere Sammlungen boten alte kanonische Normen[135]. Auch systematische Sammlungen verbreiteten sich weiterhin im Frankenreich: die ältere «Collectio Vetus Gallica» oder die «Collectio Hispana»; eine irische Kanonessammlung fehlte nicht. Die Inhalte stimmten keineswegs stets überein, steckten sogar voller Widersprüche, so daß ein fortgesetzter Klärungsbedarf bestand. Im Norden und Süden, im Osten und Westen des Reiches konnten andere Normen zur Geltung gelangen. Denn keine dieser Sammlungen – ihre heutigen Namen verdanken sie zumeist der modernen Rechtswissenschaft – war als solche verbindlich, keine mehr oder weniger wert als die anderen. Eine Normenkontrolle gab es nicht. Ändern konnte Karl daran wenig.

Der König oder seine Berater konnten sich damit nicht zufrieden geben. Sie setzten auf größere Übersichtlichkeit. «Was ohne Nutzen ist, ist überflüssig; was überflüssig ist, ist nichtig. Was ohne Nutzen ist, ist nichtig.» So hatte Theodulf doziert; Karl imponierte der Syllogismus[136]. Entsprach er seiner Handlungsmaxime? Auf der Basis der «Dionysio-Hadriana» entstand denn auch um die Jahrhundertwende eine systematisch geordnete Sammlung, ein kleiner Fortschritt im Hinblick auf die geistige Durchdringung der überlieferten Rechtsmaterie, ein Zeichen erster Erfolge eines erneuerten Bildungsbemühens. Das je einschlägige Normenmaterial ließ sich dort leichter auffinden als in den älteren Kollektionen. Vielleicht war die Bischofsstadt Lyon die Heimat der neuen Sammlung, vielleicht erfolgte ihre Redaktion unter westgotischem Einfluß, denn diese überarbeitete «Dionysio-Hadriana» zog auch westgotisches Kirchenrecht heran. Das neue Unternehmen, die sog. «Collectio Dacheriana», wurde tatsächlich sehr erfolgreich, doch wiederum nicht konkurrenzlos oder allgemein verbindlich.

Ihre älteste erhaltene Handschrift (Köln, Dombibl. 122) wurde im Jahr 805 geschrieben und steht mit Karls «Hofbischof» Hildebald von Köln in Zusammenhang und über ihn doch wohl mit dem Königs- oder Kaiserhof selbst. Sie trat zwar neben ähnliche ältere Sammlungen wie etwa die genannte «Collectio Vetus Gallica» (aus der Zeit um 600), die gleichfalls weiter in Gebrauch blieben; doch war ihr Erfolg ungleich durchschlagender als der aller jener älteren Sammlungen. Die «Dacheriana» ordnete den Stoff in drei Büchern, deren erstes – weil heilsrelevant – der Buße, deren zweites dem Strafrecht, deren drittes den kirchlichen Ständen gewidmet wurde. Die Entscheidungen der universalen Konzile rangierten vor denen der Provinzsynoden und erst recht vor dem eigenen Urteil, hieß es am Ende des Vorworts. Ein systematisierender und hierarchischer Ordnungswille wurde hier evident. Dem Hof Karls des Großen mußte er zusagen, wenn er nicht überhaupt von hier seinen Ausgang nahm.

Wie wenig systematisch die Rechtsetzung oder Rechtserneuerung damals erfolgte, verdeutlicht ein mit christlicher Lebensführung untrennbar verbundenes Beispiel[137]. Karls Vater Pippin hatte aufgrund päpstlicher Intervention den Inzest verboten, mithin die von der Bibel (etwa Lev 18,1–18) verbotene Ehe unter Verwandten. Er griff damit auf eine lange Tradition in Gallien zurück, doch entscheidend neu waren nun die weiten Verwandtschaftsgrenzen, die dem Inzest gesteckt wurden. Zu zählen waren die Verwandtschaftsstufen zurück zu dem gemeinsamen Vorfahren der beiden Eheleute. Die Zählweise erfolgte nach dem römischen Recht, beispielsweise von einem Ehemann abwärts über dessen Vater und

Großvater zum Urgroßvater und, wenn er der gemeinsame Vorfahre war, wieder aufwärts über Großvater und Vater zur Ehefrau. Eine solche Zählweise ergab im Beispiel sechs Verwandtschaftsstufen, auf beiden Seiten je drei (3:3).

Immer wieder hatten merowingerzeitliche Synoden solche Grenzen definiert, wenn auch keineswegs in übereinstimmender Weise. Bei Westgoten, Burgundern, Franken oder Angelsachsen kursierten je andere Normen. Was hier galt, war dort verboten. Gregor der Große hatte in seinem für die Angelsachsen bestimmten «*Libellus responsionum*» in Übereinstimmung mit dem Deuteronomium nur die Ehe von Geschwisterkindern verboten. Die Grenze lag also bei dem zweiten Verwandtschaftsgrad (2:2). Diese Norm hatten die einflußreichsten Bußbücher der Zeit übernommen, zumal das Pönitentiale des Theodor von Canterbury vom Ende des 7. Jahrhunderts, das nicht zuletzt über Bedas Kirchengeschichte (I,27) weite Verbreitung auch im Frankenreich fand.

Doch seit Gregor II. im früheren 8. Jahrhundert verlangten die Päpste die Einhaltung neuer, aus Konstantinopel stammender strengerer Regeln. Die Karolinger wollten sich daran halten. Das erste Kapitular König Pippins (751/755) bestimmte – in Übereinstimmung mit den Bußbüchern und Gregor dem Großen – die Grenze noch bei den Geschwisterkindern. Rom aber dehnte sie nun nach byzantinischem Muster auf die vierte Generation aus[138]. So griffen denn im Zuge engerer Beziehungen zwischen Pippin und den Päpsten die Synoden von Compiègne (756) und Verberie (757) diese neue Regelung auf und verschärften die Norm, die im Frankenreich gelten sollte. Zunächst (756) wurde rigoros bereits der vierte kanonische Grad zum Ehehindernis bestimmt und die Trennung entsprechend «inzestuöser» Ehen verfügt; dann aber (757) die 4:4-Ehe geduldet und nur die Verbindungen zwischen Großneffe und Großnichte (3:3) und die 4:3-Ehe für illegitim erklärt[139]. Die Zählweisen waren nicht jedermann klar. Man hatte zunächst offenbar den vierten Grad als Verbotsgrenze und nicht als Zulässigkeitsgrenze verstanden.

Pippins Neuordnung setzte sich freilich nicht durch. Volk und fränkische Kirche folgten den königlich-synodalen Rechtsgeboten nicht oder allenfalls eingeschränkt. Die mangelnde Lesefähigkeit unter Laien und niederem Klerus sowie die dürftige Überlieferung bewirkten ein übriges. Das erste Kapitular Pippins mit der engen Inzestgrenze[140] verbreitete sich in der Zeit seines Sohnes in verschiedenen Rechtssammlungen separat oder gemeinsam mit einem oder auch mit beiden jüngeren Kapitularien, die eine weitere Grenze einzuhalten verlangten. Ein Nebeneinander sich widersprechender Normen kennzeichnete somit das Eherecht im Frankenreich. Eine Klärung der Widersprüche erfolgte ebensowenig wie ein Widerruf des früheren Rechtsgebots durch das spätere. Eine Rechtsquellenhierarchie dergestalt, daß jüngere Erlasse ältere außer Kraft setzten, gab es nicht.

Es hat somit den Anschein, daß die Verschärfung der Inzestgrenze allein in das Umfeld der Königserhebung und der Italienzüge jener Jahre, mithin der speziellen Beziehungen des zum König erhobenen Pippin zum Papst gehörte, wohl nur halbherzig verkündet, daß danach aber die Inzestfrage nicht sonderlich mehr beachtet wurde. Welche Regeln nun tatsächlich praktiziert, worauf die Priester zu achten hatten und wieweit Übertretungen von den Bischöfen verfolgt wurden, ist schlechterdings unerkennbar. So sollte es die folgenden fünfzig Jahre bleiben.

Zwar verbot auch Karl der Große schon in seinem ersten überlieferten Kapitular den Inzest, aber kein überlieferter Rechtsakt dieses Königs definierte dessen Grenzen[141]. Die neue römisch-kanonische Norm wurde erst wieder – zaghaft genug – ins Spiel gebracht, als sich seit dem Jahr 798 Karls Ambitionen auf die Erneuerung des westlichen Kaisertums abzeichneten[142]. Die älteren Setzungen, der «*Libellus responsionum*» Gregors des Großen, das «Paenitentiale Theodori» und andere gleichartige Anweisungen, blieben wirksam. Die Kusinenehe (2:2) war somit rechtlich breit und gut etabliert. Wonach aber orientierten sich der König und seine Berater? Sonderlich wichtig schien ihnen die junge päpstliche Norm nicht zu sein.

Karl verlangte nun zur Durchführungskontrolle des Inzestverbots das Zusammenwirken von Bischof und Graf, wobei dem Bischof anscheinend die Rechtsprechung, dem Grafen die Zwangsmaßnahmen zur Durchführung zufielen[143]. Doch welche Grenze der König beachtet wissen wollte, ist nicht zu erkennen. Überließ er die Grenzziehung der Entscheidung den Diözesanbischöfen? Selbst als der Kaiser im Jahr 813 eine große fränkische Reichssynode an fünf verschiedenen Orten zusammentreten ließ, um die Vereinheitlichung des Kirchenrechts voranzutreiben, schwankten die Normen weiterhin zwischen dem zweiten (2:2) und vierten (4:4) Verwandtschaftsgrad. Die Inzestgrenze blieb bis tief ins 9. Jahrhundert und weit darüber hinaus eine offene Frage. Woran sollte sich der kirchliche Richter halten? Was für die Inzestnormen galt, galt für manch eine andere Norm ebenso. Von einem einheitlichen Kirchenrecht war die Karlszeit weit entfernt.

Jahrhunderte sollten ins Land ziehen, bevor die Bemühungen um ein gleiches, systematisch geordnetes Kirchenrecht zu dauerhaftem Erfolg führten. Die Verfügbarkeit des Rechts und der Normen bedeutete denn auch nicht, daß sich die Lebenspraxis daran hielt. Karl selbst übertrat die Gebote des Eherechts, als er sich von seiner legitimen langobardischen Gemahlin (*uxor* nannte sie Einhard c. 18) trennte und zu ihren Lebzeiten neuerlich freite – «ein illegitimes Beilager», wie es scharf, doch posthum Paschasius Radbertus, ein harter Kritiker Ludwigs des Frommen, verurteilte. Es geschah mit einer jedem Zeitgenossen unmittelbar erkennbaren Spitze gegen diesen Kaiser, den jüngsten Sohn aus jener kanonisch illegitimen Verbindung. Bei allem Bemühen, Einheitlichkeit des Kirchenrechts wurde nicht erreicht. Es währte tatsächlich bis ins Hochmittelalter, bevor das Kirchenrecht seine volle Wirkung entfalten konnte.

Gleichwohl, die Zunahme der Gebote zeugte von Karls und seiner Helfer wachsender Routine in der Reformpraxis, von steigendem Reformwillen und eindringlicher Reformintensität, untermalte aber zugleich die chaotisch anmutenden Zustände des Vielvölkerreiches und dessen mangelnde Einheitlichkeit. Widersprüchliche Normen sorgten für Wirren. Ordnung, Frieden, Rechtssicherheit für jedermann waren nicht gewährleistet. Die agonale Adelsgesellschaft, die auch die Kirche durchsetzte und die kein Königsgebot zu zähmen vermochte, gefährdete sie stets.

Der Frankenkönig stand vor ähnlichen Schwierigkeiten wie einst der Gotenkönig Athaulf, als er sein Reformationsprogramm verkündete. Aber er verfügte über weitaus mehr Zeit als einst der Barbar, um es ins Werk zu setzen. Die Völker waren getauft oder sollten es wie die Sachsen bald sein. Das brachte weitere Schwierigkeiten mit sich, die kein Kirchenrecht auf Anhieb zu lösen vermochte. Keine Taufe verdrängte die alten Kulte, kein Gebet die alten Praktiken; auch die «Admonitio generalis» beseitigte sie trotz aller Strafandrohung nicht. Bestenfalls vermischten sich heidnische Praktiken mit christlichen Neuerungen. Eine mehr oder weniger synkretistische Religionspraxis prägte die Volkskultur, wie sie etwa das sog. «Wessobrunner Gebet» verdeutlichen kann, das älteste erhaltene deutschsprachige Gebet aus der Zeit vor 814, benannt nach seinem Überlieferungsort, dem Kloster Wessobrunn.

Dat gafregin ih mit firahim firiuuizzo meista,
dat ero ni uuas noh ûfhimil,
noh paum nihheinîg noh pereg ni uuas,
ni suigli sterro nohheinîg noh sunna ni scein,
noh mâno ni liuhta noh der mârẹo sêo.
Dô dâr niuuiht ni uuas enteo ni uuenteo,
enti dô uuas der eino almahtîco cot,
manno miltisto, enti dâr uuârun auh manake mit inan
cootlîhhe geistâ. enti cot heilac.

(Das erfragte ich als größtes Wunder: Daß es weder Erde noch Himmel gab, weder Baum noch Berg, noch Stern, daß weder die Sonne schien noch der Mond und das Meer leuchteten. Da war nichts, kein Enden und Wenden. Da gab es den einen allmächtigen Gott, dem Menschen der mildeste, und da waren mit ihm manche göttlichen Geister und der heilige Gott.) (vgl. Abb. 3)

Vorchristliche Momente traten hervor: Gleich zu Beginn der Verse – in der Handschrift übrigens «Vom Dichter» überschrieben – eine Formel mündlicher Erzähltradition, dann Stabreim und Langzeile, Paarformel und Iteration, ein Schöpfungsmythos, der an die eddische «*Völuspa*» erinnern mag, nach Sachsen verweist, doch bairisch überformt ist, mit dem Weltschöpfer und «vielen guten Geistern» vor allem «Enden und Wenden». Diese Elemente vereinten sich mit christlichen Inhalten[144]. Wie in den Merseburger Zaubersprüchen an Phol und Wotan als frühere Heiler erinnert wurden, so wurde jetzt die Schöpfung angerufen, um – wie durch Zauber – im Beter den Glauben erstehen zu lassen. Derartiges Christentum, auch das der meisten Franken, erfüllte sich weniger in tiefer Gläubigkeit als in vorgeschriebenem Ritualvollzug und in der Beachtung zahlreicher kirchlicher Gebote und Verbote, im Gehorsam und der Unterwerfung unter die kirchliche Hierarchie und weltliche Herrschaft, im Hersagen auch von Gebetsformeln.

Gerade um sie kümmerte sich der König nachhaltig. Reinheit und Schönheit der Liturgie, ihr würdiger Vollzug, ihr Gesang, der Wohlklang der Gebete, der Schmuck der Kirchenausstattung offenbarten die Majestät und die Allmacht Gottes; sie waren Erfordernis rechter Gottesverehrung[145]. Die «Admonitio generalis» verlangte sie. Mit ihnen erneuerte sich von Mal zu Mal das Gedächtnis an Christi Erlösungstat. Karl beachtete sie, wo er nur konnte; aber das illiterate Volk verstand sie nicht. Gleichwohl: Nichts Unwürdiges, nichts Unreines sollte den Gottesdienst entweihen; Einhard (c. 26) hielt dieses Ansinnen seines Herrn ausdrücklich für die Marienkirche in Aachen fest; in der Feierlichkeit des Rituals, mit Fasten, dem Absingen der Litaneien, der Buße, unterwarf sich der Mensch der Allmacht Gottes.

Karl erbat eigens ein Exemplar der römischen Meßliturgie, ein «Sacramentarium Hadrianum», das aus einem Codex des (päpstlichen?) *Cubiculums* abgeschrieben und nach Ergänzungen (vielleicht durch Benedikt von Aniane) zum Normtext der Messe im Frankenreich wurde. Die Bitte hatte vermutlich im Jahr 784/785 Paulus Diaconus dem Papst überbracht; die Handschrift traf wohl im folgenden Jahr am Königshof ein[146]. Ihre Ordnung entsprach im wesentlichen schon der tridentinischen Messe bis zum zweiten Vaticanum mit ihren Teilen: Introitus, Kyrie eleison, Gloria, Oratio, Apostolum (die Epistel-Lesung), Graduale, Evangelium, Offertorium, Praefatio communis, Sanctus, Te igitur (Beginn des Meßkanons), Vaterunser, Pax Domini, Agnus Dei.

Drohte Gefahr, herrschte Not, so ordnete der König im Heer, im Reich, in seiner Pfalz, reichsweit Fasten an; galt es für die überstandenen Schrecken Gott zu danken, reichsweit Litaneien. Solche Kultpraxis hatte die «Admonitio generalis» nicht erwähnt. Sie ist gleichwohl gut bezeugt, etwa durch Karls Brief an seine Königin Fastrada, den er von dem ersten Feldzug gegen die Awaren im Jahr 791 an sie schickte[147]. Es ist der einzige Brief an eine seiner Gemahlinnen überhaupt, der sich erhalten hat und zwar, weil er zum Musterschreiben umgearbeitet worden war, also zu wiederholtem Gebrauch dienen sollte. Fasten und Litaneien, oft mit Prozessionen verbunden, vereinten das Volk im Gottesdienst.

An drei festgesetzten Tagen, so jenes Schreiben, sollte die Königin dafür Sorge tragen, um Gottes Barmherzigkeit zu bitten, «daß er uns Frieden und Gesundheit, Sieg und gefahrfreien Kriegszug gewähre, daß er in seiner Barmherzigkeit und Milde uns Helfer sei und Ratgeber und Schützer in allen unseren Gefahren». Wein und Fleisch dürften an diesen Tagen nur Kranke, Alte oder Kinder zu sich nehmen. Die Reichen sollten einen Schilling für Almosen geben, ärmere nach ihren Möglichkeiten. Jeder Priester solle eigens eine Messe singen, es sei denn, Krankheit hindere ihn, jeder Kleriker 50 Psalmen singen, zwischenzeitlich Litaneien anstimmen und kein Schuhwerk tragen. «Wir alle haben es so gehalten und mit Gottes Hilfe vollbracht.» Die Königin nun solle mit geeigneten Helfern dafür Sorge tragen, daß es auch bei ihr geschehe. Krieg und Herrschaft, Sieg und Gesundheit waren in Gottesdienst und Ritualvollzug eingebettet. Karl vergaß es zu keiner Zeit; auch er ging barfuß.

Sein Gottesdienst wurde sichtbar, sinnlich faßbar, Vorbild. Die Pracht der Kirchen seines Reiches sollte überwältigen. Keine Königspfalz war kostbarer ausgestattet als die großen Kirchen mit ihren Säulen, Arkaden, Apsiden, Mosaik- und Freskenschmuck, mit Altargerät aus Gold und Silber und Elfenbein. Allein Aachen, das Karl seit etwa 794/795 bevorzugt aufsuchte und seit längerem schon mit aufwendigen Bauten zur prächtigsten Pfalz seines Reiches ausbaute, machte eine Ausnahme; allenfalls Ingelheims Pfalz war ähnlich geschmückt[148]. Theodulfs von Orléans Kirche in Germigny-des-Prés, die in ihrer Anlage an das Aachener Münster erinnert haben soll, vermittelt noch heute einen Eindruck von der musivischen Ausstattungskunst damaliger Zeit.

Der König erwartete von anderen Großen seines Reiches die gleiche Fürsorge um die rechte Gottesverehrung, wie er sie selbst praktizierte. Sie äußerte sich zumal in deren Stiftungen und Fürsorge für Klöster. Bauten, Ausstattung und Liturgie verraten den Erfolg. Zahlreiche Klöster erneuerten das spätantike Ritual des «ewigen Preisgesanges auf Gott», der *laus perennis*, eines Wechselgesangs mehrerer Chöre. Die Wurzeln lagen in der griechischen Christenheit; über St-Maurice-d'Agaune, im burgundischen Wallis, an einer der wichtigsten Paßstraßen nach Italien gelegen und im frühen 6. Jahrhundert gegründet, war die Praxis früh nach Norden und ins Frankenreich eingedrungen[149]. Die königsnahe Abtei St-Denis, das Kloster St-Germain-des-Prés (Paris) oder auch Aniane (bei Montpellier), die Gründung des westgotischen Grafensohnes Witiza-Benedikt, zelebrierten es unter anderen. St-Denis war überhaupt der erste Großbau unter dem neuen Herrscherhaus; unter Karl wurde er vollendet. Ihm folgten Lorsch und St. Emmeram in Regensburg, dessen Kirche, wie man sich später erzählte, auf Befehl und mit Erlaubnis Karls errichtet wurde.

Besonders eindrucksvoll ist das Zeugnis Angilberts, der im Jahr 790 Laienabt von Centula (St-Riquier, nordwestlich von Amiens) wurde, das ihm der König damals verliehen hat. Der neue Abt erweiterte das Kloster zu einer prachtvollen Anlage für dreihundert Mönche mit sechs Türmen und einem reichen Schatz; dort stellte er seine kostbare Reliquiensammlung zur Schau: Vom Stein, von dem Christus auf das Kreuz stieg, vom Kalvarienberg, vom Stein, auf den das Blut der Seitenwunde tropfte, vom Grab des Herrn, vom Stein, der vom Grab gewälzt worden war, vom Kreuz des Herrn, von seinen Sandalen, von der Krippe, Wasser von der Taufstelle im Jordan, Erde vom Ölberg, ein Stück von der Geißelungssäule und von den Stricken, mit denen Christus gefesselt war,

32 *Das Kloster St-Riquier (Centula), Stich von Paul* PETTAU, *1612*

Tropfen von der Milch Mariens, ein Haar vom Bart des Apostels Petrus, ein Splitter vom Kreuz des Apostels Andreas und so fort und so fort, Reliquien von Märtyrern, Bekennern und Jungfrauen, zusammengetragen durch Gaben der Päpste Hadrian I. und Leo III., aus Konstantinopel und Jerusalem, aus Italien, Germanien, Aquitanien, Burgund und Gallien, auch vom Kaiserhof[150]. Wie bei den Reliquien, so führte Angilbert auch hinsichtlich der Ausstattung an Altären, Ziborien, Gerätschaften, Schmuck genauestens Buch; nur die Handschriften wurden pauschal erwähnt: zwei Evangeliare und 200 «sonstige» Bände.

Dieser Herr liebte aufwendige Inszenierungen, ließ drei Mönchschöre bilden, die sich in ewiger Prozession, kleine Heere Gottes, durch die Abteikirche und zwischen den Kirchen bewegten, durch das gesamte Klosterareal, und im Wechsel das Gotteslob verkündeten – ein erhebendes Schauspiel. Centula besaß – als Bekenntnis zur göttlichen Trinität – drei Hauptkirchen und eine Reihe von Nebenkirchen: die zentrale Basilika, dem Erlöser (Westen) und dem hl. Richarius (Osten) geweiht, eine Marien- und eine Benediktkirche, die prozessionsweise über einen Arkadengang von den Mönchen aufgesucht wurden, in ununterbrochenem Wechsel. Tag und Nacht, nach der Vesper und nach der Matutin, erklang ihr Gesang; an den kirchlichen Hochfesten wurde alles noch aufwendiger inszeniert. Das praktizierte Zeremoniell wurde anscheinend wenigstens bis ins 11. Jahrhundert beibehalten, eine Beschreibung und ein Plan der gesamten Anlage aus dieser Zeit (in Kopie des 17. Jahrhunderts) sind überliefert, obgleich von den Bauten nur noch die Hauptkirche und sie weithin aus hochgotischer Zeit steht.

Angilbert stand dem königlichen und kaiserlichen Hof tatsächlich so nahe, daß Karls Tochter Bertha diesem Herrn zwei Söhne, Hartnid und den späteren Geschichtsschreiber Nithard, schenken konnte, zwei Enkel des großen Königs. Er selbst, der Vertraute des Herrschers, galt am Hof als «Homer», der mit seinen Versen die Hofgesellschaft ergötzte. Der König besichtigte das Kloster und seine Bauten und hörte das Gotteslob, als er im Jahr 800 dort feierlich Ostern beging. Auch Alkuin folgte damals dem Hof; von ihm erbat Angilbert bei dieser Gelegenheit eine knappe Vita des Klosterheiligen Richarius, nicht ganz so schlicht wie die Wunderberichte, mit denen man sich bisher bescheiden mußte.

Alkuin kam der Bitte nach und widmete das Werk – «eures Heiles steter Freund» – dem Kaiser: «Als die Frömmigkeit eurer Erhabenheit an dem heiligen und zu Recht ehrwürdigen Ort Centula weilte, und als auch ich, der Knecht eurer Glorie, den Spuren eurer Frömmigkeit dorthin folgte und einige Zeit blieb, erbat der in Christus hohe Herr und verehrungswürdige Abt Angilbert meine Wenigkeit, ein Büchlein über den allerheiligsten und wahrhaft großen Confessor Richarius zu verfassen»[151]. Alkuins Anrede an den Kaiser, so sehr sie üblichen Epitheta der Majestät folgte, gab sich gleichwohl devoter als in seinen früheren Schriften für den König oder seinen früheren Briefen an ihn. Schrieb der hochverdiente

Mann, um einer auch sonst zu spürenden wachsenden Entfremdung vom Kaiser – *gratia Dei semper augusto* – entgegenzuwirken? Doch kam er dem Verlangen des Herrschers nach, sein Thema so darzustellen, «als wäre es ein Gegenstand für die Ohren eurer Weisheit bestimmt»[152]. In diesem Kloster traf alles zusammen: Ritual und Gebet, Reichtum und Macht, Bildung, Musik und Dichtung, Inszenierung, Anspruch und Selbstdarstellung des Klosterherrn, Ehrerbietung vor dem regierenden Kaiser und ewiges Gotteslob. Der Anstoß, den Karl gegeben hatte, begann, ausgedehnte und vielfältige Wirkungen zu zeitigen.

Ordnung ruft nach Hierarchie

Dieser Herrscher war zu gebieten gewohnt. Mit heller fester Stimme erteilte er seine Befehle. Große Worte waren seine Sache nicht, trotz attestierter Redegewandtheit: «Gut», «hervorragend», «vernünftig», «scharfsinnig», «eigentümlich». Lob und Zwischenruf, knapp und präzis die Urteile; fast stets nur ein einziges Wort und keineswegs zu den theologisch zentralen Positionen: So hielt es peinlich genau ein Schreiber am Rand des «Codex authenticus» des «Karlswerkes gegen die Synode» fest, der sog. «Libri Carolini», insgesamt 80 Einträge, 80 authentische Worte des großen Königs[153]. Offenbar wurde die Schrift, die Theodulf verfaßt hatte, ihm vorgelesen, und er segnete ihren Inhalt ab, obwohl er die theologischen Feinheiten des Textes vielleicht gar nicht verstanden hatte. Karl war eben Laie, kein Theologe. Dennoch, ohne seine ausdrückliche Zustimmung sollte der heikle Text nicht an die Öffentlichkeit gelangen. Die höchste Kontrolle in Glaubensfragen lag eben beim König.

Andere Texte wurden entsprechend behandelt. «Ich danke eurer verehrten Frömmigkeit», jetzt war es Alkuin, dessen Werk gegen Felix von Urgel dem König vorgelegt worden war, «daß ihr den Libell vor den Ohren eurer Weisheit habt vorlesen lassen, das Fehlerhafte notieren ließet und zur Korrektur zurückschicktet»[154]. Doch sollten auch Sachkenner, die Familiare des Königs, angehört werden[155]. Eine doppelte Kontrolle mithin. Bei seiner Huld, die Ratgeber – bald Theodulf, bald Alkuin – fürchteten den König und buhlten doch um sein Lob. Vorsichtig erteilte der große Alkuin seine Empfehlungen, als es um die Kaiserwürde ging. Man mußte den Mächtigen zu günstiger Zeit ansprechen, zu früh oder zu spät war von Schaden. Geduldig warteten die Großen seines Hofes, frühmorgens schon, wie es üblich war, bis er sie zu sprechen geruhte, vor dem Schlafgemach oben, im oberen Stockwerk der Pfalz, oder andernorts, bis eben der rechte Augenblick gekommen schien. Wartend trafen sie auch Verabredungen untereinander[156]. Ein wenig Angst empfand stets, wer mit ihm sprach, oder Scheu, wenn die Geschichtsschreiber über ihn berichteten. «Schrecken» sollte von ihm ausgehen, «milder Terror», wie sein Enkel Nithard präzisierte (I,1). Nur die wenigsten unterdrückten die Angst und hielten dem Allgewaltigen den Spiegel vor, mahnten ihn gar wie der Ire Cathuulf.

Karl war ein König des Ordnens und zugleich ein gläubiger Mensch. Er verlangte rational geordnetes Denken; ein solches erlaubte die Ordnung der Welt. Spätestens im Gespräch mit Alkuin und Theodulf hat Karl es erkannt. Er, der – wie Theodulf schrieb – «die Schlüssel der Kirche führte»[157], berief die Reichssynoden ein und ließ deren Beschlüsse verbreiten. Hier ertönte und entschied sein Herrscherwort. Doch handelte er nicht ohne geistliche Helfer. Am Königshof sorgte die Hofkapelle mit dem obersten Kapellan an der Spitze[158] für die Kenntnis des alten und neuen Kirchenrechts und eindringliche Beratung. Der Erzkapellan (wie er später hieß) koordinierte die Maßnahmen, beriet den Herrscher über die Reformziele, über die Erfordernisse der neu zu etablierenden Wissenskultur, über die Einrichtung der Schulen und die Minimalanforderungen an das kirchliche Wissen, vermutlich auch über die kirchliche Personalpolitik. Gleichwohl, es waren Karls Entscheidungen, die lenkend und ordnend in die Kirche eingriffen und deren Handeln kontrollierten.

Dringend geboten war zur Stärkung des Glaubens im Volk die Stabilisierung der Raumerfassung durch die Kirche[159]. Die Kooperation von König und Papst repräsentierte nur die oberste Ebene und sicherte nicht die Religionspraxis noch der untersten sozialen

Schichten. Wie eine logische «Division» ließ sich die Kirchenordnung begreifen: Von den königlichen Synoden über Erzbistümer, Bistümer bis hinab zu den Pfarrkirchen des Volkes. Jede Instanz besaß ihre Aufgaben, gleichsam ihr Proprium, und ihre Besonderheiten. Ein Bischofssitz durfte nur in einer «Stadt» (*civitas*) errichtet werden und verlangte weitere kirchliche Einrichtungen wie etwa Kloster oder Stift. Sie lagen in der Obhut des Bischofs. Der Pfarrkirche waren die Zehnten zugeordnet. Die Erneuerung der hierarchischen Ordnung der Kirche war damit aufs engste mit der Raumordnung des gesamten Reiches und mit dem Komplex der Urbanisierung, etwa den Stadt-Land-Beziehungen, verbunden. Sie betrafen nicht zuletzt ökonomische Organisationsfragen und setzten Grenzziehungen voraus, eben von Kirchenprovinz, Bistum, Pfarrkirche und Gerichtsbezirk. Innerhalb der einstigen römischen Reichsgrenzen ließ sich an spätantike Verhältnisse anknüpfen; in den Regionen östlich des Rheins mußte erst ein städtisches Leben initiiert werden.

Der König ernannte unter Berücksichtigung adeliger Ansprüche Erzbischöfe, Bischöfe und die Äbte der ihm tradierten Klöster. Sie reisten zu den Synoden, die Karl abhalten ließ. Die Langobarden und Iren, der Angelsachse Alkuin und der Gote Theodulf, die herausragenden Theologen am Königshof, gehörten wohl nicht der Hofkapelle an. Auch Einfluß auf die Personalpolitik werden sie, die Fremden, kaum besessen haben. So erging ihr Rat frei von familiären Bindungen. Unklar blieb, wie sie und Ihresgleichen in die Hofgesellschaft integriert wurden. Für Alkuin ist bezeugt, daß Karl eigens darum bat, ihn zu der Synode von Frankfurt im Jahr 794 hinzuziehen zu dürfen (c. 56); auch andere dürften von Fall zu Fall in gleicher Weise beteiligt worden sein. Wissen und Können der Fremden empfahl sie dem König, der sie tatsächlich mit einträglichen Ämtern – Klöstern und Stiften, gelegentlich auch mit einem Bistum – ausstattete.

Karl begann das Erneuerungswerk beim Gottesdienst, bei den Kirchen. Sie waren Teil seines Herrschaftssystems. Die hierarchische Ordnung der Kirche und die Kirchendisziplin, die Lebensführung der Geistlichen und das Grundwissen zur religiösen Erziehung des Volkes standen zunächst im Mittelpunkt; theologische Fragen traten einstweilen zurück. Karl bediente sich ihrer und konnte und durfte es, weil er sie alle, Klerus und Klöster, zugleich groß und mächtig machte. Er vertraute dafür ihrer Heilsvermittlung, ihrem Gebet.

Maßnahmen werden ergriffen

Viele kirchliche Rechtsnormen waren in den Stürmen der Zeit in Vergessenheit geraten und schienen kaum mehr zu gelten. Sie mußten erneuert werden. Die Kirchen profitierten unmittelbar von der nun wieder auflebenden Wissenskultur. Ihre Ordnung erfolgte nach spätantiken Mustern, wie sie Rechtssammlungen und historische Traditionen zu erkennen gaben. Mustertexte wie die «Dionysio-Hadriana», die Karl 774 in Rom erbeten hatte, die Regula s. Benedicti aus Montecassino oder die Predigtsammlung des Paulus Diaconus wurden in Karls Hofbibliothek verwahrt, um dort abgeschrieben zu werden. Sie konnten den einzuschlagenden Weg weisen. Der König gründete zwar keine Klöster, aber er ließ Bistümer errichten, Kirchenprovinzen festsetzen, wie sie die antiken Vorbilder nahelegten. Bis zur Pflege und Erneuerung der Kirchengebäude konnte Karls Fürsorge reichen; und selbstverständlich schritt er gegen streunende Kleriker ein[160]. Überhaupt, er drängte auf die Erneuerung der Kirche nach den Maßgaben der christlichen Väter, auf die Durchsetzung ihrer Normen.

Rechte Gottesverehrung sollte sich im Volk verbreiten. Sie forderte Gerechtigkeit und Frieden, wie Karl wieder und wieder verkünden ließ. Wann jeweils die einzelnen Maßnahmen ergriffen wurden, wie sie tatsächlich umgesetzt wurden, verbirgt sich, von wenigen Ausnahmen abgesehen, hinter dem Schweigen detaillierter Überlieferung. Nur einzelne Dokumente wie das Kapitular von Herstal (779), die «Admonitio generalis» (789) oder das Kapitular von Frankfurt (794) ragten in der Königszeit heraus. Zunehmend verbreiteten sich Bußbücher; und auch das römische Recht besaß für die Kirchenordnung – neben den Sammlungen des Kirchenrechts – einige Bedeutung; und selbstverständlich galten Normen des «Deuteronomium» auch für Christen. Gelegentlich erhaltene Bischofskapitularien – wie etwa aus Theodulfs Orléans – eröffnen nur vereinzelte Einblicke in diese oder jene Diözese. Die tatsächlichen Verhältnisse vor Ort sind kaum zu erkennen.

Ohne Gerechtigkeit aber herrschte kein Frieden. Gerade die Not des Volkes, Hunger und Armut, riefen nach ihr. Karl ergriff ungewohnte Maßnahmen: Münzreform und Preisedikt. Sogar das Geld sollte dem Frieden dienen. Die Reform, die Karl auf der Synode von Frankfurt im Jahr 794 verkünden ließ, sollte tatsächlich für Jahrhunderte maßgeblich werden[161]. Die neuen Denare (Pfennige) brachen mit der antiken Tradition; sie wurden schwerer als bislang. Sie sollten aber allenthalben gleichermaßen im Reich umlaufen; in der Tat setzten sie sich mit der Zeit durch. «Tragen sie unseren (Karls) Namen», so hieß es in Frankfurt, «und sind sie von reinem Silber und gutem Gewicht, und verweigert irgendjemand irgendwo bei irgendeinem Kaufgeschäft ihre Annahme, dann soll er» die gebotene Buße zahlen. Zwölf dieser Denare oder Pfennige ergaben einen Schilling, der eine reine Recheneinheit blieb. Das Gewicht des neuen Denars wurde auf etwa 1,7 g Silber fein festgelegt, wie sich aus zahlreichen Münzfunden ergibt; zuvor war der Pfennig um ca. 0,4 g leichter. Auf dieser Basis ließen sich reichsweit auch die regionalen Maße in feste Relation zum königlichen Standardmaß und ließen sich überhaupt ‹Naturalien› in Relation zueinander bringen. So sollte in Sachsen ein einjähriger Ochse so viel ‹kosten›, wie sonst drei Scheffel Weizen, nämlich 12 Denare oder einen Schilling. Die Relation von Silber zu Gold betrug 1:12.

Die Münzreform sollte nicht zuletzt einer gegenwärtigen und jeder künftigen Hungersnot entgegenwirken. Sie brachte das Schüttgewicht der wichtigsten Getreidesorten über das Geld in Relation zueinander und regelte Höchstpreise. Niemand dürfe – weder in Zeiten der Fülle noch in solchen der Not – das Getreide teurer verkaufen als jetzt für den Scheffel festgesetzt werde. Zwölf Weizenbrote zu je zwei Pfund sollten aus dem Scheffel gebacken und zu einem Pfennig verkauft werden, fünfzehn Roggenbrote, zwanzig Gerstenbrote, fünfundzwanzig Haferbrote. Der Verkauf aus der königlichen Grundherrschaft sollte etwa zu einem Drittel billiger erfolgen. Doch sollte nur das auf den Markt gelangen, was nicht für den internen Verbrauch der Grundherrschaft benötigt wurde. «Niemand soll dort Hungers sterben» – «Geiz und Habsucht sollen unterdrückt» und noch einmal: «Habsucht und Gier sollen zertreten» (c. 34), Wirtschaftsordnung und christliches Liebes- und Glaubensgebot sollten in Übereinstimmung gebracht werden.

Auch das Klosterwesen erheischte Aufmerksamkeit. Zwar wurde es in den beiden Kapitularien von 779 und 789 kaum erwähnt, aber doch nicht völlig ausgeklammert. Die in Frankfurt Versammelten mußten sich ihm ausführlicher zuwenden: «Mönche dürfen», so schärfte die dortige Synode ein, «weder zu weltlichen Rechtsgeschäften noch zu Gerichtssitzungen ihr Kloster verlassen, es sei denn so, wie es die Regel des hl. Benedikt vorschreibt» (c. 11). «Niemand darf Einsiedler werden ohne die Zustimmung des zuständigen Bischofs und Abtes» (c. 12). «Der Abt soll gemäß der Regel des hl. Benedikt gemeinsam bei seinen Mönchen schlafen» (c. 13). «Wir hörten, daß manche Äbte aus Habsucht Geld von den ins Kloster Eintretenden verlangen»; es wurde strengstens untersagt (c. 16). Der Abt solle, wo es der König verlange, nur mit Zustimmung des zuständigen Bischofs gewählt werden (c. 17). Kein Abt dürfe einen seiner Mönche aus welchem Grund auch immer blenden oder verstümmeln, vielmehr nur in Übereinstimmung mit der Regel strafen (c. 18). Der Besuch von Wirtshäusern war nicht nur den Mönchen, sondern jedem Kleriker untersagt (c. 19).

Eine spezielle Klosterordnung wurde unter Karl freilich nicht erlassen, obgleich die Klöster mit dem Gebetsgedenken eine zentrale Aufgabe frühmittelalterlicher Religiosität zu erfüllen hatten und erste Gebetsbünde wie jener von Attigny[162], dem der König übrigens nicht angehörte, Bischöfe und Äbte gleichermaßen vereinten. Die überlieferten Privilegien Karls verdeutlichen, wie nachdrücklich er die Klöster förderte und schützte.

Doch kursierten zahlreiche widersprüchliche Regelungen. Sie riefen nach Klärung. So widersetzte sich manch ein Kloster der Diözesangewalt des an sich zuständigen Bischofs. Wieweit unterlagen die Klöster also tatsächlich auch ohne spezielles Exemtionsprivileg der Gewalt des Diözesanbischofs? Manche Lockerung hatte sich in die Gewohnheiten eingeschlichen. Die Frage scheint nicht abschließend behandelt worden zu sein. Zwar verlangte die Frankfurter Synode von 794 (c. 17) unter dem Vorsitz des Königs, daß der Bischof der Ernennung eines Abtes durch den König zustimmen müsse, tendierte also zu einer Festigung der bischöflichen Gewalt[163]. Doch durchgesetzt hat sich diese Forderung anscheinend nicht, jedenfalls nicht unter Karl, und es blieb bei einem Nebeneinander divergierender Gewohnheiten.

Gleichwohl wünschte der König ein der Regel gemäßes Klosterleben, ohne zunächst – wie es scheint – eine bestimmte Regel zu erwarten oder zu verlangen. Das Kapitular von Herstal (779) und die «Admonitio generalis» (789) appellierten nur allgemein an ein regelgerechtes Leben der Mönche[164]. Die Regelabschrift, die der König im Jahr 787 bei dem Abt Theodemar von Montecassino bestellt hatte und die von jenem Exemplar genommen werden sollte, das (angeblich) der hl. Benedikt mit eigener Hand geschrieben hatte[165], mochte einen Wandel nahelegen. Es war die einzige Mönchsregel, deren Kenntnis sich am Königshof nachweisen ließ. In Frankfurt war ausschließlich von der Benedikt-Regel die Rede.

Der König dürstete offenkundig nach Authentizität. Indes, die Fassung der Regel, die damals Montecassino verdankt wurde, mithin die Fassung, die dann in Karls Aachen einzusehen war, hat sich tatsächlich nicht behauptet. Sie zeichnete sich durch ein eigentümliches Vulgärlatein aus, an dem mit der Zeit mehr und mehr und immer besser geschulte Mönche Anstoß nahmen. Vielmehr setzte sich eine sprachlich glattere Fassung durch. Diese, der sog. Textus receptus, verbreitete sich tatsächlich rasch und allgemein[166]. Doch erst nach Karls Kaiserkrönung begann die Regula s. Benedicti in der karolingischen Rechtssetzung anderen Regeln vorgezogen zu werden. Das interne Leben der Mönche sollte sich nun in Karls Reich vor allem an ihr orientieren. Es geschah freilich nicht überall in der nämlichen Weise und nicht überall gleichzeitig.

Erst unter Ludwig dem Frommen wurde die Benediktregel endgültig zur Normregel des Mönchtums. Dafür hatte Ludwigs geistlicher Berater, der hl. Benedikt von Aniane, «der zweite Benedikt», gerade nicht auf das Aachener Musterexemplar aus Montecassino mit seinem teilweise verwilderten Latein zurückgegriffen, sondern auf seine eigenen Studien. Sie eben mündeten in den allgemein rezipierten und sprachlich glatten Text der Regel. Auch verlangte der Abt von Aniane und in seinem Gefolge dann Kaiser Ludwig die Beachtung anderer Gewohnheiten in der Umsetzung der Regel in das tatsächliche Leben der Mönche, als sie sonst verbreitet waren.

Die Früchte dieser karlischen Erneuerungsaktionen lassen sich bald beobachten. Synoden und Kapitularien offenbarten seit den späteren 780er Jahre eine neue Zielstrebigkeit und Weite in den Maßnahmen des Königs. Grundlegende Rechts- und Ordnungsfragen wurden aufgegriffen, wenn auch nicht in einem in sich geschlossenen, in einem ‹apparativen› Ganzen abschließend zur Vollendung gebracht. Zu ungewohnt war systemisches Institutionsdenken. Ein viel zu komplexes Aufgabenbündel stand zur Bewältigung an. Es mangelte nicht zuletzt, trotz wachsender dialektischer Schulung, an zureichenden konzeptionellen Kategorien zur umfassenden Analyse und Differenzierung kirchlicher, sozialer und herrschaftlicher Lebenswelten. Was zur Verfügung stand, bewegte sich vorwiegend auf personaler Ebene. Immerhin, unter Karl wird ein Ordnungsbemühen sichtbar, das weit über frühere Ansätze hinausführte. Es hat als eigene Initiative des Königs zu gelten und barg für die Zukunft beträchtliche Modernisierungspotentiale.

Widerstände und Gefahren zeigten sich bald. Bemerkenswert früh setzten Karls Appelle zur Friedenswahrung ein. Sie richteten sich gerade auch an die Adresse der großen Kirchen, so als lebten diese untereinander in immer wieder aufflackernden Konflikten. Offenbar zeichnete Bischöfe, Äbte, den ganzen Weltklerus und Mönchsstand dieselbe agonale Konkurrenz aus, die auch den Laienadel in Spannung hielt. Bereits die «Admonitio generalis» von 789 verbreitete einen solchen Appell: «Daß Friede, Eintracht und Einmütigkeit mit dem ganzen Christenvolk herrsche unter Bischöfen, Äbten, Grafen, Verwaltern (*iudices*) und unter allen, wo immer anzutreffenden, großen und kleinen Leuten» (c. 62); noch Karls letzte Erlasse wiederholten ihn. Die königsnahen Großen sollten den Frieden im Reich vorleben, die allgemeine Vereidigung des Volkes sollte ihn sichern[167].

Bei so offenkundiger Konfliktbereitschaft bedurfte es dringend des Kirchenschutzes. Karl gewährte ihn. Derselbe hatte Rechtswahrung zum Inhalt, nicht etwa ein Eingreifen mit Waffengewalt. Dafür waren die betroffenen Kirchen, zumal die Bischofskirchen, selbst zuständig. Denn sie alle verfügten über Vasallen und bewaffnete Leute. Geschützt wurde vielmehr, soweit ein Konflikt weltliche Angelegenheiten betraf, der Gerichtsstand der Kirchen vor dem König, dazu deren innere Ordnung in geistlichem und besitzrechtlichem Sinne. Die Durchsetzung ihres Rechts oblag wiederum den Kirchen selbst. Karl, der Kriegskönig, hat – von Rom abgesehen – für keine Kirche zu den Waffen gegriffen. Er begnügte sich mit der Gnadenfülle seiner Privilegien.

Die Klöster und kirchlichen Stifte bewahrten tatsächlich trotz erheblicher Verluste das Gros der urkundlichen Überlieferung. Sie unterschieden sich nach zwei Gruppen, in Königsstifte und -klöster und in adelige oder bischöfliche Stiftungen. Letztere konnten spezielle königliche Schutz- und Immunitätsprivilegien erhalten. Die Immunität sollte verhindern, daß ‹öffentliche›, nämlich königliche Amtsträger, auch Grafen, den Besitz des Immunitätsherrn beträten. Die Aufgaben der internen Gerichtsbarkeit und des Strafvollzugs lagen allein in dessen Hand. Das Verbot sollte nicht zuletzt dem Frieden dienen. Nur die «Missi dominici» waren von jenem Verbot ausgenommen. Die Königsklöster, gleichgültig ob Gründungen der Königsfamilie wie etwa Prüm oder Echternach, dem Herrscher tradierte wie beispielsweise Lorsch oder von ihm konfiszierte Monasterien wie jene in Baiern nach Tassilos Sturz, erhielten den königlichen Schutz. Er war geradezu Ausdruck der Herrschaft. Friedenssicherung und Herrschaft griffen dabei ineinander. Der Stifter und seine Erben genossen das Gebetsgedenken der Mönche und Chorherren. Doch der Herr, also der König, setzte die Äbte ein, forderte als Gegenleistung für große und reiche materielle Ausstattung Dienste für den König und Abgaben an ihn, das *Servitium regis*, und überhaupt die Beteiligung an den königlichen Herrschaftsaufgaben.

Das alles verlangte eine stete Kontrolle des Kirchengutes sowohl der Klöster als auch der Stifte und Bistümer und seiner wirtschaftlichen Nutzung durch den König. Zwei Maßnahmen lassen sich erkennen. Karl scheint die Ordnung und Erfassung des Kirchenbesitzes nach «Hufen» (*hobae*) nahegelegt oder angeordnet zu haben, nämlich nach Betriebseinheiten (*mansus*), mithin eine ‹Verhufung› der kirchlichen Grundherrschaften in großem Stil nach dem Muster des Königsgutes. Sie läßt sich als zweigliedrige ‹Produktionsordnung› charakterisieren, in der abhängige Betriebseinheiten unterschiedlichen Rechts und unterschiedlicher Leistungskraft von dem in Eigenregie des Grundherrn bewirtschafteten Land unterschieden wurden. Vollständig realisiert wurde derartiger Schematismus freilich nicht[168]. Doch sandte Karl Königsboten aus, um an Ort und Stelle entsprechende Besitzaufnahmen zu tätigen.

Ein Hinweis darauf hat sich für das Kloster Fontenelle (St-Wandrille, Normandie) erhalten; er betraf das Jahr 787: «Dies ist die Summe der Besitzungen dieses Klosters, die auf Befehl des unbesiegbaren Königs Karl aufgenommen wurde von dem Abt Landricus von Jumièges und dem Grafen Richard im 20. Jahr seines Königtums, dem Jahr des Todes des Abtes Wido. Zunächst das, was zum persönlichen Gebrauch der Mönche und zu ihrem Unterhalt zu gehören scheint: 1326 ungeteilte Mansen, 238 halbe Mansen, 18 Handwerksmansen, zusammen 1569 (sic!), unbewirtschaftet 158 Mansen, 39 Mühlen. Verliehen sind: 2120 ungeteilte Mansen, 40 halbierte, 235 Handwerksmansen, zusammen 2395, unbewirtschaftet 156; sie haben 24 Mühlen. Die Gesamtsumme ... beträgt 4264 (sic!) Mansen, abgesehen von jenen, die der Laie(nabt) Wido zur Nutznießung Königsleuten oder anderen zugewiesen hat»[169]. Der Anteil der Mönche, knapp zwei Fünftel des ausgegebenen Klostergutes, durfte von fremder Seite nicht angetastet werden; die größere zweite Hälfte des Besitzes stand dem Abt zur Verfügung, gerade auch, um den Königsdienst erfüllen zu können. Bei Streit entschied der König.

Die Hufen selbst waren nicht gleichgewichtig. Eine «freie Hufe» (*m. ingenualis*) hatte höhere Abgaben an den Grundherrn zu entrichten als eine Knechtshufe (*m. servilis*), die dafür aber zu den

Frondiensten – in der Regel drei Tage in der Woche – verpflichtet war. Die personale Rechtsstellung der Hufeninhaber war davon grundsätzlich nicht betroffen. Ein unfreier Knecht konnte eine «freie Hufe» bewirtschaften und umgekehrt. Neben diesem an abhängige Bauern ausgegeben Besitz bewirtschaftete der Grundherr einen großen Teil, oftmals die Hälfte seines Landes, in Eigenregie durch unfreie und ohne Eigenbesitz arbeitende Manzipien. Durch derartige Verhufung ließ sich, das war der zweite Nutzen, den die Verhufung dem König einbringen konnte, eine Übersicht über den Gesamtbestand einer kirchlichen Grundherrschaft gewinnen, die in Form von Urbaren aufgezeichnet wurde. Solche Verzeichnisse ließen Leistungsfähigkeit und Organisation, auch und nicht zuletzt die wirtschaftliche Leistungskraft für das Königtum, das *Servitium regis*, ermessen. Vielleicht wurde die Verhufung gerade deshalb angestrebt.

Bischöfe, sogar weltliche Große (sog. Laienäbte) konnten die Abtswürde übernehmen, ohne daß das Kloster damit aus der königlichen Verfügungsmacht ausschied. Es geschah in der Regel als Gegenleistung für die dem König zu leistenden Dienste. So verfügte der Erzkapellan Angilram, Erzbischof von Metz, zugleich über die Klöster Senones und St-Trond, nach der Einbindung Baierns in Karls Herrschaft noch über Chiemsee. Sein Nachfolger als oberster Kapellan, der Erzbischof Hildebald von Köln, besaß das Stift St. Cassius und Florentius in Koblenz und in Baiern das Kloster Mondsee[170]. Der Bischof Theodulf von Orléans verfügte über mehrere Klöster, darunter St-Benoît sur Loire (Fleury), das sich rühmte, die echten Reliquien des hl. Benedikt von Nursia zu besitzen, sein Gegenspieler, der Diakon Alkuin, neben dem Stift Tours auch die Abteien Ferrières und Sankt Lupus in Troyes[171]. Laienabt war der genannte Wido von St-Wandrille. Auch der dem König und seiner Tochter Bertha vertraute Angilbert von St-Riquier (Centula) war weder Kleriker noch Mönch. Er diente Karl gerade auch als Gesandter nach Rom. Karls Biograph Einhard, ein Laie, besaß – vielleicht erst nach Karls Tod und vielleicht auch nicht alle gleichzeitig – mehrere Abteien von Gent bis Pavia[172].

Der König wies nicht nur den Bischöfen, sondern auch den Königsklöstern wichtige Funktionen in seinem Herrschaftssystem zu.

Die Geistlichen dienten auf eigene Kosten als Königsboten. Die Äbte der großen Klöster und Bischöfe hatten Kriegsdienst zu leisten, auch Aufgaben der militärischen Grenzsicherung, *wactae*, «Wachen», zu erfüllen. Der Bischof Theodulf von Orléans stöhnte ob dieser Pflicht. Vor allem aber hatten Mönche sich für die Mission bereitzuhalten. Zahlreiche Klöster wurden als rückwärtige Missionsstationen eingesetzt. Sie boten, wessen es dafür bedurfte: personelle und materielle Ressourcen, das nötige Wissen und Können, für die wiederum die Klosterschulen Voraussetzungen schufen, auch Verwaltungserfahrung. Noch einmal sei Corbie erwähnt, das – wie Fulda – für Sachsen bedeutsam wurde. Denn das erste herausragende sächsische Kloster, Corvey an der Weser, «Neu Corbie» (*Nova Corbeia*), wurde, wie sein Name verrät, von Corbie aus gegründet und zwar unter dem Abbatiat Adalhards im Zusammenwirken mit dessen Bruder Wala, dem Sohn einer Sächsin, wenn auch erst nach Karls Tod und der Rehabilitierung seiner beiden Vettern durch seinen Sohn Ludwig (822). Die Gründung aber dürfte Karls Intentionen entsprochen haben[173].

Auch Prälaten streiten

Kein Friedensgebot, kein Kirchenschutz verhinderte freilich den Streit der Herren. Der höhere Klerus gebärdete sich nicht weniger konfliktbereit als der Laienadel, aus dessen Reihen seine Vertreter in der Regel kamen. Dissens über Kirchenordnungen und Klostergewohnheiten, über Rechte, Status und Königsnähe war an der Tagesordnung. Ein Alkuin etwa wurde aus Erfahrung weise: «Viel Neid und Unredlichkeit unter den Menschen! Zahlreich sind die Freunde am Tisch, selten in der Not». Schlicht und wahrheitsgemäß, so riet der Angelsachse einem nach Italien ziehenden Schüler, sei dein Sinn. Aus solchem Gehorsam erwüchse göttliche Segnung, andernfalls drohe Verderben. Petrus und Judas, beide Apostel des Herrn, waren doch gegensätzlichen Verdienstes. Petrus wurde zum Fürstentum der Apostel erhöht, Judas dem Fürsten der Dämonen ausgeliefert[174]. Ein schmaler Grad schied gut und böse. So Alkuins bittere Einsicht.

Doch wie sollte Frieden im Reich einziehen, wenn die Großen allen Gefahren des Jenseits zum Trotz untereinander stritten? Konkurrenz- und Besitzneid, das Buhlen um Herrschergnade führten ständig zu Konflikten zwischen Grafen und anderen, auch und gerade zwischen den Prälaten. Berüchtigt war die häßliche Konkurrenz der beiden herausragenden Fremden am Königs- oder Kaiserhof, Alkuins von Tours und Theodulfs von Orléans[175]. Ihr Konflikt zog sich über Jahre hin. Sie wetteiferten um des Königs Gunst. Sogar Verse konnten zu Waffen werden. So dichteten sie um die Wette eine Grabschrift für den Papst Hadrian, Karls «Freund»[176]. Wessen Metren sollten an Sankt Peter in Rom verewigt werden? Damals trug Alkuin den Sieg davon.

Karl hatte entschieden, aber die Animosität der beiden Literaten wuchs. Theodulf stichelte in böser Ironie: Da sah man Alkuin an der königlichen Tafel sitzen, «mit Mund und Hand», gierig nach den königlichen Speisen angeln. *Aut si, Bacche, tui, aut Cerealis pocla liquoris / Porgere praecipiat, fors et utrumque volet ... / Quo melius doceat, melius sua fistula cantet...* («Wenn er (Alkuin) dann befehlen sollte, her die Becher für deinen, Bacchus, und für Ceres Saft (d. h. für Bier), dann sollten sie wohl beide fliegen. Wie könnte er süßer lehren, wie süßer seine Flöte aufspielen lassen?» *Este procul pultes, et lactis massa coacti, / Sed pigmentati sis prope mensa cibi* («Weg mit dem Brei und der gekochten Milch, auf den Tisch mit dem würzigen Fleisch!»)[177]. Zahnlos vielleicht der greise Angelsachse. Gleich den Iren tollkühn geworden vom Alkohol? Häßlich der Spott des Goten.

Auch im Wettstreit um die «ganze» Bibel, der Sammlung aller biblischen Bücher in einer einzigen Ausgabe, hatte Alkuin einen Erfolg errungen. Obgleich Theodulfs elegantem kleinen Codex und kritischem Bibeltext die ferne Zukunft gehören sollte, so trug doch fürs erste der schwere Foliant der alkuinischen Redaktion den Sieg davon[178]. Bald wuchs sich der Streit der beiden so bedeutenden Männer zu einem handfesten Skandal aus. Im Jahr 802, zwei Jahre vor Alkuins Tod, war ein in Orléans straffällig gewordener Kleriker dem Kerker entwischt und in der berechtigten Annahme, dort freundliche Aufnahme zu finden, zu Alkuin geflüchtet, um Asyl in der Martinskirche zu suchen. Der Mann habe dort Rekonziliation gefordert und das Gericht des Königs angerufen.

Theodulf schickte Bewaffnete nach Tours, der dortige Erzbischof schaltete sich ein, es kam zu Unruhen. Vor Karl sollte nun geklärt werden , so wünschte der Angelsachse über seine Vertrauten am Königshof zu erreichen, ob es recht sei, daß der Angeklagte gewaltsam aus der Kirche zum weiteren Strafvollzug entführt werden dürfe. Karls Antwort war deutlich und unfreundlich. Er schalt Alkuin, den verdienten Gelehrten, und die Kanoniker von Tours, daß sie befehlswidrig den Übeltäter nicht sogleich wieder nach Orléans ausgeliefert hätten; sie sollten es schleunigst nachholen. «Ihm soll er zurückgeschickt werden, vor dem er angeklagt war, der ihn verurteilt und ins Gefängnis geworfen hat, aus dessen Kerker er geflohen war». Die Kleriker und Mönche aber, die sich dem kaiserlichen Befehl widersetzt hätten, sollten sich nun selbst vor ihm, Karl, verantworten[179]. Was der Schuldige getan hatte, wurde nicht referiert. Es war unerheblich. Es galt vielmehr abzuwägen zwischen dem kirchlichen Asylrecht und der ordentlichen Jurisdiktion des Diözesanbischofs. Karl entschied sich für die kirchliche Hierarchie. Ordnung ging vor Asyl.

Derartige Konkurrenz unter Klerikern konnte auch für den König oder Kaiser gefährlich werden. Der Zusammenhalt des Reiches sah sich durch sie gefährdet, wie sich später unter Ludwig dem Frommen tatsächlich zeigen sollte.

Nicht minder bedrohlich konnte ein Streit zwischen Äbten ausarten. Denn zumindest die großen Klöster hatten nicht nur für den Frieden und das Seelenheil ihrer Stifter und den König zu beten, sie waren ja zugleich große Grundherren, mußten Truppen stellen; ihre Äbte zogen mit in den Krieg und beteiligten sich an den Beratungen am Königshof. Dissens unter ihnen übertrug sich auf die Entscheidungen des Königs, der Synoden und Hoftage. Streit konnte über Besitz- und Personalfragen, auch im Dissens über divergierende Gewohnheiten, die unterschiedlichen Observanzen, ausbrechen, wie das praktische Leben nach der Regula s. Benedicti zu verwirklichen sei.

Über dies letzte gerieten Adalhard von Corbie und Benedikt von

Aniane auf der Aachener Synode im November 802 aneinander. Der erste stand Karl dem Großen nahe, war mittlerweile einer seiner wichtigsten Berater, der zweite diente dem Kaisersohn Ludwig gerade auch in dessen Königszeit in Aquitanien und war als strenger Reformer aquitanischer Klöster hervorgetreten. Karls Vetter habe den Kaiser gegen Benedikt aufgestachelt, Deposition und Exil sei diesem angedroht worden. Doch Karl habe Benedikt im Amt bestätigt, ihm den Friedenskuß erteilt, mit eigener Hand den Becher voll Wein gereicht. Auch der gotische Grafensohn besaß mit dem Markgrafen Wilhelm von Gellone, einem der erfolgreichsten Heerführer Karls, einen starken Fürsprecher bei Hof[180].

Beider Streit verrät, daß auch die Klöster eingeschlossen waren in die agonale, von Konkurrenzkämpfen zerfurchte Gesellschaft der Epoche. Konflikte unter ihnen mußten sich auf diese übertragen. Karl konnte es nicht immer durch besonnenes Handeln verhindern. So endete der Streit zwischen Adalhard und Benedikt fürs erste glimpflich. Nach des Kaisers Tod allerdings brach er verheerender aus als je zuvor, trieb Adalhard in jahrelange Verbannung, seinen Bruder Wala ins Kloster, ihren Neffen Bernhard, Karls Enkel, in den Tod, das ganze Reich an den Rand des Abgrunds.

Die beiden Äbte hatten sich über den Gewohnheiten zerstritten, denen die Klöster folgen sollten, etwa über der Frage, nach welcher Probezeit ein Novize die Profeß ablegen, die Tonsur erlangen und als Mönch eingekleidet werden dürfe. Der Abt von Aniane verlangte gemäß der Regula s. Benedicti ein Jahr, sein Kollege aus Corbie plädierte für eine unbestimmt kürzere Zeit, vielleicht nur für zwei Monate[181]. Auch die Speiseordnung des pikardischen Klosters, daß etwa Arme oder Fremde im Unterschied zu reichen Adeligen gemeinsam mit den Mönchen speisen durften, entsprach nicht den Vorstellungen des Westgoten von einer Klausur. Adalhard dinierte mit hochgestellten Gästen separat, im Abtshaus. Aus Angst vor Strafe entlaufene, dann aber ins Kloster zurückgekehrte Mönche sollten – anders als sonst – unter Adalhard ihre Buße erst ableisten, bevor sie einen Platz unter den Mönchen wieder einnehmen durften. Die Durchsetzung der Disziplin erinnert in ihrer Rigorosität an Karls eben erwähnte Entscheidung gegen Alkuin. Ei-

I Christus im Psalter Tassilos III. von Baiern, entstanden im Kloster Mondsee vor 788, heute in Montpellier Ms. H409 (zu S. 191)

II und III Godescalc-Evangelistar, Hofschule Karls des Großen, 781/83, Lebensbrunnen und Perikope für die Weihnachtsvigil (Paris, Bibl. nat., nouv, acq. lat. 1203) (zu S. 172 und S. 419)

TAFEL II

CVM ESSET
TA·MATER
IOSEPH
CONVENIR
HABENS
IOSEPH AV
CVM ESSET

TAFEL III

IV Krönungsevangeliar, Hofschule Karls des Großen, noch vor 800, der Evangelist Johannes (Wien, Weltl. Schatzkammer, Inv. XIII 18) (zu S. 415)

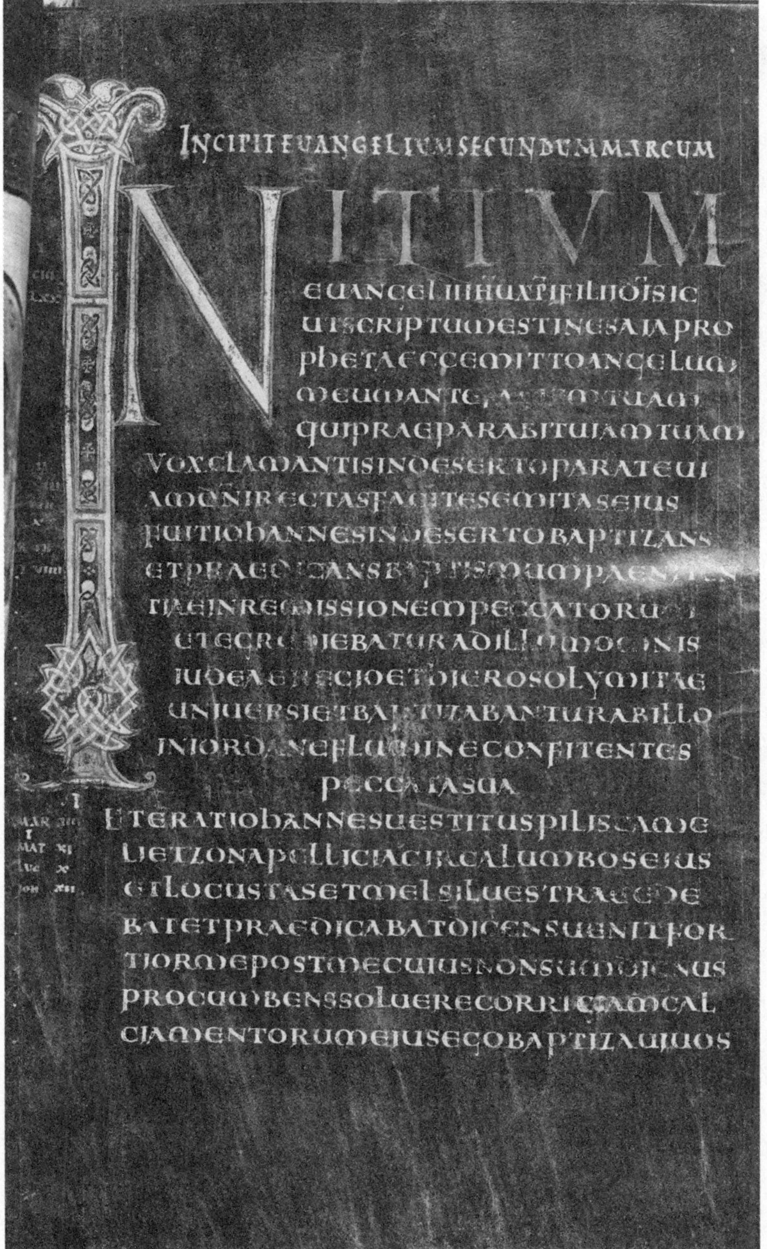

INCIPIT EUANGELIUM SECUNDUM MARCUM

INITIUM

V Krönungsevangeliar, Textseite mit dem Beginn des Markus-Evangeliums (zu S. 415)

VI «Goldener Psalter von Sankt Gallen», Hausbau (St. Gallen, Stiftsbibliothek Cod. 22) (zu S. 214)

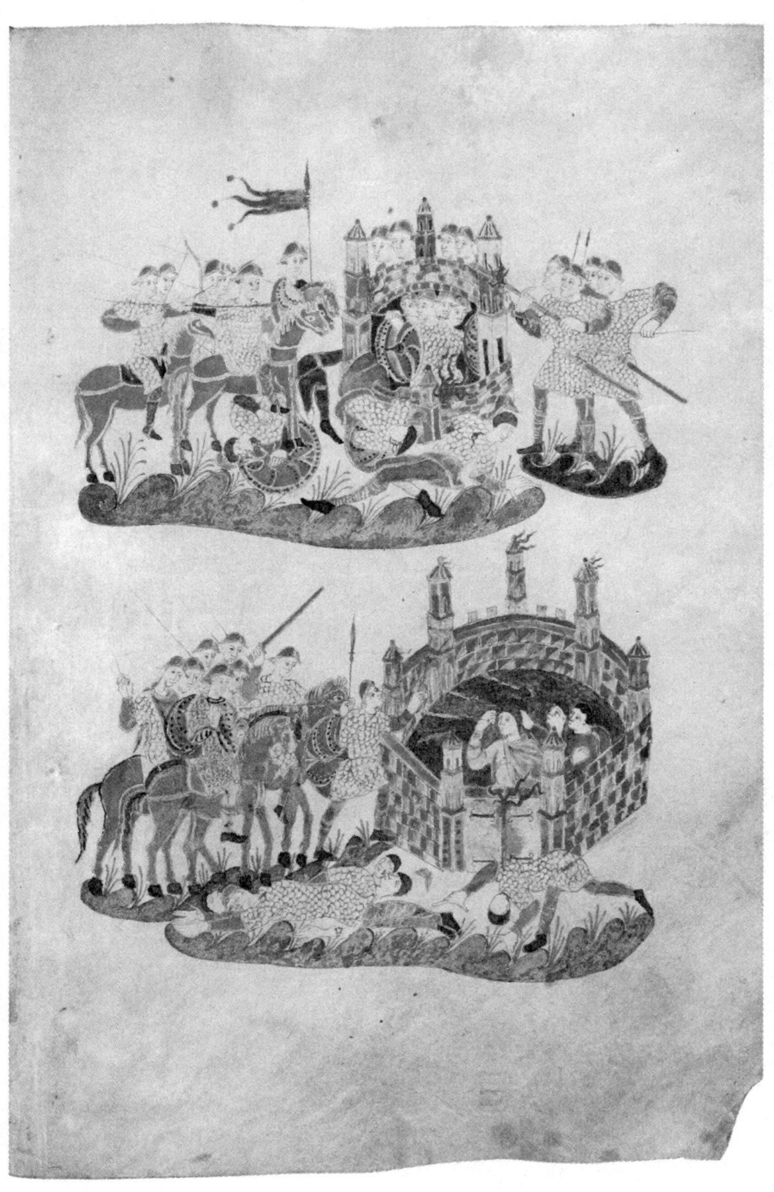

VII «Goldener Psalter von Sankt Gallen», Krieger und Belagerung einer Stadt (zu S. 152 und S. 218)

VIII Papstpalast und Campus Lateranensis nach Maarten van Heemskerck (1533/36), Berlin, Stiftung Preußischer Kulturbesitz, Kupferstichkabinett (zu S. 135, S. 142–143 und S. 409)

nige zusätzliche Differenzen dieser Art heizten die Kontroverse noch weiter an. Dabei zog Karls Vetter die Geltung der Regula s. Benedicti nicht in Zweifel, sondern verlangte größere Eigenständigkeit der Klöster, was hieß: der Äbte, hinsichtlich der Art und Weise, wie die Regel verwirklicht werden sollte. Die exegetischen Differenzen und die unterschiedlichen Gewohnheiten, für die sich beide Äbte je stark machten, dürften nicht zuletzt stellvertretend für andere Konflikte gestanden haben, für die agonale Konkurrenz nämlich zweier hochadeliger Verwandtschaftsverbände, die um Macht und Einfluß stritten.

Karl ließ damals auf der Synode in Aachen, die in je einer Teilsynode für Weltklerus und Mönche tagte, zur Klärung die kanonischen Satzungen, päpstliche Dekrete und die Regula s. Benedicti verlesen. In der Hofbibliothek befand sich ja jene Handschrift derselben, die Karl seinerzeit aus Montecassino erhalten hatte, und die für eine Abschrift des eigenhändig von dem Mönchsvater geschriebenen Codex authenticus galt[182]. Was gegen die Regel geschehen sei, sollte ihr gemäß korrigiert werden, so wurde geboten. Die Chronik von Moissac wußte – wohl durch Benedikt instruiert – sogar, daß der Kaiser befohlen habe, im ganzen Reich das Officium nach dem Muster der römischen Kirche, in den Klöstern, die nach der Benediktregel lebten, nach deren Vorschrift zu singen[183].

Der Doppelkonflikt – Alkuin gegen Theodulf und Adalhard gegen Benedikt – je unter Beteiligung von dem Kaiser nahestehenden Vertrauten verrät, wie Karl seine Kirchenherrschaft praktizierte. Der Rechtsnorm der bischöflichen Disziplinargewalt gegen die eigenen Kleriker gab er den Vorrang vor dem Recht einer fremden Kirche. So stärkte der Kaiser die Ordnungsmacht bischöflicher Jurisdiktionsgewalt. Doch verstand Karl nicht minder, die antagonistischen Kräfte der Adelsgesellschaft seiner Zeit zu zügeln. Benedikt von Aniane wurde durch eine huldvolle Geste vor der Demütigung bewahrt, während die öffentliche Lesung und Bekräftigung der Benediktregel – wenn sie denn so geschah, wie der Annalist behauptete – ihm entgegenkam, ohne Adalhards Position wirklich zu schmälern oder gar entscheidend zu schwächen. Karl nutzte in beiden Fällen die Konkurrenz seiner Großen, um seine Herrschaft zu festigen. Bald spielte er die Leute gegeneinander aus, ohne ihre Loyalität zu gefährden, bald besänftigte er sie, ohne dezidiert Partei zu ergreifen.

Was sich in den Weiten des Reiches abspielte, es konzentrierte und bündelte sich am Königshof. Um so dringlicher waren der Friedensruf, das Verlangen nach Eintracht, nach Liebe, die bald jedes Jahr von den Synoden und Reichsversammlungen ihren Ausgang nahmen. Selbst und gerade am Hof agierten Neid und Konkurrenz der Großen und prallten heftig aufeinander; dort mußten sie sich mit des Königs engster Familie arrangieren, mit den Verwandten der Königin, den Getreuen der Königssöhne; dort wurden die Ämter und Ehren, die Gaben verteilt; dort war Rechenschaft abzulegen und dort auch wurde Gericht gehalten; dort eben herrschte nur allzuoft ein wechselseitiges, konfliktbereites Mißtrauen.

Die Lehren der «Väter» sollten gleichwohl zum Maßstab für König, Klerus, weltliche Große und Volk gereichen. Zumal die Lektüre der «*Civitas Dei*» des hl. Augustinus mit den eindringlichen Mahnungen zu Gerechtigkeit und Frieden klang immer wieder in den Kapitularien, ersten Fürstenspiegeln und anderen zeitgenössischen Schriften an. Was wären denn Königreiche ohne Gerechtigkeit anderes als große Räuberbanden! Gerechtigkeit aber beschränkte sich nicht auf abstrakte Theorien. Sie spürte der Wechselwirkung von Leben, Handeln, Wissen und Glauben nach und verlangte die Verantwortung des Herrschers für dieselben, eines Herrschers, der «seine Macht zur Ausweitung der Gottesverehrung (*Dei cultum*) und sie als Seiner Majestät Dienerin (*famulam*) einsetzte», der «Gott fürchtete, liebte und verehrte»[184]. Selbstverständlich war solche Praxis damals nicht. Aber sie bändigte, wo sie zum Wert erhoben wurde, wenn auch ohne sie zu beseitigen, Willkür und Gewalt.

Oft genug werden die Gegner trotz derartiger Intentionen zornig, verärgert, auf Rache sinnend ihre Quartiere oder Häuser aufgesucht haben, wenn sie vom König Urlaub erhielten. Manch einer von ihnen besaß in der Tat – wie vermutlich schon damals Einhard – sein eigenes Anwesen im Pfalzort Aachen[185]. Es lohnte sich, da Karl mit zunehmendem Alter immer seltener den Ort bei den warmen Quellen verließ und seine Ratgeber immer häufiger dort zu erscheinen hatten. Aachen wurde die Pfalz schlechthin, für den König und für seine Großen. Dort trafen diese einander, tauschten ihre Erfahrungen aus und planten gemeinsames Tun. Dort mußte tatsächlich Frieden gehalten werden.

VII

DER KÖNIGSHOF

I

Verwandte und Freunde

Karl lag im Bad, wie er es so gerne tat. Er war ein paar Züge geschwommen, jetzt lehnte er am Beckenrand. Er war nicht allein, viele Hofleute badeten mit ihm. Er winkte Alkuin zu sich. «Verehrter Meister Alkuin, Gott hat euch wieder zu uns gebracht. Erlaubt, daß ich euch Fragen stelle. Ihr habt einmal gesagt, ich erinnere mich, ...» Ein Lehrgespräch entspann sich damals, im Jahr 796/797, das der Angelsachse später ausarbeiten wird. Karl liebte die ausgelassene Stimmung, die Geselligkeit beim Bad und das gelehrte Gespräch. Überhaupt, er liebte das warme Wasser, das hier aus der Erde quoll. Er liebte den Ort, der ihm solche Freude bereitete, wie man nur einen Ort lieben konnte, Aachen, das sanft geschwungene Tal, in dem die Pfalz lag, das milde Klima übers Jahr, die günstige Lage inmitten der Hausgüter seiner Familie, die ergiebigen Jagdreviere in der Nähe, die Möglichkeiten zur Pferdezucht. So oft er konnte, weilte er hier. Gichtgeplagt suchte er Linderung im warmen Wasser, entspannte sich badend von der Jagd, vom Krieg und den langen Ritten und pflegte Gespräche.

Das warme Wasser tat ihm gut. Seine Söhne, seine Höflinge und Freunde, seine Leibwache: alle badeten mit. Der König lud sie eigens zu diesem Vergnügen ein. Über einhundert Leute sollen sich da gelegentlich getummelt haben. Beim Schwimmen war Karl ihr aller Meister. Es muß ein Heidenspektakel gewesen sein. Einhard, der kleine Mann, der es berichtete (c. 22), dürfte hin und wieder am Badespaß teilgenommen haben; vielleicht hänselte man ihn da wegen seiner kurzen Glieder. Von den Töchtern des Königs oder den Damen des Hofes war keine Rede. Badeten sie nicht? Gab es einen eigenen Frauenbadetag? Ein spezielles Frauenbad? Ob die Prinzessinnen heimliche Blicke zu den Badenden warfen? Wie immer, Karl hatte seine Freude am Bad.

Alkuin erinnerte sich, seinem Herrn «im warmen Bad frischen Wassers» biblische Zahlensymbolik erläutert zu haben. Der Lehrer schrieb es mahnend einem anderen Schüler, der Zeuge gewesen sei[1]. Es war Politikberatung beim Königsbad. Regierte Karl vom Wasser aus? Ließ er sich auch sonst im Dampf der warmen Quellen die wichtigsten Meldungen seiner Vertrauten vortragen? Entschied er, vom Wasser umschmeichelt, über Recht und Unrecht, Krieg und Frieden, die Schicksale seiner Völker? Lauschte er, wohlig im Wasser liegend, den Sängern (von Sängerinnen war wiederum keine Rede) und erfreute er sich eben dort des höfischen Rollenspiels, das ihn zu David erklärte? Auch der erste David, der König mit dem Saitenspiel, blickte vom Dach seines Palastes in ein Bad, wo er sich an der schönen Batseba beim Baden ergötzte, sich in sie verliebte und damit dem Unheil seinen Lauf gab (2Sam11). Der neue David sah sich vor; aber auch er liebte schöne Frauen, Bad und Verse.

Surge, meo domno dulces fac, fistula, versus
David amat versus, surge et fac, fistula, versus![2]
«Auf denn, Flöte, meinem Herrn dichte süße Verse,
David liebt Verse, auf denn Flöte, dichte Verse!»

Karls Freunde durften teilhaben am höfischen Vergnügen. Eine Hommage aus der Ferne an den Hof in Versen war der Dank. Eine versteckte Hommage auch an Karls Tochter Bertha, «aller Musengesänge wert». Wer könnte in diesen drei Worten eine Liebeserklärung entdecken? Jedes weitere Wort unterblieb. Keine persönliche, keine vertrauliche Geste für die ferne Geliebte, die dem Dichter Angilbert, bei Hof Homer genannt, zwei Söhne gebären sollte. Am Bade hätte sie ohnehin nicht teilnehmen dürfen; und vom Baden handelte auch kein Lied. Der Herrscherpreis, das erhabene Leben am Hof, erstarrte in ritualisiertem Ton. Alles Intime, alles Alltägliche, alle Lebensnähe schienen wie verbannt.

So viele Gedichte für den Hof entstanden, dort wohl auch vorgetragen wurden, kein einziger Vers, der dem Pergament anvertraut wurde, galt der Freundschaft, der Liebe gar, den Neigungen, die im Innersten verändern und Mann und Frau aneinander binden konnten. Sie schlummerten noch in ferner Zukunft. Da half auch das anmaßendste Pseudonym nicht weiter. Wie anders verhielt es sich doch an den Höfen in Córdoba und Bagdad, wo Verse mit Dichternennung nicht nur verbreitet waren, sondern gerade auch die Emotionen einfingen und die Liebe besangen. Höfische Panegyrik erklang für Karl gepaart mit Beweisen erneuerter Bildung. Angilberts Hexameter indessen mündeten in Gotteslob. «David liebt Christus, Christus ist die Glorie Davids» (*David amat Christum, Christus est gloria David*). Karl erwartete auch in der panegyrischen Dichtung den Reflex seiner Gottesfurcht, so wie er sich im Bad über die religiöse Symbolik der Zahlen informierte.

Aber nicht nur. Am Hof herrschte tatsächlich ein eigentümlich erotisches und homoerotisches Treiben. David – das war ja nicht nur der Sieger über Goliath, der Held und König, der Eroberer Jerusalems, der Einiger der Reiche, der Stammvater Jesu; das war nicht nur der König mit dem Saitenspiel, das war der Sünder, der sich mit Batseba ergötzte und ihren Gemahl in den Tod schickte, der Schuldbeladene. Zählte man, so fanden sich in den biblischen Büchern acht Frauen genannt, mit denen der König Umgang pflegte, nicht anders als Karl, der sich sogar zweier ‹Kebsweiber› mehr erfreute (Einhard c. 18). Der mächtige Herrscher der Franken als neuer David – das vereinte Lob und heimliche Kritik, Sagbares und Unsagbares, den großen ruhmreichen König mit dem Verführer der Frauen, dem Buße und Strafe drohte, dessen Sohn sich gegen ihn erhob, und der den Tempel nicht errichten durfte. Unter dem Preis des fränkischen David lauerten auch Angst und Sorge ...

Karl also liebte die Frauen und seine Töchter; und diese liebten das Leben. Der König hatte fünf Ehefrauen, die er nacheinander zu sich nahm, und die wenigstens zeitweise für legitim galten: Himiltrud, die namentlich nicht genannte Tochter des Langobardenkönigs Desiderius, Hildegard, Fastrada und zuletzt Liutgard. Nach deren Tod am 4. Juni 800 habe er sich mit Konkubinen begnügt, so hielt Einhard fest. Der Biograph (c. 18) nannte vier mit Namen; er kannte sie wohl persönlich, während er von einer fünften, die wohl vor seiner Zeit am Hof des Königs Gunst genossen hatte, nur noch als der Mutter Hruodhaids wußte.

Karls emotionales Verhältnis zu seinen Gemahlinnen verbirgt sich hinter dürftigsten Informationen. Eigens besungen wurde keine, kaum daß Theodulf in seiner großen Hofdichtung aus dem Jahr 796 (carm. 25) Liutgard – *virago* nannte er sie, nicht «regina» – einige Verse (83–90) widmete. Freigiebig, milde, freundlich, bemüht zu lernen (sie war offenbar recht jung), von angeborener Begabung (*ingenuae artes mentis*) – so schilderte er sie[3]. Von romantischer Liebe war da nirgends die Rede und nichts zu spüren. Von Maitressen neben den Ehen verlautete kein Wort. Gab es sie nicht? War Einhard unzureichend informiert[4]? Jede Ehe wurde nach Opportunitätsgesichtspunkten eingegangen. Die Erwählten sollten die Anhängerschaft des Königs und sein Machtpotential vergrößern und festigen; sie sollten Gefolgschaft bringen. Jede neue Ehe veränderte somit ein wenig die Hofgesellschaft und die Herrschaftsverhältnisse.

Karl teilte mit diesen Frauen das Lager. Ob er eine von ihnen liebte? Ob eine einzige ihn liebte – liebte in jener den Menschen verwandelnden Weise? Ob er dergleichen erwartete? Wir erfahren nichts darüber, müssen es eher bezweifeln. Selbst die postumen Anreden «geliebteste», «süßeste Gattin», die sich in der Dotationsurkunde für das Kloster Sankt Arnulf in Metz, dem Begräbnisort Hildegards, finden, der dritten Gemahlin, der ersten, die später für legitim galt, obwohl auch sie in kirchenrechtlichem Sinn es nicht war, diese ritualisierten Worte verraten nichts. Lieb und süß, *cara* und *dulcis*, waren höfische Attribute, nicht Momente persönlich-gefühlsbetonter Sprache[5]. Selbst die besorgte Nachfrage nach Fastradas, seiner «geliebten und sehr liebenswerten Gemahlin», Gesundheit verliert ihren ‹privaten› Charakter, da in gleicher Weise wie der Königin und «über sie» auch «unseren süßesten Töchtern und unseren übrigen Getreuen, die bei dir sind», «liebeerfüllte Gesundheit» gewünscht wurde[6]. Subjektiv-emotionale Bindungen in der Hofgesellschaft verschwanden hinter den objektiven Verpflichtungen christlicher Gatten- oder Freundesliebe. Sie bleiben uns –

abgesehen von den Auswirkungen der Eifersucht und des gegenseitigen Neids der Paladine – mehr oder weniger verborgen. Kein lateinisches, kein althochdeutsches Liebeslied dieser Epoche erklingt. Gab es sie, hielt man das Pergament ihrer nicht wert. Die Sprache der Liturgie und des Gebets, die Sprache der Vernunft, die Sprache des Rühmens wurden bei Hofe gepflegt und geübt, nicht aber die Sprache menschlicher Liebe.

Der König erkor seine Frauen, ohne das kirchliche Eherecht zu respektieren, nach dem Kalkül der Macht; er verstieß sie, wenn es opportun erschien und die Umstände es gestatteten. Sie starben keineswegs immer vorzeitig; die erste, Himiltrud, die Mutter seines ältesten Sohnes Pippin, dürfte noch gelebt haben, als er sich mit der zweiten, der Tochter des Langobardenkönigs Desiderius, vermählte, derer er nach einem Jahr überdrüssig wurde und die er – eine Kriegserklärung – zu ihrem Vater zurückschickte, um die dritte zu sich zu nehmen; Himiltrud könnte sogar diese letzte, Hildegard, überlebt haben. Allein sie, Hildegard, und ihre Nachfolgerin Fastrada starben, bevor Karl die jeweils nächste in sein Haus holte. Ob bei deren Eheschluß die langobardische Prinzessin in irgendeinem fränkischen Kloster noch lebte und für die neue Königin zu beten hatte?

Der Herr bedurfte der Hausfrau; ohne sie fehlte seinem Hof die institutionelle Mitte. Aus Kapitularien, den königlichen Erlassen, und aus Hinkmars Schrift über die Pfalzordnung ist bekannt, welch hohe Stellung die Königin dort einnahm und welche Kompetenzfülle ihr etwa in der Wirtschaftsführung des gesamten Königsgutes zufloß. Auch an den Höfen des «Reichsadels» besaß die Gattin als Hausherrin herausragende Kompetenzen. Karl setzte ausdrücklich fest: «Was wir oder die Königin unseren Hofverwaltern (*iudices*) gebieten, sollen sie bis zu dem Termin (*placitum*) durchführen, der dafür bestimmt wurde. Sie sollten solange keinen Wein trinken, bis sie vor uns oder der Königin erschienen», verlangte das *Capitulare de villis*[7].

Der König teilte hier mit seiner Gemahlin die Gewalt im Haus. Erst seit der Kaiserkrönung blieb Karl ohne Hausfrau und begnügte sich mit Mätressen. Einhard kannte sie namentlich. Wer dann die erste Dame des Hofes war und die Domänenverwaltung kontrollierte, entzieht sich dem heutigen Historiker. Vielleicht hatte Karls Schwester Gisela, vielleicht seine am Hof lebende Kusine Gundrada, Adalhards Schwester, vielleicht auch eine seiner Töchter die Rolle der Hausfrau übernommen. Geruhsam war diese Aufgabe nicht. Die Königin zog – sogar, wenn sie hochschwanger war – mit ihrem Gemahl durch die Lande; die Töchter reisten mit, während die Söhne schon in jungen Jahren für Herrschaftsaufgaben jenseits des Hofes herangezogen wurden.

Mit dem Einfluß der Königin auf die Politik ist stets zu rechnen. Rang und Status ihrer Sippe schlugen sich in ihm nieder, doch wird er nur selten faßbar. Karls Mutter Bertrada griff wiederholt mit mehr oder weniger Erfolg in die Entscheidungen ihrer beiden Söhne ein. Auch Karls Gemahlinnen sprachen mit. Eine bemerkenswerte Würdigung fand die Königin Hildegard aus der Familie der alemannischen Herzöge (gest. 783) in ihrem Epitaph, dessen Verse Paulus Diaconus komponierte. Sie sei als einzige würdig gewesen, die goldenen Zepter mehrfacher Königsherrschaft in Händen zu führen: *Tu sola inventa es, fueris quae digna tenere / Multiplicis regni aurea sceptra manu*[8]. Der Langobarde überwand damit die übliche Panegyrik. Die Königin, die Zepter führte, regierte auch irgendwie oder sollte und durfte es doch. Ihre Nachfolgerin an Karls Seite, die Königin Fastrada, wird schwerlich geringere Rechte in Anspruch genommen und weniger Zepter in Händen gehalten haben. Im Gegenteil, für sie sind einzelne Auftragserteilungen durch den Gemahl bekannt, die sie mit Herrschaftsaufgaben betrauten[9]. Sie scheint erhebliche Macht ausgeübt zu haben, was auf eine einflußreiche, heute freilich unbekannte Verwandtschaft schließen läßt.

Mit ihrem Namen verband sich ein unvergeßlicher Skandal in Karls engster Familie. Er hatte sich im Jahr 792 zugetragen und wurde noch Jahrzehnte später erinnert. Die «Grausamkeit» der Königin Fastrada habe damals den ältesten Karlssohn Pippin, der einen Buckel gehabt haben soll, in den Aufstand getrieben. Die Hintergründe dieser «Verschwörung» werden nicht recht deutlich. Noch 780 galt dieser Pippin für den hofnahen Lorscher Annalisten als legitimer und das hieß erbberechtigter Sohn des Königs[10]. Die

Revolte sah eine einflußreiche Gruppe «junger und alter Franken» mit diesem Pippin im Bunde.

Der von dem Geschichtsschreiber gezogene biblische Vergleich des aufständischen Prinzen mit Abimelech (Jud. 8–9) läßt an die Verwandten und Brüder seiner Mutter Himiltrud als Helfer des rebellischen Königssohnes denken[11]. In Freising, mithin in dem eben erst dem Karlsreich unterworfenen Baiern, gedachte man tatsächlich des jungen Mannes noch kurz vor dem Aufstand, um 791/792, als *rex Pippinus*[12]. War der unglückliche Pippin damals, nach dem Sturz der Agilolfinger, als Nebenkönig in Baiern vorgesehen? Oder sollte er einen Anteil an der «Francia», dem Kernland des Karlsreiches, erhalten? Widersetzte sich die aus dem Ostteil des Frankenreiches stammende Fastrada – die «grausame» – vielleicht in der eitlen Hoffnung auf einen eigenen Sohn – einem solchen Plan? Sie wäre die einzige Stiefmutter, die so handelte, nicht.

Auszuschließen ist es keinesfalls. Doch Details sind unbekannt. Die «Grausamkeit» der Königin habe Karls sonstige Milde verleitet; so nahm der betagte Einhard knapp drei Jahrzehnte nach dem Geschehen und in einer Zeit wachsender Spannungen unter den Karolingern seinen Helden in Schutz (c. 20). Der aufständische Pippin war bald überwältigt, wurde zwangsweise zum Mönch geschoren und nach Prüm ins Kloster gesteckt; er starb 18 Jahre später. Nie habe sich der König sonst zu Grausamkeiten hinreißen lassen. Karls Biograph, ein Ostfranke, mochte diese Frau aus Ostfranken nicht. Freilich, Fastrada war schon im Jahr 794 gestorben, in Mainz begraben worden; sie hatte keinem Sohn das Leben geschenkt und Einhard ihr vermutlich nichts zu verdanken. Doch genügte persönliche Animosität, um die Feder zur Königinnenschelte zu spitzen? War die Tote überhaupt das Ziel dieser Schelte?

Die Geschichte nämlich schien sich eben zu wiederholen. Verschwörung, Mordgedanken, Bürgerkrieg unter den Franken, provozierende Grausamkeit einer Stiefmutter gegen den Sohn einer früheren Frau des eigenen Gemahls – das war die Konstellation auch der Jahre vor 830, als Einhard seine Federn wetzte, um seine Karls-Biographie als Mahnung an die Adresse des Kaiserhofes zu schicken, an dem die schöne Judith den Gemahl zur Benachteiligung ihrer Stiefsöhne drängte. Einhard ahnte die Folgen und warnte mit einem am Hof wohlbekannten historischen Exempel vor ihnen. Er sollte recht behalten. Aufstand und Bürgerkrieg ließen auch jetzt nicht lange auf sich warten; wieder erhoben sich Söhne gegen den Vater, läuteten jetzt aber mit ihrer Rebellion das Ende des Karlsreiches ein. Einhard zog sich enttäuscht vom Hof zurück.

Fastradas «Grausamkeit» wurde – wie alle wußten – durch ihren baldigen Tod gebändigt. Den Mut zur Schelte freilich durfte Karls Biograph nur aufbringen, weil Fastrada nicht die Mutter des regierenden Kaisers war, und erst lange nachdem ihr Gemahl, der große Karl, das Zeitliche gesegnet hatte. Schon den früheren Aufstand des Thüringers Hardrad soll Fastradas Grausamkeit verursacht haben. Er war – wie erwähnt – im Jahr 786, wenige Jahre nach ihrem Eheschluß, ausgebrochen[13]. Seine Hintergründe erscheinen noch rätselhafter als des jungen Pippin Revolte gegen den Vater. Doch soviel steht fest: Adelsherren und Königssöhne führten kein beschauliches Leben; allenthalben lagen Fallstricke und lauerten Gefahren: und Königinnen entschieden über deren Geschick.

Karls Söhne wurden teilweise schon im Kindesalter in eigene Königsherrschaften gesandt und dort fern vom Vater und seinem Hof erzogen. In nächster Nähe des Vaters blieben zunächst der ältere Pippin, den ihm Himiltrud geboren hatte und von dem es – wie gesagt – später hieß, er sei bucklig, was hieß herrschaftsuntauglich gewesen, und der Zweitgeborene, der älteste Sohn der Königin Hildegard, der des Königs eigenen Namen trug. Von diesem Pippin war schon die Rede. Der junge Karl aber wurde ermahnt und gewarnt in einigen als Lobgedicht getarnten satirischen Versen Theodulfs von Orléans[14]. Der Bischof griff, Alkuin karikierend, die zweite Ekloge Vergils auf, die der Liebe des Hirten Corydon zu dem schönen Knaben Alexis galt. Der Prinz blies nun die Flöte Corydons, umwarb den Geliebten – *Ah Mochanaz, Mochanaz* – umwarb ihn in Theodulfs Ironie mit Gerste, Salz, Heu, bunten Kleidern. *Mochanaz* aber war dem Arabischen *muhannat* entlehnt, dem Westgoten offenbar vertraut, und meinte den Sodomiten, im christlichen Kontext den Geliebten im homoerotischen Verhältnis. Er darf vielleicht mit Osulf, einem Schüler Alkuins, identifiziert werden, den der Lehrer schon seiner «knabenhaften Befleckungen» wegen getadelt hatte[15], und der am Hof des älteren und im Gefolge des jungen Karl begegnete[16].

Homoerotische Verbindungen also im engsten Umfeld des Königssohnes (diesen mit eingeschlossen) und des Königshofes in Aachen. Die Sache war offenkundig; alle wußten Bescheid, auch über jenen Schüler Alkuins. Der in amourösen Affären freilich höchst großzügige Vater nahm, wie es scheint, daran keinen Anstoß. Oder sorgte er sich um die zu befürchtende Erbenlosigkeit seines Ältesten und gab deshalb Theodulfs Verse in Auftrag? Wie immer, homoerotische Erfahrungen waren diesem Hof neben aller Freundschaft unter Gelehrten nicht fremd. Alkuin selbst, der geschätzte Kleriker, könnte aus Erfahrung gesprochen haben. Schwärmerisch schrieb er seinem Freund, dem Bischof Arn von Salzburg, zu Ende des Jahres 790: «Oh, könnte ich doch den Nacken eurer Lieblichkeit mit den Fingern meiner Sehnsucht kosen. ... wie würde ich mit zusammengedrückten Lippen nicht nur Augen, Ohren, Mund, sondern jeden Finger der Hände, jede Zehe der Füße nicht einmal, sondern oftmals küssen»[17].

Fern vom väterlichen Hof wurden der jüngere Pippin, dem Italien als Königreich, und sein Bruder Ludwig erzogen, dem Aquitanien zugewiesen wurde. Pippin residierte zumeist in Verona, von wo aus er leicht über die Alpen ziehen konnte; Ludwig hatte zwischen vier Pfalzen jährlich zu wechseln. Schon im Kindes- und Knabenalter mußten beide als Könige hervortreten. Karls Vetter Adalhard von Corbie begleitete Pippin über die Alpen und stand ihm dort wie später sein Bruder Wala für einige Zeit zur Seite, Ludwig fand in dem Grafensohn aus gotischer Familie Benedikt, dem Abt von Aniane, dem Erneuerer der Benediktregel und Gegenspieler Adalhards, einen einflußreichen Helfer. Niemand konnte ahnen, daß damit künftige Konflikte im Anzug waren.

Elternliebe wuchs in solcher Atmosphäre nicht, viel eher Elternfurcht. Ludwigs jahrzehntelange Abwesenheit vom väterlichen Hof, allenfalls zum ‹Rapport› noch einbestellt, hat ihn tatsächlich dem für Amouren aufgeschlossenen Vater entfremdet. Karl seinerseits mied Aquitanien, das Land südlich der Loire und zumal den äußersten Süden Galliens, nach 778. Die regionalen Adelskräfte scheinen sich nach dem Königshof des jungen Ludwig orientiert zu haben, auch wenn diese Bindung nicht recht deutlich wird[18]. Die beiden Lebensbeschreibungen des Karlssohnes übergehen mehr oder weniger vollständig die Frühzeit ihres Helden, und andere Zeugnisse stehen – von wenigen Urkunden und verstreuten Nachrichten abgesehen – nicht zur Verfügung. Eine Art aquitanisches ‹Landesbewußtsein› war gleichwohl mit diesem Königtum im Entstehen, das sich im Verlauf des 9. Jahrhunderts deutlicher artikulieren sollte. Es war, soweit erkennbar, nicht auf die Person des Königs, sondern auf die Institution des dortigen Königshofes fixiert.

Die drei jüngsten Söhne Hugo, Drogo und Theoderich, die Karl erst nach dem Jahr 800 geboren wurden, blieben bis zu seinem Tod an seinem Hof. Auch ihr mißtrauischer Bruder Ludwig mit dem irritierenden Beinamen «der Fromme» ließ sie, Kaiser geworden, zunächst am Hof erziehen und machte sie zu seinen «Tischgenossen», wie sein Neffe Nithard meldete (I,2). Doch nach nur knapp drei Jahren wurden die Knaben aus Sorge vor Unruhen nach dem gewaltsamen Tod Bernhards von Italien – unfreiwillig – zu Klerikern geschoren, um sie für alle Zeit von potentiellen Thronkämpfen auszuschließen[19]. Ein Ludwig der Grausame?

Wenigstens sieben Töchter des Königs wuchsen heran – die Hofgesellschaft neckende, lebenslustige «gekrönte Täubchen». Alkuin warnte einen jungen Kleriker vor ihnen: «Liebster Sohn, möge dein Leben tadelsfrei vor Gott und den Menschen bleiben – soweit es geht. Mögen sie dein Fenster verschonen, die durch die Kammern der Pfalz flattern und – wie wilde Rosse – die Tür deiner Kammer einrennen. Kümmere dich nicht um tanzende Bären, sondern um psalmodierende Kleriker»[20]. Neuankömmlinge wurden offenbar, so Alkuins Erfahrung, mit erotisch interessierten Blicken gemustert. Zur nämlichen Zeit mahnte der Tourser Abt Gundrada, die am Hof lebende und den Schleier tragende Schwester Adalhards von Corbie, den dortigen Jungfrauen, was hieß den Königstöchtern, ein Vorbild an Keuschheit zu sein, daß sie so edel im Betragen, wie sie edel durch ihre Eltern seien, daß sie sich nicht fleischlichen Wonnen hingäben, vielmehr der Lehre Christi, daß sie

Buße leisteten für frühere Sünden und künftige mieden. Gott höre auch, was im Stillen gesprochen werde[21]. Die mahnende Bitte schien dringend erforderlich. Hatte Gundrada nach dem Tod der Königin Liutgard die Mutterrolle für die blutjungen Mädchen übernommen? Es half alles nichts. Die Prinzessinnen wurden schwanger, eine nach der anderen, auch ohne angetrauten Gemahl.

In der Tat, diese Töchter, so reizend, so jung und lebenslustig, daß Karl sie seit jener gescheiterten Verlobung Rothruds mit Konstantin VI. keinem Fremden und keinem eigenen Großen zur Gemahlin geben, sondern sie stets um sich herum wissen wollte; sie bereiteten ihm eben deshalb widriges Mißgeschick. Einhard, der es andeutete (c. 19), wurde nicht genauer. Doch sein vornehmster Leser, der Kaiser Ludwig, wußte, wovon der Paladin sprach. Zwei dieser Täubchen gebaren Knaben, die eine, Bertha, von dem Laienabt Angilbert, der Mitglied der Hofkapelle war und vielleicht niedere Weihen besaß[22], die andere, Rothrud, von dem Grafen Rorico; wohl ein dritter Liebhaber, ein gewisser Hodoin, wurde im Jahr 814 erschlagen, als der neue Kaiser Ludwig den Hof seines Vaters reformierte, ein vermutlich vierter geblendet; ein fünfter hieß möglicherweise Richwin, war der Vater eines weiteren Karlsenkels namens Richbod und einer der Getreuen, die Karls Testament unterzeichneten[23]. Alle diese jungen Damen hatten somit, zu ihren Jahren gekommen, ihre Liebhaber; der Vater muß es geduldet haben, er sperrte sie nicht ein[24]. Karls Hof war fromm und erotisch zugleich, gelehrt und überaus menschlich. Nach dem Maß der eigenen Seele?

2

Das königliche Herrschaftszentrum

Der Königshof vereinte keineswegs bloß die Königsfamilie. Er war die Zentrale der Herrschaft und zunächst nicht ortsfest. An ihm versammelte sich, wer an der Königsherrschaft irgendwie par-

33 Modell der Aachener Königspfalz

tizipieren durfte. Hier tauschten sie sich aus. Gerüchte, Informationen und Wissen verbreiteten sich von hier aus, Intrigen wurden gesponnen. Von Zeit zu Zeit sah man sie alle, Petrus Pisanus, Paulus Diaconus, die Alkuin, Theodulf, Hildebald, Adalhard, Arn, Einhard, den jungen Hraban und wie sie alle hießen – würdige Geistliche und weltliche Große, gelegentlich freilich nur mit einem Unterkleid oder einem Lendentuch bekleidet im Bad. «Gerechter ist er als sie alle und mächtiger. Er zeichnet Herzöge und Grafen aus mit großer Huld» – so dichtete ein anonymer Epiker am Königshof[25]. Theodulf ließ die Herren und Damen im Jahr 796 in mehr oder weniger hierarchischer Ordnung auftreten: Erst den König, seine Söhne und Töchter, dann seine Gemahlin, dann den Kämmerer Meginfrid, den Erzbischof Hildebald, Alkuin, den Erzbischof Riculf, den Kanzler Ercambald, auch der auf seinen kurzen Beinchen ameisengleich umherwuselnde Einhard hörte sich erwähnt, verspottet wurde der *Scotulus* (Andreas), schließlich bedachte der Dichter den Seneschalk Audulf und den Mundschenk Eppinus mit einigen Versen[26]. Alt und jung, gepriesen, gehänselt und offen verhöhnt – vor den Ohren des Königs.

Karls sog. Testament, das er im Jahr 811 aufsetzen ließ, mit dem er seine Schätze verteilte und das allein Einhard (c. 33) überlieferte, vielleicht auch aufgesetzt hatte, unterzeichneten elf Bischöfe, vier Äbte und fünfzehn Grafen, alle namentlich genannt – ein Stelldichein der vertrautesten der Vertrauten, darunter Hildebald von Köln, Riculf von Mainz, Arn von Salzburg, auch Theodulf von Orléans, Heito von Basel oder Fridugis, der Schüler und Nachfolger Alkuins als Abt von Tours; die Grafen führte der Pfalzgraf Wala an, Karls Vetter, zugegen waren auch Unruoch von Friaul, Gerold von der Ostmark, Bera von Barcelona und andere Angehörige der höchsten Adelsschicht des Reiches; Einhard selbst gehörte nicht dazu. Die Gelegenheit zur Unterfertigung bot wohl ein Hoftag in Aachen.

Der Hof befand sich eben dort, wo der Herrscher weilte. Mit der Zeit lassen sich aus bestimmten Anlässen bevorzugt aufgesuchte Pfalzen erkennen, Winterpfalzen, Jagdpfalzen, Festtagspfalzen[27]. «Pfalz», *Palatium publicum* konnte alles zugleich bezeichnen: die

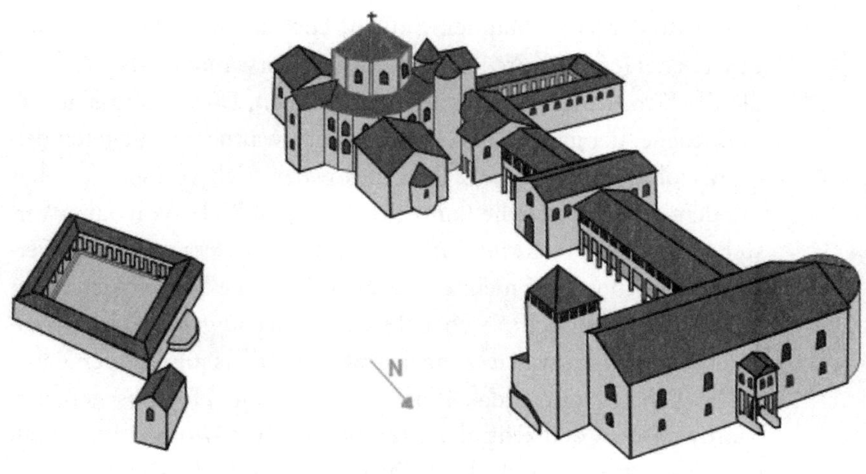

Versammlung der Großen, den Hoftag, das gesamte Ensemble der Pfalzbauten und deren Einrichtungen, die in der Lage waren, den König und seine engere Familie mit ihrem Gefolge – Männer, Frauen und Kinder, Vasallen, Dienstpersonal, Knechte und Mägde – für einige Wochen zu versorgen, Werkstätten, Lagerhäuser und Scheunen, Ställe für Pferde, Kühe, Schweine und Zugochsen eingeschlossen[28]. Die unterentwickelte Infrastruktur des Landes und die daraus resultierenden Versorgungsschwierigkeiten verboten eine feste Residenz. Nur Ansätze dazu lassen sich erkennen. Worms oder Ingelheim, günstig am Rhein gelegen, wurden wiederholt aufgesucht[29]; doch zuletzt ragte Aachen heraus[30].

Eine «Pfalz» – *domus*, *palatium*, *aula*, *curia regis* – war damit räumlich, personal, institutionell und kommunikativ zu verstehen; und sie machte – gleichsam paränetisch – die Herrscherdoktrin öffentlich. Sie war alles in einem: ein Ort, bald hier, bald da zu finden, eine Personengruppe mit dem König im Zentrum, die feste Herrschaftsmitte, ein Hort kirchlichen und kulturellen Wissens, eine Begegnungsstätte und Kommunikationsgemeinschaft, ein Mittelpunkt auch der wiedererstehenden Wissenskultur und Religionspraxis. Eine feste Hofgesellschaft gab es, von der engeren Königsfamilie und den erwähnten Funktionären abgesehen, nicht. Hunderte von Personen, bis ein- oder zweitausend Menschen versammelte der Hof: Männer, Frauen, auch kleine Kinder, Berater, Besucher, Herbeigerufene, Fremde, die Verwandten des Königs, die Ehefrau, Zofen, Söhne, Töchter, Ammen, Diener und Knechte und Köche, der ganze Troß. Zahlreiche Bewaffnete begleiteten den Hof, wohin immer er zog. Das alles wälzte sich von Zeit zu Zeit mit dem König durch die Lande, von Pfalz zu Pfalz. Von daher versteht sich, daß «*Palatium*» in erster Linie die Gesamtheit der Personen am Königshof meinte und nicht bloß die Baulichkeiten der Pfalz[31]. Und dennoch: Solches Reisen, notwendig wie es im personalen Herrschaftssystem zunächst war, wurde lästig mit der Zeit.

Die Fahrten durch das Reich wurden vom Hof aus geregelt. Man wußte an den zentralen Pfalzen – etwa in Worms, Ingelheim oder Aachen – wo sich der König gerade aufhielt. Der Reiseweg mußte rechtzeitig festgelegt werden, um die Masse an Pferden, Zugochsen und Menschen aufnehmen und verköstigen zu können, die mit dem König durch die Lande zogen. Als Alkuin im Jahr 797 wissen wollte, wann der König aus Sachsen zurückkehre und in welcher Pfalz er den Winter verbringen werde, wandte er sich an die Königin Liutgard[32]. Die Königin war ja, dem «*Capitulare de Villis*» folgend, für weite Bereiche der wirtschaftlichen Versorgung des Königshofes zuständig. Seneschall, Mundschenk und Stallgrafen hatten sonst die Fahrten des Königs durch das Reich zu organisieren und Vorsorge dafür zu treffen, daß überall ausreichende Vorräte an Getreide, Fleisch und Futter für Pferde und Ochsen zur Verfügung standen[33]. Wein mußte mitunter von weither herbeigeschafft werden, wenn der König sein Kommen angesagt hatte. Ganze Dörfer waren für die Transportdienste zuständig. Für die Unterkunft des Gefolges mußten oft genug Zelte herhalten. Welch ein Triumph an Organisation, Kontrolle und Anziehungskraft des Herrschers.

Die über das Reich gestreuten Königshöfe unterschieden sich nach Größe und Ausstattung, wohl auch nach ihrer Funktion, ob Festpfalz oder Jagdpfalz, ob nur für Durchreise eingerichtet oder für längere Dauer. Ihre Ausstattung läßt sich aus den «*Brevium exempla*» und dem «*Capitulare de villis*» erahnen, gleichgültig, ob dieses letzte für Karl oder seinen Sohn Ludwig galt. Auch die endlosen Kriegszüge erforderten die hohe Beweglichkeit des Königs. Nur wenige Orte verfügten über die reichen Ressourcen, die nötig waren, um den König mit seinen Leuten für längere Zeit zu versorgen. Die Einrichtung der Königspfalzen ergab sich aus dem Bedarf des reisenden Hofes. Karl selbst kümmerte sich, wie wir sahen[34], um die Ausstattung dieser Pfalzen, um die wirtschaftliche Leistungsfähigkeit zumal der «Tafelgüter», die speziell zum Unterhalt des reisenden Königshofes, für den *discus* oder die *mensa regis,* reserviert waren. Des Königs Tafel und nur sie sollte regelmäßig ein Tischtuch schmücken. Die Tischdecke war Herrschaftszeichen.

Am Hof trat der König, der Hausherr, inmitten seiner Leute in Erscheinung, in schlichter fränkischer Tracht, wie Einhard ihn beschrieb (c. 23), in linnenem Hemd, linnener Hose, darüber eine seidengefaßte Tunica und das unvermeidliche Schwertgehänge[35]. Nur im Winter lag ein Pelz aus Ottern- oder Marderfell über Karls Schultern und schützte ein Mantel die Glieder vor der Kälte. Das Schwert mit Goldgriff und kostbarer Scheide fehlte nie. Dieser Hof befand sich stets, weil mit dem König wandernd, im Brennpunkt des Reiches, zog in den frühen Jahren ruhelos mit dem König durch die Lande, zumal in der engeren Francia, war somit multilokal. Erst in den letzten zwei Jahrzehnten Karls des Großen und unter dessen unmittelbarem Nachfolger sah er sich – jedenfalls zur Winterszeit – zunehmend ortsfest an Aachen gebunden. Erst mit der Zeit änderte es sich, in dem Maße nämlich, in dem die Pfalz von Aachen in Karls späten Jahren als eine Art Dauerresidenz eingerichtet wurde.

3

«Die Ordnung des Hofes»

Wie es am Königshof zuging, beschrieb kein gleichzeitiger Zeuge; der einzige, der es tat, Karls Vetter Adalhard von Corbie, griff – vielleicht zur Neuordnung der unter dem Einfluß Benedikts von Aniane veränderten Verhältnisse – deutlich nach Karls Tod zur Feder. Doch seine Darstellung ging verloren. Allein der junge Hinkmar, der später Erzbischof von Reims wurde, bekam sie rechtzeitig in die Finger. Er erinnerte sich daran. Er habe die Schrift noch in seiner Jugend kennengelernt, ja, er habe Adalhards «Büchlein *De ordine palatii* gelesen und geschrieben». Jetzt, im Spätjahr 882, verfaßte er selbst eine solche Schrift[36]. Die Darstellung des Reimser Metropoliten folgte – ohne daß der Grad der Übereinstimmung noch zu erkennen wäre – den Vorgaben von Karls Vetter[37]. Mit einiger Vorsicht wird man sich somit zur Beschreibung des Karlshofes dem Reimser Erzbischof und über ihn dem Abt von Corbie anvertrauen dürfen. Dabei bleibt ungewiß, wieweit diese Ordnung auf Karl zurückgeht, wieweit er sie von seinem Vater übernommen hatte oder wieweit sie nur die Verhältnisse an Ludwigs des Frommen Hof spiegelte. Doch dürfte der Vergleich mit den der Organisation der königlichen Domänen gewidmeten Kapitularien eine Zunahme an regelmäßiger Kontrolle und der schriftlichen Verwaltung und damit eine wachsende Rationalisierung nahelegen.

Hinkmars «*De ordine palatii*» bietet somit nur einen Eindruck, wie es sich unter Karl tatsächlich verhalten haben könnte. Die Schrift des Erzbischofs weist zwei Teile auf. Sie beginnt mit ersten fürstenspiegelartigen Kapiteln, die allein Hinkmars Werk waren und hier nicht zu betrachten sind, und besitzt einen zweiten ausführlicheren Teil, für den der Autor sich auf eine gleichnamige Schrift Adalhards von Corbie berief, des «Verwandten des Herrn Karl, des großen Kaisers, und ersten unter den ersten Ratgebern». Soviel immerhin zeichnet sich ab: Es gab kein spezifisches Hofzeremoniell wie in Byzanz[38], ganz im Gegenteil. Als Theodulf den Satz seiner Schrift gegen den Bilderkult vorlas: «Wenn der Pöbel in zügellosem Überschwang, in Prunksucht und Schmeicheltrieb oder auch aus Angst vor dem Büttel die Kaiserbilder mit eitlem, verderblichem Preise ehrt – was schiert das uns, die wir uns rühmen im Kreuze unseres Herrn Jesus Christus», da stimmte Karl auf das lebhafteste zu: «gut!»[39].

Die wenigen bekannten zeitgenössischen Hinweise bestätigen diesen Verzicht. Das Reisekönigtum und die Adelsgesellschaft, in der sich das Königtum behaupten mußte, verhinderten wohl die Ausgestaltung eines jeden festgelegten Zeremoniells. Wie sollte es auch entstehen, wenn der König oder Kaiser seine Leute zum gemeinschaftlichen Baden einlud, nach der Jagd zum Tafeln? Zu keiner Zeit wurde eine rituelle Thronbesteigung beschrieben. Einhard erwähnte die bescheidene, landesübliche Tracht seines Helden; nur an Festtagen kleidete er sich prunkvoll (c. 23), Notker kolportierte die Anekdote vom Empfang griechischer Gesandter, die wiederholt vor dem falschen Herrn zu Boden sanken, bevor Karl sie, am Fenster stehend und schlicht gekleidet, anhörte; auch gestattete er, jetzt in kostbare Kleider gehüllt, den «persischen» Gesandten, sich wie jeder seiner Söhne in den Gemächern der Pfalz umzusehen und alles zu inspizieren[40]. Ritualloser konnte kein Gesandtschaftsempfang vonstatten gehen.

Bei Synoden saß der König, wenn er anwesend war, mitten unter den Bischöfen und Äbten; jedermann wußte in dieser face-to-face Gesellschaft auch ohne herausragenden Sitz, wer da saß. Der anonyme Autor des sog. Karlsepos verweilte ausgiebig bei des Königs und seiner Familie prunkvollem Auszug zur Jagd, knapp bei der Rückkehr des gesamten Gefolges zu den Zelten und beim anschließenden Mahl; doch von einem Zeremoniell in der Königshalle (*regalis aula*) fiel kein Wort. Der König «sitzt auf seinem hohen Stuhl» (*sedet solio … in alto*): mehr nicht[41]. Die Pfalz in Ingelheim besaß zwar eine geräumige Halle mit einer weiten Apsis, in die gelehrte Forschung den Thron postieren möchte; in Aachen aber wurde bislang nichts dergleichen ergraben. Wie immer, der fränkische Hof ließ sich weder mit dem römisch-byzantinischen Ritual in Konstantinopel noch mit dem Zeremoniell des Kalifenhofes vergleichen. Alles dort war vergleichsweise schlicht, dem Rechtskreis des Hauses gemäß, aus dem sich die Königherrschaft entwickelt hatte.

Der Pfalzbetrieb kannte eine zweifache Spitze: je für die geistlichen und die weltlichen Belange. Die geistlichen Dinge leitete und regelte, so Hinkmar, der «Apokrisiar», nämlich der oberste Kapellan (*palacii capellanus*). Er ordnete den Gottesdienst am und für den Hof und alles, was mit diesem zusammenhing. Unter Karl versahen erst Fulrad, der Abt von St-Denis, der noch unter seinem Vater an den Hof gekommen war, dann seit 784 die Erzbischöfe Angilram von Metz und seit 791/794 Hildebald von Köln nacheinander diese Aufgaben. Ihnen unterstand der gesamte Hofklerus (*omnis clerus palatii*). Kapellane gab es schon unter den Merowingern. Sie hüteten – und daran änderte Karl nichts – den Reliquienschatz des Königs, versahen wie eh und je die speziellen liturgischen Dienste am Hof und an den königlichen Domanialkirchen, die auch Pfarrkirchen sein konnten. Ihren Namen trugen sie von der für lange Zeit kostbarsten Reliquie der Frankenkönige, der *Cappa*, dem Mantel des hl. Martin. Der «Kapellan» war also ursprünglich ein Hüter der *cappa*.

Doch erst Pippin und zumal Karl der Große schufen die königliche Hofkapelle als eine dem Königshof verbundene Institution (*sancta capella palatii*[42]), einen festen Personenverband unter dem Apokrisiar, der später als Archikapellan bezeichnet wurde. Sie vereinte begabte junge Kleriker, von denen viele bald zu höheren Ämtern, für ein Bistum, Erzbistum oder Abbatiat bestimmt waren, und mit ihnen Träger des eben erneuerten Wissens und Könnens. Karl habe sie bei gelegentlichen ‹Schulvisiten› aus den besten Schülern ausgesucht, so erzählte Notker von St. Gallen[43]. Auch Fremde konnten der Hofkapelle zugeordnet werden. Die zu ihr zählenden Geistlichen gewährleisteten damit unter der Leitung des obersten Kapellans, dem sie assistierten, zugleich die Fülle geistlichen, kirchlichen und kirchenrechtlichen Wissens am Hof; zumindest in geistlichen Dingen bildeten sie den Verwaltungsstab des Königs. Dies sollte für die kommenden Jahrhunderte so bleiben. Manch ein Kapellan wurde für Gesandtschaftsaufgaben oder als Bibliothekar herangezogen, andere bereiteten die kirchlichen Entscheidungen der Hoftage vor[44].

Dem Apokrisiar zur Seite stand der Kanzler, selbst ein Kapellan, der an der Spitze seiner Notare, auch sie Angehörige der Hofkapelle, für die Herstellung der Urkunden zuständig war. Unter Karl versah zunächst – wie schon unter Pippin – Hitherius den Dienst, danach ein Maginarius und andere. Eine fest institutionalisierte Kanzlei, ein Büro für das Geschäftsschriftgut, gab es unter Karl nicht. Der Begriff bezeichnet ein Aufgabengebiet[45]. Die Urkunden, die gleichwohl einem strengen Formalisierungsmuster unterlagen, diktierten Kapelläne, deren einige den König stets begleiteten. Es gehörte zu den Neuerungen der Karolinger, daß sie nur Kleriker mit der Beurkundung beauftragten[46]. Der Kanzler oder – häufiger – sein Beauftragter unterfertigten die Diplome, versahen sie mit dem Monogramm des Königs und besiegelten sie mit dem von einer antiken Gemme geschmückten Siegel. Ausgehändigt wurden die Diplome vielleicht schon unter Karl in feierlicher Versammlung – eine Gelegenheit zur Darstellung eines kommunikativen Herrschaftsrituals mit Weisung und feierlicher Verlesung der Urkunde[47].

Die Befehle des Apokrisiars an einzelne Angehörige der Hofkapelle sind gelegentlich als tironische Noten, einer Kurzschrift, auf einigen im Original erhaltenen Urkunden noch zu erkennen[48]. Unklar ist wiederholt, wer sie schrieb, da die Notare sich nicht immer nannten; doch war die Beherrschung einer speziellen «Urkundenkursive» nötig. Eine Reihe von Schreibern dürfte am Hof tätig gewesen sein, ohne daß deren Organisation oder Zuordnung zu erkennen wäre. Die Kapitularien vervielfältigten vermutlich die Notare der Königsboten, die sie im Land bekannt machen sollten[49].

Die weltlichen Angelegenheiten am Hof leitete ein Pfalzgraf, der zugleich einer der wichtigsten Berater des Königs war; er sollte über die Streitigkeiten richten, die vor das Königsgericht gebracht wurden. Was er nicht entscheiden konnte, sollte dem König vorgetragen werden. In Karls Spätzeit versah diese Aufgabe sein Vetter Wala, der nach des Kaisers Tod gezwungen wurde, das Mönchsgelübde abzulegen.

Neben dem Pfalzgrafen gab es zahlreiche weitere Hofämter, die wohl schon Adalhard, nicht erst Hinkmar auflistete: den Kämmerer, den Seneschall, den Mundschenken, den Stallgrafen, den Mansionar (Quartiermeister), die obersten Jäger und Falkner und unter ihnen eine Reihe weiterer Bediensteter wie Türhüter, Kellermeister oder Hundetreiber. Sie alle hatten mehr oder weniger festumrissene Aufgabenbereiche; sie sollten zudem möglichst aus allen Regionen des Reiches gewählt werden, damit diese vertraute Ansprechpartner am Hof besäßen. Die wichtigsten Aufgabenbereiche versahen wiederum herausragende Adelsherren. So unterzeichneten mit den Grafen Otulf und Burchard Seneschall und Marschall Karls Testament von 811. Nur das Amt des Hausmeiers war nicht wieder besetzt worden, nachdem die Karolinger als ehemalige Amtsinhaber den Königsthron bestiegen hatten. Die Königin und der Kämmerer verwalteten die jährlichen Abgaben an den Hof, die Geschenke fremder Gesandtschaften und hatten sich um die Versorgung des Hofes zu kümmern. Der Sinn der Hofordnung Karls des Großen sei es gewesen, daß es zu keiner Zeit an Ratgebern, sonstigem Personal und Versorgungsgütern mangelte.

Die Hoftage (*placita*), die zweimal im Jahr vom König gewöhnlich, aber nicht ausschließlich, während der Wintermonate einberufen wurden, regelten die anstehenden Geschäfte. Hier sollten sich die geistlichen und weltlichen Großen versammeln. Die Großen (*seniores*) sollten die Ratschlüsse fassen, die übrigen sie entgegennehmen, sie gegebenenfalls diskutieren und «nicht aufgrund eines Machtworts, sondern aufgrund eigenen Verstehens und Urteilens bestätigen. Auch sollten sie ihre Gaben darbringen»[50]. *Ex proprio mentis intellectu et sententia* – die Erneuerung der Wissenskultur sollte gerade auch zum Nutzen der Königsherrschaft geschehen. Sie konnte eine Verständigungsbasis schaffen, die ‹vernünftige›, sachgemäße Beschlüsse erleichtern mußte.

Daneben freilich tagte ein engerer Rat, der sich allein aus den vertrautesten Beratern des Königs zusammensetzte. Diese Gruppe vereinte die führenden Ratgeber des Königs, plante für die Zukunft, wann Kriege und gegen wen sie zu führen, wann und wo Waffenstillstände abzuschließen seien, wann hier und da die Feindseligkeiten eröffnet werden sollten. Über die Entscheidungen sollte bis zur nächsten allgemeinen Versammlung Stillschweigen bewahrt werden. Dann sollte, was da beschlossen worden sei, so kundgetan werden, als sei es eben erst geradezu «durch Eingebung Gottes» und gemeinsam mit den zum Hoftag Erschienenen entschieden worden[51]. Vorzeitige Kenntnis sollte die insgeheim gefaßten Beschlüsse nicht «zunichte machen oder nutzlos oder durch irgendwelche Ranküne schwieriger durchzuführen sein lassen».

 Die Mitglieder des engeren Rates sollten nur das ewige Leben der Treue zum König und seiner Herrschaft voranstellen, sollten «weder Freunde, noch Feinde, noch Verwandte des Königs sein, sie sollten keine Geschenke überreichen, keine Schmeicheleien von sich geben, keine Hetzreden führen, nicht verschlagen argumentieren», sondern «jene Weisheit und jenen Verstand» walten lassen (*sapientiam et intelligentiam*), die alle Verschlagenheit zum Verstummen bringe[52]. Dies letzte erinnert in der Tat an Karl, der einst in einem Schreiben an Hildebald von Köln auf das Lebhafteste die unabdingbare und unauflösbare, natürliche Einheit von «Weisheit und Verstand» (*sapientia et intellectus*) hervorgehoben hatte[53]. «Wie soll wissen, wer nicht versteht, und wie kann einer verstehen, der nicht wissend ist?» hatte er damals geschrieben. «Wer könnte ohne Weisheit und Verstand mit sich selbst zu Rate gehen oder einen anderen beraten?» In der Erneuerung der Bildung vereinten sich die Erfordernisse für Kirche und Königtum. Die Hoftage sollten ihren Nutzen daraus ziehen.

In einer Art Konklave wurden die Entscheidungen des engeren Rates getroffen. Der Apokrisiar und der Kämmerer seien stets zu diesen Versammlungen hinzuzuziehen. Die Geistlichen und die Laien berieten zunächst getrennt, bevor sie sich zusammensetzten, wobei der Königs stets anwesend sein konnte. Doch empfing er daneben die Berichte und Klagen aus den verschiedenen Regionen seines Reiches. Von der Königin war in diesem Zusammenhang keine Rede.

4

Am Hof bündelt sich Wissen

Vor allem aber trafen sich die Gelehrten am Hof, tauschten ihre Informationen, ihr Wissen, ihre Ideen aus, pflegten dort der Wissenschaft und ihrer Dichtkunst. Der Hof formte eine einzigartige Kommunikationsgemeinschaft von Macht und Wissen, die

Boten und Briefe auch jenseits seiner Hallen erweiterten. Alkuin nannte das eben zur Dauerresidenz erhobene Aachen geradezu ein neues Athen im Frankenland (ep. 170). Karls Herrscherlob erklang in der Königshalle, ein Preislied in würdigen Hexametern, vielleicht zur Leier vorgetragen:

Illum aliquando tegunt nimboso nubila tractu,
Hunc ullae numquam possunt variare procellae;
Ille caret proprio bissenis lumine horis,
Iste suam aeterno conservat sidere lucem
Pace nitet laeta, pariter pietate redundans
Nescit habere pio lapsurum lumine casum
(«Die Sonne verhüllen manchmal regenschwere Wolkenketten; ihn vermag niemals ein Sturm zu ändern. Die Sonne hat kein eigenes Licht zwölf Stunden jeden Tag; er bewahrt sein Leuchten, ein immerwährendes Gestirn. In heiterem Frieden erstrahlt er, ist überreich an Huld, und seiner Güte Sternenlicht kennt keinen Untergang.»)[54]

Die Dichter am Hof – hier der anonyme Epiker des Versgedichts von «Papst Leo und König Karl» – ein Alkuin, Theodulf von Orléans, der Quasi-Schwiegersohn Angilbert und viele andere dichteten um die Wette, um den König zu preisen und seine Gunst zu gewinnen. Der Hof sonnte sich in der Gegenwart der Musen. Man imitierte antikes Herrscherlob und Panegyrik. *Maximus armis*, *ensipotens* und *omnipotens*, *bellipotens* (größter an Waffen, schwertgewaltig, waffengewaltig, kriegsgewaltig) – Karl liebte die kriegerischen Bilder in kunstvollen Rhythmen, er, der «große König», *Karolus magnus rex*. Gerne hörte er den David-Vergleich, den vielleicht Alkuin erfunden hatte: «süßer», «süßester David», *dulcis David*, *David dulcissimus*. Doch schätzte er auch beißende Ironie und ätzenden Spott. Waren sie das Maß seiner Seele?

Solches Treiben bei Hof diente zumal der Unterhaltung. Wer aber durfte wagen, und sei es nur im höfischen Spiel, über den König Scherze zu verbreiten? Es war gefährlich und unterblieb. Die Männer der Feder konkurrierten indessen miteinander. Zumal die

Iren oder doch wenigstens einer der Ihren wurde ihr Opfer. Er hieß Cadac-Andreas und weckte zumal Theodulfs Zorn[55]. Der Vorfall dürfte typisch sein für die prickelnde, spannungsgeladene Atmosphäre am Karlshof und unter seinen Intellektuellen. Mit wirrem Haar und unrasiert trat Cadac auf, um Küsse zu empfangen, «wie sie der grimmige Wolf (d. i. Theodulf) dir, langohrige Eselin, gibt. Eher säugt der Jagdhund Hasen, der böse Wolf Lämmer, eher zeigt die Katze der zitternden Maus den Rücken, als daß der Gote mit dem Schotten Friedensverträge schließt». Dann zog Theodulf über diesen Armen her, über «das Schöttlein, das rechtlos rasende Ding, das grauenhafte Ding, den gräßlichsten Feind, den stumpfsinnigen Schrecken, die saure Pest, die streitsüchtige Seuche, das wilde Ding, die große Sünde, das häßliche Ding, das säumige, ruchlose Ding».

Die Gelehrsamkeit dieser mit Kenntnis des Griechischen brillierenden Iren oder Schotten entsprach nicht den Vorstellungen der Goten oder Langobarden und der von ihnen geschulten Franken[56]. Einer der letzteren fiel in die Schimpfkanonade ein: «Milder, aller Könige mildester», so stimmte er den König ein, «Wir bitten, die Schande zu entfernen, daß der blöde Cadac nicht einem Gotteslästerer gleich sich den heiligen Namen des Apostels (Andreas) anmaße. ... Im düsteren Gefängnis sollte er gehalten werden, bis er lernt, daß er niemals Magister ist. – Säufer, sag uns, rasender Ire, Freßsack, ... sag, du Blinder, du stinkendster Auswurf von Esel, warum bleibt Apoll immer bartlos? Sag, du Rindvieh ohne Verstand, du gehörnte Ziege, welchen Buchstaben lesen die Griechen zuerst? Sag, du rasender Schädel, was ist ein Diapsalma und wo in den Psalmen liest man ein Synpsalma? Du blödester Dichter. Gottloser, sag endlich, du betrogener Betrüger der Wissenschaft, wer hat von den Iren zuerst beim Leichenbegängnis seine Visage bemalt?» Karl wird schallend gelacht und sich über die Streitsucht seiner karrierebeflissenen Schulmeister, Äbte, Bischöfe köstlich amüsiert haben. Vielleicht lauerte er auch auf die Indizien wechselseitiger Gegnerschaft. Solches Wissen konnte mitunter das Herrschen erleichtern.

Karl mutete seinem Hof Aufgaben jenseits der Königsherrschaft zu, die bislang kaum ein Kaiser- oder Königshof aufgegriffen hatte. Er versammelte Gelehrte um sich, übertrug ihnen nah und fern gelegene Bildungseinrichtungen und kontrollierte vom Hof aus die Erfüllung der von ihnen zu erbringenden Reformen. Die Literalität des Hofes, die in den langen Jahrzehnten von Karls Regierung stetig wuchs, war Vorbild und Muster für zahlreiche andere, vor allem klösterliche und kirchliche Bildungszentren im gesamten Reich und mehr als das: Der König und sein Hof verlangten die Erneuerung antiker Wissenschaft und deren Ausweitung, ein Leitbild der Erneuerung – gerade so wie es auf politischer Ebene Karls Kaisersiegel verkündete: *Renovatio imperii Romanorum.*

Eine neue Epoche des Frankenreichs war damit eingeleitet. Sie begnügte sich nicht mit der dauerhaften Institutionalisierung des Königshofs; sie machte ihn gleichsam in einem ganz allgemeinen Sinne zur Schule, auch wenn die «Hofschule», die nachweisbar ist, keine «Akademie» war und vielleicht nur die Kinder, *pueri*, vornehmer Höflinge und wenige dorthin entsandte Eleven betreute[57]. Immerhin, Alkuin bat im Winter 796/797, als er eben die Leitung des Stifts in Tours übernommen hatte, den König, «die Jugendlichen am Hof eurer Exzellenz» (*in palatio excellentiae vestrae*), was nur heißen konnte: in der Aachener Pfalz, «zum Studium der Weisheit und zur Übung in ihr anzuhalten, damit sie würdig werden, ihre Welpenart (*canicies*) zur Ehre zu führen, und sie durch eben sie, die Weisheit, zu ewiger Seligkeit gelangen können»[58]. Die Weisheit, die studiert und eingeübt werden konnte und die Alkuin im Auge hatte, führte, wie er im Vorwort zu seiner «Grammatik» ausgeführt hatte, über die Trittstufen der sieben freien Künste zum Ziel[59].

Überhaupt die Bücher. Alkuin klagte noch bei Karl über die Verhältnisse in Tours: «Mir, eurem unbedeutenden Diener (*servulo*), fehlen die wichtigsten Bücher gelehrter Bildung, die ich zu Hause durch den großen, demütigen Fleiß meines Lehrers und aufgrund meines eigenen Schweißes zur Verfügung hatte». So bat er um Erlaubnis, einige seiner Schüler nach Britannien zu schicken, um dort Bücher zu erwerben[60]. Karl suchte dem Mangel Abhilfe zu schaffen, so gut er es vermochte. Er verlangte von seinen Leuten und von sich selbst die endlose Suche nach Büchern, nach verschüttetem Wissen. Sie befolgten die Anordnung, spürten Handschriften auf, verschickten sie, ließen sie abschreiben. Karls Hof bot Raum für eine Bibliothek, deren Schätze moderne Historiker nicht hoch genug rühmen. Erahnen läßt sich der Sammeleifer, der seine Hofbibliothek erst möglich machte, durch ein Bücherverzeichnis in der Handschrift Berlin Diez. B. Sant. 66 aus Verona, das früher allein Karls Hofbibliothek zugeordnet wurde, dann aber irgendwie, ohne daß Genaueres zu erkennen wäre, den Hof von Karls Sohn Pippin, dem König Italiens, mit dem des Vaters verband, endlich überhaupt nicht mehr als ein Bibliotheksverzeichnis gewertet wird[61].

Gleichwohl, an Karls Hof wurden kostbare Manuskripte und seltene Werke gesammelt[62]. Antike Grammatiken, mithin die Lehrschriften für den Lateinunterricht durften ebensowenig fehlen wie Augustins «De civitate Dei», Cassiodors «Institutionen», die kirchenrechtliche «Collectio Dionysio-Hadriana», das «Sacramentarium Gregorianum», die «Regula s. Benedicti», vermutlich auch ein «Liber Pontificalis», mithin eine Geschichte der Päpste, gelangten aus Italien oder aus Rom dorthin, eine illustrierte Handschrift der Agrimensoren, ein Handbuch römischer Landvermessung, die «*Categoriae decem*», eine knappe Paraphrase der Kategorienlehre des Aristoteles, vielleicht durch Alkuins Vermittlung überhaupt ein Konvolut logischer Schriften, des jüngeren Plinius «Naturgeschichte» lassen sich Karls Bibliothek zuordnen. Vielleicht verwahrte sie auch einen «Timaios» in der Übersetzung und mit dem Kommentar des Calcidius, obgleich die älteste nachweisbare Handschrift (Paris BN lat. 2164) Helisachar gehörte, dem Kanzler Ludwigs des Frommen. Doch erscheint es möglich, daß er sie aus Karls Bibliothek übernommen hatte. Ja, sogar der «Codex argenteus», die heute noch erhaltene Handschrift der gotischen Bibel, könnte sich dort befunden haben[63]. Die Texte zeigen nicht nur Sinn für theoretische Schriften; Karl verlangte nach Praxis, nach Verwirklichung und Anwendung des Wissens. Der Wissenschaft die Pforten des Königshofes zu öffnen, war Herrscherpflicht.

Nicht, daß der Hof ein «Scriptorium», wie es zur Buchherstellung benötigt wurde, besaß; fürs Abschreiben waren andere zuständig. Man darf vermuten, daß beispielsweise die Nonnen von Chelles, denen Karls Schwester Gisela vorstand, für den König Bücher schrieben[64]. Die Hofschule, von der Kunsthistoriker sprechen und der sie kostbar illuminierte Handschriften zuweisen, befand sich, soweit erkennbar, nicht am Königshof selbst. Karl gab die Prachtwerke in Auftrag, finanzierte sie wohl auch und bewahrte sie in seiner Bibliothek. Diese letzte wurde nach Karls Tod aufgelöst, ihre einstigen Bestände weit verstreut. Es wird dennoch vermutet, daß eine Reihe antiker Texte durch sie der Nachwelt überliefert wurden. Ihre genaue Lage im Pfalzbereich ist unbekannt, doch war sie kaum dem Marienstift angeschlossen. Denn Karl vermachte seine Bücher testamentarisch den Armen und anderen Empfängern[65].

Entscheidend waren die Impulse, die von Karls Hof ihren Ausgang nahmen, die Art, wie von hier aus die Wissenskultur gelenkt und verbreitet wurde, wie der König selbst auf die Erneuerung der Schrift und Illuminationskunst, der Buchkultur, drängte, wie ein zeit- und raumübergreifender Wissenstransfer initiiert wurde, war auch, wie über den Hof und den Lernwillen des Königs selbst ein mit der Erneuerung des Programms der «Artes liberales» einheitliche Curricula an allen Schulen des Frankenreiches und damit in ganz ‹Lateineuropa› sich verfestigten mit Grammatik, Rhetorik und Dialektik als Basiswissenschaften und als ‹Publikationshilfe› etwa für Predigt und religiöse Volkserziehung.

Karl drängte auf die Wiedergewinnung lateinischer, was hieß kirchlicher und wissenschaftlicher Sprachkompetenz, auf die Sammlung mustergültiger Texte, auf die Rezeption christlicher und heidnischer Autoren der Antike, auf die Einrichtung von Schulen, auf die Zuweisung von kompetenten Lehrern. Reiche Klöster und kirchliche Stifte hatten sich vielfach dieser Aufgaben anzunehmen, Schulen und «Scriptorien» einzurichten. Es stellte zumindest im Falle der ersteren eine Zumutung dar und stieß durchaus auch auf Widerstand[66]. Denn ein Kloster war seinem Wesen nach eine Eremitage, ein Ort, der dem Treiben der Welt entrückt sein sollte, um allein für den Gottesdienst und das Gebet frei zu sein.

Weltliche Musik fehlte am Hof vermutlich nicht, auch wenn wir kaum davon hören. Der um 825 vielleicht nach einer spätantiken Vorlage entstandene, reich illustrierte Utrecht-Psalter vergegenwärtigte zahlreiche Instrumente, ohne daß zu erkennen wäre, wieweit sie tatsächlich am karolingischen Königshof erklangen. Laute, Harfe, Leier und Orgel sind zu sehen, Trompete und Horn, eine Sanduhrtrommel, Schalmeien. Die Musikanten sind freilich Engel, ziehen zu Christus oder spielen vor ihm. Weltliche Instrumentalmusik wurde nicht ins Bild gebracht[67]. Der Hofmann Angilbert allerdings ließ seine Flöte aufspielen, und eine (Wasser-) Orgel, wie sie Karls Vater von byzantinischen Gesandten im Jahr 757 entgegennehmen konnte und wie sie der genannte Psalter auch darstellte, könnte tatsächlich am Hof bespielt worden sein.

Wie immer, der Königshof wurde nicht zuletzt durch die Hofkapelle ein Wissenszentrum, ein Organisations- und Verteilungszentrum des Wissens; und er wurde damit vorbildlich für alle folgenden Königshöfe der westlichen Welt, wie es niemals ein antiker Kaiserhof gewesen ist. Wer für Karl Bedeutung gewinnen wollte, mußte Wissen und Fähigkeiten mitbringen und sich darin auszeichnen. Die Erneuerung antiker Kultur freilich blieb keine Angelegenheit allein des Hofes. Fremde waren deshalb willkommen, wenn sie derartigen Ansprüchen genügten. Xenophobie oder Fremdenhaß waren dem Karlshof fremd, auch wenn einzelne Franken angesichts der vielen erfolgreichen Fremden Neid erfassen mochte. Karls Reich sollte von den Fremden lernen. Mit seiner Bibliothek, die wertvollste antike Texte bewahrte, mit dem Archiv, das die Erlasse des Königs, die Verträge oder die Briefe der Päpste an die Karolinger verwahrte, mit dem gesamten Bildungswesen des Pfalzbetriebs bildete der Königshof nicht nur eine im früheren Mittelalter einzigartige, vielmehr eine innovative Organisations- und Wissenszentrale. Noch die heutige Staatsaufsicht über Schul- und Hochschulwesen, über wissenschaftliche Akademien und Gesellschaften darf mit seinen Kultus- und Wissenschaftsministerien als ferner Nachklang dieser Bemühungen Karls des Großen betrachtet werden.

Alles am Hof war Repräsentationskunst. Doch kaum ein Herrscherbild Karls des Großen hat sich erhalten, obgleich es sie gab. Selbst die Mosaiken Leos III., die den Frankenkönig ins Bild gebracht hatten, sind untergegangen und nur durch barocke Zeich-

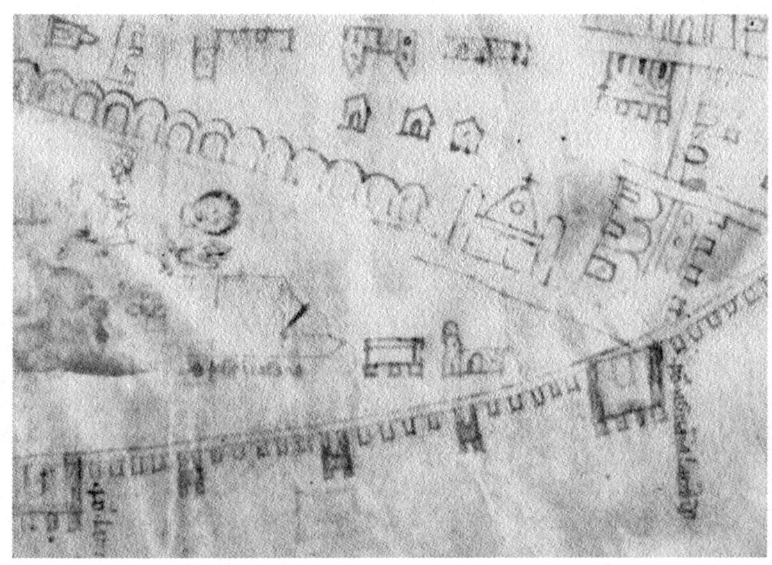

nungen oder Nachbildungen bekannt. Aus Karls Reich selbst blieb vielleicht nur die erwähnte dürftige Strichzeichnung erhalten, die in Fulda entstand; aber sie war schwerlich für den Hof bestimmt[68]. Ein kleiner silberner Bogen, ursprünglich wohl zum Tragen eines Kreuzes vorgesehen, zeigte zwei lanzenbewehrte Reiter, die gelegentlich als Kaiserbilder (oder als St. Georg) gedeutet werden, dazu weitere Gestalten, die gleichfalls Herrscherdarstellungen sein könnten, ohne daß Gewißheit zu erzielen ist. Einhard hat, wie die zugehörige Inschrift bezeugt, den Bogen zu unbekannter Zeit entworfen und «Gott geweiht»; vom König oder Kaiser verlautete kein Wort[69]. Bekannt ist der Bogen nur durch eine Zeichnung des 17. Jahrhunderts. Auch die Steinschneidekunst sah sich in Karls Zeit erneuert. Ihr wurde ein heute verschollenes Kristall-«Siegel» des großen Karl verdankt, in das ein stilisiertes Bild eingraviert gewesen sein dürfte[70]. Das Original ist wie so vieles vom Karlshof verloren.

Erhalten sind allein einige Bildnismünzen. Eindrucksvoll vergegenwärtigen sie den Herrscher in antiker Manier mit Lorbeerkranz, Kaisermantel und Agraffe und mit einem kräftigen Schnauzbart (Frontispiz). Der Bildnistyp begegnete erneut bei der berühmten Reiterstatuette, die sich heute im Louvre zu Paris befindet[71] (Abb. 23) Sie wird gerne als ein Gedächtnisbild aus der Zeit des Enkels Karls II. gedeutet, obgleich für diesen König sonst kein Interesse an Reiterbildern – wie Karl es mit dem nach Aachen geholten «Theoderich» offenbart hatte – nachzuweisen ist. Sollte sie doch näher mit Karl, irgendwie mit seinem Hof in Verbindung zu bringen sein? Das Bild eines Königs, der wie ein Kaiser zu Pferde saß? Die Tradition der Metzer Kathedrale, in der die Figur seit dem 16. Jahrhundert in liturgischem Gebrauch bezeugt ist, legt es nahe[72]. Das Reiterbild verweist über die Königszeit hinaus auf die kommende Kaiserwürde.

34 Stadtplan von Rom des Fra Paolino da Venezia von 1346. Der Ausschnitt zeigt die Bauten um den Lateran mit (von rechts nach links) dem päpstlichen Palast, der Johannes-Basilika, den Fragmenten der Kolossalstatue Konstantins, dem Caballus Constantini *und am linken unteren Rand das* palacium Neronis Lateranense. *Venedig, Biblioteca Marciana*

5

Die Pfalz in Aachen erinnert an den Palast Konstantins des Großen

Aachen also – ein neues Rom. «Es schaut mein Palemon von der erhabenen Burg des neuen Rom, daß alle Reiche seinem Imperium im Triumph unterstehen ... Das goldene Rom ward erneuert und wird wiedergeboren dem Erdkreis». So sang der junge Modoin für seinen Kaiser. «Der Ort, wo das Haupt der Welt verweilt, darf Rom genannt werden»[73]. Schon zuvor und zwar bald nach der Kaiserkrönung hatte der anonyme Dichter des panegyrischen Karlsepos – vielleicht war es Einhard – in Anlehnung an Vergils Beschreibung Karthagos Aachen als «zweites Rom» gefeiert[74]. Karl ließ sich solche Panegyrik gefallen. Sein Aachen zeugte von «einer großen Renaissance»[75], von Romerneuerung und Romimitatio nicht nur in kulturellem oder in baulichem, sondern gerade auch in religiösem Sinn. Das nachahmend Erneuerte war vom

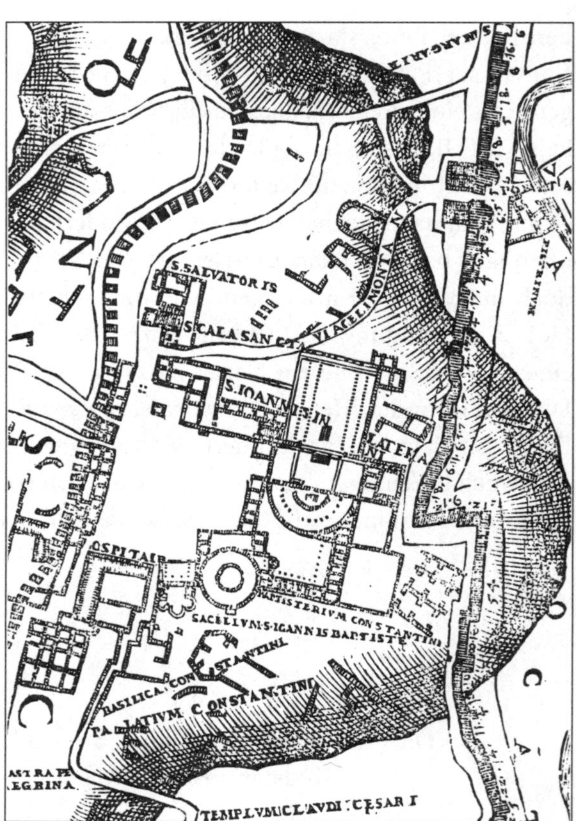

35 Leonardo BUFALINI, *Pianta di Roma 1551, Lateran, westlich der Laterankirche und dem Oktogon der Taufkirche:* BASILICA CONSTANTINIANA/ PALATIUM CONSTANTINI.

Geist christlicher Religion, wie Karl sie verstand, durchdrungen. Denn nicht das heidnische, sondern das kirchliche Rom und der erste christliche Kaiser, Konstantin der Große, standen dem Frankenkönig vor Augen, als er «die erhabene Burg» des neuen Rom plante.

Die Pfalz am Oberlauf der Wurm galt in den letzen knapp zwanzig Jahren seiner Herrschaft schlechthin als Karls «Sitz», dessen ‹Architektur› die geistige Haltung seines Herrn verrät, das Maß seiner Seele. Das verlangt ein längeres Verweilen. In Aachen verstetigte sich erst zur Winterszeit, dann regelmäßig der Königshof: Es war ein Zeichen wachsender und sich stabilisierender Macht. Hier hatten einst die Römer einen lebhaften Badebetrieb eingerichtet. Thermalquellen mit bis zu 60° C heißem Wasser gestatteten auch im Winter solches Vergnügen[76]. Schon der König Pippin, Karls Vater, schätzte den Ort und begann, ihn zur Pfalz auszubauen. Im Jahr 765/766 konnte er dort erstmals Weihnachten und Ostern feiern, was geeignete Bauten, eine Kirche und Versorgungseinrichtungen voraussetzte[77]. Auch die eine oder andere Thermalquelle dürfte Pippin haben fassen lassen[78]. Die neue Pfalz lag im Zentrum einer ausgedehnten Grundherrschaft, eines *fiscus*, dessen Verwaltung einem *actor* genannten Beauftragten oblag[79]. Er dürfte einer der mächtigen Adelsfamilien angehört haben. Den Betrieb schilderte grundsätzlich das *Capitulare de villis*[80].

Pippins Sohn beging sein erstes Weihnachtsfest als König gleichfalls in Aachen[81]. Seit dem Jahr 775 wurden immer wieder Urkunden in Aachens *palacio nostro* ausgestellt; das Possessivpronomen verweist auf den Bau, auf keine Versammlung. Der Ort hatte es Karl angetan[82]. Hier wollte er überwintern, eben des warmen Wassers wegen; hier in hervorragender Weise den Gottesdienst erfüllen. Im Jahr 789 berief er jene Reichssynode dorthin ein, die dann die «Admonitio generalis» verabschiedete. Dann mied er für fünfeinhalb Jahre diese Pfalz; jetzt begann offenbar der Ausbau des neuen, repräsentativen Herrschersitzes[83]. Das erwähnte Karlsepos besang mit Blick auf das Frühjahr 799 seine weitläufige Anlage, sprach vom Bau eines Hafens, des Forums (Markt), des «Senats, wo das Volk Recht und Gesetze und heilige Weisungen empfangen soll»[84], ja, eines weiträumige Theaters und der Gewölbe der Hallen (*atria*), sprach auch vom «herrlichen Tempel des ewigen Königs» (*aeterni regis amoenum templum*)[85]. Auch andere Königspfalzen – wie Nimwegen, Ingelheim oder Paderborn – genossen in entsprechender Weise des Königs Fürsorge. Doch Aachen hat er geschmückt wie keinen zweiten Ort.

Über und in den antiken Ruinen errichtete Karl seine neue Pfalz mit ihrer Königshalle von 17:44 m lichter Weite, mit einem südlichen, zum großen Pfalzhof hin ausgerichteten Anbau (vielleicht das «Theater»?), weiteren Bauten; der wenige Jahre jüngere, noch heute erhaltene «Granusturm» kam hinzu. Diese Aula war wohl seit etwa 794 benutzbar, wenn auch vielleicht noch nicht vollendet.

Ein hölzerner Verbindungsgang verband sie mit der Kirche im Süden; Ludwig der Fromme ersetzte ihn wohl durch einen steinernen. Weitere Wohn- und Nutzbauten erweiterten die gesamte Pfalzanlage in den kommenden Jahren zu einem eindrucksvollen Ensemble. Auch errichtete der König ein neues Bad. Die Anlage mit einem Bekken von etwa 14:9 Metern und drei Mittelpfeilern lag nordöstlich der Repräsentationsbauten, nicht weit von ihnen entfernt, nahe bei der später sogenannten Kaiserquelle; in seiner Nähe dürften auch die Wohngebäude gelegen haben. Das Karlsepos pries das gemauerte Becken und vergaß nicht, seine «marmornen Sitze» zu erwähnen und, daß das warme Wasser in kleinen Kanälen durch den ganzen Ort geleitet wurde[86]. Karl war stolz auf sein «neues Rom», das er aus Ruinen auferstehen ließ. Vielleicht hatte er mit einem Kanalbau sogar für einen kleinen Hafen gesorgt[87].

Der Neubau der Pfalz mit ihrer einzigartigen Kirche war ein Großunternehmen, und Karl drängte auf Vollendung. Für die Errichtung beider wurden die umliegenden Klöster und Bistümer zu Diensten verpflichtet. Notker von St. Gallen erinnerte daran[88]. Die Kirchen hatten Arbeiter zu schicken, die – wie es hieß – für den Pfalzbau schwitzen mußten, hatten auch für deren Kost zu sorgen, hatten

Zugochsen (den «Aachenochsen») und beträchtliche Finanzmittel bereitzustellen, wohl auch Baumaterial zu liefern. Diese Pflichten bestanden noch lange nach Karls Tod fort[89]. «Es knarren die Wagen, gewaltig dröhnt es zum Himmel empor», sang der Panegyriker[90]. Die weiträumige Kooperation beim Bau zumal der Pfalzkirche erklärt die rasche Vollendung des Werks binnen weniger Jahre. Der Sänger erwähnte zwar den Bau mehrerer *Atria*, aber keines in einer solchen Weise hervorgehoben, daß es als die zentrale Königshalle angesprochen werden könnte[91]. Sie stand, als er sein Epos vortrug, offenbar schon.

36 Albrecht Dürer, Marienkirche in Aachen und angrenzender Teil des Katschhofes vom Rathaus aus, 1520 (London, Brit. Museum)

Die Pfalzanlage als Ganze ging unter; allein eine Zeichnung Dürers aus dem früheren 15. Jahrhundert hielt Teile des spätmittelalterlichen Baubestands fest und kann einen gewissen Eindruck von der Gebäudevielfalt im Schatten der Marienkirche vermitteln. Als letzte Spur haben sich neben ihr und dem Granusturm mit dem an Stelle der Königshalle errichteten gotischen Rathaus und dem Katschhof, dem freien Platz zwischen Rathaus und Marienkirche, Nachfolgebauten erhalten, die immerhin die Ausdehnung und Größe des zentralen Pfalzensembles ahnen lassen. Unbekannt sind die Lage und das Aussehen der eigentlichen Wohngebäude des Königs und seiner Familie, der Frauengemächer (die *atria*?), der Nebenbauten, der Räume für Diener und Knechte. Vermutlich wohnten sie in hölzernen, nicht fundamentierten (Fachwerk-)Bauten. Kaum schmiegten sie sich wie die Gebäude in Dürers Zeichnung an die Kirche und an den Verbindungsgang von ihr zur Königshalle.

Die gesamte Pfalz war wie antike Kaiserresidenzen eine offene Anlage, soweit bekannt nicht ummauert, auch wenn die Königshalle selbst in den Resten einer antiken Befestigung und unter deren Benutzung errichtet war. Karl mochte es an die kaiserlichen Bauten auf dem Celio in Rom erinnert haben. Der Ort entwickelte sich als Pfalzort und als Zentrum des Aachener «Reiches», des der Pfalz zugeordneten Königsgutes mit seinen verschiedenen nahen und ferneren Siedlungen, rasch zu einer frühstädtischen Siedlung mit Hofanlagen für Geistlichkeit, weltliche Große und Hofbedienstete, mit Markt, Handwerkern und Händlern und unter diesen auch Juden[92]. Große Scheuern und Ställe müssen hier gelegen haben, wenigstens für Pferde und Zugochsen, wohl auch für Schweine und Kühe und einem entsprechend ländlichen Betrieb. Pferdewiehern und Ochsengebrüll wird den König oft genug aus dem Schlaf geweckt haben. Dienstpersonal und einfaches Volk lebte hier, auch wenn der König abwesend war. Der Sohn, Ludwig der Fromme, sprach, als er nach Karls Tod die Herrschaft übernahm, sogar von Dirnen, die fortan nicht mehr geduldet würden und bei Zuwiderhandlung öffentlich auf dem Marktplatz ausgepeitscht werden sollten[93]. Meinte er seine Schwestern? Deren Zofen?

Karl erinnerte sich an Rom, an die Stadt des Apostelfürsten und Himmelswächters, als er die neue Pfalz plante. Er wollte sich nicht mit römischer Liturgie und römischem Recht bescheiden. Römische Bauten hatte er bewundert; jetzt verlangte ihn nach Gleichem. Nicht zuletzt die neue Kirche sollte es mit kaiserlichen Bauten aufnehmen können. Bedurfte der *cantus Romanus* «römischer» Architektur? In der Tat, aus Rom und Ravenna, den vornehmsten Kaisersitzen Italiens, erbat er sich von Hadrian antike Spolien: Mosaiken, Säulen und Kapitelle, Fußböden, Marmorplatten und «anderes». Karls Biograph Einhard erwähnte es für Aachen (c. 26). Ein entsprechendes Genehmigungsschreiben Hadrians wohl aus dem Jahr 787 oder bald hernach, das den Transfer zugestand, ließ Karl in seinen «Codex Carolinus» aufnehmen[94]. Spätestens damals setzten die Planungen für Aachens Ausbau ein.

Womit der König sich hier und dort bediente, welche Bauten oder Ruinen geplündert und wohin die Spolien überführt wurden, bleibt im einzelnen verborgen. In Ravenna ließe sich an den Palast des Exarchen denken, des Repräsentanten des Kaisers im Westen. Die Bitte aber verrät, daß Karl nicht stumpfen Blicks an den antiken Mauern und Werken vorüberging, daß er sie vielmehr als Zeichen begriff, die auf «Rom» und das Kaisertum verwiesen, daß er sie zum Muster eigenen Bauens und eigener Repräsentation wählte und deshalb eigens herbeischaffen ließ, was er wünschte; daß er, so gut es möglich war, mit «Rom» konkurrierte. Karls Bauten lenken mithin den Blick nach Rom. Dessen Sakraltopographie vereinte, wessen er in Aachen bedurfte.

Jetzt wirkte sich aus, was der junge König einst und wiederholt dort, nämlich oben auf dem Celio, im vermeintlichen Herrschaftszentrum Konstantins des Großen, wahrgenommen hatte: Im Osten das *Patriarchium*, nach Süden zu die Salvatorkirche und das Baptisterium, im Hintergrund die aurelianische Mauer, im Westen – vermutlich inmitten von Ruinen – den (scheinbaren) konstantinischen Palast, im Zentrum des Platzes das gebieterische Reiterbild «Konstantins»[95]. Diese Anordnung wurde, wenn auch mit situationsgemäßen Varianten, kleiner in seinen Ausmaßen und um 90° gedreht, zum Bauprogramm auch der Aachener Pfalz. Ihr Plan folgte damit dem Vorbild Konstantins, des ersten christlichen Kaisers.

Der zentrale Platz der Pfalzanlage wurde im Norden von der königlichen Halle, die eine antike Befestigungsanlage umgab und der zum Platz hin ein Flachbau (das Theater?) vorgelagert war, im Süden von der Salvator- und Marienkirche mit den Gebäuden des Klerus, im Westen von einem hölzernen, später gemauerten Verbindungsgang, im Osten vom Bad (und von weiteren Baulichkeiten) umrahmt (vgl. Abb 33). In seiner Mitte kam das eherne, vergoldete Reiterbild Theoderichs zu stehen, den Schild über die linke Schulter geworfen, die Rechte erhoben und den Speer in der Hand. Karl hatte es nach der Kaiserkrönung aus Ravenna herbeischaffen und so aufstellen lassen, daß der Reiter nach dem Palast schaute – nicht anders als der «Konstantin» des römischen Lateranplatzes[96] (vgl. Abb. VIII und Abb. 10). Hier wie dort, in Rom wie in Aachen, lag die Salvatorkirche im Rücken des ehernen Herrschers. Auch Wasser floß bei dem Reiter, nicht anders als in Rom die Ableitungen der Aqua Claudia. Allen unter damaligen Gelehrten kursierenden Verwünschungen des toten Gotenkönigs zum Trotz – jetzt gab Karl seinem jüngsten, erst 807 geborenen Sohn dessen Namen: *Theodericus*[97]. Unter Ludwig dem Frommen freilich begann das Wissen zu wirken und verdammte die kostbare Statue zum Untergang.

Auch der Name der konstantinisch orientierten Pfalz erinnerte, wenn auch nur kurz in Gebrauch, an Rom: Das Aachener Ensemble (*palatium*) hieß tatsächlich nach dem ältesten schriftlichen Zeugnis zum Ausbau der Pfalz, der sog. Chronik von Moissac[98], ganz nach römischem Muster *Lateranis* oder in einem Kapitular

37 Die Marienkirche auf dem Stifterbild des Aachener Karlsschreins (spätes 12./frühes 13. Jahrhundert)

Ludwigs des Frommen aus dem Jahr 816 (wohl schon auf ein Einzelgebäude beschränkt) *ad Lateranis*[99]. Wie die «Actus b. Silvestri» ausdrücklich für Konstantin vermerkten, daß der Augustus «innerhalb (seines) Palastes Christus eine Kirche errichtete», die dem Volk offenstand[100], so hatte auch der Franke seine Hofkirche als Pfarrkirche für das Volk bestimmt. So konnte es kein Zufall sein, daß die Bezeichnung *ad Lateranis* in Karls Zeit zur Aachener Pfalz wanderte. Karls Herrschaftszentrum sollte das Ensemble von Konstantins *Palatium Lateranense* nachahmen, so wie es die «Actus b. Silvestri» tradierten und Karl durch wiederholte Besuche in Rom vertraut geworden war[101].

Doch dieser vielfältig belehrte und gläubige Karolinger gab sich mit bloßem Schmuck oder mit kaisergleicher Repräsentation nicht zufrieden. Seine Pfalz sollte Zeichen sein für seine Sorge um Glaubensverbreitung und Kirche, für seinen Gottesdienst, Zeichen auch seiner eigenen Heilserwartung. So ragte neben der Königshalle ein noch großartigerer Bau «zu den Sternen empor», ein Werk, das alle geistigen und technischen Fähigkeiten, die den Zeitgenossen zur Verfügung standen, in sich vereinte, die Erlöserkirche, «dem ewigen König» geweiht. Sie war mit Grundstock, Empore und hohem Tambour der größte Kuppelbau ihrer Zeit nördlich der Alpen.

Majestätisch erhob sie sich im Zentrum der Neubauten. Sie folgte einem Vorgängerbau, der inmitten eines Friedhofes lag, demnach die Pfarrkirche des zugehörigen Ortes war. Einen Eindruck von der einstigen Architektur vermittelt das Stiftermodell des Aachener Karlsschreines aus der Zeit um 1200. Die «geglätteten Mauern» schimmerten außen in rotem Ziegelputz, die Kapitelle des Tambours glänzten hell. Als Bauverwalter wurde ein Odo «von Metz» genannt. Er dürfte identisch gewesen sein mit jenem Höfling, den die Hofgesellschaft mit dem biblischen Namen *Hiram* auszeichnete und den Theodulf als Bauleiter der Kirche lobte (vgl. 1Reg 5,18)[102]. Hiram von Tyros hatte Salomon beim Bau des Tempels in Jerusalem geholfen. Verriet der Hofname Karls Intentionen? Aachen – nicht nur ein neues Rom, vielmehr in anagogi-

schem, zu ewigem Heil leitenden Sinne ein Bild Jerusalems? Hatte Odo auch dieses entworfen?

Diese Pfalzkirche ahmte als Zentralbau in erster Linie das kaiserliche S. Vitale in Ravenna nach, die Kirche – so mochte es scheinen – des Kaisers Justinian, in der Karl wenige Jahre zuvor, bei seinem vierten Italienzug 787, sein Gebet verrichtet haben dürfte. Ein inneres Oktogon war durch breiten Umgang von einem äußeren Sechzehneck getrennt[103]. Das Oktogon ‹zitierte› nicht nur Ravenna, sondern weitere imperiale Bauten wie mit dem ‹Gitterwerk› der Säulen die ferne Sophienkirche in Konstantinopel, dazu andere oktogonale Kirchen, wenigstens funktional die Pfalzkapelle in Pavia, ja vielleicht sogar das Oktogon des Felsendoms in Jerusalem, der damals als salomonischer Tempel gelten konnte. Der König griff mit der Kirche in seiner Pfalz ein imperiales Konzept auf, das ihm wenigstens durch Berichte aus Konstantinopel und durch eige-

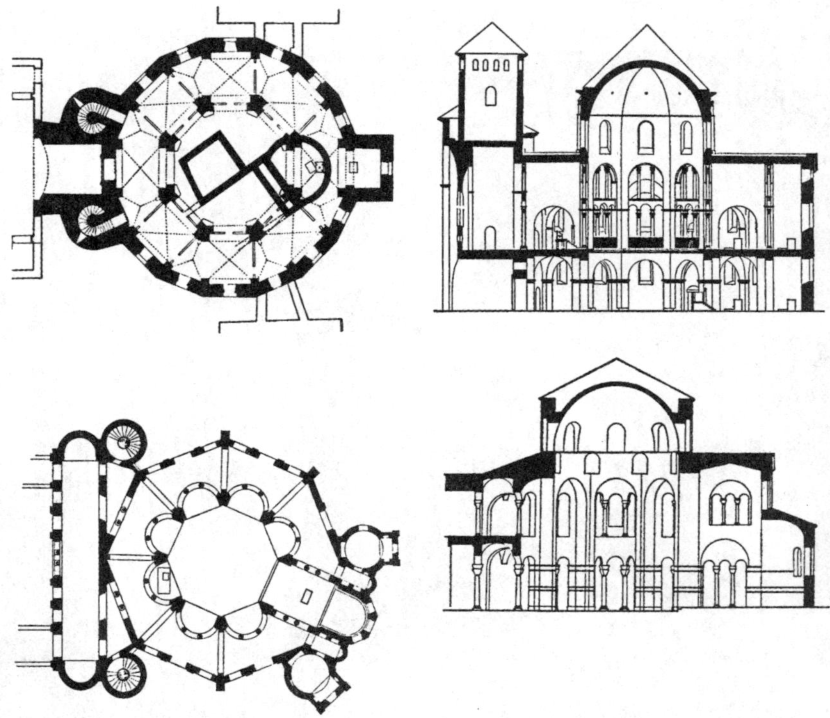

nen Augenschein in Rom und Ravenna nahegebracht worden war; er ergänzte es aber nach den Bedürfnissen westlicher Großkirchen. Läßt es sich genauer erkennen?

Zum Schmuck der Kirche dienten die antiken Säulen, Marmorteile und Bodenplatten, die aus Ravenna, vielleicht auch aus Trier und aus Köln herbeigeschafft worden waren. Wo das alles nicht ausreichte, ahmten Steinmetze mit einigem Geschick antike Muster nach. Die Bronzearbeiten für die Kirche – Tore und die Gitter für die Oberkirche – waren technische Meisterleistungen, deren Werkmeister unbekannt sind, deren Schmelzofen aber inmitten des Katschhofes aufgefunden wurde. Einhard-*Beseleel* wird gemäß Exodus 35,30–3 als Leiter der Güsse und Goldschmiedearbeiten vermutet[104]. Der biblische Beseleel hatte – auf dem Weg ins Gelobte Land – die Stiftshütte geschaffen und ausgestaltet. Skulpturen aus Elfenbein sorgten für königliche Pracht während der liturgischen Dienste[105].

Die Aachener Kirche besaß gleich dem spätantiken Bau in Ravenna ein oberes Geschoß, das Hochmünster, dessen Hauptaltar – wie die *Basilica Constantiniana* in Rom oder die Paveser Kapelle – dem Erlöser, dazu dem Heiligen Kreuz geweiht war, während die Unterkirche der Gottesmutter konsekriert wurde und wohl auch den hl. Petrus zum Patron hatte[106]. Zwei Register mit je 16 Säulen schmückten dieses Obergeschoß, das damit architektonisch vor dem Bodengeschoß hervorgehoben wurde. Auch dieses Detail dürfte Zitat gewesen sein. Denn 32 Säulen, jeweils 16 auf beiden Seiten, trugen den Obergaden der kaiserlichen Lateranbasilika[107].

38 Grundriß und Aufriß der Aachener Marienkirche und S. Vitale in Ravenna (aus: Aachen im Bild IX, *Museum Burg Frankenberg Aachen)*

Die Kirche stand im Jahr 796 vor der Vollendung und könnte, wenn vielleicht auch nur mit einem Teilbereich, an einem 17. Juli oder 8. September, einem Marienfest, geweiht worden sein. Das überlieferte Jahr ist keine Erfindung des Chronisten, wenn er auch keine Weihe erwähnte. Es wird bestätigt durch Verse Theodulfs aus dem Frühjahr 796. Sie handelten vom Dankgebet für den Sieg über die Awaren «mit zum Himmel erhobenen Augen, Geist und Händen» und zwar *in aula*, was heißt in der Kirche, und priesen dieselbe, «die sich als schöner Bau zu herrlichen Gewölben erhebt», *qua miris surgit fabrica pulchra tholis*. Von ihr schritt man zur Königshalle, *palatina sedes*[108].

Entsprechendes ergibt ein Brief Alkuins. Er bewunderte im Jahr 798 den vielleicht unlängst erst eingebauten Säulenschmuck der Kirche und feierte gemeinsam mit einer Dame des Hofes die Vesper in ihr[109]. Die antiken Säulen waren empfindlich und kostbar, zum Teil aus dem kaiserlichen roten Porphyr. Sie besaßen keine statische Funktion und dienten allein symbolischer Repräsentation und dem Schmuck. Das Fundament des Sechzehnecks weist zwar Erdbebenschäden auf; auch der bauzeitliche Estrich wurde in Mitleidenschaft gezogen. Die Schäden sollen im Jahr 803 (ArF), können aber auch früher oder später entstanden sein. Der Bau war zu Beginn des 9. Jahrhunderts im wesentlichen vollendet. Das Epos «Karolus Magnus et Leo Papa», das die Kirche im Jahr 799 bereits errichtet sein läßt, legt es nahe[110]. Im Januar 814 fand Karl in der

Kirche sein Grab; eine Kanonikergemeinschaft dürfte seitdem seine Memoria gepflegt haben.

Die benötigten liturgischen Handschriften wurden eigens geschaffen. Vielleicht kamen ihre Illuminatoren oder doch ihre Vorlagen gleich Marmor und Säulen aus Italien. Die kostbarsten

Schöpfungen, das vielleicht noch vor dem Jahr 800 entstandene, bis 1794 in Aachen gehütete, heute in Wien verwahrte «Krönungsevangeliar» (Abb. IV und V) und das noch immer zum Aachener Domschatz zählende, nur unwesentlich jüngere «Schatzkammer-Evangeliar», griffen auf spätantike, was hieß: auf «römische» Illustrationsprogramme zurück[111]. Imperiale Gesten auch hier. War das eine der beiden für die Oberkirche, das andere für die Unterkirche bestimmt? Wie immer, Aachens Erlöserkirche sollte so wunderbar erscheinen, wie die alten Kaiserkirchen in Karls Herrschaftsgebieten und wie der Tempel des Herrn.

39 Ein Blick aus der Kuppel der Aachener Marienkirche auf den Thron (aus: Die karolingische Pfalzkapelle in Aachen, *S. 248)*

Besondere Verehrung Marias durch Karl ist, auch wenn das Marienpatrozinium der Pfalzkirche nach Karls Tod sicher bezeugt ist (Einhard c. 17 und 31), nicht zu belegen. Karls Synoden und Konzilien, seine Kapitularien und Urkunden, die an ihn gerichteten Briefe wandten sich nicht eigens der Gottesmutter zu. Christus, der Apostelfürst Petrus, auch der Völkerapostel Paulus traten hervor, aber kein Marienkult[112]. Doch könnte die Kirche nicht anders denn die *Basilica Constantiniana* – unmittelbar belegt ist es freilich nicht – schon durch ihren Gründer zu einer Stiftskirche mit zwölf Kanonikern und eigenem Vermögen bestimmt worden sein, geweiht zu Ehren des Erlösers, der Gottesmutter und St. Peters, zum Gebet für den König und zur Pflege seines und seiner Familie Gedenkens. Sie wurde unter einem Dach mit der älteren Pfarrkirche eingerichtet. Doch wann? Karls «Testament» von 811, das Einhard (c. 33) überliefert, bedachte neben den Bischofskirchen seines Reiches und seinen Kindern, die Armen und die Dienerschaft der Aachener Pfalz, aber mit keinem Wort das Pfalzstift. Es wurde wohl erst danach gegründet.

Die älteste erhaltene Aachener Kaiserurkunde, ein Diplom Lothars I. von 855, dürfte diesen Sachverhalt bestätigen. Es werde nämlich erzählt, so hieß es da, Karl und sein Sohn Ludwig, Lothars Vater, hätten die «Kirche (*capella*) in Aachen von den Fundamenten auf errichtet, sie mit eigenem Vermögen ausgestattet und vielfältig geschmückt», auf daß «dort kontinuierlich (*iugiter*) der Gottesdienst gefeiert» werde. Von der älteren Pfarrkirche war keine Rede, obwohl sie institutionell fortbestand. Besitzzuweisung und

Memorialverpflichtung deuten auf eine Klerikergemeinschaft, mithin auf das Stift[113]. Grundlegung und Bau der Kirche waren freilich allein Karls Verdienst, so daß die weitere Einrichtung des Stifts in erster Linie Ludwig dem Frommen zuzuweisen ist; das legt dessen Gründung in den Jahren um 814 nahe.

Das Bauprogramm und die erhaltene Stifterinschrift der Pfalzkirche weisen in dieselbe Richtung[114]. Maria erscheint an keiner Stelle. Theodulf ließ Hiram-Odo die Kirche (*aedes*) dem «Hochthronenden» (*Altithrono*) gewidmet sein[115]. Meinte er den in der Kuppel thronenden Weltenrichter? Das wohl gemalte und nicht mosaizierte Kuppelbild wäre dann vor das Jahresende 800 zu datieren[116]. Seine apokalyptische Thematik (gem. Apc. 4,2) orientierte sich an römischen Vorbildern (etwa an der Fassade von St. Peter oder an dem Triumphbogen von St. Paul vor den Mauern), auch wenn die Ausführung eigene Wege ging[117]. Die Gestalt des thronenden Christus ist vielleicht sogar durch eine zeitgenössische Zeichnung in einer ehemals St. Galler Handschrift bewahrt[118]. Eine flüchtige, vermutlich von der Hand eines römischen Künstlers stammende Rötelvorzeichnung einer stehenden Madonna mit Kind, einer Mischung aus Hodegetria und Maria Regina, im südöstlichen Kuppelsegment greift zwar auf römische, im Norden noch unbekannte Vorbilder zurück, wurde aber dennoch verworfen und dem apokalyptischen Bildprogramm geopfert[119]. Nur der Bauherr kann einen solchen Schritt veranlaßt haben.

Die Erlöserkirche war unmittelbar dem Pfalzbereich eingegliedert und war ein Werk imperialer Architektur und ihrem Anspruch gemäß prachtvoll ausgestattet. Sie diente zugleich, auch das entsprach in bemerkenswerter Weise Konstantins des Großen Laterankirche in Rom, von Anfang an als Pfarrkirche für den Pfalzort und den *Fiscus* Aachen[120]. In dieser Kirche oblag dem König in besonderer Weise der Dienst und die Verehrung Gottes, die «christliche Religion», *religio christiana*; hier, vor dem Erlöseraltar, feierte der Kaiser in liturgischem Rahmen seine Anerkennung durch den byzantinischen Basileus, hier wurde Ludwig der Fromme zum Kaiser gekrönt[121]. Zum imperialen Anspruch aber trat apokalyptische Verheißung.

6

Die Erlöser- und Marienkirche in Aachen: Ein steingewordenes Gebet

Karls *Templum* war steinernes Zeichen seines Glaubens und tatsächlich mehr als nur ein repräsentativer Prachtbau. Oktogon und Sechzehneck unterlagen einer vorgegebenen Zahlensymbolik[122]. Beider Proportionen wurden durch die vollkommene Zahl sechs und die Acht, dem Zahlzeichen der Auferstehung Christi und der Auferstehung der Toten, bestimmt[123]. Solche Symbolik war in ihrer Bedeutung Karl bestens vertraut, wie durch einen Brief Alkuins bezeugt wird[124]. Der Kreisdurchmesser des Oktogons betrug 6 mal acht: 48 Fuß (zu 32,24 cm Länge), der des Sechzehnecks das Doppelte, die Gesamtlänge das Dreifache, mithin 144 Fuß, das Maß des himmlischen Jerusalem nach der Apokalypse des Johannes. Auch der Umfang des Oktogons, gemessen von innerer Ecke zu innerer Ecke, betrug 144 Fuß – erneut das Maß des himmlischen Jerusalem (Apc 21,17).

Drei Bogenreihen zogen die Blicke etwa 31 m, wiederum 48 Fuß, nach oben. Dort, in der Höhe der Kuppel, thronte der apokalyptische Weltenrichter (Apc 4,2–4) inmitten von 144 Sternen, wohl ein Symbol für die 144 000 Geretteten der Apokalypse (Apc 7,4–8 und 14,1), die nach Auffassung der Zeitgenossen gleichbedeutend war mit den Geretteten überhaupt[125]. Zu der vollkommenen Zahl sechs trat mit den acht Pfeilern des Oktogons und den zweimal 16 Säulen die Zahl acht, dazu mit den drei Bogenfeldern, die den Blick zum Weltenrichter emporzogen, die trinitarische und heilsgeschichtlich bedeutsame Drei. Auch in diesen Zahlen verbirgt sich das apokalyptische Maß: $6 \times 8 \times 3 = 144$. Der gesamte Bau war endzeitlich durchkomponiert, von unten bis oben, in höchstem Sinne vollendet. Karl war sich dessen ohne Zweifel bewußt[126].

Die Widmungsinschrift bestätigt die Deutung. Sie lief mit vier elegischen Distichen, mithin in acht Versen, «am Rand des Gesimses zwischen den oberen und unteren Bögen» um das Oktogon; von Maria fehlt hier jede Spur. In ihrer vorliegenden Form dürften

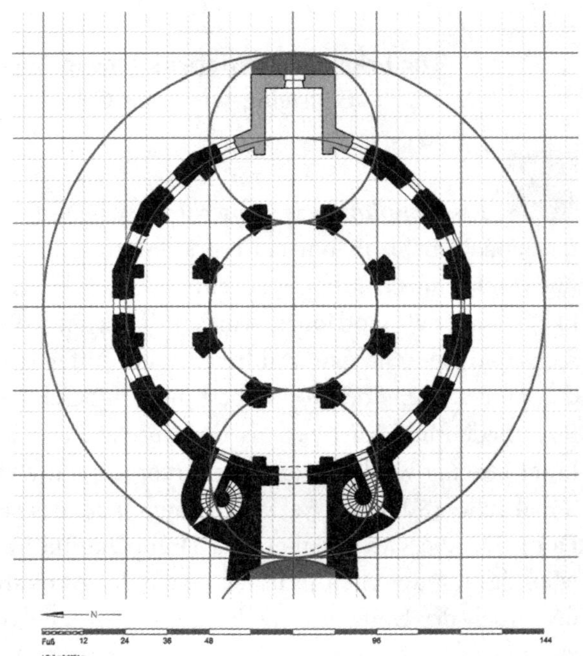

40 Grundriß der karolingischen Marienkirche: Der innere Kreis besitzt einen Durchmesser von 48 karolingischen Fuß, der mittlere von 96, der äußere von 144 Fuß (nach Ulrike Heckner).

die Verse von Alkuin stammen, entlehnten aber die ersten drei Distichen Prosper von Aquitanien, der seinerseits Gedanken Augustins zumal aus dessen Johannes-Kommentar übernahm:

Cum lapides vivi pacis conpage ligantur,
Inque pares numeros omnia conveniunt,
Claret opus domini, totam qui construit aulam,
Effectusque piis dat studiis hominum,
Quorum perpetui decoris structura manebit,
Si perfecta auctor protegat atque regat:
Sic Deus hoc tutum stabili fundamine templum,
Quod Karolus princeps condidit, esse velit.
(«Wenn lebendige Steine durch das Gefüge des Friedens verbunden sind und alles in geraden Zahlen zusammentrifft, dann leuchtet das Werk des Herrn, der den ganzen Kirchenbau fügt und den frommen Mühen der Menschen Wirkung verleiht, deren Werk ewiger Zier erhalten bleibt,

wenn sein Urheber das Vollendete schützt und lenkt.
So will Gott, daß dieser Tempel, den der *Princeps* Karl
gründete, auf festem Fundament sicher ruhe»)[127].

Diese gewaltige *Aula*, wie die Kirche genannt werden konnte, verkündete mit Baumaßen und Inschrift eine theologische Botschaft. Hatte Alkuin sie entworfen oder der ‹Hofbischof› und Komputist Hildebald? Als «lebendige Steine» galten – nach neutestamentlichem (1Petr 2,4–5) und patristischem Muster – die Gläubigen, in ihrem Friedensverbund die gesamte Kirche, das Himmlische Jerusalem, ja Christus selbst. Der «Herr» und «Urheber», den die Inschrift pries, konnte sowohl Gott als auch den Stifter, eben den König oder Kaiser meinen. Als glatte Zahlen – die acht und sechzehn Ecken, die zweimal acht Säulenpaare, die das Oktogon in seinen oberen Teilen schmücken – galten nur solche, die immer wieder in zwei gleiche Teile geteilt werden können; allein die eins bezeichnete die unteilbare Einheit, war somit die in den Zahlen verborgene Gegenwart des Weltschöpfers.

Der Kirchenbau erweist sich als ein komplexes Zeichen. Acht Verse lobten den Herrn, der die Kirche errichtet hatte, acht Gnaden Gottes hatte Karl empfangen, indem er zum Königtum aufgestiegen, acht «Säulen» auch, acht Königstugenden nämlich, trugen die «Burg Gottes», wie Cathuulf den König gemahnte[128], acht Säulen trugen das Dach des Lebensbrunnens, von dem Christus den Seligen der Endzeit zu trinken geben wird (Apc 21,6). Ihn illuminierte das Godescalc-Evangelistar, das unmittelbar von Karl und seiner Gemahlin Hildegard im Verlauf des Jahres 781 in Auftrag gegeben worden war[129] (Abb. II). Acht auch war die Zahl der Seligpreisungen (Mt 5,3–10), Sinnbild der Geretteten (1Petr 3,20 und 2Petr 2,5), Inbegriff des Neuen Bundes, Verheißung des ewigen Tages des Herrn. Acht Mühen (*curae*) führten nach dem zweiten Petrusbrief (1,5–10) den Gläubigen zur Erkenntnis Jesu Christi und schützten vor Sünde: «im Glauben Tugend, in der Tugend Erkenntnis, in der Erkenntnis Mäßigung, in der Mäßigung Geduld, in der Geduld Frömmigkeit, in der Frömmigkeit Bruderliebe, in der Bruderliebe die Liebe». Die Liebe aber besitzt nach Paulus 16 Eigen-

41 *Das Kuppelmosaik der Aachener Marienkirche nach Giovanni Giustino* CIAMPINI, Vetera Monimenta 1, *Rom 1690*

schaften (1Cor 13,4–8)[130]; sie war Gott, wie der Evangelist Johannes lehrte (1Joh.4,16). Jedes Element von Karls Tempelbau wies über sich hinaus, war endzeitlich getöntes, anagogisches Zeichen.

Zu solchen Botschaften tritt ein alter Hymnus des Breviers. Entstanden ist er vielleicht vor 700, vermutlich aber kurz vor dem Jahr 800; seine älteste Handschrift weist gleichfalls in diese Zeit. Manche Hymnologen vermuten westgotisch-spanischen Ursprung. Vermittelte Theodulf von Orléans den Text oder seine Thematik nach Aachen? Gesichert scheint nichts zu sein. Der Hymnus verwandte in seinen acht Strophen gleichfalls das Bild von den «lebendigen Steinen» und ihrem «Gefüge» in der Wand (*compago parietis*), das in Aachen zum «Gefüge des Friedens» (*compago pacis*) geworden war. Die ersten sechs Strophen kennen zudem zahlreiche eschatologische Anspielungen auf die Apokalypse, auf Jesaias, Daniel oder auf Gregors des Großen Ezechielkommentar, durchweg einschlägige Zeugnisse, die sich bestens zum Aachener Kuppelmosaik fügten[131].

Einerlei ob ursprünglich acht oder sechs Strophen, beide Zahlen kehren in der Aachener Kirche wieder. War dieser Hymnus, der zum Kirchweihfest gesungen wird, für ihre Weihe entstanden oder doch zu diesem Anlaß gesungen? Das Bild der «lebendigen Steine» begegnete in der Zeit um 800, soweit bekannt, nur in einem einzigen weiteren Gedicht Alkuins, des angelsächsischen Gelehrten am Hof Karls des Großen, freilich in einem völlig anderen und rein angelsächsischen Kontext[132]. So drängt sich die Verbindung des Hymnus mit der Aachener Pfalzkirche unmittelbar auf.

Der Hymnus beginnt[133]: *Urbs beata Jerusalem, dicta pacis visio, / Quae construitur in coelis vivis ex lapidibus* (vv. 1–2). Spätere Verse wenden sich Christus zu: *Angularis fundamentum lapis Christus missus est, / Qui compago parietis in utroque nectitur* (vv. 15–6). Die «lebendigen Steine»: das ist das himmlische Jerusalem; Grundstein und Verbund der Steine: das ist Christus. Eben diesen Gedanken sprach der Stiftervers der Aachener Pfalzkirche aus: War diese, seine Kirche tatsächlich für Karl über alle imperiale Bedeutung hinaus zugleich Sinnbild des himmlischen Jerusalem?

Gleichsam Thronsaal des Erlösers? Das Patrozinienprogramm harmonierte mit dem Hymnus, insofern seine sechste Strophe, die wie eine Doxologie wirkt, auf die Trinität verweist: *Omnis illa Deo sacra et dilecta civitas, ... Trinum Deum unicumque cum favore praedicat.* Der Vers verkündet den dreieinigen Gott, Vater, Sohn und den von beiden ausgehenden Heiligen Geist. Inmitten des Aachener Oktogons aber stand ein der Trinität geweihter Altar[134].

Dieser Bau war über alle sinnliche Zeichenhaftigkeit hinaus raum- und bildgewordene Verheißung, ein großes Gebet, ein Bekenntnis und ein persönlicher Fürstenspiegel obendrein. Seine Proportionen folgten dem apokalyptischen Maß von 144 Fuß. Das Kuppelbild über zweimal sechzehn Säulen gespannt – im 19. Jahrhundert erneuert – vergegenwärtigte die *Maiestas Domini*, umgeben von den 24 Ältesten, ein apokalyptisches Motiv: «Und siehe, ein Thron war gesetzt im Himmel und auf dem Thron saß einer; und der da saß, war anzusehen wie Jaspis und Sarder ... Und um den Thron waren 24 Throne und auf den Thronen saßen 24 Älteste» (Apc 4,2–4)[135].

Einhard, der von der Schönheit der Kirche schwelgte, erwähnte die (antiken) Säulen und den Marmor, sprach von Gold und Silber, von den Lichter(krone)n und den ehernen Arbeiten der Tore und Gitter (wofür er vielleicht selbst zuständig gewesen war), schwieg

sich aber aus über den Bildschmuck der Kirche und dessen theologisches Programm. Hatte er dieses letzte nicht entworfen? Karl aber kannte, von Alkuin instruiert, die religiöse ‹Zahlentheorie› und die Botschaften der Apokalypse und hörte sich immer wieder an das Ende der Zeiten gemahnt. Gerade auch das erste große Reformprogramm, das in Aachen beschlossen worden war, die «Admonitio generalis», hatte diese Mahnung Klerus und Volk mit auf den Weg gegeben[136].

42 *Aachen Marienkirche, Nikasius-Altar und die Rücklehne des Throns*

Der römischen Salvatorkirche in Sichtweite benachbart lag zudem die Kirche, die damals gewöhnlich *Hierusalem* hieß; sie war dem Heiligen Kreuz geweiht. Auch ihr Patrozinium nahm Karl in seine Pfalzanlage auf und vereinte damit, was in Rom räumlich getrennt lag. Denn es war der obere Umgang der zweigeschossigen Pfalzkirche, der dem Salvator und dem Hl. Kreuz geweiht wurde. Hier, inmitten der Pfalz des Königs oder Kaisers, versammelte sich das Volk zum Gottesdienst. Dorthin stieg es – wie in Rom auf den Hügel – so in Aachen über zwei Wendeltreppen hinauf.

Wahrscheinlich besaß Karl – wie sein Quasi-Schwiegersohn Angilbert – einen Splitter vom Heiligen Kreuz. Doch die Analogie ging vermutlich noch weiter. Alkuin etwa nannte einmal Aachen als Karls *Jerusalem optatae patriae*, als das Jerusalem seiner ersehnten Heimat, in dem der Tempel Salomos, mithin die Pfalzkirche errichtet würde. War das nur eine dem König schmeichelnde Metapher? Doch besaß auch das Lateranbaptisterium eine schon unter Honorius I. errichtete Heiligkreuzkapelle und die Laterankirche eine von Sergius I. gestiftete Kreuzreliquie, die an Karfreitag in der Prozession zur Stationskirche Santa Croce mitgeführt wurde[137]. Die kultische Verbindung von Erlöser und Kreuz hatte somit auch im Lateranareal ihr Vorbild. Karl dürfte es bedacht haben.

Er verlangte in der Tat nach sinnlichem Zeugnis des verheißenen «Vaterlandes» und begnügte sich nicht mit dem Kreuzessplitter. Er hatte vielmehr – wohl bald nach der Kaiserkrönung – im oberen Geschoß der Kirche, dem Hochmünster, einen Thron aus antiken Marmorplatten errichten lassen, die aller Wahrscheinlichkeit nach aus Jerusalem, vermutlich aus der Grabes- und der Golgathakirche herbeigeschafft worden waren. Sie durften als

Reliquien gelten. Hatte doch auch Angilbert durch seines Herrn Vermittlung kostbarste Reliquien aus dem Umfeld des Heiligen Grabes erhalten[138]. Der König und Kaiser aber hatte zweifellos noch Wertvolleres empfangen. Einhard freilich, der den Schmuck der Kirche relativ ausführlich beschrieb (c. 26) und nur pauschal

43–44 *Stephansburse, Wien, Weltliche Schatzkammer*

die Reliquiengaben aus dem Heiligen Land erwähnte, schwieg sich über den Thron ebenso aus wie über den Bildschmuck der Kirche, obgleich derselbe zur ursprünglichen Ausstattung der Marienkirche gehörte[139].

Die rechte Wange des Throns, seine der Sonne zugewandte Schauseite, und seine Rückenstütze zeigen noch immer antike, höchst profane, aber auch fromme Einritzungen, darunter ein Mühlespiel, auch eine flüchtige Kreuzigungsdarstellung. Die Ritzungen hätten leicht weggeschliffen oder im Throninnern verborgen werden können. Doch sollten sie offenbar gesehen werden und für Karls Zeitgenossen die Authentizität ihrer Herkunft bekunden – ihrer Herkunft eben vom Kalvarienberg (wo sich einst die römischen Soldaten unter dem Kreuz mit Würfelspiel die Zeit vertrieben hatten) und aus der Grabeskirche. Den Boden, auf dem der Thron zu stehen kam, bedeckten der Kostbarkeit der Reliquie entsprechende antike Stücke, darunter roter und grüner Porphyr, ohne Zweifel Importe aus Ravenna oder Rom[140].

Die Form dieses Thrones dürfte sich ursprünglich schlicht ausgenommen haben, mit einer trapezförmigen Rücklehne, geringer erhöht als heute und nahe am Rand des Oberstocks «zwischen zwei marmorne Säulen» postiert, die dort stehen[141]. Heute findet sich der Thron in die Mitte des Umgangs zurückversetzt und gleich Salomons Thron (1Kg 10,18–20) über sechs Stufen zu besteigen. An seine Rückwand angelehnt findet sich seit 1305 der Nicasius-Altar. Er dürfte einen karolingischen Vorgänger besessen haben. Unter dem Sitz befindet sich ein Hohlraum, der zumindest zeitweise eine weitere kostbare Reliquie aufgenommen zu haben scheint, die goldene Burse nämlich mit der vom Blut des Protomärtyrers Stephan getränkten Erde, die dann zu den Reichskleinodien gehören sollte[142].

Dieses Heiltum könnte durch den am Stephanstag 795 zum Papst gewählten Leo III. an Karl gelangt sein; die Gebeine des Heiligen befanden sich seit dem späteren 6. Jahrhundert der Tradition nach in S. Lorenzo fuori le mura, der großen Friedhofskirche Roms. In diesem Hohlraum könnte aber auch die mittlerweile verschollene Kreuzreliquie des Königs deponiert worden sein. Beide Reliquien verweisen nach Jerusalem. Der Thron war demnach Reliquie und Reliquiar in einem. Daß Karl ihn je bestiegen hätte, ist nicht bezeugt. Erst Otto der Große machte ihn – in die Mitte des Umlaufs zurückversetzt und erhöht – aus Anlaß sei-

45 Hetoimasia (Bereitung des Throns), Ravenna, S. Vitale (früheres 6. Jahrhundert)

ner oder seines Sohnes Krönung im Jahr 936 oder 961 zu einem Königsstuhl[143].

Was aber bedeutete ein leerer Thron? Die Liturgie dürfte eine Antwort weisen. Sie kennt den leeren Thron, gemäß dem letzten Kapitel der Apokalypse als *Hetoimasia* (Etimasie) (Apc 22,1–4), als «Thron Gottes und des Lammes, dem seine Diener dienen werden», und gemäß Ps 88 (89),15 als endzeitliche Bereitung des Thrones für den Kommenden, den Weltenrichter[144]. «Gerechtigkeit und Gericht sind Deines Thrones Bereitung». Zeichen also des Kommens Christi und der Erwartung des Jüngsten Gerichts? Eine solche Deutung fügt sich bestens zu dem, was sonst über die Aachener Kirche bekannt ist, zu ihrem apokalyptischen Baumaß, ihrem Kuppelbild oder dem vermutete Weihehymnus.

Die Zurüstung des Thrones war dem Westen im früheren Mittelalter durch eine Reihe von Mosaiken und aus der Liturgie der zweiten Weihnachtsmesse (mit Ps 92 (93),1) vertraut. Karl dürfte sie unmittelbar vor seiner Kaiserkrönung gehört haben und konnte sie während der Krönung in der Confessio der Peterskirche zu Rom[145], dann auch im Triumphbogenmosaik der großen Marienkirche, S. Maria in Praesepe, und andernorts bildhaft mit eigenen Augen bewundern. Die üblichen «Akteure» der Zurüstung, Engel oder die Apostel Petrus und Paulus, könnten als Wandbilder an den Pfeilern seitlich des Thrones imaginiert gewesen sein[146].

In der Ostkirche war das Thema der «Zurichtung» weit verbreitet. Zwar kennen wir den einstigen Bildschmuck der Hagia Sophia nicht; doch dürfte dort ein solcher Thron gestanden und Karl zum Vorbild gedient haben. Auch kann der Elfenbeinthron des Erzbischofs Maximian von Ravenna, eine Gabe vielleicht des Kaisers Justinian, geschmückt mit Szenen des Jesuslebens, doch zu klein, um als Sitz zu dienen, als Sinnbild der Hetoimasia gedeutet werden. Karl dürfte «seinen» Thron als wesentlich für den anagogischen, zum himmlischen Jerusalem aufsteigenden Sinn seiner Aachener Stiftung betrachtet haben. Der Priester, der am Thronaltar zelebrierte, konnte aufblicken zu dem kommenden Richter. Wie dem aber sei, Karl erfuhr sich in dieser, seiner Kirche nicht nur in der Nachfolge Justinians, sondern als König und Kaiser in Erwartung des neuen Äons, des kommenden Gerichts.

Hier stimmte alles zusammen: Karls Pfalz, die Königshalle, das apokalyptische Maß des Kirchenbaus, die ‹römischen› Säulen und Kapitelle, die imperiale Symbolik, die Patrozinien, der Reliquienthron und die Hetoimasia, der Weltenrichter und Redemptor der Kuppel mit ihren 144 Sternen, der weite Platz zwischen Königshalle und Kirche, die Theoderichstatue auf demselben – sie alle gehörten zusammen, bildeten eine Einheit, deren Name *ad Lateranis* verrät, wo das Vorbild von Karls Pfalzanlage zu suchen war: in Rom, im *Palatium* Konstantins des Großen. Karls Pfalz orientierte sich am konstantinischen Herrschaftszentrum, wie es sich ihm nach den «Actus b. Silvestri» und wiederholtem eigenen Augenschein darbot, und übertraf es zugleich, insofern der königliche und kaiserliche Bau- und Hausherr in Aachen – anders als der erste christliche Kaiser – bis zu seinem Tod die Rechtgläubigkeit bewahrte, die Häresie bekämpfte und der Erlösung harren durfte.

Auch dies letzte bekundete – seit wann? – ein Altar in seiner Kirche: Er stand inmitten des Oktogons, direkt unterhalb des thronenden Weltenrichters und war der Trinität geweiht, deren rechte Verehrung Karl gegen Adoptianismus und gegen bildverehrende oder bildfeindliche, gegen die das *filioque* ablehnenden Griechen verteidigt hatte[147]; er war Inbegriff von Karls Glauben und Herrschertum. Doch gleich Konstantin in der von ihm errichteten Salvatorkirche seines Palatiums so wünschte auch Karl, daß «das Christenvolk gemeinsam mit uns zusammenkomme und seiner (Christi) Gottheit danke» und zwar in seiner Pfalzkirche[148]. Sie war seit jeher mit ihrem Hochmünster Pfarr- und Taufkirche für das Volk von Aachen.

Mit all diesen Zeichen, mit der imperialen Architektur, die unmittelbar an die Grabes- und an die Himmelfahrtskirche auf dem Ölberg erinnerte[149], mit dem apokalyptischen Baumaß und dem apokalyptischen Kuppelbild, mit der Hetoimasia, dem Patrozinienprogramm, mit dem Sinnbild der 144 000, die mit «dem Namen des Lammes und seines Vaters auf ihrer Stirn gezeichnet waren» (Apc. 14,1), mit dem vermutlichen Weihehymnus *Urbs beata Jerusalem*, der das himmlische Jerusalem pries, mit all diesen Zeichen vergegenwärtigte Karls *Templum* zugleich die Stadt des Heiligen Grabes, der Himmelfahrt und der Wiederkehr Christi zum Gericht. Die Erlöserkirche ließ die Heilshoffnung ihres Stifters Gestalt werden. Herrschertum und Heilswissen, römische Liturgie und rechtes Bekenntnis vereinten sich mit dem «Gefüge der Wand» und den «lebendigen Steinen» zum Gebet und zum Maß seiner eigenen Seele. Das Mysterium des christlichen Glaubens – *christiana religio* – offenbarte sich hier, in Aachens Pfalzkirche, dem König und Kaiser und allen Gläubigen aufs neue.

7

Weitere Pfalzbauten Karls des Großen

Aachen war nur die vornehmste Pfalz in der Spätzeit Karls des Großen. Ihre Kirche können wir beschreiben, weil sie seit 936, vielleicht auch erst seit 961 als Krönungskirche der deutschen Könige, als Grabkirche Karls des Großen und Ottos III., als Memorialstätte des Kaisers Karl IV. im wesentlichen den Stürmen des kommenden Jahrtausends zu trotzen vermochte. Die anderen Pfal-

zen – Nimwegen etwa oder Ingelheim bei Mainz am Rhein, auch Paderborn[150] inmitten des Sachsenlandes, wohin Karl wiederholt Hoftage einberief und wo er den Papst Leo III. empfing, – sind mehr oder weniger vollständig untergegangen. Ihre Ausstattung ist unbekannt. Einhard erwähnte die beiden ersten als «Zierde des Königtums» (*ad regni decorem*, c. 17). Doch fehlten die Bäder. Die neu errichtete Königshalle von Ingelheim läßt sich durch neuere archäologische Grabungen wenigstens in ihren Dimensionen relativ gut rekonstruieren. Sogar ihr Bildschmuck dürfte aufgrund einer poetischen Beschreibung durch Ermoldus Nigellus, der um 830 zur Feder griff, überliefert sein[151]. Die Bilder imaginierten in vielen Szenen und in lockerem Anklang die Lehre von den vier Weltreichen, wie sie aus dem Propheten Daniel deduziert wurde, und wie zumal der christliche Geschichtsschreiber Orosius sie vortrug.

Die Fresken – oder waren es Bildteppiche? – thematisierten auf der einen Seite der Aula einen Zyklus zur Geschichte der Weltherrschaft angefangen bei Cyrus und Ninus, was wohl hieß bei dem babylonischen Ninus-Nimrod und dem persischen Kyros, und gelangten über verschiedene Herrscher zu Alexander dem Großen und vielleicht zu Augustus, umrissen also die Historie von den gewalttätigen und hochmütigen Heiden zur Peripetie der Weltgeschichte; sie zeigten dann auf der gegenüberliegenden Wand die christlichen Herrscher von Konstantin und Theodosius zur eigenen Gegenwart und zu den Helden des karolingischen Hauses mit

Karl Martell, dem Sieger über die heidnischen Friesen, und Pippin, der ganz Aquitanien gegen die Muslime zurückgewann, hin zu Karl dem Großen, der mit zwiefachem Bild als Herrscher Italiens und als Sieger über die heidnischen Sachsen vergegenwärtigt war; die Deutung könnten beigefügte Bildtituli vermittelt haben. Ausbreitung der Kirche, Rückführung der Welt zu Gott: so könnte man den Bildschmuck zusammenfassen.

46 Modell der Königspfalz Ingelheim. Die Königshalle ist das große Gebäude links.

Ob auch die Pfalzkirche ausgeschmückt war, wie Ermold behauptete, sei dahingestellt; die Aussage könnte sich einer Verwechslung mit St. Alban in Mainz verdanken. Dieser Zyklus habe auf der linken Seite die Geschichte vom Sündenfall bis zum Bau des Salomonischen Tempels imaginiert, während die rechte Seite dem Erdenleben Christi von der Verkündung bis zu Himmelfahrt und der Herrlichkeit des Pantokrators vorbehalten war[152].

Aachens Königshalle könnte mit entsprechenden Bildprogrammen ausgezeichnet gewesen sein; jedenfalls blieben seine Wände ebensowenig kahl wie die der Marienkirche[153]. Der Königshof, die Pfalzen hier oder da bildeten Momente der Herrschaft. Ihr Wandschmuck brachte Selbstdeutungen des Königtums ins Bild und griff weit darüber hinaus. Die Bauensembles waren durch ihre Anlage und Ausstattung, durch ihre programmatischen Imaginationen und durch weitere Zeichen – wie etwa die Reiterstatue des «Theoderich» oder auch eine Orgel – als imperiale Bedeutungsträger, als Bekundungen eines christlichen Königtums ausgewiesen, das sich mit römischem Kaisertum auf einer Höhe wußte. Karls Pfalzbauten, die er im letzten Jahrzehnt das 8. Jahrhunderts zu errichten begann, wandten sich damit an eine Öffentlichkeit, die sich von Mal zu Mal, vom König einbestellt, in den Hallen versammelte. Sie staunte, sie lernte und sie ahmte nach. Sie wußte um den Rang ihres Herrn und war bereit, ihm «nach Rom» zu folgen, zur Höhe des Kaisertums.

VIII

ERNEUERUNG DER KAISERWÜRDE

I

Zeichen der Endzeit: Häresien und ihre Abwehr

Wir wissen, in den Jüngsten Zeiten treten Pseudolehrer auf, wie es der Herr selbst im Evangelium vorhersagte und auch Paulus in seinem Brief an Timotheus bezeugt». Mit dieser Gefahrenmeldung schloß die «Admonitio generalis». Die Warnung war berechtigt. Bald trafen aus Spanien erste Hinweise auf Häresien ein und die «Griechen» schienen sich dem Idolatrismus zu nähern. Die Gefahrensignale nahmen zu. «Deshalb, ihr Geliebten, rüstet euch mit ganzem Herzen in der Wissenschaft der Wahrheit, damit wir uns denen widersetzen können, die sie bestreiten». Karl – in Sorge ob den jüngsten Zeiten – wachte über den Glauben.

Eigene Worte des Königs bestätigten seine eschatologischen Erwartungen. Als Theodulf in Auseinandersetzung mit dem griechischen Bilderkult unter Benutzung des 29. Psalms (v. 6) das Weinen am Abend und die Freude des Morgens eschatologisch auslegte, daß nämlich der Abend «unsere Zeit, in die das Ende der Zeiten falle, und den Tag des Jüngsten Gerichts» bezeichne, der Morgen aber die Zeit der Auferstehung und der Belohnung der Heiligen, da stimmte ihm der König lebhaft zu: «fein gesagt», *eleganter*[1]. Auch als die Prophetie des Jesaias (2,2–3) für «die Jüngsten Tage» angesprochen wurde, blieb Karl nicht stumm[2]. Endzeit und Jüngstes Gericht beschäftigten ihn fortgesetzt, mit wachsendem Alter wohl mehr als in der Jugend. Vielleicht waren es ja gerade auch die letzten Bücher der «*Civitas Dei*» des hl. Augustinus, die er besonders schätzte.

Das Auftreten von Häresien wurde von Zeitgenossen an Karls Hof wie Alkuin in der Tat als Zeichen des herbeieilenden Weltendes gedeutet, Idolverehrung als Kult des Antichrist. Die Zeiten waren gefährlich. Alles war in Aufruhr. So hatte Paulus vor dem hereinbrechenden Ende gewarnt (2Tim3,1)[3]. Endzeiterwartung gehörte für Christen seit jeher zum intimsten Kern ihres Glaubens. Die heiligen Schriften lehrten sie. Sie verbreitete sich mit der Taufe, im griechischen Osten so gut wie im lateinischen Westen. Ihre Botschaft war eindeutig. Der Apostel Paulus hatte vor «falschen Brüdern» (Gal. 2,4) und «falschen Aposteln» (2.Kor 11,13) gewarnt, Petrus vor «falschen Lehrern» (2.Petr 2,1). Karl kannte die Botschaft. Der Herr selbst hatte sie für die Endzeit angekündigt (Mt 24,5), ohne daß das Auftreten dieser Pseudoapostel schon das Ende selbst einläuten sollte. Wohl aber verwies es unabweislich auf dessen Nahen.

So galt es, wachsam zu sein. Die Schrecken aber, die jene jüngsten Zeiten erfüllen sollten, verbreiteten sich als vorauseilendes Wissen im Volk und unter seinen Eliten. Mit Gebeten rüstete man sich. Karl machte da keine Ausnahme. Alkuin mahnte ihn eindringlich, «in diesen letzten Zeiten der Welt» (*his novissimis mundi*) «Verderbtes zu bessern» und «die von düsterer Unwissenheit blinden Seelen zum Licht des wahren Glaubens zu führen». Das sei Lob und Lohn für ihn «im Gericht des Großen Tages». Die Nähe des Jüngsten Gerichts forderte die größten Anstrengungen. Denn «die Zeit des irdischen Lebens eilt rasch vorüber und kehrt nicht zurück».

> *Cot almahtîco, dû himil enti erda gauuorrahtôs*
> *Enti du mannun sô manac coot forgâpi,*
> *forgip mir in dîno ganâda rehta galaupa*
> *enti côtan uuilleon, uuîstôm enti spâhida enti craft,*
> *tiuflon za uuidarstantanne enti arc za piuuîsanne*
> *enti dînan uuilleon za gauurchanne.*
> (Allmächtiger Gott, der Du Himmel und Erde erschaffen hast und den Menschen so viel Gutes gegeben hast, gib mir in Deiner Gnade rechten Glauben und guten Willen, Weisheit und Klugheit und Kraft, den Teufeln zu widerstehen und das Böse zu meiden und Deinen Willen zu verwirklichen.)
> (Vgl. Abb. 3)

Es war kein armer Zeitgenosse, dessen Gebet in Wessobrunn überliefert wurde. Karl könnte Gleiches erfleht haben. Reichtum und Macht verdankte er Gott, mit gutem Willen befolgte er die göttlichen Gebote, ließ er unter den Heiden den Glauben verbreiten, Häresie verfolgen, die Kirche aufrichten. Mit Kraft, Klugheit und Weisheit regierte er sein Reich und lenkte er die Kirche; prachtvoll erhob sich der neue «Tempel» in Aachen. Die Teufel aber rüsteten zum Kampf um die Seelen, wenn der Tag käme, an dem es ans Sterben ginge. Alsbald erhöbe sich ein gewaltiger Kampf zwischen den Heeren der Hölle und des Himmels. Wessen Heer würde seine Seele nach dem Tode zugeführt? Satans oder der Engel? In der Hölle siedete schon das Pech, in das die Verworfenen geworfen würden. Manch einer der Mächtigen bangte um sein Heil.

Furcht, ja, Angst vor dem Gericht packte arm und reich. Die Schrecken der Endzeit warfen ihre Schatten voraus, und keineswegs nur das schlichte, ungebildete Volk geriet in Sorge. Selbst ein Heiliger wie der von Karl besonders verehrte Augustinus hatte sich, wie er in seinen «Bekenntnissen» einräumte, ein Leben lang vor dem Tod und dem göttlichen Gericht gefürchtet (Conf. VI,16,26). Auf Gnade ließ sich nur hoffen, nicht pochen; ein Mächtiger wie Karl wußte darum und folgte, so gut er es vermochte, den Weisungen der Heiligen.

Tod und Gericht trafen zusammen und bedrohten einen jeden. «Da hörte ich sagen die Weltweisen»: Am Tag des Gerichts kämpfe Elias gegen den Antichrist, Elias werde verwundet, sein Blut tropfe auf die Erde und entzünde den Weltbrand. Alles brenne, Berge und Bäume, die Moore verschlängen sich selbst, der Himmel verbrenne. Dann geht's zum Gericht. Keine Lüge, kein Meineid helfen dort. Die Botschaft von Weltende und Gericht ließ Karl eigens verbreiten. In der Mahnung zu ihr gipfelte und schloß die «Admonitio generalis» von 789. Sie war ein Mittel zur Disziplinierung des Volkes.

Vorstellungen vom Weltbrand, wie sie das zitierte bairische «*Muspilli*»-Lied in Verse packte, kursierten im Reich Karls des Großen. Sie verlangten buchgelehrtes Wissen. In ihnen spiegelte sich der Glaube der Prediger und der literaten Eliten. Apokalyptik war Expertenwissen, setzte Bildung voraus. Verbreitet wurde sie und geschürt wurde die Angst eben von den Schriftgelehrten, nicht von ungebildetem Volk. Karl, der König und Kaiser, wird sein eigenes und das Weltende mit gleichartigen Visionen erwartet haben. Doch wann würde das letzte sich ereignen? Würde es zu seinen Lebzeiten geschehen? Bald hernach? Irgendwann später? Wer sollte es wissen? Ließe sich Gewißheit erlangen?

Der König und seine Gelehrten deuteten mit keiner Silbe an, wie nah bevorstehend oder wie entfernt noch diese Schlußphase der Heilsgeschichte sei. Doch aus Spanien kam beunruhigende Kunde, und die Ereignisse in Konstantinopel schienen sie zu bestätigen. Stand das Ende bevor? Wer die Geschichtsbücher nachschlug oder sich bei den Kirchenvätern informierte, stieß auf eine Reihe sich widersprechender Autoritäten. Häretiker stimmten in diesen Chor ein, aber Heilige wie Hieronymus, der Übersetzer der Vulgata, ein Kenner also der ganzen Bibel, gaben den Ton an. Andere beruhigten in Unruhe versetzte Gemüter, ohne das Nahen des Endes selbst zu bestreiten. Mit jedem Jahr wurde die Zeit knapper, schmolz die Frist der 6000 Jahre, die der Welt insgesamt vergönnt waren; und das wollte bedacht sein.

«Vom Ursprung der Welt bis zur Ankunft des Herrn sind es 5199 Jahre ... Von der Inkarnation des Herrn bis zum zwanzigsten Königsjahr des Königs Karl sind es 789 Jahre». So rechneten die Lorscher Schöpfer des Prototyps des karolingischen Reichskalenders, der eben in diesem letztgenannten Jahr entstand, dem 5988. Jahr seit Erschaffung der Welt[4]. Die Zählung folgte dem hl. Hieronymus und offenbarte eine beunruhigende Nähe zu heilsgeschichtlich relevanten Terminen, dem Ende nämlich des sechsten Jahrtausends. Ganz entsprechend hatte Paulus Diaconus seiner Herrin, der Königstochter Adelperga, im Jahr 763 die Zeiten vorgerechnet. Bis zur Vollendung des sechsten Jahrtausends fehlten auch für ihn nur noch 38 Jahre. Noch lägen Königreich und beneventanisches Fürstentum in tiefstem Frieden. Die Mahnung aber endete: «Der himmlische Richter kommt wie ein Blitz vom Himmel. Tag und Stunde sind den Sterblichen verborgen. Glücklich wird sein, den der Herr bereitet findet. Wenn Arechis, der gnädige Fürst mit seiner erlauchten Gattin, vor Deinem Thron, Du gerechter Richter, steht, gib ihnen mit den Erwählten ewige Freude»[5]. Man durchlebte brandgefährliche Zeiten. Der Weihnachtstag des Jahres 800, der erste Tag des Jahres 801 nach karolingischer Zählung, brächte, wenn die Rechnung der Heiligen stimmte, die Vollendung der Weltalter. Denn 6000 Jahre sollte die Welt nach den Überzeugungen der Rabbinen und nach dem Glauben der Kirchenväter überdauern[6].

Auch andernorts, etwa im nordspanischen Kloster Liébana, rechnete man in analoger Weise. Der Abt Beatus zählte in seinem Apokalypse-Kommentar besonders genau[7]. Er hatte ihn um das Jahr 786 (nach anderer Handschrift 776) in heller Sorge vor den Muslimen und in Erwartung des baldigen Tags der Auferstehung der Toten zum Gericht verfaßt. Nur noch 14 (24) Jahre fehlten bis zur Vollendung des letzten Jahrtausends und dem Kommen des Weltenrichters; nicht das Jahr, allein Tag und Stunde zu wissen hatte Gott sich vorbehalten[8]. In gleicher Weise kalkulierte die mozarabische Chronik von 754[9]. Nur der griechische Osten, Byzanz und die orthodoxe Kirche, folgten einer anderen Zählung, die sich an der Septuaginta, nicht an der Vulgata orientierte.

Endzeitwissen aber galt der universalen Kirche. Karl hatte bislang Kriege an den Grenzen seiner Königsherrschaft geführt, dieselben auch vorgeschoben, er hatte seine Herrschaft im Innern gefestigt wie keiner seiner Vorfahren und Vorgänger, hatte sie mit den Zielen der Kirche vereint, die Christenheit nach dem Osten ausgeweitet, Frieden und Gerechtigkeit geboten, hatte die Kirchen unter seiner Gewalt geordnet und gestärkt, sein Haupt in Demut vor dem Nachfolger des Apostelfürsten gebeugt. Jetzt galt es, die universale Kirche weltweit, die Christenheit insgesamt zu schützen. Jetzt trat Karl vor universale Aufgaben, die weit über die engen Horizonte eines Frankenkönigs hinauswiesen.

2

«Sich den Feinden der Wahrheit widersetzen»

Die apokalyptischen Reflexionen des Beatus von Liébana wurden von einer sich ausbreitenden Häresie begleitet. Der Abt schrieb angesichts und in Abwehr einer aus den Ländern der Muslime anbrandenden Irrlehre; eigens korrespondierte er ihrethalben mit Alkuin, der selbst einen Apokalypse-Kommentar verfaßt hatte oder verfassen wird[10]. Sie ging von dem mozarabischen Toledo aus, von Christen also, die unter muslimischer Herrschaft lebten, hatte aber schon das Bistum Urgell in den Pyrenäen erreicht. Die führenden Repräsentanten der neuen Lehre waren der Erzbischof Elipand von Toledo und der Bischof Felix von Urgell. Sie erklärten – auf Paulus sich berufend – Christus entgegen dem (im Frankenreich verbreiteten und in die fränkische Volkssprache übersetzten) apostolischen Glaubensbekenntnis nicht einfach zu Gottes «eingeborenem» Sohn (*filium unicum, suno sinan einagon*)[11]; sie lehrten vielmehr, Christus sei zwar seiner göttlichen Natur nach Gottes eingeborener Sohn, seiner menschlichen Natur nach aber von Gott nur zum Sohn angenommen, erklärten den Menschen Jesus also – vereinfacht gesprochen – zu einem «Adoptivsohn» Gottes[12].

Das war keinesfalls katholisch. Besorgt richtete der Papst ein Mahn- und Lehrschreiben an die Spanier, das er umgehend auch an den König weiterleitete[13]. Im königlichen Archiv wurde es überliefert. Entstanden war jene Lehre vielleicht unter dem Einfluß des Islam und von Mohammeds Botschaft, daß Gott keinen Sohn habe. Auch der erwartete Meschiach der Juden war von Gott erwählt, aber nicht Gottes Sohn. Doch hinterließ auch der christologisch-dogmatische Diskurs früherer Zeiten seine Spuren.

Man unterschied in Toledo «Gott (d.h. Christus), den Sohn Gottes, Licht vom Lichte, den wahren Gott aus wahrem Gotte, den eingeborenen aus dem Vater, nicht angenommen» (*Deum Dei filium, lumen de lumine, Deum verum ex Deo vero, ex patre unigenitum sine adobtione*) von dem «erstgeborenen (Sohn) am Ende der Zeit», dem «wahren Menschen durch den Empfang aus der

Jungfrau, in Annahme des Menschseins» (*primogenitum vero in fine temporis, verum hominem adsumendo de virgine in carnis adobtione*) – «eingeboren der Natur nach, erstgeboren nach der Adoption und der Gnade» (*unigenitum in natura, primogenitum in adobtione et gratia*)[14]. So bekannten die spanischen Bischöfe in ihrem Schreiben an den Frankenkönig ihren Glauben. Der eingeborene Sohn Gottes war körperlos und eines Wesens mit diesem; der erstgeborene war körperlich, dem Schoß Mariens entsprossen, durch Adoption Gottes Sohn und auf diese Weise wahrer Gott und wahrer Mensch. Am Ende der Zeit werden auch «wir», die wahren Christen, «ihm», Christus, «in der Adoption des Fleisches gleichen, nicht in seiner Gottheit» (*Similes utique in carnis adobtione, non similes ei in divinitate*).

Die Spanier beriefen sich auf die heiligen Erzbischöfe Toledos, auf Eugen, Ildefons und Julian, und auf die mozarabische Gründonnerstag-Messe (*missa de cena domini*)[15]. Und dennoch, was sie lehrten, war häretisch. Die Einheit der beiden Naturen Christi sah sich gefährdet; und diese alte christologische Frage war zu brisant, als daß sie Aufschub duldete[16]. Sie bedrohte die Erlösungslehre. Karl geriet in Sorge; er nahm sich der Sache eilends an, kaum daß er von ihr erfahren hatte. Er ließ sie 792 auf die Tagesordnung einer Regensburger Synode setzen, auf der auch Felix erscheinen mußte, der anschließend durch Karls Vertrauten Angilbert nach Rom zur Anhörung vor den Papst geleitet wurde. Alkuin und andere Gelehrte sollten zur Widerlegung die Feder ergreifen.

Scharf wurden die Spanier zurechtgewiesen (794): Es sei besser, dem Zeugnis Gottvaters über seinen Sohn zu vertrauen als Ildefonsus und der von ihm verfaßten Liturgie. «Wenn euer Ildefons Christus adoptiert (*adoptivum*) hieß, so zögerte unser Gregor, der Pontifex des römischen Stuhles, der dem gesamten Erdkreis leuchtende Lehrer, in seinen Gebeten niemals, ihn eingeboren (*unigenitum*) zu heißen»[17]. Rom gegen Toledo, ein Konflikt, der mit den zahlreichen Westgoten zumal im Süden Galliens in das Frankenreich einzog.

Immer mehr irritierende Berichte trafen aus Spanien in Rom und am Karlshof ein. Ein wohl gotischer (Missions-)Bischof namens Egila, den der Erzbischof Wilcharius von Sens sicher nicht ohne

Karls Wissen und Zustimmung geweiht und nach Spanien zur Predigt entsandt hatte, schien dort «der neuen Häresie» des Mingentius (Migetius) verfallen zu sein, der eine eigentümlich verworrene Trinitätslehre verbreitete – er identifizierte die göttliche Dreifaltigkeit mit David, Jesus und Paulus – und vor allem eine schroffe Ablehnung jeglicher Kommunikation mit Muslimen forderte. Er pflegte zudem Beziehungen zu Elipand von Toledo. Egila konnte leicht seine Orthodoxie klarstellen, doch für den Papst und den König mußte es so scheinen, als ob unter den mozarabischen Christen der rechte Glauben aufs höchste gefährdet sei[18]. Dort feierte man Ostern nicht mit Rom, forderte zum Genuß von Blut und Ersticktem auf, akzeptierte Ehen zwischen Christen und Juden oder Muslimen, verbreitete eine unzutreffende Prädestinationslehre[19].

Zur Gefährdung der Religion kamen neuerliche arabische Vorstöße durch Ábd-al-Malik im Jahr 792/793, die Aquitanien bedrohten. Sie sollten vielleicht von internen Streitigkeiten innerhalb des Herrscherhauses ablenken, die auch im Frankenreich bekannt geworden waren, und nutzten Karls Bindung im Osten seines Reiches gegen die Awaren. Carcassonne und Narbonne konnten mit Mühe gehalten werden, doch eine empfindliche Niederlage der Grenztruppen unter dem tapferen Grafen Wilhelm von Toulouse gegen die Eindringlinge bei Orbiel offenbarte deutliche Schwächen in der Sicherung der Grenzen[20]. Immerhin zeigt der Fall des Egila, daß Karl auch nach Spanien, in die Gebiete des Islam, seine Missionare zu entsenden wünschte.

Königsgut war zumal im Süden des Landes entfremdet. Gotische «Aprisionäre», Flüchtlinge nämlich aus dem muslimischen Spanien, sowohl Grundherren als auch freie Bauern, denen Karl vor einigen Jahren Fiskalland für Militärdienste und zur Rodung zugewiesen hatte, wurden vermutlich schon damals von den zuständigen Grafen bedrängt, teilweise mediatisiert und folgten keinem gemeinsamen Oberbefehl[21]. Die ferne Königsmacht ließ sich nur eingeschränkt realisieren. Konnte Abhilfe geschaffen werden? Gerade am Beispiel dieser «Spanier» zeigte sich regionale Herrschaftsbildung, die sich zwar im Schutz der fränkischen Macht vollzog, aber nicht unbedingt nach dem Willen des Königs[22]. Wer immer jenes

Gut innehatte, er folgte dem Heerbann nicht. Alles deutet auf schwierige Verhältnisse für die karolingische Herrschaft. Ludwig von Aquitanien vermochte seinem Vater tatsächlich keine standesgemäßen Geschenke zu überbringen[23].

Karl griff ein. Er entsandte zwei Königsboten in den Süden, den Grafen Richard und den Kleriker Willibert, der bald Erzbischof von Rouen werden sollte, um die dem König zustehenden Güter (*villae*) zurückzugewinnen. Dem fünfzehnjährigen Sohn wurden in dreijährigem Wechsel vier Pfalzen als «Winterresidenzen» zugewiesen; sie lagen durchweg im Norden des aquitanischen Reiches: Doué im Anjou, Chasseneuil im Poitou, Angeac im Angoulême und Ebreuil im Berry. Die militärischen Wachdienste, die auch von Bischöfen und großen Abteien zu leisten waren, mußten effizienter werden und wurden verbessert. Karls weitere Maßnahmen sind nicht zu erkennen. Ludwig aber ordnete hier und da Abgabenerleichterungen an, nahm Verbindung zu muslimischen Rebellen auf und ließ die Verteidigungsanlagen von Vich, Cardona und dieser oder jener Burg erneuern[24]. Im Laufe der nächsten Jahre verbesserte sich die Lage an der Grenze zu den Muslimen tatsächlich entscheidend.

Die Entwicklung in Spanien aber verlangte weiterhin größte Wachsamkeit. Zwei Jahre nach der Synode von Regensburg wurde die christologische Frage erneut in Frankfurt verhandelt. Felix war wieder angereist, vermochte auch jetzt seinen «Adoptianismus» nicht zu rechtfertigen, wurde vielmehr abgesetzt und nach Lyon verbannt, wo er ein Vierteljahrhundert später starb. Noch einmal zwei, drei Jahre später ergriff Alkuin in Tours das Wort gegen Elipand und Felix. «Auf, du gotterwählter Mann, auf, du Kind Gottes, auf, du Krieger Christi, schütze die Braut des Herrn, deines Gottes!» Der König sollte die Kirche vor der Irrlehre schützen, die Braut Christi, «die du von deinem Gott zu leiten und zu bewahren erhalten hast»[25]. Eine dritte Synode, die nun in Aachen im Jahr 799 zusammentrat, erneuerte das Urteil gegen die Toledaner Lehre, das endlich auch in Rom bestätigt wurde. Karl – der «Krieger Christi» jenseits aller irdischen Herrschaftsgrenzen, der Schutzspender für «die Braut des Herrn»:

Traf Alkuin damit das Maß der Seele seines Herrn? Karl jedenfalls nahm die zugemutete Aufgabe an.

Der König wünschte dafür ausdrücklich die Zustimmung des apostolischen Stuhls. Schon die Frankfurter Versammlung von 794 tagte im Beisein päpstlicher Legaten, des Theophylakt (von Todi?) und des Stephan (von Neapel?); auch Vertreter aus England und Italien waren gegenwärtig. Die Synode war gut vorbereitet worden[26]. Hadrians Lehrschreiben an Elipand, die Stellungnahme der Italiener unter Führung des Paulinus von Aquileia, auch die der fränkischen Bischöfe liegen noch vor. Karl selbst ließ sie mit einem eigenen Begleitschreiben an Elipand schicken. Die Spanier, auch Felix beurteilten die Lage recht: Sie adressierten ihre Verteidigung direkt an den König[27].

«Glühenden Herzens» (*pectore fervescente*) drängte Karl auf den Kampf gegen alle Häresie. Paulinus von Aquileia lobte es. Jede Spaltung der Kirche gefährdete das Reich. Unter den Augen des Königs versammelten sich die Geladenen. Er selbst, der Herrscher, nahm an der Synode in Frankfurt teil, war «Hörer» und «Richter», *auditor* und *arbiter*; er entschied über das Ergebnis der *Inquisitio*[28]. Elipand und seine Anhänger wurden ermahnt: «Ihr habt uns mit Gottes helfender Gnade zu Gehilfen eurer Freude, sobald ihr mit uns Prediger des katholischen Glaubens sein wollt.» Andernfalls, bei einem Verharren im Glaubensirrtum, drohte ihnen Karl, der Laie den Bischöfen, mit dem Anathem. Sein Schreiben nach Toledo schloß mit einem (erweiterten) Bekenntnis und bekannte seinen Glauben an Jesus Christus, «Gottes eingeborenen Sohn, geboren aus dem Vater vor aller Welt und vor aller Zeit, Licht vom Lichte, wahrer Gott von wahrem Gott, geboren, nicht erschaffen, von Natur aus, nicht adoptiert ... eines Wesens und einer Substanz mit dem Vater»[29].

3
Das *Opus Caroli regis*

Der Adoptianismus war nicht die einzige Häresie, die drohte und mit der sich die Frankfurter Synode befassen sollte. Eine zweite zog aus dem Osten heran. Dort verlangte der Bilderstreit die Auseinandersetzung über den Kult um Bilder und um die heiligen Ikonen. Bis nach Rom und ins Frankenreich schlugen die Wellen dieses Streites[30]. Derselbe zog sich seit dem früheren 8. Jahrhundert hin und sollte noch einige Jahrzehnte nach Karl wieder aufflammen und die westlichen Gelehrten noch einmal beschäftigen. Bildverfolger agierten gegen Bildverehrer, «Ikonoklasten» gegen «Ikonodulen».

Die weitreichende (wenn auch nie vollständige) Bildächtung in Judentum und Islam wirkte seit dem 8. Jahrhundert auf die Diskurse in Byzanz; die Furcht vor Idolatrie führte zu zeitweiligem, freilich nie strikt durchgeführtem Bilderverbot. Das Ausmaß des Streites im Osten ist ungewiß und wurde vermutlich von der politischen Propaganda der Bildverehrer überspitzt. Wortgewaltige christliche Prediger wie der Kirchenvater Johannes von Damaskus, der «Goldverströmende» (Chrysorrhoas), der – 754 gestorben – seine letzten Jahre im Saba-Kloster bei Jerusalem verbrachte und dort den arabischen Namen Yahya ibn-Mansûr trug, verteidigten sie[31]. Vielleicht wirkte Platonismus ein, der zwischen Urbild und Abbild zu unterscheiden verstand; jedenfalls wurde mitunter, nicht durchgängig getrennt zwischen Verehrung («Latreia»: προσκύνησις τῆς λατρεΐας) und «Proskynesis» (προσκύνησις ἐκ τιμῆς); die erste gebührte ausschließlich Gott und den Heiligen, die zweite, fußfällig vollzogen, galt dem Kaiser; mit ihr begegnete man auch den hl. Ikonen. Von Anbetung der Bilder und Idolatrie kann keine Rede sein.

Die volkstümliche Praxis der Verehrung schilderten Kaiser Michael und Theophilos später Ludwig dem Frommen: Gläubige würden das Kreuz aus den Kirchen verbannen und an seine Stelle Bilder postieren, Lichter und Weihrauch vor ihnen entzünden, von

47 Maria Advocata (Madonna di San Sisto), Rom, S. Maria del Rosario (Kloster der Dominikanerinnen). Das Bild wird ins 6. Jahrhundert datiert und dürfte aus Syrien nach Rom gebracht worden sein.

ihnen Hilfe erflehen, sie in Tücher hüllen, mit denen sie dann ihre Kinder aus der Taufe höben, ließen bei der Tonsur das Haupthaar auf ein Bild fallen und ließen es (gleichsam als Opfergabe) dort liegen, manche Priester und Kleriker würden die Farbe von den Bildern kratzen, in den Wein mischen und nach der Messe denen reichen, die kommunizieren wollten, andere die Hostie «in die Hand» der Bilder legen, damit die Gläubigen sie von ihnen empfingen;

manche gar würden Bilder bei sich zu Hause als Altar benutzen[32]. Der Bischof Frechulf von Lisieux, dieser Sache wegen nach Rom geschickt, bestätigte den Mißbrauch und ergänzte, daß ihn der Papst ausdrücklich billige[33].

Der Bildkult in dem noch immer stark von Griechen geprägten Rom wird entsprechende Praxis geübt haben. Sie freilich dürfte den Gelehrten um Pippin und Karl nur zum Teil bekannt gewesen sein. Ikonen wurden tatsächlich auch in Rom als heilig verehrt, so etwa die noch erhaltene, aber kaum mehr erkennbare Christusikone der *Sancta Sanctorum*, der päpstlichen Privatkapelle im Lateranpalast, die jeden Gründonnerstag an den Stellen der Wundmale gesalbt wurde[34]. Karl muß den liturgischen Gebrauch der einen oder anderen dieser oder gleichartiger Ikonen bei seinen Rombesuchen selbst erlebt haben, ganz zu schweigen vom bewunderten Mosaikschmuck der großen Patriarchatskirchen. Vergleichbare Ikonen aber, transportierbare Tafelbilder nämlich, sind in Karls Frankenreich nicht bezeugt, auch in der Zeit Ludwigs des Frommen nicht. Der Kult um sie muß den Idolverehrung fürchtenden König erstaunt, vielleicht befremdet und zutiefst erschreckt haben.

Ostrom litt jetzt, in den letzten Jahren des 8. Jahrhunderts, noch immer unter den Nachwehen des Bilderstreits. Lange Jahrzehnte hatte er getobt und fortgesetzt für Spannung und bürgerkriegsähnliche Kämpfe in Konstantinopel gesorgt; immer wieder flammte er auf. Endlich hatte die Kaiserin Irene, die seit dem Jahr 780 für ihren minderjährigen Sohn Konstantin VI. die Regentschaft führte, auf dem Konzil von Nikäa, dem siebten in der Reihe der ökumenischen, das im Jahr 787 zusammentrat, gemeinsam mit dem Patriarchen Tarasios die Bilderverehrung erneuert. Der Erfolg steigerte ihre Macht. Als Konstantin volljährig wurde, konnte er sich kaum gegen die Mutter durchsetzen. Das Ringen zwischen beiden aber lähmte Byzanz.

Auch die Macht des Frankenkönigs wuchs. Die alten Kaiserresidenzen des Westens befanden sich nach seinem Sieg über die Langobarden und Karls Einzug in Rom seit Jahren in seiner Hand. Der entscheidende Sieg seines Sohnes Pippin über die Awaren im Jahr 796 verschob die Grenzen seines Reiches weit nach Südosten. Pannonien unterlag nun der karolingischen Herrschaft[35]; bis in die nächste Nachbarschaft zum Reich der Rhomäer dehnte sie sich aus. «Den Franken habe zum Freund, aber nicht zum Nachbarn», so stöhnte man bald in Konstantinopel: ΤΟΝ ΦΡΑΝΚΟΝ ΦΙΛΟΝ ΕΧΙϹ ΓΙΤΟΝΑ ΟΥΚ ΕΧΙϹ[36]. Einhard überlieferte – in griechischen Lettern geschrieben – den Erfahrungssatz der Byzantiner, die nun in Süditalien und am Balkan den fränkischen Druck zu spüren bekamen.

Mit der Steigerung der Macht aber wuchs auch die Verantwortung des Frankenkönigs für die gesamte Christenheit. Karl mußte handeln. «Unsere Mutter Kirche wird mitunter von Angriffen der Ungläubigen oder Häretiker bedrängt, mitunter durch Feindseligkeiten von Schismatikern oder anmaßenden (Irrtümern) verwirrt». «Sie ist aber die heilige Mutter, ist die unbefleckte, die hell leuchtende, die unbescholtene, sie ist die fruchtbare Mutter, die ihre Jungfräulichkeit nicht verlieren kann und Kinder zu gebären nicht abläßt, ... die Mutter, die je stärker sie bedrängt wird, desto höher erhöht wird». «Ihre Lenkung ward uns von Gott im Bausch unseres Königtums übertragen. Deshalb tut es not, daß wir zu ihrem Schutz und für ihre Erhöhung mit Christi Hilfe aus ganzer Kraft kämpfen, um von ihr mit dem Namen des guten und treuen Knechts ausgezeichnet zu werden». «Wer aber nicht mit ihr ist, ist gegen sie. ... Dieser Umstand nötigt, das Wort zu ergreifen, was wir nicht ohne Bestürzung tun, wir, die wir nach dem Apostelwort (2Cor11,29) mit den Kranken krank, von den Kränkenden gepeinigt werden»[37]. So ließ Karl vor dem Jahr 794 den gelehrten Theodulf in seinem Namen schreiben; so verstand er sich: Als Lenker und Schutzherr der Mutter Kirche, der sie erhöhte und stärkte und über ihre Rechtgläubigkeit und ihre rechte Kultpraxis wachte.

Die Wogen des Bilderstreits schlugen in der Tat bis ins Frankenreich und nötigten den König zum Handeln, zumal die theologische Kontroverse mit verwirrenden Nachrichten vom Bosporus und einem ärgerlichen Konzil einherging, das im Jahr 787 in Nikäa zusammengetreten war. Konstantin VI. erhob, kaum daß er nach den Jahren der Minderjährigkeit 790 die Alleinherrschaft angetreten hatte, seine Mutter Irene, die bislang nur für den Sohn die

48 Ein zeitgenössisches Bild der Kaiserin Irene auf der im 14. Jahrhundert z. T. mit Beutestücken der Venezianer von 1204 montierten «Pala d'Oro» (Venedig, S. Marco). Die Inschrift lautet auf deutsch: «Irene, allerfrömmste Augusta».

Regierung geführt hatte, zur Mitkaiserin (792) – die erste Frau auf dem Thron der Caesaren. Wirrnis über Wirrnis! Zudem war der fränkische Stolz verletzt. Die Franken und die Angelsachsen waren von den «arroganten Griechen» zum Konzil nicht eingeladen worden. Die wichtigste Entscheidung dieses Konzils aber erschien ihnen ungeheuerlich. Die heiligen Bilder sollten, so verstanden sie, angebetet werden gleich der göttlichen Trinität. Derartiges war Häresie. Karl, der Glaubenswächter, mußte dagegen einschreiten.

Zudem offenbarten sich irritierende Abweichungen vom Glaubensbekenntnis. Denn der Patriarch von Konstantinopel Tarasios habe fehlerhaft und eben dem Bekenntnis widersprechend verkündet, der Heilige Geist gehe «vom Vater d u r c h den Sohn» aus (*ex patre per filium*). Damit war eine zweite Front eröffnet: Das zweite Nicaenum verbreitete nach fränkischem Verständnis götzendienerische Häresie, einen heidnisch anmutenden Bilderkult und eine falsche Trinitätslehre. Beides war zu verdammen, gegen beides einzuschreiten. So sandte Karl im Jahr 792 seinen vertrauten Hofmann Angilbert nach Rom, um nicht nur den Schismatiker Felix vorzuführen, sondern dem Papst auch eine Zusammenstellung besonders skandalöser und zurückzuweisender Sätze der Konzilskanones zu überreichen, das «Kapitular gegen das Konzil», «*Capitulare contra Synodum*»[38].

Der bloße Protest genügte dem Glaubenswächter Karl nicht. Eine gründliche Widerlegung der griechischen Irrtümer – sowohl der falschen Trinitätslehre als auch des idolatristisch anmutenden Bilderkults – sollte von seinem Hof ausgehen. Der gelehrte Westgote Theodulf, später Bischof von Orléans, wurde mit der theologisch kühnen Aufgabe betraut. Er spitzte die Federn zu den sog. «Libri Carolini», nämlich dem «Werk Karls, des Königs der Franken, der Gallien, Germanien und Italien sowie die angrenzenden Provinzen regiert, gegen die Synode» (*Opus Caroli regis contra synodum*)[39]. Die Originalhandschrift mit eingefügten Nachträgen und knappen Bemerkungen des Königs selbst hat sich erhalten (Vaticanus latinus 7207). Scharfsinnig, unter Einsatz der verfügbaren Kategorien- und Aussagenlehre aristotelischer Prägung zur Interpretation der Bibel, der christlichen Schriften und zahlreicher Väterzitate vollendete Theodulf in vier Büchern mit insgesamt 120 Kapiteln sein Werk, vielmehr das «Werk Karls, des Königs». Der, so schuldete er es seinem Selbstverständnis als Kirchenlenker, nahm tatsächlich unmittelbar Anteil an der Widerlegung der «Griechen». Satz für Satz ließ er sich Theodulfs Ausführungen vortragen, um sie zu billigen.

Der Gote, der wie es scheint drei Jahre – von ca. 790/791 bis 793 – diese «Libri» schuf, scheute scharfe, zum Teil ironische Worte nicht. Luftige Arroganz, Mißachtung wahrer Lehre hielt er den Griechen vor. Gleich eingangs des Haupttextes geißelte er den «Wahnsinn» des Kaisers und seiner Mutter, die Gott als ihren Konregenten bezeichneten. «Da unser Sein so weit von Gottes Sein entfernt ist, und unser Leben von Seinem Leben und unser Regieren von Seinem Regieren, ist ihr (der byzantinischen Kaiser) Wahn mehr zu beweinen als zu bestaunen, die sich in ihrer Verwirrung anmaßen, Gott ihren Mitregenten zu benennen. Ihr Sein kennt bloßes Sein, nicht das Gewesensein, nicht das Künftigsein; es hat keinen Teil an der Ewigkeit.» Die eben eingeübte logische Differenzierung zwischen Gattung und Art konnte als Argumentationshilfe gegen die idolatristische Verbannung der Bilder aus den Kirchen dienen, die Gott allein im Hinblick auf Götzenbilder geboten habe. Sie wüßten eben nicht, so hielt Theodulf den Griechen vor, «daß Bild (*imago*) eine Gattung (*genus*), Götze (*idolum*) aber eine Art (*species*) ist, und daß man die Art auf die Gattung, diese aber nicht auf die Art zurückführen kann. Denn obgleich nahezu jeder Götze ein Bild ist, so ist doch nicht jedes Bild ein Götze. ... Ein Bild bezeichnet immer etwas anderes, ein Götze immer nur sich selbst»[40].

Sogar in Rom spürte man handfeste magische Praktiken im Umgang mit den Ikonen auf, daß dort etwa die Farbe von Madonnen- und Heiligenbildern abgekratzt wurde, um dem Heiltrunk als Medizin beigemischt zu werden. So beschrieb es um 825 der Bischof Frechulf von Lisieux als Praxis unter den Römern. Die Bilder vergegenwärtigten die Gottesmutter und die übrigen Heiligen; Partikel eines solchen Bildes sollten – vergleichbar dem sich eben damals verfestigenden Reliquienkult – die Präsenz der Heiligen am Krankenlager garantieren. Ob Karl und seine Berater solche Praktiken teilten? Jeglicher Kult und jegliche Anbetung sei den Bildern zu verwehren. «Ob sie sich in den Kirchen zur Erinnerung an das Geschehen oder zum Schmuck befänden oder auch nicht, kein ‹Präjudiz› könnten sie gegen den katholischen Glauben bewirken, da sie bekanntlich zum Vollzug der Heilsmysterien keinerlei Funktion besitzen». Karl stimmte ausdrücklich zu[41]. Krankenheilung durch Farbstaub wäre da schwerlich hingenommen worden.

Bilder seien denn auch weder anzubeten noch zu zerstören, der mittlere Weg sei vielmehr zu gehen. *Perfecte* – so ließ sich Karl vernehmen. Eine neue und eigenständige Position war damit formuliert. Sie wich von der römischen Kultpraxis, wie sie fränkische Bischöfe noch auf der römischen Synode von 769 hingenommen zu haben scheinen, ebenso ab wie vom eben überwundenen Ikonoklasmus. Gott in seiner Ewigkeit konnte nicht imaginiert werden und wurde es zu Karls Zeit auch nicht, wohl aber der geschichtliche, Mensch gewordene Jesus Christus. So dienten die Bilder dem Schmuck der Kirchen – *in ornamentis ecclesiae* – und, so wurde mit Berufung auf Gregor den Großen festgehalten, «der Belehrung der Nichtwissenden». «Denn die Bilder, die zur Belehrung (oder Erbauung) des unwissenden Volkes geschaffen wurden, damit die Leseunkundigen die Geschichte verstünden und, was gesagt wurde, begriffen», seien zur «Instruktion» erlaubt, doch dürfen sie keinesfalls als mit Händen erschaffen angebetet werden. Der nur durch das Wort zu vermittelnde Lehrcharakter der Bilder für die Ungelehrten wurde also betont; der historische Sinn konnte und durfte ins Bild gebracht werden, der moralische und der anagogische entzogen sich ihm. Karl hieß es ausdrücklich gut. Zur Gedächtnisstütze dürften sie dienen. «Den Augen sollen die Bilder schmeicheln, durch die – wie gleichsam durch Boten – die Erinnerung an das Geschehen dem Herzen anvertraut wird»[42]. Gelehrtes Wissen regulierte einen naiven Glauben. Auf der Synode von Frankfurt, die für das Jahr 794 einberufen war und sich mit dem «Bilderkult» befassen sollte, zu der auch päpstliche Legaten geladen waren, sollte «Karls Werk» allgemein angenommen, anschließend sollte es dem Papst übermittelt werden.

Da traf wie aus heiterem Himmel Hadrians Antwort auf das «*Capitulare contra Synodum*» mit der kaum glaublichen Nachricht ein, er selbst, der Nachfolger Petri, habe durch die Gegenwart seines Legaten in Nikäa die Entscheidungen des Konzils gebilligt[43]. Eine miserable Übersetzung hatte Theodulf und die des Griechischen unkundigen Franken in die Irre geschickt. Diese schied nicht zwischen «Verehrung» der Bilder und «Anbetung», wie sie allein der göttlichen Dreifaltigkeit zukam, und ließ die Gelehrten im Umfeld des karolingischen Hofes Idolatrie bei den orthodoxen Christen entdecken, gegen die es einzuschreiten galt. Selbst die Römer trennten, worauf Theodulf freilich anzuspielen unterließ, nicht scharf zwischen «anbeten» (*adorare*) und «verehren» (*venerare*)[44].

Die Griechen aber hatten tatsächlich klar unterschieden: «Je häufiger die Bilder angeschaut werden, desto häufiger werden auch diejenigen, die sie betrachten, emporgerichtet zur Erinnerung an die Urbilder und zur Sehnsucht nach ihnen und dazu, daß sie diesen ... achtungsvolle Verehrung zuwenden (τιμητικὴν προσκύνησιν ἀπονέμειν), nicht jedoch die nach unserem Glauben wahre Anbetung (τὴν ἀληθινὴν λατρείαν), die allein der göttlichen Natur zukommt»[45]. Mangelnde Sprachkenntnis, Mißverstehen aus Unkenntnis der fremden Welt, unzureichendes Wissen führten in die Katastrophe. Der ganze Aufwand an Logik, an argumentativer Schärfe, an politischer Ironie, der Beschluß der Frankfurter Synode: alles umsonst.

Die sachliche Aufklärung aus Rom ließ das stolze Werk des «*Opus Caroli regis*» in der Versenkung verschwinden, rettete aber die Original-, nämlich die Arbeitshandschrift des karolingischen Hofes, den heutigen Codex Vaticanus lat. 7207. Streichungen, Rasuren, Zusätze und Veränderungen – alles, bis auf Ausnahmen gegen Ende auf das sorgfältigste ausgeführt – weisen sie als solche aus. Nur Spuren dreier Abschriften haben sich darüber hinaus erhalten: die eine aus Corbie, allein mit einem einzelnen Blatt erhalten, die andere in Reims unter dem großen Erzbischof Hinkmar geschrieben (heute gleichfalls verstümmelt), die dritte heute gänzlich verloren und nur durch einen Bibliothekskatalog bezeugt.

Erst im Zeitalter des Humanismus wurde der originale, heute zu Beginn und am Ende gleichfalls verstümmelte Codex wieder entdeckt, der irgendwie nach Marienfeld (in der Diözese Münster) gelangt, von dort im 16. Jahrhundert nach Italien und später in die päpstliche Bibliothek gewandert war. Die editio princeps erschien im Jahr 1549. Erst seitdem beschäftigten sich die Gelehrten mit diesem überragenden Werk der intellektuellen Kultur des karolingischen Hofes. Doch erst im 20. Jahrhundert, durch den dem Dichter Stefan George nahestehenden Gelehrten Wolfram von den Steinen, wurde der einzigartige Wert des vatikanischen Codex erkannt: Er enthielt in tironischen Noten (einer Kurzschrift) billigende Ausrufe des Königs selbst, authentische Worte des großen Mannes, die einzigen, die sich von einem mittelalterlichen Herrscher erhalten haben[46].

Gegen den Nachfolger Petri wagte Karl nicht zu streiten; solches verbot ihm seine hohe Achtung vor dem pontifikalen Amt. Hadrian, der sich vermutlich auf ältere römische Denkschriften bezog[47], hatte gleich einleitend und mit kaum verschleierter Kritik an dem sich zum Theologen aufschwingenden König Christi Auftrag an Petrus in Erinnerung gerufen: «Weide meine Schafe!»

(Joh 21,17) und vor allem die Einsetzungsworte aus dem Matthäus-Evangelium (Mt 16,18–9) und sogleich den König über ihre Bedeutung belehrt: «Siehe, Petrus wird die Sorge für die gesamte Kirche und der Prinzipat zugewiesen; und er selbst hat, wie bekannt, seinen Stellvertretern, den Päpsten, durch seine Vertretung die Sorge um die Kirche überlassen»[48]. Satz für Satz erläuterte nun der Pontifex die zu Unrecht inkriminierten Konzilsabschiede. Beschlossen sei in Nikäa die verehrende Aufstellung (*erectio*) der Heiligenbilder; man sei dabei der «rechten Glaubensüberlieferung» gefolgt[49]. Auch kannten die Kritiker des Konzils die Vätertradition nicht zureichend, da diese auch das *per filium procedere* rechtfertige, das Hervorgehen des Heiligen Geistes «durch den Sohn».

Karl beugte sich der Lehrentscheidung Roms. Umgehend wurden nach Eintreffen des päpstlichen Widerspruchs die Arbeiten am «*Opus Caroli regis*» eingestellt; die Handschrift spiegelt noch heute den radikalen Einschnitt, insofern sie bis zu Buch 3 c. 13 sorgfältig ausgeführt und korrigiert wurde, danach aber mit dem gesamten vierten Buch alle Zeichen einer Arbeitshandschrift bewahrte, durchgestrichene, flüchtige Korrekturen ohne sorgfältige Transkription[50]. Aber mußten nicht Zweifel bleiben? Der König gab sich mit der Antwort aus Rom nicht zufrieden. Immer wieder in den folgenden Jahren kehrten seine Theologen zu der *filioque*-Frage zurück; wiederholt wurde sie im Reich Karls des Großen erörtert, zuletzt im Jahr 809 auf einer Synode in Aachen, immer wieder wurde der Papst – erst Hadrian, dann Leo III. – gedrängt, das den Franken vertraute *filioque* in das Glaubensbekenntnis auch der römischen Kirche aufzunehmen[51]. Es blieb vergebens.

4

Ein versteckter Mißerfolg: Die Synode von Frankfurt

Karl ließ sich die geplante glanzvolle Demonstration seiner Kirchenleitung durch die päpstliche Belehrung nicht schmälern. Die Auseinandersetzung mit Spaniern und Griechen sollte aller Welt verkünden, wie fruchtbar die Bemühungen des Frankenkönigs um Bildungserneuerung geworden waren, wie scharfsinnig seine Gelehrten zu argumentieren vermochten, ein wie sorgsamer Glaubenswächter er selbst sei. Als Schutzherr der Christenheit wollte er sich zeigen. In der Tat, die Konfrontation mit den Häretikern wirkte als Stimulus intellektueller Schulung und methodischen Fortschritts und eines von formalisierter Vernunft geleiteten Denkens. Mit ihnen meldeten sich die zaghaften Anfänge einer abendländischen Theologie.

Der König begnügte sich nicht mit Zurückweisung von Häresien. Er initiierte ein umfassendes Reformwerk, das ebenfalls in Frankfurt 794 auf der Tagesordnung stand. Gerade diese Synode verrät, in welch eminentem Maße mittlerweile die Kirche als Herrschaftsinstrument des Königs diente. Die Synodalen sollten sich neben den dogmatischen und kirchlichen Fragen auch mit rein weltlichen Angelegenheiten befassen, wie das in Frankfurt verabschiedete Kapitular verdeutlicht. Eine umfangreiche Agenda hatten sie zu bewältigen[52].

Nachdem der Adoptianismusstreit entschieden, der Bilderkult zurückgewiesen war[53], war das endgültige Urteil gegen Tassilo von Baiern auf das Programm gesetzt. Dann folgten Regelungen und Verfügungen über die Festlegung der Marktpreise für Hafer, Gerste, Roggen und Weizen, dann eine Münzreform, um schließlich mit einer Reihe, zum Teil aus der «Admonitio generalis» entlehnter und nun synodal sanktionierter kirchlicher Bestimmungen zu enden. Sie handelten etwa über die bischöfliche Gerichtsbarkeit in den Diözesen, über den alten Streit zwischen den Erzbischöfen von Vienne und Arles, über den Reinigungseid des Bischofs Petrus von

Verdun wegen Verdachts der Konspiration gegen den König, über die Deposition eines zweifelhaften Bischofs, über einige weitere kirchliche und klösterliche Bestimmungen, darunter: daß ein Bischof die kirchenrechtlichen Kanones und die (Benedikt-)Regel kennen müsse, daß der Sonntag von (Vor-)Abend zu Abend zu feiern sei (wie der Schabath), daß in Dörfern keine Bischofsitze eingerichtet werden dürften, daß Kirchen würdig auszugestalten seien und die Besucher im Gotteshaus geziemend aufzutreten wüßten, daß Schwureinungen und Konspirationen verboten seien, daß keine neuen Heilige verehrt werden sollten, es sei denn die Autorität ihrer Leiden und ihres Lebens empfehle sie, daß (heilige) Bäume und Haine zu zerstören seien, daß Kleinkinder nicht schwören sollten, daß zu Gott in jeder Sprache (und nicht nur auf Hebräisch, Griechisch oder Lateinisch) gebetet werden dürfe, daß der Bischof Hildebald (von Köln) mit päpstlicher Genehmigung (kontinuierlich) «zum kirchlichen Nutzen» am Königshof verweilen dürfe.

Die letzte Phase des Prozesses gegen Tassilo spielte in Frankfurt. Offenbar suchte der König die Öffentlichkeit einer Synode, auf der er sich eben gerade als Hüter der Rechtgläubigkeit ausgewiesen hatte. Es war eine Art Schauprozeß. Der Agilolfinger war ja bereits verurteilt und seines Herzogtums entkleidet worden; er befand sich längst in Karls Gewahrsam. Jetzt wurde er aus St. Goar, wo er zum Mönch geschoren war, herbeigeführt, mußte erneut für sich und seine Söhne auf das Herzogtum verzichten und sich ins Kloster zurückziehen, wohin er längst verbannt war.

Machte Karl Kritik an seinem brutalen Vorgehen gegen seinen Vetter zu schaffen? Hatte der zurückliegende Aufstand des verstoßenen Sohnes Pippin, der ja als König Baierns vorgesehen gewesen zu sein scheint, die Lage aufgewühlt? Galt der neuerliche Prozeß weniger dem alten Herzog als vielmehr seinen Söhnen Theodo und Theudebert, die als Enkel des Langobardenkönigs Desiderius als latente Gefahr für Karls Herrschaft in Italien empfunden worden sein könnten? Einhard (c. 11) deutete derartiges an, als er die Herzogin Liutperga, die Desiderius-Tochter, die Opposition in Baiern anstiften ließ. Wie immer, Tassilos gesamte Familie war schon 788 nach Ingelheim gelockt und festgenommen worden und für immer hinter düsteren Klostermauern verschwunden – Tassilo in St. Goar, Theodo in St. Maximin, die Töchter in Chelles und Laon[54]. Vater und Sohn endeten vielleicht in Jumièges, vielleicht an den Füßen verstümmelt, um ihnen jede Rückkehr zur Macht zu verwehren.

Neue Getreidepreise (c. 4) und eine Münzreform (c. 4 und 5) dürften die Folgen einer Hungersnot spiegeln, die weite Teile des Frankenreiches heimgesucht hatte. «Unser frommer König setzte im Konsens mit der hl. Synode fest, daß kein Kleriker und kein Laie die Ernte jemals teurer verkaufen darf, weder zur Zeit des Überflusses, noch zur Zeit der Knappheit». Die Preise wurden in feste Relationen zu dem im folgenden Kapitel neu definierten und im Vergleich zu dem älteren nun schwereren Denar («Pfennig») von je 1,7g Feinsilber gebracht und die Folgen für die moderaten Brotpreise bestimmt[55]. Überall, an jedem Ort, in jeder Stadt, an jedem Handelsplatz, sollten sie gleiche Geltung besitzen. Damit sollten die unterschiedlichen Hohlmaße und Gewichte, die in dem weiten Karlsreich anzutreffen waren, in feste Beziehung gebracht werden.

Ein *Solidus* («Schilling»), bloßes Rechengeld, wurde mit einem Wert von 12 (Silber-)Denaren, dem einzig ausgeprägten Geld, festgesetzt; 20 Schillinge ergaben ein Pfund. Das Pfund wog damit 408g Feinsilber. Ein Schilling entsprach etwa in Sachsen einem Ochsen, im Norden des Reiches 30 Scheffel Hafer oder 15 Scheffel Roggen. Knapp wurde das Getreide stets im Frühjahr, kurz vor der Ernte. Hunger traf regelmäßig die Bevölkerung, zumal die ärmere. Ein Wucherzins von mehreren hundert Prozent ist für solche Krisenzeiten belegt. Keineswegs nur Laien betätigten sich dann als Wucherer. Die größten Getreidelager befanden sich in kirchlicher Hand.

Festgelegt wurde die Relation der Getreidepreise: Der Scheffel Hafer lag bei 1 Denar, der Scheffel Gerste bei 2, der Scheffel Roggen bei 3, der Scheffel Weizen bei 4 Denaren. Getreide und Brot aus den königlichen Grundherrschaften sollte billiger abgegeben werden; für das «Königsgetreide» galten die Werte 1-1-2-3. Daraus sollten nach der gleichen Reihenfolge der Getreidearten gewonnen werden: 50 (karolingische) Pfund Brot, 80 Pfund, 90 Pfund, 96 Pfund Brot. Die Frankfurter Münzreform sollte weitreichende Folgen zeitigen. Sie gab die Basis für das Geldwesen der folgenden Jahrhunderte; selbst die Angelsachsen paßten sich an Karls Münzordnung an. Ein Denar hatte auch bei ihnen ein Gewicht von ca. 1,7 g Silber fein. Die karolingischen Münzbilder waren schlicht; oft boten sie nur den Herrschernamen; erst nach der Kaiserkrönung zeigten seltene Prägungen – vielleicht nicht einmal für das eigene Reich bestimmt – ein Bild des Kaisers auf dem Avers und wechselnde Darstellungen auf dem Revers: eine Nachahmung antiker römischer Münzen[56]. Die Reform setzte sich nicht sogleich durch; sie mußte später bekräftigt werden[57]. Die Akzeptanz des neuen Geldes mußte von *Missi* kontrolliert und tatsächlich vom König oder Kaiser immer wieder geboten werden[58]. Falschmünzerei scheint ein grassierendes Übel gewesen zu sein. Gegen sie verfügte Karl wiederholt, daß Münzen – von genehmigten Ausnahmen abgesehen – nur *in palatio*, nur in einer Königspfalz, geschlagen werden dürften; *Missi* sollten die Einhaltung des Gebots kontrollieren[59]. Die Gesamtheit dieser Maßnahmen zeugt gewiß von einigem ökonomischen Interesse, aber sie galt nicht zuletzt, ja, vielleicht zu allererst dem Schutz der Armen, der Verwirklichung von Gerechtigkeit und dem Frieden im Volk.

Auch der Kirchenbau sah sich in Frankfurt angesprochen (c. 26 und 54). Er sollte prachtvoll sein und den Anforderungen der Liturgie folgen. Wiederholt wurden die Kirchen mit einem Langhaus ohne Querschiff mit einer oder mehreren Apsiden im Osten oder auch einem Ost- und einem Westchor (Lorsch) errichtet. Der Typus der römischen Basilika hatte Pate gestanden. Im Kloster St-Denis, dessen Abt ohnehin seit Stephans II. Besuch im Frankenreich engere Beziehungen zum apostolischen Stuhl unterhielt[60], ahmte man erstmals – soweit erkennbar – unmittelbar den Baugedanken von St. Peter in Rom nach, wie es später auch in Fulda oder in Köln geschah: Ein Langhaus mit Querbau im Westen und einer diesem vorgelagerten runden Apsis. – Die großen Kirchen wiesen zahlreiche Altäre auf; jeder von ihnen sollte Reliquien bergen. Die Nachfrage öffnete dem Schwindel Tür und Tor. So sollten die Frankfurter Bestimmungen über neue Heilige nicht zuletzt den verbreiteten Reliquienschwindel eindämmen.

Der seit der Spätantike virulente Streit zwischen den Erzbistümern Vienne und Arles endete in Frankfurt mit einem Kompromiß (c. 8): Vienne erhielt vier Suffraganbistümer, Arles neun. Die Zugehörigkeit der Diözesen Tarantaise, Embrun und Aix sollte dem päpstlichen Urteil vorbehalten bleiben. Die beiden letzten Kanones brachten für Karl selbst wichtige Regelungen: Der Kölner Erzbischof Hildebald durfte «der kirchlichen Belange wegen» (*propter utilitates ecclesiasticas*), doch entgegen dem allgemeinen Kirchenrecht – wie früher Angilram von Metz, dessen Nachfolge als oberster Kapellan Hildebald damit antrat – mit päpstlicher Genehmigung und Zustimmung der Synode dauerhaft in der königlichen Pfalz residieren. Schließlich «bat» der König die Synodalen, Alkuin in ihre Gemeinschaft und ihr Gebet aufzunehmen, «weil er in den kirchlichen Disziplinen so gelehrt ist».

Angilram fand in Metz keinen Nachfolger. Die dortige Cathedra sollte wenigstens 24 Jahre verwaist bleiben. Karl nutzte in dieser Zeit nicht nur den Bistumsbesitz, sondern er zerschlug ihn. Der König bändigte auf diese Weise die Eigenmacht eines eigenständigen Prälaten. Erst mit seinem Sohn Drogo, den Ludwig der Fromme zum Bischof einsetzte, sollte es sich wieder ändern[61]. So nahestehend Hildebald aber Karl auch wurde, seine Persönlichkeit verbirgt sich hinter dem Schweigen der Überlieferung. Er trat als Auftraggeber und Stifter kostbarer patristischer, kanonistischer, rhetorischer und zumal komputistischer und astronomischer Handschriften hervor. Gerade das sich in den letzteren spiegelnde Interesse sollte auch für Karl Bedeutung besitzen. Immerhin stiftete der König – vielleicht zum Dank – eine metallene, vermutlich vergoldete Altarumkleidung für den dem hl. Petrus geweihten Westaltar des Kölner Doms, Hildebalds Bischofskirche[62].

Viele Fronten verlangten zu gleicher Zeit des Königs Präsenz, verlangten vielfach geteilte Aufmerksamkeit. Überall zeigten sich tiefgreifende Veränderungen und Umbrüche, Schlag auf Schlag. Der Kampf gegen Häresien, wie er die Frankfurter Synode erfüllte, war ein heilsgeschichtliches Erfordernis. «Falsche Brüder» sollten ja nach der Lehre der Apostel am Ende der Zeiten auftreten. Die Spanier hatten den König an diese Zeit gemahnt[63]; und Karl selbst hatte die Mahnung aufgegriffen[64]. Um so dringlicher drängte das Ziel: «Die Kirche zu erneuern» (*renovare ... ecclesiae statum*)[65].

Eben gerade waren die Awaren besiegt, da rief Spanien noch aus anderem Grund nach Karls Gegenwart oder doch nach seinem Eingreifen[66]. Sein erstes Erscheinen südlich der Pyrenäen war unvergessen. Karls Schreiben an Elipand von Toledo, im Zuge der Frankfurter Synode abgeschickt, schien daran zu erinnern[67]. Trotz des früheren Scheiterns dort, das die Sachsen einst zu einem neuerlichen Überfall in sein Reich beflügelt hatte, wurde das Ziel beharrlich weiter verfolgt, die Herrschaft der Franken nämlich bis an den Ebro auszudehnen. Die Muslime registrierten es, wie Ábd-al-Maliks gerade verlustreich überstandener Entlastungsangriff nach Aquitanien im Jahr 792/93 zeigte. Erst der Herrscherwechsel in Córdoba im Jahr 796 und die folgenden Thronwirren im Emirat wendeten das Blatt zugunsten der Franken, eben zu der Zeit, als der Sieg über die Awaren den entscheidenden Befreiungsschlag an der Ostgrenze beschert hatte. Ost und West, die Endphase des Sachsenkrieges und der Tod Hadrians I. am Weihnachtstag des Jahres 795, ein nicht endender Reformbedarf im Innern des Reiches und erste Meldungen über interne Konflikte in Rom zwischen dem neuen Papst Leo III. und der alten Führungselite um Hadrian – alles traf zusammen und verlangte effiziente Koordination auf vielen Ebenen, höchste Wachsamkeit.

Die Auseinandersetzungen mit Elipand von Toledo und Felix von Urgel, die auf einer Aachener Synode im Jahr 799 noch einmal ausgiebig zur Sprache kamen, erfolgten um die nämliche Zeit, als sich neuerliche Machtverschiebungen im Emirat und an dessen Grenze zu den Franken abzuzeichnen begannen. Im Jahr 797 kommendierte sich – vermutlich ohne ernsthafte Unterwerfungsabsicht – der Statthalter Barcelonas Zeid dem König Karl; er soll damals die Übergabe seiner Stadt an die Franken zugesichert haben, sobald sich die ersten fränkischen Truppen im Land zeigen sollten (ArF). Es erinnerte fatal an die Situation zwei Jahrzehnte zuvor. Karl war auf der Hut.

Zeid blieb nicht der einzige «Sarazene», der damals in Aachen erschien. Der Umayyaden-Prinz Ábdallâh, ein Sohn Abd-ar-

Rahmâns, dem al-Ḥakam I., der Sohn des Emirs Hišâm, zuvorgekommen war, indem er die Nachfolge seines Vaters an sich gerissen hatte, eilte enttäuscht und von der Grausamkeit seines Neffen verfolgt, wie es hieß, zu Karl nach Aachen, um ihn zu einem Kriegszug gegen Gerona und Barcelona zu ermuntern. Gewisse interne Informationen über al-Andalus wird man nun also am karolingischen Hof voraussetzen dürfen; leider zeichnete sie kein Autor aus dem Frankenreich auf. Systematisch gesammelt und vertieft wurden sie gewiß nicht. Noch im Herbst schickte Karl den Prinzen ʿAbdallâh in Begleitung seines Sohnes Ludwig zurück (ArF 797), vermied aber, gewarnt durch die frühere Niederlage, den Krieg. Erst im Jahr 800 befahl er seinem Sohn einen Vorstoß gegen Lerida, das zerstört, und Huesca, dessen Umgebung verwüstet wurde, während Barcelona tatsächlich in muslimischer Hand blieb, freilich nicht mehr für lange.

Neue, verwirrende Schreckensnachrichten trafen aus Konstantinopel ein. Dort, am Bosporus, hatte nach sieben Jahren verwirrender Machtteilung endlich Irene triumphiert, sich ihres Sohnes entledigt und ihn – eine famose Mutter – blenden lassen (797); er starb fünf Jahre später an den Folgen des Eingriffs. Die (nicht unmittelbar gleichzeitigen) fränkischen Annalisten registrierten aufmerksam Konstantins Sturz, verschleierten indessen seine Ursache, monierten aber das «Weiberregiment» (*femineum imperium*), das sich nun über die Rhomäer erhob. Geschah es zur nachträglichen Legitimation ihres Königs und der großen Veränderungen, die er mittlerweile ins Werk gesetzt hatte? Alkuin jedenfalls erkannte in Irenes Grausamkeit kalte Gottlosigkeit und ein Zeichen des Anwachsens endzeitlicher Gefahr[68] – nicht anders als in dem Auftreten der Häretiker.

5

Auf dem Weg zum Kaisertum

Die Zeiten waren gefährlich. Gegenwartserkundung verlangte nach Rettung, «denn», wie Alkuin seinem Freund Arn von Salzburg schrieb, «es ist, so lesen wir in den heiligen Schriften, die Zeit, die vorhergesagt wurde». Spuren endzeitlichen Wissens und Forschens führen über eine komputistisch-astronomische Handschrift des Bischofs Hildebald von Köln, des königlichen Kapellans, direkt an den Königshof (Ms. 83II)[69]. Die Gelehrten dort oder in seinem Umfeld stellten im Jahr 798 verschiedene Weltalterberechnungen nebeneinander. Einige deckten sich mit denen, die im Spanien des Beatus von Liébana oder in den Gelehrtenkreisen um den Langobarden Paulus Diaconus kursierten, die beide mit dem Jahr 800 die Auferstehung der Toten oder doch einschneidende Änderungen erwarteten. In gleicher Weise folgte auch Hildebalds Sammlung den Berechnungen des hl. Hieronymus und des Orosius und erkannte mit dem Jahr 800 nach Christi Geburt das sechste, das letzte Jahrtausend seit Erschaffung der Welt, den sechsten Äon (die *sexta mundi aetas*), erfüllt. Nur noch zwei Jahre Zeit?

Begann dann ein siebenter, der letzte Welttag, mit dessen Ende Christus zum Gericht wiederkommen sollte[70]? Nach anderen, auch das hielt Hildebalds Handschrift fest, war das Jahr 6000 verstrichen und man befand sich – gemäß der Septuaginta – im Jahr 6268 der Weltära. Andere rechneten noch anders, nämlich nach der Kalkulation der Juden[71]. Danach ließ das Jahr 6000 AM noch fast anderthalb Jahrtausende auf sich warten. Einer stöhnte gar, wer es nicht glaube, schwitze und rechne selbst. Sicherheit besaß angesichts so widersprüchlichen Wissens niemand, der sich eschatologischen Fragen zuwandte und keine deutlichen Antworten erhielt. Um so bedrängender wurden diese Fragen.

Jene Zusammenstellung der Weltalter, die Hildebald festhielt, findet sich im Kontext der Fragen «über das Ende der Welt» (*de fine mundi*) und über den Antichrist. Anfang, Dauer und Ende gehörten zusammen; wer das eine dachte, dachte das andere mit. Gewiß, der Jüngste Tag blieb Menschen, Engeln und dem «Menschensohn» verborgen; allein «der Vater» wußte um ihn[72]. Auch daran erinnerte Hildebalds Konvolut. Der hier genannte «Menschensohn» wurde dabei nicht mit Christus, sondern – in Abwehr des Adoptianismus – gemäß Marcus 13,32 allgemein mit dem Christen als Gotteskind gleichgesetzt. Der Antichrist aber werde Idole zu verehren verlangen (auch Bilder konnten als solche gelten), werde die Beschneidung fordern, sich für Christus ausgeben, schließlich im Tempel zu Jerusalem seine Statue aufstellen, um sie anbeten zu lassen. Er sollte eine unbestimmte Zeit vor dem Jüngsten Tag sich enthüllen, dreieinhalb Jahre Wüten, bevor sein Ende käme. Gefahr also, Gefahr, wohin man schaute.

Was Karl glaubte, läßt sich nicht mehr erkennen, allenfalls erahnen. Denn jetzt verlangte er nach Aufklärung über die Zeit und den Sinn ihrer Wortsymbole, was *aeternum*, *sempiternum*, *perpetuum* und *inmortale* – durchweg Termini des «Ewigen», des endlos Dauernden und Unsterblichen – semantisch unterscheide, was die Zeitbegriffe *saeculum*, *aevum* und *tempus* meinten[73]. Die Lehre von *proprium* und *differentia* trug offenbar Früchte[74]. Jetzt drängte es den König, Genaueres zu wissen über den Sonnenlauf und den Zodiak, über die Wiederkehr des Planeten Mars, allgemein über die Wandelsterne, den Mond[75]. Zog Astrologie, Zukunftsforschung, an seinen Hof ein? Sie konnte in christlichem Kontext durchaus eschatologischen Spekulationen dienen[76]. Vermutlich ließ Karl in sorgenvollem Wissen um die Endzeit seit Jahren durch Alkuin oder Paulus Diaconus und andere akribisch die Zeiten berechnen, die Zeitrechnung und den Kalender erforschen, was hieß: Aufklärung über den eigenen Ort in der Heilsgeschichte suchen, auch wenn das letzte Wissen über den Jüngsten Tag und über das Endgericht versagt bleiben mußte[77]. Wünschte der König deshalb so genau über die Lage in Jerusalem unterrichtet zu werden[78]? Eigene Schriften über den Antichrist sind aus seiner Zeit freilich nicht überliefert.

Wie dem nun sei, Gefahren zogen für die Christenheit herauf. Karl mußte sie bannen. Wie aber sollte es geschehen? Überstieg solche Not nicht die Aufgabe des Frankenkönigs? Mußte er nicht wie ein Kaiser handeln, da der Kaiser in Konstantinopel versagte? Er, der einzige, bei dem – wie Alkuin schrieb – das Heil der Christenheit lag[79]. Was Karl, der über alle Kaisersitze des Westens gebot, damals tatsächlich plante, bleibt unter dem Schweigen aller Beteiligten verborgen. Niemand formulierte damals Regierungsprogramme; ziellos hat Karl gewiß nicht gehandelt. Er sann – von seinen Gelehrten beraten – seit bald zehn Jahren über «Realität» (*potestas* oder *res*) und ihren angemessenen «Namen» (*vocari* oder *nomen*) nach[80] und wird bald gespürt haben, daß der Titel eines *patricius Romanorum* seiner tatsächlichen Macht nicht mehr entsprach. Suchte er nach einer einheitstiftenden Legitimationsbasis für seine disparaten Herrschaftsbereiche mit Einschluß des Langobardenlandes, des Exarchats, der Pentapolis, Roms und Benevents? Glitt sein Blick darüber hinaus?

Spuren folgenreicher Planungen haben sich erhalten. Seit dem Jahr 797 und für die kommenden vier Jahre registrierten die «Reichsannalen» eine auffallende Zunahme diplomatischer Gesandtschaften, wie sie zuvor kaum zu verzeichnen waren. Jerusalem, Konstantinopel, Raqqa in Syrien, wo der Kalif damals zumeist residierte[81], hießen die Reiseziele fränkischer Legaten; muslimisches Afrika, christliches Asturien, muslimisches Huesca, umstrittenes Barcelona die Herkunftsorte weitgereister Fremder. Selbst ein Sohn 'Abd-ar-Rahmans, des Emirs von Córdoba, meldete sich am Aachener Hof. Ganz offenkundig wollten oder sollten die Annalen den Eindruck weiter Weltöffnung und Weltgeltung des Frankenreiches festhalten. Hier wurde vorbereitet, was kommen sollte.

Karl selbst dürfte die Initiative ergriffen und gleich früheren christlichen Kaisern seit Justinian und bis Heraklius seine Boten an den «König der Perser» gesandt haben, den Kalifen Hârûn al-Rašid nämlich[82]. Und eben jetzt, mit dem Jahr 798, zeichneten sich erste Hinweise ab, die tatsächlich auf die Erneuerung des Kaisertums im Westen zuführten. Fünf Gesandtschaften des Karolingers nach Jerusalem, Raqqa oder Bagdad reisten in den kommenden Jahren in den Orient, deren erste im Jahr 797 aufbrach[83]. Damals machten sich zwei uns nicht weiter bekannte Männer, Lantfrid und Sigismund, auf den Weg, die – vermutlich nicht nur als landeskundiger Dolmetscher, sondern auch als Vermittler von Handelsgeschäften – der Jude Isaac begleitete[84]. Ein sonderlicher Anlaß und spezielle Motive wurden nicht überliefert, um so bemerkenswerter erscheint Karls Legation.

Überraschende und einzigartige Funde mehrerer arabischer Fulûs aus der Zeit Hârûn al-Rašids (eines kupfernen Kleingeldersatzes mit einem Umlaufwert, der nicht vom Metallwert gedeckt war), verweisen auf Handelsbeziehungen, die gerade dem Karlsreich galten[85]. Die fraglichen Münzen wurden auf dem Areal des alten Reric, eines bald nach Haithabu verlagerten Handelszentrums an der Südküste der Ostsee im Einflußbereich Karls des Großen, und andernorts entdeckt. Sie hatten als wertlose Scheidemünzen im üblichen Fernhandel nichts zu suchen, belegen vielmehr den Handel mit billigem ‹Altkupfer›.

Durch die Funde angeregte Neudeutungen seit langem bekannter arabischer Texte des Abû l-'Arab Muhammad ibn Ahmad at-Tamîmi (gest. 944/45 AD) und des Abûl-Fadl 'Iyâdh (gest. 1149 AD) dürften den Sachverhalt klären. Beide Autoren, die unabhängig voneinander schrieben, berichteten aufgrund älterer Zeugnisse von Waffen-, Eisen- (d. h. Stahl-) und Kupferlieferungen aus Kairouan an einen «Tyrannen», hinter dem sich niemand anders verbergen dürfte als Karl der Große. Die brisante Lieferung blieb in Erinnerung, weil die freundschaftlichen Beziehungen des Emirs al-'Akkî zu Karl in Kairouan religiösen Anstoß und eine Rebellion bewirkt hatten. Al-'Akkî handelte für Hârûn al-Rašid, starb aber nachdem der Aufstand im Jahr 799 durch Ibrahim ibn al-Aghlab niedergeschlagen war.

Im lateinischen Westen las sich die Geschichte etwas anders. Danach soll der Frankenkönig, das erzählte Einhard (c. 16) dreißig Jahre nach dem Geschehen, vom Kalifen einen Elefanten erbeten haben, den einzigen, über den derselbe verfügt habe. Schwerlich wird dieser skurrile Wunsch, wie der Biograph anzunehmen schien, der einzige, geschweige denn der entscheidende Grund für die Gesandtschaft gewesen sein. Ihn verschwieg der Biograph demnach. War Karl überhaupt der Bittende? Viel eher sorgte er sich um das

Pilgerziel Jerusalem, wohin eben zu der nämlichen Zeit eine andere Legation des künftigen Kaisers aufbrach. Doch auch dieser Grund dürfte nicht entscheidend gewesen sein. Wohl aber überbrachten diese Gesandten, wie Einhard an anderer Stelle (c. 27) ohne genauere Zeitangaben berichtete, Gelder an arme syrische, ägyptische und afrikanische Christen unter muslimischer Herrschaft, nämlich nach Jerusalem, Alexandria und Karthago. Karl habe solches in Erwartung der «Freundschaft der überseeischen Könige» veranlaßt. Der politische und handelsgeschichtliche Kontext blieb bei allen westlichen Autoren unerwähnt und im dunkeln. Er dürfte aber in der gemeinsamen Gegnerschaft beider Herrscher, des westlichen Königs und des Kalifen, gegen al-Andalus und gegen Byzanz zu suchen sein und tatsächlich zu den Waffenlieferungen (worin immer diese bestanden) geführt haben. Es waren die ersten Handelskontakte eines lateinischen Herrschers mit dem muslimischen Orient, eine Innovation[86]. Sie scheinen erfolgreich verlaufen zu sein.

Zusammen mit Karls des Großen Gesandten reisten wohl über Venedig auch alemannische Pilger nach Jerusalem, um dort Reliquien des hl. Genesius zu erwerben. Darüber liegt ein knapper Bericht vor. Lang und breit handelte derselbe von den Schwierigkeiten des Transfers dieser Reliquien aus Italien, wohin sie glücklich gelangt waren, nach Alemannien, doch mit den Zielen des Königs hielt sich der alemannische Mönch nicht auf, nicht einmal mit einer Milieu-Schilderung aus Jerusalem. Karls Quasi-Schwiegersohn Angilbert rühmte sich wenig später gleichfalls des Besitzes von Reliquien aus Jerusalem. Karls Gesandte hätten sie mitgebracht[87]. Auch jetzt schwiegen sich die Berichterstatter über die Reise aus. Kein einziges muslimisches Ritual wurde beschrieben, kein Hinweis auf das Zusammenleben dreier Religionen in der heiligen Stadt schien das Pergament wert zu sein, keiner auf das tägliche Gebet der Muslime, wohl aber unterstellten sie einer Religion Götzenkult, die ihrerseits den Christen mit dem Kreuzkult Idolverehrung attestierte. Fremdheit verzeichnet und verzerrt.

Vier Jahre nach der Entsendung Lantfrids und Sigismunds, die beide auf der Reise starben, wenige Wochen nach seiner Kaiserkrönung, konnte Karl die Gegengesandtschaft Hârûns, «des Königs der Perser», in Italien empfangen; eine Gesandtschaft des Emirs, eines «Sarazenen aus Afrika», jetzt des Aghlabiden Ibrahim nämlich, der gleichfalls bei Kairouan residierte, begleitetet sie. Sie kündigte als Geschenk des Kalifen den Elefanten Abul Abaz an, den Isaac dann von Afrika aus nach Aachen überführte (ArF 801), wo er im folgenden Jahr eintraf (Ann. Lauresh. c. 35) und neun Jahre später verendete (ArF 810). Das gewaltige Tier erregte Aufsehen. Die jüngeren Zeugnisse verweilten mit Vorliebe bei ihm und den «kostbaren Geschenken», ohne weitere Inhalte, Begegnungen oder Beobachtungen der Gesandtschaft anzuführen[88]. Zumal die brisante Waffen- und Metallieferung, die nach den arabischen Zeugnissen Karl erbeten und der Elefant begleitet haben dürfte und die wohl durch Vermittlung Isaaks zustande gekommen war, verschwiegen sie. Über Waffenhandel, zumal wenn ihn – wie es der Fall gewesen zu sein scheint – Christen gegen Christen betrieben, sprach man auch damals nicht laut.

Die Aufmerksamkeit der Reisenden und der Beschenkten galt dem Äußeren, dem spektakulären Schein, nicht den Intentionen, Inhalten oder subtilen Interessen, schon gar keiner Neugier auf die Fremden. Die Lateiner schwiegen über ihre Wahrnehmungen zur christlichen Kultpraxis in Jerusalem, die durchaus von jener des Westens abwich, und sie schwiegen erst recht von der muslimischen Religionspraxis in der heiligen Stadt[89]. Allein, als lateinische Mönche das orthodoxe Glaubensbekenntnis kennenlernten, das ohne das *filioque* gesungen wurde, beschwerten sie sich im Westen und lösten dort einen neuerlichen theologischen Disput aus[90].

Selbst die Gesandtschaften des Patriarchen von Jerusalem und Karls Gegengesandtschaften – etwa durch den Pfalzpriester Zacharias im Jahr 800 – weckten nur das Interesse an Reliquien und Kostbarkeiten, die im Hl. Land zu erwerben waren und als deren auffallendsten aus Anlaß der jerusalemitanischen Gesandtschaft des Jahres 800 die Schlüssel zum Heiligen Grab und zum Kalvarienberg sowie die Schlüssel zur Stadt und eine Fahne Erwähnung fanden (ArF). Wahrscheinlich gelangten damals auch die Marmorplatten des Aachener «Karlsthrones» aus Jerusalem nach dem Westen.

Die Initiative zum Austausch mit dem Orient war, wie gesagt, von Karl ausgegangen, der Zeitpunkt allenfalls vordergründig durch die umayyadischen Umtriebe in Spanien nahegelegt worden. Der «Perser»-Name für Hârûn al-Rašid aber – auch Einhard und sogar Notker verwandten ihn – läßt statt dessen aufhorchen. Hârûn war danach durchweg ein *Persa*, kein *Sarracenus* wie sein Vorgänger al-Mansûr oder wie der Emir von Afrika, auch kein *Maurus*, wie die Muslime aus Afrika, die Corsica im Jahr 806 heimsuchten[91]. Hinter dem Namen aber verbarg sich offenbar eine absichtsvolle fränkische Interpretation der Weltgeschichte. Denn «Perser» waren die Kriegsgegner und Vertragspartner römischer Kaiser von Justinian an bis hin zu Heraklios, wie man an Karls Hof der Chronik des sog. Fredegar entnehmen konnte[92]. Wie dieser Chronist Heraklios seines Persersieges wegen als «neuen David» feierte, so ließ sich Karl an seinem Hof als «David» umschmeicheln. Erst zu 810, als sich die Beziehungen zu den Abbasiden verschlechtert hatten, erschien Hârûn – posthum – als «König der Sarrazenen» (ArF)[93].

Perser waren demnach Gegner und Vertragspartner christlicher römischer Imperatoren von Justinian an. Ihr Herrscher galt im diplomatischen Zeremoniell als «Bruder» des Basileus. Wer – nach der Überlieferung der Franken – mit ihnen Gesandtschaften tauschte und Verträge schloß, war somit ihr «Bruder», war ranggleich mit dem römischen Kaiser. Karl wußte diesen Rang der «Perser»[94]; er ließ seine Gesandtschaften nach Raqqa in den hofnahen Annalen festhalten[95]. Seine Gesandtschaft an einen «König der Perser», zumal wenn sie der Fürsorge und dem Wohl der östlichen Christenheit und insbesondere Jerusalems galt, darf unter diesen Umständen als Hinweis einer langfristigen Vorbereitung zur Annahme des «Kaisernamens» (*nomen imperatoris*), zur Erneuerung des westlichen Kaisertums, betrachtet werden, wie sie ja sicher seit der zweiten Jahreshälfte des folgenden Jahres erkennbar wird[96].

In der Tat, parallel zu dem Gesandtschaftstausch mit Hârûn al-Rašid gingen in den Jahren 799 und 800[97] Gesandtschaften an den Patriarchen von Jerusalem. Sie weisen in die nämliche Richtung wie die Legationen an den Kalifen, auf erste Pläne nämlich zur Erneuerung der Kaiserwürde. Die Antwort des Patriarchen traf mit den genannten Ehrengaben pünktlich im Dezember des Jahres 800 ein, als Karl bereits in Rom weilte und sich auf die Annahme des Kaisernamens vorbereitete. Die Gäste aus Jerusalem wurden zweifellos Zeugen der Krönung durch den Papst. Derlei zeitlicher Ablauf war kein Zufall. Alles verrät Karls klare Zielstrebigkeit im Erreichen des einen Zieles: der Erhöhung zum Kaiser. Sie folgte seinen eigenen Intentionen, nicht den Zufällen römischer Adelsrevolten, wie gerne angenommen wird.

Der neue Kaiser verhandelte in aller Offenheit mit den Gesandten des Abbasiden (ob sich Christen unter ihnen befanden?), aber jede genauere Kenntnisnahme «persischer» Religion hätte – wie früher etwa des sog. Fredegar Hinweis auf den Kaiser Maurikios nahelegte – kultische Befleckung bedeutet. Statt der Religion traten vielmehr die Geschichte und der mit ihr begründbare imperiale Anspruch des Franken in den Vordergrund der Begegnungen und der Berichterstattung über sie. Die kulturelle Wirkung des Gesandtschaftstausches ist nur mittelbar aus späten, schon sagenhaft verbrämten Erzählungen bekannt. Die geistige Übermacht der Rhomäer und Araber ahnte Karl vielleicht; anerkannt hat er sie nicht, auch wenn der Westen mit der Zeit von den Fremden lernte. Wohl aber schätzte er vermutlich ihren Stahl für seine Waffenschmiede.

Ein weiteres im Zusammenhang mit Karls Kaiserkrönung wenig beachtetes Zeugnis aus der Zeit kurz vor dem Epochenjahr 800 könnte, wenn es denn – was neuerlich erwogen wird – keine Fiktion darstellt, Zeugnis ablegen von Karls erwartungsvoll auf «Rom» gerichtetem Selbstverständnis: Das Bildprogramm der Königshalle in Ingelheim, wie es durch den Dichter Ermoldus Nigellus überliefert ist[98]. Der an des Orosius Vier-Weltreiche-Lehre angelehnte gemalte oder gewebte[99] Bildzyklus entstand, wenn er – wie ich meine – authentisch ist[100], eben damals, kurz vor dem Jahr 800[101]; und es ist undenkbar, daß Karl nicht maßgeblich auf seinen Inhalt Einfluß genommen hat[102].

Die Bilder aber imaginierten ein Geschichtskonstrukt, das die welthistorisch-universale Bedeutung Roms in den Mittelpunkt rückte. Die eine Wand der Halle zeigte danach heidnische Herrscher von Cyrus und Ninus über die Gründung Roms durch Romulus und Remus, dann Hannibal, das Auftreten Alexanders des Großen und vielleicht mit einer Augustus-Darstellung: «wie die römische Herrschaft zum Gipfel wuchs», *Ut Romana manus crevit et usque ad polum*[103]. Die andere Seite war den Christen gewidmet und «vereinte die Taten römischer Caesaren mit den Taten der Franken»[104]. Sie setzte mit Konstantin dem Großen ein, der Rom «aus Liebe» zu der wunderschönen Maid *Constantinopolis* verließ[105], um die Stadt Konstantinopel zu gründen, führte über Theodosius zu Karl Martell als dem Sieger über die Friesen, zu Pippin als dem Eroberer Aquitaniens und endlich zu Karl «dem Weisen» (*sapiens*), der wohl mit zweifachem Bild vergegenwärtigt war: als Italiens Herrscher im Schmuck der Krone und als Sachsenbezwinger, mithin beide Male als König (IV, 279–82).

«Rom, wo die Caesaren immer zu residieren gepflogen hatten» (wie der hofnahe Lorscher Annalist vermerkte), hatte Konstantin «aus Liebe verlassen»; dies letzte verkündeten die dem Konstantinbild zugehörigen Verse. Gott aber hatte die Stadt mit den anderen Kaisersitzen des Westens «in Karls Gewalt gegeben»; so lehrten es gleichfalls die Lorscher Annalen und begründeten damit die Kaiserkrönung (zu 801)[106]. Der Karolinger kehrte – nicht anders kann der Sinn des Geschichtszyklus verstanden werden – als Heidensieger und Heidenbekehrer, eingebunden in die Heilsgeschichte, als künftiger Caesar nach Rom zurück, das Konstantin verlassen hatte. Die römische Geschichte in christlicher Zeit mündete geradezu in die Geschichte der Franken und vereinte sich mit ihr; sie führte von Konstantin zu Karl, dem Schutzherrn der Römischen Kirche und – nach Alkuin – dem einzigen Schutzherrn der Christenheit.

Sollte die ins Auge gefaßte Kaiserwürde von Dauer sein, verlangte sie die Anerkennung durch den Kaiser in Ostrom. Dem Zufall konnte dieselbe nicht überlassen bleiben; sie bedurfte zur Realisierung eines langfristigen Vorlaufs, Jahre der Vorbereitung. Irgendwie mußten die Rhomäer einbezogen werden. Irene, die wenig liebende Mutter auf dem Kaiserthron in Konstantinopel, die eben ihren Sohn Konstantin VI. hatte gefangen nehmen und blenden lassen, mußte die Opposition im eigenen Land fürchten. Eine *Basilissa* erschien manch einem Griechen als skandalös. Irene bedurfte der Ruhe an den Grenzen, die nicht nur durch die Franken, sondern noch mehr durch Bulgaren und Araber gefährdet war. Erfuhr sie von Karls Beziehungen zu Hârûn al-Rašid, zu dem Patriarchen in Jerusalem? Es hätte sie mit größter Sorge erfüllen müssen. Verhandlungen mit Karl setzten ein, die kein griechisches Zeugnis überlieferte. Verwundern darf das nicht. Wenn Irene, wie man es im Westen verstand, tatsächlich mit einer Kaiserwürde winkte, ging sie ein hohes Risiko ein. Das Kaisertum war dort, in Byzanz, keine Verhandlungssache, über die frei disponiert werden durfte. Wurden heimlich Verhandlungen mit Karl geführt?

Zwei unabhängige Nachrichten vom fränkischen Königshof dürften in diese Richtung weisen. Sie klingen freilich so seltsam, daß Historiker ihnen bis heute eher mißtrauen oder sie kurzerhand beiseite schieben. Doch ist deren eine – im Kontext komputistischer Materialien überliefert – verläßlicher als jedes im nachhinein verfaßte, gar gereinigte Annalenwerk in Ost oder West[107]. Überliefert wurde diese Nachricht nämlich gleichzeitig im Jahr 798 durch Karls Hofkapellan, den Erbischof Hildebald von Köln, der sie in seine schon erwähnte kostbare historisch-astronomische Handschrift aufnehmen ließ[108]. Gesandte kamen in diesem Jahr 798 «aus Griechenland», so hieß es knapp in dieser «Notiz», «um Karl die Kaisergewalt zu übertragen» (*ut traderent ei imperium*).

Die zweite Nachricht findet sich in den Annalen aus Northumbria zum Jahr 800, überliefert also jenseits der unmittelbaren Einflußzone Karls des Großen und damit einer nachträglichen offiziellen Darstellung entrückt. Sie besagt, «zu dieser Zeit», als Karl von Leo III. mit den kaiserlichen Zeichen – Purpurmantel, goldener Krone und kaiserlichem Zepter – ausgestattet wurde, seien «auch Gesandte der Griechen, mit reichen Gaben aus Konstantinopel geschickt, zu ihm gelangt, die ihn aufforderten, «ihr Königtum und Kaisertum zu übernehmen» (*rogantes ut illorum susciperet regnum et imperium*)[109].

Auch wenn diese Annalen oder ihre Nachrichten erst im 12. Jahrhundert überliefert sind, so tradieren sie mit leichter Verformung –

Irene trug dem Franken gewiß nicht die Übernahme der eigenen «Basileia» an – gleichzeitige oder zeitnahe Informationen. Was sie zur Kaiserkrönung meldeten, dürfte über verzerrende Zwischenstationen aus dem Kreis um Alkuin in dessen alte Heimat gelangt sein. Der Abt von Tours pflegte gerade um das Jahr 798 engen Kontakt zum fränkischen Königshof und warb damals vor Karl für ein *imperium christianum*[110]. Die Wendung «um diese Zeit» (*eo quoque tempore*) darf zudem nicht gepreßt werden. Sie besagt lediglich, daß im zeitlichen Umfeld der tatsächlich erfolgten Krönung die griechische Aufforderung eintraf. Doch in den Monaten um die Kaiserkrönung – mithin im Jahr 800 oder 801 – ist tatsächlich keine griechische Gesandtschaft bei Karl oder in Rom bezeugt[111]. Wohl aber stimmte die Nachricht sachlich mit jener bereits erwähnten «Kölner» Notiz vom Königshof überein[112]. Von dort wird sie tatsächlich stammen.

Die Deutung beider Nachrichten ist umstritten. Nur soviel ist gewiß: Sie hielten in keiner Weise den Wortlaut der byzantinischen Botschaften fest, sondern reflektierten deren Verständnis durch den fränkischen Hof oder sein Umfeld. Was zu vermelden war, geschah deutlich vor der Kaiserkrönung des Jahres 800 und unabhängig von dem derselben vorauseilenden revolutionären Geschehen in Rom. Was immer die byzantinischen Diplomaten vorbrachten, in Aachen deutete man es als Offerte, ja, als Zustimmung zur künftigen Kaiserwürde des Franken. Sie wurde von Karls Seite mit einer freundlichen Geste beantwortet: Damals nämlich durfte Sisinnius, der Bruder des Patriarchen Tarasios, der wohl seit zehn Jahren als Kriegsgefangener im Westen festgehalten wurde, nach Hause zurückkehren[113].

Spätestens also seit 798, wenn nicht schon etwas früher, plante Karl die Erneuerung des Kaisertums im Westen. Er bereitete sie offenbar durch eine Gesandtschaft an Hârûn al-Rašid und durch Waffenhandel mit dem Kalifen vor, verhandelte dann auch mit der Kaiserin Irene über die Annahme des Kaisernamens. Die Basilissa könnte sich – in Konstantinopel und durch die äußere Mächtekonstellation unter Druck – zu Konzessionen bereit gefunden, vielleicht aber auch nur – ähnlich wie früher in der Ehefrage ihres Sohnes[114] – den fränkischen König hinzuhalten versucht haben. Schon im Jahr zuvor, 797, traf – offenbar vor seiner Blendung abgeschickt – ein Schreiben Konstantins VI. am Königshof ein, dessen Inhalt ebensowenig mitgeteilt wurde wie der Inhalt einer Gesandtschaft des *Patrikios* Siziliens im folgenden Jahr (ArF 799); die Überbringer wurden ehrenvoll empfangen und in Ehren wieder nach Hause entlassen[115].

Karl wußte um die Bedeutung des herbeieilenden Jahres 801. Befahl er deshalb den neuerlichen Angriff gegen die Muslime in Spanien? Vielleicht faßte er jetzt schon für den ersten Tag des neuen Äons einen herausragenden Symbolakt ins Auge, den ersten Tag des siebten Jahrtausends seit Erschaffung der Welt nach der Rechnung des Hieronymus. Dieser Tag fiel auf den 25. Dezember desselben Jahres (nach heutigem Kalender des Jahres 800). Es war ein apokalyptisch signifikantes Datum; Karls Gelehrte hatten es berechnet. Alkuin warnte gerade im Jahr 800 mit den Worten des 2. Thessalonicherbriefes («die Zeiten sind gefährlich», 2Thess3,1) immerzu vor den «Turbulenzen des Weltenendes»[116].

Hier verschränkte sich die Frage nach der Heilsgeschichte mit dem Kampf gegen Häresien. Auch in Rom kannte man jene Weltzeitrechnung, die auf den Bibel-Übersetzer Hieronymus zurückging. Doch hatte der Angelsachse Beda Venerabilis eine andere Rechnung aufgemacht; sie kursierte unter Angelsachsen und auch im Frankenreich und schob jenes ominöse Ende des 6. Jahrtausends noch auf Jahrhunderte hinaus. Was also schlug die Weltstunde? Karl vergaß die Frage nicht. Kalenderberechnung wurde ein Gebot der Gegenwartsbestimmung, eine Art heilsgeschichtliche Zukunftsforschung[117].

6

In Rom rebellieren die Feinde des Papstes

Undurchsichtig entwickelte sich die Lage in Rom; wüste Parteikämpfe erschütterten die Tiberstadt. Der neue Papst Leo III. hatte nicht nur Freunde. Er entstammte keiner der stadtrömischen Aristokratenfamilien. Die alte Führungsriege um Hadrian verfolgte ihn von Anfang an. Wieweit die gegen ihn erhobenen Vorwürfe schlimmster sittlicher Verfehlungen tatsächlich zutrafen, entzieht sich der Einsicht. Doch mancherlei Veränderungen gegenüber seinem Vorgänger waren zu verzeichnen[118]. Auf Münzen prägte Leo, der Aufsteiger, nicht wie der aristokratische Vorgänger sein eigenes Bild, sondern ein solches des Apostelfürsten, *Sanctus Petrus*; nur die Rückseite nannte ihn (als Herrn der Münze im Genitiv) selbst: *Domini Leonis papae*. Die Datierung seiner Urkunden fügte – abweichend vom früheren Usus – die Königsjahre Karls des Großen hinzu, wenn auch erst an zweiter Stelle.

Vor allem aber stiftete Leo – nach dem Jahr 797/798, vielleicht 799/800 – zwei Mosaikbilder von herausragender Programmatik. Das eine schmückte seine einstige, jetzt neu errichtete Kardinalskirche S. Susanna. Hier war Leo zur Seite von Heiligen als Stifter und ihm gegenüber, auf der linken Seite Christi, Karl als König in fränkischer Tracht zu sehen[119]. Es war unerhört: In öffentlichem Raum ein Bild des fremden Königs, eines Franken, eines Barbaren, der weder als Stifter noch als Stadtherr zu feiern war, den auch die Stifterinschrift nicht nannte[120], der hier allein als Partner des umstrittenen Papstes in Erscheinung trat. Das Bild konnten die konservativen Kräfte der Stadt nur als Provokation und Drohung empfinden. Bat Leo deshalb (wie vor ihm schon Hadrian ein Mal) im Jahre 800 den König und künftigen Kaiser, römische Tracht anzulegen? Einhard erwähnte den Kleiderwechsel nicht ohne Verwunderung (c. 23).

Die zweite Stiftung war noch anspruchsvoller. Sie befand sich – beide Mosaiken sind untergegangen und nur durch flüchtige ba-

49 Barocke Skizze nach dem im 16. Jahrhundert untergegangenen Mosaik Leos III. in seinem ersten Triklinium (vor 800)

rocke Nachzeichnungen bekannt – in dem Triklinium, einem Prunksaal mit drei Apsiden, den Leo in denselben Jahren im Patriarchium hatte errichten lassen. Dessen Hauptapsis füllte – in neuartiger Bildkomposition – die bedeutungsschwere Darstellung der Aussendung der Apostel durch Christus, wobei die Gestalt des hl. Petrus – des himmlischen Repräsentanten des irdischen Papsttums – einzigartig hervorgehoben wurde. Die zugehörige Stirnwand des Trikonchos imaginierte (auf der ikonographisch linken Seite) noch einmal den thronenden Apostelfürsten, wie er das Pallium dem Papst Leo und eine Fahne dem Frankenkönig Karl übergab[121].

Dieses Bild – seine Datierung erscheint mir keineswegs gesichert zu sein[122] – konnte widersprüchlich interpretiert werden. Den Ehrenplatz zur Rechten Petri nahm der Papst ein. Durch Pallium und Fahne war die Aufgabenverteilung klar geregelt: Die Leitungsgewalt der Kirche oblag dem Nachfolger des Apostelfürsten, der Schutz seiner Kirche dem König. Das entsprach kaum den Vorstellungen des mächtigen Karolingers. Die Inschrift war brandaktuell:

beate petre donas vitam leoni papae et bictoriam carvlo regi donas; auch jetzt trat der Papst vor den König: «Heiliger Petrus gib dem Papst Leo Leben und gib dem König Karl Sieg». Der Status des Königs schien zum bloßen Schutzspender der Apostelkirche geschmälert. Dennoch, Karl war – wie zu keiner Zeit unter Hadrian I. – im Patriarchium, im Herzen der päpstlichen Kirchenleitung, gegenwärtig; es mußte den einstigen Führungskräften um Hadrian zutiefst mißfallen.

Man bezichtigte Leo seit dem Frühjahr 798 schlimmster Fehltritte. Von Aufruhr war bald die Rede. Die Nachricht drang bis ins Frankenreich. Karl schickte den Erzbischof Arn von Salzburg und den Abt Wirund von Stablo an den Tiber, um die Lage zu erkunden; der Herzog Winigis von Spoleto sollte sie schützen. Alsbald, wohl kurz vor deren Ankunft, im Frühjahr 799, überschlugen sich die Dinge. Leos Feinde waren zum Kampf entschlossen. Die bösesten Berichte erreichten den fränkischen Hof[123]. Ungeheuerliches sei geschehen. Die Römer hätten bei der großen Prozession, der jährlich am Markustag (25. April) wiederkehrenden *Letania maior*, die von S. Lorenzo in Lucina über die Via Flaminia und die Milvische Brücke nach Sankt Peter führte, den Papst überfallen, ihm die Zunge zerschnitten, die Augen zerstochen, den Geschundenen in den Kerker geworfen, ihn seiner Pontifikatsgewänder beraubt und abgesetzt – Greuel über Greuel, welche, so schien es, noch größeres Übel ankündigten und die Endzeit verhießen, den Weltbrand, *Muspilli*, das Jüngste Gericht und das unlöschbare, ewige Lodern der Verdammten im Rachen des Chaos[124].

Doch Gerüchte einer wunderbaren Heilung des Papstes drangen zugleich über die Alpen. «Gesegnet sei der Herr, der Gott Israels, der allein große Wunder vollbringt und nicht verläßt, die an ihn glauben. Der Herr ist meine Erleuchtung (*inluminatio*) und mein Heil: Wen soll ich fürchten? Der Herr ist der Schützer meines Lebens: Vor wem soll ich mich fürchten?» So jubelten die Freunde des Papstes[125]. Viele glaubten an das Wunder, das die Römer verbreiteten.

Karl, bei aller Gewaltbereitschaft ein gläubiger Christ, mußte aufs äußerste überrascht, besorgt, im tiefsten erschrocken gewesen sein, als er die Botschaft aus Rom vernahm. Was hatte das alles zu bedeuten? Was war zu tun? Die Antwort drängte, sollte der König recht und gottgefällig handeln. Deuten aber nach welchen Kriterien und zu welchen Zielen? Meister Alkuin erkannte auch in dem Geschehen in Rom ein apokalyptisches Zeichen; er sah das Weltende heraneilen. Die gleichzeitige Fülle der Zeichen im Osten, im Westen, die Häretiker in Spanien mußten es nahelegen. Die Zeit war erfüllt; auch Karl wußte es. Stand tatsächlich das Weltgericht bevor oder der Weltensabbat, ein neuer Äon? Wie lange noch währte die Frist? Unermüdlich hatte der König sich von den Weisesten seines Reiches unterrichten lassen, um recht zu regieren, gerüstet zu sein, war selbst darüber ein Weiser geworden.

Jetzt galt es zu handeln. Der Papst vom apostolischen Thron gestürzt, der Basileus gottlos von seinen eigenen Leuten abgesetzt, er, Karl, allein noch zum Lenker des christlichen Volkes berufen. «Sieh, Dir allein fiel alles Heil der Kirchen Christi zu», so mahnte ihn sein alter Lehrer in Tours[126]. Sollte Karl die Aufgabe des Endzeitkaisers übernehmen? In der Tat, «die Zeiten waren gefährlich», wie einst von Gott vorausgesagt; «die Liebe erkaltet», so hatte Alkuin ihn mit dem die Endzeit verkündenden Christus-Wort gewarnt[127]. Das Heil der Christenheit lag einzig bei ihm, Karl[128]. Die Zeiten verlangten die Erneuerung der Ordnung gerade durch ihn. Doch kannte Karl die römischen Rädelsführer persönlich und dürfte sie, die einstigen Gesandten des Papstes Hadrian I. an ihn, nicht minder hoch geschätzt haben als den früheren Papst. Ihr Wort hatte Gewicht besessen; ihre Botschaften waren freundliche gewesen.

Um so dringlicher wurde die Frage, was zu tun sei. Hatten jene sich verstellt? Sollte er, Karl, nach Rom eilen? Alkuin drängte dazu; Karl erwog es für einen Moment[129]. Es würde unvermeidlich sein; «die Sorge für das Haupt darf in keiner Weise vernachlässigt werden». Auch das hatte Alkuin ihm geschrieben[130]. Zuvor jedoch galt es, ein für Karl noch dringlicheres Geschäft zu beenden: die Sachsen nämlich, noch Heiden, für Christus zu gewinnen, wenn Gott sich denn Land und Volk erwählte[131]. Auch das war Vorbereitung auf das Letzte Gericht und verhieß dem Herrscher die Seligkeit, wie der hl. Augustinus lehrte[132]. Karl hatte dessen Botschaft wohl vernommen und hielt sich strikt an sie[133]. So rückte er mit Heeresmacht nach Sachsen; in Paderborn harrte er selbst der weiteren Dinge, während sein gleichnamiger Sohn gegen die Feinde nach Norden zog.

Die Zeiten waren in der Tat gefährlich. «Falsche Brüder», Häretiker, wüteten; «die Gerechtigkeit ist geknechtet, die Ungerechtigkeit fließt über, die Liebe erkaltet, die Treulosigkeit kriecht heran wie Gift und läßt nicht locker, die Glieder Christi wie ein Geschwulst zu zerstören». Zutiefst erschrocken deutete Alkuin, der große Lehrmeister des Frankenreiches, die apokalyptischen Zeichen, die der Herr im Evangelium (Mt 24,12) verkündet hatte und sah sie sich in der Gegenwart erfüllen. Es geschah aus eigener Erfahrung. Eben gerade, im Mai 799, als die Nachrichten aus Rom Gestalt annahmen, disputierte der Angelsachse mit Felix von Urgell, einem Haupt spanischer, adoptianistischer Häretiker[134]. Alles schien auf ein Ende zuzulaufen.

Karl verfügte bald über genauere Informationen aus Rom. Sie hatten Schlimmes über den Papst zu berichten, so Schlimmes, daß die Feder sich sträubte, es festzuhalten. Alkuin verbrannte den davon handelnden Brief seines Freundes Arn von Salzburg, den der König schon vor dem Attentat zur Untersuchung nach Rom gesandt hatte. Sittliche Verfehlungen wurden dem apostolischen Vater vorgeworfen, von Unzucht und Meineid war die Rede[135] – übliche, doch jetzt erschreckende Anschuldigungen. Sie waren noch nicht das Schlimmste. Die Rädelsführer hatten Umsturz geplant, ein Sakrileg gegen den rechtmäßigen Nachfolger Petri. Karl durfte und wollte es nicht dulden.

Tatsächlich hatte man den Papst zu Beginn der Prozession überfallen, ihn nach S. Silvestro in Capite geschleppt, einem Kloster mit griechischen Mönchen und fest in der Hand der Rebellen, an Zunge und Augen zu verstümmeln und damit amtsunfähig zu machen versucht, den über und über mit Blut Besudelten vor den Altar gezerrt, ihm wohl die Pontifikalgewänder vom Leib gerissen und förmlich abgesetzt[136]. Nur die Gewaltattacken hielten die römischen und fränkischen Zeugen fest; die Deposition erwähnten nur fränkische Autoren und eher zufällig und versteckt. Leo aber konnte entkommen, als er in ein anderes Kloster verlegt wurde; vermutlich besaß er Helfer unter den Attentätern oder ihren Dienern. Im Schutz der fränkischen Gesandten, dem Abt Wirund und dem Herzog Winigis, vermutlich auch des Erzbischofs Arn, konnte er sich retten[137]. Karl befahl schließlich, Leo an seinen Hof zu bringen.

Mit teilweise ironischen Versen gegen die Wundergläubigkeit mancher Zeitgenossen kommentierte dort Theodulf von Orléans das Geschehen: «Die rasende Menge hat dich [Leo] der Augen, der Zunge beraubt, der Pontifikalgewänder, des Amtes. Petrus gab alles zurück... Die Menge indes leugnet... nichts sei genommen gewesen; man habe nur zu nehmen geplant. Zurückgegeben – wie wunderbar; wunderbar ist's, daß man nicht nehmen konnte. Ich grüble, ob mich das eine oder das andere mehr verwundern sollte»[138]. Das Wunder – erfunden, um die Menge zu täuschen. Sollte der Spott den König warnen, um den römischen Berichten nicht allzugroßes Vertrauen entgegenzubringen? In der Tat, kein Text, der vom Hof seinen Ausgang nahm, verbreitete die Wunderbotschaft.

Die Schreckenszeichen setzten sich fort, mehrten sich. Da war der Patriarch von Grado ermordet worden. Karl schickte auch dorthin den Arn von Salzburg, dem Verbrechen nachzuforschen, der aber weitereilen mußte nach Rom, um den Papst ins Frankenreich zu geleiten. Leo wurde in Paderborn erwartet, im finstersten Sachsenland, dort also, wo Karl sich als Glaubensbringer feiern durfte; im September weilte er dort. Alkuin, den Karl um Rat gefragt hatte, gemahnte den König an das Kirchenrecht: Wie immer die Vorwürfe, «der apostolische Stuhl ist Richter, wird aber nicht gerichtet»[139]. Der König entschied sich ebenso; offen mochte noch sein, wie das in Rom angerichtete Unheil geheilt werden könne. Einstweilen sandte Karl seinen obersten Kapellan, den Erzbischof Hildebald, und den Grafen Ascherius, dann seinen gleichnamigen Sohn zu Leos Empfang, um ihn gebührend einzuholen[140]. Mit stattlichem Gefolge traf der Papst an Pader und Lippe ein, bereit, sich dem «gerechten Urteil» des Königs zu stellen und seinen Beistand zu erflehen[141]. Was verhandelt wurde, ist ungewiß. Die Geschichtsschreiber schwiegen sich aus. «Der König, der Vater Europas, und Leo, der oberste Priester auf Erden, sind zusammengekommen und führen Gespräche über mancherlei Dinge»[142].

Zumindest der vierte Romzug des Frankenkönigs wird verabredet worden sein, umrißhaft wohl auch das, was in seiner Folge geschehen sollte. Leo aber, der von den Rebellen seines Amtes für verlustig Erklärte, durfte in Begleitung fränkischer Königsboten auf den Apostelthron zurückkehren; in welche Stadt immer er auf dem Heimweg einzog, er wurde als Papst eingeholt; die Römer aber empfingen ihn und alle Scholen der Fremden, der Franken, Friesen, Sachsen und Langobarden, begrüßten ihn mit Kreuzen und Fahnen, mit geistlichen Gesängen, geleiteten ihn nach St. Peter, wo er die Messe zelebrierte. Der «Liber Pontificalis» hielt alles detailliert fest[143] – ein Zeichen dafür, wie real das Absetzungsritual gewesen war.

Die Revolte in Rom hatte eine neue Lage geschaffen. Fränkische *Missi* führten gemeinsam mit Erzbischöfen, Bischöfen und Grafen eine erste, vorläufige Untersuchung durch. Barbaren saßen nun über höchste römische Würdenträger zu Gericht und zwar in Rom. Schlimmeres hätte über die alten Eliten nicht hereinbrechen können. Worum Hadrian und seine Vorgänger gerungen hatten, die Eigenständigkeit Roms, sie war vorbei. Die Rädelsführer des Aufstandes, der Primicerius Paschalis und der Sakellar Campulus, wurden ins Frankenreich geschickt, mußten aber übers Jahr nach Rom zurückkehren, um sich der Anklage gegen sie und dem definitiven Prozeß zu stellen[144].

Bevor Karl selbst sich auf den Weg nach Süden machte, brach er über St-Bertin und Centula/St-Riquier, dem Kloster seines Quasi-Schwiegersohnes Angilbert, zu einer großen Rundreise durch die nordwestliche «Francia» auf; sie führte ihn über Rouen in der Nachbarschaft der kaum gebändigten Bretagne nach Tours. Beim hl. Martin, dem Reichsheiligen, wollte er sein Gebet verrichten; zudem hatte er den Tod seiner Gemahlin Liutgard dort zu beklagen[145]. Der Zug galt zunächst der Besichtigung und Überprüfung der Küstenbefestigungen am Ärmelkanal. Karl hatte sie – weitblikkend – gegen die bedrohlichen Attacken nordischer Piraten anlegen lassen. Sie sollten die Flußmündungen schützen und schlossen ein Flottenbauprogramm mit ein[146]; wieweit dieses letzte tatsächlich und in welchem Umfang realisiert wurde, ist nicht zu kontrollieren. Die spätere Entwicklung läßt eher daran zweifeln.

Der Grund der großen Umfahrt ist – vom Gebetswunsch abgesehen – nicht zu erkennen[147]. Wollte der König vor der langen Abwesenheit und den geplanten großen Veränderungen in Rom sich noch einmal in besonders gefährdeten Regionen seines Reiches zeigen? Wollte er die Adelsgruppen, die sich um seine Söhne zu ordnen begannen, auf die Zeit seiner Abwesenheit vorbereiten und damit den Frieden im Reich und für seine Söhne sichern? Zumal jene Gruppen im künftigen Reich seines ältesten Sohnes Karl, der in Rom zum König gekrönt werden sollte? In Tours ordnete der König jedenfalls ein weiteres Mal seine Nachfolge. Die Zeugnisse dafür – sie verweisen auf den Hof als Nachrichtenquelle – sind knapp und deutlich, aber sachlich dürftig. Es ging, so hielt ein Autor fest, tatsächlich um die Ordnung des Reiches, *de utilitate regni Francorum*, wie die wohl unter Aufsicht der Karlsschwester Gisela geführten Annalen registrierten[148]. Die tatsächliche Entwicklung überlagerte fürs erste die Beschlüsse. Wie immer, Karl traf in Tours, beim hl. Martin, seine Söhne Karl, Pippin und Ludwig und «verteilte sein Reich unter sie» (*disposuit regnum filiis suis*)[149]. Er korrigierte damit eine ältere Teilung, wie sie im Jahr 781 vorgesehen gewesen zu sein scheint und bei der noch der Sohn der Himiltrud als erbberechtigt galt[150].

Endlich, im Frühherbst des Jahres 800, nachdem Karl über Theodulfs Orléans, über Paris und Laon nach Aachen zurückgekehrt und auf einer Versammlung in Mainz der Zug nach Italien angesagt worden war[151], brach der König nach dem Süden auf. Theodulf, ein der päpstlichen Doktrin eher fern stehender Westgote, hatte ihm schon zuvor grundstürzende Empfehlungen mit auf den Weg gegeben: «Petrus besitzt die Schlüssel des Himmels; er hieß dich, sie zu übernehmen. Du führst die Schlüssel der Kirche, er die des Himmels», *Caeli habet hic claves, proprias te iussit habere. / Tu regis ecclesiae, nam regit ille poli*[152]. Der Papst spielte in den Augen des Westgoten kaum eine Rolle.

Karl verweilte für sieben Tage in Ravenna, befahl dort seinem Sohn Pippin mit Heeresmacht gegen Benevent vorzustoßen, um das Land zu verwüsten, derweil er selbst nach Rom marschierte[153]. In Latium, bei Nomentum (heute Mentana), einem kleinen Bischofssitz, am 12. Meilenstein vor Rom, empfing ihn der Pontifex, speiste mit ihm, eilte dem König – doch wohl mit dessen ausdrücklicher Billigung, hätte doch ein feierliches Geleit durch Leo selbst wie eine vorweggenommene Entscheidung des geplanten Verfahrens über Leos Legitimität gewirkt – nach Rom voraus und empfing ihn, geradezu atemlos, am folgenden Tag, dem 24. November, auf den Stufen von St. Peter erneut, während die Scholen der Bürger und Fremden Karl mit den *Laudes* auf den Lippen einholten[154]. Es war das kaiserliche Empfangszeremoniell, wenn auch in gestutzter Form, das hier zur Wirkung gelangte und von den «Reichsannalen» beschrieben wurde. Allein dem Kaiser zog der Papst entgegen und auch nur bis zum 6., nicht wie jetzt bis zum 12. Meilenstein[155].

Leo hatte Karls Erscheinen in Rom gut vorbereitet; ein gutes Jahr hatte er dafür Zeit gehabt. Zwei Bildrepräsentationen vergegenwärtigten den Frankenkönig fortan in der Stadt[156]. Das Mosaik auf der Stirnwand des neuerrichteten Empfangs- und Speisesaales der päpstlichen Residenz, eben des Trikliniums mit seinen drei Nischen (Trikonchos), dürfte sogar eigens zum Empfang des Königs geschaffen worden sein[157]. Es sah sich in keine Gesamtkomposition der fraglichen Wand eingebunden; eine solche gab es nicht. Doch erscheint es wie die ‹Antwort› des Papstes auf die gefährliche Stimmung am Karlshof, die – etwa mit den zitierten Versen des Westgoten Theodulf – den König geradezu zum Stellvertreter des Apostelfürsten erklärte.

«Leben» für den Papst, «Sieg» für den König – knapper und anspruchsvoller als durch das Mosaik konnte die aktuelle Lage nach dem Attentat und dem ‹Überlebenswunder› nicht angesprochen werden. Sie ‹halbierte› die bevorstehende Kaiserakklamation, verteilte sie gleichsam – durchaus mit Bedacht – auf den Papst und den Franken. Die Palliengabe Petri an Leo rückte die kirchliche Hierarchie wieder zurecht. Die Darstellung barg somit politische

Brisanz. Das Bild mußte den Karolinger nicht nur an die Gnade St. Peters, sondern zugleich an die einstige Begründung seiner Königswürde durch Petrus und seinen Vertreter gemahnen. Ob Karl darüber erfreut war? Ob ihn die Investiturszene jetzt, als er zur Kaiserkrönung schritt, angemessen dünkte? Ob sie ihm verheimlicht wurde? Keine dieser Fragen findet Antwort.

Eine Woche nach dem Empfang in Rom trat in der Peterskirche eine große Versammlung fränkischer und römischer Kleriker zusammen, zu der auch Laien hinzugezogen wurden[158]. Es standen also keineswegs nur Kirchenrechtsfragen zur Entscheidung. Drei Wochen lang tagte man und erörterte die Anlässe und Vorgänge, die zum Attentat geführt hatten. Vieles stand zur Prüfung: Ob Leo Papst sei, wie seine angefochtene Ehre zu erneuern sei, ob er abzusetzen sei, wie die Attentäter und ihre Helfer zu behandeln seien, auch über Karls Erhöhung zum Kaiser und anderes mehr. Sogar über regionale Streitigkeiten wurde Gericht gehalten. Die wichtigste Entscheidung dürfte hinter verschlossenen Türen gefällt und nur zur Billigung dem Plenum vorgelegt worden sein, wie das auch sonst am Herrscherhof üblich war[159]. Sie betraf den Frankenkönig selbst.

Man einigte sich, gewiß nicht ohne Druck von seiten des Königs, und verzichtete – gemäß dem alten, auf die symmachianischen Fälschungen von 501 zurückgehenden Rechtssatz: *Papa a nemine iudicatur* («Der Papst wird von niemandem gerichtet») – auf eine Anklage gegen den Papst. Leo reinigte sich vielmehr am 23. Dezember, «freiwillig», «von niemandem dazu verurteilt und gezwungen», durch einen Eid «vor Gott und den Engeln», den er von der Kanzel der Peterskirche herab auf das Evangelium schwor: Was ihm vorgeworfen werde, habe er nicht getan. «Gott ist mein Zeuge»[160]. Der Himmel barst nicht nach dem Schwur: Leo hatte die Wahrheit bekundet. Die anwesenden Bischöfe stimmten das «*Te Deum*» an; Karl habe mitgesungen[161]. Unbeschwert durfte Leo an den kommenden Festtagen die heiligen Offizien vollziehen. Der große Karl hatte den Nachfolger Petri vor jedem Urteil bewahrt – und das für alle Zeit. Kein rechtmäßig gewählter Papst wurde künftig vor einen weltlichen Richter gezerrt, es sei denn mit böser, rechtloser Gewalt.

Karl feierte mit Leo Weihnachten. Doch, was sich während der dritten Weihnachtsmesse ereignete, irritierte die Geschichtsschreiber diesseits und jenseits der Alpen, ließ sie zu keiner Einmütigkeit finden und voneinander abweichende Sachverhalte festhalten. Keine Akten hielten das Geschehen fest, nur nachträgliche Erinnerungen. Sie sind um so verwirrender, als sie Widersprüchliches zu melden hatten. Vier Berichte gelten unter heutigen Gelehrten für maßgeblich: die «Reichsannalen», die sog. «Lorscher Annalen», der «Liber pontificalis» sowie Einhards «Karlsleben». Sie klaffen in ihren rechtsrelevanten Details weit auseinander, erklären sich nicht von selbst und verlangen eine kritische Betrachtung. Tatsächlich sollte sich Einzigartiges an jenem Weihnachtstag ereignen. Eine Wende. Eine Inszenierung, die, was niemand ahnen konnte, trotz mancher Änderung ein Jahrtausend überdauern sollte. Sie verschmolz römisch-byzantinische Elemente mit Momenten einer völligen Neuschöpfung und diskrepanten Erinnerungen, die sich höchst selektiv als Präzedenzfall mit normativer Wirkung ins kulturelle Gedächtnis einnisteten und die noch immer die historische Analyse mit ungelösten Herausforderungen konfrontieren[162].

7

Die Krönung – angeblich abgelehnt

Es war Weihnachten, der 25. Dezember des Jahres 801 nach zeitgenössischer Zählung, der eschatologisch bedeutsame erste Tag des siebten Jahrtausends seit Erschaffung der Welt nach der Rechnung des hl. Hieronymus. Karl ging zur Messe in die seiner Pfalz benachbarte Peterskirche, und als er sich vom Gebet vor der *Confessio* erhob, setzte ihm der Papst eine Krone aufs Haupt und von allen anwesenden Römern wurde er akklamiert: «Karl, dem Augustus, dem von Gott gekrönten großen und friedebringenden Imperator der Römer, Leben und Sieg!» *Vita et victoria.* Dann

50 Rekonstruktion (17. Jahrhundert) der abgerissenen und durch den heutigen Neubau ersetzten konstantinischen Basilika von Alt Sankt Peter, Fresko in SS. Silvestro e Martino ai Monti

wurden die *Laudes* gesungen[163]. Danach «adorierte ihn der Papst nach der Weise der alten Kaiser (begrüßte ihn also mit Proskynese), und nannte ihn, da der Name *Patricius* abgelegt war, *Imperator* und *Augustus*».

So lautete die Darstellung der «Reichsannalen». Sie folgte der Sicht des karolingischen Kaiserhofes in den Jahren bald nach dem einzigartigen Ereignis. Die «Metzer Annalen» wiederholten kurz darauf den Wortlaut der «Reichsannalen», änderten also nichts[164]. Die konstitutiven Akte – die Krönung durch den Papst und den Kaiserruf – vollzogen demnach Römer. Doch war die Darstellung vollständig? Krönung und Akklamation wurden deutlich knapper behandelt als der anschließende Gerichtstag gegen die Aufrührer und die weiteren

Herrscherakte des neuen Kaisers in der Stadt der Apostelfürsten. Zweifel an der Akzeptanz dieser Krönung spiegelte das herrschernahe Annalenwerk dennoch in keiner Weise.

Warum hätten solche auch festgehalten werden sollen? Karl war Herr in und über Rom, wie die Proskynese des Papstes deutlich bekundete. Freilich war bei keiner früheren römischen oder byzantinischen Kaisererhebung jemals ein Papst oder ein Patriarch in so herausragender Weise hervorgetreten wie jetzt der so heftig umstrittene Leo. Der Liturg erschien gleichsam als Herr der Kaiserkrönung. Vielleicht salbte er sogar den neuen Caesar; wahrscheinlich ist es nicht. Nur der spöttelnde Grieche Theophanes (AM 6289 = AD 796–797) karikierte: Leo habe den Franken als Gegenleistung für die Bestrafung der Attentäter «von Kopf bis Fuß mit Olivenöl gesalbt, mit kaiserlichem Ornat und einer Krone bekleidet»; kein westlicher Zeuge wußte davon. Wie dem aber sei, ohne Karls Zustimmung hätte kein Liturg handeln können. War aber Leos Handeln tatsächlich konstitutiv oder nur bestätigend?

Nördlich der Alpen kursierte noch eine andere Version, die dem Papst und den Römern eine deutlich geringere, jedenfalls eine andere Rolle zuwies. Sollte ihre Darstellung Unzufriedenheit unter den Franken mit dem Geschehen in Rom zum Ausdruck bringen? Ihre Herkunft ist unklar, obgleich ihr einziger Repräsentant, die sog. «Lorscher Annalen», ebenfalls dem Kaiserhof nahe stand. Weil damals bei den Griechen der «Kaisername» vakant gewesen sei, so hieß es nun im Anschluß an den Bericht zu der großen Versammlung in der Peterskirche, und da sie ein (skandalträchtiges) «Weiberkaisertum» hätten (*femineum imperium*), schien es dem Papst Leo, allen Teilnehmern der Synode und dem übrigen Christenvolk (*reliquo christiano populo*) recht, «den Frankenkönig Karl *Imperator* zu nennen. Denn er besaß Rom, wo stets die Caesaren residiert hatten, und besaß die übrigen Kaisersitze in Italien, Gallien und Germanien. Weil der allmächtige Gott ihm diese Sitze in seine Gewalt gegeben habe, deshalb schien es ihnen recht, daß er mit Gottes Hilfe und auf Bitten des gesamten Christenvolkes diesen Namen trage». Karl habe dieser Bitte entsprochen – es muß am 23. oder 24. Dezember gewesen sein – und habe an Weihnachten «nicht ohne Weihe des Papstes» (*cum consecratione domni Leonis papae*) den «Namen *Imperator*» angenommen.

Hier handelte im Konsens mit den Genannten der König und *Princeps*; ja, hier geschah der entscheidende Akt im Anschluß an die Dezembersynode oder während derselben, zu der sich im wesentlichen Bischöfe aus dem gesamten Karlsreich versammelt hatten. Er bestand in der vom Konsens aller Großen, auch der Laien, getragenen Übernahme des «Kaisernamens», was hieß: In der Wiederherstellung der rechten, gottgewollten Ordnung, welche Macht (*res*) und Bezeichnung (*nomen*) in Übereinstimmung verlangte[165]. Die Römer spielten allenfalls eine untergeordnete Rolle; und von einem «römischen Kaiser» verlautete kein Wort. Rom, das alte Haupt der Welt, sah sich vielmehr den übrigen «Kaisersitzen» gleichgestellt, mithin abgewertet. Entsprach diese Darstellung Karls Vorstellung von seiner Erhöhung zum Kaiser? Näherte sie sich mit ihrem «gesamten Christenvolk» dem *imperium christianum*, auf das Alkuin gedrängt hatte[166]? Hatte auch Karl ein solches geplant? Spiegelten sich überhaupt in der ‹Lorscher› Darstellung weniger nachträgliche Kritik als Planungen? Wie sie etwa in Paderborn im Jahr 799 oder seither vorbereitet worden waren?

Die Zuweisung des Kaisernamens durch das christliche Volk und Karls Einverständnis überlieferte allein dieser Annalist; sie muß deshalb nicht bezweifelt werden, im Gegenteil: Ohne Karls explizite Zustimmung wäre jede Kaiserkrönung hinfällig gewesen. Dieser Geschichtsschreiber war gut informiert. Er legitimierte die Kaiserwürde politisch, sparte dabei die Römer aus und stellte die Übernahme des Kaisernamens als einen konsensualen Akt von Papst, Synode, Grafen, Christenvolk und Frankenkönig dar, dem eine bestätigende «Benediktion» durch den römischen Pontifex folgte. Deren Ritual überging der Berichterstatter. So gab es nun keine Akklamation, keine Laudes, ja, nicht einmal eine Krönung.

Diese Regie erinnerte an die nun bald fünfzig Jahre zurückliegende Erhebung Pippins und seiner Söhne zu Königen, wie sie etwa ein Jahrzehnt zuvor in der Erstredaktion der «Reichsannalen» beschrieben wurde. Karls Intention könnte in der Tat entsprechend ausgesehen haben: Ein konsensuales Kaisertum aus eigener

Macht, wie es seit 797/798 vorbereitet worden war, eines, das alles «Christenvolk» lenken sollte, eine Übertragung des rechten, jetzt des «Kaisernamens» wie damals des «Königsnamens» gemäß der realen Macht, eine rationale, notwendige Ordnungsstiftung, wie sie die eben eingeübte Dialektik gebot und durch die päpstliche Krönung ihre Bestätigung fand[167]. Denn «das Wesen eines Namens ist, daß ein solcher Substanz, Qualität und Quantität bezeichnet», so hatte Alkuin den König und seinen Sohn Pippin belehrt[168] – jetzt eben die Substanz realer Herrschaft, die Qualität der Herrschaft über Könige, die Quantität aller Kaisersitze des Westens.

Mißfiel diese Konzeption dem römischen Pontifex? Der «Liber pontificalis» zeichnete das Geschehen tatsächlich grundlegend anders. Seine Darstellung näherte sich nur scheinbar den «Reichsannalen». Vier Stationsgottesdienste, bei denen der Papst gegenwärtig sein sollte, prägten das Weihnachtsfest in Rom: Die Vigil in S. Maria Maggiore auf dem Esquilin, die nächtliche Messe zur Zeit des Hahnschreis «bei der Krippe», also in der Geburtsgrotte derselben Kirche, die zweite Weihnachtsmesse in S. Anastasia am Fuß des Palatin westlich neben dem Circus Maximus, die dritte Messe endlich in St. Peter[169]. Die ganze Innenstadt mußte damit in der Heiligen Nacht in aufwendiger Prozession durchquert werden. Karl besuchte vermutlich alle vier Messen; doch erst während der dritten Weihnachtsmesse erfolgte die Krönung. Nur von ihr handelten die Zeugnisse, die Karls Erhöhung zum Kaiser ansprachen.

Das Papstbuch nun, das sich lang und breit über Leos Rückkehr aus Sachsen ausgelassen, das ausführlich von der bischöflichen Gerichtsversammlung gegen die Attentäter Paschalis und Campulus und vom Reinigungseid des Papstes berichtet hatte, verstand sich nur zu wenigen, äußerst knappen Sätzen über Karls Krönung: Daß der Papst «ihn» in St. Peter mit einer kostbaren Krone krönte, daß «danach alle gläubigen Römer angesichts des Schutzes und der Liebe, die er für die heilige römische Kirche und ihren *Vicarius* hegte, nach Gottes und des seligen Schlüsselträgers Petrus Willen», ihn «dreimal vor der heiligen *Confessio* des seligen Petrus bei Anrufung mehrerer Heiliger» als Kaiser akklamierten, und daß Karl auf diese Weise zum «*Imperator* der Römer» konstituiert wurde.

Karolo, piissimo Augusto, a Deo coronato, magno et pacifico imperatori, vita et victoria. Hier handelten kein Karl und keine Franken, sondern ausschließlich im Vollzug göttlichen und des Apostels Willens die Römer und ihr Pontifex. Von einer ‹Designation› war also – ebensowenig wie in den «Reichsannalen» – keine Rede; die Krönung war der Übertragung des «Namens» vorausgegangen und war Krönung zum «Kaiser der Römer». War sie damit zum konstitutiven Akt geworden? Alsbald salbte Leo Karls gleichnamigen Sohn mit heiligem Öl zum König[170]. Es setzte wiederum den Willen und die Weisung des neuen Kaisers voraus.

Nach der Meßfeier beschenkte der Imperator Augustus gemeinsam mit seinen Söhnen und Töchtern die Peterskirche mit kostbaren Gaben, die wiederum lang und breit aufgezählt wurden. Groll gegen Leo verbarg sich hierin gewiß nicht. Auch die Kirche des hl. Paulus sowie die Salvatorkirche, die Bischofskirche des Papstes, wurden mit Stiftungen bedacht. Dies letzte könnte ein Hinweis darauf sein, daß Karl am Tag der Unschuldigen Kindlein (28. Dezember) und am ersten Fastensonntag an der Messe in den beiden beschenkten Kirchen, den Stationskirchen des Tages, teilnahm. Die Gabe an die Erlöserkirche wurde unter Leo IV. im «Liber Pontificalis» erwähnt, ein Gemmenkreuz nämlich aus reinem Gold und mit Edelsteinen verziert, das fortan bei den *Letania*-Prozessionen dem Papst vorangetragen wurde, bis es zur Zeit des Papstes Paschalis gestohlen wurde[171]. Gemmenkreuze aber verwiesen auf die Wiederkehr Christi zum Gericht und repräsentierten das künftige, das himmlische Jerusalem[172]. Daran gemahnte Karl in symbolischer Form aus Anlaß seiner Krönung am ersten Tag des endzeitlichen Äons.

Doch soll der Franke unzufrieden mit dem weihnachtlichen Kirchgang gewesen sein, geradezu ablehnend (*aversatus*). Hätte er, Karl, geahnt, was der Papst vorhabe (*pontificis consilium*), hätte er trotz des hohen Festes die Kirche nicht betreten; so kolportierte sein Biograph Einhard (c. 28). Die Historiker rätseln seit je und bis heute über diesen Satz. War es die Art, wie sich der Papst zur Geltung gebracht hatte, die Karl irritiert hatte? Als er seinen Sohn Ludwig zum Kaiser erhob, im Jahr 813, unterblieb jegliche Beteiligung des Papstes, auch jeder Hinweis auf Rom und sein Imperium.

War das des Franken Antwort auf Leos III. unerwünschtes Handeln? Oder nahm er damals wegen der Verhandlungen mit Byzanz Rücksicht auf Ostrom, das eben zwar die Kaiserwürde zugestand, doch «das Kaisertum der Römer» exklusiv für sich in Anspruch nahm? Handelte Karl nun, im Jahr 813, dezidiert gemäß dem byzantinischen, dem wahren «römischen» Brauch, wonach der Hauptkaiser einen Mitkaiser krönte[173]? Karl kannte demnach das oströmische Krönungszeremoniell. Sah er dasselbe aber bei seiner eigenen Krönung verletzt?

Einhard hatte schon an früherer Stelle vermerkt (c. 23), daß Karl ausnahmsweise, wie er selbst eingeräumt habe, auf ausdrückliche Bitten des Papstes römische Tracht angelegt habe: die lange Tunika, den römischen Mantel und römische Zeremonialschuhe. Wer aber sich so kleidete oder einkleiden ließ, wußte, was ihn erwartete; er konnte von dem, was dann in der Kirche geschah, in keiner Weise überrascht gewesen sein. Einhard widersprach sich mit dieser Bemerkung also selbst. Karl mußte das Geschehen während der dritten Weihnachtsmesse erwartet und das hieß selbst gewünscht haben. Das Zeremoniell dürfte minutiös abgesprochen gewesen sein.

Niemand hätte den Frankenkönig ohne seine Bereitschaft eine Krone aufsetzen, niemand ihn salben, niemand ihn adorieren können. Nicht einmal die Abfolge der erhöhenden Akte hätte den Betenden, der über die Liturgie der Messe seit langem bestens informiert war, verwundern oder irritieren können[174]. Die Krönung durch den Papst war nur das sichtbare Zeichen für den Kaiserruf der Römer, an dem freilich nach dem «Liber Pontificalis» kein Franke beteiligt gewesen zu sein scheint. Die Akklamation erfolgte zu dem liturgisch ‹richtigen› Zeitpunkt. Nichts an diesem Verlauf rechtfertigte Einhards Skrupel.

Eine «spontane» Kaiserakklamation war auch in Konstantinopel in den hier fraglichen Jahrzehnten nicht üblich; die jungen Kaiser wurden damals jeweils durch den Hauptkaiser und Vater erhoben. Sollte es der Wortlaut des «Kaiserrufes» gewesen sein, der Karl verstimmte, da er dezidiert den Franken zum «Kaiser der Römer» ausrief? Karl aber wollte nicht von deren Gnaden erhöht werden, sondern aus eigener Macht, «von Gott». Die Übertragung des «Kaisernamens» (ohne Romevokation) war ja tatsächlich schon tags zuvor im Konsens «des ganzen christlichen Volkes» beschlossen worden. Doch auch dieser Vorschlag zur Erklärung von Einhards kryptischer Nachricht vermag nicht zu überzeugen.

Wie Karl die Krönung verstanden wissen wollte, lassen die «Reichsannalen» erkennen: als Teil des Rituals nämlich seiner Erhöhung zum *Imperator* und *Augustus*. Ob das Aufsetzen der Krone dabei der Akklamation vorausging, gleichzeitig mit ihr stattfand oder ihr folgte, gibt diese Darstellung nicht zu erkennen. Im Wortlaut des Kaiserrufes unterdrückten auch die fränkischen Annalen den Römernamen nicht; er war dem neuen Kaiser somit keinesfalls unerwünscht.

Die Abfolge der Handlungen spielte zudem keine Rolle. Auch in Byzanz, an dessen «römischem» Erhebungsritual sich Karls Kaiserkrönung orientiert haben dürfte, konnten Einkleidung mit dem kaiserlichen Ornat und Krönung der Akklamation vorausgehen – dann nämlich, wenn eine verpflichtende Nennung des Kandidaten durch den Senat resp. durch Heer, Senat und Volk oder deren Beauftragten bereits erfolgt war[175]. Die Kaisererhebung war in Ostrom längst eine Kettenhandlung ritueller Akte geworden: Designation gemeinsam durch die Archonten, Senat und Repräsentanten des Heeres oder auch nur durch eine dieser Gruppen, dann Krönung, dann Akklamation.

Eben dieses Verfahren und eben diese Abfolge lassen sich für Karl erkennen, sobald jene Willenserklärung von Papst, Synodalen, Grafen und Volk berücksichtigt wird, die der ‹Lorscher› Annalist erwähnte, «Reichsannalen» und «Liber Pontificalis» aber als nicht zur liturgischen Bestätigung gehörend übergingen[176]. So gesehen folgte Karls Kaisererhebung recht genau dem byzantinischen, mithin dem korrekten «römischen» Kaiserzeremoniell. Die Großen schlugen dabei Karl als Kaiser vor (*iustum eis esse videbatur, ut ...ipsum nomen aberet*), das christliche Volk «erbat» ihn als solchen (*populo petente*)[177]. Eine derartige «Bitte» kann nur – wie in Byzanz – als eine Art Akklamation geschehen sein. Am nächsten

Tag vollzog der Papst die Krönung, «adorierte» den neuen Kaiser, dann akklamierte das in der Peterskirche versammelte Volk den Gekrönten. Mehrfache, die Krönung begleitende Akklamationen sind für Byzanz gut bezeugt. Ostrom galt schlechthin als Maß für «Rom».

Die Rätsel des Einhard-Spruches sind damit freilich noch nicht gelöst. Karl strebte ja seit einigen Jahren auf das Kaisertum zu. Weder die Beteiligung des Papstes noch die Akklamation durch die Römer als *Imperator Romanorum* konnten ohne sein Einverständnis erfolgt sein. Nichts erlaubt, Karls Krönung als Mißgriff des Papstes zu deuten. In den Überlieferungen prallten keine unterschiedlichen Auffassungen über die Form und das Wesen der Erhöhung aufeinander, eine fränkische und eine römische, auch wenn die Darstellungen divergierten. Der Bericht der «Reichsannalen» und seine Wiederholung durch die «Metzer Annalen» sprechen eindeutig dagegen. Doch divergierten, wie die jeweils erwähnten und nichterwähnten Details verraten, die nachträglichen Deutungen.

Karls angebliche Aversion gegen den Kaisernamen, den der Franke tatsächlich gar nicht verschmähte, verweist, wie man annehmen muß, auf einen anderen historischen Kontext und nicht auf den realen Weihnachtstag des Jahres 800. Der Biograph leitete mit seiner rätselhaften Bemerkung vom «Plan des Papstes» (*pontificis consilium*) über auf die Geduld seines Helden gegenüber den «römischen Kaisern», die ihm den Kaisernamen neideten. Kein zweites Mal hieß Einhard die sonst «Griechen» genannten Byzantiner «Römer». Nun aber: attestierte er seinem eben zum Römerkaiser gekrönten Helden Geduld mit den «römischen Kaisern» (*Romanis imperatoribus*).

Eben gerade noch, in demselben Kapitel seiner Biographie (c. 28), hatte Einhard von den «Römern» gesprochen, jenen nämlich, die tatsächlich am Tiber hausten und auf den Papst Leo ein Attentat verübt hatten, als er diesen Namen den Herren Konstantinopels konzedierte. Er folgte damit deren offizieller Selbstdeutung. Das kann nur als Reflex auf die Anerkennung Karls als «Kaiser» durch den «Kaiser der Römer» (βασιλεὺς τῶν Ῥομαίων) im

Jahr 812 verstanden werden[178]. Karls Ausspruch, wenn er denn historisch ist, fiel offenbar in diesem Kontext. Hatte der Franke damals, um mit Byzanz Frieden zu schließen, alle Schuld an seiner «römischen» Kaiserwürde auf den Papst und dessen «ärgerliches» Handeln abgewälzt? Hatte er im folgenden Jahr die ‹romlose› Kaisererhebung seines Sohnes entsprechend begründet? Oder hatte sich nachträglich unter Ludwig dem Frommen, als Einhard seine «*Vita Karoli*» schrieb, um 828, laute Kritik an einer vom Papst gelenkten und explizit auf Rom und die Römer bezogenen Kaiserkrönung erhoben, die der Biograph auf seinen Helden zurückdatierte und damit legitimierte?

Wie immer: Die Zeugnisse aus dem Frankenreich und aus Rom divergierten in eklatanter und damit höchst verräterischer Weise. Gemeinsam war den Darstellungen der «Reichsannalen» und des «Liber Pontificalis» sowie zum Teil auch der «Lorscher Annalen» nur die Peterskirche als Ort der Krönung, die Krönung mit einer doch wohl von Karl zur Verfügung gestellten Krone, war der nahezu identische Wortlaut der Akklamation durch die Römer und die Übertragung des «Kaisernamens» und war der Titel eines «Kaisers der Römer». Die Unterschiede freilich sind nicht minder gravierend; sie dürfen keinesfalls ‹hinwegharmonisiert› werden. Gerade sie verweisen auf eine jeweils andere Sicht, auf einen unterschiedlichen Sinn des Geschehens und auf divergierende Intentionen der Protagonisten. Sie offenbaren deren abweichende Ziele und die Mittel, die sie – und sei es nur historiographisch, im nachhinein – einsetzten, um zu erreichen, was sie wünschten. Alles aber wurde geschichtsmächtig.

Der «Liber pontificalis» hatte schon Karls kaisergleichen Empfang beim 12. Meilenstein verschwiegen und überging nun die Adoration, die beide der «Reichsannalist» festhielt, und mit der letzteren zugleich die in aller Öffentlichkeit sichtbar gemachte Unterordnung des Pontifex unter den neuen «römischen Kaiser». Das Papstbuch hob statt dessen die Abfolge der Krönung vor der Akklamation hervor, betonte Karls Schutzpflicht gegenüber der römischen Kirche und durch zweimalige Nennung die Bindung des neuen Kaisers an den schlüsseltragenden Apostelfürsten und an seinen Vikar. Der Kaiser erschien nun eher als der Schutzvogt der römischen Kirche denn als ihr Herr. Die fränkischen *Laudes* mit ihrem knappen *Vita*-Ruf für den Papst und den langen «Leben und Sieg»-Rufen für den Augustus, seine Söhne, für die fränkischen Großen und das Heer der Franken[179], somit für die Fremdherrschaft in Rom, versteckten sich hinter der «Anrufung mehrerer Heiliger» im «Liber Pontificalis»; derselbe machte offenbar die ‹politischen› *Laudes* zu einer ‹unpolitischen› Heiligenlitanei.

Alle diese Momente verraten eine Meisterschaft Leos III. und seiner Helfer weniger in liturgischer Dramaturgie als vielmehr in der nachträglichen historiographischen Umdeutung des Geschehens, die eine bedrückende Abhängigkeit in befreiende Überordnung zu verwandeln vermochte. Denn jetzt war nicht mehr Karl der Herr des Geschehens, sondern allein der Papst. So sollte es die kommenden Jahrhunderte gelten. Das Papstbuch verbreitete diese Sicht; sie diente nicht bloß der internen römischen Information; sie fand vielmehr durch die Verbreitung des «Liber Pontificalis» jahrhundertelang weitgestreute Kenntnis im Frankenreich, in Frankreich und Deutschland, in der gesamten lateinischen Christenheit; sie gewann als ‹Präzedenzfall› geradezu kanonische, rechtsverbindliche Geltung. Noch zu Karls Lebzeiten könnte die Leo-Vita den Aachener Hof erreicht haben[180]; vielleicht zielte Karls von Einhard kolportierter Ausspruch tatsächlich dagegen. Die jüngere Krönungstradition tat ein übriges, um die Kaiserwürde vollends in die Hände des Papstes zu legen, indem sie auf die Akklamationen durch das Volk ganz verzichtete.

Der Sinn dieser Krönung, das Wesen dieses welthistorischen Umbruchs in der langen Herrschaftszeit Karls des Großen, versteckt sich somit hinter auseinanderdriftenden Wünschen, unterschiedlichen Deutungen und Erinnerungen der Beteiligten. Immerhin läßt sich annähernd mit Karls vorweihnachtlicher «Imperatoren»-Designation durch Papst, Synode und das gesamte christliche Volk, mit Karls Gebet vor der *Confessio* des Apostelfürsten während der dritten Weihnachtsmesse, mit der folgenden Krönung, mit der Akklamation durch die Römer und wahrscheinlich ohne eine Salbung ein äußerer Ablauf erkennen. Karl und sein Liturg aber folgten mit dieser Ordnung ohne Einschränkung dem Ritual der byzantinischen Kaisererhebung.

Was immer Karl intendiert hatte, und wie immer der Ablauf der Krönung und ihre Beurteilung ausgefallen war: Es galt als ein römisches Kaisertum, das am Weihnachtstag 800 erneuert worden war, als keines bloß «der Römer»[181]. Die Datierung von Leos Urkunden setzte fortan Karls Kaiserjahre vor die Pontifikatsjahre des Papstes; auch dessen Denare nannten fortan den Kaiser. Geld freilich war vergänglich. Niemand pochte später auf das Zeugnis der Münzen. Karl und sein Sohn Pippin, der italische König, indessen dürften die Symbolik der Prägungen aufmerksam beachtet haben.

Der neue Kaiser mochte in der eben erlangten Würde den Gipfelpunkt seiner Herrschaft erkannt, seine ihm nun zugefallene Aufgabe als universaler Schutzherr der Christenheit angenommen haben, doch die langanhaltenden Folgen seiner weihnachtlichen Krönung konnte er schwerlich erahnen. Mit ihr begründete der Franke eine Tradition, die bis zur Kaiserkrönung Friedrichs III. im Jahr 1452 reichte, ja, der Intention nach bis zu Karl V. und seiner Krönung durch Clemens VII. in der Bürgerkirche von Bologna, San Procolo (1530). Sie überdauerte damit auch das Vorbild, den wahrhaftigen «Kaiser der Römer» (βασιλεὺς τῶν Ῥομαίων), dessen Reich 1453 Mehmed der Eroberer ein Ende bereitete. Wirksam blieb die Erneuerung der Kaiserwürde des Westens allerdings weit über ein Jahrtausend, bis zum Jahr 1806, und, wenn die Nachfolger als «Kaiser» mit gerechnet werden – l'Empereur des Français, der Kaiser von Österreich, el Emperador de México, der Deutsche Kaiser, the Empress of India – bis ins 20. Jahrhundert.

IX

IMPERATOR AUGUSTUS

I

Gerechtigkeit und Frieden

«Siehe, die Sonne leuchtet mit ihren Strahlen: So erhellt David mit dem starken Licht seiner Huld die Welt»[1]. Die Dichter übertrafen einander im Lob des Königs. «Leuchtturm Europas», von dem «König Karl seinen herrlichen Namen zu den Sternen entsendet», selbst ein «ewig leuchtender Stern». So derselbe Sänger. Er hatte Festtage im Sinn, als er solches komponierte. Da trug der König golddurchwirkte Kleider. Sonst begnügte er sich, wie Einhard erinnerte, mit schlichtem Gewand, wollenen Socken, von Bändern gehalten, mit der Hose, dem leinenen Hemd und – Mägdearbeit manchen Jahres – mit einem wollenen Mantel und dem unvermeidlichen Schwert an der Seite, bei feierlichem Anlaß mit goldenem Griff und einer edelsteingeschmückten Scheide, sonst schlichter, funktionsgemäß. Der Herrscher überstrahlte auch ohne Prunk alles. So wollte es die Panegyrik der Epoche. Und die Wirklichkeit? Die Taten? Die Ziele?

Am 25. Dezember des Jahres 801 hatte Leo III. Karl in St. Peter zu Rom zum Kaiser gekrönt. Ein neuer Äon schien anzubrechen, ein neues Weltzeitalter: Der erste Kaiser aus dem Volk der Franken eröffnete dasselbe, der erste, den ein Nachfolger des Apostelfürsten zum Kaiser gekrönt hatte. Ein neues Kaisertum trat ins Leben. «Schon sieht Roma, die hohe, die Rückkehr ihrer Trophäen»[2]. Freudige Erwartungen und Hoffnungen begleiteten den Neubeginn, aber auch Skepsis war zu spüren. Die Zeugnisse zur Krönung aus dem Karlsreich und aus Rom widersprachen einander und kündigten ein politisches Ringen zwischen Krönendem und Gekröntem an, zwischen Papst und Kaiser, das – wie sich zeigen sollte – die folgenden Jahrhunderte beherrschen sollte.

Die Erneuerung des Kaisertums im Westen veränderte die Welt.

Eine Friedensbotschaft schien von den römischen Ereignissen auszugehen. Karl wollte wie der Kaiser Augustus, an den sein Herrschertitel fortan erinnerte, als Friedenskaiser, als christlicher, rechtgläubiger Schutzherr der Christenheit in die Geschichte eingehen. Frieden und Gerechtigkeit sollten sich erneuern, Frieden auf Erden. Der junge Dichter Modoin, dem Karl den Hofnamen *Naso* (d. i. Ovid) zubilligte, erfaßte es in stillschweigender Imitation der vierten Ekloge Vergils, der augusteischen Friedensdichtung schlechthin: Eintracht und ewiger Friede breiteten sich aus, niemand bange um sein Leben, die Armut fliehe die Welt, die Erde schenke ohne Pflug ihre Ernten[3]. «Karl, der Caesar, eint in seinem Schutz Volk und Nationen, er lenkt alle Länder im Erdkreis, gütig herrscht er mit Kaisermacht im ganzen Erdenrund»[4]. Wie zur Bestätigung solchen Jubels traf die Nachricht ein, es sei gelungen, das sarazenische Barcelona einzunehmen. Das Friedensreich Christi sah sich erweitert[5]. Karl mochte es glauben: «Kaisermacht im Erdenrund», von Toledo nach Rom, nach Konstantinopel, Raqqa und Bagdad.

Doch nicht nur der junge Modoin feierte mit topischen Versen den Friedensbringer. Karls Augustinus-Lektüre trug reiche Frucht. Maß und Muster seines Handelns ergaben sich etwa aus der «*Civitas Dei*» des Kirchenvaters. Nützlich sei es, daß die «Guten» (*boni*), die den wahren Gott verehrten, regierten. Ihnen genüge Frömmigkeit (*pietas*) und Rechtschaffenheit zur wahren Glückseligkeit, durch die dieses Leben recht geführt und das ewige erlangt werde. «Der Gute, der dient, ist frei, der Böse, der herrscht, ist Knecht und zwar so vieler Herren wie Laster». Derartiges konnte Karl bei dem Kirchenvater lesen (IV,3). Was wären Königreiche ohne Gerechtigkeit anderes als große Räuberbanden (IV,4). Jedes Kapitular des Kaisers kündete davon, Frieden zu stiften, Gerechtigkeit zu üben, Unrecht zu ahnden und Ungerechtigkeit zu tilgen. Augustins «*Civitas Dei*» galt als eine der Lieblingslektüren des Kaisers, wie Einhard wußte; auch Alkuin erinnerte ihn an das Werk des Kirchenvaters[6]. Daß Karl der «allerfrömmste» Caesar war (*piissimus*), bekundeten die Briefschreiber oft, wenn auch zum Topos erstarrt.

Die heiligen Schriften verkündeten eindringlich die innige Vereinigung von Frieden und Gerechtigkeit. Der Psalmist jubelte (Ps. 84 [85],11): «Gerechtigkeit und Frieden haben einander geküßt». Ohne Gerechtigkeit kein Frieden. Schon Beda Venerabilis hatte beide in seiner Psalmexegese zu Schwestern erklärt: «Der Friede kommt nicht, wenn ihm die Gerechtigkeit nicht voranschreitet»[7]. Das alles dürfte dem seit seiner Kindheit literat und christlich erzogenen Kaiser vertraut gewesen sein. Er handelte danach; seine Fragen hinsichtlich der Exegese heiliger Schriften, die er dem Papst Leo zur Beantwortung übersandte, sind bekannt[8]. Folgten sie dem Maß seiner Seele? Die Mahnerlasse mehrten sich seit Karls römischer Krönung, wurden drängender. Das Evangelium mußte allen verkündet werden. Denn bis zum Weltende sollten alle Menschen das Mysterium des Glaubens kennen. So legten «gemäß dem Besonderen dieser Zeit» (*secundum huius temporis qualitatem*) Karls Gesandte, die Bischöfe Bernar von Worms und Jesse von Amiens, dem Papst dar[9]. Betet (Mt 24,20), wachet (Mt 24,42), seid bereit (Mt 24,44), sô rief der Evangelist allen Gläubigen für die letzten Zeiten zu!

Der Glaube aber mußte sich bewähren: «Ich bin hungrig gewesen, und ihr habt mich gespeist. Ich bin nackt gewesen, und ihr habt mich bekleidet. Ich bin krank gewesen, und ihr habt mich besucht. Ich war gefangen, und ihr seid zu mir gekommen» (Mt 25,35–6). Karl verstand auch diese Botschaft. Seine Sorge um die Armen und Bedrängten, die Schwachen, steigerte sich in den letzten Jahren seiner Regierung. Auf der Höhe äußerer Macht nahm er Größtes in Angriff. Nichts Geringeres als die innere Neuordnung des Riesenreiches nach Maßgabe von Gerechtigkeit und Frieden wurde begonnen – eines Reiches, das sich von der Eider bis an die Grenzen Kalabriens, vom Atlantik bis an die Elbe und nach Pannonien erstreckte und das fortgesetzt mit Wikingern und Muslimen, mit Griechen und Slawen, mit widerborstigen, machthungrigen Adelsherren, mit der Not der Armen und einem tief im Heidentum wurzelnden Aberglauben zu kämpfen hatte.

Man hat gemeint, in diesen besorgten Kapitularien die Spuren der Zergliederung des Frankenreiches gar, einer «décomposition»,

51 Aachen, Marienkirche, Bronzetüren (sog. Wolfstür)

den Beginn des Zerfalls, zu erkennen[10]. Doch die Schwierigkeiten in Karls Kaiserzeit waren nicht anderer Natur als jene vor seiner römischen Krönung. Wohl aber hatte sich durch Wissenschaft und religiöse Unterweisung sein Blick geschärft für soziale Belange und für die Folgen der agonalen Gesellschaft, in der er aufgewachsen war, und die ihn umgab. «Er will nach der Norm des Rechten (*ad rectitudinis normam*) unter seiner ihm von Gott verliehenen Königsherrschaft Ordnung schaffen. Doch verfügt er nicht über so viele Helfer der Gerechtigkeit, wie es deren Zerstörer gibt, nicht über so viele Prediger wie Plünderer», *nec tantos praedicatores quantos praedatores*. Alkuin lobte den Kaiser und mahnte im gleichen Atemzug seinen Freund Arn, für Gerichtsurteile keine Gaben anzunehmen[11]. Sollte auch der Salzburger Erzbischof zu den «Plünderern» gehören? Karl jedenfalls sah die Kräfte der Auflösung auch in kirchlichen Kreisen wirken. Ihnen wollte er mit Frieden und Gerechtigkeit, nach der Norm des Rechten entgegenwirken. Könnte er die Eigensucht zähmen?

Frieden war die Folge einer gerechten Ordnung. Eine solche aber erneuerte geltendes Recht; sie verlangte keine umstürzenden Herrschafts- und Sozialreformen. Sie verlangte, daß jeder das Recht auch des anderen achte, hob aber Herrschaft und Knechtschaft oder die Unterschiede der Volksrechte nicht auf. Herr blieb Herr, frei blieb frei, Knecht blieb Knecht und Franke Franke; aber auch ein Knecht besaß sein Recht. Die Friedensappelle folgten dieser Haltung. Sie schützten Herren, Freie und Knechte, Laien und Kleriker je mit ihrem eigenen Recht und in ihrem Stand. Alles Abweichende hieße, das Unrecht zu schüren. Die Mahnungen verharrten damit im Formalen, weil sie Inhalte nicht anzutasten, geschweige denn zu verwerfen wagen konnten.

Die erste Maßnahme des eben in Rom Gekrönten spiegelte es deutlich. Karl rief «die heilige römische Kirche aus der Zwietracht wieder zu Frieden und Eintracht»[12] und saß über die Friedensbrecher vom Tiber und die Attentäter gegen den Papst zu Gericht. Er stärkte damit überkommenes formales Recht und zerrte kein persönliches Verhalten ans Licht. Gleichwohl wurde sein Vorgehen

dort, in der ewigen Stadt, nicht einhellig begrüßt; denn Karl nahm Kaiserrecht in Anspruch: Leos Gegner hatten sich gegen das römische Volk verschworen, hatten sich – ein Sakrileg – gegen ihren Herrn, den von niemandem zu richtenden Papst erhoben, ja, gegen die Majestät Gottes. Ihre Beweggründe, die schlimmen Vorwürfe, die sie gegen Leo vorgebracht hatten, wurden nicht geprüft; bis heute sind sie unbekannt. Ihr Verbrechen aber stand, nachdem Leo sich noch vor Weihnachten auf einer Synode vor fränkischen und ‹römischen› Bischöfen freiwillig durch Eid gereinigt hatte, schon vor Prozeßbeginn fest.

Die *quaestio*, von der die «Reichsannalen» sprachen, galt nur dem Urteil gegen die Aufrührer. Gemäß römischem Recht, wie allein die fränkischen Annalen hervorhoben und der «Liber Pontificalis» bewußt verschleierte, wurden die Täter, einstige Vertraute des Frankenkönigs, als «Majestätsverbrecher» zum Tod verurteilt, nach Leos Intervention aber zu lebenslänglichem Exil begnadigt. Karl selbst, der Kaiser, dessen Berater mit dem Goten Theodulf von Orléans an der Spitze vermutlich auf die «Lex Romana Visigothorum» (5,31,1.2) verwiesen hatten[13], muß dieses Verfahren gewünscht haben. Der Tatbestand des «Majestätsverbrechens» begegnete hier zum ersten Mal; er sollte fortan im Frankenreich wiederholt festgestellt werden. Die Kaiserwürde hatte geradezu das *crimen laesae majestatis* zur Folge. Mit dem Tod sollte bestraft werden, wer zu Rat und Tat die Waffen gegen den *Imperator* und die *Res publica* erhob.

Dreihundert Mitverschworene seien damals auf dem «Campus Lateranensis» enthauptet worden. So hieß es ein Jahrhundert später in einer nostalgischen kleinen Schrift, einem «Libell über die Kaisergewalt in der Stadt Rom», die eben gerade die Zeit des großen Karl ins Auge faßte[14]. Die Zahl mag übertrieben sein, der Sachverhalt selbst muß nicht bezweifelt werden, obgleich kein zweites Zeugnis ihn bestätigt und die «Reichsannalen» das Gegenteil zu behaupten schienen. Der Ort aber bedeutete eine Sensation. Karl beanspruchte die Nachfolge Konstantins. Auf dem Boden seines kaiserlichen Palastes saß er zu Gericht, ergingen Urteil und Strafe, so wie Karl gemäß der Silvesterlegende annehmen durfte: Im Angesicht des ehernen «Konstantin», zwischen dem einstigen Palast des ersten christlichen Kaisers und der päpstlichen Residenz, dem *Patriarchium*, dem symbolträchtigsten und wichtigsten Platz im frühmittelalterlichen Rom. Der neue Caesar war – jedenfalls nach eigenem Verständnis – der Herr des Hochgerichts in der Stadt Rom. Damals sei das Volk von Rom auf den Kaiser vereidigt worden, fügte jener «Libell» hinzu. Alle Großen Roms, von den Bischöfen bis zu den Laien, seien fortan Leute des Kaisers[15]. Leo III. mochte es freilich anders gewünscht haben.

In diesem Prozeß handelte Karl bewußt als römischer Kaiser. Der Papst, der bisherige Herr Roms, fürchtete die Konsequenz, die der kaiserliche Appell an römisches Recht und Majestätsverbrechen mit sich bringen mußte. Der «Liber Pontificalis» verschleierte denn auch den Sachverhalt gründlich. Paschalis und Campulus, die Übeltäter, bezichtigten sich nun «in Gegenwart des frommen Kaisers» wechselseitig ihrer Tat; der Kaiser habe sie deshalb nach dem Frankenreich ins Exil geschickt[16]. Danach schwieg das Papstbuch von Karl, obgleich derselbe noch weitere dreieinhalb Monate in Rom verweilte und keineswegs untätig blieb. Mehr noch: Mit der verschleiernden Nachricht, daß sich die Hauptschuldigen wechselseitig selbst der Schuld am Attentat bezichtigt hätten und durch Karl ins Exil geschickt worden seien, endeten nach nur knapp sechs Jahren seiner Amtszeit alle zeitgeschichtlichen Nachrichten in Leos Vita des «*Liber Pontificalis*»; es folgten aus den letzten über 15 Jahren seines Pontifikats nur noch Angaben über Leos Stiftungen für stadtrömische Kirchen.

Darunter wurde freilich, ohne es sonderlich hervorzuheben, einer hochpolitischen Gabe gedacht. Leo ließ nämlich wohl in seinen letzten Jahren an den beiden Apostelkirchen silberne Tafeln anbringen, die in bewußtem Gegensatz zu Karls des Großen Wünschen das Glaubensbekenntnis auf Griechisch und Lateinisch in der überkommenen Gestalt des sog. Nicaeno-Constantinopolitanum zitierten, was hieß: ohne das von Karl gewünschte *filioque*[17]. Die Auseinandersetzung zwischen Papst und Kaiser endete also nicht, auch wenn Rom wie schon einmal unter Hadrian I. verstummte, seitdem die Herrschaft des Karolingers die Stadt der Apostel kaum mehr aussparte. Aber sie verlagerte sich auf geistliches Terrain, wo auf Dauer dem höchsten Priester und Bischof, dem Nachfolger des Apostelfürsten, die Entscheidung zustand.

«Den ganzen Winter über ordnete Karl die weltlichen, kirchlichen und «privaten» Angelegenheiten» in der Stadt der Apostel, wußten die fränkischen Annalen und wiederum nur sie[18]. Der «Libellus über die Kaisergewalt» präzisierte: Gericht soll Karl oder sollen seine Missi gehalten haben «bei den Laterani an einem Ort, der ‹zur Wölfin› hieß, die Mutter der Römer genannt werde»[19]. Selbst Verwandte des Papstes mußten sich verantworten. So wurde spät, aber nicht unglaubwürdig, allenfalls teleskopisch das Geschehen mit den Verhältnissen zur Zeit seines Enkels und Urenkels, Lothars I. und Ludwigs II., identifizierend, überliefert[20].

Doch auch harmlosere Gerichtsfälle galt es zu entscheiden. Da hatte etwa der Bischof von Arezzo gegen seinen Kollegen von Siena auf Herausgabe eines seiner Kirche «entrissenen» Klosters geklagt; Karl bestätigte das Urteil Leos III. zu Arezzos Gunsten, das schon während der Dezembersynode ergangen war[21]. Das erste erhaltene Diplom nach seiner Kaiserkrönung bezeugt es. Doch dessen Herrschertitel «Karl durch die Gnade Gottes König der Franken und Römer und Langobarden» (*Carolus gratia dei rex Francorum et Romanorum adque Langobardorum*) erregte seit jeher Aufmerksamkeit, da er keinen Hinweis auf die Kaiserwürde bot. Er spiegle, so schien es, Zögern hinsichtlich des neuen «Namens», Reserve gar gegenüber dem römischen Imperatorentitel.

Der Sachverhalt dürfte freilich anders zu deuten sein. Die Urkunde gilt als eine Neben- oder Zweitausfertigung, die das Original nachahmte, die besiegelt, wenn auch nicht rekognosziert, vom Kanzler also nicht gegengezeichnet wurde[22]. Ihre Vorlage dürfte noch während der Synode, mithin – so legt der Königstitel nahe – vor der Kaiserkrönung ausgefertigt, die erhaltene Ausfertigung aber erst am 4. März 801 zur Besiegelung gelangt sein. Der Titel hob damit die Königsherrschaft des Franken auch über die Römer unmittelbar vor der Kaiserkrönung hervor. Die «Lorscher Annalen» bezeichneten Karl zu dieser Zeit ganz ungewöhnlich als *Princeps*[23]. Wie dem aber sei, bestenfalls sind Unsicherheit der Kanzlei zu registrieren, aber keine Ungewißheit oder ‹diplomatische› Zurückhaltung hinsichtlich seiner neuen Würde[24].

Der Kaiser feierte noch gemeinsam mit Leo das Fest der Auferstehung des Herrn[25], sandte von Rom aus noch einmal eine Truppe unter Führung seines Sohnes Pippin gegen Benevent und zog erst Ende April gemeinsam mit dem zurückgekehrten König Italiens nach Spoleto. Am Tag des Evangelisten Markus, dem Tag der «*Letania maior*», brach er dorthin auf[26], wo ihn fünf Nächte später ein Erdbeben überraschte. Schwere Schäden wurden gemeldet und von den Reichsannalen verzeichnet: Ganz Italien war betroffen, in Rom stürzte das Dach der Basilika des hl. Paulus ein[27]. Rächte sich der hl. Markus für die Mißachtung der römischen Bittprozession? In demselben Jahr bebte auch vielerorts beiderseits des Rheins, in Gallien und Germanien, die Erde. «Pestilenz» suchte das Land heim, weil der Winter zu mild gewesen sei (ArF 801).

Karl aber zog von Spoleto weiter nach Ravenna. Zum ersten Mal nach dreizehn Jahren sah er die Stadt wieder, deren antike

Bauten ihm nebst Rom die größte Bewunderung entlockt hatten, um dort gleichfalls «Recht und Frieden zu stiften»[28]. Einige Tage verweilte er nun. Hier hatten römische Kaiser residiert und der Gotenkönig Theoderich, dessen eherne Statue – oder zeigte sie den Kaiser Phokas? – Karl nun nach Aachen bringen ließ. Hier trat der erste Kaiser aus fränkischem Geschlecht im Bild vor seinen römischen Vorgänger Justinian; hier, in den Archiven des Bistums, lagerten alte Urkunden kaiserlicher Provenienz. Nicht weit vor den Toren, am alten Hafen, erhob sich die gewaltige Basilika von S. Apollinare in Classe mit spätantiken Inschriften. Fand der neue Kaiser erst hier, in dieser Umgebung seinen künftigen Herrschertitel? Es steht nicht zu vermuten; doch erst jetzt setzte die Reihe kaiserlicher Diplome ein, die über ihn Auskunft zu geben vermag[29].

Die früheren Caesaren hatten in ihrer offiziellen Titulatur gewöhnlich jeden «gentilen» Hinweis auf ihre Herrschaft unterlassen; dort aber, in Ravenna, fanden sich offizielle Dokumente, die mit der Formulierung *Romanum gubernans imperium* («das römische Imperium lenkend») klar den Rombezug der Kaiserwürde zum Ausdruck brachten, wie ihn der König der Franken und Langobarden wünschte. Er übernahm diese Form und hieß fortan: «Karl, erhabener Augustus, von Gott gekrönt, großer, friedebringender Kaiser, der das römische Reich lenkt und der durch die Gnade Gottes König der Franken und Langobarden ist», *Carolus serenissimus augustus a Deo coronatus magnus pacificus imperator Romanum gubernans imperium qui et per misericordiam Dei rex Francorum et Longobardorum*[30]. Der Titel vereinte die gentilen Grundlagen der Herrschaft des neuen Imperators; nur die Abfolge der Titel hatte sich gegenüber der Patriziatszeit verändert. Fortan nahm das römische Imperium den ersten Platz ein. Doch es wölbte sich nicht über die Völker und Königtümer der Franken und Langobarden, sondern trat als eigene Komponente neben sie. Die römische Krönung hatte mithin keine Neukonzeption bislang personal verstandener Herrschaft bewirkt.

Auf Rom und auf Jerusalem fiel der Blick. Die erste Botschaft des neuen Kaisers richtete sich – die Urkunden für Reichsuntertanen nicht berücksichtigt – an den «König der Perser». Karl bestellte nämlich die Gesandten des Kalifen auf dem Heimweg ins Zeltlager zwischen Vercelli und Ivrea zu sich, inmitten seines Heeres also. Einer sei ein «Perser» aus dem Orient, ein anderer ein «Sarazene» aus Afrika gewesen (ArF). Sie konnten die Nachricht von der erfolgversprechenden Belagerung Barcelonas mit in den Orient nehmen; sie dürfte Hârûn erfreut haben. Die fränkischen Handelskontakte mit dem muslimischen Afrika fielen in dieselbe Zeit[31]. Karl beantwortete die Gesandtschaft des Kalifen im Jahr 802 mit reichen Gaben für das heilige Grab[32].

2

Den Orient im Blick

Endlich kehrte der Kaiser ins Frankenreich heim, nach Aachen, wo zur Herbstzeit ein Hoftag zusammentrat und Weihnachten gefeiert wurde. Alsbald traf der Spatar Leo aus Konstantinopel ein, ein Sizilianer von Geburt, den die Kaiserin Irene gesandt hatte, um mit den Franken Frieden zu schließen. Es konnte – jedenfalls nach deren Verständnis – nur bedeuten, daß die Kaiserin bereit war, Karls ohne ihre unmittelbare Beteiligung realisiertes Kaisertum anzuerkennen. Spezielle Gründe für die Gesandtschaft wurden nicht erwähnt. Sie dürften aber in einer neuerlichen Notlage der Imperatrix zu suchen sein; denn Irene machte mehr und mehr die heimische Opposition gegen ihr Kaisertum zu schaffen (ArF 802). Nur mit Glück und Gewalt konnte sie ihrer Gegner fürs erste Herr werden. Ihre nächsten Vertrauten aber sollen gegen sie intrigiert haben, wie der Chronist Theophanes berichtete (AM 6291).

Karls Antwort überbrachten der Bischof Jesse von Amiens und der Graf Helmgaud. Sie kamen zu spät. Noch während sie am Bosporus weilten, wurde Irene im Oktober 802 inhaftiert und entmachtet; sie starb bald darauf im Exil. Wilde Gerüchte kursierten in Konstantinopel, wohl von Irenes Gegnern in die Welt gesetzt:

Karl hätte der Basilissa die Ehe angeboten, um Ost und West zu einen; seine Gesandten hätten die Ehe vorbereiten sollen. Doch Irenes nächster Hofbeamter, der Patrikios Aetios, habe es durch eindringliche Vorhaltungen zu verhindern gewußt. Er selbst, ein zur Herrschaft unberechtigter Eunuch, habe Irenes Ende ins Auge gefaßt, um seinem Bruder zum Purpur zu verhelfen. Doch die Gegenseite kam ihm zuvor und erhob den Nikephoros[33].

Er nun bot dem Karolinger, dessen Gesandte die Revolte miterlebt hatten, sogleich einen Friedensvertrag an, verweigerte aber dessen Anerkennung als Kaiser. Seine Gesandten – der Bischof Michael (von Philadelphia), der Abt Petros und der Candidatus Kalixt – trafen Karl beim herbstlichen Jagdvergnügen in der Pfalz Salz an der fränkischen Saale. Dessen Antwort, mit der sie über Rom nach Konstantinopel zurückkehrten (ArF 803), wird ablehnend ausgefallen sein. Die nächsten neun Jahre regierten jedenfalls Spannungen und kriegerische Aktionen die Beziehungen beider Mächte.

Auch der Kalif ließ sich Zeit, die zweite Mission des Frankenkönigs zu erwidern. Erst im Jahr 807 trafen seine Gesandten gemeinsam mit jenen des Patriarchen und jenen der Mönche aus Jerusalem in Aachen ein. Sie überbrachten abermals wertvolle Geschenke, Seidentücher, ein kostbar geschmücktes Zelt von erstaunlicher Größe, eine wunderbare Wasseruhr, ein Paar große Leuchter aus Messing, Gewürze, Duftstoffe und anderes mehr (ArF). Waren diese großartigen Gaben der Dank für Karls Erfolge gegen die Umayyadenherrschaft in al-Andalus?

«Solche Eintracht in Freundschaft» habe zwischen beiden geherrscht, daß Hârûn Karl sogar – «ihn einzigartig mit Ehre und Freigiebigkeit überschüttend» – über sein Begehren hinaus das heilige Grab und den Auferstehungsort «seiner Gewalt zuzuschreiben gewährt» habe (*concessit*), so erinnerte sich Einhard (c. 16). Es war eine freundliche, gleichwohl substanzlose, aber als Ehrung verstandene Geste des Kalifen. Sie sollte demselben vor allem, am fränkischen Hof vielleicht nicht ganz durchschaut, den Franken unter den Gegnern des Basileus erhalten, des Nikephoros nämlich, den Hârûn eben bekriegte. Karl bedankte sich seinerseits mit Gaben an den Kalifen und an die Christen im Abassidenreich.

Doch der Anschein trog. Hârûn al-Rašid zog in seinen letzten Krieg gegen Byzanz. Ein stolzes Monument vor Raqqa, das Heraqla, sollte seine Siege bekunden. Unruhen unter Juden und Christen begleiteten die Angriffe; Synagogen und Kirchen in Jerusalem und andernorts wurden zerstört. Der Kalif, der vielleicht weitere Unruhen erwartete und neue Kriege im Iran vorbereitete, verlegte seine Residenz nach Bagdad zurück, doch starb er im Jahr 809. Sein Tod stürzte seine Söhne in jahrelange Nachfolgekämpfe; neue Schikanen gegen Dhimmis, die Angehörigen der nicht-muslimischen Buchreligionen, folgten, deren geringste, vielleicht nicht allgemein befolgte eine diskriminierende Kleiderordnung war – mit gelbem Fleck[34]. Wieder wurden Kirchen in Jerusalem zerstört[35].

Entsprechende Informationen erreichten den Kaiser im Westen wohl über Rom zusammen mit Beschwerden der lateinischen Mönche des Klosters auf dem Ölberg hinsichtlich griechischer Häresievorwürfe wegen des Glaubensbekenntnisses mit dem *filioque*[36]. Karl, der Schutzherr des Heiligen Grabes, mußte handeln und er tat es in überraschender Weise. Sie folgte den Gepflogenheiten des Orients, setzte aber Mittel ein, die im Frankenreich bislang unbekannt waren. Militärische Intervention war ausgeschlossen. So blieben nur ‹redende› Gaben, Almosen und Geld. Einhard erwähnte in der Tat wiederholte Geldsendungen Karls an die Christen des Orients, Syriens, Ägyptens, Afrikas und zumal des Heiligen Landes und Jerusalems (*mittere solebat*, c. 27). «Geld», schrieb der Biograph, *pecuniam*, nicht etwa Silberbarren oder Gold; und dieses Geld mußte den Spender im Orient durch Bild, Inschrift und Symbol deutlich ausweisen und den Sinn der Gaben sichtbar machen.

Sind derartige Prägungen tatsächlich vorhanden? Zumal die Bildpfennige des großen Kaisers kämen dafür in Betracht. Diese Pfennige sind ausgesprochen selten überliefert; nur 30 Exemplare aus diversen Prägeorten sind bis heute bekannt. Doch sie stammen aus wenigstens elf oder zwölf Prägestätten. Worms, Mainz, Köln, Mailand, vielleicht Frankfurt wurden neben den auf dem Revers eigens genannten Dorestad, Quentovic, Rouen, Trier, Lyon und Arles, dazu Melle vorgeschlagen. Die Vielzahl der Orte dürfte einen hohen Ausstoß nahelegen, der sich im spärlichen Fundgut aber nicht niedergeschlagen hat[37]. Geld indessen, das in die muslimische Welt geschickt werden sollte und bloß etwa drei Jahre lang geschlagen wurde, konnte im Karlsreich nur eingeschränkt kursieren. So erklärt sich ohne weiteres die überraschende Seltenheit der erhaltenen Bilddenare[38].

Die Münzen verbreiteten eine imperiale Programmatik. Sie vereinten dazu zwei verschiedene Vorlagen. Ihr Avers ahmte antike Prägungen nach, wie sie im Osten des einstigen Imperiums durchaus noch vertraut waren. Ein noch heute bekannter Solidus Konstantins des Großen könnte für die Vorderseite als Vorbild gedient haben. Die neue Emission zeigt ein nach links gewandtes Bild des lorbeerbekränzten «erhabenen Kaisers» – KAROLUS IMP(ERATOR) AUG(USTUS). Der Revers zeigt unterschiedliche Motive. Bald schmückte ihn (und zwar ohne Nennung der Münzstätte) ein nach einem Tempel stilisiertes Kirchen- oder Grabgebäude, dazu die teilweise mit griechischen Lettern geschriebene Legende «christlicher Glaube»: XPICTIANA RELIGIO, bald (wenn auch seltener) präsentierte sich statt dieser Legende der Name der Münzstätte sowie ein Symbol, bald ein Schiff, bald ein Stadttor[39]. Unter Ludwig dem Frommen wurde der *xpictiana religio*-Typus – wenn auch in variierter Gestalt – zu einer Art Reichsdenar und ist vielfach bezeugt.

Die antiken Münzen kannten eine derartige Kombination von Herrscher- und Tempelbild aus Anlaß einer Tempelweihe; sie war somit wohl keine Erfindung Karls des Großen und seines Münzmeisters (War es Einhard?). Die bekannten heidnischen Prägungen rückten themagemäß das Kultbild einer Gottheit ins Innere des Tempels[40]. Karls *xpictiana religio*-Denar indessen ersetzte das Bild durch ein Kreuz, das auf dem Giebel des Baues wiederkehrte. Der Franke verwandelte auf diese Weise mit seiner neuartigen Einheit von Kaiser und Kirche heidnisches Kaisergeld in christliches und bekundete die Rechtgläubigkeit des erneuerten römischen Kaisertums. Die Münzlegende nun könnte die Prägung mit der Erlöserkirche in Aachen verbunden haben. Denn in ihr habe Karl nach Einhards Zeugnis (c. 26) die *religio christiana* gepflegt, die ihm «von Kindheit an und in größter Frömmigkeit» vertraut war[41].

52 Bildnisdenar Karls des Großen als Kaiser, Rückseite (Revers) von Nr. 1 mit der Darstellung des Heiligen Grabes

Das verwehrt freilich eine zweite, wohl auch angemessenere Deutung der neuen Geldstücke nicht. Die Münzen und vor allem ihr *xpictiana religio*-Typ dürften nämlich gar nicht oder nicht in erster Linie für den Umlauf im Frankenreich bestimmt gewesen sein, sie könnten vielmehr jenes «Geld» (*elemosina*) repräsentieren, das nach Jerusalem und in andere muslimische Gebiete geschickt werden sollte, um Kirchen zu «restaurieren» und die Christen zu unterstützen. Tatsächlich verfügte im Jahr 810 eine Versammlung am Aachener Hof eine entsprechende Hilfe[42].

Das Bild des Tempels mit dem Kreuz in seiner Mitte erinnerte in der Tat auffallend an zeitgenössische westliche und gerade auch byzantinische Darstellungen des Heiligen Grabes[43]; sie dürften als Vorbild gedient haben. Karls Prägungen propagierten, so gesehen, den weitreichenden Schutz dieser Stätte durch das erneuerte christliche Kaisertum. Das propagandistische Bild des Kaisers auf dem Avers erhielt auf dem Revers ein analoges, den vermuteten «Empfängern» im Orient ohne weiteres erkennbares Propagandabild mit entzifferbarer Legende[44]. Karl zeigte sich somit als wahrer Schutzherr der Christenheit.

Erst nach Hârûns Tod, ja, erst seit 810, als auch im Westen die Gewalttaten gegen Christen im Heiligen Land ruchbar geworden

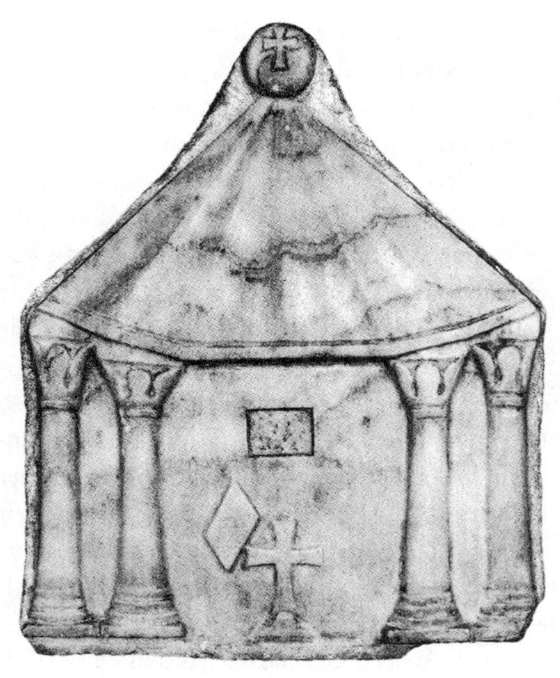

53 Spätantikes Reliefbild des Heiligen Grabes in Jerusalem, Dumbarton Oaks Collection

waren, wurde der Frieden mit Byzanz in die Wege geleitet und zwar durch die Initiative des Basileus. Er, den eben die Bulgaren tödlich bedrängten, spürte die Gefahr, die von dem fränkisch-arabischen Einvernehmen ausgegangen war[45]. Der Kalif schien in der Tat den Karolinger als Figur im politischen Kräftespiel eingesetzt zu haben, sowohl gegen die Umayyaden in Spanien als auch gegen Byzanz im Osten. Karl indessen scheint – so legen die Berichte der fränkischen Annalen nahe – in erster Linie die Erhöhung der Ehre gewürdigt zu haben, die ihm und seinen Franken durch die Gaben und Gesten des «Königs der Perser» winkte, die «Glorie seines Königtums» (*gloria regni*), wie Einhard schrieb. Diplomatie und Politik gegen archaische Ehre? Wie dem aber sei, das Intermezzo der Freundschaft endete nun abrupt. Die fränkischen «Reichsannalen» erinnerten schon im Jahr 810 an Hârûn al-Rašid, der einst den Elephanten geschenkt hatte, nur mehr als einen «König der Sarazenen», nicht mehr an einen Perser. Fortan gab es nichts mehr über die Kalifen zu berichten.

Wie aber lebten die Christen unter muslimischer Herrschaft? Noch übertraf ja ihre Anzahl jene der Muslime. Doch zahlten sie wie auch die Juden höhere Steuern, hatten nun diskriminierende Kleidung zu tragen. Ansonsten hatten sie sich gleich den Juden mit den neuen Herren arrangiert. Wieviel davon war Karls Gesandten aufgefallen? Sie liefen, folgt man den dürftigen Nachrichten, die im Westen kursierten, mit verbundenen Augen und verstopften Ohren durch die fremden Städte. Hörten sie den Muezzin nicht? Sahen sie die muslimischen Pilgerscharen in Jerusalem nicht, die zum Tempelberg mit seinen beiden Heiligtümern wallten, der «ersten Gebetsrichtung» des Islam? Erzählten ihnen ihre christlichen Gastgeber nichts über Juden und Muslime und ihr aller Zusammenleben in ihrer Stadt und im gesamten Kalifat? Kein Wort über den Felsendom und die al-Aqsa-Moschee, die eben in der Zeit Karls des Großen und wenige Jahre, bevor seine Gesandten dort erschienen, von Erdbeben zerstört, durch Hârûns Vorgänger al-Mahdi aufwendige Renovationen erfahren hatte[46]?

Hatte Karl nicht eben in Aachen gleichartige Aktivitäten entfaltet? Doch schweigend übergingen die Berichte das alles. Keine Neugier registrierte das Fremde, kein Auftrag, kein Bedürfnis zu vergleichen, alles genauer zu erkunden, kein Gespür für unbekannte Rituale schärfte die Blicke der Franken. Karl wollte dergleichen anscheinend nicht registriert und festgehalten wissen. Fremde Religion galt als Trug und Teufelswerk. Sie war abzuwehren, nicht zu studieren. Solche Blindheit korrespondierte mit dem Einsatz für Kirche und christlichen Glauben in einem Reich, das noch immer heidnische Praktiken bekämpfen mußte.

Nur eines interessierte den Kaiser aus fränkischem Haus im Heiligen Land: die Zahl der Klöster und einiger weiterer Kirchen, ihr Personenbestand und ihr Geldbedarf. Sie ließ er erkunden und sich übermitteln. Das Ergebnis ist – fragmentarisch – überliefert[47]. Am Heiligen Grab dienten, nur dieses Beispiel sei angeführt, 9 Priester, 14 Diakone, 6 Subdiakone, 23 Kanoniker, 13 Wachleute, «die sie Peitschenschwinger nennen», 41 Mönche, 12 Kerzenträger, die dem Patriarchen vorauszugehen hatten, 17 Diener des Patriarchen, 2 «Pröpste», 2 Zahlmeister, 2 Priester, die kontinuierlich das

Hl. Grab beaufsichtigten, 1 weiterer am Kalvarienberg, 2 beim Abendmahlskelch des Herrn, 1 beim Wahren Kreuz und dem Schweißtuch der Veronica und noch 15 weitere Bedienstete, zusammen seien es 150 (!) Leute. Der jährliche Geldbedarf des Patriarchen lag entsprechend hoch, doch ist er nur splitterhaft überliefert: Für das Personal 700 *Solidi*, für den Patriarchen 550 *Solidi*, für den Unterhalt der Kirchen 300 *Solidi*, 30 *Solidi* für einen unbekannten Bedarf, 80 *Solidi* für die Sarazenen (Steuer?), eine unbekannte Summe für die Diener der Sarazenen. Insgesamt dürfte man jährlich um die 2000 *Solidi*, eine enorme Summe, benötigt haben. Karls Geldspenden mußten unter diesen Umständen höchst willkommen gewesen sein.

Darüber hinaus kursierten eher skurrile Geschichten über die «Sarazenen» im Westen. Deren eine oder andere gab der St. Galler Mönch Notker zum besten[48]. Hârûns, des «Königs der Perser», Gesandte etwa hätte der Prunk des Aachener Hofes dermaßen überwältigt, daß sie irritiert verkündeten, bisher nur Menschen aus Erde gesehen zu haben, jetzt aber aus lauterem Gold. Der Aufwand an Kleidern und Waffen hätte sie in Staunen, die Jagd auf Wisent und Auerochsen in Panik versetzt. Ihre Geschenke – ein Elefant, Affen, Balsam, Narden, verschiedene Salben, Gewürze, Düfte und Heilmittel – erschienen so reich, als hätten sie den Osten leergeräumt und den Westen gefüllt. Karls Gegengaben seien friesische Tuche und vor allem Jagdhunde gewesen, die Löwen und Tiger jagen konnten. Solche Disproportion in der Wahrnehmung herrschte noch lange; auch jüngere Jerusalempilger hatten, so scheint es, nur Augen für das Erwartete, nicht für das Unerwartete[49]. Erst im Zeitalter der Kreuzzüge änderte es sich.

Hârûns «Perser»-Name verschleierte und legitimierte zugleich Karls freundschaftliche Verhandlungen mit den sonst verteufelten Sarazenen. Sie erneuerten geradezu die Beziehungen zwischen den christlich-römischen Kaisern und den Persern, die seit über einem Jahrhundert unterbrochen schienen. Der Empfang der Gesandten einige Jahre vor dem endgültigen Bruch geschah somit durchaus zu rechter Stunde und am rechten Ort, eben im Feldlager inmitten des Heeres, wenige Monate nach der Kaiserkrönung, nicht wie der

Empfang der christlichen Gesandten aus Jerusalem vor derselben und in Rom.

Die Reaktion der «persischen» Gesandten damals findet sich nicht überliefert, wie überhaupt der gesamte Gesandtschaftsverkehr Karls des Großen mit Hârûn al-Rašid bislang in keinem arabischen Zeugnis aufgespürt wurde[50]. Offenbar lag vor allem dem Neukaiser daran, die «persische» Bestätigung seiner Würde – sichtbar nicht zuletzt in dem gewaltigen Abul Abaz[51] – durch die Betonung der interimperialen Beziehungen zu unterstreichen. Im Anschluß an den Bericht zum Jahr 801 verkündeten die «Reichsannalen» die Eroberung Barcelonas und Teates (d. i. Chieti), deren Präfekten dem Kaiser an ein und demselben Tag vorgeführt und von ihm ins Exil geschickt worden seien (ArF). Der Gesandtentausch mit dem Kalifen gipfelte in der Sicht des fränkischen Hofes in einem Erfolg gegen die Sarazenen des Westens. In Raqqa wird man es nicht ungern gehört haben.

3

Ordnung im Imperium

Der Kaiser ordnete sein Reich und die Kirche. In Rom hatte er Frieden und Eintracht erneuert, in Ravenna Recht geboten und Frieden gestiftet, und zumal vom engeren Frankenreich aus trat Karl nun als Gesetzgeber und Friedenskaiser hervor. Der Wille zum Frieden, zu Gerechtigkeit und Eintracht dominierte das letzte Jahrzehnt von Karls Herrschaft. Eigentümlicherweise schwiegen die «Reichsannalen» dazu weithin; sie verharrten gewöhnlich bei ‹Haupt- und Staatsaktionen›, Krieg und Friedensschlüssen mit fremden Mächten, Gesandtschaftstausch mit dem und jenem, mit Angelsachsen, Rom, Konstantinopel und Jerusalem, und bei kostbaren Geschenken, bei Jagdaufenthalten oder der Feier der kirchlichen Hochfeste. Allein das Jahr 806 kannte eine Ausnahme, insofern die damals beschlossene und vom Annalisten erwähnte Nachfolgeregelung zugleich als Reichsteilung, «Testament» und Friedenskonstitution galt[52]. Doch die erhaltenen Kapitularien, Synodalakten, Briefe und Traktate sowie das Fragment der «Lorscher Annalen» sprechen noch eine andere Sprache.

Karl spürte die mangelnde Konsolidierung und Integration seines Riesenreiches, die Schwächen seiner Kirchen und die wachsende Not seiner freien Bevölkerung. Rechtsetzungen in einem Ausmaß wie nie zuvor sollten ihr nun entgegenwirken. Ergänzungen zu den Volksrechten, Kapitularien und Synodalbeschlüssen kündeten davon. 14 Kapitularien aus den 31 Jahren seiner Königszeit stehen 55 Kapitularien aus den 13 Jahren seines Kaisertums gegenüber[53]. Die römische Krönung zeitigte einen unübersehbaren Innovationsschub, der gleichermaßen die Kirchen- wie die Herrschaftsordnung erfaßte. Der Kaiser trat fortan vor allem als Gesetzgeber auf. Den Anfang machte – bald nach der Kaiserkrönung, «im ersten Jahr seines Konsulats» – eine Ergänzung zum langobardischen Recht. Da nämlich habe er, «der das römische Imperium lenkt» (*Romanum regens imperium*), Lücken festgestellt, die nun geschlossen wurden. Da gebot er etwa, daß jede Schenkung endgültig sei; daß, wer unbefreit die Heerfolge verweigere, den vollen Heerbann von 60 Solidi zu zahlen habe; daß, wer Fahnenflucht begehe, wie ein «Majestätsverbrecher» zum Tod verurteilt werden soll, und anderes mehr[54]. Wieder zeigte sich die Wirkung der Kaiserkrönung im neu formulierten Tatbestand des «Majestätsverbrechens», das dem langobardischen Recht bislang ebenso unbekannt war wie dem fränkischen.

Gerade auch deren letzteres, das überkommene fränkische Volksrecht, die «lex Salica», wurde ergänzt. Einhard lobte in seiner Karlsvita (c. 29), daß Karl «Fehlendes hinzufügen, Widersprüche beseitigen, Falsches und Verderbtes verbessern wollte». Die Rechte aller Völker unter seiner Herrschaft habe er aufzeichnen lassen – eine den Zeitverhältnissen der Niederschrift geschuldete Übertreibung und Verzeichnung. Tatsächlich zeigen allein die Überlieferungen der fränkischen, bairischen und alemannischen Rechte eine deutliche Nachhaltigkeit von Karls Maßnahmen, während im Falle der Sachsen, Thüringer oder Friesen keine derartige Wirkung zu erkennen ist[55]. In den Ländern des vulgarrömischen Rechts, d. h. in Südgallien und in der italienischen «Romagna», sowie unter den Langobarden herrschten ohnehin andere Verhältnisse.

Freilich außer einzelnen Ergänzungen – auch zum Recht der Baiern[56] – läßt sich nichts nachweisen, so daß nicht Neuschöpfung, sondern der Impuls zur Verbreitung der schon existenten Volksrechte vom Kaiserhof ausging. Allenfalls das thüringische Volksrecht könnte im Jahr 802 durch eine von zwei Sendboten, dem Erzbischof Richulf von Mainz und dem Grafen Werner, einem Angehörigen der im Mittelrheingebiet mächtigen Widonen, geleitete Adelsversammlung in Erfurt festgestellt und aufgezeichnet worden sein[57]. Eine zufällig erhaltene Notiz für den fränkischen Bereich verdeutlicht, wie die Veröffentlichung dort vor sich ging. Die neuen Verfügungen wurden einem Grafen zur Publikation in öffentlicher Gerichtsversammlung seiner Stadt mitgeteilt; die Schöffen von Bischof, Abt und Graf sollten zustimmen und eigenhändig unterzeichnen[58].

Die Freiheit manch eines Freien geriet – gewiß nicht erst jetzt – in Gefahr; doch erst der Kaiser suchte mit neuen Normen deshalb drohende Fehde und Blutrache einzudämmen. «Wenn einer in seiner Freiheit gehindert wurde und in Sorge, der Knechtschaft zu verfallen, denjenigen seiner Verwandten, dessentwegen er in Knechtschaft zu fallen fürchtet, tötet, sei es Vater, Mutter, Mutters- oder Vatersbruder, so soll der Täter selbst sterben, seine Kinder und Blutsverwandten der Knechtschaft verfallen. Leugnet er den Mord, so soll er sich dem Gottesurteil der neun glühenden Pflugscharen unterziehen»[59], was hieß: über neun glühende Pflugscharen gehen, ohne daß die Brandwunden im nachhinein eiterten. Die Not zwang manche Eltern, Kinder in Knechtschaft zu geben.

Der Ordnungsbedarf drängte zeitweilig sogar die Kriegsbereitschaft zurück. Im Jahr 802 unterblieb, wie der ‹Lorscher› Annalist ausdrücklich festhielt, jeder Kriegszug: «Der Caesar Karl verweilte in der Pfalz Aachen ruhig mit den Franken ohne Kriegszug»[60]. Statt dessen traten Recht und Armenfürsorge in den Vordergrund.

Der Kaiser besann sich wohl auf einem Hoftag mit begleitender Synode «seines Erbarmens über das Elend der Ärmeren (*pauperiores*), die in seinem Reich lebten und ihr Recht nicht vollständig fänden»; so wußte der Annalist. Diese «Armen» waren durchweg freie Leute, keine Hörigen. Die letzteren unterstanden dem Hofgericht ihrer Herren, nicht dem König oder Kaiser. Karl ergriff neue Maßnahmen zur Kontrolle des Rechts. Er entschied sich für eine einschneidende und einstweilen höchst effiziente, für das Königtum auf Dauer aber nicht ungefährliche Neuordnung oder Verfestigung des Instituts der Send- oder Königsboten, der *missi dominici*. Erste feste Amtssprengel wurden für dieselben eingerichtet – ein kleiner, wenn auch nicht dauerhafter Vorstoß zur Institutionalisierung des Herrschaftsverbandes[61].

«Der Herr Kaiser hat aus seinen hervorragendsten, verständigsten, weisesten Männern Erzbischöfe und Bischöfe, verehrungswürdige Äbte und fromme Laien gewählt und sie durch sein ganzes Reich geschickt und durch sie allen durch die folgenden Bestimmungen nach rechtem Gesetz zu leben gewährt. Wo aber im Gesetz anders als recht und gerecht verfügt wurde, soll es aufs sorgfältigste geprüft und ihm bekannt gemacht werden. Denn er will es mit Gottes Hilfe bessern. ... Und diese *Missi* sollen sorgfältig prüfen, wo ein Mensch ein Unrecht beklagt, das ihm von einem anderen zugefügt wurde. ... Wäre es ein Fall, den sie mit den zuständigen Grafen nicht entscheiden und zum Recht führen könnten, sollten sie ihn ohne Umschweife schriftlich dem (kaiserlichen) Gericht vorlegen». So lautete nach dem Annalisten der Auftrag dieser Sendboten.

Zwar gab es schon bisher von Fall zu Fall eingesetzte *Missi* und auch für den Bereich der karolingischen Grundherrschaft wurden Herrenboten, *missi discurrentes*, entsandt, wie sie jeder Grundherr für die Verwaltung seiner Besitzungen einsetzte. Die Karolinger nahmen sie aus dem Umkreis ihres Hofpersonals und anderer minderrangiger Personen, den «ärmeren Vasallen des Hofes». Offenbar hatte Karl solche Leute auch mit Aufgaben betraut, die sie mit den großen Herren der Region aneinandergeraten ließen. Nun aber wurde für das sich seit etwa 780 ausbildende Institut der

Send- oder Königsboten verfügt, daß keine ärmeren Königsvasallen zur Durchführungskontrolle königlicher Anordnungen mehr Verwendung finden sollten, die dann für Gaben (*propter munera*) Recht sprächen, daß diese Boten vielmehr (allein) aus den höchsten Spitzen der kirchlichen und weltlichen Hierarchie, und zwar für längere Zeit, zu wählen seien, aus den Reihen der Erzbischöfe, Bischöfe, Herzöge und Grafen, der mächtigen Großen, der *potentes*, die – wie hoffnungsvoll festgehalten wurde – von den Armen keine «Geschenke» nähmen. In der Tat, «Karl sandte sie durch sein ganzes Reich, um Kirchen, Witwen, Waisen und dem gesamten Volk Gerechtigkeit widerfahren zu lassen»[62].

Diesen Sendboten, die zu zweit auftreten sollten mit je einem Prälaten und je einem weltlichen Großen, wurden – wie gesagt – definierte Amtssprengel zugewiesen, innerhalb derer sie durchaus besitzend waren oder doch sein konnten; die Laien unter ihnen gehörten zum regionalen Adel. Für das Mittelrheingebiet, um allein dieses Beispiel in Erinnerung zu rufen, begegneten im Jahr 802 Richulf von Mainz und der Graf Werner, dann – in der Frühzeit Ludwigs des Frommen – durch Jahre hindurch der Mainzer Erzbischof Heistulf und der Graf Ruotpert, der namengebende Ahnherr der Robertiner, als «Missi dominici»[63]. Amts- und Güterzuweisungen an die Adelsfamilien sorgten für deren Loyalität gegenüber dem König oder Kaiser. Die Übertragung der Missatgewalt konnte – jedenfalls in der Zeit Karls des Großen – Einfluß nehmen auf die rivalisierenden Auseinandersetzungen des regionalen Adels[64]. Darin bestand ein erheblicher Nutzen für die Königsmacht, lag aber auch für die Zukunft Gefahr.

Anfänglich freilich herrschte einige Unsicherheit gerade auch unter den für derartige Aufgaben ausgewählten Leuten. Da fragte eben jetzt, im Jahr 802, Wulfar, der künftige Erzbischof von Reims, der wie Fardulf von St-Denis damals eine «Legation» durchführen sollte, den erfahrenen Abt um Rat, wie es geschehen solle. Fardulf sei schriftlich instruiert, wie die Bischöfe, Kanoniker und Mönche zu befragen seien und nach welchen Capitula. Er möge es doch alsbald ihm, Wulfar, brieflich mitteilen und möge auch jenen Text (*pagina*) beilegen, der bei ihrer aller Abreise vom Hof verlesen worden sei. Dies letzte dürfte in etwa den Informationen entsprechen, die der Lorscher Annalist kolportierte. Überhaupt, über alles, was der Legation von Nutzen sein könne, möge Fardulf ihn, Wulfar, informieren[65].

Der kaiserliche Ordnungswille stieß auf harsche Schwierigkeiten. Offenbar gab es einen umfassenden Auftrag, aber nur unzureichende Informationen über dessen Inhalt und Durchführung. Sie mußten erst umständlich durch interne Kommunikation der Großen eingeholt oder präzisiert werden und sie unterlagen dem individuellen Informationsgrad und Erfahrungsschatz der jeweiligen Königsboten. Weder Einheitlichkeit noch Gleichmäßigkeit herrschaftlicher Raumdurchdringung war auf diese Weise zu erreichen. Die Durchsetzung der Normen stieß damit auf vielfältige Schwierigkeiten. Vieles hing von Zufällen und lokalen Verhältnissen ab – trotz mancherlei schriftlicher Instruktionen. Dennoch, das Streben nach verbesserter Kontrolle und Ordnungsstiftung war evident. Seinetwegen ging Karl als der große Gesetzgeber in die künftigen Traditionen des Mittelalters ein.

Die «Missi» sollten regionale Versammlungen einberufen und leiten, sollten die Amtsführung der Amtsträger kontrollieren, friedenstiftende Maßnahmen ergreifen, sollten vor allem dem Kaiser Mißstände, Amtsmißbrauch und Gewaltattacken gegen die Armen melden. Karl ließ sich regelmäßig von ihnen berichten. Durch seine Sendboten erfuhr der Kaiser über kritische Situationen, über konfliktbereite Stimmungen und gefährliche Entwicklungen selbst abgelegener Regionen (oder wollte er doch informiert werden), auch wenn er fern in Aachen oder sonst einer der zentralen fränkischen Pfalzen residierte – ein unschätzbares Herrschaftsinstrument. Dessen Nutzen machte sich bald bemerkbar und spiegelte sich in den zahlreichen Kapitularien, die als Antwort auf die eingegangenen Berichte seit dem Jahr 802 verkündet wurden. Eben gerade die «Missi» hatten die Ordnungsverfügungen zu publizieren, in ihren Sprengeln bekanntzumachen, ihre Durchführung zu überwachen und ihren Effekt an den Hof zurückzumelden. Ein dreiteiliges System aus Überwachung, Normierung und Ahndung sollte auf diese Weise entstehen.

Auf Dauer freilich bedeutete dieses Sendbotenwesen eine Stärkung der Regionalgewalten gegenüber dem zentralen Königtum. Noch war es nicht soweit, noch gestattete es Karl eine verbesserte Kontrolle des Adels, noch sollten keines Menschen Schmeichelei oder Geldzahlung, keine Protektion (*defensione*) durch Verwandtschaft, keine Furcht vor Mächtigen den «geraden Weg» der Gerechtigkeit versperren, hieß es in den reformfreudigen Capitula des Jahres 802, welche im Zusammenhang einer Synode ergingen und die von den Königsboten überall verkündet werden sollten[66]. Bis nach Italien reichte ihre Wirkung[67]. «Daß jegliches Volk unseren *Missi*, den Grafen und Richtern gehorsam sei und sie unterstütze bei der Rechtswahrung (*consentientes ad iusticiam faciendam*)», hieß es noch in dem vielleicht letzten Kapitular Karls des Großen[68].

Die erste Aufgabe, die diesen «Missi» jetzt, im Jahr 802, zu erfüllen oblag, war die Vereidigung des Volkes auf den Kaiser. Jedermann, gleichgültig ob Kleriker oder Laie, der das 12. Lebensjahr überschritten hatte, sollte demselben die Treue schwören (c. 2): «Ich schwöre», so lautete eine der überlieferten Formeln, «daß ich von diesem Tag an Karl, dem frömmsten Kaiser, dem Sohn des Königs Pippin und der Königin Bertrada, reinen Geistes und ohne Trug und böse Absicht, von meiner Seite zu seiner Seite und zur Ehre seines Reiches (*regnum*) treu sein werde, wie von Rechts wegen ein Mann seinem Herrn treu sein soll. Wenn Gott und diese Reliquien der Heiligen, die hier sind, mir helfen, so will ich es die Tage meines Lebens nach meinem Willen, soweit Gott mir Verstand gibt, halten und zustimmen»[69].

Der Kaiser war der Herr jedes einzelnen Freien in seinem Reich. Das Kaisertum diente als eine neuartige integrative Klammer zur Verschmelzung der unterschiedlichen Völker und Kirchen des Karlsreiches oder sollte es doch. Der Eid sollte nicht bloß, wie in einem Kapitular ausdrücklich festgehalten wurde, und wie es als Reflex auf die Kaiserkrönung und den ihr folgenden Prozeß wegen Majestätsverbrechen verstanden werden kann[70], Person und Lebenszeit des Kaisers schützen, sollte nicht nur keinen Feind zur Feindschaft gegen das Reich anstiften, nicht bloß fremder Treulosigkeit zu folgen oder sie zu verheimlichen verhindern, sondern er sollte jedermann seine überpersönliche Essenz (*in se rationem*) begreifen lassen; dieselbe wurde eigens in sieben Kapiteln aufgelistet (c. 3–9): Niemand solle sich fremden Besitzes bemächtigen oder flüchtige Fiskalinen, die Leute des Königsgutes, aufnehmen, niemand ein kaiserliches Lehen vernachlässigen. Wer zum Kriegsdienst verpflichtet sei, dürfe nicht gegen Bestechung des Grafen davon befreit werden. Niemand dürfe den kaiserlichen Bann oder Befehl mißachten, niemand in einen fremden Prozeß manipulierend eingreifen, jeder in seiner Sache korrekt Zins zahlen und Rede und Antwort stehen. Damit sahen sich wie nie zuvor Momente der Königs- oder Kaisergewalt inhaltlich umrissen und das gesamte Volk auf sie verpflichtet. Das alles ließ sich offenbar bündeln zur «Ehre der Königsmacht» (*honor regni*).

Derartige Hinweise waren nach wie vor höchst dringlich. Konfliktbereitschaft kennzeichnete nicht bloß die Laien. Die Spitzen der Geistlichkeit mußten nicht minder ermahnt werden. Gerade auch sie schürten den Unfrieden. Als Leidrad, der Erzbischof von Lyon, zur «Absage an den Teufel» Stellung nehmen sollte, nannte er unter dessen Werken die «Gier» (*cupiditas*) und verwies auf die durch sie hervorgerufenen Konflikte zwischen Kirchenoberen und weltlichen Amtleuten; ihre schlimmste Wirkung aber sei, daß sich «Haß zwischen Lehrer (*doctores*, d. h. die Bischöfe) und Zu-Belehrende (*auditores*) schiebt, Feindschaften provoziert, Mißachtung bewirkt»[71].

Die Frühjahrssynode des Jahres 802 drängte denn auch darauf, daß Bischöfe und Priester nach dem Kirchenrecht ihr Leben gestalten und andere entsprechend belehren sollten. Bischöfe, Äbte, Äbtissinnen und sonstige Prälaten sollten ihren Untertanen mit Achtung und Fürsorglichkeit (*cum veneratione hac diligentia*) begegnen, sie nicht mit vergewaltigender Herrschaft und Tyrannei (*potentiva dominatione vel tyrannide*) unterdrücken (c. 11); ihre Vögte und Vitztume sollten das Recht kennen, die Gerechtigkeit lieben und friedfertig sein, auf daß sich durch sie Nutzen und Reichtum der Kirche mehre (c. 13). In solchen Geboten hallten die Klagen aus den Provinzen wider. Der Friede aber war der Garant des Wohlstands.

Die hohen Geistlichen sollten einträchtig sein, in Liebe und Eintracht des Friedens Recht sprechen, nach dem Willen Gottes leben; Elendspersonen und Pilgern sollten sie Trost und Schutz angedeihen lassen. Unter Adelstöchtern im Kloster entstand anscheinend wiederholt Streit. Sie sollten gut bewacht werden, nicht umherziehen, nicht Händel und Streit untereinander aufkommen lassen (c. 18). Äbte sollten in Demut und mit Gehorsam ihren Bischöfen untertan sein, wie es das Kirchenrecht gebot (c. 15). Im Kloster sollte kein Bischof oder Abt minderrangige Leute einem höherrangigen Mann – etwa aus Verwandtschaftsgründen oder wegen Lobhudelei – bevorzugen; vielmehr sollte ordiniert werden, wer «uns (dem Kaiser) und den Stiftern Gewinn und Profit (*merces et profectus*) steigert» (c. 16); Leistung, nicht Stand sollten entscheiden. Kein Bischof, Abt, Priester oder Diakon – Adelsherren wie ihre Verwandten in der Welt auch – sollte Jagdhunde, Jagdfalken oder Sperber halten (c. 19). Auch Kleriker hatten Freude am Falkenspiel und dem Treiben der Jagdhunde. Doch widersprach es den Geboten eines frommen Lebens. Priester oder Diakone, die verbotener Weise mit einer Frau in ihrem Haus erwischt würden, sollten Stand und Ehre verlieren, bis sie dem Kaiser vorgeführt seien (c. 24). Der Zölibat forderte auch damals seine Opfer.

Richter und ihre Helfer sollten Gerechtigkeit üben, vertrauenswürdige Leute einsetzen, die Arme nicht unterdrückten; Gesandte, die vom Kaiserhof kämen, sollten von den Grafen und Zentenaren versorgt und ihnen ermöglicht werden, «eiligst ihres Weges zu ziehen» (c. 28). Den Armen, denen der König in seiner Barmherzigkeit (*in sua elemosyna*) Vergünstigungen gewährt hatte, sollten diese nicht wieder durch Richter, Grafen oder Königsboten verlieren (c. 29). Meineidige sollten die rechte Hand, die Schwurhand, verlieren (c. 36). Und so ging es fort. Allgemeine Rechtssätze und vertraute Normen wurden in Erinnerung gerufen, um an ihnen die Gegenwart zu messen. Sie verrieten zugleich deren Nöte.

Für den Herbst hatte Karl den nächsten Hoftag und die nächste Synode einberufen. Beide traten im Oktober 802 in Aachen zusammen[72]. Das Kirchenrecht wurde den Bischöfen und Klerikern, die Benediktsregel den Äbten und Mönchen durch Verlesung in Erinnerung gerufen. Sie wurden öffentlich darauf verpflichtet, gemäß den Konstitutionen der heiligen Väter und der Regel zu leben. Was Kleriker, Mönche und Volk gefehlt hätten, sollte gemäß dem Kirchenrecht gebessert werden. In allen Kirchen, in den Klöstern wie in den Weltkirchen, sollte die Messe nach der römischen Liturgie gesungen werden. Die Herzöge, Grafen und sonstigen weltlichen *Judices* aber sollten dafür Sorge tragen, daß das Volk und zumal die Armen im gesamten Reich «Gerechtigkeit finden»[73].

Die mit der Zeit eingehenden Berichte der Köngsboten offenbarten, wie die Armut im Land wuchs und das Elend zunahm. Es waren die Kosten für Karls und seiner Franken Erfolge, die auf diese Weise sichtbar wurden und zu begleichen waren. Ob der Kaiser den Zusammenhang erkannte? Schon im folgenden Jahr 803 erging der nächste Mahnerlaß. Wieder verbrachte Karl «ohne Kriegszug dieses Jahr», wie der «Lorscher» Annalist festhielt[74], während die «Reichsannalen» auch jetzt schwiegen. Doch das einschlägige Kapitular blieb erhalten[75]. Es verharrte wie seit Jahrzehnten bei Einzelmaßnahmen. Sie lassen aber den Druck erahnen, der von weltlichen und geistlichen Großen auf die Nicht-Privilegierten ausging. Unterschiedlichste Konfliktgründe traten hervor, deren Opfer eben die armen Freien wurden: Bewußte und gezielte Mißachtung der Kaisergebote läßt sich nicht ausschließen[76]; wechselseitiger Neid adeliger Herren, Standesdünkel, Bestechlichkeit, überhaupt adelige Konkurrenz und anderes mehr bewirkten ein übriges. Auch auf diesem Adel lag ein hoher Bewährungs- und Erfolgsdruck, der vom König und Kaiser ebenso ausging wie von ihresgleichen.

Karl aber wollte Barmherzigkeit regieren lassen, und deren Beachtung sollte kontrolliert werden. Doch es haperte bei allem guten Willen schon an einer zuverlässigen Befehlsübermittlung in dem Riesenreich von der Nordsee nach Benevent, von der Elbe nach der Biskaya und erst recht an effizienten Durchführungskontrollen und wirksamer Überwachung der Gebote. Karl war sich dessen durchaus bewußt; er befürchtete es noch in seinen letzten erhaltenen Äußerungen: Er wolle wissen, so hieß es da, was von den Kapitularien, die er seit vielen Jahren durch das Reich schikken ließ, realisiert worden sei, oder wer sie nicht befolgte, und wie mit denen zu verfahren sei, die «Gottes Gebote und unser Dekret mißachteten»[77].

Vieles war nach wie vor der Improvisation überlassen. Die Kapitularien verraten nur zu überdeutlich, wie abhängig ihre Realisierung von der Loyalität der eben ermahnten, der sich selbst kontrollierenden Grafen oder Bischöfe blieb, wie begrenzt die Kontrolle wirkte. Mächtige Große weiteten, kaum bemerkt vom zentralen Königtum, Schritt um Schritt ihre Macht durch Mediatisierung von Freien und durch die Bildung eigener Gefolgschaften aus. Sie nutzten den Kriegsdienst der armen Freien, indem sie deren Einberufung zu ihrem eigenen Vorteil bald übergingen, bald forcierten und die Betroffenen auf diese Weise sich unterwarfen. Die «Missi» sollten auch Machtmißbrauch ahnden – vergebens.

4

Eine letzte Begegnung mit Leo III.

Auch besondere Vorkommnisse konnten dem Kaiser hinterbracht werden. Im Sommer des Jahres 804 hatten Karl Gerüchte erreicht, daß in Mantua das Blut Christi, eine Heiligblut-Reliquie also, gefunden worden sein soll. Der Sache auf den Grund zu gehen, bat er den Papst. Es war das erste Mal seit dem Jahr 801, daß der Kaiser sich an den apostolischen Stuhl wandte. Leo aber wünschte unerwartet und auch nicht eingeladen ein Treffen mit dem Kaiser; er stand schon im Begriff zu kommen, so wurde diesem gemeldet. Karl war überrascht und irritiert. Was wollte der heilige Vater? Der Kaiser hatte keine Begegnung geplant, konnte sich einer solchen nun aber nicht entziehen. Seine Reserve schimmerte noch durch den Bericht der «Reichsannalen» hindurch (ArF).

Zum Empfang schickte er, wie es der Tradition entsprach, seinen gleichnamigen Sohn nach St-Maurice, in Reims trat er ihm selbst gegenüber und geleitete ihn nach Soissons, wo er den Papst zu warten bat, um seine totkranke Schwester Gisela in Chelles zu besuchen. Dann rief Karl den Papst nach Quierzy, die erinnerungsreiche Pfalz, wo sie gemeinsam Weihnachten feierten; von dort endlich brachen beide nach Aachen auf. Zum ersten und einzigen Mal war nun ein Papst Karls Gast an diesem Ort. Acht Tage durfte er bleiben, nicht länger (ArF). Leo sah nun die Rom zitierende Pfalz, den ehernen Reiter, den herrlichen Bau der Salvatorkirche, die er fünf Jahre zuvor nicht hatte besuchen dürfen. Das Bauensemble mag ihn überrascht, aber schwerlich – romverwöhnt wie er war – zu Bewunderung hingerissen haben. Erkannte er in der Gesamtanlage den römischen Laterankomplex wieder? Freilich hatte er selbst dort neben dem schon erwähnten Trikonchos gleich nach Karls Abzug aus Rom eine noch prächtigere Halle in seiner Bischofsresidenz errichten und mit kostbaren Mosaiken ausschmücken lassen. Karl gab sich zurückhaltend. Zu verhandeln war wenig. Doch reich beschenkt ließ der Kaiser seinen Gast über Baiern nach Ravenna zurückgeleiten.

Der Anlaß der Begegnung lag auf der Hand, die Gründe des Papstes waren unklar. Wünschte er einen neuerlichen Romzug des Karolingers? Sah der apostolische Vater sich von seinen Gegnern in Rom bedrängt, von den Adelskräften Mittelitaliens? Suchte er Hilfe gegen Bischöfe, die sich Karls und Pippins «Schenkung» nicht unterwarfen? Dafür könnte die anspruchswahrende «Rückkehr» nach Ravenna sprechen, die Karl offenbar anordnete. Auch führte Leo seitdem immer wieder Klage über Unbotmäßigkeit und mangelnde Abgabenbereitschaft der ihm von Karl übertragenen Gebiete, auch über Übergriffe kaiserlicher «Missi», die sich bis nach Rom selbst erstreckten.

Zeugnis davon legten die erhaltenen Briefe ab, die er seit dem Jahr 808 immer wieder nach dem Norden schickte[78]. Wollte er den Kaiser zu neuen Konzessionen zugunsten der päpstlichen Stadtherrschaft über Rom und den «Kirchenstaat» bewegen? Karls Gegenbriefe gingen verloren; sie enthielten auch Kapitulare. Der Imperator vertiefte keinesfalls – anders als unter Hadrian I. – die Kontakte nach Rom. Einmal entschuldigte er sich mit dem Mangel an Gesandten, die dem Papst genehm seien, ein fadenscheiniger Grund.

Leo rechtfertigte sich, man habe den Kaiser mit «Lügen und bösen Machenschaften» abgefunden. Er, Leo, höre nicht auf, Karl über Gutes und Böses zu informieren; in Liebe und Treue mahne er ihn nun, an sein Seelenheil zu denken und das Gericht Gottes zu fürchten. Er flehe zur Barmherzigkeit Gottes, zur Gottesmutter und Jungfrau Maria, zu den Apostelfürsten Petrus und Paulus, dem kaiserlichen Herzen «solch heilsamen Rat» einzugeben, «daß der Pförtner des Himmelsreiches ihn, Karl, vor dem Antlitz Gottes empfehlen könne mit der Opfergabe des Königs Pippin, die er selbst bestätigt habe – der sog. Pippinischen Schenkung –, und daß er ewiges Heil zu empfangen verdiene»[79]. Derartige Briefwechsel deuten auf ein kühles Verhältnis zwischen diesem Nachfolger des Apostelfürsten und dessen mächtigstem Verehrer, das sich nach 809 weiter abgekühlt haben dürfte, als Leo sich Karls Wunsch nach Revision des Glaubensbekenntnisses verweigerte[80]. Gleichwohl wußte der Papst, was den Karolinger bewegen konnte. Die Anrufung Gottes und der Heiligen liest sich fast wie das Patrozinienprogramm der Aachener Pfalzkirche.

Spannungen zwischen dem italienischen König Pippin und dem Papst, die auf Differenzen wegen des «Kirchenstaates» hindeuten dürften und Karl keineswegs verborgen geblieben sein können, zeichneten sich zumindest später ab[81]. Immer wieder suchte Leo die volle Herrschaft über Rom zu behaupten, ernannte ohne Rücksprache mit dem Kaiser «Herzöge», *duces*[82]. Auch um Korsika stritt man sich[83]. Anspruchsvoll residierte er – der erste Papst, der es tat – nicht wie bisher in der «Patriarchenresidenz», dem *Patriarchium*, sondern seit 813 in Nachahmung des Kaiserhofes in einem «Palast», *Palatium*, den er ja auch mit zwei geradezu imperialen Repräsentationsbauten erweiterte. Karl wird es wohl nicht mehr erfahren haben.

Der prachtvolle, vor 800 errichtete Trikonchos mit dem Bild Karls des Großen zeigte in der Apsisstirnwand, wie schon erwähnt, auf gleicher Höhe den Papst und den König. Bild und Inschrift wurden nicht erneuert. So blieb Karl im päpstlichen Rom nur als König sichtbar, nicht als Kaiser. Der erst um 801/802, mithin nach der Kaiserkrönung und nach Karls Abzug aus Rom errichtete Polykonchos war mit seinen zehn Seitenapsiden für die repräsentativen Gastmähler des Papstes eingerichtet und hatte in seiner Mitte eine porphyrne Schale, aus der Wasser floß[84]. Porphyr war der exklusive kaiserliche Stein. Die Vorbilder waren in Konstantinopel zu suchen.

Das Mosaik der Hauptapsis zeigte die Traditio Legis. Das Bild der Apsisstirnwand vergegenwärtigte neben Christus die Evangelistensymbole, dazu vermutlich Märtyrer und im untersten Register die 24 Ältesten der Apokalypse, im Bildregister unter ihnen Repräsentanten der 144 000 Geretteten, mithin Anfang und Ende der christlichen Kirche und den in dieser Halle residierenden Pontifex als deren Mitte. Die Seitenapsiden vergegenwärtigten die Apostel, die den Völkern predigten[85]. Wieweit Karl von diesem anspruchsvollen Bau und seinem Bildschmuck erfuhr, ist nicht mehr auszumachen. Jedes Herrscherbild wäre hier ohnehin fehl am Platze.

Nach Karls Tod zog Leo – von kaiserlicher Kontrolle befreit – als weltlicher Herr des «Kirchenstaates» ein Kapitalverbrechen vor sein Gericht, wogegen Ludwig der Fromme nur schwach zu protestieren unternahm[86]. Karl hätte solcherart Aktivitäten mit Verwunderung betrachtet, vielleicht auch mit Sorge; wäre gegen sie eingeschritten. Zugestimmt hätte er ihnen jedenfalls nicht. Leo hätte diesen Kaiser, seinen Retter, vermutlich auch nicht provoziert. Karl freilich hat seinen Nachfolger Ludwig, im Jahr 813, ohne päpstliche Beteiligung zum Kaiser erhoben.

5

Ein neuer Feind: «Nordmänner»

Es galt sich zu wappnen. Von außen und innen zogen Gefahren herauf. Zumal im Norden schreckten fremdartige Feinde, die nur mühsam abzuwehren waren, und die Karl durch Verträge von den Reichsgrenzen abzuhalten suchte. Auch im Süden herrschte eine ungewisse Lage. Zwar war die Stadt Barcelona unlängst (803) gegen die Feinde des Christenglaubens erobert worden, doch die Gefahr, die von Spanien her und aus Afrika drohte, damit nicht gebannt; die Zurückgeschlagenen sannen auf Vergeltung und überfielen mit ihren Flotten die Inseln im Mittelmeer und die Küsten Galliens. In Italien widersetzten sich die Beneventaner Karls Herrschaft. Die häresieverdächtigen Griechen kämpften im Südosten des Reiches, in Venedig und Dalmatien, gegen die fränkische Macht. Die Frage des zwiefachen Kaisertums in Ost und West harrte auf Klärung und führte wieder und wieder zu Spannungen mit dem Basileus, seitdem in Konstantinopel Nikephoros und nicht mehr Irene auf dem Thron saß. Die Verteidigung der Grenzen verlangte unablässige Kampfbereitschaft, kostspielige Wachdienste und militärische Präsenz; sie belastete alle Vasallen und zumal die großen Kirchen und Klöster.

Unbekannte «Nordleute» bedrohten die Grenzen Sachsens und des Frankenreiches: Normannen, Dänen, Piraten (*vikingr*, daraus Wikinger), Barbaren, Heiden, oder wie immer sie genannt wurden, überfielen die Küsten und küstennahen Klöster. Mit ihren schnellen, seit dem späteren 8. Jahrhundert gesegelten Booten tauchten sie plötzlich am Horizont auf, plünderten und waren verschwunden, ehe an Abwehr zu denken war. Iren und Angelsachsen bekamen ihre rätselhafte Kampflust zuerst zu spüren. 793 überfielen Wikinger das Kloster Lindisfarne an der Ostküste Schottlands und kehrten mit reichen Schätzen beladen in ihre Heimat zurück. Der Erfolg weckte die Beutegier. Händler und Räuber in einem, die sie waren, organisierten sie sich in wechselnden Gefolgschaften. Eine entfesselte Angriffslust und kaum glaublicher Wagemut trieb sie in immer größeren Scharen zu immer kühneren Fahrten über das Meer und über die großen Flüsse ins Landesinnere; bald besetzten sie ganze Landstriche und ließen sich dort dauerhaft nieder. In den nächsten Jahrzehnten sollten sie den Kontinent umrunden, bis nach Paris, nach Italien und Konstantinopel, nach Aachen, Köln und Mainz vorstoßen.

 Die Franken unterhielten lange Zeit keinerlei Kontakte nach

Skandinavien. Erst Karls Sachsenkriege und die dauerhafte Eroberung Sachsens brachte sie in die Nachbarschaft zu den «Dänen». Diese wiederum pflegten keine Schriftlichkeit, ihre mündliche Dichtung, so formal hochstehend sie auch war, ist kaum überliefert. Die mehr als spärlichen Nachrichten aus dem Frankenreich übertönen das Schweigen nicht. Auskunft über die Frühgeschichte der «Normannen» zur Zeit Karls des Großen ist damit nicht zu gewinnen. Nur ahnungsweise und summarisch zeichnen sich Lebensformen ab[87]. Soviel aber dürfte feststehen: Die bislang praktizierte Küstenschiffahrt bedeutete für die Franken keine Gefahr. Doch fortan änderte es sich.

Im Jahr 777 findet sich ein erster knapper Hinweis in den «Reichsannalen» auf die «Region *Nordmannia*» als Zufluchtsort des Herzogs Widukind, und nur in ihrer überarbeiteten Fassung wird präzisiert, der Sachsenherzog sei zu dem Dänenkönig Sigfrid geflohen. Für Karl selbst bestand offenbar kein Bedürfnis, das Geschehen genauer festhalten zu lassen. Fünf Jahre später, auf dem Hoftag in Lippspringe im Sachsenland, auf dem Höhepunkt der Widukind-Krise, erschien ein gewisser Halftan als Gesandter des «Normannen»-Königs Sigfrid. Nur beiläufig wurde seine Anwesenheit erwähnt, Näheres aber übergangen. Eingetroffen war er mit «allen» Sachsen außer Widukind; auch Gesandte des Khans der Awaren hatten sich dort eingefunden. Offenbar erhöhte die Gegenwart dieser Gesandtschaften Karls Triumph über die Sachsen, dessen der König sich damals erfreuen zu können hoffte. Erst Jahre später, zur Osterzeit 798, findet sich die nächste Nachricht. Jetzt griffen «Nordleute» (*Nordliuti*) jenseits der Elbe, mithin nordalbingische Sachsen, fränkische Gesandte an, die dort Recht sprechen sollten. Von den Aufrührern wurde auch, wie die jüngere Version der Annalen vermerkte, ein Legat des Königs Gottschalk erschlagen, der sich auf dem Rückweg von dem König Sigfrid befand – eine dunkle, kaum zu entschlüsselnde Information, die nur so viel verrät, daß der Karlshof kein klares Wissen über die Dänen, ihre soziale Ordnung, ihre Herrschaftsverhältnisse und die Machtkämpfe unter ihnen, schon gar nicht über ihre religiösen Kulte und Kultzentren besaß, vielleicht nicht einmal zu erlangen wünschte.

Unterscheidungen zwischen den verschiedenen skandinavischen Völkerschaften finden sich ebensowenig.

In der Tat, im Frankenreich bemerkt man kaum, welche Unwetter sich da im Norden zusammenbrauten. Den Durchbruch brachte das Segel[88]. Auf die Normannen-Einfälle, die bald nach der Jahrhundertwende in großem Stil einsetzten und mit verheerenden Folgen über ein Jahrhundert hinweg anhalten sollten, waren die Franken in keiner Weise vorbereitet. Das fremde Volk blieb ihnen fremd. Missionierungsbemühungen setzten erst unter Ludwig dem Frommen ein. Sie führten freilich zu keinem raschen oder dauerhaften Erfolg. Im Jahr 804 erschien der «Dänen»-König Gottfrid mit Flotte und Reitern bei Schleswig, an der Grenze seines Königtums mit den Sachsen. Er versprach ein Treffen (*colloquium*) mit Karl, der mit seinem Heer südlich der Elbe bei Hollenstedt lagerte, erschien aber – von seinen eigenen Leuten gewarnt – nicht und ließ lediglich einen Gesandten ausrichten, was er wünschte. Karl seinerseits verlangte die Rückgabe von Flüchtlingen. Was tatsächlich geschah, ist unbekannt (ArF). Mißerfolge verschleierten die kaisernahen Annalen gerne.

Als Gottfrid im Jahr 808 die Abodriten überfiel, eilte der älteste Kaisersohn Karl mit einem Heer über die Elbe, hinterließ nichts außer ein paar zerstörten slawischen Burgen, eilte unter hohen Verlusten zurück über die Elbe, während der Dänenkönig das Handelsemporium Reric zerstörte und die dortigen Kaufleute nach Schleswig/Haithabu überführte, und dort, an der Grenze zu den Sachsen, von der Ostsee bis zur Eider einen Grenzwall (Teile des noch heute erhaltenen «Danewerks») errichten ließ (ArF).

Einen Höhepunkt an Verwirrung unter den Franken brachte das Jahr 810. 200 Schiffe aus *Normannia* hatten Friesland überfallen, alle der Küste vorgelagerten Inseln verwüstet; auch Einhard erinnerte daran (c. 17). Die Dänen schlugen die Friesen und erpreßten einen Tribut von 100 Silbermark, bevor sie abrückten – über 50 kg Feinsilber. Der König Gottfrid aber war während dieser Attacke zu Hause geblieben; ob er überhaupt hinter dem Flottenangriff stand, erscheint fraglich. Karl schickte, so schnell er konnte, ein Heer gegen die «Piraten», rückte selbst mit einem zweiten Heer erst zur

Lippemündung, dann zur Aller, um, wie er annahm, diesem Gottfrid begegnen zu können, der sich gebrüstet hatte, sich mit dem Kaiser in offener Feldschlacht zu messen.

Kaum angekommen, überschlugen sich die Nachrichten: Der Elephant Hârûn al-Rašids sei eingegangen, jene dänische Flotte sei nach Hause zurückgekehrt, der König Gottfrid von einem seiner eigenen Leute ermordet, die (heute unbekannte) Burg Hohbuoki an der Elbe sei von den Wilzen zerstört worden, des Kaisers Sohn Pippin sei in Italien gestorben und je eine Gesandtschaft aus Konstantinopel und aus Córdoba sei eingetroffen, um über den Frieden zu verhandeln. Karl blieb nichts anderes übrig, als das desaströse Unternehmen gegen die Dänen aufzugeben und nach Aachen zurückzueilen. Während dieses Kriegszuges wütete zudem eine schwere Rinderseuche, die alle Zugochsen des Heeres und überhaupt das Vieh in seinem Reich dahinraffte (ArF), eine Katastrophe auch für die Armen. Es war der verheerende Auftakt noch weit schlimmerer Rückschläge, auch wenn im folgenden Jahr zunächst mit Gottfrids Neffen und Nachfolger Hemming Frieden geschlossen werden konnte (ArF 811).

Die schnellen Drachenboote, mit Segel und Riemen ausgerüstet, gegen die Behäbigkeit der fränkischen Kriegsochsen: Diesen Kampf konnten die Franken nicht gewinnen. Karl hatte zwar schon im Jahr 808 den Befehl zum Bau einer Flotte erteilt[89], dann 810 zur Renovation des Leuchtturms bei Boulogne, den er nun, im Oktober 811, selbst besichtigte (ArF). Damals erneuerte zugleich ein Kapitular die Bestimmungen zur Heeresfolge mit Einschluß der Wachdienste an den Grenzen; niemand sollte betrunken zum Dienst erscheinen oder Gefährten zum Trinken animieren; jeder Wehrpflichtige sollte Lebensmittel für drei, Kleidung und Ausrüstung für sechs Monate mit sich führen[90].

Die Gebote galten nicht etwa speziell der Normannenabwehr, vielmehr für das gesamte Reich von den Pyrenäen bis zur Elbe und darüber hinaus. Doch wurde auch bei Gent eine fränkische Flotte stationiert (ArF). Um wieviele Schiffe es sich jeweils handelte und wie dieselben ausgerüstet waren, wurde nicht überliefert, ebensowenig wer den Schiffsbau finanzierte. Zudem fehlen genauere Nachrichten zur Bemannung oder Hinweise auf den Einsatz der Flotte. Nur eine knappe Bestimmung des Kapitulars von Boulogne hielt fest, daß, wenn der Kaiser ein Schiff aussenden wolle, die Herren (*ipsi seniores*) mit den Schiffen aufbrechen und sich dafür bereithalten sollten[91]. Offenbar waren Bau, Ausrüstung, Bemannung und Verpflegung der Besatzung Sache des küstennahen Adels und der dortigen Kirchen. Einhard ergänzte die Information (c.17): Der Caesar habe nicht nur eine Flotte geplant, sondern alle Häfen und schiffbaren Flußmündungen mit Wachposten und Befestigungen zu sichern gedacht, so daß kein eingedrungener Feind mehr entweichen könnte. Das klang mehr nach Planung als nach Realisation. Groß wird die fränkische Kriegsflotte in der Nordsee nicht gewesen sein. Unter Ludwig dem Frommen hört man auch nichts mehr von ihr.

Wenige annalistische Nachrichten zeugen von einem fortschreitenden Interesse an den Machtkämpfen unter den Dänen. Hemming starb 812, die folgenden Thronkämpfe forderten viele Tote mit Einschluß beider Kandidaten. Durchsetzen konnten sich zwei Brüder, Harald und Reginfrid, die Karl um Frieden baten, der tatsächlich im folgenden Jahr an der Grenze geschlossen wurde. Erste Nachrichten über interne Auseinandersetzungen der dänischen Kriegereliten sickerten jetzt ins Frankenreich durch, auch daß die Söhne des Königs Gottfrid Asyl bei den Schweden (*Sueones*) gefunden hätten und von dort mit einem Heer gegen die Dänenkönige gezogen seien (ArF 813). Genauere Informationen über den Gegner, seine Ziele oder Motive fehlten aber auch jetzt. Die Abwehr stagnierte, die wenigen Grenzburgen, die Karl hatte errichten lassen, konnte der Gegner nur allzuleicht auf dem Meer umgehen. Eine fränkische Flotte scheint zu keiner Zeit gegen Wikinger ausgelaufen zu sein. Fasten und Gebete, kaum Rüstungen, keine Aufklärung über den Feind bestimmten fortan den Kampf gegen die Piraten, nur sporadische, keine systematischen Abwehrmaßnahmen finden sich erwähnt, kein Kapitular wandte sich explizit der Normannengefahr zu. Karl hatte in seinen letzten Regierungsjahren diese Bedrohung nicht dauerhaft bannen können.

Die ‹Ursachenforscher› unter den Franken begriffen die Niederlagen durchaus als Züchtigungen des sündigen Volkes und als endzeitliche Warnungen. So zeichneten es jedenfalls nachkarlische Zeugnisse. Auch Karl suchte gegen Ende seines Lebens vermehrt Zuflucht bei reichsweiten Fasten, bei allgemeinen Bußaktionen und Bittprozessionen[92]. Was war zu tun, wenn die Kapitularien nicht wirkten, wie es der Kaiser verlangte; wenn die Gesetze von den Grafen und Bischöfen mißachtet wurden? Böse Gerüchte kursierten, daß sich diese Herren bestechen ließen und dem Unrecht zum Durchbruch verhalfen.

6

Beziehungen zu Fremden

Die «Reichsannalen» spiegeln seit der Kaiserkrönung eine bemerkenswerte Aktionsvielfalt. Wieder erwähnen sie Feldzüge über Feldzüge, oftmals von Karls Söhnen geleitet, und zahlreiche Gesandtschaften nach Osten und Westen, von und zu fremden Fürsten. Doch Kapitularien und Synodalakten zeigen noch einen anderen Karl. Das künftige Heil von Königtum und Kirche drängte sich in den Vordergrund. Dem von Erfolgen verwöhnten Mann brannte die Sorge um den künftigen Frieden seines Reiches in seiner Seele. Er sah wachen Auges, daß die gebotenen Maßnahmen trotz Wiederholung nicht rasch genug griffen; er fürchtete um den Frieden, um die Realisierung einer Reichsreform, die tatsächlich mit den überkommen Traditionen des Frankenreiches und seiner Adelsgesellschaft brechen müßte, um Frieden und Wohlergehen der vielen Völker seines Reiches, seiner Kirchen, seiner freien und armen Leute zu sichern. Der Konsens der Großen war dafür schwerlich zu gewinnen.

Die Beziehungen nach außen ließen von solcherlei Sorgen nicht allzuviel spüren, obgleich sie von ihnen nicht unberührt bleiben konnten. Die engen Verbindungen nach Britannien setzten sich fort, wandelten sich aber ihrem Inhalt nach. Kamen bisher zumal

Missionare von der Insel nach dem Festland, missionierten hier, gründeten Klöster, lehrten und reformierten Kirche und Bildung, so traten jetzt, zumal nach Offas von Mercia und Alkuins Tod in den Jahren 796 und 804, weltliche Belange in den Vordergrund. Die kaum zu durchschauenden Herrschafts- und Machtverhältnisse in den angelsächsischen Königreichen beschäftigten in mancherlei Weise auch den karolingischen Hof.

Der spätere König Egbert von Wessex hatte, durch Offa verdrängt, einige Jahre unter dem Schutz Karls des Großen im Frankenreich gelebt. Auf die Insel zurückgekehrt, bewährte er sich seit dem Jahr 802 als Einiger Englands, der in den kommenden Jahren die Vormacht Mercias brach. Im Jahr 808 fand ein weiterer angelsächsischer Emigrant, «aus Reich und Vaterland vertrieben», den Weg zum Kaiser und weiter nach Rom, der König Eardwulf von Northumbria (ArF). Mit des Papstes und Karls Hilfe konnte er bald in sein Königtum zurückkehren. Der päpstliche Gesandte nach Britannien wurde auf der Rückreise von «Piraten» aufgegriffen, doch von Coenwulf, dem König von Mercia, freigekauft (ARF). Leo III. aber dankte dem Kaiser für die gewährte Hilfe: Eardwulf sei diesem stets treu ergeben gewesen. Jetzt preise man überall die «imperiale Schutzgewalt». Zugleich bat er Karl, in dem seit langem schwelenden Konflikt zwischen Coenwulf und den Erzbischöfen von York und Canterbury zu vermitteln; sein eigenes Pastoralschreiben an Eanbald von Canterbury schicke er dem Kaiser zur Kontrolle; es ist nicht überliefert. Der Erzbischof solle sich, so viel wurde immerhin kolportiert, entweder vor Karl oder vor dem Papst rechtfertigen[93]. Die Wege der Angelsachsen nach Rom führten durch das Frankenreich; so hallten ihre Konflikte eben auch hier wider.

Den Streitigkeiten in Britannien galt Karls einzige Sorge nicht. Auch an der Grenze zum Emirat ging es unruhig zu. Muslimische Einfälle und der adoptianische Streit hatten die Aufmerksamkeit dorthin gelenkt. Was im Süden geschah, hatte Christen erschreckt und vor Jahren das Frankenreich bedroht. Die Schwächen in der Grenzsicherung, die sich mit der Niederlage des Grafen Wilhelm gegen 'Abd-al-Malik offenbart hatten, und mehr noch sein eigener

Fehlschlag rieten Karl fürs erste von jedem neuerlichen Angriff gegen Muslime ab. Er zögerte sogar, als der Prinz ʿAbdallâh ihn zum Kriegszug nach Spanien drängte. Die bitteren Erfahrungen von 778 warnten ihn vor voreiligen Entschlüssen. Gründlichere Vorbereitungen als seinerzeit waren vonnöten. Knapp vier Jahre nahmen sie in Anspruch, von 797 bis 801; Karl ließ zwischenzeitlich seinen Sohn Ludwig gegen Gerona und Huesca kämpfen[94]. Geschah es als eine Art Manöver? Eine Prüfung des jungen Königs? Im Jahr 799 winkte sogar die Übergabe Huescas, doch scheiterte sie, wie die «Reichsannalen» berichteten. Die Stadt blieb gut befestigt bis ins späte 11. Jahrhundert ein Vorposten der Muslime; erst im Zuge der Reconquista fiel sie in die Hände der Aragonesen. Endlich, im Jahr 801, rückten fränkische Truppen unter Wilhelm von Toulouse zum letzten Angriff auf Barcelona vor.

Die Stadt fiel nach zweijähriger Belagerung im Jahr 803; Ludwig, der König, erschien rechtzeitig zu dem großen Ereignis, so daß er fortan als Sieger galt. Sechs Jahre später wurde Tortosa dauerhaft erobert. Das Debakel von 778 war wettgemacht, das Ziel, die Ufer des Ebro, erreicht. Saragossa freilich blieb wie Huesca in muslimischer Hand; erst 1118 eroberte es der große aragonesische König Alfonso el Batallador. Karl aber ließ noch im Jahr 806 die Spanische Mark einrichten, die Keimzelle Kataloniens. Sie gehörte nominell bis ins 13. Jahrhundert zum Reich des fränkisch-französischen Königs, bevor Katalonien sich im Verbund der Krone Aragón von ihm löste. Der Umstand sorgte dafür, daß dort eine andere Sprache als sonst in Spanien, ein eigenes Recht, eine eigene Herrschaftsordnung, eine eigene Kultur und ein eigenes Sonderbewußtsein ausgebildet wurden, die bis zur Gegenwart nachwirken.

Die Integration der fränkischen Eroberungen und die Einrichtung der Mark, die durch den aquitanischen König Ludwig realisiert wurden, veränderten die Machtverhältnisse im Pyrenäenraum gründlich. Der wahre Sieger indessen, Wilhelm von Toulouse, wurde Mönch, er gründete, vielleicht zum Dank für den Erfolg, im Jahr 804 das Kloster Gellone (St-Guillem-le-Desert), in dem er selbst zwei Jahre später die Profeß ablegte; er wird heute als Heiliger verehrt.

Ein Friedensvertrag mit «dem König Spaniens» Abulaz (al-Ḥakam I.) folgte endlich im Jahr 810 (ArF). Er währte nicht lange; 815 hören wir von den nächsten kriegerischen Auseinandersetzungen der Franken mit dem Emirat. Doch erst jetzt, erst nachdem der «Sieger» Ludwig die Nachfolge des Vaters angetreten hatte, konnte oder durfte ein wenig offener über Karls früheres Scheitern in Spanien geschrieben werden[95]. Der Sohn wollte aus dem Schatten des großen Vaters treten. Erinnerung war eben von Autoritäten gelenkt, augenblicksbedingt und sollte die Gegenwart, nicht die Vergangenheit erhellen.

Der Blick zu den Nachbarn des Frankenreiches zeigte eine unruhige Welt. Doch auch im Innern stand nicht alles zum Besten. Karl ahnte, was mit seinem Tod auf dieses Reich zukommen würde. Der Aufstand seines ältesten Sohnes Pippin lag nur wenige Jahre zurück. Die Erinnerungen an seine Frühzeit als König, als er selbst die Söhne seines Bruders ausschaltete, hatten sich schwerlich verflüchtigt. «Wie könnte einer, der seinen eigenen Sohn tötete, darauf vertrauen, daß Gott versöhnt, wie einer glauben, daß Christus, der Herr, ihm gnädig sein könnte, der seinen Bruder tötete?» Königsboten sollten die Warnung im gesamten Reich einschärfen[96]. Die Erzählungen aus Karls Kindheit vom Kampf des Vaters gegen den Oheim, gegen die Vettern ließen sich, festgeschrieben in den Annalen, aus dem Gedächtnis nicht mehr ausschaben. Ein schuldbeladenes Königtum trat hervor.

7

Die Ordnung der Nachfolge

«Die Zeiten waren gefährlich», wie es der Evangelist verkündet hatte. Die apokalyptische Botschaft schien sich in der Gegenwart zu erfüllen. Endzeitliche Sorgen mehrten sich. Aufstände, Unfriede, Gefährdungen der Religion und Häresien, wohin man schaute; unter den Griechen, in Spanien, in Rom, im eigenen Reich. «Die Welt eilte ihrem Untergang entgegen»; untrügliche Zeichen kündigten ihn an[97]. Karl aber, der Kaiser, näherte sich dem Greisenalter. Er konnte, von den «*XII abusiva saeculi*» belehrt, wissen, daß ein König die gesamte Sündenfülle, die sich unter seiner Herrschaft in seinem Reich angehäuft hatte, im Jüngsten Gericht zu tragen hätte. Es schien leicht, ein Reich zu erobern, schwer, es zu erhalten, noch schwerer, es Gott wohlgefällig zu lenken. Wie also die Sündenfülle der Völker abtragen? Wie den Frieden retten, die Gerechtigkeit verbreiten, den rechten Glauben festigen, der Christenheit auch im Orient zur Seite stehen? Sein Tod würde, so entsprach es Karls eigener Erfahrung, Bürgerkriege verheißen. Konnte alles erneuert, gebessert, gestärkt, ausgeweitet werden? Die Antwort rief nicht nur nach Reformen in der Gegenwart, der Kaiser mußte Künftiges bedenken.

Er war in Sorge um die Zukunft seines Reiches. Im Innern rief der aus Spanien noch immer andrängende Adoptianismus nach unermüdlicher Wachsamkeit. Der Bilderkult der Griechen grenzte an Idolatrie. Dem eigenen Frankenvolk mangelte es an Glaubensstärke; die Sachsen waren noch längst keine treuen Christen. Eben erst waren bei ihnen Bistümer gegründet und der Mainzer Kirchenprovinz eingegliedert worden[98]; noch aber gab es kein einziges Kloster unter ihnen, noch mangelte es an Reliquien. Auch die Awaren waren besiegt, doch der Ausbau und die Sicherung der fränkischen Macht und die Wiederverbreitung des Christentums in Pannonien steckten noch in den Anfängen. Missionare aus Aquileia, Salzburg, Passau und Regensburg konkurrierten um die Einbeziehungen des Landes in ihre Diözesen und hinderten sich wechselseitig.

Die Kirchenordnung lag vielfach im argen, die geistliche Gerichtsbarkeit desgleichen, die Lebensführung der Kleriker erst recht. Die Berichte der Königsboten aus allen Amtsbezirken klangen erschreckend; auch der Schutz der Schwachen ließ zu wünschen übrig. Nicht zuletzt gemahnten die zwar glücklich niedergeschlagenen, aber unvergessenen Aufstände früherer Jahre an latente Bedrohungen von Herrschaft und Ordnung. Dieser oder jener Große, vielleicht auch der eine oder andere der eigenen Söhne mochte sich machtgierigen Träumen hingeben, denen es rechtzeitig Einhalt zu gebieten galt. Alles verlangte höchste Aufmerksamkeit und die Anspannung aller Kräfte. Die Mittel freilich, über die der Herrscher verfügte, entsprachen dem traditionellen Wissen; sie zumal bedurften der Erneuerung, der Ausweitung und Effizienzsteigerung. Wie aber Erfahrung und Wissen mehren? Wie das Können steigern?

Erste Antworten kehrten zum Gewohnten zurück. Eine Reihe von Kapitularien schärfte es ein. Ausbreitung und Kräftigung des Glaubens, Verbesserung des Gottesdienstes, des *Cultus divinus*, galten für unabdingbar. Um sie hatte sich der Kaiser zuerst zu kümmern. Wieder und wieder, mit beharrlicher Geduld und ermüdender Gleichförmigkeit, wurden religiöse Verhaltensnormen und Gebote eingeschärft, die Kirche und Volk des Heiles wegen zu beachten hätten. Prälaten sollten ihre Macht nicht mißbrauchen, sollten vorbildlich leben und handeln; wer sich seiner Dienstaufgaben unwürdig erwies, sollte abgesetzt werden. Mönche sollten in der Klausur, Nonnen gut abgeschirmt leben. Dann sollten Recht und Gerechtigkeit walten. Die Königsboten wurden Jahr für Jahr zu entsprechenden Kontrollen angehalten. Witwen und Waisen galt es zu schützen. Arme sollten nicht bedrückt, Vasallendienste nicht vernachlässigt werden. Den ärmeren Freien und wenig besitzenden Vasallen wurde Entlastung vom Militärdienst in Aussicht gestellt[99]. Immer aufs neue wurden gleichartige Gebote in Erinnerung gerufen; immer aufs neue meldeten die Missi die Fortdauer der Mißstände.

Inzest und sexuelle Verfehlungen waren zu ahnden, Mörder und zumal Verwandtenmörder hatten die gebührende Strafe zu erleiden. Bei Hungersnot sollten Gebete Gottes Barmherzigkeit erflehen, sollte aber auch den Bedürftigen Getreide zu moderaten Preisen feilgeboten werden. Und so ging es fort. Den Frieden mit Gott, den Frieden unter den Großen, den Frieden im Volk galt es zu verwirklichen, aber auch den Schutz des Königsgutes. Ausdrücklich sollten die «Missi» untersuchen, ob und wo das Königsgut ordnungsgemäß verwaltet würde oder heruntergekommen sei und reorganisiert werden müßte[100].

In allem und immer aufs neue verlangte den Kaiser, den Willen Gottes zu erkunden und zu erfüllen. Eintracht, Freundschaft, Frieden und Liebe hießen Weg und Ziel; sie sollten die Königsherrschaft festigen und zum Heil führen. Institutionelle Reorganisationen, reformierende Strukturmaßnahmen, eine neue Raumordnung sucht man bei aller Kontrolle vergebens. Allein die 21 Kirchenprovinzen, die Karl hatte einrichten lassen, gestatteten eine gewisse geographische Übersicht, dazu die jeweiligen Missatbezirke.

Er selbst, Karl, hatte persönliche Konsequenzen gezogen: Des Friedens und der Zahl legitimer Erben wegen hatte er sich – so wird man vermuten dürfen – nach dem Tod seiner vierten oder fünften Gemahlin Liutgard und seit seiner Kaiserkrönung mit Konkubinen begnügt, vier an der Zahl: Madalgard, die Sächsin Gerswind, Regina und Adallind, und keine Kaiserin mehr zu sich genommen, wenn auch weitere, nun aber wegen Illegitimität vom Erbe und damit von den zu erwartenden Verteilungskämpfen ausgeschlossene Söhne gezeugt: Drogo, Hugo und Theoderich neben zwei Töchtern Ruothild und Adaltrud. Einhard (c. 18) überlieferte diese Frauen- und Kindervielfalt.

Das Weihnachtsfest des Jahres 805, das Karl in Diedenhofen (Thionville) feierte, brachte einen neuerlichen Höhepunkt der Friedenssorge. Der Kaiser rief die drei erwachsenen, für erbberechtigt erklärten Söhne – Karl, Pippin und Ludwig – zu sich. Wieder faßten Kapitularien zusammen, was beschlossen worden war, was dem Gottesdienst und dem Frieden dienen sollte. Wiederum sollten Königsboten die Beschlüsse umgehend im gesamten Reich bekannt machen; der Hinweis auf einen entsprechenden Befehl an den Bischof Jesse von Amiens hat sich erhalten.

Keine breiten kirchlichen und weltlichen abstrakten Handlungsfelder wurden dazu abgesteckt; die Gefahrenquellen konnten nur konkret, einzeln und additiv umrissen und mußten – nicht anders als die Gegenmaßnahmen – mündlich gemeldet werden. Kenntnis der Liturgie, fehlerfreie Texte, angemessene Kirchenpflege, korrekte Zeitberechnung oder Medizinkenntnisse wurden jetzt verlangt und sollten von den Boten überprüft werden[101]. Nichts war neu, aber alles von Nachlässigkeit und durch mangelnde Kontrolle bedroht.

Besonders ärgerlich erschien der Fall jener Simulanten, die, um sich dem Herrendienst zu entziehen, vorgaben, der Welt entsagt zu haben, tatsächlich aber weder Kleriker wurden noch ins Kloster gingen. Sie sollten sich nun entscheiden. Mädchen im Kleinkindalter (*puellulae*) sollten nicht verschleiert werden, ohne sich selbst entscheiden zu können (was nach den Vorstellungen der Zeit erst mit dem siebten Lebensjahr der Fall war); ein späteres Kapitular verlangte das 25. Lebensjahr[102]. Klosterpropst oder Archidiakon sollten nicht Laien sein, vielmehr die Profeß abgelegt oder Klerikerweihen empfangen haben. Offenbar waren Normverstöße an den Kaiser gemeldet worden. Immer wieder kam es zu dergleichen Mißständen in dem nur rudimentär verwalteten, von diversen kirchlichen und adeligen Herrschaften durchsetzten Imperium.

Auch weltliches Recht war gefragt[103]. Lange Jahrzehnte hatte Gewalt im Reich der Franken dominiert. Sie einzudämmen forderte Beharrlichkeit, Geduld und den Kampf gegen alte Gewohnheiten. Karls neuerliche Verfügungen sprechen für sich selbst. Verbrecher sollten als Rebellen büßen (Nr. 44,1). Waffen, nämlich Schild, Speer und Brünne, wurden zuhause zu tragen verboten. Der Kleinkrieg im Reich, die blutigen Streitigkeiten unter Freien, sollten eingedämmt oder wenigstens in den Auswirkungen gebändigt werden. Wer 12 Hufen (als Königslehen?) besaß, mußte eine Brünne vorweisen; wer sie (beim gebotenen Militärdienst) nicht mit sich brachte, sollte sie zusammen mit seinem Lehen verlieren (44,6). Friedensbrecher, was hieß: Gewalttäter, hatten vor dem König zu erscheinen. Wer nach einem Friedensschluß (mithin nach der Streitschlichtung) noch immer mordete, vielleicht Blutrache betrieb, sollte seine Schwurhand verlieren und dem Königsbann verfallen (44,5). Der Handel mit Slawen und Awaren sollte über bestimmte Grenzstationen gelenkt und kontrolliert, Waffen durften zu ihnen nicht exportiert werden (44,7). Treueide sollten allein dem Kaiser und – zum Nutzen des Kaisers – dem eigenen Herrn geschworen werden (44,9).

Die Königsboten sollten dafür sorgen, daß, wer immer über ein

Vermögen von sechs Pfund Gold oder Silber oder an sonstigen Wertgegenständen verfüge, nach Abzug der Kleidung für Frauen und Kinder den Heerbann von drei Pfund zu entrichten habe, wer sie nicht aufbringen könne, nur dreißig Schilling, wer noch weniger besäße, entsprechend weniger. Die *Missi* sollten darauf achten, daß niemand den König um diese Steuern betrüge (44,19). Kriege kosteten Geld, auch damals, und wurden über die ‹Steuern› kleiner und kleinster Vermögen finanziert. Wieder wurden Recht und Gerechtigkeit angemahnt, der Schutz der Armen und mittellosen Vasallen, wieder sollte gegen entlaufene Kleriker, Laien und flüchtige Frauen, gegen Falschmünzerei und ungenehmigte Zölle vorgegangen, die Ehen zwischen Freien und (unfreien) Fiskalinnen geregelt werden.

Die Kaisermacht sollte auf dem Weg sich addierender Einzelmaßnahmen das Reich mit Frieden durchdringen, mit Ordnung und Recht, mit Glauben und Gottesdienst stärken. Frieden durch Herrschermacht aber bedeutete Intensivierung der Königsgewalt. Eine für ihre Zeit grandiose Verdichtung der Herrschaft wurde ins Werk gesetzt. Es gab ja keine Bürokratie und keine Polizei; es gab nur Herren und Freie, deren Aggressionsbereitschaft gezähmt werden mußte; die zahllosen Knechte und Mägde zählten nicht.

Zugleich galt es, das Hauptgeschäft dieser Jahre zu erledigen, die Regelung der Nachfolge des Kaisers. Karl war jetzt, im Jahr 806, 58 Jahre alt. Er stand auf der Höhe seiner Macht. Die Grenzen waren, so gut es ging, gesichert, die Gegner im Innern zum Schweigen gebracht, das erneuerte Kaisertum hatte die Schleusen der Gesetzgebung geöffnet. Wie aber würde, was der Kaiser einst ererbt, in zahlreichen Kriegen erweitert und in 37 Jahren kraftvoller Herrschaft gefestigt hatte, in diesen «gefährlichen Zeiten» ohne ihn bestehen können? Seine Erben Karl, Pippin und Ludwig waren erwachsen, selbst der jüngste würde bald das dreißigste Lebensjahr erreichen. Sie verfolgten eigene Interessen, scharten eigene Vasallen um sich oder doch Leute, die es werden wollten, bereiteten sich, wie zu ahnen war, auf Auseinandersetzungen mit den Brüdern, vielleicht auf Kämpfe vor. Die Friedenssicherung forderte mit höchster Dringlichkeit vorbeugende Maßnahmen. Was Karl nun plante, verrät viel über die Zukunftsvision dieses mächtigen Mannes, der sein Ende nahen sah.

Ein Hoftag war nach Diedenhofen einberufen worden. Auf ihm verkündete Karl in Absprache mit seinen Großen am 6. Februar 806 eine Reichsteilung unter die drei Söhne, die in eine Friedenskonstitution mündete[104]. Sie wurde durch die Anwesenden eidlich bekräftigt. Die entsprechende Urkunde wurde dem Papst zu Zustimmung und Unterschrift durch den vertrauten Einhard überbracht, der vielleicht schon an der Formulierung beteiligt war[105]. Teilung und Friedensplan bildeten eine unübersehbare Einheit. Karl beschritt, obgleich er vordergründig der Gewohnheit der Franken folgte, mit dieser Teilung tatsächlich neue Wege. Der erhaltene Wortlaut – eher eine Konstitution als ein Diplom – weist zwei unterschiedlich umfangreiche Teile auf: Der kurzen Teilungserklärung (c. 1–5) folgten ausführliche Friedensstatuten (c. 6–19) und ein Schlußkapitel (c. 20). Das Ergebnis bündelte wie in einem Brennspiegel die Sorgen des Kaisers.

Die Beschlüsse sollten im gesamten Reich verkündet werden; noch heute lassen sich, obgleich der Tod der älteren Söhne die Realisierung dieser Teilung vereitelte, immerhin die Spuren von drei Exemplaren erkennen, deren eines auf Adalhard von Corbie, deren zweites auf ihn oder auf seinen Bruder, den Grafen Wala, verweist, die beiden Vettern und wichtigsten Helfer des alternden Kaisers, deren drittes über Walahfrid Strabo auf das Aachener Pfalzarchiv zurückgehen könnte. Die Vettern, Karolinger der Seitenlinie die sie waren, dürften maßgeblich auf die frühzeitige Reichsteilung gedrängt haben; Pippin von Italien war ja der Ehemann ihrer Schwester Theodrada[106]. Die Spur einer römischen Handschrift, die es gegeben haben muß, hat sich bisher nicht auffinden lassen. Alle Freien im Reich sollten – so die ‹Ausführungsorder› – ihren Konsens zu der Friedensregelung durch Eid bekräftigen, Königsboten die Durchführung überwachen und den Eid entgegennehmen. Die Vereidigung galt als wichtigstes Friedensinstrument. Dies alles, die beschlossene Teilhabe der Söhne an der väterlichen Herrschaft, die Verschriftung, die Vereidigung und die Übersendung der Nachfolgeordnung an den Papst, beschritt in seiner Gesamtheit neue Wege.

Die betroffenen Großen sollte sich rechtzeitig auf ihre künftigen Herren einstellen können.

Adressat der Konstitution waren alle Getreuen der Kirche Gottes, die Gesamtheit der christlichen Gemeinde in allen Völkern unter Karls Imperatorengewalt. Entsprechend programmatisch lautete die kaiserliche Intitulation: *Imperator Caesar Karolus rex Francorum invictissimus et Romani rector imperii pius felix victor ac triumphator semper augustus*. Diese Titulatur zitierte in ihrer Gesamtheit keine antiken Vorbilder, wurde aber dennoch solchen durch Übernahme einzelner antiker Formeln nachgestaltet; hinzu kamen liturgische Wendungen. Der Titel besaß somit eine an antik-römische Kaisergesetze gemahnende universalistische Konnotation und eine entsprechend legitimierende Funktion. Doch kursierte die Konstitution auch mit der üblichen Kaisertitulatur, wie sie seit dem Jahr 801 Verwendung fand und jetzt vielleicht die Empfänger in den fränkischen und rechtsrheinischen Gebieten erreichen sollte. Die verfügten Regelungen sollten unabhängig von den jeweiligen Volksrechten Gültigkeit besitzen sowohl in den Ländern überwiegender Mündlichkeit, als auch im langobardischen und römischen Italien, in Südgallien und in den zu Karls Herrschaftsbereich gehörenden einst westgotischen Gebieten, wo vulgarrömisches Recht in Kraft stand.

Schon die Einleitung der Karlsurkunde, ihre Arenga, fiel durch ihr eigentümliches Kontinuitätsprogramm aus dem Rahmen des Gewöhnlichen und appellierte mahnend an das christliche und kollektive Gedächtnis. Die göttliche Milde würde die zum Untergang treibenden *Secula*, so hieß es da, durch die Abfolge der Generationen wieder herstellen[107]. Indem sie ihm, dem Kaiser, drei Söhne schenkte, habe sie seine Hoffnung hinsichtlich der Königsherrschaft befestigt und seine Sorge vor einer von Vergessen heimgesuchten Zukunft gemildert. Gegen das Vergessen also und für den Frieden diente die verfügte Teilung, als Maßnahme gegen den Untergang. Karls eschatologische Sorgen waren damit nicht aufgehoben, sie beugten sich vielmehr christlicher Hoffnung. Gottgefällige Herrschaft trug ja seit alters dazu bei, den Fortbestand der Welt zu sichern. Der Apostel Paulus (2Thess2) hatte derartiges nach der Interpretation der Kirchenväter gelehrt[108].

Die Nachfolgeordnung vereinte Altes mit Neuem. Sie ergänzte und vollendete die früheren Friedenserlasse, bündelte die wichtigsten Friedenskräfte und appellierte an das überkommene fränkische Teilungsrecht. Sie übertraf dasselbe aber zugleich als eine Art Haus- oder Reichsgrundgesetz von völkerübergreifender Geltung. Darauf deuten die römischen Gesetzgebern nachempfundene Herrschertitulatur, die dispositive Begrifflichkeit der Rechtsverfügungen: Autorität, Statuten, Dekrete und Übereinkunft sowie die Friedensstatute selbst. Bewahrt waren zugleich eine spezifisch fränkisch-karolingische Gedächtnisspur und mit ihr warnende Erfahrungen des Kaisers und seiner Zeitgenossen, ein unheilschwangeres Vergangenheitswissen. Karl wünschte, sein Reich nicht in Konfusion und Auflösung zu hinterlassen und ohne Streit und Kampf den drei gottgeschenkten Söhnen zu übertragen.

Dafür wagte der Kaiser Neues. Nicht die Zuordnung von jeweils einem «gleichgewichtigen Teil» des Reiches an jeden Sohn, nicht die Realisierung einer irgendwie ideell fortbestehenden Reichseinheit bestimmten Karls Planungen, wie es das traditionelle fränkische Erbrecht verlangt hätte. Schon gar nicht gedachte er «einer möglichst gleichmäßigen Aufgabenverteilung» für gleichberechtigte Söhne, eines gemeinsam handelnden «Brüderkorps», «Corpus fratrum». Karl erkannte vielmehr in der anstehenden Teilung, wie sie nach fränkischem Erbrecht unvermeidlich war, eine große Gefahr für die Kirche, für den Frieden und die Völker seines Reiches und suchte Mittel, derselben vorgreifend zu wehren. Deshalb erhob er seine drei Söhne zu «Teilhabern am Königtum» (*regni consortes*) und verfügte die Teilung «des gesamten Reichskörpers» (*totum regni corpus*), damit ihnen nicht «chaotisch und destruktiv unter dem Vorwand des Gesamtreiches» (*confuse atque inordinate vel sub totius regni denominatione*) Streit hinterlassen werde. Keiner seiner Söhne sollte sich in die Belange der Reiche seiner Brüder einmischen. «Um der Eintracht des Friedens willen» teilte er in besorgter Voraussicht seine Herrschaft, wie es in Karls Durchführungsorder hieß. Das Volk wurde «zur Eintracht des Friedens» vereidigt.

 Die Teilungsformel der Konstitution, der «Divisio regnorum», ist erhalten. Sie umschrieb keineswegs – wie gemäß der früheren und späteren Teilungen eigentlich zu erwarten gewesen wäre – drei «gleiche Teile», teilte gerade nicht *aequa lance*, *aequali sorte* oder *ex aequo*, wie es nach den «Metzer Annalen» oder bei Einhard (c. 3) über die Teilungen zwischen Karlmann und Pippin (741), dann zwischen Karl dem Großen und seinem Bruder Karlmann (768) hieß. Ein jeder sollte sich vielmehr mit dem Anteil am väterlichen Reich und Erbe zufriedengeben, den der Vater ihm jetzt zuwies.

Die Brüder wurden ganz offenkundig – wie es unter den Franken auch sonst gelegentlich vorkam – gemäß Verdienst und Altersfolge unterschiedlich bedacht. Karl hatte dazu früher schon ein ‹Gutachten› Alkuins eingeholt, der die nun durchgeführte Praxis explizit für zulässig erklärt hatte. Der älteste Sohn Karl erhielt den größten und reichsten, Ludwig, der jüngste, sah sich benachteiligt und sollte sich mit dem geringsten, unbedeutendsten und einkunftsschwächsten aller Erbteile bescheiden. Den Ausgangspunkt bildeten die den beiden jüngeren Söhnen schon früher (781) zugewiesenen Königreiche Italien und Aquitanien, die um mehr oder weniger große Teile Alemanniens und Baierns, respektive um Septimanien, Provence und Teile Burgunds erweitert wurden. Der «Rest», die weithin ungeteilte «Francia», fiel mit einigen angrenzenden Gebieten – wie etwa dem eben eroberten Sachsen, dem Norden Alemanniens oder dem bairischen Nordgau – an Karl.

Soweit bekannt wich diese Ordnung vom bisherigen Herkommen der fränkischen Könige entschieden ab, wonach gerade die «Francia» stets gleichmäßig unter die berechtigten Erben geteilt wurde; und auch später, in den Bruderkriegen der Söhne Ludwigs des Frommen, ging es stets um angemessene Anteile jedes Kaisersohnes am fränkischen Kernland mit seinen Königshöfen. Erst die Reiche der Ludwig-Söhne ließen sich nicht mehr in dieser Weise teilen. Das Herkommen aber hatte, so lehrte das kulturelle Gedächtnis, den Frieden zu keiner Zeit zu sichern vermocht; deshalb sollte Neues erprobt werden.

Der Traditionsbruch war ‹vorbereitet› worden. Seine Legitimation bekundeten die «Metzer Annalen». Sie entstanden gleichzeitig mit der «Divisio regnorum» im Umfeld des Kaiserhofes und dürften dessen Haltung erläutern. Sie aber registrierten zum Jahr 741 den analogen Fall, daß nämlich, als Karl Martell seinem «Konkubinen»-Sohn Grifo «inmitten seines Fürstentums» (*in medio principatus sui*) «einen Teil Neustriens und einen Teil Austriens und Burgunds» (Teile der späteren Länder Karls des Jüngeren also) zugewiesen hatte, «die Franken überaus entrüstet waren». Sie wünschten nicht, «auf Rat einer unehrenhaften Frau (eben der Mutter Grifos, Suanahild) geteilt und von ihren legitimen Erben getrennt» zu werden.

Annalen sind von ihrer Abfassungszeit her zu lesen; und die Erinnerung dieser Annalen besaß in der Tat, als sie fixiert wurde, brandaktuelle Bedeutung. Sie legitimierten mit historischen Exempla das Handeln in der Gegenwart. Als Konkubinensöhne galten Karls des Großen nach dem Jahr 800 geborenen Söhne, aber auch der älteste, bereits ins Kloster verbannte Pippin. Er war von jedem Anteil am väterlichen Reich aufgrund nachträglich konstruierter Illegitimität ausgeschlossen worden[109]. Er sollte ursprünglich wohl einen Anteil an der «Francia», vielleicht auch Baiern erhalten. Die «Francia» aber war das Herzstück des Reiches, das Land der Franken, ihre Heimat; dorthin kehrten ihre Könige stets von ihren Kriegszügen zurück. Die Botschaft, welche die «Metzer Annalen» somit verkündeten, war eindeutig: Die Franken des frühen 9. Jahrhunderts wünschten keine «Teilung» ihres Landes; ihre Stärke ruhte, wie dieselben Jahrbücher wieder und wieder vor Augen führten, in Einheit, Frieden und Einigkeit, die sich in brüderlicher Gemeinschaft manifestierten. Schon das Nachbarvolk Burgunds galt den Franken und ihren Königen als fremd.

Karl der Große handelte entsprechend, als er sein Reich teilte. Kein labiles Gleichgewicht, sondern eine eindeutige Machtgewichtung und klar voneinander getrennte Herrschaftsbereiche sollten Frieden und Eintracht gewährleisten. Jedermann wußte, daß von dem fränkischen Kernland aus sowohl Aquitanien als auch Italien erobert worden waren. Kriege der Söhne untereinander sollten ausgeschlossen sein; Grenzstreitigkeiten sollten sie friedlich regeln (c. 14). Der Konsens der Großen zu Teilung und Friedenskonstitution wurde – eine jetzt erstmals erkennbare Maßnahme – eigens eingeholt. Sogar für den Todfall des einen oder anderen seiner Söhne regelte Karl die Neuverteilung; und selbst die Enkel wurden in die Nachfolgeordnung einbegriffen (c.4). Wolle das Volk einen der Enkel zum Nachfolger seines Vaters wählen, sollten die beiden Vatersbrüder zustimmen (c.5).

Die Friedenskonstitution regelte detailliert die Beziehungen zwischen den Brüdern. Ihr Vater ahnte, worüber Streit ausbrechen könnte, und suchte die Söhne auf den Frieden zu verpflichten. Keiner solle es wagen, das Gebiet eines anderen anzugreifen oder zu besetzen, vielmehr solle jeder dem anderen gegen innere wie äußere Feinde beistehen (c.7); keiner solle Flüchtlinge aus den Bruderreichen bei sich aufnehmen (c.8), Lehen sollten die Freien nur im Reichsteil ihres jeweiligen Herrn empfangen (c.9), wohl aber dürfe jeder Freie sich nach dem Tod seines Herrn entscheiden, wem er künftig dienen wolle (c.10); keiner der Söhne solle Grundbesitz und Hufen aus dem Reich eines anderen durch Kauf oder Übertragung erwerben (c.11); (freie) Frauen dürften über die Teilreichsgrenzen heiraten und die Völker durch Verschwägerungen einander verbinden, ihren Besitz im verlassenen Reichsteil dürften sie behalten (c.12); wenn Grenzstreitigkeiten aufträten, die nicht gerichtlich entschieden werden könnten, solle das Los entscheiden (*iudicio crucis Dei*), auf keinen Fall Kampf (c.14). Der Schutz der römischen Kirche wurden den drei Brüdern gemeinsam übertragen (c.15).

Für seine engste Familie fürchtete der Kaiser Schlimmstes. In höchster Sorge gebot er, daß seine Töchter sich frei entscheiden dürften, wessen Schutz sie sich unter den Brüdern anvertrauen, ob sie Nonne werden oder heiraten wollten, ohne daß es ihnen die Brüder verwehrten (c.17). Aufschrecken mußten erst recht die Schutzverfügungen zugunsten der Enkel: Keiner seiner drei kronentragenden Söhne solle einen von ihnen – unter welchem Vorwand auch immer verklagt – ohne eindringliche und korrekte Prüfung hinrichten, verstümmeln, blenden oder zum Mönch scheren lassen (c.18). Hier gebot ein König und Kaiser, der selbst hatte hinrichten, blenden, verstümmeln, scheren lassen, ein Karl, der nur zu gut wußte, was Königsverwandten von Ihresgleichen drohte.

Alles sollte vergebens sein. Selbst der größte aller Frankenkönige vermochte den Frieden nicht über seinen Tod hinaus zu sichern. Sein Haupterbe Ludwig wird genau das tun, was der Vater hatte verhindern wollen: die Schwestern zwangsweise ins Kloster abschieben, ihre Geliebten töten, den Sohn seines Bruders Pippin allen Eiden zum Trotz blenden und zum Tod befördern, seine jüngsten Brüder zwangsweise zu Mönchen und Klerikern scheren lassen. Kein väterliches Friedens- und Liebesgebot, kein Konsens der Großen schützte vor der brutalen Kaisermacht, nichts, kein Eid und kein Gebet. Jener Ludwig, der mit dem ihm erst später zugeflossenen Beinamen «der Fromme», führte die Franken, diese Gesamtheit der vereidigten Freien und Großen, wie sich nur allzubald zeigen sollte, zu kollektivem Eidbruch und stürzte das Reich Karls des Großen nach dem Tod des Heros ins Chaos, in Verrat, Bruderkriege, Auflösung und Untergang.

8

Zeichen am Himmel

Vier Jahre durfte Karl glauben, sein Haus geordnet zu haben, vier Jahre, in denen politische Routine und zahlreiche Kriege, aber auch die Sorge um den inneren Frieden und die Linderung der Not der Armen sich wieder in den Vordergrund drängten. Zwar rückte Karl nur noch selten in eigener Person gegen den Feind aus, doch um so regelmäßiger schickte er seine Söhne und zumal den ältesten. Neue Gegner kündigten sich an: Slawen nämlich, die mit der Eingliederung Sachsens und Baierns in Karls Reich wie die Dänen zu Nachbarn geworden waren. Sie fanden jetzt zu dauerhaften Anfängen eigener Reichsbildung. Zumal in Böhmen und Mähren regte sich der einheimische Adel, aber auch die Elbslawen rührten sich.

Schon im Jahr vor der Reichsteilung fiel der älteste Sohn, Karl, mit einem Heer nach Böhmen ein, verwüstete das Land und tötete seinen «Herzog» Lech (ArF). Im folgenden Jahr schickte ihn der Kaiser gegen die Sorben diesseits der Elbe; auch deren «König» oder «Herzog» Miliduoch fiel im Kampf, ihre Burgen, *civitates*, wurden zerstört, zwei fränkische Burgen aber an Saale und Elbe, bei Halle und Magdeburg, errichtet. Noch in demselben Jahr entsandte der Kaiser eine Truppe aus Baiern, Alemannien und Burgund nach Böhmen (*Beeheim*: ArF).

Es galt, abzuwehren und die Grenze zu sichern. Auch Sachsen waren jetzt zum Kriegsdienst verpflichtet. Ging es in weite Entfernung, nach Spanien oder Pannonien, so sollten, wie einmal verlangt wurde, sechs Sachsen einen Krieger ausrüsten, war Böhmen betroffen, so deren drei einen von ihnen; beim Landesschutz gegen die Sorben wurde jeder zu den Waffen gerufen[110]. Dem Schutz diente auch die Festlegung der Handelsgrenze für Franken im Osten gegen Slawen und Awaren. Wieweit Slawen auf Märkte im Westen reisten, wurde nicht festgehalten. Die Kaufleute unterlagen Handelsbegrenzungen und durften weder Angriffswaffen noch Brünnen feilbieten. Zuwiderhandeln sollte mit Beschlagnahmung ihres gesamten Besitzes geahndet werden, der zur Hälfte an den König, zur Hälfte an die Missi und Denunzianten fallen sollte[111]. Slawen trieben demnach Handel mit fränkischen und sächsischen Kaufleuten und begehrten vor allem Waffen. Archäologen finden denn auch – allem Handelsembargo zum Trotz – zahlreiche fränkische Schwerter im Boden östlich der Elbe und des Bayerischen Waldes.

Das Ringen um die Reichsordnung ging ungebrochen weiter. In Nimwegen tagte noch im Jahr 806 ein weiterer Hoftag. Mit scharfen Instruktionen sandte er die Königsboten aus[112]. War dem Kaiser unter anderem doch zu Ohren gekommen, jüdische und christliche Kaufleute (*negotiatores*) würden sich brüsten, sie könnten besorgen, was immer man aus Kirchenschätzen begehre, Edelsteine, Kultgefäße und anderes; Bischöfe, Äbte und Äbtissinnen sollten deshalb ihre Schätze vor den Unterschlagungen ihrer Wächter schützen[113]. Es war die erste Verfügung unter Karl, die Juden betraf. War jener Isaak, der so erfolgreich für Karl im Orient verhandelt hatte, der einzige nachweisbare Jude in Karls Umgebung, auch für diesen Erfolg verantwortlich? Er hätte dem inneren Frieden des Karlsreiches gedient.

Größere Judengemeinden gab es zu seiner Zeit nur im Süden Galliens, in Aquitanien, in der spanischen Mark und in Italien. Ihr Schutz oblag, wenn er denn geregelt war, Karls Sohn Ludwig, dem König Aquitaniens. Karls eigene Kapitularien verwiesen erst jetzt, im Jahr 806, auf Juden, als es galt, Konflikte mit Christen zu regeln. Die Kaufleute selbst wurden anscheinend nicht eigens belangt. Erging Klage gegen sie, so könnte schon damals eine Bestimmung gegriffen haben, die wenig später, im Jahr 809, bezeugt ist: Wenn ein Jude gegen einen Christen klage, so hieß es damals, habe er je nach Streitwert mit vier, neun oder sieben Eidhelfern aufzutreten, während von einem beklagten Christen nur drei Helfer gefordert wurden. Wenn umgekehrt ein Christ klage, dann genügten auf beiden Seiten drei Helfer, die für ihre Partei den geforderten Eid leisteten[114]. *Missi* sollten auf die Einhaltung der Verfügungen achten. Die Regelung vereinte Diskriminierung mit Judenschutz, der um so dringlicher erschien, als durchaus mit Feindseligkeiten gegen Juden zu rechnen war. Aus der Zeit Ludwigs des Frommen sind solche tatsächlich bezeugt[115].

Eines der frühesten Zeugnisse an Judenfeindschaft, vielleicht das erste überhaupt aus Baiern, war allgemeiner Natur und führte an den Kaiserhof des Sohnes. Denn der Erzbischof Adalram von Salzburg schenkte dessen Sohn, dem «Knaben» (*puer*) Ludwig, dem künftigen König des ostfränkischen Reiches, einen einschlägigen Traktat, eine eigens angefertigte Abschrift nämlich des unter Augustins Namen gehenden «Traktats gegen Juden, Heiden und Arianer»[116]. Es muß vor dem Jahr 827 oder um diese Zeit geschehen sein, denn damals wurde der Knabe mit dem bairischen Königtum ausgestattet. Fünf *genera* von Feinden – neben den genannten noch Manichäer und Sabellianer, beides spätantike Häretiker – verlangten, so der Autor einleitend, die Bereitung der Waffen, besonders aber die Juden. Der *Sermo* sollte den Knaben offenkundig rechtzeitig über die Feinde des Glaubens instruieren. Die Maßnahmen Karls aber sorgten für eine bedingte Rechtssicherheit für Juden.

Höchst ärgerlich war, daß Grafen und andere Leute sich mit kaiserlichen Lehen (*beneficia*) Eigengut kauften, in dem sie kaiserliche Knechte arbeiten ließen, während die kaiserlichen Höfe wüst gingen und benachbarte Orte großen Schaden litten. Es sollte, so verlangte jener zweite Hoftag des Jahres 806, verhindert werden (46,6). Auch veräußerten kaiserliche Lehnsträger ihre Lehen an andere zu eigen (*in proprietatem*); für das erhaltene Geld würden sie ihrerseits Eigengüter kaufen (*in alodem*) (46,7). Mißstände also über Mißstände wurden gemeldet, die den König und die von ihm geschützten Armen trafen[117]. Amtsverletzungen dauerten nach Ausweis des vermutlich letzten Kapitulars des Kaisers bis ins Jahr 813 fort[118].

Zumal in den Klöstern sollte kontrolliert werden, ob Mönche und Nonnen wie befohlen Fortschritte im Lesen, dem liturgischen Gesang und in den übrigen kirchlichen Disziplinen gemacht hätten. Gegen Gier, Geiz und Zinswucher, christliche Sünden par excellence, sollten die Königsboten einschreiten (46,12–5). Irgendwo herrschte stets Hunger. Höchstpreise für Hafer, Spelt, Weizen und Roggen sollten deshalb beachtet werden (46,18). Grafen sollten ihre regulären Gerichtstage abhalten und nicht statt dessen, wie es vorkam, sich beim Jagen amüsieren[119].

Die *Missi* erstatteten dem Kaiser und vor den versammelten Großen Bericht und meldeten weitere Verfehlungen. Wenigstens ein entsprechendes Zeugnis aus unbekanntem Jahr hat sich erhalten[120]. Es zeigt, wie tatsächlich Punkt für Punkt überprüft, noch unbekannte Gravamina aufgedeckt und das Ergebnis dem Herrscher im fernen Aachen gemeldet wurden. Die Kontrolle durch die Königsboten begann zu greifen und forderte immer weitere Maßnahmen gegen kirchliche und weltliche Verfehlungen und Rechtsbrüche. Es bedurfte unendlicher Geduld und Beharrlichkeit, um dauerhafte Änderungen zu bewirken. Die Folgen des jahrhundertelangen Fehlens einer straffen zentralen Herrschaft und lenkenden Ordnungskraft ließen sich nicht in wenigen Jahrzehnten rückgängig machen. Jeder Kulturverfall beeilt sich im Vergleich zum gemächlichen Wiederaufbau.

Fürsorge für die wirtschaftlich Schwachen war ein Gebot der Stunde. Als im folgenden Jahr 807 in der westlichsten «Francia»,

westlich der Seine, Hunger herrschte, wurde die Heerpflicht gestaffelt: Lehnsträger sollten vollzählig erscheinen; wer fünf, vier oder drei Hufen zu Eigen besaß, hatte ebenfalls einzurücken; wer über zwei verfügte, sollte sich mit einem zusammentun, der zwei Hufen oder auch nur eine besaß, den Fähigeren von beiden für den Kriegsdienst ausstatten und ins Feldlager an den Rhein entsenden; entsprechend sollte verfahren werden, wenn drei sich zusammentun sollten, die jeweils nur eine einzige Hufe, ja sogar wer nur eine halbe Hufe Eigenland bewirtschaftete; er hatte mit fünf Gleicharmen den Geeignetsten zu schicken. Sogar Leute, die bloß über etwas Geld verfügten, mußten sich mit fünf weiteren einigen, wer von ihnen zum Heer stoßen solle. Die Durchführungskontrolle lag bei den *Missi* und den von ihnen beauftragten Vasallen[121]. Mißbrauch zog mit der Zeit auch dabei ins Land.

54 Karolingerzeitliches Kalenderblatt mit symbolischer Darstellung der Monate und den wesentlichen dann zu verrichtenden Arbeiten. Man beachte die Arbeitsgeräte, frühes 9. Jahrhundert, Salzburg (München clm 210)

Überhaupt wurde von Mal zu Mal bestimmt, wer zum Heerbann einzurücken hätte; regelmäßig sollten sich mehrere ärmere Freie zusammentun, um einen von ihnen auszurüsten[122]. Karl suchte, die schlimmsten Folgen der ewigen Kriege zu mildern. Was er damit leistete, verrät das Fehlen analoger Schutzmaßnahmen in der Zeit seiner Nachfolger. Der Verelendungs- und Mediatisierungsprozeß beschleunigte sich unter ihnen. Passiver Widerstand regte sich schon zuvor. Dem Kaiser war zu Ohren gekommen, wie sich Heerbannpflichtige dem Dienst entzögen[123]. Sie bezweifelten die Befehlskompetenz der Bischöfe, Äbte oder Grafen. Grafen klagten, ihre Grafschaftsleute würden den Befehl verweigern; einige behaupteten, sie seien die Leute Pippins oder Ludwigs und nur zu deren Dienst verpflichtet. Jeder hatte eine andere Ausrede. Mutige beschwerten sich: Die Großen erpreßten sich den Besitz der Armen, denen übel mitgespielt wurde, etwa indem sie ständig zum Kriegsdienst eingeteilt würden, bis sie vollends verarmt seien. In der Tat, die ungerechte Belastung stach den Zeitgenossen in die Augen. Da befreiten Bischöfe, Äbte, Grafen und Äbtissinnen ihre Dienstleute, nämlich Falkner, Jäger, Zöllner, Pröpste, Dekane und andere, die sich um die *Missi* zu kümmern hätten, vom Kriegsdienst, schickten sie nach Hause und riefen an ihrer Stelle Arme zu den Waffen. Die Ausbeutung besaß viele Gesichter; nicht alle erkannte der Kaiser rechtzeitig.

Im Jahr 807 traten Hoftag und Synode in Ingelheim zusammen; ein spezielles Kapitular von dort scheint nicht überliefert zu sein; doch die Generallinie zeigte sich deutlich. Karl befahl den Versammelten, wie es lakonisch im «Chronicon Moissiacense» hieß, «daß sie Gerechtigkeit walten lassen sollten in seinem Reich». Die Forderung war uralt und höchst dringlich. Zeichen am Himmel verkündeten eben damals Gottes Zorn. Die Friedensgebote waren gleichsam vom Himmel diktiert. Die Großen sollten Gott für Frieden und Eintracht danken[124].

Im kommenden Jahr 808 führte der junge Karl erneut Truppen gegen Slawen jenseits der Elbe, verheerte die betroffene Region der Linonen (um Lenzen). Die Verluste waren auf beiden Seiten hoch. Dänen überfielen etwa zu derselben Zeit die benachbarten Abodriten; die Nordleute fielen plündernd in deren Land. Für die Karolinger ging es um Grenzsicherung und Abwehr, nicht um Eroberung. Auch fehlen Hinweise auf Sklavenhandel mit gefangenen ungetauften Slawen; auszuschließen sind sie dennoch nicht. Die Kämpfe gingen Jahr für Jahr weiter.

Jene Zeichen aber zogen die Blicke nach oben, zum gestirnten Himmel. Der Caesar blickte empor. Karl liebte die Astronomie, wußte Einhard (c. 25). Viel Zeit und Mühe habe er in ihr Studium gesteckt. «Aufmerksam verfolgte er den Lauf der Sterne». Eine bemerkenswerte Fülle an komputistischen Werken und Überlieferungen könnte davon künden, wenn sie denn unmittelbar mit dem Kaiser in Verbindung zu bringen wären[125]. Nur in den wenigsten Fällen ist es nachweisbar. Astronomische Manuskripte, die nachweislich der Hofbibliothek angehörten, sind bislang, von einer gleich zu nennenden Ausnahme abgesehen, nicht identifiziert. Immerhin scheint ein anonymer Autor dem Kaiser einen Traktat «über Sonne und Mond» zugeschickt zu haben, nämlich über den vierten Schöpfungstag. In ihm deutete er das große Licht als Zeichen der Gottes-, das kleine als Zeichen der Nächstenliebe; die sieben Planeten (mit Einschluß von Sonne und Mond) ordnete er den christlichen Tugenden zu (Glaube, Liebe, Hoffnung, Weisheit, Gerechtigkeit, Tapferkeit, Mäßigung), setzte sie in Beziehung zu den acht Seligpreisungen und ordnete sie endlich – mit einem Anflug heidnischer Astrologie – den Lebensaltern der Menschen zu[126].

Auch läßt eine Prunkhandschrift des Erzbischofs Hildebald von Köln, des königlichen Kapellans, die noch heute der Kölner Dombibliothek angehört (Ms 83II), ahnen, welche bildhaften Vorstellungen man sich am Hof von Himmel und Kosmos machte. Sie lehnten sich an die spätantiken lateinischen Autoren, zumal an Macrobius an. Die Texte setzten mit einem chronistischen Teil ein, der hier übergangen werden kann[127], wandten sich dann mathematisch-komputistischen und astronomischen Auszügen aus den «Etymologien» Isidors von Sevilla zu, lieferten in Gesprächsform ein komputistisches Lehrbuch, das die verschiedensten Texte der Griechen, Lateiner, Iren, Angelsachen und Franken heranzog, ferner eine kleine Geschichte der Zeitrechnung, visualisierten das Wissen in dreizehn Diagrammen, die in Kreisen, Dreiecken und Quadraten Hilfe zur Berechnung des Mondalters, der Wochentage, Monate, Solstitien, Planetenläufe, Schautafeln zu Makro- und Mikrokosmos, zu Kosmos und Welt, aber auch eine bildhafte Beschreibung der Sonnenfinsternis boten, dazu einen Sternbildkatalog mit 41 Sternbildminiaturen; zuletzt folgten die «Saturnalia» des Macrobius. Gerade in Köln manifestierte sich früh der Einfluß irischer Komputisten[128].

Die «Reichsannalen» vermerkten in der Tat in einer Präzision wie nie zuvor Himmelsphänomene, die offenkundig die Aufmerksamkeit des Kaisers auf sich gezogen hatten, des Herrschers, der zum Himmel aufschaute und den Ertrag der Erde gesegnet wissen wollte. Einhard wird sie später als Vorzeichen deuten (c. 32). Spezifisch astrologische Ausführungen unterblieben freilich nach Ausweis der Überlieferung; sie könnten dennoch dem Kaiser bekannt geworden sein. Die Zeichen galten als eine Art Himmelsschrift, die von der Zukunft kündete.

Am 2. September 806 registrierten die «Reichsannalen» eine Mondfinsternis einschließlich genauer Positionsangaben von Sonne und Mond; am 31. Januar 807 schien der Jupiter die Bahn des Mondes zu kreuzen; am 11. Februar folgte «mittags» eine Sonnenfinsternis, während Sonne und Mond 25 Grad im Wassermann standen; am 26. März folgte die nächste Mondfinsternis, Schlachtreihen erschienen am Himmel; die Sonne stand im 11. Grad der Fische, der Mond im 11. Grad der Jungfrau; der Merkur erschien am 17. März wie ein kleiner, schwarzer Flecken auf der Sonne; «acht Tage haben wir es beobachtet»; am 22. August, in der dritten Stunde der Nacht, verfinsterte sich abermals der Mond; die Sonne stand nun im 5. Grad der Jungfrau, der Mond im 25. Grad der Fische. «So verfinsterten sich im Laufe des vergangenen Jahres der Mond drei- und die Sonne einmal» (ArF). Das alles verhieß nichts Gutes, zumal als in den Jahren 810 und 812 Sonne und Mond sich abermals verfinsterten[129]. Der Himmel sprach in Zeichen mit den Menschen. Drohte er ihnen? Die «gefährlichen Zeiten» riefen nach Deutung. Sieben Jahre später, doch drei Tage vor dem 31. Januar wird Karl sterben. Die Astronomie rückte vollends ins Zentrum kaiserlicher Neugier.

Beunruhigende Fragen drängten sich auf. Was ist die Zeit, wie wird sie berechnet? Wie ist der Kalender zu ordnen? Eine Art komputistischer Enzyklopädie entstand. Wie stand es um die Schöpfung? Und um die Sonnenfinsternis? Was ist die Substanz des «Nichts» und der «Finsternis»? Karl legte die letzte Frage seinen Hofgelehrten vor. Erhalten hat sich die Antwort des Alkuinschülers und Diakons Fredegisus, die Karl wiederum dem gelehrten Iren Dungal zur Stellungnahme übergeben haben dürfte[130]. Der Kaiser verlangte keine allegorischen Antworten, wie sie ihm längst bekannt seien, sondern «nackte Sprache, nackte Wissenschaft, nackte Bedeutung», wie er Dungal schrieb, eine rationale Antwort also, die gleichsam die neuerlich eingeübten logischen Techniken anwenden sollte. Entsprach solches Drängen dem Maß der eigenen Seele?

Die Antwort des Iren ist verloren. Fredegisus aber argumentierte tatsächlich mit Hilfe der Kategorien- und Aussagenlehre des Aristoteles und gelangte zu dem Ergebnis: «Das Nichts ist etwas Großes und Hervorragendes; wie groß es ist, und woher die so großen und hervorragenden (Schöpfungen: Feuer, Wasser, Erde, Licht, Engel und Seele) sind (die aus ihm gewirkt wurden), ist nicht abzuschätzen ... Wer könnte auch des Lichtes, der Engel oder der Seele Substanz und Natur erfassen?» Die Finsternis aber herrsche an einem Ort, sei räumlich und körperlich[131]. Ob alle Leser den Ausführungen zu folgen vermochten, die logischen Figuren verstanden[132]? Und heute? Das Nichts «nichtet», so lehrte 1200 Jahre nach Karl der deutsche Philosoph Martin Heidegger. Karl hätte sich damit nicht zufrieden gegeben. Das Nichts, aus dem alles erschaffen wurde, es mußte «etwas» sein.

Karl verlangte Gewißheit. Zeugnis davon legen die seit 789 in Lorsch, Trier und Köln entstehenden Werke des Reichkalenders und der komputistischen Enzyklopädie von 809 ab. Berechnungen des Weltalters fehlten nicht. Die Antwort war nicht ohne eschatologische Bedeutung. Differenzen ergaben sich dafür nach der Kalkulation der Juden (*Ebraica veritas*), der Septuaginta und der Vulgata des hl. Hieronymus. Karls Gelehrte – an ihrer Spitze vermutlich Hildebald von Köln, aus dessen Besitz sich mit der Kölner Handschrift 83II das bis heute eindrucksvollste Zeugnis dieser komputistischen und astronomischen Bemühungen am Karlshof erhalten hat – folgten zunächst der letzteren, im griechischsprachigen Byzanz bediente man sich der Septuaginta; die Juden folgten ihrer eigenen Zählung. Wann also lebte man? Die Komputistik hatte vornehmlich die jährlich wechselnden Tage des Osterfestes zu berechnen, doch eben auch das Jahr der Weltschöpfung und deren ersten Tag (ein Sonntag), hatte damit die Lebenszeit Christi im Blick und das laufende Kalenderjahr seit Christi Geburt und blickte mit ihm zugleich auf das Weltende.

Seit der christlichen Spätantike beschäftigten sich Gelehrte mit der Zeitdeutung, der Zeitmessung und ihren Anforderungen an christliche Lebensgestaltung. Beda Venerabilis hatte ein komputistisches Lehrbuch verfaßt, das durch Bonifatius dem karolingischen Frankenreich und nicht zuletzt durch Alkuin dem Hof Karls des Großen bekannt war. Doch kursierten andere Lehrmeinungen, und so bestimmte Streit (und unterschiedliche Osterdaten) die Situation. Sollte man allein den christlichen Festtagen im Verlauf des Kirchenjahres folgen oder den astronomischen Zeitzeichen, die Caesars Kalender präsentierte? Hatte man die Differenz zwischen astronomischem und kalendarischem Frühjahrspunkt erfaßt? Karl verlangte Klärung und Beseitigung der Wirrnis.

Noch im Jahr 798 rechnete man an seinem Hof mit dem bevorstehenden Jahr 800 als dem Jahr 6000 nach Erschaffung der Welt. Seitdem aber waren Zweifel aufgekommen oder gewachsen. Im Jahr 809 konfrontierte Karl seine nach Aachen gerufenen «Komputisten» mit knappen Fragen: Wie viele Jahre seit Christi Geburt bis heute verflossen seien; an welchem Tag in welchem Monat Christus gekreuzigt worden sei; wie lange Christus unter den Menschen gelebt habe; wie viele Jahre von der Erschaffung der Welt bis zu Christi Geburt verflossen seien; wann das Frühjahrsäquinoktium eintrete; wo geschrieben stehe, daß vor dem Frühjahrsäquinoktium Ostern nicht gefeiert werden dürfe. Und weiter ging es mit Fragen zum Mondalter, zum Mondjahr, zum Sonnenjahr. Die Antworten waren kurz und bündig.

Die Weltalterzählung differierte zwar noch immer[133]. Für einen ostfränkischen Gelehrten ergab die Summe der in der Bibel angegebenen Lebenszeiten bis hin zu Christus und von diesem bis zur Gegenwart des Jahres 807 eine Summe von 4759 Jahren. Die Gelehrten, die jenen Fragenkatalog von 809 zu beantworten hatten, verwiesen zwar auf die Divergenzen der Weltalterberechnung, entschieden sich dann aber – geleitet vermutlich von Hildebald von Köln – für die Kalkulation nach der «hebräischen Wahrheit»[134]. Ein westfränkischer Autor wurde deutlicher; er zählte von Adam bis zum gegenwärtigen Jahr 809 gemäß dem Komputus 6008 Jahre, nach hebräischer Rechnung aber nur 4762. Die Enzyklopädie von 809 entschied sich, auf die Zählung «nach hebräischer Wahrheit» gestützt, für die Summe von 4761 Jahren[135]. Diese Kalkulation setzte sich dann durch. Bis zum kritischen Weltjahr 6000 sollten noch viele Jahrhunderte ins Land fließen. Doch durfte man ganz sicher sein?

Der Kalender, der im Umfeld des Hofes zustandekam, reagierte auf diese Diskussionen; er darf seiner Intention, seinem Aufbau und Erfolg nach als archetypisch für das Kalenderwesen bis zum heutigen Tag gelten. Durch Jahrhunderte blieb er mit mancherlei Veränderungen im Gebrauch. Er vereinte (julianischen) Sonnen- und (metonischen) Mondzyklus, christliches Kirchenjahr und Martyrolog. In der Abfolge des Kirchenjahres fügte er zu Beginn jeden Monats Monatsverse sowie die hellen und dunklen Stunden hinzu, dann Tag für Tag den Sonntagsbuchstaben, die Wochentagskonkurrenten, die römische Tageszählung nach Kalenden, Nonen und Iden gegliedert, die Tagesheiligen, wobei Märtyrer vor Bekennern, Jungfrauen vor Witwen standen, weitere Gedenktage wie etwa zum 2. April in einer Handschrift noch aus Karls eigener Zeit: «Geburt des Herrn und glorreichen Karl, des Kaisers und allzeit Augustus»[136], weiter die Wanderungen der Sonne durch den Zodiak, die Spanne der Sonnenwenden und der Tagundnachtgleichen. Der Kalender diente somit als Martyrolog und als Memorialbuch, vereinte komputistische Wissenschaft und Zukunftserwartung, Heilssehnsucht und Heilsgewißheit. Das Ende war ungewiß. Welt- und Lebenszeit drängten dennoch und verlangten von Karl ein auf dieses Ende gerichtetes Handeln.

Die komputistische Enzyklopädie fand zu der nämlichen Zeit ihren Abschluß, als in Aachen jene Synode tagte, die sich – ein letztes Mal in der Zeit Karls des Großen – des *filioque* wegen mit Griechen und dem Papst Leo III. auseinandersetzte[137]. Ausgelöst wurde die neuerliche Kontroverse durch einen Streit, der in Jerusalem zwischen lateinischen und griechischen Mönchen über das Glaubensbekenntnis ausgebrochen war[138]. Die westlichen Glaubenswächter sahen durch das fehlende *filioque* im orthodoxen Credo den Glauben häretisch bedroht. Sie meldeten es ihrem Kaiser, und der schaltete sich umgehend in die Kontroverse ein. Er ließ einmal mehr seine Theologen – Adalwin von Regensburg, Arn von Salzburg, den jerusalemerfahrenen Heito von Basel und Theodulf von Orléans – Gutachten anfertigen, versammelte zur Klärung in Aachen die erwähnte Synode, berief sich vor allem auf Arns Autoritätensammlung und drängte den Papst, das *filioque* in das Glaubensbekenntnis aufzunehmen und dieses in der hl. Messe entsprechend verändert zu singen.

Leo verweigerte sich nach ausführlichem Disput mit Karls Gesandten in Rom, den Bischöfen Bernar von Worms und Jesse von Amiens, dazu dem Abt Adalhard von Corbie, dem Ansinnen des Kaisers. Er verteidigte, ohne theologische Differenzen mit den Franken, eine letzte Bastion gegen den übermächtigen Caesar, die ökumenische Einheit der Kirche mit den Griechen in den Glaubensformeln[139]. Jedem Rompilger sichtbar, geradezu programmatisch ließ er in silbernen Lettern neben der Confessio des Apostelfürsten die römische Version des Symbolums lateinisch und griechisch, beim Völkerapostel wenigstens auf lateinisch anbringen[140].

Was bewog den Kaiser? Das Jahr 6000 schien hinausgezögert zu sein; und dennoch erinnerten seine Gesandten den Papst an das herbeieilende Weltende. Die Kalkulationen boten gerade keine eindeutige Antwort. So galt es weiterhin, auf der Hut zu sein: «denn das Ende der Welt nähert sich ... die Zeiten werden gefährlich»[141]. Das Ende der Zeiten warf seine Schatten voraus. Gerade Glaubensfragen verlangten die Übereinstimmung und Einheit aller Christen. Karl mühte sich um sie. Er wollte nicht mit leeren Händen vor seinen Richter treten.

Bringen wolle Karl, so schrieb einer, der ihm nahe stand, Theodulf von Orléans, an seinen Erzbischof Magnus von Sens, «die Bischöfe zur Erforschung der heiligen Schriften und zur gesunden, nüchternen Lehre – den ganzen Klerus zur Zucht – die Philosophen zur Erkenntnis des Göttlichen wie des Menschlichen – die Mönche zum frommen Bund – alle insgemein zur Heiligkeit; und so die Großen zur Besonnenheit (*consilium*), die Richter zur Gerechtigkeit, die Krieger zur Waffenübung, die Führenden zur Demut, die Untergebenen zum Gehorsam, alle insgemein zur Klugheit, Gerechtigkeit, Tapferkeit, Mäßigung – zur Eintracht. So und solcherart erhöht, steigert dieser beste der Männer unablässig die heilige Christenheit; in seiner erstaunlichen Kirchen- und Staatsverwaltung schöpft der Tätige aus dem Born der Weisheit und gelangt ans Ziel durch seine sichtbare Virtus»[142]. So sahen die Gefolgsleute des Kaisers sein Regiment – ohne Schmeichelrede, ohne panegyrische Schnörkel, nur sachlich und um so eindrucksvoller: Die Kardinaltugenden als Maßstab der Volkserziehung – deuteten sie solchermaßen das Maß der kaiserlichen Seele?

9

Ein später Frieden mit Byzanz

Unablässig besorgt um die heilige Christenheit, ihre Einheit, ihren Frieden – das schloß die Christen jenseits der eigenen Reichsgrenzen, zumal in Ostrom mit ein. Der Streitpunkt von früher, die Bilderfrage, und die der Gegenwart, das *filioque*, mochten fürs erste ruhen, nachdem Hadrian I. und Leo III. ihre Urteile gefällt hatten, und obgleich für Karl selbst die Rechtgläubigkeit der Griechen zweifelhaft erscheinen mochte. Wie aber würden sie mit der Kaiserfrage umgehen, die zuletzt den Frieden vereitelt hatte? Die Antwort mußte über den Frieden entscheiden. Sie ließ Jahre auf sich warten.

Die neuerliche Friedensinitiative ging von Ostrom aus. Die «Reichsannalen» hatten nach dem Jahr 803 zunächst nichts über Byzanz zu berichten. Doch im Jahr 805 änderte sich die Situation. Im Dezember diesen Jahres erschienen die Dogen Willerus und Beatus von Venedig sowie der Dux Paulus und der Bischof Donatus von Zara vor Karl, «und eine Ordnung über Dogen und Volk von Venezien und Dalmatien wurde von Karl erlassen» (ArF 806); deren Inhalt ist unbekannt. Beide Regionen aber gehörten zum byzantinischen Reich. Ganz offenkundig streckte Karl seine Hand nach byzantinischem Gebiet aus. Er riskierte den Krieg, und Nikephoros beantwortete umgehend die Aggression, indem er eine Flotte entsandte, «um Dalmatien wiederzugewinnen». Deren Präfekt schloß zwar mit dem König Pippin einen befristeten Waffenstillstand, segelte aber nach Konstantinopel zurück (ArF 806). Entschieden war nichts.

Drei Jahre später erschien die griechische Flotte abermals in der nördlichen Adria; vor Comacchio kam es zum Gefecht. Die Griechen mußten sich nach Venedig zurückziehen, deren Dogen Verhandlungen des Flottenpräfekten Paulos mit Pippin vereitelten (ArF 809). Im folgenden Jahr durchschaute der italische König das Venezianer Spiel und unterwarf die Stadt, während die griechische Flotte nur Dalmatien zu verteidigen vermochte. So standen die

Dinge, als der Basileus neuerlich Friedensfühler nach dem Westen ausstreckte.

Nikephoros hatte viele Gegner im eigenen Land. Die sich abzeichnende vierfache Bedrohung durch Usurpationsversuche im Innern, durch die Bulgaren aus dem Norden, durch die Muslime aus dem Süden und eben jetzt durch die Franken aus dem Westen, vielleicht auch durch die angespannte finanzielle Lage des Reiches drängte zu einem Kurswechsel gegenüber den Franken. Kursierte damals das Wort, das Einhard auf Griechisch überlieferte (c. 16): «Den Franken habe zum Freund, aber nicht zum Nachbarn»? Jedenfalls suchte der Basileus den Ausgleich mit den lateinischen Christen und erhoffte einen Friedensvertrag. Er mußte die Kaiserfrage klären.

Wieder also gingen Gesandtschaften hin und her. Von Karls Seite eilten der Bischof Heito von Basel und der Graf Hugo von Tours nach Konstantinopel, um die Formalien zu klären. Der Franke war zum Verzicht auf Venedig bereit (ArF 810). Doch Haito und Hugo erreichten Byzanz abermals zu spät. Man ließ sie monatelang warten. Nikephoros hatte im Oktober des Jahres 811 bei einer der schlimmsten Niederlagen der Byzantiner gegen den Bulgarenkhan Krum den Tod gefunden. «Viele wurden Witwen und Waisen an diesem einzigen Tag», klagte Theophanes in einem seiner letzten Einträge (AM 6303).

Nikephoros' Sohn und Mitkaiser Staurakios, selbst schwer verwundet, konnte sich nur wenige Monate halten. Die Gegner riefen seinen Schwager Michael zum Kaiser aus. Eine lange Regierung war auch diesem nicht beschieden; doch «war er fromm und rechtgläubig». «Er empfing die Gesandten des Herrn Kaisers Karl und entließ sie wieder», um seine eigenen Legaten an den fränkischen Hof zu geleiten. Sie sollten den Frieden bestätigen, den Nikephoros geschlossen hatte (ArF 812).

Michael anerkannte Karl als «Imperator und Basileus». Der Franke schickte nun mit seiner Antwort Amalhar von Trier und den Abt Petrus von Nonantola an den Bosporus zu seinem «ehrwürdigen Bruder» Michael; der Brudername betonte so wie die Titelidentität – *imperator et augustus* – die Gleichrangigkeit. Er,

Karl, danke Jesus Christus, so schrieb er nach Konstantinopel, daß Er den lange gesuchten und stets herbeigesehnten Frieden zwischen dem Ost- und dem Westreich zu festigen und die heilige, katholische und unbefleckte Kirche zu einen und zu befrieden erwürdigte[143].

Auch der Patriarch von Konstantinopel und der Papst tauschten sich schriftlich aus, was leichter fiel, da sie nicht entzweit waren[144]. In Konstantinopel überschlugen sich freilich die Dinge. Karls Gesandte wurden Zeugen eines neuerlichen Herrschersturzes. Michael mußte sich ins Kloster zurückziehen, sein Nachfolger Leon war zwar zum Frieden bereit, verlangte aber eine neue Gesandtschaft mit einem auf ihn selbst (nicht auf Michael) ausgefertigten Vertragsentwurf. So eilten abermals Gesandte hin und her. Den Frieden, der nach vierjährigen Verhandlungen endlich zustande kam, hat Karl dann nicht mehr erlebt; er fiel Ludwig dem Frommen wie eine reife Frucht in die Hände (ArF 813–814).

Böswillige Legenden umrankten diese Friedensgesandtschaften. Sie illustrieren die fränkische Blindheit angesichts der bedrängten Lage in Byzanz. Hatte sich doch quasi unter den Augen der Lateiner in Konstantinopel ein zwei- oder dreifacher Herrscherwechsel vollzogen, kein einziger ohne Tumult und alle bedingt durch die katastrophalen Bedrohungen Neuroms von außen. Despektierlich schäbig sei der Empfang in der Kaiserstadt gewesen, so wurde kolportiert, voll Lieblosigkeit. Die Gegengesandtschaft der Griechen habe man dann aus Zorn bis zur Erschöpfung in unwegsamem Gelände quer durch die Alpen geführt, um sie endlich Karls rächender Prunk- und Machtentfaltung am Aachener Hof auszuliefern. Dreimal seien sie da vor den falschen Herren in Devotion zu Boden gesunken, bevor sie vor dem Kaiser die Knie beugten. Derartige Geschichten kursierten im Kloster von St. Gallen. Sollte der Bischof Heito, einer der Gesandten des Jahres 811 und Abt des Klosters, selbst ihr Urheber gewesen sein? Es steht zu bezweifeln. Die Franken hatten nie realisiert, was sie im systemischen Mächtespiel den Bulgaren, was in der Abwehr der Araber den Griechen zu verdanken hatten; und der berichtende Mönch aus St. Gallen[145] dürfte, ohne Blick für das Ganze, zusätzlich das traditionsreiche diplomatische Zeremoniell der Rhomäer mißverstanden und verdreht haben. Die dreifache Proskynese paßte nicht zum fränkischen Hof, wohl aber nach Byzanz, wo sie üblich war.

Allen diplomatischen Spannungen zum Trotz hatte längst ein interkultureller Austausch zwischen Byzanz und dem Frankenreich eingesetzt, der sich nun verstärken mochte. Dessen Spuren finden sich zunächst vereinzelt und weit verstreut. Notker von St. Gallen etwa erwähnte griechische Musikinstrumente als Geschenk für Karl den Großen, darunter eine Wasserorgel, die über eherne Behälter und mit Blasebälgen aus Rindshaut den Wind durch eherne Pfeifen blies und bald Donnergrollen, bald die Sanftheit der Leier, bald den süßen Klang von Zimbeln erklingen ließ. So der Mönch. Karls Handwerker hätten sie nachgebaut[146]. Man vermutet auch Einfluß der karolingischen Minuskel auf die nun in Gebrauch kommende griechische Minuskelschrift im byzantinischen Kulturkreis[147]. Es wäre ein Geben und Nehmen von beiden Seiten gewesen.

10

Dem Ende entgegen

Gefährliche Zeiten zogen herauf; sie erforderten die allergrößte Umsicht. Der eingeleitete Frieden mit Byzanz konnte sie kaum verschleiern. In der Tat, das Jahr 810 brannte sich als Schrekkensjahr ins Gedächtnis der Miterlebenden ein[148]. Der gegenwärtige Feldzug gegen die Dänen, dessen Leitung er, Karl, selbst übernommen hatte, endete mit einem Fiasko. Karl mußte es als Warnung begreifen. Es geschah, als wolle Gott ihn strafen, mitten im Sachsenland, eben dort, wo er vor bald dreißig Jahren, wie es hieß, 4500 Sachsen hatte hinrichten lassen, bei Verden an der Aller[149]. Schlimmer noch: Die Warnung galt unmißverständlich dem Kaiser selbst. Karl wußte es.

Er hatte die Nacht schlecht geschlafen. Kehrten die Toten zurück? Rächten sie sich? War nicht zu Beginn des Jahres seine Schwester Gisela, die stets loyale Äbtissin von Chelles und auch des Marienstifts in Soissons, ins Grab gesunken? Hatte man ihm nicht eben den Tod seiner geliebten Tochter Rothrud (6. Juni), den Tod seines Sohnes Pippin, des tüchtigen Königs in Italien, gemeldet (gest. 8. Juli), des treuen Statthalters dort, des tapferen Siegers über die Awaren? Was nun? Auch das Ende des Elefanten war gemeldet worden, der kostbaren Gabe des Königs der Perser. Voll Unruhe hatte Karl sich, noch vor Morgengrauen, vom Lager erhoben, war vor das Zelt getreten, hatte sein Pferd satteln lassen und war übers Feld geritten, über topfebenes Land.

Und plötzlich, noch vor Sonnenaufgang, aus wolkenlosem Himmel ein grelles Licht wie ein Blitzstrahl. Er fuhr von rechts nach links. Das Pferd stürzte kopfüber, so erzählte Karl später. Man hatte den Kaiser am Boden liegend gefunden, mit gerissenem Schwertgurt, zerbrochener Mantelfibel. Man mußte den Benommenen ins Lager tragen. Seinen Speer fand man mehr als zwanzig Fuß weit fortgeschleudert. Einhard deutete im nachhinein alles zusammen als Vorzeichen des kommenden Todes; Karl soll es gleichermaßen erkannt haben (c. 32). Es dürfte zutreffen. Wünschte er deshalb Frieden mit den Griechen?

Wenige Monate nach dem Schreckenszeichen verteilte Karl sein persönliches Gut[150]. Weder er selbst noch Einhard, der allein den Wortlaut der entsprechenden Verfügung überlieferte (c. 33), nannten das Schriftstück – ganz im Unterschied zur «Divisio regnorum» des Jahres 806 – ein Testament. Es war eine Aufzeichnung, eine Verfügung über seinen Schatz; sie handelte von Karl in dritter Person. Vor allem die Kirchen und nicht zuletzt die Armen wurden mit Almosen bedacht, seine Kinder sollten wissen, was ihnen nach seinem Tod zustünde, die zu beschenkenden Geistlichen aber für ihn beten.

Zwei Drittel seines Goldes, des Silbers, seiner Edelsteine und der königlichen Ornatstücke sollten zu gleichen Teilen an die 21 eigens aufgezählten Erzbistümer verteilt werden, die wiederum zwei Drittel ihres Anteils an ihre Suffragane weiterreichen sollten. Jedes Bistum wurde also bedacht. Alle Bischöfe sollten ohne Zweifel dafür das Gebetsgedenken für den Stifter feiern. Das verbliebene Drittel des Karlsschatzes, das zugleich alle ehernen Gegenstände einschließlich der Waffen umfaßte, dazu die Kleider, Decken, Sättel, kostbarste Produkte langwieriger Mägde- und Knechtsarbeit, sollte erst nach Karls Tod angetastet, dazu geviertelt werden. Ein Viertel sollte noch einmal an die Metropoliten zur Umverteilung gelangen, das zweite Karls Kindern, das dritte den Armen gegeben und das vierte den Dienern und Dienerinnen der Pfalz geschenkt werden. Die Ausstattung der königlichen Kapelle sollte derselben erhalten bleiben, Karls kostbare Büchersammlung aber verkauft und der Erlös wiederum an die Armen ausgeteilt werden.

Drei silberne Tische und ein goldener wurden eigens erwähnt. Der silberne viereckige Tisch «mit der Beschreibung Konstantinopels» sollte der Peterskirche in Rom zukommen, der runde Silbertisch «mit dem Bild der Stadt Rom» an den Bischofspalast (*episcopium*) in Ravenna übergeben werden, der dritte, schönste und schwerste Tisch «mit einer Darstellung der ganzen Welt» sollte gemeinsam mit dem vierten, dem goldenen, den Anteil von Karls Erben und der Almosen vermehren. Nicht die Schönheit interessierte, sondern allein der materielle Wert des Edelmetalls. Die Verteilung erfolgte, wie es scheint, mit Bedacht. St. Peter vereinnahmte gleichsam Konstantinopel, Ravenna wurde wohl weniger an die Zugehörigkeit zu Rom gemahnt, als vielmehr für die erfolgten Plünderungen durch den neuen Romkaiser Karl entschädigt. Die Erben und die Armen sahen sich auf die Welt verwiesen.

Unterzeichnet wurde das Dokument (*constitutio atque ordinatio*) von sechs Erzbischöfen (an ihrer Spitze Hildebald von Köln), fünf Bischöfen (angeführt von Theodulf von Orléans), vier Äbten (mit dem erstgenannten Fredegisus von Tours und an dritter Stelle Karls Quasi-Schwiegersohn Angilbert) und 15 Grafen (mit Karls Vetter Wala vorneweg und Richwin mitten unter ihnen, dem Vater wohl eines weiteren Enkels), insgesamt also 30 Zeugen, eine stattliche Versammlung; doch Karls Handzeichen unterblieb. Ein Testament sei geplant gewesen, aber zu spät begonnen und nicht fertig geworden, wußte Einhard (c. 33). Die Bemerkung verrät einiges über die Gemächlichkeit der Herrschaftspraxis damals, im Zeitalter der Mündlichkeit und des Zeugenbeweises, ohne Schreibbüros und Kanzlisten. Ludwig habe die Verfügungen dennoch treulich erfüllt.

War es ein epileptischer Anfall, der den Kaiser zu Boden zwang und nun seine Habe verteilen ließ? Gewiß ist nichts[151]. Doch Karl verließ, soweit erkennbar, seit jenem Sturz nur noch zweimal die Aachener Pfalz, das erste Mal im Jahr 811 zu einer Inspektionsfahrt nach Boulogne und Gent, an die Mündungen von Seine und Schelde, mithin um die Verteidigungsmaßnahmen gegen die Dänen zu prüfen, das zweite Mal zur letzten Jagd in den nächstgelegenen Ardennen. Da aber warf ihn «der Schmerz in den Beinen» ein weiteres Mal zu Boden (ArF). Einhard aber wußte (c. 22), daß sein Held vier Jahre vor seinem Tod, mithin seit seinem Sturz bei Verden, immer wieder «von Fieber» geschüttelt wurde und daß er zuletzt einen Fuß nachschleppte.

Das Alter des großen Mannes war von Leid geplagt. Nicht lange und auch Karls ältesten beiden Söhne, der ins Kloster Prüm verbannte Pippin und Karl, mußten zu Grabe getragen werden. Seit dem Sturz und erst recht seit dem Tod des jüngeren Karl (4. Dez. 811) mehrten sich besorgte Äußerungen über die Not von Kirche und Volk des Reiches: Predigten in Kapitularienform, so könnte man sie nennen. War Karl noch ihr Urheber? Große Hoffnungen hatten sich an die künftige Reichsordnung geknüpft; niemals zuvor war so früh, noch zu Lebzeiten des regierenden Königs, dessen Nachfolge geregelt worden. Nun brach alles zusammen. Karl habe die Tränen beim Tod seiner Söhne und seiner Tochter nicht zurückhalten können. Der Caesar weinte, der Vater, der seine Kinder, der Herrscher, der einen Thronfolger verloren hatte. Man sah und erfuhr es. Nicht stoischer Gleichmut, vielmehr christliche Liebe habe ihn erfüllt, notierte Einhard knapp (c. 19). Gewiß. Doch nur allzubald pochte die Sorge an die Pforten der Pfalz.

Alle älteren Planungen waren nun hinfällig. Karl muß, wieder zu sich gekommen, zutiefst erschrocken gewesen sein. Zürnte ihm Gott? Der Kaiser und die Seinen ahnten Schlimmes. Fast prophetisch sahen sie des Caesars Werk zusammenbrechen unter der

Wucht menschlicher Sündenlast, unstillbarer Begehrlichkeit, der «Gier» nämlich nach Reichtum, Macht und Herrschaft seines letzten erbberechtigten Sohnes und von dessen Freunden, der Adelsclique um Ludwig den Frommen. Sie würde künftig gegenüber den zuvor auf dessen Brüder eingeschworenen Großen ihren unverdienten Triumph auskosten.

Doch hatte der König Pippin nicht einen Sohn hinterlassen? Um ihn, Bernhard, sorgte sich nun – allem fränkischen Recht zum Trotz, das den Enkel bei vorverstorbenem Vater überging – der Kaiser in besonderer Weise, gedrängt vielleicht von seinen Vettern Adalhard und Wala. Der Knabe wurde mit seinen Schwestern an Karls Hof geholt und dort erzogen. Kaum aber vermochte Karl damit dem drohenden Unheil vorzubeugen; von Dauer war es nicht. Nicht wenige seiner nächsten Berater teilten – wohl aus unterschiedlichen Motiven – des Kaisers Sorgen und stemmten sich gegen das befürchtete Chaos.

Einer war sein Vetter Adalhard von Corbie, ein anderer dessen jüngerer Bruder, der Graf Wala. Keiner der beiden war ein Freund Ludwigs. Im Gegenteil, die beiden Vettern waren Berater Pippins von Italien und seines Sohnes Bernhard gewesen; Adalhard war zudem mit Ludwigs geistlichem Berater Benedikt von Aniane unversöhnlich aneinandergeraten[152]. Der Konflikt war unheilbar und überdauerte bis in die frühen Jahre Ludwigs des Frommen, bis zum Tod nämlich des westgotischen Grafensohnes. Ihr späteres Geschick und Handeln bestätigt Karls Befürchtungen und eröffnet zugleich – postum – Ausblicke auf die umfassenden Pläne des großen Kaisers. Ein dritter Gegenspieler gegen Ludwig könnte Theodulf, der Bischof von Orléans, gewesen sein, der hochverdiente Theologe, der – ohne familiäre Hausmacht, nur auf seine Begabung gestützt – gleichfalls bald nach Karls Tod ins Exil geschickt wurde. Hildebald von Köln, zwanzig Jahre der führende Geistliche an Karls Hof, wurde entmachtet und mußte dauerhaft in seine Metropole zurückkehren. Neue Leute bestimmten das Klima am Hof. Einhard freilich überstand den Herrscherwechsel ungefährdet; wie es gelang, verriet er nicht.

 Des alten Kaisers und seiner Berater Reformeifer wurde in seinen letzten Lebensjahren drängender als je zuvor. Römische Autorität, angelsächsisches und westgotisches Wissen, eigene fränkische Studien hatten sich in seinen Reformkonzepten niedergeschlagen. Doch deren Realisierung schleppte sich dahin. Für Karl zerfloß die Zeit. Vieles war nicht, wie es sein sollte. Was tun? Peinliche Fragen und Aufforderungen mußten die zum Hoftag nach Aachen im Juni 811 gerufenen Geistlichen über sich ergehen lassen[153].

Die Bischöfe und Äbte wurden getrennt von den Grafen inquiriert: Warum der eine dem anderen weder zu Hause noch im Krieg zu helfen bereit gewesen sei; warum die endlosen Beschwerden, in denen der eine dem anderen neiderfüllt vorhalte, was der Standesgenosse besitze; warum sie entlaufene fremde Hörige bei sich aufnähmen; in welchen Bezirken sich Geistliche und Laien gegenseitig hinderten. Aufs Schärfste sollten die Bischöfe vernommen werden, was das Apostelwort bedeute: «Kein Gottesdiener mische sich in weltliche Händel»; niemand glaube in rechter Weise an Gott, der meint, ungestraft Gottes Gebote übertreten zu dürfen. «Wir müssen genau prüfen, ob wir wahrhaftig Christen sind». Wie sie denn als Kanoniker lebten? Ob man Mönch sein könne, ohne der Regel des hl. Benedikt zu folgen?

Das war alles andere als ironische Dramatisierung[154], das war tiefste Sorge um die Wirksamkeit christlicher Erziehung in Reich und Kirche. Der Kaiser schloß sich in die Selbstprüfung mit ein: Wir müssen uns prüfen. Die Not schwoll an. Nur Gott konnte helfen. Karl wandte sich wiederholt an ihn. Reichsweites Fasten, das Absingen langer Litaneien, Gebete sollten bald den Frieden fördern, bald Unheil wie Hungersnot, Unwetter, Seuchen, Feindeinfälle abwehren. Schon vor Jahren hatte er etwa an den Bischof Ghaerbald von Lüttich eine Durchführungsorder erteilt, zu welchen Terminen und wie ein dreimal dreitägiges Fasten durchzuführen sei. Alle – «wir alle», «ein jeder von uns», schrieb der Kaiser damals – hätten daran teilzunehmen, sollten unter dem Gesang der Litanei in die nächstgelegene Kirche ziehen, beten, nach Hause zurückkehren, dort in vorgeschriebener Weise fasten, sich in Zerknirschung ob seiner Sünden demütigen, dieselben beweinen, Almosen geben, bittflehen[155]. Entsprechendes dürfte auch im Jahr

810 angeordnet worden sein, als die zahlreichen Schreckenszeichen drohendes Unheil ankündigten. Wir müssen uns bessern! Doch worin[156]?

Haben die Priester, die Bischöfe, haben wir versagt? Was ist zu ändern? Die Inquisition der Bischöfe und Äbte setzte sich fort[157]. Sie sollten offenlegen, wie sie lebten, damit wir (der Kaiser) erkennen könnten, was gut, was zu zügeln sei, wieweit sie sich in weltliche Geschäfte mischten, was ihre eigentliche Aufgabe sei, die doch «Hirten der Kirche und Väter der Klöster» sein sollten. Befragt werden sollten die Kirchenleute (*ecclesiastici*), wer jene seien, denen der Apostel zugerufen habe: ‹Seid meine Nachfolger!› (1Kor11,1), wem gelte das Wort: ‹Kein Gottesdiener mische sich in weltliche Geschäfte!› (2Tim2,4). Wie also sei dem Apostel nachzueifern, wie diene man Gott? Was heiße ‹die Welt verlassen›? Habe jener wahrhaftig die Welt verlassen, der seinen eigenen Besitz ständig mehre, indem er die einen der himmlischen Seligkeit empfehle, den anderen mit ewiger Verdammnis drohe, der also mit Verweis auf Gott oder einen Heiligen Reiche und Arme um ihren Besitz prelle? Ob jener dem Apostel nachstrebe, der andere aus Besitzgier zum Meineid verleite? Was sei über jene zu sagen, die aus vorgetäuschter Gottes- oder Heiligenliebe Reliquien transferierten, neue Kirchen errichteten, und, wen immer sie ansprechen könnten, zu Stiftungen verleiteten? So ging es fort. Eine bohrende, eine schonungslose Analyse praktizierter Gier im Namen von Religion und Kirche.

In welchem Kanon, in welcher Väterregel stehe, daß einer unfreiwillig zum Kleriker oder Mönch geschoren werden dürfe? Nach welcher Regel hätten die Mönche vor dem hl. Benedikt gelebt, da doch auch der hl. Martin Mönch gewesen sei und Mönche um sich geschart habe? «Weil Christus, den Aposteln, den Folgern der Apostel nachzufolgen ist, müssen wir in vielerlei Hinsicht anders handeln als bisher, in vielfacher Weise unsere Routine (*usus*) und Gewohnheit reinigen und vieles, was wir bisher unterließen, tun.» Damit schloß der Appell an die Versammelten[158]. Mit hoffnungsvoller Geste entließ sie Karl: «Beachtet, was euch geziemt. Ich vertraue auf euch, ihr heiligsten Bischöfe.» «So lebt denn wohl im Herrn!»[159].

Wie sehr Karl sich in früheren Jahren an der agonalen Konkurrenz seiner Hofleute ergötzt haben mag, jetzt erschreckte sie ihn zunehmend. Er griff ein, so gut er konnte. Er hörte auf die Nachrichten und Informationen seiner «Missi». Vermutlich sammelte er sie, prüfte und verglich sie miteinander, wollte Wandel, Besserung oder Verschlechterung, erkennen, Maßnahmen ergreifen. Friede tat not, nicht Konflikt, nicht Dissens und Feindschaft; wahrhaft «Liebe». Die Sorgen wuchsen.

Eben gerade hatten über vierzig «Spanier», «die im Vertrauen auf Karl aus Spanien gekommen waren», gegen die Grafen im Pyrenäenraum Klage geführt. Karl bestellte deshalb deren acht mit Bera von Barcelona an der Spitze durch den Erzbischof von Arles zum Rapport und zur Klärung an den Hof Ludwigs des Frommen. Sie beraubten, so lautete der Vorwurf, die «Spanier» bald des vom König vor Jahrzehnten zugewiesenen Besitzes, bald würden sie die Eigentümer widerrechtlich daraus vertreiben, bald ihre eigenen Leute dorthin einweisen, bald sie auch mit unrechten Steuern belasten. Im Wettstreit hatten diese Grafen sich offenbar an den Königsleuten bereichert; solche Konkurrenz sollte enden. Karl verlangte Gerechtigkeit für die Bedrückten, «wenn ihr Gottes Gnade und unsere Huld besitzen wollt»[160].

Immer dringlicher suchten der Kaiser und seine Leute Streitigkeiten, Unrecht und Drangsalierung der Armen zu beseitigen. Ein spätes Kapitular kündet davon[161]. Prozesse und Streitigkeiten aus seiner eigenen Regierungszeit sollten erörtert und durch angemessenes Urteil beendet werden; ältere Kontroversen sollten ruhen oder der kaiserlichen Untersuchung vorbehalten bleiben (c. 1). Bischöfe, Äbte, Grafen und andere Große, die untereinander stritten und keinen Frieden schließen wollten, sollten vor dem Kaiser und vor niemandem sonst gehört werden und jede Bedrückung der «Armen» verhindern; selbst der Pfalzgraf sollte in diesen Fällen nicht ohne ausdrücklichen kaiserlichen Befehl tätig werden (c. 2). Nur bestens beleumundete Zeugen sollten dabei gehört werden, keine betrügerischen (c. 3).

Die *Missi* sollten sorgfältig erkunden und schriftlich festhalten, was ein jeder (und zwar jeder Bischof, Abt, Äbtissin, Graf oder

Königsvasall, vgl. c. 7), auch was die behausten Leute an Lehen (*beneficia*) besäßen und wie diese Lehen wirtschaftlich belastet seien oder ob einer mit den Lehen Eigengut (Allodien) erworben hätte (c. 5–6). Vier Monate im Jahr sollten die *Missi* ihrem Auftrag nachgehen und vier Gerichtstage pro Monat abhalten (c. 8). Zinse und andere Bannbußen (*freda*) sollten sie genau verzeichnen, an den Kaiser melden, um Order über die Verwendung einzuholen (c. 10). Immer wieder sollte der Eid auf den Kaiser eingefordert werden (c. 13). Die Einsicht in die von Konkurrenz geprägte Adelsgesellschaft seiner Zeit war im Laufe der Jahre und mit wachsender Sicherheit der dialektisch-analytischen Schulung geschärft worden. Karl durchschaute nun immer klarer die Auswüchse dieser Gesellschaft, die ihm nach wie vor große, ja immer größere Sorgen bereiteten und denen er entgegenzuwirken trachtete. Wie sollte, wie konnte er sie ändern? Wie sie bessern?

Jahr für Jahr erneuerte und erweiterte Karl oder wer immer ihn beriet, der Not der Endzeit gehorchend, die Friedensgebote. Die erhaltenen Kapitularien künden davon. Fortan und wieder und immer wieder ertönte Karls Friedensruf: «Daß Frieden herrsche und Eintracht und Einmütigkeit unter allem Christenvolk, zumal unter den Männern der Kirche, deren heiliges Beispiel den anderen den Weg zum Himmelreich weisen soll!» Immerzu ließ Karl den Friedensruf ertönen; die «Admonitio generalis» von 789 war nicht vergessen und sah sich zitiert[162]. Ob dem alternden, von Krankheit gezeichneten Imperator die Hofgeistlichen mit dem Erzbischof Hildebald von Köln an der Spitze zunehmend die Feder führten? Seine Kapitularien verfielen jedenfalls, noch einmal sei es gesagt, mehr und mehr in eine Art Predigtton. Vor allem die Geistlichkeit war zu Einmütigkeit aufgerufen, denn der Glaube war der Weg zur Seligkeit aller und er verlangte um seiner Verkündung willen nach Frieden und Eintracht. Niemand könne ohne ihn Gott gefällig dienen, niemand ohne ihn in dieser und der künftigen Welt Gnade (*misericordia*) finden.

Frieden und Eintracht entsprangen der Gottesliebe. Wer könne lehren, was er nicht kenne, wer Hirte sein, der seine Herde nicht mit heilbringender Lehre zu hüten verstehe. Ein jeder solle in sich, in seiner Seele, nicht im elenden Leib, das Abbild der Trinität entdecken. «Nichts ist dem Menschen, solange er in diesem körperlichen Leben weilt, dringlicher zu erkennen nötig als Gott und seine eigene Seele, denn wie er Gott erkennt, so liebt er, und wie er sich nach Gottes Bilde geschaffen weiß, um so lieber wird er seine Seele haben». «Wir rufen und mahnen die Herde Christi, die uns anvertraut ist, daß sie lerne und tue, was ihr zum ewigen Heile nötig ist, und fliehe, was ihr der Teufel zum Verderben eingibt»[163] – das Maß der eigenen Seele eines jeden.

Die Sorge war nicht umsonst. Die Kirche sah sich in ihrem Kulturwerk und für dasselbe gefestigt und gestärkt. Eben in diesen Jahren, vielleicht auch etwas später, sandte der Erzbischof Leidrad von Lyon, seiner Herkunft nach ein Baier, einen Erfolgsbericht über seine Amtsführung, mit der er seit 798 betraut war, an den Kaiser. Er, Leidrad, habe einen Liturgen aus Metz nach Lyon kommen lassen, um dort eine Schola cantorum nach dem Ritus des «heiligen Palastes» einzurichten; die meisten ihrer Sänger könnten jetzt andere schulen. Er habe Lektoren ausbilden lassen, die nun die heiligen Schriften auslegen könnten, einige vermöchten den geistigen Sinn der Evangelien und die Apostelschriften zu lehren, die meisten die Propheten, die Bücher Salomos, die Psalmen und das Buch Iob. Seine Kirche verfüge nun über ein Scriptorium. Kirchen und Klöster in Stadt und Bistum seien erneuert oder neu errichtet worden. Leidrad durfte dem König selbstbewußt Bericht erstatten. Was er ausführte, verdeutlicht die hervorragenden Erfolge, die das von Karl verlangte und überwachte Erneuerungswerk für Liturgie, Buchproduktion und Kirchen, für Schule und Bildung insgesamt tatsächlich vorzuweisen hatte[164]. Eine stolze Leistungsschau – und ein bemerkenswertes Dokument der kulturellen Not jener Jahrzehnte, der Karl mit aller Macht zu begegnen trachtete.

11

Noch einmal eine Neuordnung der Nachfolge

Karl bestellte nach 800 und 806 ein drittes Mal sein Haus, in dem seine jüngsten Söhne, kaum den Kindesjahren entwachsen, seine Töchter und die Enkel lebten, die sie und ihr Bruder Pippin ihm geschenkt hatten. Es geschah nicht zuletzt in Sorge um den vaterlosen Enkelsohn Bernhard. Er war Karolinger von beiden Seiten. Seine Mutter dürfte Theodrada gewesen sein, eine junge Kusine Karls des Großen, die Schwester Adalhards von Corbie und Walas[165]. Ihre Ehe mit Pippin wurde 796 geschlossen. «Freue dich des Weibes deiner Jugend», hatte damals mit Worten der «Sprüche Salomos» Alkuin dem jungen König zugerufen, als derselbe eben Vater geworden war, und ermahnt: «habe keine Gemeinschaft mit fremden» Frauen (Pr 5,18, vgl. 5,17), sei keusch[166]. Alkuin sah die Verbindung von Gott gesegnet und wünschte ihr eine lange Nachkommenschaft. Der Wunsch ging in Erfüllung. Pippins Enkel und Urenkel überlebten im Mannesstamm bis ans Ende des 11. Jahrhunderts, länger als alle anderen agnatischen Karolinger[167].

Pippins Ehe währte 14 Jahre. Sechs Kinder gingen aus ihr hervor. Die Vokabel, die der gelehrte Angelsachse hier für die Ehefrau einsetzte, *mulier*, hatte biblischen Klang. Sie war die von Gott und dem Vater dem Sohn bestimmte Gemahlin – wie einst Rebekka für Isaak – und sie entstammte derselben Sippe (*cognatio*), gehörte zu den Blutsverwandten des Vaters (*ad propinquos*), war die Tochter des Bruders. Ganz so eng war die Verwandtschaft zwischen Pippin und seiner Gemahlin nicht, obgleich sie um ein oder zwei Zwischenstufen an der Inzestgrenze lag. Pippins Bruder Ludwig, der spätere Kaiser, hat diese Ehe postum für illegitim erachtet und sie zum Konkubinat erklärt[168].

Um diesen Bernhard und seine Schwestern sorgte sich Karl in besonderer Weise. Er wußte um die Spannungen zwischen den Adelsgruppen, die seine jüngeren Söhne umgaben. Karl erinnerte sich wohl an das Geschick seiner Vettern, der Söhne nämlich Grifos, die, nachdem der Vater erschlagen war, der Sieger Pippin,

Karls Vater, gewaltsam ins Kloster eingewiesen hatte. Er erinnerte sich seiner eigenen Neffen, die er selbst um ihr Erbe gebracht und ausgeschaltet hatte. Einem gleichen Geschick seines Enkels Bernhard wollte Karl vorbeugen. So schützte der Kaiser nach Pippins frühem Tod (810) in ungewöhnlicher Weise dessen einzigen Sohn Bernhard, so wie er schon zuvor Pippins Witwe Theodrada mit der Marienabtei in Soissons versorgt hatte[169]. Ludwig konnte fürs erste nur gute Miene zum bösen Spiel machen.

Der Kaiser ließ sich von familiärer «Liebe» leiten, die sich dem profanen Erbrecht der Franken widersetzte. Dasselbe schloß den Sohn eines zu Lebzeiten des Großvaters verstorbenen Vaters vom Erbe aus. Karl aber bedachte seinen verwaisten Enkel mit dem wertvollsten Teil des väterlichen Reiches, mit Italien. Es war ein Akt besonderer Frömmigkeit (*pietas*). Der Abt Adalhard von Corbie und der Pfalzgraf Wala, die Oheime des Knaben, standen dem Kaiser bei dieser Neuerung zur Seite. Sie führten die Verhandlungen für Bernhard, die sich mit Ludwigs des Frommen Vertretern über die künftige Herrschaftsteilung einigten. Schon diese Teilung galt der Friedenssorge. Reichsweit sollten die Mönche die Repräsentanten beider Seiten in ihre Gebetsgemeinschaft aufnehmen. Erhalten hat sich der entsprechende Eintrag im Verbrüderungsbuch von Sankt Gallen.

Im Jahr 812 geleitete Adalhard endlich den jugendlichen König nach Italien und sorgte dort für dessen Vermählung. Bernhards Schwestern holte Karl an seinen Hof und ließ sie mit seinen jüngsten Töchtern erziehen. Wenigstens ein Herrscherbild dürfte sich von Bernhard erhalten haben. Es eröffnete eine Rechtshandschrift, die heute im kärntnerischen Stift St. Paul im Lavanttal verwahrt wird[170], und zeigte den jungen König ohne Krone aber mit Herrscherstab im Jahr 812, wie er die *Vitia* der Kirche auszureißen im Begriffe stand, zeigte ihn mithin wie seinen Großvater Karl als Hüter des Glaubens. Die Progammatik des Bildes könnte auf Erziehungsprinzipien an Karls und Pippins Hof verweisen.

Im folgenden Jahr 813 rief Karl seinen Sohn Ludwig, den König Aquitaniens, zu sich nach Aachen; im September wurde er dort mit Zustimmung der Großen zum Mitkaiser erhoben, sein Neffe Bernhard durch den Eid des Jungkaisers in seiner Königswürde bestätigt[171]. Wenige Monate später war der große Kaiser tot, und Ludwig sann umgehend auf Umsturz der beschworenen Ordnung und damit auf Zerstörung des väterlichen Friedenswerkes. Die Friedensappelle, die zuletzt Karls Hoftage erfüllt hatten, waren verhallt und wurden auch fürderhin nicht erneuert. Die einstigen Berater des toten Caesar – Adalhard, Wala, Theodulf von Orléans und andere – wurden in die Verbannung geschickt. Ludwig, der Günstling des Glücks, verleitete die Großen zum Eidbruch. Der königliche Neffe wurde entmachtet, bald geblendet und in den Tod geschickt. Die Reichsgewalt selbst, der Kaiser, blieb nicht lange unangefochten. Das ganze Unheil, dem Karl hatte vorbeugen wollen, erfüllte sich, überfordert wie er durch die Reichslenkung war, alsbald unter dem Nachfolger.

Ludwig wurde das Opfer streitbarer Adelsgruppen. Eine zweite Ehe und Benedikts von Aniane Tod stürzten die Hofgesellschaft in Verwirrung. Ein «Titan» kehrte nun zurück, als Ludwig seinen Onkel Adalhard rehabilitieren mußte. So schrieb dessen Biograph Paschasius Radbertus. Offenbar trat nun «der nackte Wahnsinn» zu Tage, der zuvor den Hof beherrscht hatte. «Wer hat», so habe man sich gefragt, «den Senat des Volkes zu solcher Dummheit verleitet»[172]. Radbert, der es festhielt, war Mönch des Klosters Corbie, dessen Leitung Karls Vetter nun wieder übernahm, und er verfaßte Adalhards Vita gleich nach dessen Tod (826) und noch vor dem Jahr 828, mithin nicht nur zu Lebzeiten Ludwigs des Frommen, sondern zugleich als eine Art Kampfparole für die nun immer zorniger und wirksamer agierende Opposition gegen diesen Karlssohn. Angeführt aber wurde diese Opposition von Adalhards Bruder und Nachfolger Wala.

Dieser jüngste Vetter Karls des Großen lebte bei dessen Tod und Ludwigs unseliger Machtergreifung noch in weltlichem Stand. Im Jahr 811 hatte er die Reihe der 12 Grafen angeführt, die an der Eider den Frieden mit dem Dänenkönig Hemming beschworen (ArF), als erster auch die Erbverfügung des Kaisers unterfertigt. Als Pfalzgraf in Karls Spätzeit, als einer von dessen vertrautesten Ratgebern, besaß er ohne Zweifel gemeinsam mit seinem Bruder maßgeblichen

Einfluß auf Karls letzte Reformbemühungen, die so unlösbar mit der Sorge um den Frieden in Königshaus und Imperium verbunden waren. Erst nach des Kaisers Tod wurde Wala in Corbie, dem seinem Bruder entzogenen Kloster, zum Mönch geschoren, noch später Adalhards Nachfolger als Abt von Corbie, bald darauf in der Maske eines fiktiven Isidor Mercator der maßgebliche Initiator eines umfassenden, tatsächlich nachhaltig wirksamen kirchlichen Reformwerkes, das die Rechte der Bischöfe und des Papstes gegenüber den weltlichen Gewalten mit Einschluß des Kaisers hervorhob[173]. Dieses Werk überstieg zweifellos, durch die Entwicklung unter Ludwig dem Frommen bedingt, noch die Ziele Karls des Großen und artikulierte sich in einhundert fiktiven Dekretalen auf die Namen frühchristlicher Päpste. Erst Nikolaus von Kues im 15. Jahrhundert begann an der Echtheit zu zweifeln, erst im 16. und 17. Jahrhundert durchschaute man die Fälschung und erst im 19. Jahrhundert wurde sie als ganze obsolet, obgleich einzelne Normen über mancherlei Zwischenstufen bis in den «Codex Iuris Canonici» von 1917 gelangten.

Wala, der die Übermacht des Kaisers über die Kirche zu fürchten gelernt hatte, in dessen Umgebung die Legende vom hl. Silvester und Konstantin dem Großen geschätzt wurde[174], Wala dürfte auch mit der zweiten großen Erfindung dieser Zeit, dem «*Constitutum Constantini*», in Verbindung gestanden haben, mit jener Pseudokonstitution also, die wie kaum eine zweite die päpstliche Gewalt durch Verfügung des ersten christlichen Kaisers aus der Herrschermacht des Imperators eximierte und seit dem 11. und 12. Jahrhundert zur berüchtigten «Konstantinischen Schenkung» mutierte[175]. Die im Jahr 829 tagende Synode von Paris zitierte (c. 3) erstmals die sog. «Zweigewaltenlehre» des Papstes Gelasius I., derzufolge die «geheiligte Autorität der Bischöfe» (*sacrata auctoritas pontificum*) nicht nur neben die Könige und Kaiser trat, sondern dieselbe übertraf, weil sie im Jüngsten Gericht auch für die Könige Rechenschaft abzulegen hätte und damit «gewichtiger» (*gravius*) sei als die «königliche Gewalt» (*potestas regalis*)[176]. Pseudo-Isidor übernahm und verbreitete das Dokument.

Der ergreifende und zugleich rechtfertigende lange Nachruf, den Paschasius Radbertus seinem großen Vorgänger als Abt von Corbie, Wala, widmete, das «*Epitaphium Arsenii*»[177], ist dann zu lesen nicht nur als postume Kritik an Ludwig dem Frommen und seiner Gemahlin Judith, nicht nur als Begründung und Rechtfertigung der grandiosen Fälschungsaktionen in Corbie, sondern zugleich als Rückblende auf entsprechende reformerische Intentionen Karls des Großen. Diese galten dem Verhältnis von weltlicher und geistlicher Macht. Ihre Spuren lassen sich in den letzten Kapitularien des Kaisers tatsächlich auffinden.

12

Letzte Erlasse und Tod

Karls Kräfte schwanden rasch, er näherte sich dem Tod; der Kaiser muß es gespürt haben. Am Hof in Aachen war es kein Geheimnis[178]. Das warme Bad linderte kaum mehr wie früher, als er vom Krieg, von der Jagd, von den Fahrten in weite Ferne nach Aachen zurückkehrte, die Gebresten des Alters. Die Sorgen um Frieden und Eintracht vermehrten sie und verließen auch den Badenden nicht. Dennoch, es ist keineswegs undenkbar, daß er gerade bei solcher Gelegenheit, bei Entspannung und äußerer Ruhe, den Tenor seiner jüngsten Erlasse fand. «Daß Friede sei und Eintracht und Einmütigkeit im gesamten Christenvolk und besonders unter den Kirchenmännern, die durch ihr Vorbild anderen den Weg zum Himmelreich weisen.» Der Kaiser gebot es im Anblick der Erlöserkirche als Heilmittel gegen Dissens und Zwietracht in seiner Familie wie unter den Großen, als Schutzwall gegen Streit um weltliche Dinge, gebot es den Bischöfen und Äbten, den Grafen und Richtern. «Denn Gott gefällt ohne Frieden und Eintracht nichts». «Die Liebe, die aller Tugenden Mutter ist, kann ohne Friede und Eintracht nicht überdauern»[179].

Glaube, Gerechtigkeit, Frieden, Barmherzigkeit, Seelenstärke, rechtes Maß, Huld, Billigkeit und Frömmigkeit – der Kaiser hatte stets danach gehandelt; bis zuletzt, bis in seine jüngsten Kapitularien hinein, fand sein von Kindheit an christlich geprägtes, gläubig verwirklichtes Selbstverständnis als Herrscher seinen Niederschlag. Hatte Karl vor Jahren ein römisches Imperium zu regieren begonnen, so wandelte sich dieses unter dem alternden Herrscher seiner Substanz nach mehr und mehr, so wie Alkuin es gefordert hatte, in ein *imperium christianum*, ein «christliches Imperium», das sich über Karls Königreiche und die Völker, die er beherrschte, und über die Gesamtheit der Kirchen wölbte.

Die Kapitularien schlugen Predigttöne an. Bischöfe und Priester mahnte der Kaiser, in der Kirche dem Volk «von der Gottes- und Nächstenliebe, von Glauben und Hoffnung, von Demut und Geduld» zu predigen, «von Keuschheit und Enthaltsamkeit, von Güte und Barmherzigkeit, von seinen Opfergaben und Kerzenspenden, von Almosen und Armenfürsorge, von Buße und Sündenbekenntnis, von Vergebung der Schuldner, auf daß mit Gottes Gnade Gottes Wort sich verbreite und mehre zur Ehre und Glorie des Namens unseres Herrn Jesus Christus»[180]. Karl erwartete Bericht von den Erzbischöfen und Bischöfen, wie sie ihre Priester und Gemeinden über das Taufsakrament belehrten: Warum man erst Katechumene sein müsse, warum Gewissenserforschung verlangt werde, belehrten auch über das Glaubensbekenntnis, über die Widersagung des Teufels, über den Exorzismus, über das Salz, die Salbung mit Öl, das weiße Gewand bei der Taufe, über die Kommunion (in beiderlei Gestalt)[181]. Der Kaiser verlangte genaue Auskunft über den Erfolg der Glaubensverkündung. Wollte er die eigene Sündenlast tilgen?

Und noch einmal und immer wieder, unablässig: «Daß Friede sei und Eintracht und Einmütigkeit in Gottesdienst und Gottverlangen (*in servitio et voluntate dei*) im gesamten Christenvolk, unter Bischöfen und Äbten, unter Grafen, Richtern und unter allen wie immer mächtigen und weniger mächtigen Personen; denn nichts gefällt Gott ohne Frieden». So begann auch das wohl letzte Kapitular des großen Kaisers, in dem manches wiederkehrte, was schon früher angeprangert worden war[182]. «Wir befehlen, daß man sich in der Kirche wechselseitig den Friedenskuß gebe, um zu zeigen, daß verläßlicher Friede Christi unter uns sei». So hieß es wenige Zeilen später (c. 11).

Dieses wohl letzte Kapitular holte weit aus und scheute Grundsätzliches nicht. «Daß die Grafen und Richter und alles Volk ihren Bischöfen gehorsam sein sollen, soweit es ihr Christsein (*ad christianitatem suam*), die Heilslehre und die gesamte Rechtswahrung betrifft, eben wie es ein Christ schuldet. Die Bischöfe und Kleriker sollen den Grafen helfen bei der Rechtswahrung.» So hieß es da im zweiten Kapitel. Kein Graf oder Laie sollte wagen, die Priester seiner Eigenkirchen einzusetzen, zu versetzen oder abzusetzen (c. 4). Niemals zuvor wurde in so knapper und gebieterischer, in so prinzipieller Weise die weltlichen Regionalgewalten der geistlichen Gewalt unterworfen. Obödienz auf der einen Seite, Konsens zur Rechtswahrung auf der anderen. Die Überordnung der Heilsweisung über die Rechtsweisung war damit klar ausgesprochen. Sie sollte weiterwirken und noch in Ludwigs des Frommen Zeit hundertfache Frucht tragen[183].

Die Pflicht zur Zehntzahlung wurde gemäß der Weisung Gottes an Moses eingeschärft (c. 6); der Kirchgang an Sonn- und Feiertagen «keuschen Körpers und reinen Herzens» verlangt (c. 7); die *Missi* sollten wie früher schon gemeinsam mit den Bischöfen dafür Sorge tragen, daß alle Kirchengebäude mit Einschluß der königlichen Kapellen sich in gutem Zustand befänden und gut ausgestattet seien, «auf daß in allen Gott durch unseren Herrn Jesus Christus geehrt werde» (c. 8); Mord und Diebstahl sollten geahndet (c. 12), gewaltfördernde Trinkgelage verhindert werden (c. 13); Bischöfe und Priester sollten den Glauben in rechter Weise lehren, die Laien das Glaubensbekenntnis, das Vaterunser und die Abwehrformeln gegen den Teufel kennen; wer darin seinem Bischof nicht gehorche, solle, ist er ein Edler, durch Fasten oder andere Strafen gedrängt, ist es ein Knecht oder eine Magd aber ausgepeitscht werden (c. 14). Taufpaten sollten sie ihren Patenkindern lehren und die Eltern zu rechter Christenlehre anhalten (c. 29). Niemand dürfe einen aus der Taufe heben, der nicht vor dem Bischof oder Priester Glaubensbekenntnis und Herrengebet fehlerfrei «gesungen habe» (c. 30).

«Wir befehlen mit Gottes und unserem Wort, daß jedermann, adelig oder unadelig, mächtig oder nicht, arm oder reich, sein volles Recht besitzen soll; wer dem zuwider zu handeln wagt, soll vor Gott Rechenschaft ablegen» (c. 18). Vom Königsgericht wurde drohend an das Gottesgericht verwiesen. Und weiter ging es: Meineid (c. 15), die Abfolge der Tagesordnung bei Gericht mit Präferenz der kirchlichen Angelegenheiten, der Armen, Waisen und Witwen (c. 16), die Unsitte der Geschenkforderung durch Grafen und Richter (c. 17), rechte Maße und Gewichte (c. 26), die Gastungspflicht gegenüber Fremden und Pilgern (c. 27), das Marktverbot an Sonn- und Feiertagen (c. 28), korrekte Handelsgeschäfte (c. 32), das Gerichtsverbot innerhalb der Kirchen oder in deren Vorhallen (c. 33), das Erwerbsverbot aus dem Besitz der Armen für Grafen und Richter (c. 34), das Eingreifen der Bischöfe und Priester gegen die Trunkenheit bei Gericht (c. 37) und anderes mehr wurde angesprochen. Das Kapitular schloß mit der Aufforderung, hartnäckige Missetäter zu melden, «damit wir wissen, was mit ihnen zu geschehen habe, die durch so viele Jahre Gottes Befehle und unsere Anordnung mißachteten» (c. 40). Bis zuletzt bekämpfte der Kaiser im Einklang mit Gott die Trägheit der Rechtsbefolgung.

«Gottes und unser Wort» (*Dei verbum et nostrum*), «Gottes Befehle und unser Dekret» (*dei praecepta et decretum nostrum*) – der Kaiser wußte bis zu seinem letzten Atemzug sein Handeln in Übereinstimmung mit Gott. Was die *Missi* gebessert, was sie nicht zu bessern vermocht hatten, es sollte dem Kaiser gemeldet werden, «damit durch die Barmherzigkeit Gottes nach Seinem Willen gebessert werde, was zu bessern ist, und daß, was gebessert wurde, sich damit stets zum Besseren wende zu unserem ewigem Lohn vor Gott und zu unserem ewigen Heil und Ruhm»[184]. Karl wußte, daß der König und Kaiser im Jüngsten Gericht die Sündenlast seines ganzen Volkes zu tragen habe. Die «*XII abusiva saeculi*» hatten es längst verbreitet. Er, Karl, wollte bis zuletzt im Einklang mit Gottes Willen handeln, *secundum dei voluntatem*.

Für den Mai 813 hatte Karl «nach Art der früheren Kaiser» ein Generalkonzil angesetzt, das den gesamten Episkopat des weiten Frankenreiches vereinen sollte. Die Bischöfe und Äbte traten an fünf verschiedenen Orten zusammen: in Mainz, Reims, Châlons-sur-Saône, Tours und in Arles[185]; sie verabschiedeten weit mehr als 200 Beschlüsse und sollten sich zu einer sechsten, alles zusammenfassenden Session treffen. Die Synodalen wußten somit, daß der Kaiser ihre Entscheidungen zur Kenntnis nehmen, ja, absegnen würde; alles sollte ja von der bevorstehenden Reichssynode, die im kommenden Jahr in Aachen tagen sollte, zusammengefaßt werden. Und sie wußten, wie Karl sein Caesarentum verstand oder verstanden wissen wollte.

So begannen die Bischöfe, die sich in Arles eingefunden hatten, ihre Dekrete mit einer Art Fürstenspiegel in Kurzform; er geht vollständig auf das 16. Konzil von Toledo (im Jahr 693) zurück. «Der Herr des Alls ... möge Karl in der Bewahrung seines Glaubens stärken und mit dem Vorwissen der Gerechtigkeit rüsten. Er möge ihm reichen Frieden schenken, ihn erleuchten mit der Gabe der Barmherzigkeit, ihn mit Mut festigen, ihm das rechte Maß gewähren, um die ihm anvertrauten Zügel seiner Königsherrschaft zu führen, auf daß er die ihm übergebenen Völker gnädig regiere, gerecht leite und mit dem Recht der Frömmigkeit forme»[186]. Die Bischöfe hielten mit Sätzen des Kirchenrechts dem Augustus die Herrschertugenden schlechthin vor Augen. Des Kaisers Frieden und seine Barmherzigkeit sollten Frieden und Barmherzigkeit verwirklichen in der Welt und in dem weiten Imperium, dazu die anderen Tugenden.

Karl hörte diese Sätze noch. Er wird ihnen, wissend, daß ihm die Sünden seiner Völker demnächst aufgebürdet würden, zugestimmt haben; sie faßten sein kaiserliches Selbstverständnis in knappe Worte. Aber die abschließende Synode in Aachen trat nicht mehr zusammen, trotz des Hoftages im September des Jahres 813 nicht[187]. Vielleicht verhinderte die Fülle abweichender Beschlüsse der vorangegangenen Einzelsynoden eine rasche Erledigung. Immerhin könnte eine schematische Übersicht über die Gemeinsamkeiten und das jeweilige Sondergut jener fünf Versammlungen, die sich ihnen in deren wichtigsten Überlieferungen vorangestellt sehen, der vorgesehenen Reichssynode schon zugearbeitet haben[188]. Sie illustriert auf jeden Fall die divergierende Weise, wie die einzelnen Kirchen mit dem kanonischen Recht verfuhren und wie sie den mannigfachen und unterschiedlichen kirchlichen Nöten ihrer jeweiligen Provinzen zu begegnen gedachten.

Eben diesen Nöten wandte sich Karl mit seinen geistlichen Beratern bis zuletzt zu. Die Bischöfe hatten ihm eine knapp gefaßte «Kollation» der getroffenen Entscheidungen vorgelegt[189]. Knapp, doch entschieden verkündete er nun auf dem Hoftag, wie verfahren werden sollte[190]. Friede herrsche zwischen Bischöfen und Grafen (c. 9). Diese letzteren sollten wie die übrigen *Iudices* und wie alles Volk den Bischöfen gehorchen, untereinander einig über die Wahrung der Gerechtigkeit sein, keine Gaben für ihre Rechtsprechung entgegennehmen und keine falschen Zeugen akzeptieren (c. 10). In kirchlichen Gebäuden dürfe kein Gericht gehalten werden (c. 21). Grafen und andere Amtsträger dürften das Gut von Armen nur in öffentlichem Gericht vor dem Bischof erwerben (c.22). Der Kirchenschatz dürfe zum Unterhalt der Armen verwendet werden (c. 12). Maße und Gewichte seien allenthalben gleich (c. 13). Taufpaten sollten ihre geistlichen Kinder im rechten Glauben (*catholice*) unterweisen, «so daß sie vor Gott Rechenschaft ablegen können» (c. 18).

Der Hoftag brachte weitere wichtige Entscheidungen. Denn Karl hatte seinen Sohn Ludwig aus Aquitanien herbeigerufen. Nach gemeinsamem Beschluß der Bischöfe und Grafen und der übrigen Großen wurde derselbe zum Nachfolger im Kaisertum angenommen. Einhard habe damals den Wunsch der Versammelten dem Vater vorgetragen, wußte glaubwürdig Ermoldus Nigellus zu erinnern[191]. Der junge Kaiser dankte es bald dem gelehrten Mann mit reichen Gaben. Karl aber hieß seinen Sohn, die Krone aufzusetzen und erhob ihn zum Teilhaber an seiner Herrschaft[192]. «Es lebe der Kaiser Ludwig!» Ausdrücklich gebot Karl, auch seinen Enkel Bernhard, den Sohn Pippins, als König Italiens anzuerkennen – ein ungewöhnlicher Schritt, da er sich über das Recht der Franken hinwegsetzte, das den Sohn eines vorverstorbenen Vaters vom Erbe ausschloß. Ludwig mußte wohl deshalb die Regelung eigens vor dem Krönungsaltar beschwören – und brach diesen Eid nach wenigen Jahren. Es war der Auftakt zum Ende des Karlsreiches.

Die Segnungen aus Arles und den anderen Metropolen klangen nun, als sie in Aachen verlesen wurden, wie das Vermächtnis des großen Mannes, wie eine Mahnung an den Sohn und Nachfolger, wie ein Sterbegeleit. Längst hatten Vorzeichen das Kommende angekündigt: Sonnen- und Mondfinsternisse, der Makel auf der Sonnenscheibe, der Einsturz von Bauwerken, der Blitz aus heiterem Himmel, der folgende Sturz des Kaisers vom Pferd, das Zerbrechen der Mantelschließe, das Zerreißen seines Schwertgehänges und das Fortschleudern seines Speeres, das Erlöschen des Wortes *Princeps* in seiner vornehmsten Kirche, der Aachener Erlöser- und Marienkirche, sie kündeten die Nähe des Todes. Karl trat ihm gefaßt gegenüber. Einhard erinnerte daran und deutete es entsprechend, als er etwa anderthalb Jahrzehnte später seine Karls-Vita diktierte[193].

Als Vorbild diente auch jetzt einmal mehr die Augustus-Vita Suetons, in der zu lesen stand, ein Blitz habe kurz vor dem Tod des gefeierten Mannes die Inschrift der Ehrenstatue des Princeps verstümmelt und das C des Namens *caesar* beseitigt. Man habe es als Zeichen der Vergottung gedeutet, da *aesar* auf Etruskisch «Gott» bedeute. Auch der Titel des neuen Augustus verschwand, und man ahnte den herbeieilenden Tod. Den Blitz der antiken Vita aber überlagerte und überstrahlte ein anderes, ein christliches Leuchten, das der Biograph und sein erster Leser, Karls Sohn Ludwig, ohne Zweifel kannten, auch wenn es nicht explizit hervorgehoben wurde: das Licht vom Himmel nämlich, das plötzlich Saulus vor Damaskus umgab und er zur Erde fiel und der Herr zu ihm sprach und er Ihn fragte: «Herr, was willst Du, daß ich tue?» (Apg 9,3–7).

Der christliche Caesar, der gläubige Princeps, mußte des göttlichen Gerichts gedenken. Karl, wo ist dein Vetter Tassilo? Er verriet mich. – Wo dein ältester Sohn Pippin? Er erhob sich wider mich. – Karl, wo sind die Söhne deines Bruders? Sie ... Würde er solches Gericht überstehen? Du sollst nicht töten; er wußte es wohl. Hatte er Gottes Gebote übertreten? «Wir müssen sorgfältig prüfen, ob wir noch wahre Christen sind»[194]. Der Kaiser schloß sich nicht aus. Aber er hatte Gutes getan, hatte dem Herrn des Himmels weite Landstriche gewonnen und Heiden zur Taufe geführt; er hatte die Welt geordnet, die Kirche erhöht und gestärkt, um den Frieden gerungen, er hatte den Armen geholfen, die Fremden beschützt und Gerechtigkeit geübt. Was wäre sein Reich ohne Gerechtigkeit? Durfte er hoffen? Einhards Antwort im Bild des von himmlischem Licht geschlagenen, waffenlosen, seines Titels entkleideten Karl war tröstlich: Dieser Mensch sprach fürderhin mit Gott.

Die letzten sieben Tage seines Lebens, als eine Rippenfellentzündung und Fieber Karl ans letzte Lager fesselten und er Speise und Trank verweigerte, geleitete ihn Hildebald, der für den Hofdienst freigestellte Erzbischof von Köln. Er reichte ihm die heilige Kommunion des Leibes und Blutes Christi. Früh morgens am 28. Januar, einem Samstag, bekreuzigte der Sterbende sich, wie es die Sterbeliturgie vorschrieb, an Stirne, Brust und Leib, legte seine Arme über die Brust, kreuzte die Füße, schloß die Augen und befahl, mit dem Psalmvers auf den Lippen, seinen Geist dem Herrn: «Du, Herr, Du treuer Gott, Du erlösest mich» (Ps. 30 (31),6)[195].

X

EPILOG: MYTHOS UND HEILIGKEIT

I

Das Maß seiner Seele

Gewalt und Gebet. Karl war mächtig gewesen und er hatte seine Macht zu gebrauchen gewußt. War er auch glücklich gewesen? Wußte er solches zu fragen? Wo war die Liebe? Das Wissen um die Zuneigung des anderen? Schlummerte sie noch im Schoß künftiger geistiger Entwicklung des Abendlandes? Bedurfte es weiterer drei- oder vierhundert Jahre Seelenprägung, um sie zu formen? Um sie mitteilbar werden zu lassen? Und die Freundschaft? Das Vertrauen? Die Leidenschaft? Wo war der Mensch? Wir wissen es nicht. War alles nur Bindung durch Macht und Recht? 44 Jahre hat Karl der Große sein Reich regiert, länger als die meisten seiner Vorgänger und Nachfolger. Aber sein Leben verschließt sich uns. Seltene emphatische Äußerungen genügen nicht, um ein Bild seiner Persönlichkeit zu entwerfen, obgleich sie im Rahmen des überhaupt Überlieferten einzigartig sind. Erinnerung aber erschafft Sünder und Heilige, Helden und Schurken. Karl war alles zugleich im Gedächtnis der Nachwelt. Was aber war seine Mitte, er selbst?

Wir wissen es nicht. Wir wissen kaum, wann und wo er geboren, wie er erzogen wurde, können es nur bruchstückhaft erschließen oder erahnen. Er besaß ein stattliches Äußeres. Einhard beschrieb es (c. 22), zwei Bildnisse – einige zeitgenössischen Bilddenare[1] und, höchst umstritten, die berühmte Reiterstatuette des 9. Jahrhunderts aus Metz (Abb. 23), heute im Louvre, seit dem 16. Jahrhundert als Memorialfigur Karls des Großen bezeugt[2] – bestätigen, wie es scheint, diese Beschreibung: Eine kräftige, hohe Gestalt, etwas über 1,80 m groß, eine hohe Stirn von einer Art Pagenfrisur begrenzt, große, wache Augen, kleine Ohren, eine gerade, lange Nase, volle Lippen unter einem markanten Schnauzbart, ein kräftiges Kinn mit der Neigung zum Doppelkinn, ein kurzer Hals und ein fülliger Leib – kurzum: eine imposante Gestalt, wie sie die Zeit für einen König und nicht nur für Karl wünschte.

Die lebensentscheidenden Prägungen der Seele aber, das Maß seiner Seele, das Karl selbst ins Auge faßte[3], bleiben verhüllt und verborgen. Wir kennen nur Taten, die ihm zugeschrieben wurden oder die er sich zuschreiben ließ, kennen zahlreiche Erlasse und seltene Worte, kennen einige seiner Getreuen und Helfer mit Namen, mehr Geistliche als Laien, obgleich letztere nicht minder einflußreich waren. Die Entwicklung der Persönlichkeit vom jungen König zum alten Kaiser, der Einfluß der Berater – sie bleiben im dunkeln.

Drei tiefere Einschnitte im Herrscherleben zeichneten sich ab: Der schwere Rückschlag in Spanien im Jahr 778 mit seinen Auswirkungen auf Sachsenkriege und Reformintentionen in Kirche und Volk, die Annahme des «Kaisernamens» und der Sturz vom Pferd im Katastrophenjahr 810. «Worin haben wir gefehlt?» In Karls Seele schauen wir nicht, trotz solchen Aufrufs zur Selbstprüfung nicht. Was er und seine Helfer geprüft wissen wollten, war schlechthin «der Weg des Richtigen», die *via rectitudinis*. Sie zu gehen, nämlich den rituellen Vollzug der Gebote, hatte einst der Papst Zacharias die Geistlichen und Laien des Frankenreiches über Bonifatius gemahnt: Schismatische, in den Krieg ziehende, mordende und hurende Priester sollten vertrieben werden, dann falle den Franken der Sieg über die Heiden zu; die recht handelnden Geistlichen aber verdienten das Himmelreich, weil sie das Volk zum «wahren Glauben» (*recta fides*) führten[4]. Sein Leben lang hat Karl sich um diese Ziele bemüht. Von Kindheit an war er auf diesen Weg geschickt worden.

Karls Leidenschaften aber bleiben – von der Jagd und einer wachsenden Angst vor dem jenseitigen Gericht vielleicht abgesehen – verborgen. Wie ging er mit Rückschlägen um? Wie verwand er, wenn er scheiterte? Wir wissen es nicht. Allenfalls fällt eine gewisse Beharrlichkeit im Verfolgen einmal gesteckter Ziele auf; und er suchte Niederlagen durch neue Erfolge vergessen zu machen. Sein Zorn kannte mitunter kein Maß, seine Strafen waren selten milde.

Gleichwohl, er schonte – anders als seine Ahnen – das Leben der meisten Gegner, schaltete sie dennoch wirksam aus. Irgendwo, versteckt in unbekannten Klöstern, endeten seine Neffen (oder waren sie getötet worden?), verschwanden Desiderius und dessen Tochter, Karls namenlose doch rechtmäßige Gemahlin, sein Vetter Tassilo von Baiern, dessen Söhne und Töchter, der eigene Sohn Pippin – zu Mönchen oder Nonnen geschoren sie alle, wenn sie nicht wie der Thüringer Hardrad und seine Verbündeten, vielleicht auch Tassilo und Theodo geblendet und verstümmelt wurden. Sie verstummten. Sie durften nicht mehr reden; sie mußten schweigen. Für immer. Niemand sollte ihre Stimme mehr hören. Kein Gebetsgedenken wurde ihnen gewidmet. Karls Leben aber, das Leben dieses bedeutenden Mannes, dieses unbarmherzigen, gewalttätigen, doch gottesfürchtigen Täters, der Christus, den unbestechlichen Richter des Endgerichts, liebte und fürchtete, der den Himmelspförtner Petrus verehrte und seinen Nachfolger auf Erden schützte, Karls Leben mit all seinen Widersprüchen verschließt sich uns[5].

Eindrucksvolle Leistungen seiner Herrscherjahre treten hervor. «Was ohne Nutzen ist, ist nichtig». Theodulf mochte mit solchen Sentenzen seinen König gewinnen; Karl jedenfalls konnte zustimmen[6]. Sein Tun sollte Nutzen bringen. Sein Reich hatte er im Süden, Osten und Norden vergrößert, dessen Grenzen gesichert[7]. Byzanz war in Bedrängnis geraten: «Den Franken habe zum Freund, aber nicht zum Nachbarn»[8]! Doch Karls Hauptsorge galt dem christlichen Glauben und der Kirche. Sie durchzog auch seine Taten. Christi Grab hatte Karl erneuert, Christi Reich auf Erden erweitert. Die Heiden des Sachsenlandes hatte er zum Glauben geführt. Schon Goethe, der mit dem großen Franken nicht allzuviel anzufangen wußte, verwies zum Beweis auf das Kreuzabnahmerelief der Externsteine bei Lippe in Westfalen, das er irrigerweise für karolingisch hielt, für das Werk nämlich eines «mönchische[n] Künstler[s], unter den Scharen der Geistlichen, die der erobernde Hof Karls des Großen nach sich zog»[9].

In Italien stärkte Karl den Nachfolger Petri. Das Papsttum sah sich durch ihn gefördert, wie seit Konstantins des Großen Zeiten und auch später nicht mehr; der kirchliche Lehrprimat wurde durch den Frankenkönig gefestigt. Er machte als erster Herrscher ernst mit dem Rechtssatz: «Der Papst wird von keinem Menschen gerichtet», auch nicht von einer Bischofsversammlung, schon gar nicht von dem wählenden Volk. Die Erneuerung der Kirchenordnung durch Karl, die Einrichtung der Kirchenprovinzen, die regelmäßige Einberufung von Synoden kamen nicht zuletzt der Ordnung der Königsherrschaft zugute. Die Wiederbelebung der Wissenschaften diente der Kirche nicht minder als der eigenen, weltlichen Macht. Der Denkstil einer an aristotelischer Dialektik, an «Kategorien», an *proprium*, «Differenz» und «Akzidenz» geschulten Rationalität begann, sich unter den intellektuellen Eliten zu etablieren. Sie lehrte, die Welt anders zu sehen als bisher. Als Karl starb, war nichts wie zuvor.

In der Tat, die innere, gesellschaftsimmanente Auflösungsdynamik der Spätantike und der ihr folgenden Jahrhunderte war aufgefangen. Jede Erneuerung aber war Weiterbildung; ein bloßes Wiederholen verwehrte der je andere kulturelle Kontext. Rezeption bedeutete stets Innovation. Der König und Kaiser konnte sich dafür bis zuletzt auf herausragende Helfer stützen, einen Petrus Pisanus und Paulus Diaconus, einen Alkuin, Paulinus von Aquileia, Theodulf von Orléans, Angilbert, Adalhard und seinen Bruder Wala, Arn von Salzburg und manchen anderen wie seinen Biographen Einhard; auch seine Gemahlinnen, zumal Hildegard und Fastrada, standen ihm in der Herrschaft zur Seite; auf seine Schwester Gisela, die Äbtissin von Chelles und von Notre Dame in Soissons, konnte er sich verlassen. Gleichwohl, Karls erfolgreiches Wirken beschleunigte soziale Umbrüche bei einer insgesamt wachsenden Bevölkerung.

Die «Reichsaristokratie» und die Spitzen der geistlichen Hierarchie sahen sich durch die Zuweisung fester Amtsbereiche und durch konsensuale Partizipation an der Königsherrschaft gefestigt, die ‹Erziehung› der Großen und Mächtigen durch christliche Paränese und Vorbild schuf einen zuvor unbekannten Idealtypus laikaler Herrschaftsträger. Er fand unter Ludwig dem Frommen durch den Bischof Jonas von Orléans seine literate Fixierung in dessen für den Grafen Matfrid von Orléans verfaßten Schrift «*De institu-*

tione laicali»[10]. Überhaupt, die in der Antike erloschene Fürstenspiegelliteratur begann wieder aufzuleben. Damals wurde jene Ethik grundgelegt (wenn auch längst nicht fertig ausgeformt), die in vielfältiger Transformation noch im 19. und frühen 20. Jahrhundert den adeligen Landjunker als fürsorglichen Herrn seiner Leute auszeichnen sollte.

Der Erfolg nach außen, die gewaltige Vergrößerung von Karls Reich, der notwendige Grenzschutz erfolgten weithin auf Kosten der ‹kleinen› Freien, die den Kriegsdienst leisten und dafür mit ihrem Eigengut aufkommen mußten. Sie gerieten mehr und mehr in Abhängigkeit von den Großen, wurden mediatisiert und verloren faktisch den König als ihren Herrn. Karl suchte entgegenzusteuern. Doch die Unfreiheit wuchs trotz aller Sorge des weitblickenden Herrschers für Lebensrecht und Schutz der «Armen». Die kollektiven Eigeninteressen der Großen erwiesen sich auf Dauer als stärker. Soziale Maßnahmen blieben zwar nicht aus. Aber sie hingen zu sehr vom Wohlwollen dieser Großen ab, als daß sie dauerhafte und umfassende Wirkung hätten zeitigen können. Die Not ließ sich nur vorübergehend bändigen.

Helfen konnte und sollte eine nach den Maßstäben der Zeit erfolgreiche Wirtschaftspolitik. Die königlichen Grundherrschaften wurden bei Schutz der Schwachen und Armen leistungskräftiger. Trotz aller militärischen Belastung konnte sie Fernhandelsgüter produzieren. Der Fernhandel auch aus dem Mittelmeer und selbst aus der arabischen Welt erreichte tatsächlich Karls Reich. Der König und Kaiser scheint selbst entsprechende Initiativen gefördert zu haben.

Nichts blieb unveränderlich, auch wenn der Glaube der Väter, das dogmatisch festgeschriebene Glaubensbekenntnis der Konzile von Nicaea und Konstantinopel, Wort für Wort bewahrt wurde. Die Rezeptionsgemeinschaft des Karlsreiches glich in keiner Weise der spätantiken Reichsgesellschaft; aber das Verständnis der heiligen Formeln war gewandelt. Karl war ein Erneuerer, der ohne es zu intendieren, zum Neuerer wurde.

2

Memoria

Doch die Welt hielt den Atem nicht an, als der Große starb. Kaum ein Trauergesang erklang. Nur aus Italien, wohl aus dem Kloster Bobbio, tönt noch ein Klagelied: *A solis ortu usque ad occidua / littora maris planctus pulsat pectora. / Heu mihi misero!* «Vom Aufgang der Sonne bis zu den westlichen Gestaden des Meeres rührt die Klage die Brust. Weh mir Armen! ... Franken, Römer, alle Gläubigen erfüllt der Schmerz und großes Leid. Weh mir Armen! ... Weh dir Rom, dir römischem Volk, du hast den hochgerühmten Karl verloren. Weh mir Armen! ... Der Vater aller, der barmherzige Herr, er weise ihm den herrlichsten Ort! Weh mir Armen! Oh Gott, Herr aller menschlichen und himmlischen, der höllischen Heerscharen! Weh mir Armen! Auf deinem heiligen Thron im Kreis deiner Apostel, oh Christus, nimm auf den frommen Karl. Weh mir Armen!» *In sancta sede cum tuis apostolis / suscipe pium, o tu Christe, Karolum! Heu mihi misero!* Trauer und Hoffnung zugleich[11].

Karls Leichnam wurde gewaschen und gesalbt und in der Marienkirche zur letzten Ruhe gebettet, vermutlich in dem herrlichen antiken Proserpina-Sarkophag, der noch heute zu den Pretiosen der Kirche gehört, in einem Hochgrab mit einem Memorialbild, unter einem vergoldeten Bogen, über dem in goldenen Lettern geschrieben stand: *SUB HOC CONDITORIO SITUM EST CORPUS CAROLI MAGNI ATQUE ORTHODOXI IMPERATORIS QUI REGNUM FRANCORUM NOBILITER AMPLIAVIT ET PER ANNOS XLVII FELICITER REXIT. DECESSIT SEPTUAGENARIUS ANNO [DOMINI DCCCXIIII] INDICTIONE [VII] V KAL. FEBR.* («Unter diesem Grabmal ruht der Leib Karls, des großen und rechtgläubigen Kaisers, der das Reich der Franken edel erweiterte und es durch 47 Jahre glücklich lenkte. Er starb als Siebzigjähriger im Jahr des Herrn 814, in der siebten Indiktion, am 28. Januar». Rom und das Langobardenreich blieben unerwähnt. Einhard (c. 31) überliefert das alles, erwähnte aber nicht, wo sich das Grab befand; allein die Tradition lokalisiert es in die südöstliche Kirchenwand, gleich neben dem Hochaltar. Als aber Wikinger im Jahr 882 die Kirche zum Pferdestall machten, mußte man die Grabstätte verbergen. Wiedergefunden durch Otto III. im Jahr 1000, ließ Friedrich Barbarossa die Gebeine 1165 erheben; sein Enkel Friedrich II. verschloß 1215 mit dem letzten einzuschlagenden Nagel den goldenen Schrein mit den Reliquien. Das alte Grab aber mit Bild und Sarkophag diente weiter der «Memorie», bis es im Jahr 1788, im Jahr vor der Französischen Revolution, abgerissen und das steinerne Karlsbild zerstört wurde. Der kostbare Sarkophag wanderte für wenige Jahre nach Paris, durfte aber nach Napoleons Niederlage wieder nach Aachen zurückkehren.

Auch in Rom, in der Peterskirche, erschien Karls Name kontinuierlich durch die Stiftung einer kostbaren Patene, die seinen Namen trug: KAROLO, während das von ihm der Salvatorkirche «bei den Laterani» gleich nach der Kaiserkrönung gestiftete goldene Gemmenkreuz, das bei den *Letania*-Prozessionen dem Papst vorangetragen wurde, wenige Jahre nach seinem Tod gestohlen wurde und verloren ging. Karls Sohn Drogo, der seit 823 bis zu seinem Tod 855 als Erzbischof die Cathedra von Metz innehatte, könnte – wenn die erhaltene bronzene Reiterstatuette (Abb. 23), vielleicht auch ein untergegangenes gleichartiges silbernes Reiterbild entsprechend gedeutet werden dürfen – in seiner Kathedrale gleichfalls ein liturgisches Gebetsgedenken eingerichtet haben[12]. Gebetsgedenken, Erinnerung, Bewunderung, Ablehnung, aktualisierende Reflexion, zeitbedingte Deutung und kaum verhohlene Zeitkritik überlagerten sich fortan im Gedächtnisbild Karls des Großen.

Irdische Heroisierung verformte früh die Memoria. Sie setzte ein, nachdem erste herabwürdigende Aktionen durch die veränderte Zeitlage überwunden waren. Eine erste Spur einer gewandelten Situation verrät sich im Namen des vierten Ludwig-Sohnes, der 823 in Frankfurt aus der Taufe gehoben wurde. Es geschah, nachdem Benedikt von Aniane gestorben war, nachdem die verbannten Karlsberater Adalhard von Corbie und sein Bruder Wala an den Hof zurückgeholt worden waren und der Kaiser öffentlich Buße hatte leisten müssen und überhaupt, als eine ‹karlische› Restauration – sichtbar etwa in Adalhards «*De ordine palatii*» – die fehlgeleitete Königsherrschaft reformieren und die erinnernde Rückkehr des großen Kaisers feiern sollte: Da empfing der zu günstiger Stunde geborene Knabe den Namen Karl. Er war das Programm einer Wende, einer Wende, die freilich bald neue Wenden und weitere und unheilbare Umbrüche nach sich ziehen sollte.

Auch Einhards «Vita Karoli» vermochte diese Entwicklung nicht aufzuhalten. Im Gegenteil, sie berief sich auf den großen toten, um den lebenden Kaiser zu mahnen. Dieses kostbare Stück wiedergeborener, an Cicero geschulter Latinität förderte die Heroisierung auf das nachhaltigste, auch wenn es ursprünglich den bedrohlichen Entwicklungen seiner Gegenwart entgegensteuern sollte. Die Kaiserbiographien des antiken Römers Sueton, zumal jene des Augustus, dienten als Darstellungsmuster, Ciceros «Gespräche in Tusculum» als ethisches Maß. Beide Muster zeugen von der wachsenden Bildung in Karls Reich und den neuen Bildungswerten, die sich mit ihr zu verbreiten begannen. Dieses Stück Literatur bot aber zugleich

55 Spätantiker Prunksarkophag mit Darstellung des Raubes der Proserpina. In diesem Sarkophag dürfte Karl der Große bestattet gewesen sein.

eine unterschwellige, den Zeitgenossen zweifellos erkennbare Kritik am regierenden Kaiser.

Einhards kleine Schrift entstand vermutlich 828/829, während heraufziehender innerer Spannungen des Frankenreiches, denen es auf die Dauer tatsächlich nicht mehr gewachsen sein sollte[13]. Sie hielt Ludwig dem Frommen, der – nur nebenbei mit Namen genannt – als Hauptadressat der «Vita Karoli» zu erkennen ist, den Spiegel vor; sie tat es in dezenter, doch eindeutiger und eindringlicher Weise. Schon das «Vorwort» mit dem Verweis auf Einhards «Freundschaft mit Karl selbst und seinen Kindern» konnte jeden, der zu lesen verstand, an die ‹unfreundliche› Art erinnern, mit der Karls Nachfolger dessen Töchtern und jüngsten Söhnen entgegengetreten war. Für sie alle, diese vom Hof Vertriebenen, bewahrte Einhard das Gedächtnis an den Vater. Der Vergleich der gegenwärtigen mit der verflossenen Zeit ergab sich für sie von selbst.

Der erste Satz des ersten Kapitels mußte weitere Alarmglocken in den Ohren eines Herrschers zum Klingen bringen, der ein eher frostiges Verhältnis zum apostolischen Stuhl unterhielt und den Bi-

schof von Rom kaum besser als die übrigen Bischöfe seines Reiches zu stellen gedachte[14]. «Der König Childerich (III.)», so hieß es da, «wurde auf Befehl des römischen Papstes Stephan (II.) abgesetzt und (zum Mönch) geschoren und in ein Kloster eingewiesen». Einhard erinnerte damit an die Grundlegung der karolingischen Königswürde und den Aufstieg der Karolinger zum Königtum, deren erster «durch die Autorität des römischen Papstes als König konstituiert wurde» (c.3), erinnerte an Karls Verehrung des apostolischen Stuhls und an die Möglichkeit des Thronverlusts.

Die Botschaft wurde sehr wohl verstanden – nicht erst seit dem Reformpapsttum des ausgehenden 11. Jahrhunderts, als der Sturz des Merowingers immer wieder als Präzedenzfall für das päpstliche Recht der Kaiser- und Königsabsetzung geltend gemacht wurde. Einhard erging sich wiederum nicht bloß in Mahnungen. Abermals genügten wenige Andeutungen. Sie waren auch jetzt dezent, mehr war nicht zu wagen, und dennoch deutlich. So nannte Einhard die von Karl dem Großen verstoßene langobardische Gemahlin *uxor*, legitime Ehefrau. Kein Leser der Karlsvita am Hof Ludwigs des Frommen bedurfte einer weiteren Erklärung; jeder wußte, was die bloße Wortwahl zu bedeuten hatte: Ludwigs Vater hatte in kirchenrechtlich verbotener Weise, zu Lebzeiten nämlich seiner legitimen langobardischen Gemahlin, Ludwigs Mutter Hildegard als neue Gattin zu sich in den Palast geholt. Karl war Sünder und der jetzt regierende Kaiser, wie eben damals Paschasius Radbertus, einer der Sprecher der Opposition und – als Autor des «Pseudoisidor» – der wohl beste Kenner des Kirchenrechts seiner Zeit, auszusprechen sich nicht scheute, war in «illegitimem Beilager» gezeugt, war damit nach Kirchenrecht Sohn einer Konkubine[15]. Auch der Autor des «Constitutum Constantini», der Grundlage der «Konstantinischen Schenkung», schlug diesen Weg der Herrscherkritik ein[16].

Solcherlei Information besaß, als Einhard schrieb, brandaktuelle Sprengkraft. Sie rief noch einmal den Tod jenes Bernhard von Italien in Erinnerung, dessen Königtum Karl eigens hatte sichern wollen, Ludwig tatsächlich beschworen und dennoch ausgelöscht hatte[17]. Er aber hatte den Neffen als «Konkubinensohn» seines

Bruders Pippin auszuschalten gewußt. Der jugendliche König war eines gewaltsamen, durch Blendung verschuldeten, von Einhard bedeutungsvoll verschwiegenen Todes gestorben, eines Todes, der schon im Jahr 822 den Kaiser zu einer öffentlichen Bußaktion gezwungen hatte, die ihn moralisch stärken sollte, die tatsächlich aber den Auftakt zu selbstzerstörerischen Konflikten im Frankenreich bildete. Davon ist hier nicht mehr zu handeln. Einhard freilich zog sich enttäuscht und Krankheit vorschützend vom Hof auf seine Güter bei Seligenstadt am Main zurück.

Jene Grausamkeit der Königin Fastrada nun, die Einhard im Karlsleben hervorhob, der sein Held – noch einmal Kritik an Karl – immer wieder nachgegeben und die Revolten provoziert habe, dürfte damals im realen Leben die Rolle von Ludwigs zweiter Gemahlin Judith spiegeln, die sich – durch ihre Sippe gestärkt – mit umstürzenden Forderungen in die Nachfolgefrage eingeschaltet und damit Wirren über Wirren provoziert hatte. Auch daß Karl gegen die Kinder seines vorverstorbenen Sohnes Pippin und zumal gegen dessen von Ludwig zum Tode gebrachten Sohn Bernhard besondere *pietas*, die rechte Haltung gegen Menschen und Gott, gezeigt hatte, wie der Biograph betonte (c. 19), gehörte zu diesen geschickt verschleierten, doch unmißverständlichen Mahnungen an die Adresse Ludwigs, war geradezu am Beispiel Karls eine stumme Anklage gegen den Erstleser der «Vita Karoli»[18]. Denn Ludwig ließ allenthalben seine «Frömmigkeit» (*pietas*) und sich selbst als «fromm» (*pius*) feiern[19] und hatte dennoch an ihr gefehlt.

Karl habe sich, so beeilte sich Einhard zu versichern (c. 27), seine ganze Regierungszeit über bemüht, die Stadt Rom, was hieß: den Sitz des Nachfolgers Petri, in früherer Autorität (*auctoritas*) erstrahlen zu lassen. So gradlinig, wie der Biograph es darstellte, verlief Karls Verhalten gegenüber Papst und römischer Kirche freilich nicht. Der König und Kaiser hatte herausragende Gegenspieler in Hadrian I. und – aller Demütigung zum Trotz noch erfolgreicher – in Leo III. Die Persönlichkeit Leos und die Kaiserkrönung haben – bei grundsätzlicher Anerkennung der päpstlichen Autorität – manches verändert. Doch darauf kam es jetzt, für Einhard, nicht an. Vielmehr sollte Ludwig, so das Ziel seiner Gegner, dem Bischof von Rom anders gegenübertreten, als er es tat, mit größerem Respekt vor dem Nachfolger und Erben des Apostelfürsten und auch vor Rom. Dieser Kaiser, der römische gegen fränkische Erneuerung vertauschte, trat nicht in die Spuren seines Vaters; er hat sich nie zu einer Romreise aufraffen können. Die Ordnung in der Stadt der Apostel und im Königreich Italien überließ er seinem Sohn, dem Kaiser Lothar.

Nur ein oder zwei Jahre, nachdem der Biograph an Karl erinnert hatte, wurde auf der Synode von Paris im Jahr 829 der bald berühmte und fortan immer wieder zitierte Brief des Papstes Gelasius I. an den Kaiser Anastasius I. vom Jahr 494 ausgegraben. Er stellte «die geheiligte Autorität der Päpste» (*sacrata auctoritas pontificum*) neben und gegen, ja über «die königliche Gewalt» (*regalis potestas*). Auch das war als Warnung an den Kaiser zu verstehen, der den Papst wie jeden x-beliebigen Bischof behandelte. Alsbald spannten Ludwigs Gegner den Bogen zurück in die Karlszeit und vorwärts in eine Zukunft, die den Papst gleichrangig neben, gar über den Kaiser zu stellen wünschte: Von dem vermutlich letzten Kapitular Karls des Großen nämlich, das die Unterordnung der weltlichen Regionalgewalten von Grafen und «Richtern» unter die Bischöfe formuliert hatte[20], spannte dieser Bogen sich in die Zukunft zu Pseudoisidor, dem monumentalen kirchenrechtlichen Fälschungswerk des Kreises um Wala von Corbie und seines Helfers Paschasius Radbertus. Es unterwarf auch den König und Kaiser der geistlichen Leitungsgewalt des Papstes.

Pseudoisidor griff die Gelasius-Dekretale tatsächlich auf und bewahrte somit das seitdem immer wieder zur Geltung gebrachte Rechtsargument für die strikte Trennung der beiden «Gewalten», des Königs oder Kaisers von der geistlichen ‹Gewalt› des Bischofs von Rom, vor der jeder Kaiser und König den Nacken zu beugen habe. War Einhards Karlsleben auch kein Reflex auf jene Pariser Synode, so entstand es doch im Kontext des auf dieselbe zuführenden ‹politischen› Diskurses. Es zeigt den Autor in der Nähe jener Ludwigsgegner, die Karls Nachfolger zur Buße zwangen, ja, ihn – wenn auch vergebens – abzusetzen trachteten.

Die meisten der unmittelbar miterlebenden Zeitgenossen – ein

Adalhard, ein Theodulf, ein Wala und wie sie alle hießen – werden sich anders an den großen Karolinger erinnert haben als Einhard, so nah derselbe seinem Herrn in dessen letzten Jahrten auch gestanden haben mochte. Die Widersprüche in den Überlieferungen verraten eine in sich uneinige Führungselite unter Ludwig dem Frommen. «Schrecklich und fromm» (*terribilis et pius*) sei Karl gewesen, notierte etwa zur nämlichen Zeit wie Einhard der monastisch gesonnene Biograph Alkuins von Tours, als er sich den herrschenden Karlssohn Ludwig gnädig stimmen wollte[21]. Der Kaiser habe dem von Alter und Krankheit geplagten Gelehrten den Eintritt ins Kloster verwehrt; das grenzte fast an Gotteslästerung.

Nithard (I,1), der geschichtsschreibende illegitime Enkel Karls, der wohl an dessen Hof erzogen worden war und 845 gegen die Normannen fiel, idealisierte schon im ‹humanistischen Stil› eben dieses Hofes, wohl auch in Kenntnis von Einhards Werk das Wirken seines Großvaters: «Schrecklich sei er gewesen und in gleicher Weise liebens- und bewundernswert». Erfüllt von «jeglicher Weisheit und Tugend» habe er – so der Enkel mit Anklang an Vergils «Aeneis» (I,302) – die wilden und eisernen Herzen der Franken und Barbaren (*ferocia ac ferrea corda*)[22], die nicht einmal die römische Macht zu bändigen vermocht hätte, mit «sanftem Terror» (*moderato terrore*) so zu zähmen verstanden, daß sie in seinem Reich (*Imperium*) nur bewirken konnten, was mit dem «allgemeinen Nutzen» (*publica utilitas*) übereinstimmte, dem Nutzen nämlich königlich-kaiserlicher Herrschaft und ihrer Helfer, nicht dem «Gemeinwohl»[23].

Nithard aber schrieb, als Karls legitime Enkel um das Erbe stritten und das Karlsreich zerbrach. Es sollte für dauernd sein. Fortan gab es im Westen wie im Osten des zerbrochenen Reiches gleichberechtigte Herrscher nebeneinander, deren einer wiederholt die Kaiserwürde erlangte, ohne daß damit eine Oberhoheit über den anderen, allenfalls ein gewisser Vorrang verbunden war. Sie alle konnten sich in legitimatorischer Absicht auf Karl den Großen berufen[24]. Mit Otto dem Großen setzte im Osten die Tradition des «Aachener Königtums» ein, die Krönung nämlich der «deutschen» Könige in Karls Kirche und die Thronsetzung auf dem von ihm errichteten Thron. Schon im 12. Jahrhundert war freilich «Kaerlingen», das «Land der Karolinger» oder Charlemagnes, das Reich der «Franken», Frankreich, während der Osten, das *Imperium*, ein «Römerreich» bildete. Zunehmend verschmolz die Gründergestalt Charlemagne mit Frankreich; «und als man dort die «Chanson de Roland» sang, herrschte Karl allein über das «süße Frankreich», die *France dulce*.

Die Königsdynastie der Kapetinger, die mit Hugo Capet die letzten Karolinger aus der Herrschaft verdrängt und im ausgehenden 10. Jahrhundert den Thron bestiegen hatte, mußte fortgesetzt Zweifel an ihrer Legitimität beschwichtigen. Endlich brachte die Ehe Philipps II. mit Isabella vom Hennegau den Wandel. Denn die neue Königin war, so hieß es, späte Enkelin *Charlemaines* und mit ihrem Sohn Ludwig VIII. kehrte das Königtum zum Stamm Charlemagnes zurück. Bald entstand die neue Legitimationsfigur der «Rückkehr des Königtums zum Geschlecht Karls» (*reditus regni ad stirpem Karoli*). Die «Grandes Chroniques de France» aus der beginnenden 2. Hälfte des 13. Jahrhunderts, in die zahlreiche ältere Traditionsstränge und mit ihnen auch Einhards «Karlsleben» einflossen, griffen sie auf und überführten dieselbe in das Selbstverständnis der französischen Monarchie[25]. Die *stirps Karoli*, sie war Frankreichs Königsfamilie schlechthin. Seit dem 15. Jahrhundert trat Frankreich verheißungsvoll in die Fußstapfen Charlemagnes und begann territoriale Forderungen damit zu begründen und zu rechtfertigen. Bald hatte Karl die zwölf «Pairs de France» ernannt, den Gerichtshof des *Parlement* gegründet und die Universität Paris gestiftet – Identifikationssymbole des spätmittelalterlichen Frankreich.

Der ‹kaiserliche› Osten berief sich nicht minder auf «Karl den Großen», angefangen mit Otto I., dann mit den Saliern, weiter unter Friedrich Barbarossa oder den Welfen, später unter Karl IV. und in den folgenden Jahrhunderten. Jede fränkisch-deutsche Königskrönung, die seit 936 oder 961 bis ans Ende des Mittelalters in Aachen zelebriert wurde, erinnerte irgendwie auch an Karl[26]. Die «Kaiserchronik» etwa, eine mittelhochdeutsche historische Versdichtung noch vor der Mitte des 12. Jahrhunderts, legte ein beredtes Zeugnis der Karlsverehrung ab. Als Held und Gesetzgeber feierte sie den Karolinger. Doch während Karl stets Frankreich und seiner Dynastie verbunden blieb, entwickelte sich im Osten keine Identifikation stiftende Tradition. Am Ende des 15. Jahrhunderts konnte, um nur ihn zu erwähnen, ein Hartmann Schedel in seiner Chronik (fol. 166v) den Karolinger ohne weiteres zu einem *franckreichisch könig* erklären. Die Erinnerung an ihn durchzog alle kommenden Jahrhunderte bis zur Gegenwart, und sie machte alle ‹Moden› der (west)europäischen Geistesgeschichte mit. Machiavelli oder Hugo Grotius, Montesquieu oder Voltaire ließen sich über diesen König aus[27].

Erinnerungen also sehr unterschiedlicher Art flossen im kommunikativen und kulturellen Gedächtnis zusammen, um sich der Gestalt und Persönlichkeit dieses Karl zu vergewissern. Einhards handliche und viel bewunderte Vita dominierte diese stets selektiven, ungewissen, dem Wandel ausgelieferten Erinnerungen keineswegs, so sehr sie auch ursprünglich alles Karlsgedächtnis zu einem idealen Karlsbild gebündelt hatte. Die Erinnerung an den Heros fand sich mit wachsender Entfernung von seinen Lebzeiten ins Anekdotische und Sagenhafte erweitert und umgestaltet, zuerst manifest in Notkers von St. Gallen «Gesta Karoli», dann in endlosen volkstümlichen und gelehrten Überlieferungen.

Der erst um die Jahrtausendwende verfestigte Ruhmestitel des «Großen» blieb an ihm haften, verschmolz gar zu einem neuen Namen – dort «Charlemagne», hier «Karl der Große». Als «Charlemagne» blieb er durch Jahrhunderte der Held der französischen Geschichte. Ludwig XIV. berief sich auf ihn, als er seine Truppen über den Rhein schickte, Montesquieu lobte ihn als konstitutionellen Herrscher – «groß war der Herrscher, größer noch als Mensch»; «Sein Genie strahlte bis in den letzten Winkel seines Reiches». «In den Gesetzen dieses Herrschers ist eine Voraussicht am Werk, die alles versteht, und eine gewisse Kraft, die alles mitreißt»[28]. Nur Voltaire tadelte den Großen, «den Sohn eines Domestiken», als Usurpator und Despoten, der Tausende von Sachsen niedergehauen habe[29]. Der bedeutende deutsche Staatsrechtler des 18. Jahrhunderts, Johann Jacob Moser, sah in Karl wieder vornehmlich einen französischen König, von dessen Reich sich Deutschland später abgespalten habe[30]. Napoleon endlich wollte Karls Reich erneuern, marschierte nach Italien und über den Rhein[31]. «Es gibt in Europa nur eine einzige Hand», so hieß es 1804 aus Anlaß seiner Kaiserkrönung im *Journal de Paris*, «die berechtigt ist, das Schwert Charlemagnes zu tragen, das ist Bonaparte der Große»[32].

Die Geschichtswissenschaft, die während des 19. und in der ersten Hälfte des 20. Jahrhunderts aufblühte, interpretierte die Zeugnisse zu Karl zumeist in nationalem Sinn. Nur zaghaft meldete sich mit Wilhelm Schlegel eine andere Sichtweise, die wagte, Karl in europäischer Perspektive zu sehen. Leopold von Ranke kehrte zur Nationaldeutung zurück und beschrieb in Karl den guten Deutschen und den «Vollstrecker der Weltgeschichte»[33]. Der Blick verengte sich immer mehr. Jedenfalls in Deutschland. Nur eine deutsche Stimme dazu komme noch zu Wort: «Er selbst [Karl] war ein Deutscher von Kopf bis zu Fuß», schrieb ebenso schön wie falsch Gustav Freytag[34], «stahlhart und kindsweich, bildungsbedürftig und nachdenklich, von milder Klarheit des Urteils und behaglicher Hingabe an die Stunde, wohl der größte Fürst von deutschem Blut, den die Geschichte kennt». «Mit der Ordnung, welche (Karl) den Deutschen gab, beginnt die selbständige Zeit deutscher Geschichte». Kaum also war der Europa-Gedanke mit dem Karolinger – und sei es noch so vage – verknüpft, da verflüchtigte er sich schon wieder. Kein Däne, kein Pole, kein Ungar, Grieche oder Russe feierte ihn, obgleich bei den Slawen sein Name zum Herrschertitel «korol», «król» oder «král» wurde.

Beachtet hat man zuletzt auch die kulturgeschichtliche Wirkung Karls des Großen, gerne apostrophiert als «karolingische Renaissance»[35]. Sie mußte jeden Nationalismus überwinden. Vielleicht bedurfte es deshalb des ‹neutralen› Schweizers, der weder nach Frankreich noch nach Deutschland tendierte, um diese Perspektive zu betonen: Jacob Burckhardts. Sein Karl, so knapp der Basler Gelehrte auch nur bei ihm verweilte, war doch einer der wenigen historischen Gestalten, wenn nicht die einzige, die ihn, den Skeptiker, zu emphatischer Spekulation reizen konnte[36]. «Ja! Wenn man sich Karls Imperium in seinem vollen Glanz hundert Jahre dauernd denkt, dann hätte die Kultur das Übergewicht bekommen, wäre aus dem Dritten [nämlich nach Staat und Kirche] das Erste geworden. Dann wären Städteleben, Kunst und Literatur der allgemeine Charakter der Zeit geworden; es hätte kein Mittelalter mehr gegeben; die Welt hätte es übersprungen und hätte sogleich in die volle Renaissance (statt nur in einen Anfang) eingemündet; die Kirche aber, so sehr Karl sie begünstigte, würde nie von ferne den späteren Machtgrad erreicht haben.» Aber zu viele nur «scheinbar gebändigte barbarische Kräfte» hätten es vereitelt. «Diejenige Bildung, welche Karl der Große vertrat, war wesentlich eine Renaissance, gegenüber der Barbarei des 7. und 8. Jahrhunderts, und konnte nichts anderes sein», so hieß es lapidar in desselben Autors «Cultur der Renaissance in Italien», einem Werk, das maßgeblich den Renaissance-Begriff der wissenschaftlichen Forschung prägte[37]. Unter Karl also «wesentlich» eine Renaissance oder doch eine Prae- oder Proto-Renaissance.

Das Urteil war weder ganz falsch, noch traf es ganz zu. Die fruchtbare und anhaltende kulturelle Wirkung der langen Herrscherjahre des Karolingers ist nicht zu bestreiten, doch sie war nicht um ihrer selbst erstrebt, sondern sollte der Stärkung von Kirche und Königsherrschaft dienen. Diese von Karl erneuerte Kultur mündete – ein wenig zugespitzt formuliert – eher in die grandiose, von Wissen und Können, von Rationalität und Glauben, von Erneuerung und Beharrung geprägte Fälschung Pseudoisidors als in eine Geisteshaltung, die der doch recht weltlich gestimmten Renaissance des späten Mittelalters entsprach, wie sie Burckhardt selbst entworfen hatte[38].

Bemerkenswerte Bildwerke wurden diesem Heros in Italien, Frankreich oder in Deutschland gewidmet. Berühmt und immer wieder abgebildet sind die wohl von Karl IV. gestiftete Büste des hl. Karl in Aachen und Dürers für die Nürnberger Heiligtumskammer geschaffenes Idealbild desselben (Abb. 60). Anspruchsvoll gibt sich das frühbarocke Fresko in der Sala Regia, dem triumphalen Repräsentationsaal des Vatikan, von der Hand Taddeo Zuccaris: Es imaginiert Karls Territorienschenkung an die römische Kirche, den historischen Hintergrund des «Kirchenstaates» bis heute. Die Karlsfresken Alfred Rethels schmücken seit 1846 den Festsaal des

56 Karl der Große unterfertigt seine Erneuerung der «Pippinischen Schenkung», Fresko in der «Sala regia» des Vatikan von Taddeo Zuccari (nach 1573)

Aachener Rathauses[39], das über dem Grund von Karls Pfalzaula errichtet wurde.

Die Brüder Charles und Louis Rochet – nur noch dieser Hinweis – schufen ein eindrucksvolles bronzenes Denkmal des reitenden Karl und seiner Trabanten: «Charlemagne et ses leudes», das im Jahr 1882 in Paris, auf der Île de la Cité, vor Notre Dame seinen bedeutungsvollen Platz gefunden hat, gleichsam im Herzen Frankreichs – eine trotzige Geste der Selbstbehauptung der durch die Niederlage von 1870/1871 gedemütigten Nation. Diese hatte sich zuvor mit Wort, Bild und Karikatur behauptet – etwa jenes Wilhelms I. als eines modernen Karl, der im Schmuck der Krone Napoléons III. und dessen gezwirbelten Bartes ‹hoch zu Schwein› mit seinem Minister Bismarck in Paris seinen Einzug hält: «*Entrée du Charlemagne moderne à Paris – accompagné de son ministre*»[40]. Auf der Gegenseite hatte Bismarck einst

57 *«Charlemagne et ses leudes», Bronzeplastik der Brüder Charles und Louis Rochet, 1882, heute vor Notre Dame in Paris*

statt der 1883 eingeweihten «Germania» des Niederwalddenkmals bei Rüdesheim am Rhein einen Karl den Großen als deutsches Nationaldenkmal gewünscht[41].

Der zwiefache Karolus magnus – ein Konfrontationssymbol oder ein die gemeinsame Herkunft betonendes Friedenszeichen? Die Karlssage ließ sich leicht in politische Propaganda umformen. Protestanten erklärten Karl zu einem Vorläufer der Reformation[42]. Er konnte gar zu einem aufgeklärten Monarchen avancieren[43]. In romantischem Rückblick verklärte sich seine Gestalt vollends. Herder sandte ihm einen ergreifenden Nachruf hinterher: «Ruhe also wohl, großer König, zu groß für deine Nachfolger auf lange Zeit ... Vielleicht erscheinst du im Jahr 1800 wieder und änderst die Maschine, die um 800 begann ... Großer Karl, dein unmittelbar nach dir zerfallendes Reich ist dein Grabmal; Frankreich, Deutschland und die Lombardei sind seine Trümmer»[44]. Die bald eingeleitete Restauration sollte freilich diese Trümmer konservieren.

3

Sagenheld

Karl also ein Sagenheld[45]. Derselbe scheint den Grundzug der Realgeschichte zu wiederholen: die Unterwerfung fremder Völker. Zumal in Sachsen und der Lombardei meinten die Brüder Grimm denn auch die (deutsche) Karlssage aufspüren zu können. «Erst nach dem Erlöschen der Merowinger zieht sich um Karl den Großen die Fülle des edelsten Sagengewächses. Stammüberlieferungen der Völker, welche den Norden Deutschlands bewohnen, namentlich der Sachsen, Westfalen und Friesen, sind nahezu ganz verloren und wie mit einem Schlage zu Boden gedrückt ... Jene Vertilgung wäre kaum begreiflich, fände sie nicht in der grausamen Bezwingung dieser Völker unter Karl dem Großen Erklärung; das Christentum wurde mit der Zerstörung aller Altertümer der Vorzeit zu ihnen geführt»[46]. Schon der Sanktgaller Mönch ein Jahrtausend früher bot manchen Stoff zur Karlssage, der immer weiter wuchs und wucherte. Über 100 Beispiele zeugen mit der Zeit davon. Karl wurde zu der «Sagenfigur schlechthin»[47]. Selbst Zauberbüchern war er nicht fremd. «Das Gebet Karls des Großen», das Jesus um Schutz gegen den Teufel anrief, schützte zugleich vor Feinden, Feuer, Wasser, Geister oder Krankheit[48].

Seit der zweiten Hälfte des 9. Jahrhunderts scheint jener Motivkreis sich angereichert zu haben, der dann seit dem ausgehenden 11. Jahrhundert als «Rolandslied» faßbar wird und weite Verbreitung durch Frankreich, Spanien, Deutschland, Italien fand. Die Genese des Liedes läßt sich tatsächlich durch zwei Jahrhunderte verfolgen. Andere Dichtungen traten bald hinzu[49]. Sie bieten Beispiele für den Wandel der Karlsfigur vom weltlichen Kaiser zum Kreuzfahrer und Heiligen[50]. Schon im 10. Jahrhundert pilgerte – so der römische Mönch Benedikt von S. Andrea auf dem Monte Soratte – Karl ins Heilige Land, ein Motiv, das sich dann im Zeitalter der Kreuzzüge zu einem veritablen Kriegszug auswuchs. Damals, wohl noch vor 1130, entstand und verbreitete sich die «*Historia Caroli Magni et Rotholandi*» des sog. Pseudo-Turpin; sie wurde besonders einflußreich. Erst seitdem und unter dem Einfluß dieser Legende verklärte sich Karl neuerlich und vollends zu einem Heiligen[51], zu einer Art Vorläufer des Endzeitkaisers[52]. Frankreich und Spanien beteiligten sich an dieser Entwicklung; bis nach Norwegen und Island strahlte die Karlssage aus (*Karlamagnús saga*). So spiegelten sich unterschiedliche soziale und politische Bedürfnisse in den Altersschichten von Karlssage und -legende.

Aber nicht nur Heroisierung und Sanktifikation, auch Abwertung des Königs oder Kaisers ist zu erkennen. Zumal während des Hochmittelalters griff sie im Süden Frankreichs um sich, der distanziert zum zentralen Königtum in Paris stand. Eine Reihe sog. «Aufrührerepen» spiegelte die Entwicklung wie etwa, um nur dieses anzuführen, das Versepos von den «vier Haimonskindern» («*Rainaut de Montauban*»), von den Abenteuern nämlich der vier Söhne des sagenhaften Grafen Haimon und seiner Gemahlin Aja, einer angeblichen Schwester Karls des Großen. Diese Söhne mit *Rainaut* an der Spitze sollten getötet werden, durften aber überleben, rächten sich an Karl, indem sie dessen Sohn Ludwig erschlugen, und mußten sich zuletzt doch der dominierenden Herrschermacht beugen.

Die Mär wurde in viele Sprachen übersetzt, nahm immer neue und andere Motive (wie etwa Rainauts/Renarts Mitarbeit am Kölner Dombau) auf, je nach dem sozialen Umfeld, in dem die Geschichte erzählt wurde. Sie sah sich als «Volksbuch» frühzeitig gedruckt. Geschildert wurde die Spannung zwischen Vasallentreue und adeligem Widerstand gegen den mächtigen König. Es thematisierte, als das Epos entstand, die Opposition gegen den Zentralisierungszwang seitens der französischen Krone im ausgehenden 12. und im 13. Jahrhundert. Die Volksbuchfassung der «Haimonskinder» erfreute noch Goethe: «Wir Kinder hatten also das Glück, diese schätzbaren Überreste der Mittelzeit auf einem Tischchen vor der Haustüre eines Büchertrödlers täglich zu finden, und sie uns für ein paare Kreuzer zuzueignen. Der Eulenspiegel, die vier Haimonskinder, die schöne Melusine ... bis auf den ewigen Juden, alles stand uns zu Diensten, sobald uns gelüstete nach diesen Werken, anstatt nach irgend einer Näscherei zu greifen»[53].

Selbst die Judenheit berief sich im Hochmittelalter auf diesen Frankenkönig[54]. Einem Lichtstrahl gleich spiegelten ihre Geschichten sein Gedenken. Einige schrieben ihm ihre Ansiedlung im Süden Galliens zu. Die Chronik des Abraham ben David (Sefer Ha-kabalah, Buch der Überlieferung) etwa wußte zu berichten, daß Karl seinerzeit bei Hârûn al-Rašid einen Rabbi aus dem Hause Davids erbeten habe, daß der (Rabbi Makhir) tatsächlich nach dem Westen gezogen sei und daß er, nachdem Karl die Stadt Narbonne von den Sarazenen erobert habe, dort ein Drittel der Stadt erhalten und die Schule von Narbonne gegründet habe. Ein Privileg des Königs habe alles bestätigt und unter königlichen Schutz gestellt. Tatsächlich war Narbonne im Jahr 759 schon durch Pippin dem Frankenreich eingegliedert worden.

Die Geschichte wird in ein wenig anderer Gestalt, gleichwohl noch im 12. oder frühen 13. Jahrhundert auch von den *Gesta Karoli Magni ad Carcassonam et Narbonam* erzählt, die sowohl auf Lateinisch als auch auf Provençalisch verbreitet waren. Danach hätten die Juden der Stadt Narbonne, als Karl sie belagerte, ihm 70 000 Mark Silber geschickt und ihm angeboten, daß er an dem Mauerteil die Stadt erstürmen könne, den sie zu schützen hätten. Als Gegenleistung wünschten sie allein, daß ihr «König aus dem Geschlechte Davids» (*rex de gente nostra... de genere Davidis*) immer in der Stadt bleiben dürfe. Karl versprach es; und nachdem er die Stadt erobert hatte, bestieg er, das Zepter in der Hand und von einem großen Gefolge umgeben, den königlichen Thron, rief Aimeric von Narbonne vor sich und sprach: ‹Aimeric, ein Drittel der Stadt gebe ich dem Erzbischof, ein Drittel den Juden, der Rest ist euer›. Auch jetzt sicherte er alles mit einem Privileg[55]. Noch andernorts wurde diese Geschichte, abermals ein wenig anders, erzählt. Auch hieß es, Karl habe erstmals Juden aus Italien im Rheinland angesiedelt[56]. Die Realität sah freilich anders aus[57].

Sagen verklärten den christlichen Herrscher. Sie konnten legendarische Züge annehmen. So geschah es beispielsweise auf einer kostbaren bemalten Tischplatte, die vermutlich nach Regensburg gehörte und ins Jahr 1518 datiert ist und die sich heute im Germanischen Nationalmuseum in Nürnberg befindet[58]. Auf dieser Platte ist zu sehen, wie Karl der Große vor einer idealisierten Stadt kämpft und wie er, von einem furiosen Engel unterstützt, Heiden niederringt. Der Engel hatte ihm in der dem Bild zugrundeliegenden Legende Volk und Land offenbart, die er zum Glauben bringen solle. Der Papst Coelestin segnete, so die Legende, den Kampf und sandte zur Unterstützung seinen Legaten Appollonius. Mit himmlischem Beistand brachte Karl Sizilien, Apulien, die Terra di Lavoro, Tuszien und alles umliegende Land unter das Christentum. Nur der Langobardenkönig Desiderius verharrte im Heidentum, bevor der Kaiser auch dieses Land zur Taufe zwang. Die Baiern empfingen alsbald freiwillig die Taufe, nur die «viereckige Stadt» Regensburg (das alte römische Castrum) widersetzte sich und fiel erst – vom «Siegbühel» aus belagert – nach heißen Kämpfen, in die der Engel eingriff. Zum Dank wurde die Kirche Weih St. Peter gestiftet. Die Stadt Regensburg aber erbat sich zu der Zeit, als die Legende gedruckt und die Tafel gemalt wurde, aus Aachen Reliquien des heiligen Kaisers.

4

Heiligkeit

Schon die Sagengestalt umflorte Heiligkeit[59]. Entsprechende Hinweise finden sich bereits um das Jahr 900 beim Poeta Saxo. Der Dichter, der sich weithin an die «Reichsannalen» hielt, machte Karl zum Glaubensboten der Sachsen. Die Mission konnte die Schmach der sächsischen Niederlage gegen die Franken, die unrühmliche Vergangenheit, bewältigen[60]. Doch scheiterte ein erster Elevationsversuch im apokalyptischen Jahr 1000 durch den jugendlichen Kaiser Otto III. und seine bischöflichen Helfer Heribert von Köln und Bernward von Hildesheim[61]. Der junge Herrscher starb keine zwei Jahre nach der Graböffnung, was im Rückblick das Unternehmen als Grabfrevel erkennen ließ.

Die Salier, deutsche Könige und Kaiser aus fränkischem Haus, führten sich über Gisela, die Gemahlin Konrads II., anspruchsvoll auf Karl den Großen zurück. Doch erst Friedrich Barbarossa vollendete am 29. Dezember des Jahres 1165 die Elevation Karls des Großen. Als heiliger Held vermochte derselbe dem regierenden Kaiser in politisch heikler Lage zur Seite zu springen. Rainald von Dassel, der zuständige Erzbischof von Köln, und der gleichermaßen zuständige Bischof von Lüttich, standen dem Staufer zur Seite; der Gegenpapst Paschal III. willigte ein. Reliquien wurden verbreitet, erste Reliquiare gestiftet, die der Glanz des goldenen Karlsschreins im Aachener Münster überstrahlte, den im Jahr 1215 des Rotbarts junger gleichnamiger Enkel, Friedrich II., verschloß. Der politische Kontext der Elevation verwehrte freilich dem neuen Heiligen die allgemeine liturgische Verehrung. «Ein ‹Volksheiliger› ist Karl nie gewesen, seine Kanonisation war die Folge politischer Erwägungen, sein Kult ein dürftiger Lokalkult»[62]. Nur an wenigen Orten – in Aachen, Reims, Frankfurt am Main, in Zürich oder auch in Regensburg – setzte sich sein Kult durch. Damals, im 12. Jahrhundert, entstand die wunderschöne Karlssequenz, die noch heute (mit wechselnden Stadtnamen) an den kirchlichen Karlsfesten erklingt:

Urbs Aquensis, urbs regalis
Regni sedes principalis
Prima regum curia
Regi regum pange laudes
Quae de magni regis gaudes
Caroli praesentia[63]
(Aachen, königliche Stadt,
Hauptsitz des Reiches,
Erster Hof der Könige
Singe das Loblied des Königs der Könige,
die du dich erfreust des großen Königs
Karls Gegenwart.)

In Frankreich setzte die liturgische Verehrung – von Renovationshoffnungen begleitet – zumal im 14. Jahrhundert unter Charles V. von Frankreich ein; auch sie dauert bis zur Gegenwart an[64]. Dieser König ließ ein goldenes Thronzepter anfertigen, auf dessen Spitze Charlemagne thronte. Es zeigte in drei Medaillons unter dem Herrscher drei Szenen der Karlslegende nach dem Pseudo-Turpin. Napoleon hat dieses Juwel später ergriffen[65], eben jener Empereur, der sich selbst in der Nachfolge des (heiligen) Karolingers sah. Er ließ den religiösen Karlskult aufleben. Derselbe legitimierte – nicht anders als unter Ludwig XIV. – auch unter dem Korsen das Ausgreifen Frankreichs nach Osten und über den Rhein. In Deutschland zog sich dieser Kult freilich im Zuge der Reformation, der Aufklärung und der Säkularisationen des frühen 19. Jahrhunderts im wesentlichen nach Aachen und Frankfurt zurück[66].

Doch auch in säkularisierter Gestalt, als nationaler Heros, entfaltete der «Heilige» seine Wirksamkeit. Nationale Verengungen des Blicks und anachronistische Urteilsbildung unter Gelehrten taten ein übriges. Sie machten Karl zu einem Heros bald der Franzosen, bald der Deutschen. Hier und dort, in Deutschland wie in Frankreich, wetteiferten die Gebildeten um Karls Nationalität. «Charlemagne» galt als Franzose, sein Reich als Vorläufer Frankreichs. Ludwig XIV. und Napoleon bedienten sich dieses Konstrukts. «Karl der Große» aber trat als Deutscher auf.

Zarte Ahnungen eines ‹europäischen› Karl finden sich zwar im Jahr 1769 bei dem schottischen Hofhistoriographen William Robertson. Doch mußten sie sich noch über das Zeitalter Napoleons hinaus gedulden, bevor sie gereiftere, doch noch immer nicht durchsetzungskräftige Blüten trieben. Schon Napoleon hatte, nachdem er die Lombardei erobert hatte, ein neuer Karl der Große sein wollen: «Pour le Pape, je suis Charlemagne», soll er gesagt haben[67]. Wie es scheint, hat erstmals Friedrich Schlegel, der deutsche Romantiker, das Bild von Karl, dem «Gesetzgeber für das ganze abendländische Europa», in seinen Wiener Vorlesungen von 1810 «Über die neuere Geschichte» skizziert. Der große Korse mag heimlich Pate gestanden haben. «Europa», so war dem Gelehrten bewußt, «ist eine Idee.» Aber Karl habe ihr Gestalt als einem «christlichen Verein aller abendländischen Nationen» verliehen, eine «europäische Republik» begründet. Wie immer Karls Leistung zu beurteilen sein mag, das hatte der große Karolinger gewiß nicht getan.

Charlemagne und Karl der Große blieb im Gedächtnis zumal der Franzosen und Deutschen als Gesetzgeber und Richter, als gefeierter Vorgänger und Vorfahre des eigenen Königsgeschlechts, als Stifter des Kurfürstenkollegs oder der Universität von Paris, als Kämpfer gegen die Heiden, als Kreuzfahrer, als Heiliger, kurzum als Inbegriff alles dessen, was für gut galt seit alters.

«Von Karl dem Großen vernahmen wir manches Märchenhafte», so erinnerte sich etwa zu derselben Zeit Goethe, «aber das Historisch-Interessante für uns fing erst mit Rudolf von Habsburg an, der durch seine Mannheit so großen Verwirrungen ein Ende gemacht»[68]. Das bekundete ein bemerkenswertes Desinteresse an einem Herrscher, unter dem immerhin die Heimatstadt des Dichters in die Geschichte eintrat. Für den Heiligen mochte sich der Frankfurter Protestant wenig begeistern. Oder fand der Humanist Goethe wenig Interesse an dem martialischen Kaiser? Da kursierte die Geschichte vom «eisernen Karl», welche die Brüder Grimm in ihre «Deutschen Sagen» aufgenommen haben. Dieser «Karl war kühn, schön, gnädig, selig, demütig, stet, löblich und furchtlos». Zum Ende der Zeiten sollte er wiederkehren. Also doch ein Endkaiser?

5
Böser Mißbrauch

Die nationalen Gegensätze deformierten die Gestalt des großen Franken, dessen Spuren in Frankreich, Deutschland, Italien und Katalonien noch immer zu verfolgen sind. Er verkümmerte zur Repräsentationsfigur tagespolitischer Ziele. Mancherlei Unkraut säte auf diesem Acker bereits im ausgehenden 19. Jahrhundert der Brite Houston Stewart Chamberlain mit seinen unsäglichen, aber weitverbreiteten und vom deutschen Bürgertum alsbald viel gelesenen, geschichtsklitternden «Grundlagen des neunzehnten Jahrhunderts» – Unkraut, das zumal in Deutschland wild wucherte. Karl hätte, so schrieb der germanophile Autor, die Deutschen definitiv von Rom scheiden können, habe aber das Gegenteil getan. «Dieser so verhängnisvoll eifrige Römling war aber dennoch ein guter deutscher Mann und nichts lag ihm mehr am Herzen als diese Kirche, die er als Ideal so leidenschaftlich hoch schätzte, von oben bis unten zu *reformieren* und aus den Klauen des Heidentums loszureissen.» Auf Dauer ausgerichtet aber habe er nichts. «Inkonsequenzen» hätten sein Handeln vielmehr bestimmt, indem er «durch seine kulturelle Tätigkeit und seine germanische Gesinnung mehr als ein Anderer zur Entfesselung der Nationalitäten und zur Knebelung des folgerechten römischen Gedankens beigetragen» habe[69].

Mit Karls Namen wurde bald noch schlimmeres Schindluder getrieben. «Ein Gebiet war den Germanen unterworfen, groß wie sie selbst. Eine ungeheure Heimat war der Rasse auf der Erde bereitet. Das war das Endergebnis der Politik Karls des Großen». So schrieb der ‹Erfinder› des «Dritten Reiches», der einflußreiche, selbst in Reclams Universalbibliothek vertretene Publizist Arthur Moeller van den Bruck; und auch noch: «Von Kaisers Gnaden, nicht von Papstes Gnaden bestand die Christenheit, bestand das Germanentum und die beide verbindende und vertretende Macht, das nordische Kaisertum.» Karls Reich zerfiel und das «war gleichbedeutend damit, daß das Germanentum nicht als Rasse, sondern nur in einzelnen Nationen seinen Weg durch die Geschichte nehmen sollte»[70]. Derartige Phrasen, wohl einflußreicher als die gelehrte Universitätshistorie, formten die politischen Vorstellungen der nächsten Generation und läuteten das Unheil ein.

Das Karls-Bild schimmerte dabei in vielen Facetten. Irritierende Verwandlungen mußte sich der Frankenherrscher, römische Kaiser und Heilige in der ideologisch in sich uneinigen NS-Zeit gefallen lassen[71]. Durch Alfred Rosenberg, den welschen- und papstfeindlichen Chefredakteur des «Völkischen Beobachters», oder doch (wenn nicht von ihm selbst) in seinem Sinn wurde immer wieder und lautstark Karl als «Sachsenschlächter» diffamiert[72]. Das Wort geht wohl auf den Journalisten und problematischen Heimatdichter Hermann Löns zurück, der in seiner gegen Karl giftenden Erzählung von 1912 «Die rote Beeke» das Verdener ‹Blutgericht› dramatisierte.

«Junge, ich sage dir, nimm deine Beine und lauf: Karl ist bei der Fähre und hält Gericht über tausend Mann und abermals tausend Mann, und noch einmal so viel und über die Hälfte von tausend.» Karl wird in düstersten Farben gezeichnet: «Südlands Wein und Südlands Weiber machten seine Glieder lahm». «Und Renke (der fingierte Sänger) schreit, schreit so laut wie keiner um ihn. ‹Heil, Heil› schreit er und schwenkt die Kappe, und starrt nach dem König.» Und endlich: «Renke, der Rächer [...] Hohl flüsternd bringt er [...] die Kunde von dem grausamen Schlachten [...] an dem Tag da das Wasser der Beeke rot floß, weil König Karl es gebot». Mit einem Appell an das (fingierte) «Lied vom aisken Schlächter und der roten Beeke» endete die Erzählung[73].

Sie konnte Hitler so gut gefallen wie dem Baltendeutschen Rosenberg, der die rassistische und kirchenfeindliche Komponente hinzufügte und hervorhob. Freiheit und Religion der nordischen Rasse habe dieser Karl, so hieß es bei ihm, unterdrückt, für sein «Verbrechen am deutschen Volk» sei er aber zum Heiligen ernannt worden[74]. Auch diesen letzten Schlenker hatte bereits Voltaire vorgegeben[75]. Vollends zum Gegenhelden wuchs der Sachse Widukind empor, als Kämpfer, ja, als König, als ein Großer gleich Karl. Schon das Titelblatt von Matthäus Merians «Topographia Saxoniae Inferioris» hatte ihn, *Witekind M(agnus)*, dem *Carolus M(agnus)* gegenübergestellt[76].

Das übelste Machwerk freilich wurde in Münster inszeniert. Dort nämlich gelangte bald nach der «Machtergreifung» ein Drama «Wittekind» zur Aufführung, dessen Titelheld sich zwar dem Sieger Karl unterwerfen und die Taufe annehmen mußte, doch sich dazu nur bereit erklärte, weil der Frankenkönig und «Römling» gedroht hatte, andernfalls 60 000 sächsische Frauen durch «Fremdrassige, Juden und Hunnen», schänden zu lassen[77].

Gegen solche Diffamierung griffen acht deutsche Geschichtsforscher von Rang und Namen zur Feder, «um der Wahrheit willen ... um Deutschlands willen, das sich durch Preisgabe dieser überragenden Persönlichkeit selbst schädigen würde». Karl sei, so hieß es im Vorwort, das sich vielleicht der Feder Karl Hampes, des damaligen Doyens der deutschsprachigen Mediävistik, verdankte, Karl sei der Einiger der «Stämme der Franken, Sachsen, Friesen, Thüringer, Schwaben und Bayern in einem Reiche». Das war von Moeller van den Bruck nicht allzuweit entfernt. «Sein (Karls) Werk war es, daß ein einiges Deutschland überhaupt entstehen konnte». Voltaire (also ein Franzose) wurde als Erfinder jener «Anklagen, die gegen Karl ... erhoben wurden», namhaft gemacht. In dieser «Mißachtung des ersten Kaisers germanischer Abkunft» wolle man dem französischen Aufklärer keine «Gefolgschaft ... leisten». Nicht Karls «weltgeschichtliche Leistung» werde in den folgenden Beiträgen aufgewiesen, vielmehr «wie er als Gesamtpersönlichkeit von germanisch-deutscher Art und Abstammung erscheint». «Charlemagne» indessen sei Umdeutung, die «von jeher in der französischen Ausdehnungspolitik gegen den Rhein und über den Rhein» zur Geltung gebracht worden sei[78]. Die lange mittelalterliche, abweichende Tradition hatte dieser Mediävist völlig ausgeblendet. In Karls Namen spiegelte sich plötzlich die postulierte Erbfeindschaft Deutschland-Frankreich. In den folgenden Beiträgen mußte man auf Zwischentöne achten, nicht auf die ‹offiziöse› Diktion, die eher die hohe Würdigung Karls des Großen durch die Autoren verschleiern sollte.

Diese Historiker fochten – ohne ihn bei Namen zu nennen – gegen den mächtigen Rosenberg. Sie vertraten gleichwohl keine einheitliche politische Position. Aber sie intendierten auch keine Korrektur des nationalistischen Karlsbildes diesseits und jenseits der Grenzen. Im Gegenteil: Selbst der dem Regime kritisch und ablehnend gegenüberstehende Carl Erdmann, der deutlich zwischen «Germanen» und «Deutschen» schied und in letzteren explizit keine Germanen erkannte, der gerade das von der Nazi-Ideologie verfemte Römische, Christliche, ja Katholische in das «germanisch-deutsche Wesen» hineinnahm, auch er schloß mit einem dem Zeitüblichen angepaßten Tenor: «Karl der Große ... vollzog die endgültige Entscheidung für den deutschen Weg durch Antike und Christentum und gab selbst das Beispiel, daß das germanisch-deutsche Wesen sich dadurch nicht verlor, sondern vertiefte. Mit seinem Verdienst um das Werden des Deutschen ist nichts anderes zu vergleichen»[79]. Gegen Rosenberg hieß eben nicht: gegen einen national gedeuteten Karl.

Dem Karolinger wurden auch solche Töne schwerlich gerecht. Zumindest einige der Ausführungen der acht Historiker kamen den Vorstellungen Hitlers entgegen. Der gab nur wenig später, in seiner Schlußansprache auf dem Nürnberger Parteitag von 1935, ohne Karl oder die Sachsen namentlich zu nennen, die analoge, Rosenberg widersprechende Devise aus: «die erste staatliche Zusammenfügung deutscher Menschen konnte nur über eine Vergewaltigung des volklichen Eigenlebens der einzelnen deutschen Stämme zustande kommen. ... Man soll nicht die Geschichte verdammen, weil der Weg, der von Dutzenden von deutschen Stämmen zu einer einzigen deutschen Nation führte, als mehr oder minder harte Vergewaltigung über Zehntausende [...] ging und gehen mußte»[80]. Das war die brutale Rehabilitation der Gewalt und – unausgesprochen – der künftigen Kriege Hitlers: Karl der Vergewaltiger und Hitler sein Folger. Der Franke selbst freilich hatte die anderen Völker in ihrem Anderssein anerkannt. Nivellierung durch Unterdrückung, das war Hitlers Ziel.

Rosenberg sah sich zu einem ideologischen Salto mortale gezwungen[81]. Sein «Amt für Schrifttumspflege bei dem Beauftragten des Führers für die gesamte geistige und weltanschauliche Erziehung der NSDAP» publizierte schon im folgenden Jahr 1936 ein an die neue Devise angepaßtes Lehrbuch «Geschichtsunterricht als nationalsozialistische Erziehung». Der Autor jenes Lehrbuchs, Dietrich Klagges, der gefährliche Ministerpräsident von Braunschweig, feierte den eben noch Geschmähten: «Der Frankenkönig Karl erkennt die Sicherung des germanischen Europas als das große politische Ziel seines Lebens», ein «germanisches Einheitsreich unter der Vorherrschaft der Franken» (S. 315). «Als erster Germane war Karl der Große der Herr und Beschützer ganz Europas. An Stelle Roms wurde seine Hauptstadt Aachen der Mittelpunkt der Weltpolitik» (S. 320). Indes, «das germanische Weltreich, Kaiser Karls gewaltige Schöpfung, brach in Scherben» (S. 322), um dann, so die Folgerung, erst durch Hitler noch gewaltiger wiederzuerstehen: «Indem das deutsche Volk sich selber schirmt, schützt es zugleich die nordische Kultur in ganz Europa und in der Welt» (S. 328)[82].

Diktaturen haben sich stets der Geschichte zu bemächtigen getrachtet; und Hitler bediente sich Karls des Großen. Hatte er das Büchlein der acht Historiker zur Kenntnis genommen? «Er habe [...] auch Rosenberg gewarnt, [...] einen Heroen wie Karl den Großen als Karl den Sachsenschlächter zu bezeichnen.» «Das deutsche Volk sei [...] als ein Produkt von Gewalt, antiker Idee und Christentum entstanden. Nur mit Hilfe der Gewalt habe sich das deutsche Volk im Abglanz alt-römischer Staatenbildungen und auf dem Boden des von einer Universal-Kirche vertretenen Christentums in der Kaiserzeit erstmalig zusammenschweißen lassen. Ein Mann wie Karl der Große habe sich dabei kaum so sehr von machtpolitischen Erwägungen leiten lassen als vielmehr von dem mit der antiken Idee gegebenen Streben nach kultureller Entwicklung, nach kulturellem Schaffen.» «Durch eine diesen einfachen, natürlichen Lebensweisheiten entsprechende Zusammenfassung der deutschen Menschen zu einer straffen Organisation habe Karl der Große ein Reich geschaffen, das auch – als es nicht mehr existierte – immer noch als Reich bezeichnet worden sei. Er habe diesem Reich so viel von der besten politischen Substanz des alten römischen Imperiums mit auf seinen geschichtlichen Weg gegeben,

58 Sonderstempel der Reichspost zum vermeintlichen 1200. Geburtstag Karls des Großen

daß es von den Menschen des gesamten europäischen Kontinents jahrhundertelang als Fortführung des alten römischen Weltreichs empfunden worden sei». So lobte Hitler im Krieg[83]. Derartiges ließ sich propagandistisch für die NS-Politik ausschlachten.

Der Mißbrauch des Frankenkönigs kannte keine Grenzen. Zum 2. April 1942 (zur 1200. Wiederkehr des vermeintlichen Geburtstags des Kaisers) erschien ein Sonderstempel der Reichspost: «Großdeutschland gedenkt Karls des Großen» und der bekannten nach rechts gerichteten stilisierten Reiterstatuette[84]. Hitler wußte, warum er an den französischen Kaiser Charlemagne erinnerte, um dort, in Frankreich, Zustimmung für seine Pläne zu finden. Der Sohn des Zöllners liebte den Vergleich mit dem mittelalterlichen Kaiser; er diente der Verbrämung der eigenen Verbrechen. An pompösen Gesten mangelte es nicht. 1943 ließ Hitler einen Platzteller aus kostbarem Sèvres-Porzellan herstellen. Sein Dekor zeigte einmal mehr die berühmte Reiterstatuette Karls aus dem Louvre (Abb. 23) und trug die lateinische, sich an die Völker Europas wendende Inschrift: IMPERIUM CAROLI MAGNI / DIVISUM PER NEPOTES / ANNO DCCCXLIII / DEFENDIT ADOLPHUS HITLER / UNA CUM OM-

59 Teller aus Sèvres-Porzellan, als Ehrengabe Hitlers verwandt. Die Inschrift der Rückseite besagt: «Das Reich Karls des Großen, das im Jahr 843 durch seine Enkel geteilt wurde, schützt Adolf Hitler gemeinsam mit allen Völkern Europas im Jahr 1943». (Paris, Musée de l' Armée)

NIBUS EUROPAE POPULIS / ANNO MCMXLIII – «Das Reich Karls des Großen / das seine Enkel teilten / im Jahr 843 / verteidigt Adolf Hitler / gemeinsam mit allen Völkern Europas / im Jahr 1943».

Hitler – der neue Karl, so war die Botschaft zu lesen. Wer immer hier der Aggressor war, Hitler erschien als Einiger des zerbrochenen Karlsreiches, dem die europäischen Völker dienten, als Gewaltherrscher, der gleich seinem Karl durch (wie es 1935 hieß) «Vergewaltigung des volklichen Eigenlebens» diese Völker unter seine Knute zu zwingen gedachte. Den Porzellanteller bekamen vorzugsweise Angehörige der SS-«Division Charlemagne», die sich aus Freiwilligen zusammensetzte, aus Franzosen, die sich aus eigenem Antrieb zu Erfüllungsgehilfen jener Vergewaltigung gemacht hatten. Die chauvinistische Europa-Politik des braunen Reiches bediente sich des großen Franken als integrierender Symbolgestalt.

Professionelle deutsche Historiker, etwa der damals Breslauer, später Hamburger Professor Hermann Aubin, schon 1935 an dem antifranzösischen Sammelband beteiligt, haben derartiges in williger Scheindiagnose aufgegriffen: «Die Meisterhand Karls des Großen» habe, so schrieb er nach dem vermeintlichen «Blitzsieg» über Polen und Frankreich in der auch damals renommiertesten deutschen geschichtswissenschaftlichen Zeitschrift, der «Historischen Zeitschrift»[85], habe also «wesentliche Elemente für einen befriedigenden Ausgleich zwischen den Belangen des deutschen Führervolkes und den fremdstämmigen Unterworfenen» herbeigeführt. Erzwungen war ein solcher Kotau vor dem Ungeist der Zeit nicht, beschämend die Verachtung fremder Völker aber allemal.

«Nicht unsere Geschichte ist ein Verhängnis», so urteilte vor einigen Jahren in einschlägigem Kontext Karl Ferdinand Werner, der langjährige Direktor des Deutschen Historischen Instituts in Paris, in einem zu Ehren Karls des Großen in Aachen gehaltenen Vortrag, «wohl aber eine weitgehend von den stolzen Wissenschaften des 19. Jahrhunderts zu verantwortende Ideenentwicklung. Sie hat uns bildungsstolzen Deutschen die Narrenkrone des politisch dümmsten Volkes Europas aufs Haupt gesetzt»[86]. Die Deformation Karls des Großen war ein Paradebeispiel solcher Narretei.

6

Und heute?

Wer war Karl der Große? Wann lebte er? Diese Frage stelle ich seit einiger Zeit ... und erfahre mit gewisser Ungläubigkeit, wie stark seine Gestalt trotz ‹Karls-Preis› und Aachener Pfalzkapelle im allgemeinen Geschichtsbewußtsein zurückgetreten» ist. Mit diesen Sätzen leitete Horst Fuhrmann, der langjährige Präsident der wichtigsten deutschen mediävistischen Forschungseinrichtung, der «Monumenta Germaniae Historica», im Jahr 1983 einen Rundfunkvortrag ein[87]. Besser als zur Zeit dieses Beitrags ist die Lage in den letzten dreißig Jahren nicht geworden – trotz jener epochemachenden ersten Europaratsausstellung zu Aachen im Gedenkjahr der achthundertsten Wiederkehr von Karls Heiligsprechung 1965[88], trotz der schönen Präsentation des Jahres 1999 zur Erinnerung an den Besuch des Papstes Leo III. bei Karl in Paderborn 1200 Jahre zuvor, trotz lesenswerter Bücher über den ersten Kaiser aus karolingischem Haus, ja trotz dickleibiger Romane über ihn[89]. «Schüler wissen mit zentralen Ereignissen nichts mehr anzufangen»[90]; eine politologische Studie bloß zu zeitgeschichtlichem Wissen verdeutlichte Mängel über Mängel[91]; und eine jüngste deutschlandweite Umfrage zur Studierfähigkeit deutscher Studenten aus demselben Jahr offenbarte einen erschrekkenden Rückgang von Sprachbeherrschung und Lesekompetenz, unabdingbare Voraussetzungen für jede politische, gesellschaftliche und kulturrelevante Orientierung in der Zeit und in der Gegenwart[92]. Orientierungslosigkeit aber hat noch immer geschadet.

Karl also weder Deutscher noch Franzose, vielmehr Franke: So lautet das Urteil der Fachwissenschaft von heute. Daneben mögen vereinzelt ältere, sachlich unzutreffende, wenn auch wissenschaftlich entworfene Vergangenheitsbilder kursieren[93]. Unter diesen Umständen fiel es nach 1945 – zumal in Deutschland – leicht, Karl für eine neue Rolle zu gewinnen und als Symbolfigur der nun favorisierten Europaidee zu instrumentalisieren. Den Tenor dafür hatte

Christopher Dawson bereits 1932 vorgegeben, ins Deutsche 1935 übersetzt, während bereits vom «Sachsenschlächter» gefaselt wurde: Seit Karl, so meinte der Brite, hätten die «Barbaren» mit der «gebrandschatzten [antiken] Kultur» «in schöpferischer Tatgemeinschaft [...] zu arbeiten» begonnen[94]. Daran ließ sich nach dem Krieg problemlos – zumal in Deutschland – anknüpfen. «Die Flucht vor der ‹nationalen Frage› ist in der neueren deutschen Historiographie besonders im Vergleich zu der Geschichtsschreibung der benachbarten Nationen, die ihr traditionelles Geschichtsbild bewahrt haben, auffallend»[95]. Nicht immer wurde im Kontext der neueren Europa-Propagation des vorangegangenen Mißbrauchs gedacht, wie er etwa durch Klagges oder Hitler selbst artikuliert worden war: Karl habe «germanische Völker», «die außerhalb der alten römischen Grenzen geblieben waren», «in die Gemeinschaft des geschichtlichen Europa einbezogen», hieß es etwa bei dem Polen Oskar Halecki 1957; zumal das Vorschieben des Christentums nach Nordosten sei dafür kennzeichnend[96].

Doch auch diese ‹europäische› Rolle wird nicht mehr von der gesamten Geschichtswissenschaft akzeptiert. «Wenn nicht alles trügt, so wird Karl als europäisches Symbol genauso farblos bleiben, wie er es in den vorangehenden Rollen gewesen ist, die ihm zugedacht wurden», notierte weitsichtig der vom «Prager Frühling» zur Emigration gezwungene Tscheche František Graus[97]. Zurückhaltend urteilte auch der französische Historiker Jacques LeGoff. «Karl der Große (Charlemagne) – der erste Europäer?» fragte er, um zu antworten: «Das Karolinger-Reich ist untergegangen, aber es hat Europa ein sehr wichtiges Erbe hinterlassen». «Karl der Große und seine Berater hinterließen Europa den Entwurf einer gemeinsamen Kultur. Dies war die erste europäische ‹Renaissance›. ... Dieses Europa umfaßte ganz Westeuropa». Es schloß freilich zu keiner Zeit die britischen Inseln und Spanien südlich des Ebro mit ein, schon gar nicht Byzanz, «Griechenland», auch die Slawen nicht, ganz zu schweigen von Ungarn[98].

Jüngere Historiker und Historikerinnen in Frankreich, Deutschland, Italien, England oder in den USA sind in der Regel noch nüchterner in ihrem Urteil. Michael Borgoltes weite Horizonte überblickende Geschichte Europas hat dazu klärende Worte gefunden[99]. Eine Ausnahme bildet Alessandro Barbero, dessen nicht nur in Italien verbreite Monographie Karl den Großen, wenn auch nicht «den», so doch «einen Vater Europas» heißt[100]. In der großen Monographie Jean Faviers von 1999 indessen tauchte das Stichwort Europa nicht auf[101].

Einig ist man sich in Karls Bedeutung für die kulturelle Entwicklung des westlichen Europas, für die mehr oder weniger einheitliche intellektuelle Prägung dieses durch die Kultur- und Wissenschaftssprache Latein und die römische Kirche geformten Westens, einschließlich des wenige Jahrhunderte nach Karl offen aufbrechenden Widerspruchs gegen die Kirche. Entscheidende Momente dieser Kulturerneuerung verdeutlicht der systematische Rückgriff auf antike und spätantike Grammatiker und auf die christliche und heidnische Literatur, verdeutlicht weiter die sich unter Karl etablierende Schriftreform, die zur karolingischen Minuskel führte und damit zur Grundform der heute wieder und noch gebräuchlichen Schrift, zur erneuerten Klosterkultur, die zum ersten Träger der Schulwesens wurde. Das kategoriale und dialektische Denken, wie es durch die seit Karl allenthalben rezipierte Methodik des Aristoteles boetianischer Prägung dem Karlsreich offeriert wurde, dazu die Rhetorik auf antiker, ciceronianischer Basis, auch sie eine Erkenntnistheorie, bewirkten durch ihre Folgen ein weltweit wirksames Alleinstellungsmerkmal der ‹westlichen› Kultur. Nicht zuletzt verdankt Europa jenen Kalender dem großen Karolinger, der sich im globalisierungsbereiten 20. Jahrhundert weltweit durchsetzte.

Tatsächlich strahlte diese ‹westliche› Kultur im Laufe der Jahrhunderte in die gesamte Welt aus, wirkte somit im Hintergrund an deren Wandel, an dem Heraufkommen einer neuen ‹Weltgegenwart› mit. Freilich wird man langanhaltende Wirkungen von den ursprünglichen Intentionen zu trennen wissen und Karl aufgrund seiner eigenen Ziele weder zu einem «Europäer», noch zu einem Wegbereiter der Globalisierung erklären. Zu solcherart Zurückhaltung mag jene lockere Handlungskontinuität anleiten, jene Anknüpfung «einer Anzahl von geschichtlichen Beobachtungen an einen halbzufälligen Gedankengang» ohne ideologische oder philosophische Intention, wie sie der Philosoph Karl Löwith dem Historiker Jacob Burckhardt attestierte.

Nur «der duldende, strebende und handelnde Mensch, wie er ist und immer war und sein wird», so hieß es bei Burckhardt, stehe im Mittelpunkt der Geschichte, kein letzter Sinn, vielmehr der Antagonismus zwischen Kontinuität und der «Fortsetzung der geschichtlichen Überlieferung» hier und dem «revolutionären Willen zu ständigen Neuerungen» dort[102]. Karl kann danach als einer der ‹handelnden Menschen› gelten, der zugleich bewahren und erneuern wollte und tatsächlich Neues bewirkte. Ein solcher Typus verlangt, um ihm gerecht zu werden, nach den Urteilsmaßstäben seiner eigenen Zeit; er läßt sich kaum mehr für irgendeine fremde Gegenwart symbolistisch oder propagandistisch mißbrauchen.

Der mit Globalisierung konfrontierte Historiker von heute wendet seine Aufmerksamkeit keineswegs bloß einzelnen Persönlichkeiten zu, vielmehr sozialen Gruppen und Gesellschaften weltweit; er relativiert damit auch Karls Rolle. Jüngste weltumspannende Völkerwanderungen und neu zu formulierende «Meistererzählungen» für eine Weltgeschichte vertragen sich kaum mehr mit dem «Vater Europas», dem Gründungsheros Frankreichs oder Deutschlands, dem Schutzherrn der römischen Kirche oder dem Bild eines neuen Konstantin, obgleich alles zu seiner Zeit seine Berechtigung besessen haben mochte. Eine solche Sicht wäre völlig antiquiert, auch wenn gegenwärtig nationale Restaurationstrends wahrzunehmen sind. Gefragt ist nach einer globalen Perspektive.

Einen Neuanfang in diesem Sinne machte der belgische Historiker Henri Pirenne mit seinem fulminanten Buch «Mahomet et Charlemagne», das postum 1937 erschien[103]. Dabei stehen nicht eigentlich seine Forschungsergebnisse im Zentrum der Aufmerksamkeit, sondern seine Forschungsintention. Sie bot auf dem Höhepunkt nationalistischer Geschichtsbetrachtung den kühnen Versuch zu einer aller Nationalismen abschwörenden Sachlichkeit. Pirenne konzipierte den ersten Entwurf seines Werkes in einem deutschen

Kriegsgefangenenlager um 1916. Wirtschafts- und Kulturhistoriker, der er war, urteilte er nicht aus der engen Perspektive und begrenzten Eigendynamik des eigenen europäischen Kulturraumes, des Frankenreiches, der römischen Traditionen oder der lateinischen Kirche, sondern aus der profunden Kenntnis des nachantiken mittelmeerischen Wirtschaftsraumes, dessen antike Einheit er durch die Ausbreitung des Islam zerbrochen sah. Mit diesem Bruch sei die Verlagerung der Herrschaftszentren im Westen aus dem Süden nach dem Norden, aus Italien oder Südgallien ins Rhein-Maas-Gebiet, und mit ihm der Aufstieg der Karolinger und Karls des Großen möglich geworden. So habe Mohammed Karl dem Großen die Trittleiter zum Aufstieg gehalten.

Die These hat vielfach Anklang gefunden; auch heute wird sie gelegentlich verteidigt. Doch haben zumal archäologische und minutiöse reise- und handelsgeschichtliche Forschungen gezeigt, daß bereits durch den römischen Kaiser Justinian, den berühmten Gesetzgeber, der zwar mit aufwendigen Wandalen- und Gotenkriegen die Einheit des Imperiums wiederherzustellen getrachtet hatte, dieselbe jedoch zugleich wieder verspielt wurde, und daß auch Einschnitte wie die Pest des 6. Jahrhunderts sich nachhaltig auf die mediterrane Kommunikation ausgewirkt haben. Das weiträumige, mittelmeerumspannende justinianische und frühbyzantinische Imperium diente bald nur noch als Hinterland für Konstantinopel, die alles an sich bindende und alle Kräfte aufsaugende Kaiserstadt[104]. Die einstige mittelmeerische ‹Einheit› war gleichsam auf Konstantinopel zusammengeschrumpft – längst bevor die Krieger Allahs gegen die römischen Provinzen anstürmten. Neu aber und fruchtbar war der methodische Zugriff Pirennes, das faktische und keineswegs von den einst Handelnden intendierte interkulturelle Zusammenspiel, auf das der Forscher zu achten vermag; waren die kulturstiftende weiträumige Wechselwirkung und der Blick auf die Kommunikationsprozesse, die gleichermaßen Freundschaft wie Gegnerschaft initiieren konnten, der Blick auch auf die jedem Menschenwillen entzogene systemische Dynamik. Daran ließ sich und läßt sich noch immer anknüpfen[105].

In der Tat, Karl schaute mit wachem Sinn für eine sich wandelnde Welt in immer weitere Horizonte. «In der Auseinandersetzung mit (dem Kaisertum in Konstantinopel und dem Papsttum in Rom) fand das fränkische Großreich seine neue Form und schließlich seine eigene Art eines begrenzten Universalismus»; so urteilte vor Jahrzehnten Peter Classen[106]. Es trifft gewiß zu, erfaßt aber nur die halbe Wirklichkeit. Denn die Welt der Muslime übte durch Wirtschaftsbeziehungen, Technik- und Wissensaustausch einen nachhaltigeren Einfluß auf das Frankenreich aus, als es noch unlängst vermutet wurde[107]. Selbst die Kaiserwürde profitierte von Karls regen Kontakten mit muslimischen Herrschern in Ost und West, wie nicht zuletzt seine programmatische Bildnismünze mit Avers und Revers vor Augen zu führen vermag[108].

Gleichwohl, den König und Kaiser, unter dem die Erneuerung Platz griff, galt es, aus seiner Gegenwart heraus zu verstehen und in seinen Wirkungen zu würdigen. Karls Blick aber richtete sich seit seinen Jugendjahren aus der engeren Heimat um Paris und Soissons nach Sachsen, Italien und Spanien, nach Córdoba, Konstantinopel und Pannonien, nach Jerusalem, Kairouan und Bagdad, aus der westlichen in die orientalische Welt, mit der er tatsächlich Gesandtschaften tauschte und Handelsbeziehungen aufnahm und durch die in seinem Reich interkulturelle Lernprozesse angestoßen wurden. Die Beurteilung Karls verlangt einen entsprechend weiten, auf Europa, Asien und Afrika, auf die ganze ihm bekannte Welt gerichteten Blick.

So wandelt sich das Bild von Karl dem Großen oder Charlemagne noch immer. Wissenschaftliches Wissen freilich ist nicht gleich dem Geschichtswissen der «Allgemeinheit», wie es in Mittel- und Westeuropa, vielleicht auch in den Vereinigten Staaten von Amerika kursiert. In dieser Allgemeinheit lebt Karl mit schwindender Präsenz und wachsendem Desinteresse, doch immer noch in mancherlei, zumeist undeutlich schemenhafter Gestalt und oftmals in ein zeitliches Nirwana verbannt. Wurzelt dieser Prozeß in den materiellen, geistigen und kulturellen Bedürfnissen einer gewandelten, eben der in globalem Rahmen zusammenwachsenden Welt? Im Zusammen- oder Aufeinandertreffen der vielen Kulturen mit eigenen Traditionen und hohem Selbstbewußtsein, die mit fremden Heroen wenig anzufangen wissen? Im Unvermögen, die Tiefen der Globalisierung bereits ausloten zu können?

Geblieben freilich ist in diesem Entgrenzungsprozeß Karls und seiner Helfer nachhaltiges Wirken für die Stärkung der römischen Kirche und des universalen Papsttums; geblieben ist, auch wenn es von der «Allgemeinheit» selten bedacht wird, der entscheidende Impuls für die Erneuerung der vernunftbetonten, intellektuellen Kultur des lateinischen Westens, des Abendlandes, der von Karl und seinem Hof ausging. Sie sollte in der Tat in dem Jahrtausend seit Karls Tod an Kraft gewinnen und tatsächlich die Welt in ihren Bann schlagen. Geblieben endlich ist mancherorts, zumal in Aachens Marien- und in Frankfurts Bartholomäus-Dom, die kultische Verehrung des heiligen Karl. Er ist zeitlos, gänzlich seiner irdischen Existenz entkleidet, wenn auch nicht für jedermann noch gegenwärtig:

Regali natus
de stirpe deoque probatus
Karolus illicite
sprevit contagia vite
Angelica cultus
dulcedine miles adultus
dum sublimatur
celesti pane cibatur. ...
(»Aus königlichem Stamm geboren,
von Gott geprüft,
verschmähte Karl
die Berührung mit unerlaubtem Leben.
Der starke Held,
mit der Lieblichkeit der Engel geschmückt,
wird emporgetragen und
mit Himmelsbrot gespeist»)[109].

Dis ist der gstalt und biltnus gleich
Kaiser karlus der das Remisch reich
Den teutschen under tenig macht
Sein kron und klaidung hoch geacht
Zaigt man zu Nurenberg alle iar
Mit andern haltum offenbar

Das lateinische Reimoffizium, vielleicht schon im 12. Jahrhundert entstanden, preist einen Karl, von dem alle Sündenlast, was immer sie verschuldet hatte, abgefallen, der von allem, worin er einst gefehlt hatte, reingewaschen war. Und dieser Jubelgesang ertönt Jahr für Jahr an seinem Sterbetag, immerzu.

60 Albrecht Dürer, Idealbild Karls des Großen, 1512, Germanisches Nationalmuseum Nürnberg

Anmerkungen

I. Prolog

1 Heito von Reichenau, Visio Wettini c. 11 (MGH Poetae 2 S. 271), in Versen: Walahfrid Strabo v. 446–65, beide Texte mit Übersetzung: Visio Wettini, ed. KNITTEL S. 48–50 und S. 92–4. Zur «Traumliteratur»: Paul Edward DUTTON, The Politics of Dreaming in the Carolingian Empire, Lincoln/ London 1994, zu Karl S. 50–80.

2 METTKE, Älteste deutsche Dichtung, S. 156–65; SCHLOSSER, Althochdeutsche Literatur, S. 200–4.

3 Fünfmal betonte Einhard im Proömium die Memorialabsicht, ed. HOLDER-EGGER S. 1,13–4, Z. 17, Z. 24, S. 2,13 und Z. 27, dazu sein persönliches Gedenken S. 2,6. Die «Tuskulanischen Gespräche» des antiken Autors waren selbst ein Gedächtnisbuch, das an frühere Literaten und Helden der römischen Vergangenheit erinnerte. – Zur «Vita» vgl. TISCHLER, Einharts «Vita Karoli»; Steffen PATZOLD, Einhards erste Leser: Zu Kontext und Darstellungsabsicht der «Vita Karoli», in: Viator 42 Multilingual (2011) S. 33–55.

4 Einhard, Vita Karoli, c. 4. Erziehung mit Adalhard: Paschasius Radbertus, Vita Aalhardi c. 7 Migne PL 120 Sp. 1511. Es handelt sich um den einzigen Anhalt zur Datierung der «Vita», der dieser selbst zu entnehmen ist. An ihn halte ich mich als terminus post quem. Einige Anspielungen haben mich an die Jahre kurz vor 830 als Entstehungszeit der «Vita Karoli» denken lassen, vgl. zuletzt: Johannes FRIED, Ein Gastmahl Karls des Großen, in: DERS., Zu Gast im Mittelalter, München 2007, S. 13–46, hier S. 261 Anm. 4 und S. 260–68.

5 Notker, Taten Karls, ed. RAU, resp. ed. HAEFELE; zur Interpretation: Heinz LÖWE, Das Karlsbuch Notkers von St. Gallen und sein zeitgeschichtlicher Hintergrund, in: DERS., Von Cassiodor zu Dante. Ausgewählte Aufsätze zur Geschichtsschreibung und politischen Ideenwelt des Mittelalters, Berlin/ New York 1973, S. 123–48.

6 WERNER, Karl der Große oder Charlemagne?, S. 33–7.

7 Johannes FRIED, Karl der Große. Geschichte und Mythos, in: Mythen Europas. Schlüsselfiguren der Imagination. Mittelalter, hg. Inge MILFULL und Michael NEUMANN, Regensburg 2004, S. 15–46.

8 Vgl. unten S. 445–54.

9 Die ArF liegen auch in einer überarbeiteten Fassung (ArFqdE) vor, die zwischen 801 und 829 entstand; das genauere Datum der Über-

arbeitung ist umstritten. Die ArF wurden nicht in einem Zug und von verschiedenen Autoren verfaßt. Der Ort ihrer Entstehung ist unbekannt, doch gelten sie als hofnah. Dazu zuletzt: MCKITTERICK, Karl der Große, S. 38–58.

10 BECHER, Eid und Herrschaft; vorsichtig zustimmend: Rudolf SCHIEFFER, Ein politischer Prozeß des 8. Jahrhnderts im Vexierspiegel der Quellen, in: Das Frankfurter Konzil Bd. 1, S. 167–82; eher ablehnend: Philippe DEPREUX, Tassilon III et le roi des Francs. Examen d'une vassalité controversée, in: Révue Historique 293 (12995) S. 23–73, dagegen zusammenfassend: Matthias BECHER, Zwischen Macht und Recht. Der Sturz Tassilos III. von Bayern 788, in: Tassilo III. von Bayern, S. 39–55.

11 Solche billigende Lektüre ist bekannt durch die sog. «Libri Carolini», dazu unten S. 445–54; dort auch weitere einschlägige Hinweise.

12 Vgl. dazu unten S. 23, S. 37–40, S. 180–1 und S. 185–90.

13 Gesta episcoporum Mettensium, MGH SS 2 S. 260–70. Berufung auf Karl und Herrscherlob: S. 264–5.

14 Zum Kult: OEXLE, Die Karolinger und die Stadt des heiligen Arnulf, hier bes. S. 361–2; Karls Verhältnis zum Heiligen: ebd. S. 273–9.

15 Vgl. Heinz LÖWE in: WATTENBACH-LEVISON-LÖWE, Deutschlands Geschichtsquellen im Mittelalter. Vorzeit und Karolinger, S. 245–66, Roger COLLINS, The ‹Reviser› Revisited: Another Look at the Alternative Version of the *Annales Regni Francoum*, in: After Rome's Fall. Narrators and Sources of Early Medieval History. Essays presented to Walter Goffart, ed. by Alexander Callander MURRAY, Toronto u. a. 1998, S. 191–213. Vgl. oben Anm. 11. – Zum Erzkapellan vgl. unten S. 355.

16 Vgl. unten S. 38 und S. 185.

17 AMP; dazu HOFFMANN, Untersuchungen. – Karls Besuch in Chelles im Jahr 804: ed. v. SIMSON S. 92.

18 AMP ed. v. SIMSON S. 4,9–13 und Z. 20–24.

19 Johannes FRIED, Der Schleier der Erinnerung. Grundzüge einer historischen Memorik, München 2004; um ein Nachwort erweiterte Neuausgabe ebd. 2012.

20 O. HOLDER-EGGER in seiner Edition der «Vita Karoli Magni» (MGH SS rer. Germ. [25]) S. 48–50.

21 Alkuins Eschatologie: Josef ADAMEK, Vom römischen Endreich der mittelalterlichen Bibelerklärung, Würzburg 1938, S. 65–8; Arno BORST, Alkuin und die Enzyklopädie von 809, in: Science in Western and Eastern Civilization in Carolingian Times, ed. by Paul Leo BUTZER, Dietrich LOHRMANN, Basel 1993, S.53–78, hier S. 67; Wolfram BRANDES, Tempora periculosa sunt. Eschatologisches im Vorfeld der Kaiserkrönung Karls des Großen, in: Das Frankfurter Konzil 1, S.49–79. – Donald BULLOUGH, Alcuin before Frankfort, in: Das Frankfurter Konzil 2, S. 571–85.

22 Amy G. REMENSNYDER, Remembering Kings Past: Monastic Foundation Legends in Medieval Southern France, Ithaca/ London 1996.

23 Opus Caroli, ed. FREEMAN; den Wert der Randbemerkungen in tironischen Noten erkannte VON DEN STEINEN, Randbemerkungen; nach zwischenzeitlichen Zweifeln wurde sein Ergebnis mit neuen Beobachtungen an der Handschrift bestätigt durch FREEMAN a. a. O. S. 48–50.

24 Beispiele und Übersetzung folgen VON DEN STEINEN, Randbemerkungen, S. 35 (zuerst 1931); vgl. DERS., Karl der Große und die Libri Carolini, S. 252–3. Die Texte in: Opus Caroli I,7 und III,3; ed. FREEMAN, S. 139,8–10, S. 140,13–5 und S. 349,9–10; diese letzte Stelle kann sich auch auf das unmittelbar folgende «filioque»-Bekenntnis (*ex Patre et Filio*) beziehen, wie es «die gesamte katholische Kirche» glaubt.

25 Knut GÖRICH, Friedrich Barbarossa. Eine Biographie, München 2011, S. 633–7.

II. Der Knabe

1 Carlrichard BRÜHL, Palatium und Civitas. Studien zur Profantopographie spätantiker Civitates vom 3. bis zum 13. Jahrhundert, 2 Bde. Köln/ Wien 1975–1990 (1991).

2 Zu Karls Geburtstag (2. April 748) vgl. Matthias BECHER, Neue Überlegungen zum Geburtsdatum Karls des Großen, in: Francia 19 (1992) S. 37–60, hier S. 50–54; DERS., Karl der Große, [2]München 2000, S. 41f.; die Rückkehr zu den unsicheren Altersangaben Einhards bei Jean FAVIER, Charlemagne, Paris 1999, S. 142–6 kann nicht überzeugen. Vgl. Johannes FRIED, Wann verlor Karl der Große seinen ersten Zahn?, in: DA 56 (2000) S. 573–83; die Verteidigung der Historizität der Episode durch Janet L. NELSON, Charlemagne the Man, in: Charlemagne. Empire and Society, ed. by Joanna STORY, Manchester/ New York 2005, S. 22–37, hier S. 24–8, übergeht die Datierungs- und Überlieferungsproblematik des allein erhaltenen interpolierten Translationsberichts. Abwägend: W. HARTMANN, Karl der Große, S. 39–45.

3 WERNER, Karl der Große oder Charlemagne?, S. 20–1.

4 Eduard HLAWITSCHKA, Die Vorfahren Karls des Großen, in: Karl der Große I. Persönlichkeit und Geschichte, hg. von Helmut BEUMANN, Düsseldorf 1965 (=[3]1967), S. 51–82, zu den zuletzt genannten Mädchen S. 82.

5 Vgl. Martina HARTMANN, Königin, S. 95–8.

6 Zur literaten Bildung von Königssöhnen vgl. Alfred WENDEHORST, Wer konnte im Mittelalter lesen und schreiben? in: Schulen und Studium im sozialen Wandel des hohen und späten Mittelalters, hg. von Johannes FRIED (VuF 30), Sigmaringen 1986, S. 9–33. Das Lesen

wurde unabhängig vom Schreiben (einem Handwerk!) gelehrt. Karls Lateinkenntnis: Johannes FRIED, Karl der Große, die *Artes liberales* und die karolingische Renaissance, in: Karl der Große und sein Nachwirken. 1200 Jahre Kultur und Wissenschaft in Europa, Bd. 1 Wissen und Weltbild, hrsg. von P. BUTZER, M. KERNER, W. OBERSCHELP, Turnhout 1997, S. 25–43.

7 Auf diese Schwierigkeiten mittelalterlicher Kindheitsbiographien verwies KASTEN, Königssöhne und Königsherrschaft, S. 238–49; für ein späteres Zeitalter Carola FÖLLER, Königskinder. Erziehung am Hof Ludwigs IX. des Heiligen von Frankreich, Diss. masch. Frankfurt a. M. 2011.

8 So in den Grabversen für Karls Schwester Rothaid: MGH SS 2 S. 265.

9 Vgl. oben S. 22.

10 Diese Fortsetzung durch zwei mit dem Königshaus verwandte Autoren ist die wichtigste zeitgenössische Darstellung bis zum Jahr 750. Der Vergleich mit den ArF verrät deren Tendenz. Beispielhaft untersucht durch: Matthias BECHER, Eine verschleierte Krise. Die Nachfolge Karl Martells 741 und die Anfänge der karolingischen Hofgeschichtsschreibung, in: Von Fakten und Fiktionen. Mittelalterliche Geschichtsdarstellungen und ihre kritische Aufarbeitung, hg. von Johannes LAUDAGE, Köln/ Weimar/ Wien 2003, S. 95–133.

11 Vgl. HOFFMANN, Untersuchungen.

12 Rosamond MCKITTERICK, Constructing the Past in the Early Middle Ages: The Case of the Royal Frankish Annals, in: Transactions of the Royal Historical Society Sixth Series vol. 7, Cambridge 1997, S. 101–29, hier S. 126 dachte an eine Verbreitung der ArF über das Scriptorium des Klosters Lorsch. In DIES., Karl der Große, S. 49–58 wird königlicher Aufrag und Entstehung im Kloster St-Denis erwogen.

13 Die Ann. Lauresh. zu 759 (ebenso Ann. Petav. 759) erwähnten diesen Pippin offenbar der Namensübertragung wegen: *mutavit rex Pippinus nomen suum in filio suo*, MGH SS 1 S. 28 (resp. S. 11). Ein Hinweis auf den Begräbnisort des Knaben ist nicht zu finden: Man wird deshalb keine Selbstdeutung eines klösterlichen Entstehungsortes der Annalen postulieren dürfen.

14 BM² 92i (761) und 93c (762).

15 Dieses Geburtsjahr Pippins ist völlig unbekannt. K. F. WERNERS Annahme (s. Nachkommentafel), er sei (um) 770 geboren, unterstellt vermutlich, daß – da kein weiteres Kind von Pippins Mutter Himiltrud bekannt ist – Karls Erstgeborener kurz vor der Ehe mit der Langobardin geboren sein müsse. Doch die Hinweise auf diesen Pippin liegen viel zu spät, als daß sie früh verstorbene Geschwister hätten erwähnen müssen.

16 Integriert in Paulus' Liber de episcopis Mettensibus: MGH SS 2 S. 265–6. Vgl. oben S. 36 mit Anm. 8.

17 Vgl. unten S. 63–7.

18 Vgl. unten S. 69.

19 Notker, Gesta Karoli II,15, ed. HAEFELE, S. 80.

20 Zuletzt: Andreas SCHAUB, Tanja KOHLBERGER-SCHAUB, Archäologische Untersuchungen im Aachener Dom. Ein Arbeitsbericht, in: Geschichte im Bistum Aachen 9 (2007/2008) S. 15–36, hier S. 21–7. Zur Pfalz Aachen unter Karl vgl. unten S. 403–29.

21 «De Karolo rege et Leone papa» v. 294–7, ed. HENTZE S. 30, Übers. von Franz BRUNHÖLZL S. 31.

22 Vgl. unten S. 333–5.

23 MGH Capit. 1 Nr. 30 S. 80,22–8. – Zu *reparare* als Königsaufgabe vgl. auch unten S. 545

24 Paschasius Radbertus, Vita b. Adalhardi c. 7 (MIGNE PL 120 Sp. 1511B); die Kenntnis des Quadriviums bezeugen Adalhards eigene Schriften, dazu KASTEN, Adalhard, S. 110–37.

25 Vgl. unten S. 614.

26 FISCHER, Bibeltext und Bibelreform, S. 186.

27 FISCHER, Bibeltext und Bibelreform, S. 216. Guy LOBRICHON, Le texte des bibles alcuiniennes, in: Alcuin, de York à Tours, S. 209–19.

28 FISCHER, Bibeltext und Bibelreform, S. 173. – Zu Theodulfs Bibel unten S. 46–7.

29 ANTON, Fürstenspiegel.

30 Epistolae variorum Carolo magno regnante scriptae 7 [Cathuulfus an Karl den Großen], ed. Ernst DÜMMLER, MGH Epp. 4, Berlin 1895, S. 501–5. Vgl. dazu Hans Hubert ANTON, Pseudo-Cyprian. De duodecim abusivis saeculi und sein Einfluß auf den Kontinent, insbesondere auf die karolingischen Fürstenspiegel, in: Die Iren und Europa im frühen Mittelalter 2, hrsg. von Heinz LÖWE (Veröffentlichungen des Europa-Zentrums Tübingen. Kulturwissenschaftliche Reihe), Stuttgart 1982, S. 568–617, bes. S. 597–600.

31 Zum Reliquienkult: Arnold ANGENENDT, Heilige und Reliquien. Die Geschichte ihres Kultes vom frühen Christentum bis zur Gegenwart, München 1994; Anton LEGNER, Reliquien in Kunst und Kult. Zwischen Antike und Aufklärung, Darmstadt 1995.

32 Henry MAYR-HARTING, Charlemagne's Religion, in: Am Vorabend der Kaiserkrönung, S. 113–24. – In seinem Schreiben an Ghaerbald von Lüttich schloß Karl sich nicht aus der kollektiven Humiliation zur Besänftigung des göttlichen Zorns aus: MGH Capit. 1 S. 245–6 (Nr. 124).

33 So die baierische «*Exhortatio ad plebem Christianam*» aus dem frühen 9. Jahrhundert; Übers. METTKE, Älteste deutsche Dichtung, S. 136–9; SCHLOSSER, Althochdeutsche Literatur, S. 208–11.

34 «Einst ließen sich die Idisen nieder, setzten sich hierhin und dorthin. Einige fesselten (die Feinde), andere hemmten (das feindliche) Heer, andere lösten die Fesseln (des Freundes): löse dich aus den Fesseln, entflieh den Feinden!» SCHLOSSER, Althochdeutsche Literatur, S. 253.

35 «Christus und der heilige Stephan kamen in die Stadt Salonia. Dort

wurde das Pferd des hl. Stephan (von einer Krankheit) befallen. So wie Christus das Pferd des hl. Stephan von dieser Krankheit befreit hat, so möge ich mit Christi Hilfe dieses Pferd wiederherstellen. Vater unser. O Christus, befreie durch deine Gnade dieses Pferd von seiner Krankheit oder Lahmheit, wie du das Pferd des hl. Stephan zu Salonia geheilt hast! Amen». SCHLOSSER, Althochdeutsche Literatur, S. 255.

36 Vgl. etwa die «Admonitio generalis» von 789 c. 65.

37 Vgl. unten S. 559–61.

38 Die Übersetzung lehnt sich an Augustinus, Die christliche Bildung (*De doctrina christiana*). Übersetzung, Anmerkungen und Nachwort von Karla POLLMAN, hier S. 25 an.

39 Trier, Stadtbibliothek Cod. 31. Faksimile hg. von Richard LAUFNER und Peter K. KLEIN, Graz 1975.

40 Vgl. etwa MGH Capit. 1 Nr. 124 (an Ghaerbald von Lüttich) S. 245,33–46, 14.

41 Pseudo-Cyprian, De XII Abusivis, ed. with Introduction and Indices by A. BREEN (Celtic Studies), Dublin 1996 (die ältere Ausgabe war mir nicht greifbar); die ältere Ausgabe durch Siegmund HELLMANN (Texte und Untersuchungen, 3. Reihe, 4. Band, Helft 1), Leipzig 1908, S. 51–3.

42 Die Beispiele finden sich in den Continuationes zu Fredegar c. 8–11 aus den für den Aufstieg der Karolinger entscheidenden Jahren um 715. Auf die Kontinuität aus spätantiker und merowingischer Zeit verwies vor allem WERNER, Naissance.

43 Paulus Diaconus, Gesta episcoporum Mettensium, MGH SS 2 S. 264.

44 Beide Texte hg. von Bruno KRUSCH: MGH SS rer. Merov. 2.

45 Jüngste Monographie: Andreas FISCHER, Karl Martell. Der Beginn karolingischer Herrschaft, Stuttgart 2012.

46 Zielgerichtete Eroberungs- und Ausdehnungspolitik der Karolinger seit Karl Martell: BACHRACH, Warfare.

47 Jean François VERBRUGGEN, L'armée et la strategie de Charlemagne, in: Karl der Große. Lebenswerk und Nachleben 1, hg. Helmut BEUMANN, [3]Düsseldorf 1967, S. 420–36, hier S. 420; zur Kritik: Bernard S. BACHRACH, Charlemagne's Cavalry. Myth and Reality, in: DERS., Armies and Politics in the early medieval west, London 1993, S. 1–20.

48 Ulrich NONN, Das Bild Karl Martells in den lateinischen Quellen vornehmlich des 8. und 9. Jahrhunderts, in: FmaSt 4 (1970) S. 70–137, hier S. 115 (Adrevald von Fleury: *Tudites,* MGH SS 15,1 S. 483) und S. 116 (Vita Rigoberti: *vir bellicosus et robore fortissimus, postmodum Martellus cognominatus,* MGH SS rer. Merov. 7 S. 66).

49 So Childebrands Fortsetzung des sog. Fredegar c. 30.

50 Vita Bonifatii, hg. Wilhelm LEVISON (MGH SS rer. Germ. 57), S. 44: *Pippinus domino donante … regnum suscepit, et iam aliquantulum sedante populorum perturbatione in regem sublevatus est.* Zur Sache: Matthias BECHER, Drogo und die Königserhebung Pippins, in: FmaSt 23 (1989) S. 131–53.

51 So die AMP zu 750, ed. v. SIMSON S. 42. Die ArF zu 749 und 750.

52 Vgl. Childebrands Fortsetzung des sog. Fredegar c. 33; ArF 749 und 750 (*consecratio*). Die «Clausula de Pippini consecratione» (MGH SS 15,1 S. 1) spricht von *unctio*. Zur Echtheit unten Anm. 68; entsprechend: ArF zu 750 (unter Verwendung eines älteren Zeugnisses; *unctus*); resp. die ArFqdE zu 750 (*unctio*). Vgl. BM² 64a.

53 Widersprüchliche Überlieferungen verwehren ein sicheres Gesamtbild: Philippe BUC, Warum weniger die Handelnden selbst als eher die Chronisten das politische Ritual erzeugten und warum es niemandem auf die wahre Geschichte ankam, in: Die Macht des Königs, S. 27–37. Doch jeder Empfang erforderte ein Zeremoniell.

54 Der älteste erhaltene Wortlaut: unten S. 279.

55 LP I Vita Stephani II. S. 440–55. HACK, Empfangszeremoniell, S. 409–78, bes. S. 425–6 hat aufgrund späteren Vergleichsmaterials deutlich gemacht, daß Stephans Empfang durch Pippin in etwa so stattgefunden haben dürfte, wie der LP ihn beschrieb. – Nibelungs Fortsetzung des sog. Fredegar c. 36 erwähnte keinerlei Rituale, keine Proskynese, keine Knechtsdienste. Sie handelte nur knapp von der Einholung des Papstes durch den jungen Karl nach Ponthion und ebenso knapp von den Papst-König-Treffen dort und in St-Denis. – Hack bezweifelt Pippins Stratordienst. Sein Argument, der fragliche Satz – in allen Handschriften überliefert – sei nachträglich und in etwa gleichzeitig mit dem «Constitutum Constantini» in die Vita eingefügt worden, überzeugt nicht, da das «Constitutum» keine römische Erfindung ist, sondern eine jüngere fränkische, vgl. FRIED, Donation of Constantine. Zu den Stationsgottesdiensten ritt der Papst, während Stratoren zu Fuß sein Pferd führten (vgl. etwa Ordo Rom. I). Kirchliche Würdenträger ritten hinter dem Papst, während die Menge unter geistlichen Gesängen zu Fuß ging. Nicht wesentlich anders dürfte der Einzug nach Ponthion gewesen sein. Schwerlich gingen König und Papst drei Meilen zu Fuß. Der LP erwähnte nicht jedes Detail; z. B. fehlt der Hinweis auf den notwendigen Kleiderwechsel von den Reisekleidern zu den Pontifikalgewändern.

56 AMP zu 753, ed. v. SIMSON S. 44–5.

57 Dazu CLASSEN, Papst und Frankenkönig, S. 18 und S. 59.

58 Opus Caroli I,6 ed. FREEMAN S. 136 mit den Anm. r und 4; Karls Ausruf ist nur noch in undeutlichem Abklatsch auf der gegenüberliegenden Seite zu erahnen.

59 Opus Caroli I,1 ed. FREEMAN S. 132.

60 Wolfgang H. FRITZE, Papst und Frankenkönig. Studien zu den päpstlich-fränkischen Rechtsbeziehungen von 754 bis 824 (VuF Sonderband 10), Sigmaringen 1973, S. 63–94.

61 Arnold ANGENENDT, Das geistliche Bündnis der Päpste mit den Karolingern (754–796), in: Hist. Jb. 100 (1980) S. 1–94.

62 MGH Epp. 3 Nr. 21 (761). Dazu Arnold ANGENENDT, Mensa Pippini

Regis. Zur liturgischen Präsenz der Karolinger in Sankt Peter, in: Hundert Jahre Deutsches Priesterkolleg beim Campo Santo Teutonico 1876–1976. Beiträge zu seiner Geschichte, hg. von Erwin GATZ (Röm. Quartalschrift für christliche Altertumskunde und Kirchengeschichte, Suppl.35.), Rom/ Freiburg/ Wien 1977, S. 52–68; BAUER, Das Bild der Stadt Rom, S. 94–6.

63 BAUER, Das Bild der Stadt Rom, S. 91–4 mit Abb. 36 (S. 83).

64 Vgl. MGH Epp. 3 Nr. 14 (757) S. 524–8.

65 Zur Königssalbung von 754 (und von 751) vgl. Arnold ANGENENDT, Pippins Königserhebung und Salbung, in: Der Dynastiewechsel von 751, S. 179–209.

66 LP 1 Vita Stephani II S. 447–9. Zu der zitierten Formel vgl. Erich CASPAR, Pippin und die römische Kirche. Kritische Untersuchungen zum fränkisch-päpstlichen Bunde im VIII. Jahrhundert, Berlin 1914, S. 156 Anm. 3. – Vgl. unten S. 71.

67 BM² 74.

68 «Clausula de unctione Pippini», MGH SS 15,1 S. 1. Zur Echtheitsfrage: Olaf SCHNEIDER, Die Königserhebung Pippins 751 in der Erinnerung der karolingischen Quellen: Die Glaubwürdigkeit der Reichsannalen und die Verformung der Vergangenheit, in: Der Dynastiewechsel von 751, S. 243–75, hier S. 268–75.

69 Der Passus über die Exklusivität der Karolinger bot Anlaß, die erst Ende des 10. Jahrhunderts überlieferte «Clausula» als Fälschung zur Abwehr des kapetingischen Königtums und zur Stärkung der Legitimität der entmachteten Karolinger zu werten. Doch dürfte der Satz sich gegen den Sohn des älteren Karlmann, Drogo, gerichtet haben. Mit der «Segnung» Bertradas dürfte Stephans III. Erinnerung an Stephans II. Ermahnung Pippins zusammenhängen, niemals zu wagen, seine Gemahlin fallen zu lassen: Cod. Carol. Nr. 45 MGH Epp. 3 S. 561–2. Der Hinweis findet sich ja eingebettet in die Erinnerung an die Königssalbung der Karolinger durch Stephan II. und an die beschworene *amicitia* mit eben diesem Papst.

70 CC 10 (756).

71 Hierzu und zum Folgenden vgl. LP 1 Vita Stephani II., S. 452–3; vgl. auch CC 11 MGH Epp. 3 S. 505–6.

72 Vgl. Wolfram BRANDES, Finanzverwaltung in Krisenzeiten. Untersuchungen zur byzantinischen Administration im 6.-9. Jahrhundert (Forschungen zur byzantinischen Rechtsgeschichte 25), Frankfurt am Main 2002, S. 368–78; dazu Sebastian SCHOLZ, Das Papsttum, Roms wirtschaftliche Lage und die Enteignung der päpstlichen Patrimonien in der Mitte des 8. Jahrhunderts, in: Päpstliche Herrschaft im Mittelalter. Funktionsweisen – Strategien – Darstellungsformen, hg. von Stefan WEINFURTER, Ostfildern 2012, S. 11–31.

73 KASTEN, Königssöhne, S. 129.

74 Vielleicht schon ein oder zwei Jahre früher, vgl. oben S. 38.

III. Die Umwelt des Frankenreiches: Kommunikation mit den Fremden

1 Vgl. unten S. 499.

2 Francois Louis GANSHOF, Zur Entstehungsgeschichte und Bedeutung des Vertrages von Verdun (843), in: DA 12 (1956), 313-330; engl.: On the Genesis and Significance of the Treaty of Verdun (843), in: DERS., The Carolingians and the Frankish Monarchy. Studies in Carolingian History, London 1971, 289-302.

3 Dazu unten S. 235–6.

4 4500: vgl. unten S. 160–1; 1600: Heinz LÖWE, Eine Kölner Notiz zum Kaisertum Karls des Großen , in: Rheinische Vierteljahrsblätter 14 (1949) S. 7–34, hier S. 10–12.

5 KUCHENBUCH, Prüm, S. 174–9.

6 WERNER, Nachkommen, S. 403–82 mit Tafeln.

7 FRIED, Fulda in der Bildungs- und Geistesgeschichte.

8 Vgl. unten S. 398–9.

9 Vgl. unten S. 465 mit Anm. 85.

10 Vita Willibaldi episcopi Eichstetensis c. 4 MGH SS 15,1 S. 92–102, hier S. 101–2 (*insula Vulcani*).

11 Vita Willibaldi episcopi Eichstetensis c. 4 MGH SS 15,1, S. 95,7 (Titel), S. 97,10–25 (Hl. Grab).

12 Vgl. den Prolog seiner Vita sancti Galli, jüngste Ausgabe mit deutscher Übersetzung durch Franziska SCHNOOR, mit Anmerkungen und Nachwort von Ernst TREMP, Stuttgart 2012, S. 10–5.

13 Die Kosmographie des Aethicus, hg. von Otto PRINZ (MGH Quellen zur Geistesgeschichte des Mittelalters 14), München 1993; das Zitat: S. 27; dort auch das folgende Zitat. The Cosmography of Aethicus Ister, ed. by Michael HERREN (Publications of the Journal of Medieval Latin 8), Turnhout 2011. – Einstweilen zuletzt zu Aethicus und seinen (möglichen) Quellen neben Herrens Einleitung: Richard Matthew POLLARD, Denuo on Lucan, the «Orpheus» and «Aethicus Ister», in: The Journal of Medieval Latin 20 (2010) S. 58–69.

14 Adamnan's *De Locis Sanctis*, ed. Denis MEEHAN (Scriptores Latini Hiberniae 3), Dublin 1958.

15 Das Ms Paris, Bibl.nat. 13048 kommt aus Corbie; dem Adamnanus-Text folgen – wie in dem Reichenauer Ms (Zürich, Rheinau 73, saec. IX, vgl. MEEHAN, Introduction [wie Anm. 14] S. 32) Carmina des Venantius Fortunatus, die noch in ab-Schrift geschrieben sind, vgl. Davis GANZ, Corbie in the Carolingian Renaissance (Beihefte der Francia 20), Sigmaringen 1990, S. 142.

16 Bedae Venerabilis De locis sanctis, ed. J. FRAIPONT, in: Itineraria et alia geographica 1 (Corpus Christianorum Ser. Lat. 175), Turnhoult 1965, S. 245–80.

17 De situ et nominibus locorum Hebraicorum, Migne PL 23 sp. 903–76.
18 Hugeburc, Vita Willibaldi c. 4, MGH SS 15,1 S. 97–8.
19 Dicuil: Liber de mensura orbis terrae, ed. J. J. TIERNEY with contributions by Ludwig BIELER (Scriptores Latini Hiberniae 6), Dublin 1967. Zur Würdigung vgl. Werner BERGMANN, Dicuils «De mensura orbis terrae», in: Science in Western and Eastern Civilization, S. 525–36. Godescalcs Widmungsgedicht zu seinem Evangelistar für Karl den Großen (dazu unten S. 172) scheint eine Wendung der «Mensuratio» zu zitieren, vgl. Peter ORTH, Das Widmungsgedicht, in: CRIVELLO u. a. Das Godescalc-Evangelistar, S. 40–1.
20 Zur *ultima Thule*-Tradition: Klaus VON SEE, «Ultima Thule» als Versatzstück der literarischen Bildung, in: DERS., Ideologie und Philologie. Aufsätze zur Kultur- und Wissenschaftsgeschichte, Heidelberg 2006, S. 70–89, hier S. 64 zu Dicuil (zuerst 2004).
21 Johannes FRIED, Der karolingische Herrschaftsverband im 9. Jahrhundert zwischen «Kirche» und «Königshaus», in: HZ 235 (1982) S. 1–43; DERS., «Gens» und «regnum». Wahrnehmungs- und Deutungskategorien politischen Wandels im früheren Mittelalter. Bemerkungen zur doppelten Theoriebindung des Historikers, in: Sozialer Wandel im Mittelalter. Wahrnehmungsformen, Erklärungsmuster, Regelungsmechanismen, hg. Jürgen MIETHKE, Klaus SCHREINER, Sigmaringen 1994, S. 74–104; verkürzt und leicht verändert in: Die Macht des Königs, S. 72–89.
22 CC 59 S. 585; vgl. CLASSEN, Karl der Große, S. 27.
23 Doch vgl. Cathuulfs Mahnschreiben an Karl oben S. 47–8.
24 Übersicht über diese Deutungen: s. Art. Radhaniten in: Wikipedia (besucht am 20.8.2011).
25 Zur «Amicitia» der Karolingerzeit: Wolfgang H. FRITZE, Papst und Frankenkönig. Studien zu den päpstlich-fränkischen Rechtsbeziehungen von 754–824 (Vorträge und Forschungen Sonderband 10), Sigmaringen 1973; vgl. auch: Reinhard SCHNEIDER, Brüdergemeine und Schwurfreundschaft (Historische Studien 388), Lübeck/Hamburg 1964; Heinhard STEIGER, Die Ordnung der Welt. Eine Völkerrechtsgeschichte des karolingischen Zeitalters (741 bis 840), Köln/ Weimar/ Wien 2010.
26 Daniel ZIEMANN, Vom Wandervolk zur Großmacht. Die Entstehung Bulgariens im frühen Mittelalter (7.-9. Jh.) (Kölner Hist. Abhandlungen 43), Köln/ Weimar/ Wien 2007.
27 Theophanes zu AM 6251.
28 Vgl. dazu unten S. 445–54.
29 Zum Folgenden Gerhard P. WOLF, Salus Populi Romani. Studien zur Geschichte römischer Kultbilder im Mittelalter, Heidelberg 1990; BELTING, Bild und Kult, S. 131–148 und S. 348–68; NOBLE, Images, S. 127–34.
30 Lib. Pont. 1 S. 443; deutsch: BELTING, Bild und Kult, S. 554.

31 Vgl. BELTING, Bild und Kult, S. 78 mit Abb. 192 S. 362; Abb. bei BAUER, Das Bild der Stadt Rom, S. 79.

32 LP I Vita Stephanin II., S. 452–3; Cont. Fredegarii c. 40. Vgl. CLASSEN, Karl der Große, S. 25.

33 Vgl. dazu oben S. 71.

34 Bekannt nur aus einem knappen Hinweis Stephans III. CC 45 S. 562; vgl. CLASSEN, Karl der Große, S. 25–6.

35 Vgl. MCCORMICK, Textes, images et iconoclasme; WILLROTH, Konzil 809, S. 12–5; NOBLE, Images, S. 142–7.

36 ArF. 767; dazu CC 36 S. 544–5 und 37 S. 549; erfreute Reaktion Pauls I. auf Pippins Ablehnung des kaiserlichen Ansinnens (*quae ab eo [sc. imperatore] vobis intimata sunt*) und ihre Folge: ebd. 37: *quae ad exaltationem … Romanae ecclesiae … pertinere noscuntur*.

37 Vgl. unten S. 565–6.

38 BORGOLTE, Gesandtenaustausch, 1976; allgemein: Geschichte der arabischen Welt, hg. Ulrich HAARMANN, München 1987; KRÄMER, Geschichte.

39 MCCORMICK, Origins of the European Economy, bes, S. 431–43.

40 Zur Sache: Jim AL-KHALILI, Im Haus der Weisheit. Die arabischen Wissenschaften als Fundament unserer Kultur, Frankfurt am Main 2011, S. 71; dort das Zitat nach Michael COOPERSON, Al-Ma'mûn. Maklers of the Muslim World, Oxford 2005, S. 21.

41 DREWS, Die Karolinger und die Abbasiden von Bagdad, S. 262–3.

42 Zit. nach Islamische Geschichte Spaniens dargestellt von Wilhelm HOENERBACH auf Grund des Kitâb A'mâl al-a'lâm (das «Buch der Taten Tüchtiger») des Ibn al-Ḫaṭîb und ergänzender Schriften (Bibliothek des Morgenlandes), Zürich/ Stuttgart 1970, S. 65.

43 DREWS, Die Karolinger und die Abbasiden von Bagdad.

44 Daß die Initiative von al-Mansur ausging, entnehme ich der Wendung des Cont. Fredeg. c. 51, dem einzigen Zeugnis für 764/765, wonach Pippin die nächste Gesandtschaft des Kalifen drei Jahre später (768) «abermals» mit Geschenken entließ: *I t e r u m rex ipsos Sarracinos, qui ad eum missi fuerant, munera dedit.* Mit dieser zweiten Gesandtschaft des Jahres 768 reisten die fränkischen Gesandten vom Hof in Bagdad zurück. So dürften diese umgekehrt mit Gesandten des Kalifen schon dorthin gezogen sein.

45 Zum Kontext: Michael MCCORMICK, Pippin III, the Embassy of Caliph al Mansur, and the Mediterranean World, in: Der Dynastiewechsel von 751, S. 221–41.

46 Gold imitation *dinar* of Offa: http://www.britishmuseum.org/explore/highlights/highlight_objects .

47 MGH Epp. 4 S. 147 Nr. 101.

48 MGH Epp. 4 S. 144–8 Nr. 100–1.

49 Vgl. etwa MGH Epp. 4 S. 127–8 Nr. 85, vgl. BM[2] 333 (793/96).

50 Ed. Erwin HERRMANN, Slawisch-germanische Beziehungen im süd-

ostdeutschen Raum von der Spätantike bis zum Ungarnsturm. Ein Quellenbuch mit Erläuterungen (Veröffentlichungen des Collegium Carolinum 17), München 1965, S. 212–21 mit Abb.

51 Walter POHL, Die Awaren. Ein Steppenvolk in Mitteleuropa 567–822 n. Chr., [2]München 2002.

52 MGH Capit. 1 Nr. 44 c. 7 S. 123; vgl. auch unten S. 542.

53 Knapp: Alheydis PLASSMANN, Die Normannen. Erobern – Herrschen – Integrieren, Stuttgart 2008; FÖLLER, Wikinger.

54 Klaus VON SEE, Skaldendichtung. Eine Einführung, München/ Zürich 1980.

55 Zu den Kriegszügen der Wikinger vgl. Daniel FÖLLER, Verflochtenes Denken. Kognitive Strategien im wikingerzeitlichen Skandinavien, Diss. Masch. Frankfurt a. M. 2012; Vgl. unten S. 532–3.

56 Rudolf SIMEK, Die Edda, München 2007.

IV. Der Kriegskönig

1 Hierzu und zum Folgenden: CLASSEN, Karl der Große, S. 9–14.

2 CC 16 (758), MGH Epp. 3 S. 513–4.

3 CC 44 MGH Epp. 3 S. 560.

4 NOBLE, Images, S. 146–9.

5 LP 1 S. 476 (c. XXi).

6 CC 45 (769/770) MGH Epp. 3 S. 561.

7 CC 47 MGH Epp. 3 S. 565–6.

8 In der Datierung folge ich – wie, wenn nicht anders vermerkt, in allen einschlägigen genealogischen Fragen – K. F. WERNER, Nachkommen, S. 443. Das Ehedatum ergibt sich aus der anschließenden Ehe mit Hildegard, die – ihrem Epitaph zufolge – in der ersten Jahreshälfte 771 geschlossen sein muß. Vgl. unten Anm. 15.

9 Annales Admontenses zu 772, MGH SS 9 S. 572. Vgl. Peter CLASSEN, Bayern und die politischen Mächte im Zeitalter Karls des Großen und Tassilos III., in: DERS., Ausgewählte Aufsätze, S.231–48, hier S. 237.

10 CC 48 (Frühjahr 771) MGH Epp. 3 S. 566–7.

11 Vita Stephani III. LP 1 S. 480.

12 CC 46 (770/71) MGH 3 S. 564–5.

13 Einhard Vita Karoli c. 18 sagt, die Ehe habe über ein Jahr gewährt (*post annum*). Ich teile nicht die Vermutung von Janet L. NELSON, Making a Difference in Eighth-Century Politics: The Daughters of Desiderius, in: After Rome's Fall. Narrators and Sources of Early Medieval History. Essays presented to Walter Goffart, ed. by Alexander Callender MURRAY, Toronto u. a. 1998, S. 171–90, hier S. 183, die unbekannte Desiderius-Tochter habe Gerberga geheißen. Die dafür vorgebrachten Belege besagen es nicht. Andreas von Bergamo (MGH

SS rer. Langob. S. 223–4) kannte den Namen der Prinzessin nicht. Die Handschriften überliefern *Berterad*, z. T. auf Korrektur. Die Ann. Lobienses zu 771 (MGH SS 2 S. 195) müssen mit ihrem Eintrag zu 747 zusammen gelesen werden: *Carlomannus imperator*, hinter dem sich – mit Blick auch auf die vergleichsweise späte Handschrift – ohne weiteres Charlemagne verbirgt. Verwechselt wurden also nicht die Gemahlinnen, sondern die beiden Brüder. Der Name der langobardischen Gemahlin findet sich hier nicht.

14 Das ergibt sich aus dem Zeitpunkt der Eheschließung mit Hildegard, vgl. die folgende Anm.

15 Der Zeitpunkt der Eheschließung ist nur annähernd durch Hildegards Epitaph (verfaßt von Paulus Diaconus: MGH SS 2 S. 266) und durch die Kinderfolge zu erschließen; vgl. WERNER, Nachkommen, S. 443 Nr. 1c.

16 Nicht alle überlebten; das jüngste Kind, die Tochter Adelheid, wurde 782 geboren und starb, kein Jahr alt, 40 Tage nach der Mutter: ihr Epitaph (von Paulus Diaconus): MGH SS 2 S. 267.

17 So überlieferte Paschasius Radbertus in seiner Adalhard-Vita c. 7, MIGNE 120 Sp. 1511. Zur Sache vgl. KASTEN, Adalhard von Corbie, S. 18–24.

18 Zur Agilolfinger-Verwandtschaft und zur «amicitia» zwischen Karl und Tassilo vgl. JARNUT, Genealogie.

19 Einhard c. 3.

20 Vgl. BM[2] 128a.

21 ArF zu 771; AMP zu 771 verweisen auf die Salbung; vgl. BM[2] 142a.

22 LP 1 Vita Hadriani I. S. 488,29–27.

23 LP 1 Vita Hadriani I. S. 494,11–15.

24 LP 1 Vita Hadriani I. S. 494,21–2; ArF 773.

25 Deren Lage ist unklar: Die ArF 772 berichteten, daß Karl nach der Zerstörung der Eresburg «bis zur Irminsul gelangte» (*ad Ermensul usque pervenit*), was deren Lage in einiger Entfernung von der Eresburg annehmen läßt; die Überarbeitung ließ hingegen das *usque* aus, so daß die Säule nun bei der Eresburg gestanden zu haben scheint. Sicher stand sie nicht bei den Externsteinen: Vgl. Uta HALLE, «Die Externsteine sind bis auf weiteres germanisch!» Prähistorische Archäologie im Dritten Reich (Sonderveröffentlichungen des Naturwissenschaftlichen und Historischen Vereins für das Land Lippe 68), Bielefeld 2002: Der erst mit dem 10./11. Jahrhundert einsetzende Scherbenbefund (S. 295–305, bes. S. 301–2) verbietet eine solche Annahme.

26 Die Verteilung der Beute meldeten die AMP zu 772, ed. v. SIMSON S. 58.

27 LP 1 Vita Hadriani I. S. 495.

28 Chron. Novaliciense III,8 (MGH SS. 7 S. 99); auch unter wikisource.org/wiki/Chronicon_Novaliciense

29 Chron. Anianense (Moissiacense) zu 773. MGH SS 1 S. 295,23; ed. KETTEMANN Teil 2 S. 40.
30 LP 1 Vita Hadriani I. S. 496,18–20.
31 *A Deo protectus magnus rex*: LP 1 Vita Hadriani I. S. 495,1; *christianissimus rex*: wiederholt, z. B. S. 494,27.
32 Der LP 1 Vita Hadriani I S. 496,15–6 läßt Gemahlin und Söhne nur nach Pavia nachkommen; Karl wird sie dort im Schutz des Heeres zurückgelassen haben, als er zu Ostern nach Rom eilte. Zum Empfang in Rom vgl. CLASSEN, Karl der Große, S. 17–21; SCHOLZ, Politik – Selbstverständnis – Selbstdarstellung, S. 78–85.
33 LP 1 Vita Hadriani I S. 496–7. Zur Rezeption der *Laudes* in Rom: KANTOROWICZ, Laudes Regiae, S. 53–4; zu Karls Empfang: ebd. S. 75–6. – Im Folgenden greife ich – z. T. wörtlich – zurück auf: FRIED, Karl der Große, Rom und Aachen; dort auch die nötigen Belege.
34 Vgl. zum Weg: nach dem Anonymus Einsidlensis BAUER, Anonymus Einsidlensis, Karte S. 195; DERS., in: 799. Kunst und Kultur, Bd. 2, S. 707 mit Karte S. 608.
35 Vgl. oben S. 63.
36 Konstantin im früheren Mittelalter: Eugen EWIG, Das Bild Constantins des Großen in den ersten Jahrhunderten des abendländischen Mittelalters, zuletzt in: Das byzantinische Herrscherbild, hg. von Herbert HUNGER (Wege der Forschung 341), Darmstadt 1975, S. 133–92. – Augustinus: De civitate Dei 5,25. – Die «Gaben» verzeichnete minutiös der «Liber Pontificalis».
37 Paschasius Radbertus, Vita s. Adalhardi c. 22, MIGNE PL 1519D.
38 Wilhelm LEVISON, Kirchenrechtliches in den Actus Silvestri, in: ZRG Kan. 15 (1926) S. 501–11 in: DERS., Frühzeit, S. 390–465, S. 466–73, Zitat: S. 466.
39 Vgl. CC 60.
40 So mit OEXLE, Karolinger, S. 301–11; vgl. FUHRMANN, Papsttum, S. 282–4 mit Anm. 59.
41 Hierzu und zum Folgenden FRIED, Donation of Constantine, S. 71–86, vgl. auch die folgende Anm. Es sei hier ausdrücklich bemerkt, daß zu Karls Zeit das sog. «Constitutum Constantini», die «Konstantinische Schenkung», noch nicht existierte. Dessen Topographie darf somit nicht zum Verständnis der karlszeitlichen Verhältnisse herangezogen werden.
42 Nach BAUER, Das Bild der Stadt Rom, S. 49–61 gilt für das 8. Jahrhundert nur die Ausschmückung der Kirchen mit Bildern nach dem LP als «Manifeste päpstlicher Unabhängigkeit» vom Kaiser; die früheren Maßnahmen (ebd. S. 61–3) sind als Stiftungen zu verstehen, nicht als Herrschaftsakte. Die Rede vom «Papstpalast» ist anachronistisch. Zum Patriarchium vgl. Manfred LUCHTERHANDT, Päpstlicher Palastbau und höfisches Zeremoniell unter Leo III., in: 799. Kunst und Kultur 3, S. 109–22.

43 Michel ANDRIEU, Les ordines Romani du haut moyen âge 3 Les textes (ordines XIV–XXXIV) (Spicilegium sacrum Lovaniense. Études et documents 24), Louvain 1961, Ordo 24,3 S. 288; zur Abfassungszeit ebd. S. 282.

44 Zusammenfassend etwa: Peter CLASSEN, Italien zwischen Byzanz und dem Frankenreich, in: DERS., Ausgewählte Aufsätze, S. 85–115.

45 Vgl. oben S. 68–9.

46 LP 1 Vita Hadriani I S. 498.

47 Bemerkenswert ist der unisone Text der AMP, der ArF und des Chron. Moissiacense (Anianense).

48 Angela BÖCK, Die Sala Regia im Vatikan als Beispiel der Selbstdarstellung des Papsttums in der zweiten Hälfte des 16. Jahrhunderts (Studien zur Kunstgeschichte 112), Hildesheim u. a. 1997, S. 35–6 mit Abb. 12 (Karl) und Abb. 11 (Pippin). – Zur Diskussion um das Objekt von Karls Schenkung vgl. Florian HARTMANN, Hadrian I., S. 119–29. Unzutreffend dürfte allerdings dessen Hypothese sein (S. 115–8), der Rombesuch des Königs mündete, weil Karl angeblich vorzeitig am Mittwoch nach Ostern aus Rom abgereist sei, in «eine unerfreuliche Entwicklung des Aufenthaltes und eine entsprechend verhaltene Abschiedszeremonie» (S. 118). Hartmann hat nicht beachtet, daß das allein im LP (1 S. 498) erwähnte letzte und aufwendig gestaltete Treffen von Papst und König abweichend von der Ordnung der Stationsgottesdienste, die für diesen Mittwoch den Gottesdienst in S. Lorenzo vorschreibt, in St. Peter stattfand. Dieses Treffen war also maßgeblich durch Karl und ohne Zweifel im Wissen dessen, was da inszeniert werden sollte, gewünscht worden, und Hadrian war bereit, dafür von der liturgischen Ordnung der römischen Kirche abzuweichen. – Mit Hin- und Rückreise hatte Karl seine Belagerungstruppen vor Pavia ohnehin schon für mehrere Wochen verlassen.

49 Vgl. dazu SCHOLZ, Politik – Selbstverständnis – Selbstdarstellung, S. 89–93.

50 Münzen: SCHOLZ, Politik – Selbstverständnis – Selbstdarstellung, S. 95; Kriegszug: ebd. S. 96.

51 Vgl. Martina HARTMANN, Die Königin im frühen Mittelalter, S. 99.

52 VERBRUGGEN, L'armée; BACHRACH, Warfare, passim. Die Truppenstärke ist umstritten, vgl. BUSCH, Karolinger, S. 76.

53 Zur jahrzehntelangen Diskussion über die Heerpflicht vgl. HECHBERGER, Adel, S. 202–12.

54 MGH Capit. 1 S. 123 Nr. 44 c. 6 (806).

55 Heiko STEUER, Bewaffnung und Kriegsführung der Sachsen und Franken, in: 799. Kunst und Kultur S. 310–22; Herbert WESTPHAL, Zur Bewaffnung und Ausrüstung bei Sachsen und Franken. Gemeinsamkeiten und Unterschiede am Beispiel der Sachkultur, in: ebd. S. 323–7.

56 STEUER, Bewaffnung (wie oben Anm. 55), S. 320.

57 V. SIMSON, Ludwig der Fromme, 1 S. 116–7.

58 MGH Capit. 2 S. 5 Nr. 185A; vgl. V. SIMSON, Ludwig der Fromme, 1 S. 311.

59 Ein Beispiel aus der Zeit Ludwigs des Frommen: Form. Imp. 7 MGH Form. S. 292.

60 MGH Capit. 1 S. 168 Nr. 75.

61 v. 6 und v. 63–7, übers. SCHLOSSER, Althochdeutsche Literatur, S. 265–7.

62 v. 180–197, Waltharius, hg. von Karl STRECKER, übers. von Peter VOSSEN, Berlin 1947, S.33–35.

63 Vgl. VON PADBERG, Christianisierung, S. 76.

64 VON PADBERG, Christianisierung, S. 78.

65 SPRINGER, Die Sachsen, passim.

66 Vgl. BECHER, *Non enim habent*, S. 2.

67 Peter JOHANEK, Der Ausbau der sächsischen Kirchenorganisation, in: 799. Kunst und Kultur 2 S. 496–506.

68 ArF 775.

69 Das wird durch die Capitulatio de partibus Saxoniae cc 19–21 bestätigt, MGH Capit. 1 S. 69.

70 Vita Lebvini antiqua c. 6 MGH SS 30,2 S. 793. – Zur Landesordnung vgl. BECHER, *Non enim habent*.

71 Dazu und zur Kritik: BECHER, *Non enim habent*, S. 4–18.

72 Vita Lebvini antiqua c. 6 MGH SS 30,2 S.794.

73 Capitulatio de partibus Saxoniae c. 34 , MGH Capit. 1 S. 70 Nr. 26.

74 Jörg JENAL, Gregor der Große und die Anfänge der Altsachsenmission (596–604), in: Angli e Sassoni al di qua e al di là del mare, Settimane Spoleto 32 (Spoleto 1982), S. 793–857.

75 V. PADBERG, Mission und Christianisierung, S. 44–8.

76 Die Vita Sturmi des Eigil von Fulda. Literarkritisch-historische Untersuchung und Edition von Pius ENGELBERT O. S. B. (Veröffentlichungen der Hist. Kommission für Hessen und Waldeck 29), Marburg 1968, c.23 S.158. Die Entstehungszeit dieser Vita setze ich erst – anders als der Herausgeber – auf ‹um 819›, vgl. FRIED, Fulda, Anm.63.

77 ArFqdE 774 S. 41.

78 Die Übertragung des hl. Alexander von Rom nach Wildeshausen durch den Enkel Widukinds 851. Das älteste niedersächsische Geschichtsdenkmal, in: Nachrichten Göttingen 1933, S. 406–36, hier c. 3 S. 426.

79 MGH Capit. 1 S. 222 Nr. 107.

80 Indiculus superstitionum, MGH Capit. 1 S. 22–3.

81 Capitulatio de partibus Saxoniae cc. 7, 9 und 21, MGH Capit. 1 S. 69.

82 Transl s. Liborii c. 5 MGH SS 4 S.15.

83 Vgl. VON PADBERG, Mission und Christianisierung, S. 71–89.

84 Vitae Sancti Liudgeri, S. 3–53.

85 Vgl. v. PADBERG, Mission und Christianisierung, S. 79–82.

86 Vita Gregorii abbatis Traiectensis c. 8, MGH SS 15,1 S. 73, 39.

87 Altfrid, Vita s. Liudgeri I c. 21, in: Vitae Sancti Liudgeri, S. 25.

88 Vgl. Altfrid, Vita s. Liudgeri I c. 16, in: Vitae Sancti Liudgeri, S.20.

89 Vgl. zusammenfassend: SCHIEFFER, Die Zeit des karolingischen Großreiches, S. 58–61.

90 Die ArFqdE erwähnten zu 777 Widukind erstmals, die ArF erst zu 782. Verlaß ist auf beide Versionen der «Reichsannalen» nicht unbedingt, Sicherheit somit nicht zu gewinnen.

91 ArF zu 782 S. 62 und S. 63.

92 Eckhard FREISE, Widukind in Attigny. Taufpatronat und Treueidleistung als Ziele der sächsischen Unterwerfungs- und Missionskriege Karls des Großen, in: 1200 Jahre Widukinds Taufe, hg. von Gerhard KALDEWEI, Paderborn 1985, S. 12–45.

93 MGH Capit. 1 Nr. 26 S. 68–71. Das Kapitular ist in einer einzigen Handschrift und ohne Datum überliefert; es könnte in den Jahren 782 oder 785 verkündet worden sein, vgl. MORDEK, Bibliotheca, S. 770.

94 Vgl. etwa das Capitulare Saxonicum von 797: MGH Capit. 1 S. 71–2.

95 ArFqdE zu 795 S. 97. Auf die Unterschiede zur älteren Version der ArF kann hier nicht eingegangen werden; vgl. dazu: Johannes FRIED, Bardowick, Sachsen und Karl der Große, in: Lüneburger Blätter 30 (998) S. 7–45.

96 Zur Pfalz: Gerhard ROEDER, Die Pfalz und die frühen Kirchen in Paderborn nach den schriftlichen Quellen, in: Westfälische Forschungen 19 (1966) S. 137–60; Uwe LOBBEDEY, Die Ausgrabungen im Dom zu Paderborn 1978–80 und 1983, 4 Bde. (Denkmalpflege und Forschung in Westfalen 11), Bonn 1986.

97 Die Zitate: De Karolo rege et Leone papa v. 520–4, ed. BRUNHÖLZL S. 56 (96).

98 Die Überlieferung der illustrierten Handschriften des Kommentars setzt im 10. Jahrhundert ein. Ihr Illustrationsprogramm ist (mit leichten Abweichungen) einheitlich, so daß es auf Beatus selbst zurückgehen dürfte. Vgl. John WILLIAMS, The Illustrated Beatus. A Corpus of Illustrations of the Commentary on the Apocalypse in: Five Volumes, London 1994–2003.

99 Cronica Mozarabe de 754. Edición critica y traducción por José Roduardo LOPEZ PEREIRA (Textos medievales 58), Zaragoza 1980.

100 ArF zu 777. BM[2] 211a.

101 AMP zu 778.

102 ArFqdE zu 777.

103 Legitimationsbemühen: Achim Thomas HACK, Karl der Große, Hadrian I. und die Muslime in Spanien. Weshalb man einen Krieg führt und wie man ihn legitimiert, in: Faszination der Papstge-

schichte. Neue Zugänge zum frühen und hohen Mittelalter, hg. von Wilfried HARTMANN und Klaus HERBERS, Köln/ Weimar/ Wien 2008, S. 229–54 (in vergleichender Auswertung der Darstellungen in ArF, ArFqdE, CC 61 und AMP.)

104 Zum Folgenden ROTTER, Abendland und Sarazenen, S. 281 (Index s. v. Beda), bes. S. 231–64; das folgende Zitat S. 232; vgl. auch S. 248–9 (Teufelsdiener).

105 *Victor* schieben die AMP zu 778 in ihren von den ArF übernommenen Bericht ein.

106 Walther BJÖRKMAN, Karl und der Islam, in: Karl der Große Bd. 1 (1965) S. 672–82, hier S. 675.

107 Vgl. BM[2] 840a und 841b.

108 OEXLE, Karolinger, S. 270–2.

109 Vgl. FRIED, Schleier, S. 343.

110 Erwin ROSENTHAL, Der Plan eines Bündnisses zwischen Karl dem Großen und ʿAbdurrahmân in der arabischen Überlieferung, in: NA 48 (1928) S. 441–5.

111 Zur Liedtradition: Vgl. das «Nachwort» von Dieter KARTSCHOKE, in: Das Rolandslied des Pfaffen Konrad. Mittelhochdeutsch/ Neuhochdeutsch. Hg., übers. und kommentiert von Dieter KARTSCHOKE, Stuttgart 1993.

112 Vgl. dazu unten S. 303–6.

113 CC 57 (Ende 775).

114 CC 59. Vgl. oben S. 95.

115 CLASSEN, Karl der Große, S. 27.

116 CC 60 (Mai 778).

117 FRIED, Selbstanzeige, S. 609–10.

118 ArF und AMP zu 780.

119 Paris, Bibl. Nat. nouv. Acq. Lat. 1203. Zur Handschrift: Bruno REUDENBACH, Das Godescalc-Evangelistar. Ein Buch für die Reformpolitik Karls des Grossen. Frankfurt a. M. 1998, dort S. 7 das folgende Zitat; zuletzt: CRIVELLO u. a., Das Godescalc-Evangelistar.

120 ArF 781.

121 CLASSEN, Karl der Große, S. 29; Angilbert: FLECKENSTEIN, Hofkapelle 1, S. 67.

122 Walahfrid Strabo, Visio Wettini ed. KNITTEL v. 391–9.

123 Vgl. unten S. 179–80.

124 CLASSEN, Karl der Große, S. 29–30 mit Verweis auf das Hludovicianum von 817.

125 Dazu unten S. 307–9.

126 BM[2] 279a.

127 Zum Folgenden BELTING, Studien zum beneventanischen Hof, S. 142–93 mit 6 Tafeln; das folgende Zitat aus der Gründungsurkunde des Fürsten dort S. 182.

128 C. V. B. WEST, Charlemagne's involvement in central and southern It-

aly: power and the limits of authority, in: Early Medieval Europe 8 (1999, ersch. 2000) S. 341–67.

129 Elias Avery LOEW [LOWE], The Beneventan Script. A History of the South Italian Minuscule, zuerst Oxford 1914.

130 BELTING, Probleme der Kunstgeschichte Italiens.

131 BM² 282b. Zum Besuch zuletzt GLATTHAAR, Zur Datierung der Epistola generalis.

132 Der Brief des Abtes Theodemar von Montecassino an Karl den Großen: MGH Epp. IV,510; Paulus Diaconus, Historia Langobardorum VI,40 (MGH SS rer. Lang. 179, 2–5).

133 BM² 285.

134 MGH Capit. 1 S. 80–1 Nr. 30; dazu GLATTHAAR, Zur Datierung der Epistola generalis, mit dem Ergebnis S. 469. – Dazu unten S. 306–7.

135 Zum Folgenden CLASSEN, Karl der Große, S. 33–4.

136 MGH Poetae 1 S. 66–8 Nr. 33.

137 Zitat: CLASSEN, Karl der Große, S. 33.

138 CC 58 S. 583; vgl. CLASSEN, Karl der Große, S. 27.

139 Theophanes zu AM 6274.

140 Ann. Lauresham. zu 781 MGH SS 1 S. 32; Chron. Moisiac. zu 781, MGH SS 1 S. 297.

141 ArFqdE zu 787 S. 75: *(legati), qui propter petendam filiam suam ad se (sc. Karolum) missi fuerant.*

142 Auch die Lorscher oder die AMP bieten keinen Hinweis auf das Ende der Verlobung.

143 ArFqdE 788 *Constantinus … propter negatam sibi regis filiam …* Vgl. CLASSEN, Karl der Große, S. 32–3.

144 Gesta abbatum Fontanellensium c. 12, edd. LOHIER, LAPORTE (Soc. D'histoire de Normandie) Rouen/Paris 1936, S. 84 = Chronique des Abbés de Fontenelle (Saint-Wandrille), (Les Classiques de l'Histoire de France au Moyen Age 40), Paris 1999, S. (nicht gesehen).

145 Vgl. oben S. 112–3.

146 Fragmentum Annalium Chesnii zu 786, MGH SS 1 S. 33.

147 Agnellus, Liber pontificalis ecclesiae Ravennatis c. 165, ed. Deborah MAUSKOPF DELIYANNIS S. 342–3.

148 Zur Inschrift vgl. Peter CLASSEN, Ausgewählte Aufsätze, S. 204; zu Baumeistern aus dem Frankenreich 821 in Grado vgl. BELTING, Probleme der Kunstgeschichte Italiens, S. 96.

149 Um die fragliche Zeit dürfte Fastradas zweite Tochter Hiltrud geboren sein, vgl. K. F. WERNER, Nachkommen, Tafel.

150 Dazu unten S. 188.

151 Vgl. dazu unten S. 380–2.

152 Zum Folgenden grundlegend: BECHER, Eid und Herrschaft; DERS., Zwischen Macht und Recht: Der Sturz Tassilos III. von Bayern 788, in: Tassilo III. von Bayern, S. 39–55; FREUND, Von den Agilolfingern zu den Karolingern, S. 120–60.

153 JAHN, Ducatus, S. 335–550.

154 Arbeo, Vita et passio Sancti Haimhrammi martyris c. 6, ed. Bruno KRUSCH, MGH SS rer. Germ. [13] S. 32.

155 FREUND, Von den Agilolfingern zu den Karolingern, S. 84–143.

156 FREUND, Von den Agilolfingern zu den Karolingern, S. 107–20; HAMMER, From Ducatus, S. 137–200.

157 MGH LL 3 S. 459–61; Karl-Ludwig AY, Altbayern vom Frühmittelalter bis 1800, Bd. 1: Altbayern bis 1180 (Dokumente zu Staat und Gesellschaft in Bayern I,1), München 1974, S. 102 Nr. 63; Vgl. HARTMANN, Synoden, S. 90–6; JAHN, Ducatus, S. 512–4; FREUND, Von den Agilolfingern zu den Karolingern, S. 93–107.

158 JAHN, Ducatus, S. 475–7.

159 AY, Altbayern, S. 104 Nr. 66 (Synode von Aschheim; dazu: JAHN, Ducatus, S. 344–8).

160 Kasseler Glossen, Elias STEINMEYER, Eduard SIEVERS, Die althochdeutschen Glossen 3, Berlin 1895, S. 13.

161 AY, Altbayern, S. 98 Nr. 57. Vgl. Franz-Reiner ERKENS, Summus princeps und dux quem rex ordinavit. Tassilo III. im Spannungsfeld von Fürstlichem Selbstverständnis und königlichem Auftrag, in: Tassilo III. von Bayern, S. 21–38, hier S. 25–6.

162 Fragmentum Annalium Chesnii zu 787, MGH SS 1 S. 33.

163 Vgl. oben S. 182.

164 Ann. Nazariani Cont. zu 787, MGH SS 1 S. 43.

165 Paulus Diaconus Gedicht 35, ed. NEFF S. 149 v. 43–50.

166 Fragmentum Annalium Chesnii zu 788 MGH SS 1 S. 33.

167 Erstmals Peter CLASSEN, Bayern und die politischen Mächte im Zeitalter Karls des Großen und Tassilos III. (zuerst 1978), in: DERS., Ausgewählte Aufsätze, S. 231–48.

168 Hierzu und zum Folgenden BECHER, Eid und Herrschaft; und knapp DERS., Zwischen Macht und Recht (wie oben Anm. 152). Dazu Bernhard BISCHOFF, Salzburger Formelbücher und Briefe aus Tassilonischer und Karolingischer Zeit (SB München 1973/74), München 1973, S. 22–6 mit den Briefen III,19–23 S. 54–7.

169 Ann. Nazariani Cont. 788, MGH SS 1 S. 44. Vgl. oben S. 189 (nach dem Annalenfragment).

170 Vgl. dazu unten S. 380–2. Zu Gerold: Michael MITTERAUER, Karolingische Markgrafen im Südosten. Fränkische Reichsaristokratie und bayerischer Stammesadel im österreichischen Raum (Archiv für österreich. Geschichte 123), Wien 1963, S. 8–16; BORGOLTE, Grafen Alemanniens, S. 122–6.

171 Zur Verwandtschaft: JARNUT, Genealogie. Zur ‹politischen› Bedeutung der fraglichen Verwandtengruppe für Karl, dessen Gemahlin Hildegard hinzugehörte, vgl. oben S. 129.

172 Diese Beobachtung wird schon Michel Germain im Jahr 1675 verdankt, vgl. Astrid KRÜGER, Litanei-Handschriften der Karolingerzeit

(MGH Hilfsmittel 24) Hannover 2007, S. 78–90 zur Litanei des Psalters, hier S. 79 (zum Ausschließlichen der Heiligen von Soissons in dieser Litanei). Krüger ist allerdings zurückhaltend mit einer definitiven Festlegung des Entstehungsortes.

173 Die Identität der Rotrud des Psalters ist umstritten; erwogen wird, ob die *soror* nicht die gleichnamige Tochter Tassilos sein könnte, vgl. KRÜGER (wie oben Anm. 172) S. 81–2; für die Karls-Tochter hat sich Bernhard BISCHOFF ausgesprochen; ihm folgt Maximilian DIESENBERGER, Spuren des Wandels. Bayerische Schriftkultur zwischen Agilolfinger- und Karolingerzeit, in: Tassilo III. von Bayern, S. 175–89, hier S. 177 mit Anm. 7.

174 Zum Psalter bislang zuletzt: HAMMER, From *Ducatus*, S. 182–91.

175 Walahfrid Strabo, Visio Wettini v. 802–26 ed. KNITTEL S. 116.

176 BECHER, Eid und Herrschaft, S. 30–5.

177 Zum Folgenden POHL, Awaren, S. 170–4; dort auch die Zitate.

178 Vgl. zu den Kriegen: POHL, Awaren, S. 312–21.

179 MGH Epp. 4 S. 528–9 Nr. 20 (791).

180 Theodulf carm. 25 v. 33–40, MGH Poetae 1 S. 484; zu dem Gedicht: D. SCHALLER, Vortrags- und Zirkulardichtung, S. 14–36, hier S. 17–9.

181 Zum *filioque* vgl. WILLJUNG, Das Konzil von Aachen 809, Einleitung; Bernd OBERDORFER, Filioque. Geschichte und Theologie (Forschungen zur systematischen und ökumenischen Theologie 96), Göttingen 2001; GEMEINHARDT, Die Filioque-Kontroverse, S. 108–64; Michael BÖHNKE, Assaad Elias KATTAN, Bernd OBERDORFER (Hgg.), Die Filioque-Kontroverse. Historische, ökumenische und dogmatische Perspektiven 1200 Jahre nach der Aachener Synode, Freiburg i. Br. 2011; vgl. unten S. 445–54.

182 Ann. Lauresh. c. 34 (801) MGH SS 1 S. 38.

183 Zu den Kapitularien vgl. das folgende Kapitel; zur Anmahnung des Papstes vgl. Hadrians Widmungsgedicht (MGH Poetae 1 S. 90–1, v. 10–5) bei Übersendung der kirchlichen Rechtssammlung der sog. Dionysio-Hadriana an Karl.

184 CC 50 S. 570.

185 WERNER, Karl der Große oder Charlemagne?, S. 22–3.

V. Herrschaftsstrukturen

1 Zur ‹Geldpolitik› im früheren Mittelalter vgl. Michael MCCORMICK, Was der frühmittelalterliche König mit der Wirtschaft zu tun hatte, in: Die Macht des Königs, S. 55–71.

2 CdV MGH Capit. 1 S.82–91, hier c. 1.

3 Nützliche Übersicht: METZ, Erforschung. – Zu Wirtschaft und Handel im früheren Mittelalter: MCCORMICK, Origins of the European Economy.

4 Dazu unten S. 556–8.
5 Eine nützliche Zusammenfassung: METZ, Erforschung; für einen begrenzten Raum: Dietmar FLACH, Reichsgut 751–1024 (Geschichtlicher Atlas der Rheinlande. Beiheft 5), Bonn 2008.
6 Zu Adalhards Wirtschaftsplanung vgl. unten S. 224–6.
7 MGH Form. S. 201–2 Nr.36. Vgl. Walter SCHLESINGER, Der Markt als Frühform der deutschen Stadt, in: Vor- und Frühformen der europäischen Stadt im Mittelalter I, Hg. von Herbert JANKUHN u. a. (Abh. der Akad. Göttingen 1973), S.262–93, hier S.265.
8 Als Beispiel solcher Kontinuität vgl. die Formel für das Kloster Jumièges: MGH Form. Imp. S. 303 Nr. 24.
9 DKdG 88 (774–775).
10 MGH Capit. 1 S. 139 und Form. Imp. S. 314–5 Nr.37.
11 Hierzu und zum Folgenden vgl. PATZOLD, Normen im Buch, S. 331–50.
12 Zu Literatur und Überlieferung vgl. MORDEK, Bibliotheca, passim.
13 MGH Capit. 1 S. 82–91 Nr. 32; jetzt: Capitulare de villis. Cod. Guelf. 254 Helmst. der Herzog August Bibliothek Wolfenbüttel, hg. Carlrichard BRÜHL, Stuttgart 1971. Das einzige Exemplar zusammen mit den «Brevium exempla» (unten S. 220–4) in einem schmalen Heft könnte das Arbeitsexemplar eines Missus gewesen sein, vgl. MORDEK, Bibliotheca, S. 946–9 (mit Lit.); zu Ludwig: HÄGERMANN, Karl der Große, S. 670 (doch dürfte der Andreastag als Stichtag zur Wachslieferung durch die bevorstehende Adventszeit in gleicher Weise wie der Liefertermin in der Mitte der Fastenzeit durch das bevorstehende Osterfest bestimmt sein, nicht durch spezifische Verehrung des Heiligen seitens Ludwigs des Frommen); für Karl: Tobias WELLER in: Otto der Große und das Römische Reich S.418–9; noch nicht gesehen: Peter LANDAU mündlich, der für Ludwig den Frommen plädiert. – Leos III. Briefe heute zu Beginn waren zunächst ein Nachtrag am Ende der Handschrift, falsch: HÄGERMANN a. a. O. S. 669–70.
14 METZ, Das karolingische Reichsgut, S. 53–9.
15 Federico PATETTA, Frammento di un Capitolare Franco nel codice A 220 Inf. della Biblioteca Ambrosiana, in: Atti della R. Accademia delle Scienze di Torrino 33, disp. 3a (1897/98) S. 187–92; MORDEK, Bibliotheca, S. 978–9 (zu 811?).
16 METZ, Das karolingische Reichsgut, S. 60–5.
17 So etwa die «Brevium exempla»: MGH Capit. 1 S. 250–6 Nr. 128.
18 Zum Plan vgl. Peter OCHSENBEIN, Karl SCHMUKI (Hgg.), Studien zum St. Galler Klosterplan II (Mitteilungen zur vaterländischen Geschichte 52), St. Gallen 2002. Abweichungen von der Klosterreform Ludwigs des Frommen und der Benediktregel nennt Hanns-Christoph PICKER, Der St. Galler Klosterplan als Konzept eines weltoffenen Mönchtums – Ist Walahfrid Strabo der Verfasser?, in: Zschr. f. Kirchengesch. 119 (2008) S. 1–29.

19 DKDG 81 (774) für St. Martin in Tours.

20 MGH Capit. 1 S. 83–91, c. 16, weiter c. 27, c. 47, c. 58.

21 CdV c. 44, MGH Capit. 1 S. 87.

22 Vgl. unten zu den *Brevium exempla* S. 220–4 und zu St-Wandrille S. 363–4.

23 WERNER, Missus; zum Teil anders: HANNIG, Pauperiores vassi.

24 Walter SCHLESINGER, Hufe, S. 41–70.

25 Dazu unten S. 220–4.

26 SCHLESINGER, Hufe, S. 56–7.

27 CdV c. 62 S. 89.

28 Die jüngsten Grabungen haben die Reste einiger von ihnen zutage gefördert, vgl. unten S. 413 mit Anm. 108.

29 So im Kapitular von Frankfurt 794.

30 MORDEK, Bibliotheca, S. 979 c. XXII.

31 Dazu unten S. 457–8.

32 C. 79 edd. MORDEK, ZECHIEL-ECKES, GLATTHAAR S. 230–3.

33 Dazu Ludolf KUCHENBUCH, *Opus feminile*. Das Geschlechterverhältnis im Spiegel von Frauenarbeiten im früheren Mittelalter, in: DERS., Reflexive Mediävistik, S. 278–315, hier S. 280–1.

34 Vgl. etwa CdV c. 64, MGH Capit. 1 S. 89.

35 Fred SCHWIND, Zu karolingerzeitlichen Klöstern als Wirtschaftsorganismen und Stätten handwerklicher Tätigkeit, in: Institutionen, Kultur und Gesellschaft im Mittelalter. Fschr. f. Josef Fleckenstein, hg. von Lutz FENSKE, Werner RÖSENER und Thomas ZOTZ, Sigmaringen 1984, S. 101–24.

36 MGH Capit. 1 S. 123 Nr. 44,7 (805).

37 MGH Capit. 1 S. 250–6 Nr. 128 (um 811). Zur Erfassung der Grundherrschaften in Zahlen vgl. grundsätzlich: KUCHENBUCH, Zahlendenken und Zahlengebrauch, in: DERS., Reflexive Mediävistik.

38 Zur Analyse dieser Grundherrschaft: Konrad ELMSHÄUSER, Untersuchungen zum Staffelseer Urbar, in: Strukturen der Grundherrschaft, S. 335–69; zur Frauenarbeit hier: KUCHENBUCH, *Opus feminile*, in: Ders., Reflexive Mediävistik, S. 294–5. – Das Beispiel eines Klosters (St-Wandrille) wird unten S. 363–4 vorgestellt.

39 Zur Lage: Helmar HÄRTEL in 799. Kunst und Kultur 1, S.93; vgl. unten S. 363–4 der Besitz von St-Wandrille.

40 Vgl. KUCHENBUCH, *Opus feminile*, in: DERS., Reflexive Mediävistik, S. 297.

41 BM[2] 351b-353a.

42 Statuta seu brevia Adalhardi, Corpus Consuetudinum Monasticarum 1, ed. Kassius HALLINGER, Siegburg 1963, S. 357–408. Zusammenfassend: KASTEN, Adalhard von Corbie, S. 110–37.

43 Brevis c. III (wie Anm. 42), S. 376.

44 Brevis c. VII (wie Anm. 42), S. 403–8.

45 Brevis c. I (wie Anm. 42), S. 365–72.

46 Brevis c. VI,2 (wie Anm. 42), S. 390.

47 Brevis c. III (wie Anm. 42), S. 376.

48 DKDG 73 = Codex Laureshamensis, Chronik c. 6 und 6a, bearb. und hg. von Karl GLÖCKNER (Arbeiten der Historischen Kommission für den Volksstaat Hessen), Darmstadt 1929, S. 277–82 = BM[2] 152. Zu Lorsch: Josef SEMMLER, Die Geschichte der Abtei Lorsch von der Gründung bis zum Ende der Salierzeit (764–1125), in: Die Reichsabtei Lorsch. Fschr. zum Gedenken an ihre Stiftung 764 1. Teil, hg. von Friedrich KNÖPP, Darmstadt 1975, S. 75–173.

49 Dazu (mit Edition, epigraphischer und sprachgeschichtlicher Expertise): Wilhelm METZENDORF, Die Steinurkunde von St. Peter in Heppenheim, in: Geschichtsblätter Kreis Bergstraße 16 (1983) S. 27–64 (805). Der «große Karl» (nicht der große Kaiser!) verweist freilich auf eine nachkarlische Zeit zumindest für die Anfertigung der steinernen Datierung.

50 CdV c. 36 MGH Capit. 1 S. 86.

51 MGH Capit. 1 S. 81–2 Nr. 31 (800).

52 Harald WITTHÖFT, Thesen zu einer karolingischen Metrologie, in: Science in Western and Eastern Civilization, S. 503–24; DERS., «Denarius novus», «modius publicus» und «libra panis» im Frankfurter Kapitulare. Elemente und Struktur einer materiellen Ordnung in fränkischer Zeit, in: Das Frankfurter Konzil Bd. 1, S. 219–52. – Vgl. unten S. 457–8.

53 MGH Conc. 2,1 S. 166 Nr. 19G,4. – Vgl. unten S. 457–8.

54 MGH Conc. 2,1 S. 166 Nr. 19G,4; das folgende Zitat S. 167.

55 Alkuin, De virtutibus et vitiis liber ad Widonem comitem, Migne PL 101, 613–38, hier Sp. 613 613C-614C (mit in der Übersetzung nicht gekennzeichneten Auslassungen). Dazu Alain DUBREUCQ, Autour du *De virtutibus et vitiis* d'Alcuin, in: Alcuin, de York à Tours, S. 269–88 (mit älterer Lit.).

56 Walahfrid Strabo, Visio Wettini v. 481–508, das Zitat v. 492, ed. KNITTEL S. 94–6. Vgl. oben S. 17–8.

57 So Heitos Darstellung der Vision des Mönchs: ed. KNITTEL S. 50.

58 Form. Imp. 5, MGH Form. S. 291.

59 Allgemein zu Karls Gegnern: Karl BRUNNER, Oppositionelle Gruppen (Veröffentlichungen des Instituts für Österreichische Geschichtsforschung 25), Wien 1979; zum Hardard-Aufstand S. 48–52; weiter Janet L. NELSON, Opposition to Charlemagne (German Hist. Institute London, Annual Lecture 2008), London 2009.

60 Capitulare missorum (unsichere Datierung zu 789 oder 792), MGH Capit. 1 S. 66 Nr. 25 c. 1–2, S. 67 c. 4, vgl. MORDEK, Bibliotheca S. 472. Zur Datierung auf 789 vgl. BECHER, Eid und Herrschaft, S. 79–85.

61 MGH Capit. 1 S. 63 Nr. 23 c. 18 von 789 (?). Zur Durchführung auch unten S. 239–40 und S. 519–20.

62 Ebd. c. 6 S. 67.

63 *Vassi casati* und *vassi non casati* unterschied etwa das Kapitular von Herstal 779 c. 9 MGH Capit. 1 S. 48.

64 Der Abt Adalhard von Corbie als *vassus domini Caroli imperatoris*: KASTEN, Adalhard von Corbie, S. 69–70 (812); ein Graf als königlicher *vassus*: Michael BORGOLTE, Geschichte der Grafschaften Alemanniens in fränkischer Zeit (VuF Sonderband 31), Sigmaringen 1984, S. 226 (816); die Söhne Ludwigs des Frommen als *vassalli* des Kaisers: Susan REYNOLDS, Fiefs and Vassals. The Medieval Evidence Reinterpreted, Oxford 1994, S. 86 (= Paschasius Radbertus, Epitaphium Arsenii, ed. DÜMMLER S. 85. Es handelte sich gewiß um keine übliche Bezeichnung für Königssöhne mit vom Vater abgeleiteten Herrschaftsrechten, doch sie erfolgte in einer außergewöhnlichen Konstellation und bot zugleich das einzige zeitgenössische Zeugnis, in dem ein König/Kaiser seine rebellischen Söhne ansprach. Insofern zielt die Interpretation von Reynolds als Ausnahme an der Sache vorbei.).

65 Vgl. BULLOUGH, Karl der Große, S. 113 (mit den Anmerkungen S. 291).

66 Zur Adelsforschung des 8./9. Jahrhunderts vgl. hier nur einige wegweisende Abhandlungen: TELLENBACH, Königtum und Stämme; Studien und Vorarbeiten zur Geschichte des großfränkischen und frühdeutschen Adels, hg. von Gerd TELLENBACH (Forschungen zur Oberrheinischen Landesgeschichte 4), Freiburg i. Br. 1957; weitere einschlägige Schriften TELLENBACHS in dessen Ausgewählte(n) Abhandlungen Bd. 3; SCHMID, Gebetsgedenken; WERNER, Bedeutende Adelsfamilien; DERS., Naissance; STÖRMER, Früher Adel; HECHBERGER, Adel.

67 STIELDORF, Marken und Markgrafen, S. 36–40 u. ö.

68 TELLENBACH, Der großfränkische Adel, S. 54.

69 Zu Nutzen und Grenzen des Begriffs: HECHBERGER, Adel, S. 186–94.

70 Die zustimmende Äußerung des Königs wurde in der Originalhandschrift des Opus Caroli (III,13 ed. FREEMAN S. 388 Anm. d) zwar vom Buchbinder abgeschnitten, doch war sie einst vorhanden.

71 MGH Capit. 1 S. 67 Nr. 23 c. 5.

72 Vgl. MGH Capit. 1 S. 125 Nr. 44 c. 16.

73 Beispiele: W. HARTMANN, Karl der Große, S. 280 Anm. 29.

74 Dazu unten S. 239–40.

75 Ann. Mett. Priores zu 790 (ed. v. SIMSON S. 78); Ann. S. Amandi zu 789 (MGH SS 1 S. 12).

76 Karls d. Jüngeren Unterkönigtum zeichnet sich nicht so deutlich ab wie die beiden ‹Außenposten› Italien und Aquitanien. Doch sind seine Spuren erkennbar: Vgl. Peter CLASSEN, Karl der Große und die Thronfolge im Frankenreich, in: DERS., Ausgewählte Aufsätze,

S. 205–29, hier S. 206–7. – Zu Pippin «dem Buckligen» (noch nicht bei Classen a. a. O.) vgl. unten S. 380–2.

77 MGH SS 1 S. 12.

78 Vgl. unten S. 380–2.

79 Dazu gleich unten im Text.

80 Dazu unten S. 251–7.

81 Vgl. unten S. 363–4.

82 Astronomus, Vita Hludowici c. 7, ed. TREMP S. 304. Dazu unten S. 443.

83 Als Beispiel wurde der Anfang des Kapitulars Nr. 51, MGH Capit. 1 S. 138 (808) zitiert.

84 Zur *Admomitio generalis* vgl. unten S. 309–19. Zur Verbreitung: Admonitio generalis, edd. MORDEK (†), ZECHIEL-ECKES (†), GLATTHAAR, Einleitung S. 86–110 (ZECHIEL-ECKES).

85 MORDEK, Bibliotheca, S. 210–7, hier S. 215–6; Admonitio generalis, edd. MORDEK (†), ZECHIEL-ECKES (†), GLATTHAAR, Einleitung S. 86–110, ZECHIEL-ECKES, Einleitung, S. 93–5.

86 Zur Vereidigung: oben S. 233. Zum Kapitular von Herstal vgl. unten S. 303–6; zur «Admonitio» unten S. 309–19.

87 WERNER, Missus, S. 203–4. Vgl. unten S. 88.

88 MGH Capit. 1 Nr. 58 S. 145–6.

89 MGH Epp. 4 S. 528–9 Nr. 20 (791); vgl. oben S. 193 und S. 350.

90 Vgl. aber MGH Capit. 1 S. 137 Nr. 50,1.

91 Zuerst bezeugt: MGH Capit. 1 S. 137 Nr. 50,1 (808).

92 Vgl. oben S. 221.

93 Tabula Peutingeriana. Codex Vindobonnensis 324. Vollständige Faksimile-Ausgabe im Originalformat, Graz 1976; kommentiert von E. WEBER, ebd. 2004.

94 Arnold ESCH, Wege nach Rom. Annäherungen aus zehn Jahrhunderten, München 2003, S. 9–29.

95 Arnold ESCH, Zwischen Antike und Mittelalter. Der Verfall des römischen Straßensystems in Mittelitalien und die Via Amerina, München 2011. Zu Karls Zügen durch sein Reich: MCKITTERICK, Karl, S. 165–71.

96 ArFqdE zu 793, ed. KURZE S. 93.

97 Hanns Hubert HOFMANN, Kaiser Karls Kanalbau, [2]Sigmaringen 1976. Die sog. Einhardsannalen (wie die vorige Anm.) lassen das Scheitern klar erkennen.

98 Einhard, Vita Karoli c. 17.

99 ArF zu 793, ed. KURZE S. 92–4.

100 Vgl. knapp: Carlrichard BRÜHL, Die wirtschaftliche Bedeutung der Pfalzen für die Versorgung des Hofes von der fränkischen bis zur Stauferzeit, in: DERS., Aus Mittelalter und Diplomatik Bd. 1, Hildesheim u. a. 1989, S. 222–32, ausführlich DERS., Fodrum, Gistum, Servitium regis. Studien zu den wirtschaftlichen Grundlagen des

Königtums im Frankenreich und in den fränkischen Nachfolgestaaten Deutschland, Frankreich und Italien vom 6. bis zur Mitte des 14. Jahrhunderts, Köln/ Wien 1968.

101 Vgl. oben S. 132.

102 Einhard ep. 5, MGH Epp. 5 S. 111.

103 Einhard ep. 9, MGH Epp. 5 S. 113.

104 Einhard ep. 56, MGH Epp. 5 S. 137.

105 So z. B. DKDG 81 (774) für St. Martin in Tours; erwähnt wird hier eigens ein *senodochium*, also ein Hospiz; oder DKDG 112 (776) für den Grammatiker Paulinus.

106 *Instituta regalia et ministeria camere regum Lombardorum et honorantie civitatis Papie* c. 1, MGH SS 30,2 S. 1451.

107 Bernhard BISCHOFF hatte dieses Verzeichnis der Hofbibliothek Karls des Großen zugewiesen, vgl. dagegen die Neuzuschreibung nach Verona oder nach Norditalien durch VILLA, Horazüberlieferung, S. 29–52; dazu unten S. 254–5.

108 MGH Capit. 1 S. 187–8 Nr. 88 (20. Februar [wohl 774]).

109 Zur Handschrift: MORDEK, Bibliotheca, S. 676–80.

110 Dazu unten S. 302–6.

111 Dazu unten S. 309–19.

112 MGH Capit. 1 S. 203–4 Nr. 97.

VI. Der Herrscher

1 Alcuin ep. 93, MGH Epp. 31, 36–8, das Zitat S. 137–8 (796): SCHOLZ, Politik – Selbstverständnis – Selbstdarstellung, S. 109–10.

2 Vgl. oben S. 29–30.

3 Theodulf Carm. 32,32–4 MGH Poetae 1 S. 523–4.

4 MGH Epp. 4 S. 503,3–6.

5 MGH Conc. 2 S. 242,13–4.

6 Vgl. oben S. 190.

7 Arnold ESCH, Überlieferungs-Chance und Überlieferungs-Zufall als methodologisches Problem des Historikers, in: Historische Zeitschrift 240, S. 529–570 (wieder in: DERS., Zeitalter und Menschenalter. Der Historiker und die Erfahrung vergangener Gegenwart, München 1994, S. 39–69.).

8 Johannes FRIED, Der karolingische Herrschaftsverband im 9. Jahrhundert zwischen «Kirche» und «Königshaus», in: Historische Zeitschrift 235 (1982), S. 1–43.

9 So bezeugt es etwa die «Admonitio generalis» von 789 am Ende, edd. MORDEK (†), ZECHIEL-ECKES (†), GLATTHAAR, S. 238; oder die «Akten» der Frankfurter Synode von 794: MGH Conc. 2,1 S. 119 (spanische Bischöfe an fränkische Kollegen), weniger deutlich S. 120 (dieselben an Karl), S. 162 (Karl an die Spanier).

10 De XII abusivis, ed. with Introduction and Indices by A. BREEN, Dublin 1996.
11 Vgl. oben S. 54–5.
12 Orosius, Historiarum adversum paganos libri VII, VII,43,5–6, ed. Carl ZANGEMEISTER (Corpus Scriporum Ecclesiasticorum Latinorum 5), Wien 1882, S. 300: de restituendo in integrum.
13 Knappe, doch nützliche Übersicht: Rosamond MCKITTERICK, Die karolingische Renovatio, in: 799. Kunst und Kultur der Karolingerzeit, Katalog Bd. 2, S. 668–85.
14 Ich folge hier Beobachtungen von Bernhard JUSSEN (mündlich).
15 Vgl. Katharina BIERBRAUER, Le miniature, in: Ermanno A. ARSLAN, Volker BIERBRAUER, Otto VON HESSEN (Hgg.), I Goti (Milano, Palazzo Reale 28 gen.-8 marzo 1994), Milano 1994, S.268–9 Nr. III.39.
16 Vgl. oben S. 49–52.
17 Heliand und Genesis, hg. von Otto BEHAGEL, 9. Aufl. bes. von Burkhart TAEGER (Althochdeutsche Textbibliothek 4), Tübingen 1984; Otfrid von Weißenburg, Evangelienbuch, hg. von Wolfgang KLEIBER, Rita HEUSER, 2 Bde. Tübingen 2004.
18 Vgl. oben S. 49–50.
19 MGH Conc. 2,1 S. 3–4 Nr. 1 cc. 5 und 6 (742 oder 743).
20 MGH Conc. 2,1 S. 53 Nr. 7 c. 13 (740/50).
21 TELLENBACH, Königtum und Stämme, Kapitel 3 und 4; vgl. auch DERS., Vom karolingischen Reichsadel zum deutschen Reichsfürstenstand, zuletzt in DERS., Ausgewählte Abhandlungen und Aufsätze Bd. 3, Stuttgart 1988, S. 889–940 (zuerst 1943). Vgl. HECHBERGER, Adel, S. 186–94.
22 Vgl. etwa auch die «Libri Carolini», ed. FREEMAN S. 50, und den Autorenindex S. 607; BORST, Schriften zur Komputistik 1, S. 87.
23 MGH DKarol 55.
24 Vgl. oben S. 131. Zur Kirchenordnung Sachsens knapp: Peter JOHANNEK, Der Ausbau der sächsischen Kirchenorganisation, in: 799. Kunst und Kultur 2, S. 494–506.
25 Zum Folgenden vgl. CLASSEN, Karl der Große, S.17–25; SCHOLZ, Politik – Selbstverständnis – Selbstdarstellung, S. 78–96.
26 Der Vatikan wurde erst in der Mitte des 9. Jahrhunderts unter dem Papst Leo IV. ummauert.
27 Vgl. oben S. 133–4.
28 Cod. Carol. 45 MGH Epp. 3 S. 562, 4–5.
29 Dazu unten S. 342–7. Vgl. Horst FUHRMANN, Das Papsttum und das kirchliche Leben im Frankenreich, in: Settimane Spoleto 27 (1979; ersch. 1981) S. 419–56, hier bes. S. 438, das folgende Zitat S. 450.
30 Die Zitate sind dem Begleitgedicht Hadrians I. zur «Dionysio-Hadriana» entnommen: MGH Epp. 1 S. 90–1. Vgl. (mit Übersetzung) SCHOLZ, Politik – Selbstverständnis – Selbstdarstellung, S. 82–5.
31 Zur Entstehung der fränkischen Königslaudes und ihre Einbindung

in die Osterfeierlichkeiten des Jahres 774 KANTOROWICZ, Laudes regiae, S. 53–4.

32 Nach dem Ms. Montpellier 409 gedruckt in: Die Kaiserkrönung Karls des Großen. Eingeleitet und zusammengestellt von Kurt REINDEL (Historische Texte Mittelalter 4), Göttingen 1970, S. 38–9. Die eingeklammerten Worte können zu Ostern 774 noch nicht Bestandteil der Laudes gewesen sein.

33 AMP zu 774 S. 61–2; aufgegriffen in Chron. Anianense (Moissiac.) zu 774 MGH SS 1 S. 295, ed. KETTEMANN Teil 2 S. 41.

34 Diese Annalen zum Jahr 772 nannten Karl schon aus Anlaß der Zerstörung der Irminsul *gloriosus*.

35 CC Nr. 55 (774) MGH Epp. 3 S. 568–9.

36 Chron. Anianense (Moissiac.) zu 772 MGH SS 1 S. 295, ed. KETTEMANN Teil 2 S. 39.

37 Vgl. SCHOLZ, Politik – Selbstverständnis – Selbstdarstellung, S. 86–9.

38 Wolfgang H. FRITZE, Die fränkische Schwurfreundschaft. Studien zu den päpstlich fränkischen Rechtsbeziehungen von 754 bis 824 (VuF Sonderband 10), Sigmaringen 1973, S. 49–62.

39 Vgl. oben S. 69.

40 Alkuin ep. 93 (796), MGH Epp. 4 S. 136–8; zum Brief: BULLOUGH, Alcuin, S. 455–8.

41 Die Verse Alkuins: MGH Poetae 1 S. 113–4 Nr. 9; die Theodulfs ebd. S. 489–90 Nr. 26. Dazu (nach dem Epitaph in Rom) SCHOLZ, Karl der Große und das ‹Epitaphium Hadriani›, in: Das Frankfurter Konzil 1, S. 373–394, hier S. 381.

42 Dazu unten S. 365–7.

43 Zu Alkuin vgl. BULLOUGH, Alcuin and the Kingdom of Heaven, in: Carolingian Essays S. 1–69; DERS., Alcuin (2002); auch die einschlägigen Aufsätze in: Science in Western and Eastern Civilization, S. 3–114; zu Theodulf: Ann FREEMAN, Einleitung zu Opus Caroli regis.

44 Ann. Lauresh. zu 796. MGH SS 1 S. 36.

45 Angilberts Verse MGH Poetae 1 S. 360 v. 19–21. *David habere cupit sapientes mente magistros/ Ad decus, ad laudem cuiuscumque artis in aula,/ Ut veterum renovet studiosa mente sophiam.*

46 So: Wilhelm LEVISON in: WATTENBACH-LEVISON, Deutschlands Geschichtsquellen im Mittelalter. Vorzeit und Karolinger, Heft 2, Die Karolinger vom Anfang des 8. Jahrhunderts bis zum Tode Karls des Großen, bearb. von Wilhelm LEVISON (†) und Heinz LÖWE, Weimar 1953, S. 194.

47 Karls unsicher in die 780er Jahre datiertes Mahnschreiben an die Mönche von Fulda: UB Fulda 1 S. 251–6 (daraus auch das Folgende).

48 *Disputatio de vera philosophia* (= Einleitung der «Grammatik»): Alcuini Opera, ed. FROBEN, Bd. 2,4 (Regensburg 1777), S. 265–268, hier S. 268.

49 Zitat: Alkuin ep. 145 (798) MGH Epp. 4 S. 233,5–6. Zur Sache vgl. SPRINGSFELD, Alkuins Einfluß.

50 Vgl. unten S. 560.

51 MGH Epp. 4.

52 Notker, Gesta Karoli Magni I,2, ed. RAU S. 324.

53 Zum Folgenden Florian HARTMANN, Vitam litteris ni emam, nihil est, quod tribuam. Paulus Diaconus zwischen Langobarden und Franken, in: FmaSt 43 (2009) S. 71–93.

54 So würdigte Horst FUHRMANN, Cicero und das Seelenheil oder Wie kam die heidnische Antike durch das christliche Mittelalter?, (Lectio Teubneriana 12), München/Leipzig 2003, S. 16 Theodulfs Unternehmen.

55 Paris Bibl. nation. Lat. 9380 f. 347r. die beiden Distichen in deutscher Prosa: «Lebe, Leser, in Gott noch lange Zeit und gedenke, so bitte ich, deines Theodulf. Das Werk ist beendet. Denen, die es vollbrachten, auch dir, Leser, sei Friede, Leben, Heil. Leb wohl!»

56 Rosamond MCKITTERICK, The Carolingians and the Written Word, Cambridge 1989; zum Problem der Klosterschule für ‹Externe›, nicht dem Konvent angehörende Schüler: M. M. HILDEBRANDT, The external school in Carolingian society (Education and Society in the Middle Ages and the Renaissance 1), Leiden u. a. 1992.

57 So gibt es die «Epistola de litteris colendis» einleitend zu erkennen: UB Fulda 1 S. 251–6.

58 Vgl. BISCHOFF, Die Bibliothek im Dienst der Schule, S. 215.

59 Beispiel, Übersetzung und Beurteilung folgen Walter BERSCHIN, Biographie und Epochenstil im lateinischen Mittelalter, Bd. 3, Stuttgart 1991, S. 146.

60 Vgl. unten S. 303.

61 Eine hilfreiche, knappe Einführung für deutsche Leser: Michael RICHTER, Irland im Mittelalter. Kultur und Geschichte, Münster 2003.

62 Michael RICHTER, Bobbio in the Early Middle Ages. The Abiding Legacy of Columbanus, Dublin/ Portland OR 2008.

63 Die Verse entdeckte BISCHOFF, Theodulf und der Ire Cadac-Andreas, S. 19–25, hier 21f.; vgl. unten S. 397.

64 Vgl. Einhard Vita Karoli, c. 21 (S. 26).

65 MGH Capit. 1 S. 349–52 Nr. 171 (819).

66 HOFFMANN, Untersuchungen; Bernhard BISCHOFF, Die Kölner Nonnenhandschriften und das Skriptorium von Chelles, in: DERS., Mittelalterliche Studien Bd. 1, Stuttgart 1966, S. 16–34.

67 MGH Poetae 1 S. 93–4 Nr. 6.

68 Zu Corbie: David GANZ, Corbie in the Carolingian Renaissance (Beihefte der Francia 20), Sigmaringen 1990; zur Verbrüderung: MGH Conc. 2 S. 72–73, dazu Karl SCHMID, Otto Gerhard OEXLE, Voraussetzungen und Wirkungen des Gebetsbundes von Attigny, in: Francia 2 (1972) S. 71–122.

69 Tino LICHT, Die älteste karolingische Minuskel, in: Mittellatein. Jahrbuch 47 (2012) S. 337–46.

70 Bruno REUDENBACH, Das Godescalc-Evangelistar. Ein Buch für die Reformpolitik Karls des Großen, Frankfurt a. M. 1998. CRIVELLO u.a., Das Godescalc-Evangelistar, S. 38–48 zum Widmungsgedicht mit verbesserter Edition und Übersetzung (P. Orth). Der Name ist im Widmungsgedicht (Abb. S. 8 resp. S. 71) mit doppeltem s geschrieben: *Godesscalc*. Der Lebensbrunnen: CRIVELLO u. a. S. 54 Tafel 6.

71 Vgl. oben S. 186.

72 Mittelalterliche Bücherverzeichnisse des Klosters Fulda und andere Beiträge zur Geschichte der Bibliothek des Klosters Fulda im Mittelalter, hg. von Gangolf SCHRIMPF (Fuldaer Studien 4), Frankfurt am Main 1992, S.12–3, S. 94–7.

73 Zum Aufspüren von Büchern vgl. Philippe DEPREUX, Büchersuche und Büchertausch im Zeitalter der karolingischen Renaissance am Beispiel des Briefwechsels des Lupus von Ferrières, in: Archiv für Kulturgeschichte 76 (1994) S. 267–84.

74 Vgl. unten S. 330–42 und S. 627.

75 MGH Capit. Episcop. 1 S. 73–142.

76 Hubert MORDEK, Fränkische Kapitularien und Kapitulariensammlungen, in: DERS., Studien zur fränkischen Herrschergesetzgebung. Aufsätze über Kapitularien und Kapitulariensammlungen, ausgewählt zum 60. Geburtstag, Frankfurt am Main 2000, S. 1–53.

77 Josef FLECKENSTEIN, Karl der Große und sein Hof, in: Karl der Große 1, S. 24–50, hier S. 32–3.

78 Vgl. oben S. 131.

79 Das ergibt sich aus dem Briefgedicht.

80 Alcuini Carmen 4, MGH Poetae 1 S. 220–23; dazu Dieter SCHALLER, Vortrags- und Zirkulardichtung, S. 19. – Die einzige Handschrift des Gedichts wurde nach dem Urteil Bernhard BISCHOFFS in St-Denis geschrieben, vgl. ebd. Anm. 18.

81 Vgl. unten S. 391–5 zum Königshof und zur Hofkapelle.

82 MGH Capit. 1 nr. 20. Unklar ist, ob Nr. 21, wie bisher angenommen (vgl. HARTMANN, Synoden, S. 101–2), in annähernd dieselbe Zeit gehört oder erst zu 792/93, wie MORDEK, Bibliotheca Capitularium, S. 1082 annimmt. Die folgenden Verweise auf einzelne Kapitel gelten diesem Kapitular.

83 Hierzu und zum Folgenden Daniel Carlo PANGERL, Die Metropolitanverfassung des karolingischen Frankenreiches (Schriften der MGH 63), Hannover 2011, S. 35–9; S. 41, 3; S. 106–9.

84 Bonifatius ep. 50, MGH Epp. sel. 1 S. 82 (742).

85 MGH Auct. Ant. 9 S. 552–612, der Text: S. 584–612.

86 Zum Zusammenhang vgl. FUHRMANN, Das Papsttum und das kirchliche Leben, S. 428–9.

87 MGH Capit. 1 nr. 22; dazu unten S. 309–19.

88 MGH Epp. 4 S. 532 Nr. 22, dazu GLATTHAAR, Zur Datierung der Epistola generalis, S. 462–3.

89 MGH Capit. 1 S. 80–1 Nr. 30; zur Datierung zu 787 vgl. GLATTHAAR, Zur Datierung der Epistola generalis.

90 Ann. Nazariani cont. MGH SS 1 S. 41–3.

91 MGH Capit. 1 S. 66 Nr. 25. Vgl. oben S. 308. Spannungen im Adel: Regine LEJAN, Der Adel um 800: Verwandtschaft, Herrschaft, Treue, in: Am Vorabend der Kaiserkrönung, S. 257–68.

92 Die Admonitio generalis, hg. MORDEK (†), ZECHIEL-ECKES (†), GLATTHAAR, Einleitung, S. 29.

93 Auf Justinian (Nov. 7) verwies Arno BORST, Die karolingische Kalenderreform, (MGH Schriften 46), Hannover 1998, S. 236; dort überhaupt zur «Admonitio generalis» S. 234–8. Die Anlehnung der Admonitio generalis an den «Edictus» des Langobardenkönigs Rothari (so hg. MORDEK (†), ZECHIEL-ECKES (†), GLATTHAAR, Einleitung, S. 47) scheint mir weniger wahrscheinlich, da Karls Intitulatio der «Admonitio» ja auffallenderweise den langobardischen Königstitel, den Karl gewöhnlich führte, ausließ.

94 Die Admonitio generalis Karls des Großen, Einleitung, hg. MORDEK (†), ZECHIEL-ECKES (†), GLATTHAAR, S. 182,26–30.

95 Zum Folgenden vgl. die Einleitung zu: Die Admonitio generalis, hg. MORDEK (†), ZECHIEL-ECKES (†), GLATTHAAR; dort die ältere Literatur. Zu Alkuins Verfasserschaft: ebd. S. 47–63 (nach BULLOUGH, Alcuin).

96 Die Admonitio generalis, hg. MORDEK (†), ZECHIEL-ECKES (†), GLATTHAAR S. 86.

97 Heute: Wolfenbüttel, Cod. Guelf. 496a, vgl. MORDEK, Bibliotheca, S. 949–52; DERS., Frühmittelalterliche Gesetzgeber und Iustitia in Miniaturen weltlicher Rechtshandschriften. In: La Giustizia nell'Alto Medioevo (Secoli V–VIII), Settimane Spoleto 42, 1995, S. 997–1052 mit Tafel I–XL, hier S. 1018–22 mit Tafel XIV–XV. – Abb. der ersten Seite: Marco-Aeilko ARIS, Regina PÜTZ, Bibliotheca Fuldensis. Ausgewählte Handschriften und Handschriftenfragmente aus der mittelalterlichen Bibliothek des Klosters Fulda, Fulda 2010, S.74–5; Abb. fol. 4r: Die Admonitio generalis, hg. MORDEK (†), ZECHIEL-ECKES (†), GLATTHAAR, Abb. 1.

98 Vgl. Hubert MORDEK, Michael GLATTHAAR, Von Wahrsagerinnen und Zauberern. Ein Beitrag zur Religionspolitik Karls des Großen, in: Archiv f. Kulturgeschichte 75 (1993) S. 33–64.

99 Vgl. unten S. 517–21.

100 Der Gedanke ist «Epistola de litteris colendis» einleitend zu erkennen: UB Fulda 1 S. 251–6.

101 Aristoteles Latinus I,1–5, ed. L[orenzo] MINIO-PALUELLO, Brügge/Paris 1961, S. 129–75, dazu die Einleitung S. LXXVII-LXXXIV. Zur Diskussion vgl. knapp: «Categoriae decem» in Wikipedia (besucht

am 27. 1. 2012) mit einem Link zum Text-Scan (nach Minio-Paluello).

102 Vgl. die Autorenliste der Edition von FREEMAN, MGH Concilia 2 Suppl. 1, S. 60–1.

103 Auf diese Merkmale «oraler» Kulturen verwies – in Anlehnung an Alexander Lurijas Forschungen bei den Kirgisen – Walter J. ONG, Oralität und Literalität. Die Technologisierung des Wortes, Opladen 1987.

104 Die Admonitio generalis c. 70, hg. MORDEK (†), ZECHIEL-ECKES (†), GLATTHAAR S. 222–4.

105 MGH Conc. 2 Nr. 38,17 S. 288.

106 De Karolo rege et Leone papa, v. 73–5 S. 14 [64].

107 Menso FOLKERTS, Die älteste mathematische Aufgabensammlung in lateinischer Sprache. Die Alkuin zugeschriebenen PROPOSITIONES AD ACUENDOS IUVENES. Überlieferung, Inhalt, Kritische Edition (Österr. Akad. d. Wiss. Mathem.-Naturwiss. Klasse Denkschriften 116,6), Wien 1978, S. 15–80, hier S. 63 Nr. 32; DERS., Die Alkuin zugeschriebenen *Propositiones ad acuendos iuvenes*, in: Science in Western and Eastern Civilization, S. 273–81, dazu DERS. und Helmut GERICKE ebd. S. 283–362 Edition und Übersetzung (Nr. 32 S. 336).

108 Jochen SPLETT, Der Abrogans und das Einsetzen althochdeutscher Schriftlichkeit im 8. Jahrhundert, in: Typen der Ethnogenese unter besonderer Berücksichtigung der Bayern I, hg. von Herwig WOLFRAM, Walter POHL (Österreich. Akad. d. Wiss. Phil.-Hist. Kl. Denkschriften 201), Wien 1990, S. 235–41.

109 Die althochdeutschen Glossen gesammelt und bearbeitet von Elias STEINMEYER, Eduard SIEVERS 1, Berlin 1879, S. 1–270; Bernhard BISCHOFF (Hg.), Die ‹Abrogans›-Handschrift der Stiftsbibliothek St. Gallen. Das älteste deutsche Buch, 2 Bde. (Faksimile und Kommentar), St. Gallen 1977.

110 Vita Alcuini c. 16, MGH SS 15,1 S. 193.

111 Zur Übersicht: Birger MUNK OLSEN, Catalogue des manuscrits classique latins copiés du IXe au XIIe siècles. Bd. 1 Apicius – Juvénal, (Documents, études et répertoire publ. par l'Institut de recherche des texts), Paris 1982; Bd. 2 Livius – Vitruvius. Florileges – Essay de plume, ebd. 1985. – Zur Literatur der Karlszeit vgl. GRÖBER, Übersicht; BRUNHÖLZL, Geschichte 1; BERSCHIN, Epochenstil 3; Peter GODMAN, Poets and Emperors. Frankish Politics and Carolingian Poetry, Oxford 1987, S. 1–92.

112 Glossaria latina iussu Academiae Britannicae edita I Glossarium Ansileubi sive Librum Glossarum ed. W. M. LINDSAY, J. F. MOUNTFORD, J. WHATMOUGH, Paris 1926. Eine Neuedition ist in Vorbereitung; vgl. im «Netz» unter dem Stichwort «LibGloss». – Anteilnahme des Karlshofes vermutet BISCHOFF, Die Bibliothek im Dienst der Schule. – Vgl. auch David GANZ, The «Liber Glossarum»: A Ca-

rolingian Encyclopedia, in: Science in Western and Eastern Civilization, S. 127–35.

113 Ms. Florenz, Bibl. Laurenziana Plut. XXIX.32, vgl. Florentine MÜTHERICH, Der Agrimensoren-Codex in Rom, in: Aachener Kunstblätter 45 (1974) S. 59–74, hier S. 71.

114 In umfassender Perspektive: Josef FLECKENSTEIN, Die Bildungsreform Karls des Großen als Verwirklichung der Norma rectitudinis, Bigge (Ruhr) 1953; DERS., Karl der Große und sein Hof, in: DERS., Ordnungen und formende Kräfte des Mittelalters. Ausgewählte Aufsätze, Göttingen 1989, S. 28–66; Science in Western and Eastern Civilization; The gentle voices of teachers. Aspects of learning in the Carolingian age, ed. by Richard E. SULLIVAN, Columbus (Ohio) 1995; Rosamond MCKITTERICK, Karl der Große (mit ihren älteren Arbeiten); weiter Johannes FRIED, In den Netzen der Wissensgesellschaft. Das Beispiel des mittelalterlichen Königshofes, in: Wissenskulturen. Beiträge zu einem forschungsstrategischen Konzept, hg. Johannes FRIED und Thomas KAILER, Berlin 2003, S. 141–93 (daraus wurden vereinzelte Passagen leicht abgewandelt übernommen).

115 Einhard c. 25.

116 Zu den Schulen vgl. oben S. 287; 291–301; zu Fulda vgl. die Epistola de litteris colendis, ed. Edmund E. STENGEL, Urkundenbuch des Klosters Fulda Bd. 1. (Veröffentlichungen der Historischen Kommission für Hessen und Waldeck 10/1), Marburg 1958, Nr. 166 S. 246–54, hier S. 252, dazu FRIED, Fulda, S. 3–38.

117 Vgl. dazu unten S. 340–1.

118 Theodulf carm. 46, MGH Epp. 1 S. 544–7 und dazu ebd. App. S. 629–30.

119 SPRINGSFELD, Alkuins Einfluß, S. 38–59 eine Übersicht über die einschlägigen Briefe.

120 Theodulf carm. 45, MGH Poetae 1 S. 543–4; die Parenthese oben im Text nach v. 21–2.

121 Nachträglicher Prolog Einhards zur «Vita Karoli». Zur Interpretation vgl. oben S. 19.

122 MGH Poetae 1 S. 92 Nr. IV,12–3, v. 18 und v. 8.

123 Rhetorica c. 1–2, ed. HOWELL S. 68.

124 Rhetorica c. 36, ed. HOWELL S. 128–30.

125 Rhetorica c. 30, ed. HOWELL S. 116–18.

126 Petrus: Grammatici Latini Bd. 8, ed. Hermann HAGEN, Leipzig 1870, S. 159. – «Philosophen»: Alkuin ep. 148 (798), MGH Epp. 1 S. 239,18–23.

127 Boethius, Liber de divisione Migne PL 64 Sp. 877 C/D.

128 Vgl. Alkuin ep. 155 (798) MGH Epp. 4 S. 249–53; dort S. 252 die folgenden Zitate.

129 Vgl. Louis HOLTZ, Le dialogue de Franco et de Saxo, in: Alcuin, de York à Tours, S. 133–45.

130 Die Grammatik mit dem Vorwort: FROBEN FORSTER von St. Emmeram (Hg.), Beati Flacci Albini seu Alcuini ... Opera 2,2, Regensburg 1777, S. 265–300, MIGNE PL 101, Sp.849–902 ; Pierre SWIGGERS, Alcuin et les doctrines grammaticales, in: Alcuin, de York à Tours, S. 147–61.

131 FROBEN FORSTER (Hg.), Alcuini ... Opera 2,2, S. 265–8, MIGNE PL 101, Sp.849–54.

132 Rhetorica c. 47 (am Ende), ed. HOWELL S. 154.

133 Die Zitate: oben S. 278; Hadrian: oben S. 275–7. – Zum Folgenden zuletzt Wilfrid HARTMANN, Kirche und Kirchenrecht um 900, S. 62–4 und S. 66.

134 Vgl. oben S. 307.

135 Knappe Übersicht über die Sammlungen: W. HARTMANN, Kirche und Kirchenrecht um 900, S. 62–68.

136 Opus Caroli I,26 ed. FREEMAN S. 218 mit Anm. 3.

137 Zum Folgenden vgl. UBL, Inzestverbot und Gesetzgebung; dazu Johannes FRIED, Kanonistik und Mediävistik. Neue Literatur zu Kirchenrecht, Inzest und zur Ehe Pippins von Italien, in: HZ 294 (2012) S. 115–41, hier besonders S. 124–41.

138 JE 2277 = CC 3 c. 22, die Inzestnorm hier MGH Epp 3 S. 485.

139 UBL, Inzestverbot, S. 261–6.

140 MGH Capit. 1 nr. 13.

141 UBL, Inzestverbot, S. 270 Anm. 257 verweist auf zwei problematische Kapitularien: Capit. I Nr. 83 c. 6 (ein Bischofskapitular von 813? Grenze 3:3; vgl. MORDEK, Bibliotheca, S. 828–9) und ebd. Nr. 114 c. 2 (wohl aus Italien, Grenze 3:2; vgl. MORDEK, Bibliotheca, S. 929), die unsicher in die Zeit Karls des Großen datiert werden, fügt aber hinzu: «Beide Kapitel gehen vermutlich nicht auf Karl den Großen zurück».

142 FRIED, Papst Leo III. besucht Karl den Großen.

143 Vgl. das Fragment aus Laon: MORDEK, Bibliotheca, S. 980–1 (ante 814?).

144 Zusammenfassend zuletzt: Heinrich TIEFENBACH, Wessobrunner Schöpfungsgeschichte, in: Reallexikon der Germanischen Altertumskunde [2]Bd. 33, Berlin/ New York 2006, S. 513–6.

145 Zur Übersicht: Herbert SCHNEIDER, Karolingische Kirchen- und Liturgiereform – ein konservativer Neuaufbruch, in: 799. Kunst und Kultur Bd. 2, S. 772–81.

146 GLATTHAAR, Zur Datierung der Epistola generalis, S. 467–9. Vgl. Philippe BERNARD, Benoît d'Aniane est-il auteur de l'avertissement «Hucusque» et du Supplement au sacramentaire «Hadrianum»?, in: Studi medievali 3. Ser. 39 (1998) S. 1–120.

147 Karls Brief an die Königin Fastrada: MGH Epp. 4 S. 528–9 Nr. 20 (791).

148 Vgl. unten S. 403–31.

149 Barbara H. ROSENWEIN, Perennial Prayer at Agaune, in: Sharaon FARMER, Barbara H. ROSENWEIN (Eds.), Monks and Nuns, Saints and Outcasts. Religion in medieval society. Essays in Honor of Lester K. Little, Ithaca (NY) 2010, S. 37–56.

150 Angilberti abbatis De ecclesia Centulensi libellus, MGH SS 15,1 S. 173–9. Zu Centula vgl. zuletzt Michael S. DRISCOLL, Church Architecture and Liturgy in the Carolingian Era; http://theology.nd.edu/graduate-program/master-of-sacred-music/faculty/documents/NAAL2009Driscoll.pdf. Die Beschreibung der Kirche aus dem späten 11. Jahrhundert wird Hariulf verdankt, damals Mönch in Centula, später Abt von Oudenburg: Chronique de l'abbaye de Saint Riquier II,8, ed. Ferdinand LOT (Collections de textes), Paris 1894, S. 57–61; II,9 Reliquien S. 61–7; II,10 Altäre; 67–70; zur Liturgie S. 296–303, hier S. 305–6.

151 MGH SS rer. Merov. 4, S. 381–401.

152 Die Widmung der Vita Richarii: MGH SS rer. Merov. 4 S. 389. In der Einleitung von Bruno KRUSCH (S. 381–9) auch die Hinweise auf die Geschichte des Klosters. Vgl. BERSCHIN, Biographie 3, S. 139–46.

153 VON DEN STEINEN, Karl der Große und die Libri Carolini. – Vgl. schon oben S. 29–31.

154 Vgl. beispielsweise Alkuin ep. 145 MGH Epp. 4 S. 233,27–30 und ep. 172 (799) ebd. S. 284,13–5 (hier das Zitat), dazu VON DEN STEINEN, Karl der Große und die Libri Carolini, S. 217.

155 Alkuin ep.202 MGH Epp. 4 S. 335,27–30.

156 Einhard, Translatio ss Petri et Marcellini II,1 MGH SS 15,1 S. 245–6. Der Bericht galt zwar erst der Zeit Ludwigs des Frommen, doch dürften die erwähnten äußeren Umstände zur Zeit Karls nicht wesentlich anders gewesen sein.

157 Vgl. oben S. 262.

158 Vgl. oben S. 392–3.

159 Vgl. oben S. 304 (zu 779).

160 MGH Conc. 2,1 Nr. 19G S. 169 cc. 26 und 27.

161 MGH Conc. 2,1 Nr. 19G c. 5 und 4 S. 165. Vgl. auch oben S. 215–6 und unten S. 457–8. Zu den Relationen vgl. Harald WITTHÖFT, Münze, Maß und Gewicht im Frankfurter Kapitular, in: 794 – Karl der Große in Frankfurt am Main, S. 124–8.

162 Dazu oben S. 297.

163 Zur Sache: Willy SZAIVERT, Die Entstehung und Entwicklung der Klosterexemtion bis zum Ausgang des 11. Jahrhunderts, in: MIÖG 59 (1951) S. 265–98, hier S. 271.

164 MGH Capit. 1 Nr. 20,3 S. 47 und Nr. 22,73 S. 60.

165 Vgl. oben S. 176.

166 Johannes FRIED, Ungeschehenes Geschehen. Implantate ins kollektive Gedächtnis – eine Herausforderung für die Geschichtswissenschaft, in: Millennium 5 (2008) S. 1–36, hier S. 29–34.

167 Vgl. oben S. 233–4 und S. 309.

168 SCHLESINGER, Die Hufe im Frankenreich. – Vgl. oben S. 211.

169 Gesta sanctorum patrum Fontanellensium c. 11, edd. Fernand LOHIER, Jean LAPORTE (Soc. D'histoire de Normandie) Rouen/Paris 1936, S. 82–3. Zum Problem der Erfassung der Grundherrschaft in Zahlen vgl. KUCHENBUCH, Zahlendenken und Zahlengebrauch.

170 FLECKENSTEIN, Hofkapelle 1, S. 48 und S. 51. Zu Hildebald vgl. unten S. 456 (u. ö.).

171 Vita Alcuini c. 9, MGH SS 15 S. 190.

172 St-Bavo in Gent hatte ihm schon Karl der Große übertragen, wie sich aus der Immunitätsbestätigung durch Ludwig den Frommen ergibt, vgl. DUTTON, Courtier, S. 49–53 (engl. Übers.).

173 Dazu oben S. 163–4.

174 Ep. 281 (793/804), MGH Epp. 4 S. 440,6–7.

175 Zur Auseinandersetzung beider zuletzt: Helène NOIZET, Alcuin contre Théodulphe: un conflit producteur de normes, in: Alcuin, de York à Tours, S. 113–29.

176 Vgl. oben S. 281–3.

177 Theodulfi Carmina 25, v. 191–198, MGH Poetae, Bd. 1, 488; die Verse evozierten Alkuins Carmen 26, v. 49 (MGH Poetae, Bd. 1, S. 245); vgl. Dieter SCHALLER, Vortrags- und Zirkulardichtung, 14–36.

178 Vgl. oben S. 46–7 und S. 288.

179 MGH Epp 4 S. 393–404 epp. 245–6, 248–9; die kaiserliche Entscheidung: MGH Epp 4 S. 399–401 Nr. 247.

180 Ardo, Vita Benedicti Aninan. c. 29–30, MGH SS15,1 S. 211–2; ed. KETTEMANN Teil 1 S. 188–92. Zur Sache zuletzt MELVILLE, Klöster, S. 42–4.

181 Hierzu und zum Folgenden: KASTEN, Adalhard von Corbie, S. 93–100.

182 Vg. oben S. 176.

183 Chron. Moissiac. 802 MGH SS 1 S. 306. Vgl. BM[2] 390a, dazu W. HARTMANN, Synoden S. 124–6; zur Durchsetzung der Regel: OEXLE, Forschungen, S. 134–57.

184 Gerechtigkeit: Augustinus von Hippo, De civitate Dei 4,4; *Dei cultus*: ebd. 5, 24.

185 Er dürfte es bei seiner regen Tätigkeit für den Kaiser schon unter Karl besessen haben. Bereits vor 804 war er Karls *familiaris adiutor* (Alkuin ep. 172), 806 überbrachte er die sog. «Divisio regnorum» nach Rom, 811 verfertigte er wohl das sog. Testament Karls des Großen (ohne es zu unterschreiben), 813 schlug er gewiß mit Billigung Karls des Großen Ludwig den Frommen zum Nachfolger in der Kaiserwürde vor; wahrscheinlich war er auch als «Goldschmied» am Kaiserhof aktiv, vgl. SCHEFERS, Einhard, S. 36–7.

VII. Der Königshof

1 Alkuin ep. 262 (798/803) MGH Epp. 4 S. 420,10–2. Der Schüler war Nathanael-Fredegisus. Karls Worte zu Beginn des Kapitels lehnen sich locker an Alkuins Eingangsworte seiner «Rhetorik» an. Daß Pferdezucht Karl am Herzen lag, ergibt sich aus dem CdV, dazu oben S. 213.

2 Angilbert carm. 2, v. 1–2 und v. 50, MGH Poetae 1 S. 360; übers. von Paul KLOPSCH, Lateinische Lyrik des Mittelalters. Lateinisch/Deutsch, Stuttgart 1985, S. 105 und S. 109.

3 Zum Gedicht: D. SCHALLER, Vortrags- und Zirkulardichtung. Auch in dem Aufzug der Hofgesellschaft in dem anonymen Epos «De Karolo rege et Leone papa» (wohl um 800) erscheint Liutgard, jetzt *regina* und *coniux* genannt: v. 181–94 (ed. BRUNHÖLZL S. 22 [73]), doch besungen wurde vor allem ihr kostbares Gewand.

4 WERNER, Nachkommen, S. 442–3 Nr. 1a-k rückt die Verbindung der Mutter der Hruodhaid, die er mit der Einhard (c. 18) namentlich nicht bekannten Konkubine identifiziert, zwischen die Ehen mit Fastrada und Liutgard. Doch ist keineswegs ausgeschlossen, daß diese Verbindung schon während der Ehe mit Fastrada eingegangen wurde.

5 So DKDG 149 (die Dotationsurkunde für Hildegards Gedenken).

6 MGH Epp. 4 S. 528 Nr. 20: *dilecte nobis et valde amabili coniuge … regine. Salutem amabilem tibi … mittere studuimus et per te dulcissimis filiabus nostris et ceteris fidelibus nostris tecum commarantibus.*

7 MGH Capit. 1 S. 83–91, hier c. 16, vgl. c. 27, c. 47, c. 58.

8 MGH SS 2 S. 266.

9 Vgl. Karls schon erwähnten Brief an sie, oben Anm. 6. Unklar ist die Rolle oder Funktion Fastradas im Kontext der Hinrichtung eines gewissen Hortlaicus in Frankfurt, vielleicht im Winter 793/94: MGH Form. S. 323 Nr. 49. Wirkte sie hier in Vertretung des Königs?

10 Ann. Lauresh. MGH SS 1 S. 31.

11 NELSON, Opposition, S. 11.

12 So die These von Carl I. HAMMER, «Pippinus rex»: Pippin's Plot of 792 and Bavaria, in: Traditio 63 (2008) S. 235–72 aufgrund des Gedenkeintrags in der liturgischen Handschrift Praha, Knihovna Metropolitní Kapituli, O. LXXXIII von 792, ursprünglich für Tassilo von Baiern geschrieben, vgl. DERS., The Social Landscape of the Prague Sacramentary: The Prosopography of an Eighth-Century Mass-Book, in: Traditio 54 (1999) S. 42–80, hier S. 49 und DERS., From *Ducatus*, S. 248–51. Die These wurde übernommen von NELSON, Opposition, S. 10. – Vgl. auch oben S. 185.

13 Vgl. oben S. 308.

14 Das Gedicht ist in einer kürzeren Version, MGH Poetae 1 S. 526–7 carm. 35, und in einer bislang ungedruckten längeren Version bekannt, die Franz FUCHS, Würzburg, entdeckte und hoffentlich pu-

blizieren wird. Ich greife im folgenden auf dessen im Manuskript verbreiteten Aufsatz zu diesen Versen (Theodulf von Orléans, Alkuins Gegenspieler?) zurück. Ich danke Herrn Kollegen Fuchs für die hilfreiche Zusendung seines Manuskripts.

15 Alkuin ep. 294 (795 oder früher) MGH Epp. IV S. 451–2 (ohne Namensnennung).

16 Alkuin ep. 188 MGH Epp. IV S. 315.

17 Alkuin ep. 10 (797/798) MGH Epp. 4 S. 36; vgl. John BOSSWEL, Christianity, Social Tolerance, and Homosexuality. Gay People in Western Europe from the Beginning of the Christian Era to the Fourteenth Century, Chicago/ London 1980, S. 188–91. Boswells Deutung lehnt ab: BULLOUGH, Alcuin, S. 110–7.

18 Zu Ludwigs Hof in Aquitanien: BOSHOF, Ludwig der Fromme, S. 54–70.

19 Nithard I,2; Thegan, Vita Hludowici c. 24; Astronomus, Vita Hludowici c.35 ed. TREMP S. 214 resp. S. 406.

20 Alkuin ep. 244 (801/802) MGH Epp. 4 S. 392–3 an Nathanael-Fredegisus.

21 Alkuin ep. 241 (um 800) MGH Epp. IV S. 386–7.

22 FLECKENSTEIN, Hofkapelle 1, S. 66–7.

23 Vgl. K.F. WERNER, Nachkommen, S. 444 Nr. II,8 und S. 448 Nr. III,19.

24 Janet L. NELSON, Women at the Court of Charlemagne: A Case of Monstruous Regiment?, in: Medieval Queenship, ed. by John Carmi PARSONS, Phoenix Mill u. a. 1994, S. 43–61 und S. 203–6 geht – wie ich meine – zu weit, wenn sie Karl ein inzestuöses Verhältnis zu seinen Töchtern unterstellt; das Wort *contubernium*, auf das sie dafür verweist, kann in dem verwendeten Zusammenhang die Beweislast schwerlich tragen.

25 De Karolo rege et Leone papa v. 29–30, ed. und übers. BRUNHÖLZL S. 10–11.

26 Carm. 25 MGH Poetae 1 S. 483–96; vgl. D. SCHALLER, Vortrags- und Zirkulardichtung.

27 Peter CLASSEN, Bemerkungen zur Pfalzenforschung am Mittelrhein, in: DERS., Ausgewählte Aufsätze. S. 475–501.

28 ZOTZ, Palatium publicum, nostrum, regium, S. 71–101.

29 CLASSEN, Königspfalz Ingelheim, S. 87–105.

30 Dazu unten S. 403–29.

31 Zu diesem Befund: Thomas ZOTZ, Palatium et curtis. Aspects de la terminologie palatiale au Moyen Age, in: Palais royaux et princiers au moyen âge. Actes du colloque international tenu au Mans les 6–7 et 8 octobre 1994, sous la direction d'Annie RENOUX, Le Mans 1996, S. 7–17.

32 Alkuin ep.50 (794? 795?), MGH Epp 4, S. 94. Zu Karls «Reisen»: MCKITTERICK, Karl. S. 165–79.

33 De ordine palatii c. V, S. 74.
34 Vgl. oben S. 207–11.
35 Vgl. auch Notker, Gesta Karoli I,34.
36 Hincmarus, De ordine palatii, Einleitung S. 10–1.
37 Hincmarus, De ordine palatii, c. III am Ende S. 54 und c. IV der Anfang, wo auf Adalhards Schrift verwiesen wird (*dicens*). Die weiteren Hinweise auf das Hofpersonal folgen, wo nicht anders vermerkt, den Angaben des c. IV (S. 60–6).
38 Dazu noch immer TREITINGER, Der byzantinische Kaiser- und Reichsgedanke.
39 Übersetzung: VON DEN STEINEN, Randbemerkungen, S. 34.
40 Gesta Karoli Magni II,6 und II,8.
41 De Karolo rege vv. 176–325; vv. 433–50, der «Stuhl» auch erwähnt in v. 463, ed. BRUNHÖLZL S. 22–32, S. 40, S. 42.
42 So in D KdG 162.
43 Gesta Karoli Magni I,4.
44 Zur Hofkapelle grundlegend: FLECKENSTEIN, Hofkapelle 1, bes. S. 44–112.
45 So FLECKENSTEIN, Hofkapelle 1, S. 75; zu Karls «Urkundenproduktion»: MCKITTERICK, Karl, S. 181–90.
46 FLECKENSTEIN, Hofkapelle 1, S. 76.
47 Hagen KELLER, Zu den Siegeln der Karolinger und Ottonen. Urkunden als Hoheitszeichen in der Kommunikation des Herrschers mit seinen Getreuen, in: FmaSt 32 (1998) S. 400–41, hier S. 404–10.
48 FLECKENSTEIN, Hofkapelle 1, S. 47.
49 Vgl. oben S. 239–40. Zu den Notaren: MCKITTERICK, Karl, S. 185–90.
50 Hincmarus De ordine palatii c. VI, S. 84.
51 Hincmarus De ordine palatii c. VII, S. 92.
52 Hincmarus De ordine palatii c. VI, S. 86.
53 MGH Epp. 4 S. 529–31 Nr. 21 (um 794).
54 De Karolo rege vv. 18.23, ed. BRUNHÖLZL S. 10–1, dem auch die Übersetzung folgt.
55 Vgl. FRIED, Gastmahl, S. 44–45.
56 BISCHOFF, Theodulf und der Ire Cadac-Andreas, S. 21–2; vgl. schon oben S. 294–5.
57 Vgl. Franz BRUNHÖLZL, Der Bildungsauftrag der Hofschule, in: Karl der Große II. Das geistige Leben, hg. von Bernhard BISCHOFF, Düsseldorf 1965, 28–41.
58 Alkuin ep. 121 (796/97) MGH Epp. 4 S. 177, 29–32.
59 Vgl. oben S. 340–1.
60 Ep. 121 MGH Epp. 4 S. 177 (796/97).
61 Ich hielt an einem Zusammenhang dieses Katalogs mit dem Aachener Hof fest: FRIED, Karl der Große, die Artes liberales, S. 33 Anm. 36; VILLA, Horazüberlieferung, hat nur das Verzeichnis analysiert, nicht den Aufbau der gesamten Handschrift; vgl. Sammelhandschrift Diez.

B Sant. 66. Grammatici Latini et Catalogus librorum. Einführung Bernhard BISCHOFF, Graz 1973. Nach MCKITTERICK, Karl, S. 314–7 (kein Bibliothekskatalog, sondern eine Liste wichtiger Unterrichtsbücher. – Aber: am Hof gab es eine Schule. Warum sollten für sie keine wichtigen «Schulbücher» bereitgestellt werden?); zu Karls Bibliothek: ebd. S. 312–9. Diese Diskussion übersah Jürgen GEISS in: Otto der Große und das Römische Reich S. 451–3.

62 Beste Übersicht: Bernhard BISCHOFF, Die Hofbibliothek Karls des Großen, in: DERS., Mittelalterliche Studien 3, S. 149–69. Vgl. schon oben S. 660 Anm. 107.

63 Timaios: Raymond KLIBANSKY, The Continuity of the Platonic Tradition with a new preface and four supplementary chapters together with Plato's Parmenides in the Middle Ages and the Renaissance, Millwood NY 1982, S. 6. «Codex argenteus»: oben S. 271 und S. 399.

64 Bernhard BISCHOFF, Kölner Nonnenhandschriften; Ulla ZIEGLER, Das Sacramentarium Gelasianum der Bibl. Vat. Reg. Lat. 316 und die Schule von Chelles, in: Archiv f. Gesch. des Buchwesens 16 (1976) S. 1–142.

65 Einhard, Vita Karoli c. I,33 (am Ende).

66 FRIED, Fulda, S. 3–38.

67 Zur Orientierung: Tilman SEEBASS, Die Bedeutung des Utrechter Psalters für die Musikgeschichte, in: J. H. A. ENGELBREGT O. F. M. en Tilman SEEBASS, Kunst- en Muziekhistorische Bijdragen tot de bestudering van het Utrechts Psalterium, Utrecht 1973, S. 33–48 mit 8 Abb.

68 Vgl. oben S. 312 Abb. 29.

69 Das Einhardkreuz. Vorträge und Studien der Münsteraner Diskussion zum arcus Einhardi, hg. von Karl HAUCK, Göttingen 1974; DUTTON, Charlemagne's Courtier, S. 63–7.

70 Genevra KORNBLUTH, Engraved Gems of the Carolingian Empire, University Park, Pennsylvania 1995, S. 125–6 Nr. 24.

71 Zur Statuette unten S. 265 Abb. 23, unten S. 59.

72 HACK, Karl der Große hoch zu Roß, S. 351, vgl. unten S. 704 Anm. 2.

73 Ecloga I, 24–7 und v. 40, ed. DÜMMLER, in: NA 11 (1886) S. 82–3.

74 De Karolo rege et Leone papa v. 94; Einhard als möglicher Verfasser: SCHALLER, Aachener Epos, S. 163–8.

75 FUHRMANN, Einladung, S. 75. Im folgenden greife ich mit wörtlichen Übernahmen, doch ohne die Belege zurück auf FRIED, Karl der Große, Rom und Aachen.

76 Zu Karls Aufenthalten in Aachen: MCKITTERICK, Karl S. 150–2.

77 BM[2] 101a/b.

78 Vgl. oben S. 40–1.

79 Capit. de disciplina palatii Aquisgranensis MGH Capit. 1 Nr. 14j c. 2 S. 298 (aus der Zeit Ludwigs des Frommen); FLACH, Untersuchungen, und bes. S. 280–2 (*actor*).

80 Dazu unten S. 207–19.
81 BM[2] 130e.
82 Zuerst: DKDG 179; vgl. FALKENSTEIN, Pfalz und *vicus* Aachen; Dietmar FLACH, Pfalz, Fiscus und Stadt Aachen im Lichte der neuesten Pfalzenforschung. In: Zschr. des Aachener Geschichtsvereins 98/99 (1992/93) S. 31–56. – Auch in Ingelheim konnte *palacio nostro* ausgestellt werden: DKDG 206 (807). Seit 811 begegnet für Aachen regelmäßig *palacio regio* (zuerst DKDG 212).
83 BM[2] 301b-327c (789–794).
84 De Karolo rege et Leone papa v. 99–100 (Übers. BRUNHÖLZL).
85 De Karolo rege et Leone papa v. 101–16.
86 Der hölzerne Verbindungsgang zwischen *basilica* und *regia* brach bereits 813 einmal ein (Einhard c. 32) und dann am Gründonnerstag 817 erneut (Astronomus, Vita Hludowici, c. 28, ed. TREMP S. 372–4), wobei sich der Kaiser Ludwig verletzte. Badesitze: De Karolo rege et Leone papa v. 106–11.
87 Vgl. Wolfram GIERTZ, Zur Archäologie von Pfalz, *vicus* und Töpferbezirk Franzstraße in Aachen, Zschr. des Aachener Geschichtsvereins 107/108 (2005/2006) S. 7–89, hier S. 45–8.
88 Notker, Gesta I c. 30, ed. HAEFELE, S. 40–1.
89 Die Belege führt FALKENSTEIN, Pfalz und *vicus* Aachen, S. 139–42 auf.
90 De Karolo rege et Leone papa v. 121 (Übers. BRUNHÖLZL).
91 De Karolo rege et Leone papa v. 94–105.
92 Informationen zum Bau verdanke ich den Archäologen Sebastian RISTOW und Andreas SCHAUB sowie Judith LEY. – Zur Siedlung: Capit. de disciplina palatii Aquis., MGH Capit. 1 Nr. 146 c. 2 S. 298; FLACH, Untersuchungen, S. 56–77.
93 Deutlich in der Zeit Ludwigs des Frommen: Capit. de disciplina palatii Aquis., MGH Capit. 1 Nr. 146 c. 3 S. 298; FLACH, Untersuchungen, S. 56–77.
94 MGH Epp. 3 S. 614 Nr. 81 (zu 787?).
95 Vgl. oben S. 139 Abb. 10.
96 Zur Reiterfigur: Walahfrid Strabo, *De imagine Tetrici*; Agnellus von Ravenna, Liber pontificalis ecclesiae Ravennati c. 94, ed. Deborah MAUSKOPF DELIYANNIS (CCCM 199), Turnhout 2006, S. 258–60. Die Verdammung Theoderichs schon von Walahfrid 829/830 ausgesprochen, z. B. v. 30–45; Wasser: v. 67.
97 WERNER, Nachkommen, S. 445 Nr. II,18.
98 Chron. Moissiac. zum Jahr 796 MGH SS 1 S. 303; ed. KETTEMANN Teil 2 S. 85. Von drei Kriegszügen kehrten die Leute «nach Aachen in die Pfalz» zurück (*ad Aquis palacium*). «Denn dort (*ibi*, also in Aachen) hatte Karl seinen Sitz festgelegt (*firmaverat*), dort (*ibi*) errichtete er eine Kirche wunderbarer Größe ... Dort (*ibi*) errichtete er auch «die Pfalz, die er ‹bei den Laterani› nannte» (*palatium, quod*

nominavit Lateranis). Das hier zweimal genannte *palatium* bezeichnet die gesamte Pfalzanlage; schwerlich ist mit der zweiten Nennung allein die Aula gemeint und schon gar nicht das später *ad Lateranis* genannte *secretarium* (dazu die folgende Anm.). Zum Alter der Nachricht – vermutlich 802 – vgl. FRIED, Karl der Große, Rom und Aachen, mit Anm. 99.

99 MGH Capit. 1 S. 344 Nr: 170 = ed. Josef SEMMLER Corpus Consuetudinum monasticarum 1 S. 457. Die Texte zum Namen bequem bei FALKENSTEIN, Der ‹Lateran›, S. 3–4. Zur abweichenden Deutung vgl. FRIED, Karl der Große, Rom und Aachen, Anm. 99. Wie es zur Einschränkung des Namens kam, ist nicht mehr zu erkennen.

100 Actus b. Silvestri ed. MOMBRITIUS S. 514,22.

101 Ich weiche mit dieser Interpretation von FALKENSTEIN, Der ‹Lateran›, passim, ab.

102 Ulrike HECKNER und Christoph SCHAAB, Baumaterial und Bauausführung der Aachener Pfalzkapelle, in: Die karolingische Pfalzkapelle, S. 117–228, hier S. 149. Odos Herkunft ist unbekannt; als Baumeister: Einhard, Vita Karoli, ed. HOLDER-EGGER S. vii Anm. 1; in Metz wurde er begraben. – Theodulf carm. 27,93–4 (*construit*).

103 Beide Vielecke waren im Mauerwerk je durch mehrere, heute noch erhaltene eiserne Ringanker gesichert.

104 SCHEFERS, Einhard, S. 8 mit Anm. 33–4.

105 Erhalten: Aachen, Domschatz Inv. Nr. G8. Dazu Rainer KAHSNITZ, «Die Elfenbeinskulpturen der Adagruppe». Hundert Jahre nach Adolph Goldschmidt, in: Zschr. des Deutschen Vereins für Kunstwissenschaft 64 (2010) S. 9–172, hier Nr. 13 S. 100–4.

106 Vgl. FRIED, Karl der Große, Rom und Aachen, mit Anm. 103.

107 Hugo BRANDENBURG, Roms frühchristliche Basiliken des 4. Jahrhunderts (Heyne Stilkunde 14), Regensburg 1979, S. 23.

108 Die Weihedaten des 17. Juli und des 8. September (*dedicatio parva*): FALKENSTEIN, Entstehung, S. 141 Anm. 457, ebd. S. 94 Anm. 268, dazu FRIED, Karl der Große, Rom und Aachen, Anm. 96. – Eine Kirchweihe verlangte damals keinen Sonntag, freundliche Mitteilung von Sible DE BLAAUW (mündlich). – Zu dem durch das Chronicon Moissiacense überlieferten Jahr 796 vgl. FRIED, Karl der Große, Rom und Aachen, Anm. 99 und oben Anm. 98. – Verse Theodulfs: carm 25,59–62, MGH Poetae 1 S. 485.

109 Vgl. Alkuin ep. 145 (Ende März 798) MGH Epp. 4 S. 235,5–8 (Palmsonntagsfeier?), ep. 149 (Juli 798) MGH Epp. 4 S. 244, 24–5 (Säulenschmuck und Vesper). Das Karlsepos v. 111–3 und v. 177–8 beschreibt für 799 noch immer Baumaßnahmen, läßt die Kirche selbst aber soweit vollendet sein, daß Karl sie vor der Jagd, mithin nach der Morgenmesse, verlassen konnte. – Zur Diskussion vgl. FRIED, Karl der Große, Rom und Aachen, Anm. 93.

110 Ein Gespräch, das der Autor mit den Archäologen Sebastian RISTOW und Andreas SCHAUB am 18. Jan. 2013 in Aachen führen konnte, betonte das Dendrodatum eines Eichenpfahls im Fundamentbereich von 798+/-5 für den Baubeginn (kalkuliert mit 17 Splintholzringen, vgl. Burghart SCHMIDT u. a., Die Hölzer aus dem karolingischen Oktogon der Aachener Pfalzkapelle – Möglichkeiten einer dendrochronologischen Datierung, in: Jb. d. Rhein. Denkmalpflege 40/41, 2009, S. 220–35, hier bes. S. 228–34) und die Bebenschäden angeblich des Jahres 803 (vgl. K. REICHERT u. a., Historische Erdbebenschäden im Dom zu Aachen: Aquisgrani terrae motus factus est, in: Dombaumeistertagung, S. 109–26). Doch Eichen der fraglichen Altersklasse aus der Eifel oder den Ardennen, den wahrscheinlichsten Herkunftsgebieten der Aachener Materialien, weisen im Schnitt nur 16,2 Splintholzringe auf mit einer Standardabweichung von 4,89 resp. 4,85 Jahren (vgl. Burghart SCHMIDT u. a., Auf den Spuren alter Häuser. Jahrringdatierung und Bauweise [Schriftenreihe zur Dendrochronologie und Bauforschung 2], Marburg 2001, S. 35). Das führt mit einiger Wahrscheinlichkeit für den fraglichen Eichenpfahl zum Jahr 797+/-5. Mit einem Baubeginn im Jahr 792 darf somit gerechnet werden, bei einer höheren als der Standardabweichung auch etwas früher. – Auch die Zeit des zerstörerischen Bebens ist ungewiß. Einhard meldet «häufige Erdbeben» (*creber Aquensis palatii tremor*) als Vorzeichen von Karls Tod (c. 32); ständig «knirschte das Gebälk». Zu 801 werden Erdbeben am Rhein sowie *in Gallia* erwähnt, was Aachen nicht ausschließt (zum Sprachgebrauch: ArF; vgl. BM[2] 327d/e oder h/i). Zum Jahr 829 wird ein schweres Erdbeben in Aachen gemeldet, das von einem Sturm begleitet wurde, der bleierne Dachziegel der Kirche abdeckte (ArF). Mit früheren Beben ist in der erdbebenreichen Region durchaus zu rechnen. Verursachten sie harmlose Schäden, wurden sie nicht verzeichnet. Vielleicht aber wurden ihretwegen mehrere Ringanker für beide Vielecke in den Bau eingeplant. Wann jenes Erdbeben sich ereignete, das die Risse im Fundamentbereich und am Estrich des Sechzehnecks verursachte, ist schlechthin nicht zu klären. Es könnte bald nach 790 geschehen sein. Der Riß im Dach des Umgangs könnte 803 oder erst 829 entstanden sein. – Zum Epos unten S. 693 Anm. 138.

111 Faksimileedition der Handschrift Wien Weltliche Schatzkammer, Inv. XIII 18, München 2012; dazu der Kommentarband hg. von Franz KIRCHWEGER, ebd. 2012.

112 FRIED, Karl der Große, Rom und Aachen, mit Anm. 104 und Anm. 106.

113 D Lothars I. 136. FALKENSTEIN, Aachen und Saint-Corneille zu Compiègne; DERS., Entstehung des Aachener Marienstifts. – Ausstattung durch Ludwig den Frommen ist durch ein Totenbuch bezeugt (ebd. S. 55 Anm. 73). Die ebd. S. 59–78 angeführten Besitzungen und

Einkünfte lassen sich keinem bestimmten Herrscher zuweisen. – Die Reihenfolge der Patrozinien – erst Maria, dann Salvator – (dazu FALKENSTEIN, Der ‹Lateran›, S. 71) erklärt sich vielleicht aus dem Umstand, daß rechtlich gesehen zwei ursprünglich verschiedene kirchliche Institutionen betroffen waren: das Marienstift des Untergeschosses und die Pfarrkirche des Oberstocks.

114 Vgl. unten S. 418.

115 Vgl. die dem Odo gewidmeten Verse in Theodulf carm. 27,93–4: *... Hiram bene construit aedem/ Altithrono: Christus auxilietur opus* MGH Poetae 1 S. 493. Zum Gedicht und seiner Datierung (vermutlich 798/800): Dieter SCHALLER, Der junge «Rabe» am Hof Karls des Großen (Theodulf. carm. 27), in: Fschr. Bernhard Bischoff zu seinem 65. Geburtstag, hg. Johanne AUTENRIETH und Franz BRUNHÖLZL, Stuttgart 1971, S. 123–41.

116 Theodulfs Verben *construit* und *auxilietur* legen gleichwohl die Annahme nahe, daß der Bau noch nicht in allem vollendet war. Eine Weihe im Jahr 796 war damit aber nicht ausgeschlossen, vgl. oben S. 413 und oben Anm. 108. Das Kuppelbild wohl noch kein Mosaik: WEHLING, Mosaiken, S. 33.

117 WEHLING, Mosaiken, S. 31–4 und S. 38. St. Peter: Ursula NILGEN in: 799. Kunst und Kultur 2, S. 611–3.

118 Zürich, Zentralbibliothek Ms. C 80: fol. 83r.; vgl. VON EUW, Kuppelmosaik, mit Abb. 1 S. 199.

119 WEHLING, Mosaiken, S. 24–5 und S. 33.

120 Zur Aachener Kirche: FALKENSTEIN, Entstehung; DERS., Aachen und Saint-Corneille zu Compiègne; zusammenfassend auch: Johannes SCHLÜTTER, Wi(e)der die Pfalzkapelle. Das Bild der Aachener Marienkirche in der historischen Forschung, in: Der Aachener Dom, S. 13–25. Zu Konstantins Kirche: Actus b. Silvestri.

121 FALKENSTEIN, Aachen und Saint-Corneille zu Compiègne, S. 17 (nach ArF zu 812).

122 Vgl. hierzu und zum Folgenden Ulrike HECKNER, Der Tempel Salomos in Aachen: Datierung und geometrischer Entwurf der karolingischen Pfalzkapelle, in: Die karolingische Pfalzkapelle, S. 25–62.

123 Sechs (sie gilt als vollkommene Zahl, weil sie in ganze Zahlen 1 – 2 – 3 teilbar ist, die mit sich multipliziert wiederum sechs ergeben): MEYER, SUNTRUP, Lexikon, Sp. 442–79. – Acht: ebd. Sp. 80.

124 Vgl. MGH Epp. 4 S. 477–8: Ein Brief Alkuins (Nr. 309 von 801/804) an die am Hof weilende Kusine des Kaisers, Gundrada, verweist die Empfängerin gerade dafür auf das Wissen des Kaisers; vgl. bereits Opus Caroli regis IV,13, ed. FREEMAN S. 521, 19–32.

125 Vgl. unten S. 421 Abb. 4 und S. 429. 144 Sterne: WEHLING, Mosaiken, S. 27 und S. 37; Bedeutung: MEYER, SUNTRUP, Lexikon, Sp. 896 und 809.

126 MEYER, SUNTRUP, Lexikon, Sp. 214–331.

127 MGH Poetae 1 S. 432 Nr. 3; vgl. Günther BINDING, Zur Ikonologie der Aachener Pfalzkapelle nach den Schriftquellen, in: Mönchtum – Kirche – Herrschaft 750–1000, hg. Dieter R. BAUER u. a., Sigmaringen 1998, S. 187–211, hier S. 200–8; DERS., Kirchenbau als Bedeutungsträger, in: Wallraf-Richartz-Jb. 73 (2012) S. 97–106; teilweise abweichend BAYER, Bauinschrift. Zum Bild der «lebenden Steine»: J. C. PLUMPE, Vivum saxum, vivi lapides. The Concept of «Living Stone» in Classical and Christian Antiquity, in: Traditio 1 (1943) S. 1–14. FLACH, Untersuchungen, S. 38–45 hat die Aachener *aula* fehlgedeutet.

128 Vgl. oben S. 47–8.

129 Vgl. oben S. 172.

130 Dieter P. J. WYNANDS, Zur Symbolik der Zahl Acht – ausgehend von der Aachener Marienkirche, in: Der Aachener Dom, S. 165–83. Zur Deutung der 16: MEYER, SUNTRUP, Lexikon, Sp. 659–61.

131 Vgl. Henry ASHWORTH, O. S. B., «Urbs beata Ierusalem» Scriptural and Patristic Sources, in: Ephemerides Liturgicae 70 (1956) S. 238–41. Der Hymnus ist bald mit acht, bald mit sechs Strophen überliefert.

132 So BAYER, Bauinschrift, S. 187 mit Verweis auf *De clade Lindisfarnensis monasterii*, MGH Poetae 1 S. 234 Nr. 9,201.

133 Annalecta Hymnica 51, 110–2. Dazu Josef SZÖVÉRFFY, Die Annalen der lateinischen Hymnendichtung 1, Berlin 1964, S. 151–2. Die folgenden Verse deutsch: «Selige Stadt Jerusalem, Schau des Friedens, / die in den Himmeln aus lebendigen Steinen errichtet wird … als Grund- und Eckstein wurde Christus gesandt / der im Verbund der Mauer zwiefach bindet. … Jene Gott geweihte und geliebte Stadt … verkündet einem jeden den dreieinigen Gott.»

134 Zur Kirchweihe auch im früheren Mittelalter vgl. Reallexikon für Antike und Christentum 20 (2004) Sp. 1139–69. – Zum Trinitätsaltar: unten S. 428–9.

135 Zusammenfassend: VON EUW, Kuppelmosaik.

136 Karls Kenntnis der Zahlentheorie: oben Anm. 125. – «Admonitio»: oben S. 318.

137 Alkuin: ep. 145 (798), MGH Epp. 4 S. 231–5. – Sancta Crux: Philippe LAUER, Le Palais de Latran. Étude historique et archéologique, Paris 1911, S. 57–64 und S. 90–1; knapp BAUER, Das Bild der Stadt Rom, S. 62.

138 Vgl. oben S. 351–2 mit Anm. 150.

139 Zum Thron SCHÜTTE, Forschungen; Werner GEORGI (wie die folgende Anm.); im Herbst 2012 fand eine neuerliche Untersuchung der Thronplinthe sowie des Untergrunds des Thrones durch die Archäologen Uwe LOBBEDEY, Sebastian RISTOW und Andreas SCHAUB statt, deren Ergebnisse noch nicht publiziert vorliegen, deren wichtigste Einsichten mir aber durch die an der Begehung beteiligten Max

KERNER und Harald MÜLLER mitgeteilt wurden. Sie sind in die Darstellung eingeflossen.

140 Es darf also nicht erstaunen, wenn Abnutzungsspuren erkennbar sind.

141 Widukind von Corvey, Rerum Gestarum Saxonicarum lib. II,1 hg. H.-E. LOHMANN, Paul HIRSCH (MGH SS rer. Germ. 60) S. 66,20–3.

142 SCHÜTTE, Forschungen, S. 138–40 mit Abb. 14–5.

143 Widukind, Rerum Gestarum Saxonicarum II,1.

144 Werner GEORGI, *Sedes Karoli* – Herrschersitz oder Reliquienthron? Ein historischer Versuch zum Karlsthron der Aachener Marienkirche, in: Der Aachener Dom, S. 107–30; aufgegriffen bei Max KERNER, Aachen und der Kult Karls des Großen, in: Die Welt des Mittelalters, S. 45–57, hier S. 47–8.

145 Anna ANGIOLINI, La capsella eburnea di Pola (Studi di antichità christiane 7), Bologna 1970.

146 Hinweise auf eine karlszeitliche figürliche Ausmalung oder Mosaiken fehlen nicht, vgl. WEHLING, Mosaiken, S. 39–41, ferner: den Aachener Ausstellungskatalog: Krönungen. Könige in Aachen – Geschichte und Mythos. Katalog der Ausstellung, hg. von Mario KRAMP, Mainz 2000, S. 227 (Abb.) und S. 235–6 Nr. 2–9 und 2–10.

147 Vgl. BAYER, Die Aachener Marienkirche in der Diözese Lüttich, in: Dombaumeistertagung, S. 55–74, hier S. 62. Zum Adoptianismus unten S. 443–4.

148 So die Actus b. Silvestri, ed. MOMBRITIUS S. 513,41–4.

149 Dazu etwa Hans-Karl SIEBIGS, Neue Untersuchungen der Pfalzkapelle zu Aachen, in: Einhard. Studien zu Leben und Werk, S. 95–137, bes. S.108–9; in eschatologischem Kontext: MCCORMICK, Charlemagne's Survey, S. 184–96.

150 Vgl. oben S. 164.

151 *In honorem Hludowici* IV, 245–82, (MGH Poetae 2), S. 65–6; ed. Edmond FARAL, Ermold le Noir, Poème sur Louis le Pieux et épitres au roi Pépin, vv. 2126–63, Paris 1932, S. 163–4. Zum Zyklus vgl. unten S. 469–70.

152 Ermoldus Nigellus, *In honorem Hludowici* IV,189–243 = ed. FARAL v. 2068–2124, vgl. dazu unten S. 686 Anm. 98.

153 Erhalten sind Umrißzeichnungen in der Kirche: Paul CLEMEN, Die romanische Monumentalmalerei in den Rheinlanden, Düsseldorf 1916, Tafel II und III.

VIII. Erneuerung der Kaiserwürde

1 Opus Caroli I,25 ed. FREEMAN S. 217.

2 Opus Caroli II,6 ed. FREEMAN S. 250 Anm. c; die einst vorhandene tironische Note ist weggeschnitten und nicht mehr zu entziffern.

3 Zit. von Alkuin ep. 193 (Herbst [?] 798) MGH Epp. 4 S. 320,8–12. –

Die folgenden Auszüge aus dem «Wessobrunner Gebet» und «Muspilli» folgen der Ausgabe SCHLOSSERS.

4 Arno BORST, Die karolingische Kalenderreform (MGH Schriften 46), Hannover 1998, S. 298 vgl. ebd. Anm. 37.

5 Die Gedichte des Paulus Diaconus, ed. NEFF, S. 7–10 Nr. 2. *Iudex veniet supernus velut fulgor caelitus/ dies set aut hora quando non patet mortalibus/ felix erit, quem paratum invenerit dominus. // Ante tuum, iuste iudex, dum steterit solium/ Arechis, benignus ductor cum praeclara coniuge,/ dona eis cum electis laetari perenniter.*

6 Johannes FRIED, Die Endzeit fest im Griff des Positivismus? Zur Auseinandersetzung mit Sylvain Gouguenheim, in: HZ 275 (2002) S. 281–321, hier bes. S. 301–11.

7 Vgl. schon oben S. 165.

8 Beati in Apocalipsin libri duodecim, ed. by Henry A. SANDERS (Papers and Monographs of the American Academy in Rome 7), Rom 1930, S. 368–9.

9 Cronica Mozarabe de 754. Edición critica y traducción por José Riduardo LOPEZ PEREIRA (Textos medievales 58), Zaragoza 1980, passim.

10 BULLOUGH, Alcuin, S. 10.

11 SCHLOSSER, Althochdeutsche Literatur, S. 220, dazu S. 358–9 (das Glaubensbekenntnis im sog. Weißenburger Katechismus).

12 Jüngste Gesamtdarstellung: John C. CAVADINI, The Last Christology of the West. Adoptianism in Spain and Gaul, 785–820, Philadelphia (PA) 1993.

13 Cod. Carol. ep. 95 MGH Epp. 3 S. 636–43 (dort S. 637,6 das Zitat). Zur Sache vgl. Kurt SCHÄFERDIEK (wie unten Anm. 18) und knapp: SCHOLZ, Politik – Selbstverständnis – Selbstdarstellung, S. 104–5.

14 Schreiben an Karl den Großen zur Frankfurter Synode von 794: MGH Conc. 2,1 S. 113,19–22; das folgende Zitat ebd. Z. 29–30. Vgl. auch ebd. S. 117,6–9. Eine umfassende historisch-theologische Würdigung: GEMEINHARDT, Die Filioque-Kontroverse, S. 90–107.

15 MGH Conc. 2,1 S. 113,10–7.

16 Zum Folgenden vgl. auch Wilhelm HEIL, Alkuinstudien I. Zur Chronologie und Bedeutung des Adoptianismusstreites, Düsseldorf 1970; mehrere Synoden waren mit dem Gegenstand befaßt: HARTMANN, Synoden, S. 104–8, S. 117–22.

17 Antwort der fränkischen Bischöfe von 794 an die Spanier: MGH Conc. 2,1 S. 145,35–40.

18 Cod. Carol. ep. 95 MGH Epp. 3 S. 636–43 (dort S. 637,6 das Zitat) und epp. 96 und 97 S. 643–8. Karls Wissen: ebd. ep. 97 S. 648,5–8. – Zur Lehre des Migetius: Albert HAUCK, Kirchengeschichte Deutschlands, [8]Berlin/Leipzig 1954, Bd. 2, S. 298–301; Kurt SCHÄFERDIEK, Der adoptianische Streit im Rahmen der spanischen Kirchengeschichte, in: DERS., Schwellenzeit. Beiträge zur Geschichte des Chri-

stentums in Spätantike und Frühmittelalter, Berlin/New York 1996, S. 381–416.

19 Die Gegenargumente des Papstes finden sich in den in Anm. 18 erwähnten Briefen 95 und 96.

20 Nur gestreift von den ArFqdE zu 793; ausführlicher: Chron. Moissiac. (Anianense; ed. KETTEMANN Teil 2 S. 65–6).

21 MGH Capit. 1 S. 169 Nr. 76 (812 Apr. 2). Damals hatten sich 42 namentlich genannte «Spanier» vor Karl über Bedrückung durch ihre Grafen beschwert, vgl. unten S. 573. Karl betonte, daß diese Leute vor 30 oder mehr Jahren angesiedelt worden seien, mithin seit dem Feldzug von 778 und zumal in den 780er Jahren.

22 Vgl. Eckhardt MÜLLER-MERTENS, Karl der Große, Ludwig der Fromme und die Freien. Wer waren die liberi homines der karolingischen Kapitularien (742/743–832)? Ein Beitrag zur Sozialgeschichte und Sozialpolitik des Frankenreiches (Forschungen zur mittelalterlichen Geschichte 66), Berlin 1963.

23 Astronomus, Vita Hludowici c. 6–7, ed. TREMP S. 302–4, vgl. BM[2] 515a (auch zum Folgenden) (814).

24 Astronomus, Vita Hludowici c. 7–8, ed. TREMP S. 304–8.

25 Alkuin ep. 148 (798) MGH Epp. 4 S. 231,25–31.

26 Ihre «Akten»: MGH Conc. 2,1 S. 110–171 Nr. 19.

27 MGH Conc. 2,1 S. 120–1 Nr. 19B.

28 MGH Conc. 2,1 S. 161,23–5.

29 MGH Conc. 2,1 S. 162 und S. 163.

30 Vgl. oben S. 99–100; aus westlicher Sicht zusammenfassend: Ann FREEMAN, Einleitung zu: Opus Caroli, S. 1–12; aus byzantinistischer Sicht: Peter SCHREINER, Der byzantinische Bilderstreit: Kritische Analyse der zeitgenössischen Meinungen und das Urteil der Nachwelt bis heute, in: Bisanzio, Roma e l'Italia nell'Alto Medioevo (Settimane Spoleto 34), Spoleto 1988, S. 319–427. Jetzt grundlegend: NOBLE, Images.

31 Theophanes zu AM 6234.

32 MGH Conc. 2,2 Nr. 44A S. 478–9 (824).

33 Concilium Parisiense 825 MGH Conc. 2,2 S. 482,28–9: *pars illa* [ist respektvolle Umschreibung der römischen Lehrautorität] *non solum resistere, verum etiam incauta defensione contra auctoritatem divinam et sanctorum partum dicta nitebatur suffragari.*

34 Abb. in: BAUER, Das Bild der Stadt Rom, S. 79 mit dem zugehörigen Text S. 75–80. Vgl. auch oben S. 100.

35 POHL, Awaren, S. 318–21.

36 Einhard, Vita Karoli c.16 ed. HOLDER-EGGER S. 20.

37 Opus Caroli, ed. Ann FREEMAN, S. 97,13–5 und S. 98,19–34.

38 Bekannt nur aus Hadrians I. Antwort MGH Epp. 5 S. 5–57 Nr. 2, hier c. 1 S. 7–11 die *per filium*-Lehre. Zum Traditionskontext vgl. GEMEINHARDT, Filioque-Kontroverse, S. 107–64.

39 So die Intitulatur des Königs: Opus Caroli, ed. FREEMAN, S. 97. Die Einleitung faßt ältere Studien der Herausgeberin zusammen und ist für die Beurteilung der Handschrift grundlegend.
40 Opus Caroli II,1 ed. FREEMAN S. 105,11–2 und Z. 20–3 sowie ebd. prol., S. 99,11–8.
41 Opus Caroli II,21 ed. FREEMAN S. 275 Anm. b (der Wortlaut freilich ist verloren).
42 *Ornamenta*: Opus Caroli praef. I, ed. FREEMAN S. 99,10 und S. 100,32; Gregor: ebd. II,23, S. 278–80 mit Anm. k auf S. 279. Zitiert wurde Gregor d. Große ep. XI,10; Gedächtnisstütze: ebd. II,30, S. 303, 26–30; Karl könnte auch diesem letzten zugestimmt haben, vgl. S. 303 Anm. i. – Zu Wort und Bild: Lieselotte E. SAURMA-JELTSCH, Das Bild in der Worttheologie Karls des Großen. Zur Christologie in karolingischen Miniaturen, in: Das Frankfurter Konzil 2, S. 635–75.
43 MGH Epp. 5 S. 5–57 Nr. 2.
44 Darauf hat NOBLE, Images, S. 123 mit Auswertung des «Liber pontificalis» hingewiesen.
45 Die Übersetzung aus den griechischen Konzilsakten folgt GEMEINHARDT, Filioque-Kontroverse, S. 82.
46 Vgl. oben S. 29–30.
47 NOBLE, Images, S. 149.
48 MGH Epp. 5 S. 6.
49 MGH Epp. 5 S. 7.
50 Den Beobachtungen von Ann FREEMAN folgt NOBLE, Images, S. 168.
51 Vgl. unten S. 197–8, S. 467, S. 505.
52 Frankfurter Kapitular: MGH Conc. 2,1 S. 165–71 Nr. 19G, dazu: Karl der Große in Frankfurt, sowie: Das Frankfurter Konzil 794, bes. Hubert MORDEK, Aachen, Frankfurt, Reims. Beobachtungen zu Genese und Tradition des Capitulare Francofurtense, ebd. 1, S. 125–48. Vgl. auch oben S. 229–30.
53 Im Kontext der Ost-West- und der westlichen Kontroverse: NOBLE, Images, S. 169–80.
54 Fragmentum annalium Chesnii zu 788 MGH SS 1 S. 33.
55 Zitat: Frankfurter Kapitular c. 4 (Getreidepreise), übers. in Anlehnung an die Übers. in: Karl der Große in Frankfurt, S. 19; c. 5 (Münzreform). Zum Folgenden: Harald WITTHÖFT, Münze, Maß und Gewicht im Frankfurter Kapitular, ebd. S. 124–8.
56 Zu Bildnismünzen vgl. oben S. 402–3 und unten S. 511–2.
57 Vgl. MGH Capit. 1 S. 150 Nr. 62,8 und S. 152 Nr. 63,8 (beide 809) (beide vermutlich derselbe Erlaß).
58 So etwa MGH Capit. 1 S. 152 Nr. 63,7 (809).
59 Vgl. schon MGH Capit. 1 S. 116 Nr. 40,28 (803), dann S. 125 Nr. 44,18 (805); S. 140 Nr. 52,7 (808); vgl. auch ebd. Nr. 53,5.
60 Vgl. oben S. 68–9; FRIED, Donation of Constantine, S. 59, S. 70–1 und S. 106–7.

61 OEXLE, Die Karolinger und die Stadt des heiligen Arnulf.
62 Handschriften: PLOTZEK, Dombibliothek, S. 16–27 und S. 65–156. Bedeutung für Karl: unten S. 556–7; für Aachen: oben S. 398–401. Karl als Stifter: Clemens M. M. BAYER, in: Ulrich BACK u. a., Der alte Dom zu Köln (Studien zum Kölner Dom 12), Köln 2012, S. 213–29.
63 MGH Conc. 2,1 S. 119–20.
64 MGH Conc. 2,1 S. 162.
65 MGH Conc. 2,1 S. 143.
66 Zum Folgenden vgl. Walther BJÖRKMAN, Karl der Große und der Islam, in: Karl der Große I (1965), S. 672–82.
67 MGH Conc. 2,1 S. 162–3.
68 Ep. 174 MGH Epp. IV S. 288,21 und Z. 32–3. Kontext ist: *tota Spania errat in adoptione*.
69 Alkuin: Ep. 146 (798) MGH Epp. 4 S. 236,11–13; Kölner Handschrift: wie unten Anm. 70.
70 Die Lehre vom siebten und achten Welttag wurde vermutlich im Jahr 802 dem Kaiser dargelegt; der Text findet sich in derselben Handschrift Köln Diözesan- und Dombibliothek 83^{II}, die auch die eben erwähnten Nachrichten zum Weltende enthielt: Schriften zur Komputistik, hg. BORST S. 835: dazu unter Anm. 72 und unten S. 703 Anm. 126.
71 Vgl. unten S. 559–61.
72 Köln Diözesan- und Dombibliothek 83^{II}; zur Handschrift Joachim M. PLOTZEK und Ulrike SURMANN, Glaube und Wissen im Mittelalter. Die Kölner Dombibliothek, S. 136–56 (Anton von Euw). Der Text (die sog. «Kölner Notiz», fol. 14v) jetzt: Schriften zur Komputistik, hg. BORST, S. 773, S. 780–4. Die oben im Text getroffene Feststellung gilt entgegen den Anmerkungen 36 und 37 bei Borst. – Weltende: ebd. S. 781–2.
73 Alkuins Antwort: ep. 163 (vor 799) MGH Epp. 4 S. 263–5.
74 Vgl. oben S. 94 und S. 337.
75 Alkuin epp. 148, 149 und 155 (alle 798) MGH Epp. 4 S. 237–41, S. 243, S. 249–53.
76 Johannes FRIED, Aufstieg aus dem Untergang. Apokalyptisches Denken und die Entstehung der modernen Naturwissenschaft im Mittelalter, München 2001.
77 Vgl. Dietrich LOHRMANN, Alcuins Korrespondenz mit Karl dem Großen über Kalender und Astronomie, in: Science in Western and Eastern Civilization, S. 79–114; Stephen C. MCCLUSKEY, Astronomies in the Latin West from the Fifth to the Ninth Centuries, in: ebd. S. 139–60.
78 BORGOLTE, Papst Leo III., Karl der Große und der Filioquestreit in Jerusalem; MCCORMICK, Charlemagne's Survey of the Holy Land. Vgl. unten S. 510–5.
79 Alkuin ep. 193 MGH Epp. IV S. 320,11–2.
80 Vgl. erkennbar in der bekannten Anfrage an den Papst Zacharias

nach den ArF 749, wer König genannt werden solle (*vocari*): der, der die Macht (*potestas*) habe, oder der, der sie nicht habe.

81 KRÄMER, Geschichte, S. 84.

82 Zum «Perser»namen vgl. unten S. 468–9.

83 Vgl. Roger COLLINS, Charlemagne, Houndsmills/ London 1998, S. 148; MCCORMICK, Charlemagne's Survey, passim.

84 Vgl. BORGOLTE, Gesandtenaustausch, S. 45–107.

85 Zum Folgenden vgl. Lutz ILISCH, Arabische Kupfermünzen an der Ostsee und die Gesandtschaft Karls des Großen an den Kalifen, in: Numismatisches Nachrichtenblatt 61 (August 2012) S. 296–302. Den Hinweis auf diesen Artikel verdanke ich meiner Frankfurter Kollegin Maria R.-ALFÖLDI. Die Funde und ihre Interpretation bestätigen MCCORMICK, Origins.

86 Zu Geldsendungen: oben S. 466; S. 510–1. Handel nachgewiesen auch durch Funde arab. Gold- und Silbermünzen im einstigen Karlsreich: Michael MCCORMICK, Charlemagne and the Mediterranean World: Communications, Arab Coins and Commerce at the Time of the Paderborn Meeting, in: Am Vorabend der Kaiserkrönung, S. 193–218.

87 Pilger: Ex miraculis s. Genesii, MGH SS 15,1 S. 169–72. – Angilberti abbatis De ecclesia Centulensi libellus c. 2, MGH SS 15,1 S. 175,39 und S. 176.

88 Vgl. die Zusammenstellung der Texte bei BORGOLTE, Gesandtenaustausch, S. 47–8 Anm. 237.

89 Jetzt grundlegend: MCCORMICK, Charlemagne's Survey.

90 Vgl. unten S. 510.

91 Fredegar Cont. c. 51 (765/68). Dreimal gebrauchte der Geschichtsschreiber dabei den Sarazenen-Namen, keinen anderen. Karl selbst dürfte diesen «Sarazenen» damals ebenfalls begegnet sein. Der Wechsel von *Sarracenus* zu *Persa* kann also nicht einfach durch den Wechsel der Autoren erklärt werden. *Maurus* und *Sarracenus* für die Muslime Spaniens: ArF zu 806, hier durchaus im Kontrast zu dem *rex Persarum* (S. 122).

92 Ich benutze die zweisprachige Ausgabe von Herwig WOLFRAM (Hg.), Quellen zur Geschichte des 7. und 8. Jahrhunderts (Ausgewählte Quellen zur deutschen Geschichte des Mittelalters. Freiherr vom Stein-Gedächtnisausgabe 4a), Darmstadt 1982.

93 Hârûn (786–809) war väterlicherseits ein Quraiš, seine Mutter war eine jemenitische Sklavin; KRÄMER, Geschichte, S. 82; er residierte zumeist in Syrien (ebd. S. 84), doch starb er auf einem Feldzug in den Iran. Das alles erlaubt nicht, ihn als «Perser» wahrzunehmen. Erst mit dem Jahr 810, was hieß: nach Hârûns Tod, verschwand der Pername wieder und wurde der Kalif wieder *Sarracenus*.

94 Der sog. Fredegar überlieferte eine Reihe entsprechender Hinweise; vgl. Johannes FRIED, Religionsbegegnungen im Wandel. Beobachtun-

gen zu Reiseberichten vom frühen zum späten Mittelalter, in: Religiostità e civiltà. Conoscenze, confronti, influssi recipročí tra le religioni (secc. X–XIV), ed. Giancarlo ANDENNA, Mailand 2013, S. 3–34.

95 AMP, ARF und Einhards Karlsvita stimmen hierin überein. Das Fragment der Lorscher Annalen (777–801) wußte von dem Gesandtenaustausch nichts; Chron. Lauriss. breve IV,34 aber *Amormulus Saracenorum rex*, ed. SCHNORR VON CAROLSFELD, NA 36 (1911) S. 35.

96 FRIED, Papst Leo III. besucht Karl den Großen, S. 281–326.

97 ArF zu 799 und 800 ed. KURZE S. 108 und S. 112.

98 *In honorem Hludowici* IV, 245–82, ed. Ernst DÜMMLER (MGH Poetae 2), S. 65–6; ed. Edmond FARAL, Ermold le Noir, Poème sur Louis le Pieux et épitres au roi Pépin, vv. 2126–63, Paris 1932, S. 163–4. Zum Bildprogramm: LAMMERS, Ein karolingisches Bildprogramm, bes. S. 247–72; Korrekturen: NEES, Tainted Mantle, S. 270–7; NOBLE, Images, S. 354–5. – Die Authentizität der Beschreibungen wurde in Zweifel gezogen durch Christine RATKOWITSCH, Die Fresken im Palast Ludwigs des Frommen in Ingelheim (Ermold., Hlud 4,181ff.): Realität oder poetische Fiktion?, in: Wiener Studien 107/108 (1994/95) S. 553–81. Die Textsorte gebietet freilich nicht, die Existenz der Bildfolge als solche in Frage zu stellen. Literarische Gestaltung ist kein Argument gegen Historizität. Das Fehlen weiterer Zeugnisse, auf das Ratkowitsch u. a. verweist (S. 555), besagt schlechthin nichts. Für Aachens Bildausstattung etwa schweigen sämtliche Autoren mit Einschluß Einhards. Das dreihundert Jahre jüngere Beispiel Baudris von Bourgeuil, das Ratkowitsch zum Vergleich heranzieht (S. 556–7), entstammt einer doch sehr gewandelten Konstellation und gibt sich selbst als Spielerei zu erkennen. Der Ingelheimer Zyklus gipfelte in dem doppelten Karlsbild, nicht in Ludwig dem Frommen, in dessen leibhaftiger Gegenwart Ratkowitsch den Zyklus gipfeln lassen möchte (S. 558). Der regierende Kaiser ist durch kein Bild gegenwärtig, sondern in persona und hält in dieser Halle, inmitten der Bilder Gericht. Daß kein Bild des aktuellen Herrschers angesprochen wurde, deutet nicht nur darauf hin, daß der Zyklus vor Ludwigs Herrschaftsantritt entstand, sondern gerade auch auf die reale Existenz der Imaginationen. Im übrigen verwehrt nichts die Annahme, daß Ermold im Dienst ‹seines› Königs Pippin früher einmal, etwa aus Anlaß der Reichsversammlung des Jahrs 819, die Halle betreten hatte. Er hätte dann – um 830 – Pfalz und Bilder aus einer über zehn Jahre zurückliegenden Erinnerung oder aus einer Mischung aus fremder Information und Autopsie beschrieben. Da könnte sich mancher Irrtum eingeschlichen haben. Vgl. Anm. 102. – Zum Zyklus vgl. auch oben S. 410–1.

99 Teppiche (die gewiß Wandteppiche waren) werden für Karls Pfalz in Paderborn erwähnt, vgl. LAMMERS, Ein karolingisches Bildprogramm, S. 223 (nach dem Epos «Karolus Magnus et Leo papa» v. 525).

100 Der archäologische Befund scheint die Zweifel an der Existenz des Zyklus zu stärken; er bietet nach Hinweisen des Archäologen Holger GREWE unter den zahlreichen Putzfragmenten der Aula nur einen überaus geringen Anteil möglicher Figurenfragmente. Aber sie fehlen nicht; und das könnte entscheidend sein. Die Pfalz blieb bis in die Zeit Karls IV. von Königen genutzt. Karl aber übergab sie dem eben in (Nieder-)Ingelheim im Jahr 1354 gegründeten und dem Prager Karls-Stift inkorporierten, für vier böhmische Kanoniker bestimmten Karls-Stift, das dann in der einstigen Aula seine Kirche errichtete; vgl. Peter CLASSEN, Die Geschichte der Königspfalz Ingelheim, S. 138–40. Die karolingischen Fresken freilich, wenn solche und kein Bildteppich anzunehmen sind, sind vielleicht nicht schon in ottonischer Zeit, als die Kirche einen neuen Estrich erhielt, untergegangen. Der Umfang der ottonischen Umbaumaßnahmen ist ja nicht bekannt.

101 Ich datiere das Bildprogramm wie früher üblich, doch abweichend von LAMMERS, Ein karolingisches Bildprogramm, S. 223 in die Jahre kurz vor 800, vgl. Johannes FRIED, Imperium Romanum. Das römische Reich und der mittelalterliche Reichsgedanke, in: Millennium 3 (2006) S. 1–42, hier S. 8–9 mit Anm. 11. Vgl. oben S. 430–1.

102 Auf welche Kirche sich die von Ermoldus gleichfalls beschriebenen Imaginationen des Sakralraumes für die Taufe bezogen, ist unklar. In Ingelheim scheint damals keine größere Pfalzkapelle oder Pfalzkirche gestanden zu haben (oder sie muß noch gefunden werden). Der Dichter dürfte kein Augenzeuge der Taufe des ‹Dänen› Harald Klak gewesen zu sein. Welche Informationen er in welcher Weise verarbeitet hat, entzieht sich der Überprüfung. Andere Zeugnisse nennen St. Alban in Mainz als Taufkirche des Dänen. Möglicherweise zog Ermoldus also verschiedene Handlungen an einem Ort zusammen und schmückten die Bilder die Mainzer Kirche und nicht die Ingelheimer Pfalzkapelle, vgl. oben Anm. 100.

103 Ermold: IV,266. Dagegen: NEES, Tainted Mantle, S. 295 Anm. 61.

104 *Caesareis actis Romanae sedis opimae // Iunguntur Franci gestaque mira simul*, IV,269–70.

105 *Romam dimittit amore*: IV,271. Zur Deutung vgl. FRIED, Imperium Romanum.

106 MGH SS 1 S. 38: (Carolus) *qui ipsam Romam tenebat, ubi semper Caesares sedere soliti erant… quia Deus omnipotens has omnes sedes in potestate eius concessit.*

107 FRIED, Papst Leo III. besucht Karl den Großen, S. 281–326; Rudolf SCHIEFFER, Neues von der Kaiserkrönung Karls des Großen (SB München 2004/2), München 2004, S. 9–25, hier S. 9–14. Janet L. NELSON, Warum es so viele Versionen von der Kaiserkrönung Karls des Großen gibt, in: Die Macht des Königs, S. 38–54, S. 51.

108 Köln Diözesan- und Dombibliothek 83 II. Der Text (die sog. «Kölner

Notiz», fol. 14v): BORST (Hg.), Schriften zur Komputistik im Frankenreich von 721 bis 818, S. 793, zum Codex bes. S. 773.

109 Ann. Northumbr. zu 800 MGH SS 13 S. 156,19–20. *Regnum et imperium* verdeutlicht, daß es tatsächlich um das Kaisertum ging und nicht – wie gelegentlich angenommen – um Gebietsabtretung. Eine Verwechslung mit den Verhandlungen von 802 ist ausgeschlossen, da damals nur eine fränkische Gesandtschaft nach Konstantinopel eilte, während eine byzantinische Gegengesandtschaft nach Irenes Sturz unterblieb, die Annalen aber von einer Gesandtschaft aus Konstantinopel sprachen. Zudem berichteten die Annalen zutreffend von einer Gesandtschaft aus Jerusalem, die zu der nämlichen Zeit 800 eingetroffen sei. Diese Gesandtschaft dürfte tatsächlich Zeuge der Krönung gewesen sein, vgl. oben S. 469. Die Nachricht hinsichtlich der Griechen kann somit nur den Gesandtschaften von 798 oder 799 gegolten haben. – ArF zu 798 und 799.

110 Vgl. CLASSEN, Karl der Große, S. 49 mit weiterer Literatur und S. 77–9.

111 Vgl. CLASSEN, Karl der Große, S. 57–87.

112 Vgl. WATTENBACH-LEVISON, Deutschlands Geschichtsquellen 2, S. 249 Anm. 284. Die angelsächsische Nachricht kann nicht auf die «Kölner Notiz» zurückgehen, da die fragliche Handschrift (Köln, Dombibl. 83 II) tatsächlich den Königshof resp. Köln nie verlassen hat; sie verlangt vielmehr einen eigenen Informanten von dort. – Die ArF melden ausdrücklich zum Jahr 798 (ed. KURZE S. 104) eine Gesandtschaft der Kaiserin Irene aus Konstantinopel nach Aachen mit Verhandlungen «nur über den Frieden» oder – so die AMP S. 83,1–2 – «über kirchlichen Frieden und Eintracht»; im folgenden Jahr wissen sie von einem Gesandten des byzantinischen Präfekten Siziliens an den Frankenkönig, wiederum ohne einen Verhandlungsgegenstand zu nennen (S. 108,1–3). Anders als die gleichzeitige «Kölner Notiz» sind die Einträge der ArF erst nachträglich erfolgt, verweisen also auf Neudeutung des Geschehens am Karlshof deutlich nach der Krönung.

113 ArF zu 798; dazu NOBLE, Images, S. 161–2.

114 Vgl. oben S. 179–81 (Verlöbnis Konstantins VI. mit Karls Tochter Rothrud).

115 ArF 797 ed. KURZE S. 100.

116 Die Formulierung stammt von BORST, Naturgeschichte, S. 151.

117 Vgl. unten S. 559–61.

118 Zum Folgenden: SCHOLZ, Politik – Selbstverständnis – Selbstdarstellung, S. 113–26.

119 Das Mosaik zeigte (von innen nach außen) in der Mitte Christus, zu seiner Rechten die Gottesmutter und die Titelheilige, zu seiner Linken vermutlich Paulus sowie die Heiligen Gaius (Susannas Vater) und Gabinius (der Vatersbruder der Titelheiligen) sowie Karl, vgl.

BAUER, Das Bild der Stadt Rom, S. 107–8. Zu diesem und dem anschließend erwähnten Bild vgl. auch Manfred LUCHTERHANDT, *Famulus Petri.* Karl der Große in den römischen Mosaikbildern Leos III., in: 799. Kunst und Kultur 3, S. 55–70.

120 SCHOLZ, Politik – Selbstverständnis – Selbstdarstellung, S. 125–6 denkt an Karls Gaben nach Rom aus dem Awarenschatz als Grund für Leos Dank. Das mag sein oder auch nicht. Die noch reicheren Gaben Pippins und seines Sohnes Karl wurden durch Hadrian I. nie in vergleichbarer Weise gefeiert. Als Stifter ist Karl nach den allein erhaltenen Zeichnungen des Mosaiks in S. Susanna nicht zu erkennen.

121 In älterer Literatur wurde die linke Seite der Stirnwand immer wieder für ein Mosaik mit Christus, der dem Petrus die Schlüssel, Konstantin die Fahne übergibt, in Anspruch genommen; doch hat dies als Erfindung des 17. Jahrhunderts zu gelten, vgl. BAUER, Das Bild der Stadt Rom S. 111–4.

122 Das Mosaik der Apsis dürfte annähernd gleichzeitig mit dem Bau des Trikonchos entstanden sein, vgl. zusammenfassend SCHOLZ, Politik – Selbstverständnis – Selbstdarstellung, S. 114–6. Doch ist mit den verfügbaren Angaben zur Bauzeit das Mosaik der Apsisstirnwand nicht datiert. Es kann auch nach 798 und nach Leos Rückkehr aus Paderborn entstanden sein. Dafür spricht der Inhalt des zugehörigen Titulus, der «Leben» dem Papst, «Sieg» dem König wünscht. Das paßt besser zur Situation nach dem Attentat auf Leo als zuvor. Vgl. unten S. 482–3.

123 Zum Folgenden vgl. FRIED, Papst Leo III. besucht Karl den Großen, S. 281–326; Rudolf SCHIEFFER, Das Attentat auf Papst Leo III., in: Am Vorabend der Kaiserkrönung, S. 75–85 (zumal zum «Wunder»).

124 Zu derartigen Vorstellungen vgl. etwa die römische Synode von 761 MGH Conc. II,1 hier S. 67–9.

125 LP 2 Vita Leonis III. S. 5,17–20.

126 Alkuin ep. 174 MGH Epp. IV S. 288,17–22.

127 Alkuin ep. 174 MGH Epp. IV S. 288,32–3. Vgl. auch ep. 173 S. 286–7 und ep. 234 (801) S. 379–80 an Leo III.: der gesamte Brief reflektiert Erfordernisse der Endzeit.

128 Alkuin ep. 193 MGH Epp. IV S. 320,10–2.

129 Alkuin ep. 177 MGH Epp. IV S. 293,5 und ep. 178 S. 295–6.

130 Ep. 174 MGH Epp. IV S. 289,1.

131 Vgl. Alkuin ep. 174 MGH Epp. IV S. 289,8–9: *si tamen illa patria* (i. e. Saxonia) *Dei electione digna habetur.*

132 De civitate Dei V,24 (die Hervorhebungen illustrieren, wie strikt Karl dem Kirchenvater folgte): *Neque enim nos christianos quosdam imperatores ideo felices dicimus, quia vel diutius imperarunt, vel imperantes filios morte placida reliquerunt, vel hostes rei publicae domuerunt vel inimicos cives adversus se insurgentes et cavere et opprimere potuerunt. … Sed felices eos dicimus, si iuste imperant, si … se*

homines esse meminerunt, si suam potestatem ad Dei cultum maxime dilatandum maiestati eius famulam faciunt, si Deum timent, diligunt, colunt ... Tales christianos imperatores dicimus esse felices interim spe, postea re ipsa futuros, cum id, quod expectamus, advenerit. Ed. Bernhard DOMBART, Alphons KALB (Corpus Christianorum, Series Latina 47), Turnhout 1955, S. 160.

133 Augustins *Civitas Dei* gehörte nach Einhard, Vita Karoli c. 24 zu der von Karl besonders geschätzten Lektüre.

134 Alkuin ep. 173 MGH SS IV S. 286,16–31. Dazu FRIED, Papst Leo III., S. 299.

135 Alkuin ep. 184 MGH Epp. 4 S. 309,6–12. Dazu noch Alkuin ep. 179 MGH SS IV S. 297,14f.

136 Zum Verlauf des Attentats: Matthias BECHER, Die Reise Papst Leos III. zu Karl dem Großen. Überlegungen zu Chronologie, Verlauf und Inhalt der Paderborner Verhandlungen des Jahres 799, in: Am Vorabend der Kaiserkrönung, S. 87–112.

137 Ich folge mit dieser Darstellung der Analyse von BECHER, Karl der Große und Papst Leo III., S. 23–6, der, wie ich meine, überzeugend gezeigt hat, daß Wirund und Arn längst vor dem Attentat nach Rom geschickt wurden und aller Wahrscheinlichkeit nach während der etwa zwei Monate, in denen Leo für abgesetzt gelten konnte, in Rom weilten und auf Instruktionen des Königs warteten.

138 Theodulf carmen 32 MGH Poetae I, S. 523–4 Z. 15–24; den ironischen Ton hat BEUMANN, Paderborner Epos, in: Karolus magnus et Leo papa, S. 9 überhört, ebenso VON PADBERG, Paderborner Treffen, S. 49. Zur Datierung: CLASSEN, Karl der Große, S. 57 Anm. 203. Zur Pfalz Paderborn: oben S. 164.

139 Alkuin an Arn von Salzburg: MGH Epp. 4 S. 297, 21–4 (ep. 179, 799 Aig.).

140 LP 2 S. 5–6.

141 Zum Gefolge von 203 römischen *consiliatores* vgl. BM² 350 die Stelle aus den Annales Guelferbytani zu 799. Vom *iustum iudicium* sprach das sog. Karlsepos v. 388–9: Ed. Franz BRUNHÖLZL, in: De Karolo rege et Leone papa. Beiheft. – Dazu Dieter SCHALLER, Das Aachener Epos für Karl den Kaiser, in: Frühmittelalterliche Studien 10 (1976) S. 134–68; DERS., De Karolo rege et Leone papa, in: Die deutsche Literatur des Mittelalters. Verfasserlexikon 4 (1983) Sp. 1041–5.

142 Karolus Magnus et Leo Papa v. 504–5 ed. BRUNHÖLZL S. 44–45 mit Übers.

143 Ed. DUCHESNE 2 S. 6.

144 Dazu unten S. 504–5.

145 BM² 353 (St-Bertin), 353a (Centula), 353 b (Rouen), ArF (Tours).

146 ArFqdE 800, Ann. Lauresham. 800.

147 Immer wieder findet sich in der modernen Forschung ein Besuch bei

Alkuin, der um Rat hinsichtlich des Vorgehens gegen den schwer beschuldigten Papst Leo III. gefragt werden sollte, als Grund angegeben; doch Alkuin begleitete den König auf der Rückreise nach Aachen, wo die Umstände des Romzuges erörtert wurden. Karl hätte ihn ohne weiteres gleich dorthin einbestellen können, ohne selbst die lange Reise zu unternehmen.

148 AMP 800.

149 Chr. Moissiac. 800; ed. KETTEMANN Teil 2 S. 96.

150 Dazu Peter CLASSEN, Karl der Große und die Thronfolge im Frankenreich, in: DERS., Ausgewählte Aufsätze, S. 205–29, hier S. 211–3.

151 BM[2] 358b.

152 Theodulf carm. 32 v. 25–6 MGH Poetae 1 S. 524. Vgl. SCHOLZ, Politik – Selbstverständnis – Selbstdarstellung, S. 129.

153 Vgl. BM[2] 369a-c.

154 Die Begegnung bei Nomento erwähnten neben den ArF zu 800 auch die Ann. Maximiani MGH SS 13 S. 23; dort auch das Tagesdatum.

155 ArF zu 800 (in beiden Versionen); vgl. CLASSEN, Karl der Große, S. 58–60. Die folgende Darstellung weicht in manchen Details und Beurteilungen ab von BECHER, Kaiserkrönung. Gleichwohl entstand sie in ständiger Auseinandersetzung mit den beiden Genannten.

156 Vgl. oben S. 474–6.

157 Vgl. oben S. 689 Anm. 122.

158 So ergibt es sich aus Ann. Lauresh. 800: *comitibus seu reliquo christiano populo*. MGH SS 1 S. 58.

159 Vgl. oben S. 394–5.

160 MGH Epp. 5 S. 63–4 Nr. 6; die Eidformel des LP ist kürzer und schonender; zur Sache vgl. Max KERNER, Der Reinigungseid Leos III. vom Dezember 800. Die Frage seiner Echtheit und frühen kanonistischen Überlieferung. Eine Studie zum Problem der päpstlichen Immunität im frühen Mittelalter, in: Zs. des Aachener Geschichtsvereins 84/85 (1977/78) S. 131–60.

161 Ann. Lauresh. zu 800, MGH SS 1 S. 38.

162 Eine Übersicht über die neuere Forschungsdiskussion bei R. SCHIEFFER, Neues von der Kaiserkrönung.

163 Zu den Laudes oben S. 279 und S. 494.

164 Entsprechend auch die Ann. Maximiani MGH SS. 13 S. 23.

165 Zur Diskussion um das *nomen imperatoris* vgl. Thomas ERTL, Byzantinischer Bilderstreit und fränkische Nomentheorie. Imperiales Handeln und dialektisches Denken im Umfeld der Kaiserkrönung Karls des Großen, in: FmaSt 40 (2006, ersch. 2007) S. 13–42.

166 Vgl. etwa Alkuin ep. 174 MGH Epp. 4 288, ep. 177 (*imperium christianum*) S. 292, ep. 217 S. 361. – Vgl. CLASSEN, Karl der Große, S. 48–9; Arno BORST, Kaisertum und Namentheorie im Jahr 800, in: Gunther WOLF (Hg.), Zum Kaisertum Karls des Großen. Beiträge und Aufsätze (Wege der Forschung 38), Darmstadt 1972, S. 216–39.

167 Auch Ludwigs des Frommen Kaisertum besaß später keinen spezifisch römischen Sinn.

168 Alkuin, De grammatica, ed. FROBEN FORSTER, Beati Flacci Albini Opera II,2, Regensburg 1777, S. 271.

169 Vgl. Johann Peter KIRSCH, Die Stationskirchen des Missale Romanum. Mit einer Untersuchung über Ursprung und Entwicklung der liturgischen Stationsfeier (Ecclesia Orans), Freiburg i. Br. 1926, S. 236–9.

170 LP 2 S. 7.

171 LP 2 S. 110 (XVII).

172 Johannes FRIED, Endzeiterwartung um die Jahrtausendwende, in: DA 45 (1989) S. 381–473, hier S. 449–50.

173 Daß dem im Jahr 813 so war, hat WENDLING, Erhebung, gezeigt.

174 Zum liturgischen Procedere: Karl Josef BENZ, «Cum ab oratione surgeret». Überlegungen zur Kaiserkrönung Karls des Großen, in: DA 31 (1975) S. 337–69; die rechtlichen Konsequenzen, die Benz aus der prozeduralen «Analogie» ableitet, sind aber in keiner Weise zwingend. Benz übergeht die an den byzantinischen Ritualen angelehnte Kettenhandlung von Karls Kaisererhebung.

175 Vgl. die Beispiele bei TREITINGER, Kaiser- und Reichsidee, jeweils nach der Designation: S. 9 im Jahr 457 Leon I. Torqueskrönung vor Akklamation); S.10–1 im Jahr 491 Anastasios' Krönung durch den Patriarchen vor der Akklamation; S. 11–2 im Jahr 518 Justin I. Torqueskrönung und Krone durch den Patriarchen vor der Akklamation durch das Volk. Wenn der (Haupt-)Kaiser einen Mitkaiser erhob, dann übernahm er die Funktion des Senats; Krönung und Akklamation folgten. Aus dem 8. Jahrhundert scheinen keine Akklamationen aus Byzanz bezeugt zu sein (was nicht heißt, daß sie unterblieben). Dies hat CLASSEN, Karl der Große, S. 62–6 nicht beachtet. Zur Krönung: R.-J. LILIE, Krönung, in: Reallex. f. byzant. Kunst 5 (1995) Sp. 439–54, bes. Sp. 448–9 (frdl. Hinweis durch Wolfram Brandes).

176 Karls Krönung war keine Mitkaiserkrönung, der Papst kein «Hauptkaiser, der einen Mitkaiser ernannte», wie BECHER, Kaiserkrönung, S. 18–9 (Zitat S. 19) vorgeschlagen hat. Karls Krönung entsprach vielmehr einem in Byzanz praktizierten Verfahren, vgl. oben Anm. 175. Der immer wieder anzutreffende Hinweis auf den Aufsatz von W. SICKEL, Das byzantinische Krönungsrecht bis zum 10. Jahrhundert, in: Byzantinische Zeitschrift 7 (1898) S. 511–57 führt insofern in die Irre, als Sickel sich überhaupt nicht mit der Akklamation befaßte. Sickel klärte, daß die Krönung ein Akt im Rahmen des «Staatsrechtes» war und blieb und zu keiner eigenständigen kirchlichen Kompetenz mutierte.

177 Ann. Lauresh. MGH SS 1 S. 38 c. 34 (zu 801).

178 Der Titel βασιλεὺς τῶν Ῥομαίων war vor dem Jahr 812 durchaus möglich, aber nicht üblich; er wurde 812 programmatisch zur Gel-

tung gebracht, doch erst im weiteren Verlauf des 9. Jahrhunderts üblich, vgl. RÖSCH, ONOMA ΒΑΣΙΛΕΙΑΣ, S. 38 und S. 111–6.

179 Zu den *Laudes* vgl. KANTOROWICZ, Laudes Regiae, S. 13–111. Für die Zeit Karls sind freilich nur fränkische Königslaudes überliefert, keine aus Rom stammenden Kaiserlaudes, vgl. ebd., s. 103–4.

180 Zur Entstehungszeit der Vita Leonis im LP vgl. CLASSEN, Karl der Große, S. 43; mögliche Sendung nach Aachen: SCHALLER, Aachener Epos, S. 148.

181 Der Kaisertitel mit der Wendung *Romanum gubernans imperium* (dazu unten S. 507) verwandte die einzige im lateinischen Westen anzutreffende offizielle Kaisertitulatur, die explizit auf Rom verwies, wie Peter CLASSEN gezeigt hat: *Romanum gubernans imperium.* Zur Vorgeschichte der Kaisertitulatur Karls des Großen, in: DERS., Ausgewählte Aufsätze, S. 187–204.

IX. Imperator Augustus

1 De Karolo rege et Leone papa, v.14–16 S. 10 [60]; die folgenden Zitate ebd. v. 12–3 und v. 21. Vgl. auch oben S. 693 Anm. 141. Das Gedicht wird heute in die Zeit nach der Kaiserkrönung datiert.

2 Modoin Ecloga II,93, MGH Poetae 1 S. 390; übers. VON DEN STEINEN, Karl und die Dichter, S. 68. Die gegenüber MGH Poetae 1 verbesserte Edition: Ernst DÜMMLER, Nasos (Modoins) Gedichte an Karl den Großen, in: NA 11 (1886) S. 75–91, die Ecloga ebd. 86–91.

3 Modoin, Ecloga II; vgl. VON DEN STEINEN, Karl und die Dichter, S. 68.

4 Modoin Ecloga II, 115–7, MGH Poetae 1 S. 391.

5 Vgl. unten S. 508, S. 516, S. 530.

6 Ep. 178 MGH Epp. 4 S. 294.

7 Dazu Klaus SCHREINER, «Gerechtigkeit und Frieden haben sich geküßt» (Ps. 84,11). Friedensstiftung durch symbolisches Handeln, in: Träger und Instrumentarien des Friedens im hohen und späten Mittelalter, hg. Johannes FRIED (VuF 43), Sigmaringen 1996, S. 37–86.

8 Leos Antwort ist erhalten: MGH Epp. 5 S. 93–4 Nr. 4 (809).

9 WILLJUNG, Das Konzil von Aachen 809, S. 290.

10 François Louis GANSHOF, La fin du règne de Charlemagne, une décomposition, in: Zschr. f. schweizerische Geschichte 28 (1948) S. 533–52.

11 Alkuin ep. 254 MGH Epp. 4 S. 411,23–5. – Von der *norma rectitudinis* sprach der Papst Zacharias in einem Schreiben an Bonifatius: MGH Epp. Sel. 1 S. 108 Nr. 58, von der *via rectitudinis* in seinem Schreiben an die Hausmeier Pippin und Karlmann, ebd. S. 125–7 Nr. 61 (beide im Jahr 745), vgl. FLECKENSTEIN, Bildungsreform, S. 10 mit Anm. 16. *Norma rectitudinis* ist ein Kernbegriff des Klosterlebens

gemäß den «Dialogen» Gregors des Großen (II,3,3). Es wundert nicht, daß Zacharias, dieser Bewunderer Gregors, die Wendung aufgriff.

12 Ann. Lauresham. c. 34 zu 801, MGH SS 1 S. 38; Chron. Moissiac. zu 800 und zu 801 MGH SS 1 S. 305–6; ed. KETTEMANN Teil 2 S. 100.

13 Vgl. dazu mit Korrektur älterer Ansichten: HAGENEDER, Das *crimen maiestatis*, S. 55–79. – Theodulf: BM² 369f.

14 Libellus de imperatoria potestate, ed. VALENTINI/ZUCCHETTI S. 199. Zum römischen Gerichtswesen der Zeit Theodor HIRSCHFELD, Das Gerichtswesen der Stadt Rom vom 8. bis 12. Jahrhundert wesentlich nach stadtrömischen Urkunden, in: Archiv für Urkundenforschung 4 (1912) S. 419–562, hier bes. S. 420–40.

15 Zur Unterscheidung zwischen dem alten Kaiserpalast (dem *palatium Lateranense* Konstantins des Großen) und dem päpstlichen Patriarchium (das erst seit Leo III. und seit dem Jahr 813 als *Palatium* nachzuweisen ist) vgl. FRIED, Donation of Constantine, S. 74–88.

16 LP 2 S. 8.

17 LP Vita Leonis c. 84–5 S. 26. Vgl. oben S. 454 und unten S. 561–2.

18 ArF und AMP zu 801.

19 Libellus de imperatoria potestate, ed. ZUCCHETTI S. 199.

20 Libellus de imperatoria potestate, ed. ZUCCHETTI S.199. Zur Rechtslage Roms nach Karl: HAGENEDER, Das *crimen maiestatis*, S. 74–7.

21 Das ergibt die Narratio der Urkunde sowie der Verweis auf Leos Urteil (DKDG 196 vom 4. März 801 bes. auch Z. 26–8) eindeutig.

22 Heinrich FICHTENAU, Genesius, Notar Karls des Großen (797–803), in: Folia Diplomatica 1, Brno 1971, S. 75–87 (danach zitiert); wieder in DERS., Beiträge zur Mediävistik. Ausgewählte Aufsätze 2, Urkundenforschung, Stuttgart 1977, S. 100–14.

23 C. 33 MGH SS 1 S. 38.

24 Dies letzte scheint BECHER, Kaiserkrönung, S. 24–5 anzunehmen. Dagegen spricht schon das *crimen laesae majestatis*.

25 *Et ibi* (nämlich in Rom) *celebravit pascha* heißt es in den Lorscher Annalen (MGH SS 1 S. 38). Karl wird das Fest begangen haben wie auch sonst in Rom: mit der Messe in den wichtigsten Patriarchatskirchen, vgl. oben S. 143–5. Zweifel weckte BECHER, Kaiserkrönung, S. 17–8.

26 Ob dieser Abreisetag – drei Jahre zuvor war Leo III. an diesem Tag überfallen worden – ein Zeichen ernster Differenzen des Kaisers mit dem Papst war, sei dahingestellt; so vermutet indessen BECHER, Kaiserkrönung, S. 17–8. Symbolisch freilich dürfte Karl bei der Prozession präsent gewesen sein. Denn das goldene Gemmenkreuz, das er am Tag seiner Kaiserkrönung der Salvatorkirche gestiftet hatte, wurde bei den Letania maior-Prozessionen dem Papst vorangetragen: LP 2 S. 110 (XVII).

27 Das Beben wurde zum 30. April auch in Rom registriert: LP 2 S. 9.

28 Ann. Lauresham. c. 34 zu 801, MGH SS 1 S. 38.
29 DKDG 197.
30 Variationen waren damit nicht ausgeschlossen; bemerkenswert der antikisierende Titel der «Divisio regnorum» von 806: *Imperator Caesar Karolus rex Francorum invictissimus et Romani rector imperii pius felix victor ac triumphator semper augustus*; dazu unten S. 545.
31 Vgl. oben S. 465. Zum Kontext: Ernst TREMP, Zwischen Paderborn und Barcelona: König Ludwig von Aquitanien und die Auseinandersetzung des Karlsreichs mit dem Islam, in: Am Vorabend der Kaiserkrönung, S. 283–99.
32 Vgl. unten S. 509–13.
33 Theophanes zu AM 6294–5.
34 KRÄMER, Geschichte, S. 84.
35 Die Unruhen und Zerstörungen erwähnt Theophanes AM 6301. Zur Sache vgl. MCCORMICK, Charlemagne's Survey of the Holy Land.
36 Zum Streit vgl. oben S. 505 Zu den verschiedenen Schreiben nach und aus Jerusalem, Rom und vom Kaiserhof vgl. Michael BORGOLTE, Papst Leo III., Karl der Große und der Filioque-Streit von Jerusalem, in: Byzantina 10 (1980) S. 403–27, bes. das Schaubild S. 414.
37 GRIERSONS, Money and Coinage, S. 524–7 Vorschlag, die Seltenheit der Bildnisprägungen mit der Anordnung, Münzen dürften regulär nur in einer Pfalz geschlagen werden, überzeugt angesichts der etwa 30 Exemplare aus gut sieben Jahren nicht. Zudem hätte sie – wie KLUGE in: 799. Kunst und Kultur, S. 87 zu bedenken gibt – den Erfolg der Reform von 794 (Frankfurt) gefährdet. Kluge möchte die Münzen deshalb als Sonderemission aus Anlaß der Kaiserkrönung deuten, was für die Karolingerzeit aber einzigartig wäre und doch wohl spätere Verhältnisse zum Vorbild nimmt.
38 Ein Exemplar der zweiten Gruppe ohne *XPICTIANA RELIGIO* könnte eine postume Prägung unter Ludwig dem Frommen sein.
39 Bernd KLUGE, Nomen imperatoris und christiana religio. Das Kaisertum Karls des Großen und Ludwigs des Frommen im Licht der numismatischen Quellen, in: 799. Kunst und Kultur, S. 82–90; zu Einhard vgl. Heinz LÖWE, «Religio christiana». Rom und das Kaisertum in Einhards Vita Karoli magni, in: Storiografia e storia. Studi in onore di Eugenio Duprè Theseider, ed. Massimo PETROCCHI, Roma 1974, S. 1–20. Löwe dachte an die römische Peterskirche als Muster (vgl. bes. S. 11); aber sie steht bei Einhard erst an zweiter Stelle, deutlich nach der Aachener Kirche, vom Heiligen Grab ganz zu schweigen. Der *XPICTIANA RELIGIO*-Typ begegnet auch mit der Titulatur: *D*(ominus) *N*(oster) *KAROLUS IMP AUG REX F*(rancorum) *ET L*(angobardorum); er wird einer italienischen Münzstätte, wohl Mailand, zugewiesen.
40 Vgl. Maria R.-ALFÖLDI, Münze, in: Reallexikon für Antike und Chri-

stentum 25 (2012) Sp. 115–62, hier Sp. 131 und Abb. 33–4 (Maxentius).

41 So etwa auch Philip GRIERSON, Money and Coinage S. 519–20.

42 MGH Capit. 1 Nr. 64,18 S. 154: *propter aecclesias Dei restaurandas*; von Karls Geldzahlungen wußte auch Konstantin Porphyrogennetos, De adminstrando imperio c. 26,5–10, ed. Gy. MORAVCSIK, transl. by R. J. H. JENKINS, Budapest 1949, S. 108 (die leicht überarbeitete Auflage: Dumbarton Oaks Center for Byzantine Studies, Washington 1967 u. ö. stand mir nicht zur Verfügung). Zur Lage Palästinas in der fraglichen Zeit vgl. Moshe GIL, A History of Palestine 634–1099, Cambridge/ New York 1992, (freundl. Hinweis durch Mordechei LEVY).

43 Vgl. die Abb. bei MCCORMICK, Charlemagne's Survey, S. 190–1.

44 Zu bedenken ist auch, daß die üblichen Pfennige Karls des Großen, obwohl deutlich häufiger im Fundgut, im Heiligen Land oder in Afrika nicht anzutreffen sind, obwohl Karls «Geld» – nach Einhards Darstellung – dorthin gelangte.

45 Dazu unten S. 564.

46 Al-Aqsa Mosque, Wikipedia.org 11. 8. 2011, 14.29 Uhr.

47 MCCORMICK, Charlemagne's Survey, S. 199–217 die Edition, S. 218–37 der spezielle Kommentar dazu.

48 Notker, Gesta Karoli II,8.

49 Anton BAUMSTARK, Abendländische Palästinapilger des ersten Jahrtausends und ihre Berichte, Köln 1906; Collin MORRIS, The Sepulchre of Christ and the Medieval West From the Beginnings to 1600, Oxford 2005.

50 Vgl. aber die Handelsbeziehungen zwischen Afrika und Karl, dazu oben S. 465.

51 Vgl. Michael BORGOLTE, Der Elefant des Kalifen reiste nach Aachen. Rezension zu Heinhard STEIGER, Die Ordnung der Welt. Eine Völkerrechtsgeschichte des karolingischen Zeitalters (741 bis 840), Köln/ Weimar/ Wien, Böhlau 2010, in: Frankfurter Allgemeine Zeitung, 7. Juli 2011, S. 34.

52 Vgl. dazu unten S. 544–9.

53 Darauf verwies Arnold BÜHLER, Capitularia relecta. Studien zur Entstehung und Überlieferung der Kapitularien Karls des Großen und Ludwigs des Frommen, in: Archiv für Diplomatik 32 (1986) S. 305–501, hier S. 11; vgl. HARTMANN, Karl der Große, S. 134. – Die Zahlen folgen der bisher maßgeblichen Edition der Kapitularien in den MGH Capit. 1. Die in Planung befindliche Neuedition für die MGH wird erhebliche Modifikationen vorzunehmen haben, doch der Gesamteindruck von der Masse der Kapitularien erst nach der Kaiserkrönung dürfte bestehen bleiben.

54 MGH Capit. 1 S. 204–6 Nr. 98 (801); vgl. HAGENEDER, Das *crimen maiestatis*, S. 65–6.

55 W. HARTMANN, Kirche und Kirchenrecht, S. 93–9; zusammenfassend auch DERS., Karl der Große, S. 139–41.
56 MGH Capit. 1 S. 157–9 Nr. 68–9.
57 HANNIG, Pauperiores vassi; DERS., Zentrale Kontrolle.
58 MGH Capit. 1 S. 112 zu Nr. 39 (803): Angesprochen war der Graf Stephan von Paris.
59 MGH Capit. 1 S. 113 Nr. 39,5 (803).
60 C. 35 MGH SS 1 S. 38.
61 In der Beurteilung der Maßnahme folge ich mit Einschränkung HANNIG, Pauperiores vassi; dort auch ältere Literatur zu den «Missi»; vgl. noch DERS., Zentrale Kontrolle. Denn schon 787 begegneten ein Abt und ein Graf als *missi* in St-Wandrille oben S. 239 und 363, 793/94 entsprechend oben S. 239, vgl. auch oben S. 443. Ich interpretiere diese Daten im Sinne von WERNER, Missus, dahingehend, daß zwar schon früher Königsboten eingesetzt, aber erst seit 802 feste *missatica*, mithin Amtssprengel der «Missi», eingerichtet wurden.
62 Die vorstehenden Zitate: Ann. Lauresham. c. 35 zu 802, MGH SS 1 S. 38–9; vgl. auch Chron. Moissiacense (Anianense) zu 802 ed. KETTEMANN Teil 2 S. 101.
63 HANNIG, Zentrale Kontrolle.
64 HANNIG, Zentrale Kontrolle, S. 28–36.
65 Das Schreiben ist – am Anfang verstümmelt – in der Mustersammlung von St-Denis (Nr. 24) überliefert: MGH Form. S. 509; vgl. PATZOLD, Normen im Buch, S. 345.
66 MGH Capit 1 S. 91–9 Nr. 33. Dazu grundlegend: PATZOLD, Normen im Buch, passim.
67 MORDEK, Bibliotheca Capitularium, S. 474.
68 MORDEK, SCHMITZ, Neue Kapitularien, S. 414 Nr. II c. 3.
69 Das Eidformular: MGH Capit. 1 S. 101 Nr. 34. Zum Kapitular und seinen überlieferten, für verschiedene *Missatica* bestimmte Fassungen vgl. Wilhelm Alfred ECKHARDT, Die Capitularia missorum specialia von 802, in: DA 12 (1956) S. 498–516; PATZOLD, Normen im Buch, S. 341–5.
70 Hierzu und zu den folgenden Artikeln: MGH Capit. 1 Nr. 33 (vgl. BM[2] 380c). Der einleitende Teil über die Ratio des Eides reflektiert den einschlägigen Artikel der Lex Romana Visigothorum, vgl. oben S. 503–4.
71 Leidrad an Karl MGH Epp. 4 S. 540–1 Nr. 29, hier S. 541,10–3.
72 BM[2] 390a und MGH Capit. 1 S. 99–102 Nr. 34 (?).
73 Das wichtigste Zeugnis zu Synode und Hoftag: Chron. Moissiacense (Anianense) zu 802, ed. KETTEMANN Teil 2 S. 102–3.
74 C. 36 zu 803 MGH SS 1 S. 39. Es ist der letzte erhaltene Eintrag dieser Annalen.
75 MGH Capit. 1 S. 170–2 Nr. 77.
76 Detlev ZIMPEL, Unliebsame Herrscher-Erlasse im Frankenreich. Über

die Sabotage von Kapitularien, in: Scientia veritatis. Fschr. f. Hubert Mordek zum 65. Geburtstag, hg. Oliver MÜNSCH und Thomas ZOTZ, Ostfildern 2004, S. 127–36. Die Beispiele verweisen auf spätere Zeit.

77 Vgl. etwa MORDEK, SCHMITZ, Neue Kapitularien, S. 423 Nr. II c. 40 (vermutlich 813).

78 Die Briefe Leos III. an Karl, die der Kaiser möglicherweise selbst hat sammeln lassen, Nr. 1–10: MGH Epp. 5 S. 85–104 (808).

79 MGH Epp. 5 S. 102 Nr. 10 (808–14?).

80 Vgl. dazu unten S. 505.

81 MGH Epp. 5 S. 87–8 Nr. 1.

82 MGH Epp. 5 S. 89,35–7 Nr. 2.

83 BM[2] 431b.

84 Zum *Palatium*: FRIED, Donation of Constantine, S. 74–88. Zum Polykonchos: BAUER, Das Bild der Stadt Rom, S. 68–9.

85 BAUER, Das Bild der Stadt Rom, S. 115–7. Daß hier Karl der Große repräsentiert gewesen sei, wie Bauer vorschlägt, erscheint mir unwahrscheinlich. Der Franke müßte als Kaiser dargestellt gewesen sein; Leo aber tat alles, um die Kaiserherrschaft über Rom vergessen zu lassen.

86 HAGENEDER, Das *crimen maiestatis*, S. 72–4.

87 Guter Überblick: Horst ZETTEL, Karl der Große, Siegfried von Dänemark und Gottfried von Dänemark, in: Zschr. f. Schleswig-Holsteinische Gesch. 110 (1985) S. 11–25; zu den Wikingern zuletzt: FÖLLER, Wikinger.

88 Vgl. Harald NEIFEIND, Verträge zwischen Normannen und Franken im neunten und zehnten Jahrhundert, Diss. Heidelberg 1971; Daniel FÖLLER, Verflochtenes Denken. Kognitive Strategien im wikingerzeitlichen Skandinavien, Diss. Masch. Frankfurt am Main 2012, S. 234–7.

89 MGH Capit. 1 S. 139 Nr. 51,10. Zur vorkarlischen Schiffsnutzung der Franken zu kriegerischem Zweck: Bernard S. BACHRACH, Early Carolingian Warfare: Prelude to Empire, Philadelphia 2001, S. 247–57.

90 MGH Capit. 1 Nr. 74 S. 166–7.

91 MGH Capit. 1 Nr. 74,11 S. 167.

92 Vgl. dazu unten S. 571–2.

93 MGH Epp. 5 S. 90 Nr. 2 (808).

94 Überarbeitete ArF zu 797. Ursula VONES-LIEBENSTEIN, Katalonien zwischen Maurenherrschaft und Frankenreich. Probleme um die Ablösung westgotisch-mozarabischer Kirchenstrukturen, in: Das Frankfurter Konzil 1, S. 453–505. Vgl. oben S. 461.

95 Das ergibt der Vergleich zwischen ArF zu 778 und ArFqdE zu diesem Jahr.

96 MGH Capit. 1 S. 97 Nr. 33,32 (802).

97 Vgl. die einleitenden Worte der sog. «Divisio regnorum» von 806:

MGH Capit. 1 Nr. 45 S. 127: *ad occasum tendentia secula*; dazu Wolfram BRANDES, *Tempora periculosa sunt*. Eschatologisches im Vorfeld der Kaiserkrönung Karls des Großen, in: Das Frankfurter Konzil von 794 Bd. 1, S. 49–79.

98 Vgl. oben S. 163–4.

99 Vgl. etwa MGH Capit. 1 S. 134–5 Nr. 48,2 (807).

100 MGH Capit. 1 S. 130 Nr. 49,4 (806).

101 MGH Capit. 1 S. 121–2 Nr. 43.

102 MORDEK, SCHMITZ, Neue Kapitularien, S. 399 Nr. I c. 23 (805/813).

103 MGH Capit. 1 S. 122–6 Nr. 44.

104 Meine Sicht dieser Teilung habe ich andernorts begründet: FRIED, Erfahrung und Ordnung, S. 145–92.

105 ArF zu 806, ed. KURZE, S. 121. Einhard gilt als Autor des allein von ihm (Vita Karoli, c. 33) überlieferten ‹privaten› Testaments Karls des Großen. Freilich schwieg er selbst auffallenderweise über die gesamte Nachfolgeordnung von 806, vgl. unten S. 567–9.

106 Vgl. unten S. 576.

107 Zu *reparare* vgl. oben S. 43.

108 Vgl. z. B. Laktanz, Divinae Institutiones VII,25,6–9, ed. Stefan FREUND, Laktanz Divinae institutiones Buch 7: De vita beata. Einleitung, Text, Übersetzung und Kommentar, Berlin 2009, S. 186–7.

109 Vgl. oben S. 382.

110 MGH Capit. 1 S. 136 Nr. 49 c. 2 (806).

111 MGH Capit. 1 S. 123 Nr. 44,7 (805). Die Grenzlinie: oben S. 146.

112 MGH Capit. 1 S. 130–2 Nr. 46.

113 MGH Capit. 1 S. 131 Nr. 46,4 (806).

114 MGH Capit. 1 S. 152 Nr. 63,13 (809). – Ebd. Nr. 131 S. 258–9 wird heute, soweit nicht als Fälschung eingestuft, in die Zeit Ludwigs des Frommen oder noch später datiert.

115 Johannes HEIL, Kompilation oder Konstruktion? Die Juden in den Pauluskommentaren des 9. Jahrhunderts (Forschungen zur Geschichte der Juden Abt. A: Abhandlungen Bd. 6), Hannover 1998.

116 Der wahre Autor war Quodvultdeus Carthaginiensis; die Handschrift ist clm 14098 (Teil II); sie enthält z. T. auf den Blatträndern das «*Muspilli*»-Lied. Vgl. Elisabeth WUNDERLE, Katalog der lateinischen Handschriften der Bayerischen Staatsbibliothek München: Die Handschriften aus St. Emmeram in Regensburg. Bd. 1, Wiesbaden 1995, S. 238–41. Der Traktat wurde (ohne Beachtung des clm 14098) ediert von René BRAUN (Corp. Christ. Series Lat. 60), Turnhout 1976.

117 Entsprechende Maßnahmen wurden in MGH Capit. 1 S. 136 Nr. 49 c. 4 verlangt (806).

118 MORDEK, SCHMITZ, Neue Kapitularien, S. 414 Nr. II c. 9.

119 MGH Capit. 1 S. 135 Nr. 49 c. 1 (806).

120 MGH Capit. 1 S. 146 Nr. 59.

121 MGH Capit. 1 S. 134–5 Nr. 48 (807).
122 Vgl. etwa MGH Capit. 1 S. 136–8 Nr. 50 (808).
123 MGH Capit. 1 S. 164–5 Nr. 73 (811).
124 Chron. Moissiac. 307, MGH SS 1 S. 808; ed. KETTEMANN Teil 2 S. 111.
125 BORST, Schriften zur Komputistik, mit einer ausführlichen Einleitung (S. 1–326), die den gesamten Gegenstand umreißt; Ergänzungen: WARNTJES, Irische Komputistik, bes. S. 23–9.
126 Ed. BORST, Schriften zur Komputistik 2, S. 820–84; wichtige Korrekturen und Neudeutung: Hartmut HOFFMANN, *Abisag calefaciente* oder Der karolingische Traktat *De sole et luna*, in: DA 68 (2012), S. 445–77.
127 Vgl. aber oben S. 462 und S. 471.
128 Zur Handschrift: Anton VON EUW, Kompendium der Zeitrechnung, Naturlehre und Himmelskunde, in: Glaube und Wissen im Mittelalter. Die Kölner Dombibliothek. Katalogbuch zur Ausstellung, hg. Erzbischöfliches Diözesanmuseum Köln: Joachim M. PLOTZEK u. a., München 1998, S. 136–56; BORST, Schriften zur Komputistik 2, S. 773–94 und S. 885–950. – Iren: WARTNJES, Irische Komputistik; bereits 775 ein «Computus Rhenanus» in Köln überliefert, 789 – vielleicht in Zusammenhang mit der «Admonitio generalis» – ein Computus in Fulda.
129 Die ArF 810 meldeten zwei Sonnenfinsternisse (7. Juni und 30. November) und zwei Mondfinsternisse (21. Juni und 15. Dezember) (S. 133) und zu 812 eine Sonnenfinsternis (15. Mai); vgl. auch Ann. S. Amandi breves MGH SS 2 S. 184.
130 MGH Epp. 4 S. 552–5. Die Datierung ist ungesichert; früher wurde 804–14 angenommen, neuerdings 800; vgl. Symke HAVERKAMP, Making Something from Nothing. Content and Context of Fredegisus of Tours' *De substantia nihili et tenebrarum*, (Diss. Utrecht 2006), publ. im Internet: igitur-archive.library.uu.nl/student-thesis/2006-0524-200 331 (besucht: 17.12.2011) S. 39 (zu April 800); auch BORST, Schriften zur Komputistik II, S. 820–84. Zum frühen Datum 800, das Borst vorschlug, passen aber weder Karls Kaisertitel in dem der kleinen Schrift des Diakons Fredegisus schon ursprünglich (HAVERKAMP S. 10) vorangestellten Brief an Dungal (*Romanum gubernans imperium*) noch in dem Opusculum des Fredegisus selbst (*princeps* und *sacrum palatium*). Ich bleibe deshalb bei der späteren Datierung. Der ‹Rezensent› Dungal erläuterte im Jahr 811 nach Macrobius die Sonnenfinsternis des Vorjahres: MGH Epp. 4 S. 570–8 ep. 1. Um diese Zeit befand sich auch Fredegisus am Hof, wo er als erster Abt (von Tours) Karls Testament unterzeichnete. Auch sein Vorgänger Alkuin war ‹nur› Diakon (vgl. etwa Einhard, Vita Karoli c. 25).
131 MGH Epp. 4 S. 553,29–33 (*nihil*) und S. 555,13–5 (*tenebrae*).

132 Einen von Allegorese überfließenden Text bietet ein Traktat, den BORST, Schriften zur Komputistik 2 S. 820–84 Arn von Salzburg zuweisen und als Antwort auf Fredegisus deuten möchte: dagegen HOFFMANN (wie Anm. 126). Auch sind die angeblichen Anspielungen auf Fredegisus, die Borst geltend macht, viel zu schwach und allgemein, als daß sie aussagekräftig wären. Die Überlieferung von dessen kleiner Schrift bietet als Vorspann (vgl. oben Anm. 131) Karls Aufforderung an Dungal, ohne Allegorie «Nichts» und «Finsternis» zu erklären. So könnte Fredegisus' Werk als «nackte Wissenschaft» eher umgekehrt eine Antwort auf «De sole et luna» gewesen sein.

133 Zum Folgenden vgl. BORST, Schriften zur Komputistik 2 S. 951–1020 Nr. 13 und 14.

134 BORST, Schriften zur Komputistik 3 S. 142 Nr. 16 c.4.

135 BORST, Schriften zur Komputistik 3 S. 1145–6 Nr. 17 II,1; *Ebraice veritatis*: ebd. S. 1042 Nr. 16 c. 4.

136 Der Karolingische Reichskalender und seine Überlieferung bis ins 12. Jahrhundert, hg. von Arno BORST (MGH Libri Memoriales 2,1–3), Hannover 2001, hier Bd. 2,1 S. 751 (vgl. die Abb. ebd. Bd. 2.1 nach S. 74 Abb.2).

137 Vgl. oben S. 454.

138 BORGOLTE, Papst Leo III., Karl der Große und der filioque-Streit, S. 401–27; SCHOLZ, Politik – Selbstverständnis – Selbstdarstellung, S. 139–42; WILLJUNG, Das Konzil von Aachen, S. 20–9. – Die Zweifel an der Echtheit des Schreibens der fränkischen Mönche vom Ölbergkloster, die Daniel F. CALLAHAN, The Problem of the ‹Filioque› and the Letter from the Pilgrim Monks of the Mount of Olives to Pope Leo III and Charlemagne, Rev. Bénédictiine 108 (1992) S. 75–134 äußerte, haben sich nicht durchgesetzt.

139 Zu dieser Beurteilung vgl. Max KERNER, Karl der Große – Gestalter des Glaubens?, in: BÖHNKE, KATTAN, OBERDORFER, Die Filioque-Kontroverse (wie oben S. 657 Anm. 181), S. 14–29, hier S. 25–7. Zum theologischen Kontext: GEMEINHARDT, Die Filioque-Kontroverse, S. 141–64.

140 LP Vita Leonis c. 84–5 S. 26. Vgl. oben S. 198 und S. 505. Andrea STERK, The Silver Shields of Pope Leo III: A Reassessment of the Evidence, in: Comitatus 19(1) (1988) S. 62–79.

141 WILLJUNG, Das Konzil von Aachen 809, S. 290,6–7: zitiert wird mit 2Tim3,1 eine der zentralen eschatologischen Verheißungen.

142 MGH Epp. 4 S. 533–4 Nr. 24, hier S. 534. Die Übersetzung folgt VON DEN STEINEN, Karl und die Dichter, S. 61 (809/812). Statt von «Staatsverwaltung» spreche ich von Königsherrschaft.

143 MGH Epp. 4 S. 556 Nr. 37 (Frühjahr 813).

144 Theophanes zu AM 6304, dazu (ArF 812).

145 Notker, Gesta Karoli II,6.

146 Notker, Gesta Karoli II,7.

147 Vgl. Knapp: Herbert HUNGER, in: Geschichte der Textüberlieferung der antiken und mittelalterlichen Literatur 1, Zürich 1961, S. 94.

148 Vgl. oben S. 117 und S. 532–3.

149 BM² 450a.

150 BM² 458 (Anf. 811).

151 Ich danke meinem Mainzer Akademie-Kollegen Ernst MUTSCHLER für medizinische Beratung.

152 Vgl. oben S. 567–8.

153 MGH Capit. 1 S. 161–2 Nr. 71 (811).

154 So etwa HÄGERMANN, Karl der Große, S. 577–8.

155 MGH Capit. 1 S. 245–6 Nr. 124 (807 Nov.).

156 Hinweis auf reichsweites Fasten: MGH Capit. 1 S. 162 Nr. 72 c. 1 (811 mit Rückblick auf 810).

157 Zum Folgenden: MGH Capit. 1 S. 162–4 Nr. 72 (811). Das Kapitular dürfte von derselben Versammlung ausgegangen sein wie das zuvor zitierte Kapitular Nr. 71.

158 MGH Capit. 1 S. 162–4 Nr. 72 c. 11.

159 MGH Capit. 1 S. 162 Nr. 71 c. 13 (811).

160 MGH Capit. 1 S. 169 Nr. 76 (2. April 812) = DKdG 217.

161 MGH Capit. 1 S. 176–7 Nr. 80 (811).

162 Vgl. GLATTHAAR, in: Admonitio Generalis, edd. MORDEK (†), ZECHIEL-ECKES (†), GLATTHAAR S. 115–47.

163 MORDEK, SCHMITZ, Neue Kapitularien, S. 413–4 c.1 der Friedensappell; dazu die folgenden Capitula (805–13, viell. Sept. 813).

164 Leidrad an Karl: MGH Epp. 4 S. 542–4 Nr. 30.

165 Vgl. zum Folgenden: FRIED, Elite und Ideologie; zur zeitgenössischen Inzestproblematik, bes. S. 95–6; DERS., Erfahrung und Ordnung, S. 177–9. Den Widerspruch durch UBL, Inzestverbot und Gesetzgebung, S. 379 Anm. 428 und durch Martina HARTMANN, Königin, S. 105 habe ich entkräftet in DERS., Kanonistik und Mediävistik.

166 Alkuin ep. 119 (796).

167 WERNER, Nachkommen S. 417 und Wikipedia «List of Counts of Vermandois» (Carolingian Counts).

168 So nach Thegan, Gesta Hludowici imperatoris c. 22.

169 FRIED, Elite und Ideologie.

170 Stiftsbibl. 4/1, vgl. MORDEK, Frühmittelalterliche Gesetzgeber, S. 1005–18 mit Tafel VI–VIII.

171 WENDLING, Erhebung .

172 Paschasius Radbertus, Vita s. Adalhardi c. 50, MIGNE PL Sp. 1534C.

173 Die ersten falschen Dekretalen scheinen bereits 834 vorgelegen zu haben, mithin in der Abtszeit Walas. Es ist undenkbar, daß der ihm vertraute Radbert ohne sein Wissen und seine Zustimmung ‹Pseudoisidor spielte›. So dürfte der Bruder Adalhards, nicht im Kloster, sondern für die Welt erzogen, der ‹politische› Kopf ‹hinter› der Fälschung, der gelehrte Paschasius Radbertus der kanonistische Experte

gewesen sein, der die Normen zusammentrug, vgl. FRIED, Donation of Constantine, S. 88–109.

174 Vgl. Paschasius Radbertus, Vita s. Adalhardi c. 20 und 22 mit Reflex auf die Lektüre der «Acta s. Silvestri».

175 FRIED, Donation of Constantine; DERS., Die Konstantinische Schenkung, in: Die Welt des Mittelalters, S. 295–311.

176 MGH Conc. 2,2 S. 610–1.

177 Ernst DÜMMLER, Radbert's Epitaphium Arsenii, in: Abhandlungen der königl. Akademie der Wissenschaften zu Berlin 1899/1900.

178 Astronomus, Vita Hludowici c. 20, ed. TREMP S. 342.

179 MORDEK, SCHMITZ, Neue Kapitularien, S. 399 Nr. I c. 2 (805/813); vgl. schon oben S. 574–5.

180 MORDEK, SCHMITZ, Neue Kapitularien, S. 408–9 Nr. I c. 25 (805/813).

181 So etwa im Schreiben an den Erzbischof Odilbert von Mailand MGH Capit. 1 S. 246–7 Nr. 125 (wohl 812).

182 MORDEK, SCHMITZ, Neue Kapitularien, S. 414 Nr. II c. 1.

183 Nämlich in Form des auf das engste mit Wala von Corbie verbundenen 100 erfundenen Papstdekretalen des sog. Pseudoisidor.

184 MORDEK, SCHMITZ, Neue Kapitularien, S. 413–4 Nr. I c. 43 (805/813).

185 MGH Conc. 2,1 S. 245–306 Nr. 34–8. Zusammenfassend: W. HARTMANN, Synoden, S. 128–40.

186 MGH Conc. 2,1 S. 248. Zur Übernahme: Horst FUHRMANN, Das Papsttum und das kirchliche Leben im Frankenreich, in: Settimane Spoleto 27 (1979) S.419–56, hier S. 443 Anm. 41.

187 Daß MGH Conc. 2,1 S. 197–201 App. B dieser Abschluß sei, wie vermutet wurde (vgl. W. HARTMANN, Synoden, S. 140), läßt sich nicht erweisen. Die knapp gehaltenen Kapitel lesen sich eher wie eine Vorsichtung oder vorbereitete Beschlußvorlage für eine Synode, denn als die Canones einer solchen. Die ArF zu 813 geben explizit zu erkennen, daß keine neue Synode abgehalten wurde, vielmehr nur die Beschlüsse der fünf Einzelsynoden vorlägen.

188 MGH Conc. 2,1 S. 301–6 App. C.

189 So die ArF. Diese *collatio* könnte mit MGH Conc. 2,1 S. 197–201 App. B vorliegen; allerdings integrierte dieses Stück bereits das kaiserliche Kapitular (ebd. App. A).

190 MGH Conc. 2,1 S. 294–7 App. A.

191 SCHEFERS, Einhard, S. 12 mit Anm. 56.

192 BM[2] 479a. Das folgende Zitat: Chron. Moisiac. zu 813 MGH SS 1 S. 310. Zur Sache: WENDLING, Erhebung.

193 Vgl. Einhard, Vita Karoli c. 32: *Adpropinquantis finis conplura fuere prodigia, ut non solum alii, sed et ipse hoc minitari sentiret.*

194 Vgl. oben S. 571. – Karls angedeutete Gewissensprüfung ist zwar denkbar, aber selbstverständlich fiktiv.

195 Die letzten Stunden nach Thegan, Gesta Hludowici imperatoris c. 7 ed. TREMP S. 186–8.

X. Epilog: Mythos und Heiligkeit

1 Percy Ernst SCHRAMM, Karl der Große im Lichte seiner Siegel und Bullen sowie der Bild- und Wortzeugnisse über sein Aussehen, in: Karl der Große Bd. 1 ([3]1967) S. 15–23.

2 HACK, Karl der Große hoch zu Roß, weist die Reiterstatuette – wie andere vor ihm – Karl II. dem Kahlen zu. Das Argument dafür, der Globus in der Hand des Reiters, reicht angesichts des dürftigen Bildmaterials zu Karl dem Großen nicht zum Beweis; die berühmten römischen Bildnisse des Karolingers entfallen hier, so daß – von den hier irrelevanten Münzen – kein einziges für den König oder Kaiser bestimmtes oder von ihm in Auftrag gegebenes Herrscherbild aus dem Frankenreich überliefert ist. Karl der Kahle erscheint übrigens in den Bildzeugnissen in der Regel ohne Sphaira. Vgl. auch W. HARTMANN, Karl der Große, S. 71–3.

3 Vgl. oben S. 29–30.

4 Überliefert unter den Briefen des hl. Bonifatius: MGH Epp. Sel. 1 S. 125–7 Nr. 61 (Ende Okt. 745), hier S. 126,2. Genannt sind die *Principes* Pippin und Karlmann. Zur *norma rectitudinis* vgl. oben S. 502 mit Anm. 114.

5 Zur Forschungsgeschichte: KERNER, Karl der Große, S. 51–63.

6 Opus Caroli I,25 ed. FREEMAN S. 218 mit Anm. 3.

7 Vgl. oben S. 533, S. 537, S. 569.

8 Vgl. oben S. 448.

9 Johann Wolfgang v. GOETHE, Die Externsteine, in: Sophien-Ausgabe Abt. I Bd. 49b, S. 46–52. Zu den Externsteinen oben S. 649 Anm. 25.

10 MIGNE PL 106,121–278.

11 Text aus Bobbio: ed. HOLDER-EGGER, Einhardi Vita Karoli Magni, S. 50–2. Zum Folgenden: Julian EILMANN, Der Proserpina-Sarkophag: vom römisch-antiken Zeugnis zur Grablege Karls des Großen, in: Der Aachener Dom, S. 61–83 und Gunnar HEUSCHKEL, Überlegungen zum Grab Karls des Großen, ebd. S. 85–105.

12 So legt Danielle GABORIT-CHOPIN, La statuette équestre de Charlemagne (Collection solo 13), Paris 1999 nahe. Trotz des Widerspruchs von HACK, Karl der Große hoch zu Roß, S. 356–60, halte ich Zeitbestimmung und Deutung durch Gaborit-Chopin weiterhin für denkbar. Sie klärte, daß das Pferd eine spätantike Arbeit ist, die für die Karlsstatuette zweitverwendet wurde. So ist nicht auszuschließen, daß dieses Pferd als eine Art Reliquie galt oder gelten konnte. Die Materialfrage für den Reiter (für ein Memorialbild nicht kostbar genug) erledigte sich dann von selbst. Der Globus beweist nichts, vgl. oben S. 403 mit Anm. 72. – Die silberne Statue: HACK a. a. O. S. 351. – Das Bild an Karls Grab könnte von Anfang an aus Stein gewesen sein mit Kreuz und Reichsapfel in Händen, vgl. das Zeugnis des Antonio de Beatis von 1517, zit. bei EILMANN (wie die vorige Anm.) S. 75–6.

13 Vgl. oben S. 19.

14 FRIED, Ludwig der Fromme, das Papsttum und die fränkische Kirche, in: Peter GODMAN / Roger COLLINS (Hrsg): Charlemagne's Heir. New Perspectives on the Reign of Louis the Pious (814–840), Oxford 1990, S. 231–73.

15 FRIED, Kanonistik und Mediävistik, S. 127–41; zur Datierung der «Vita Karoli» vgl. oben S. 19.

16 FRIED, Selbstanzeige, S. 605–6.

17 Vgl. oben S. 585.

18 Auf Ludwig als Erstleser hat hingewiesen: TISCHLER, Einharts «Vita Karoli», S. 153–62.

19 Alexander WEIHS, Pietas und Herrschaft. Das Bild Ludwigs des Frommen in den Vitae Hludowici (Theologie 65), Münster 2004.

20 MORDEK, SCHMITZ, Neue Kapitularien, S. 414ff. Nr. II c. 2.

21 MGH SS 15,1 S. 184–87, hier c. 11 S. 191,12.

22 Nithard I,1.

23 MGH SS rer. Germ [44] S. 2–3.

24 Vgl. WERNER, Karl der Große oder Charlemagne?, S. 23–31. Vgl. auch Joachim EHLERS, Charlemagne – Karl der Große, in: Deutsche Erinnerungsorte 1, hg. Etienne FRANÇOIS und Hagen SCHULZE, ^{2}München 2001, 41–55.

25 Karl Ferdinand WERNER, Die Legitimität der Karolinger und die Entstehung des «Reditus Regni ad stirpem Karoli», in: Die Welt als Geschichte 12 (1952) S. 203–25; Gabrielle M. SPIEGEL, The *Reditus Regni ad Stirpem Karoli Magni*: A New Look, in: French Historical Studies 7 (1971) S. 145–71.

26 Vgl. KERNER, Karl der Große, S. 256–63.

27 BORST, Karlsbild, S. 377. Vgl. auch Joachim EHLERS, Charlemagne. L'Européen entre la France et L'Allemagne (Conférences annuelles de l'Institut Historique Allemand 7), Stuttgart 2001.

28 De l'esprit des lois XXXI,18 (zuerst Genf 1748), dt. Montesquieu, Vom Geist der Gesetze. Eingel., ausgew. und übers. v. Kurt WEIGAND, Stuttgart 1984 u. ö., S. 415–6.

29 Zu beiden: BORST, Karlsbild, S. 378.

30 Vgl. etwa Johann Jacob MOSER, Compendium Iuris publici Regni Germanici oder Grund-Riss der heutigen Staats-Verfassung des Teutschen Reichs, Frankfurt/Leipzig 1738, S. 88–9.

31 PAPE, Karlskult, S. 138–81. Zu Napoleon und Karl dem Großen vgl. (wenn auch ohne Belege) die Darstellung bei Berthold VALLENTIN, Napoleon, Berlin 1923, S. 121–32.

32 Zit. nach PAPE, Karlskult, S. 146.

33 BORST, Karlsbild, S. 387–8.

34 Gustav FREYTAG, Bilder aus der deutschen Vergangenheit Bd. 1 Das Mittelalter (hg. von G. A. E. BOGENG), Leipzig o. J., S. 291.

35 Als jüngeres Beispiel sei verwiesen auf FAVIER, Charlemagne, S. 435–515.

36 Weltgeschichtliche Betrachtungen, hg. von Jakob OERI, zit. nach der 4. Aufl. 1921, S. 130 (die lange Zeit wirksame Edition).

37 Jacob BURCKHARDT, Die Cultur der Renaissance in Italien. Ein Versuch, zuerst Leipzig 1860, ²1869; zahlreiche Ausgaben seitdem; künftig Bd. 4 der kritischen Gesamtausgabe. Ich zitiere die Ausgabe J. B., Gesammelte Werke Bd. 3, Darmstadt 1962, S. 117.

38 BURCKHARDT, Die Cultur der Renaissance in Italien. Ein Versuch.

39 Abb. und Interpretation: KERNER: Karl der Große, S. 191–211.

40 Maria EFFINGER, Aufbruch zwischen Zeitkritik und Zensur, in: forschung. Das Magazin der Deutschen Forschungsgemeinschaft 4/2012, S. 16–21, hier S. 21 (Digitalisat: http://artjournals.uni-hd.de).

41 Lothar GALL, Germania. Eine deutsche Marianne?, Bonn 1993, S. 29–30, dazu S. 78 Anm. 35.

42 BORST, Karlsbild, S. 373.

43 Vgl. BORST, Karlsbild, S. 377.

44 Zit. nach PAPE, Karlskult, S. 143–4; vgl. BORST, Karlsbild, S. 381–2.

45 Generell zur Sage als Quelle zur Geschichte: František GRAUS, Die Herrschersagen des Mittelalters als Geschichtsquelle, in: DERS., Ausgewählte Aufsätze, S. 3–27; zu Karl speziell: Robert FOLZ, Le Souvenir et la Légende de Charlemagne dans l'Empire germanique médiéval, Paris 1950; KERNER, Karl der Große, S. 157–80.

46 Deutsche Sagen, Hg. von den Brüdern GRIMM mit Illustrationen von Otto UBBELOHDE, 2 Bde. Frankfurt am Main 1981, hier Bd. 2 Einleitung S. 11–2. Die Sagen; S. 89–117. Über den Sagenbegriff der Brüder ist hier nicht zu handeln.

47 Friedrich WOLFZETTEL Karl der Große, in: Enzyklopädie des Märchens 7 (1993) Sp. 982–1002, hier Sp. 984.

48 Handwörterbuch des deutschen Aberglaubens 4 (1931/32) Sp. 1006–7.

49 Karl der Große in den europäischen Literaturen des Mittelalters. Konstruktion eines Mythos, hg. Bernd BASTERT, Tübingen 2004.

50 FRIED, Karl der Große. Geschichte und Mythos; Matthew GABRIELE, Jacy STUCKEY (EDS.), The Legend of Charlemagne in the Middle Ages: Power, faith, and crusade, New York 2008.

51 Gerhard RAUSCHEN, Die Legende Karls des Großen im 11. und 12. Jahrhundert (Publikationen d. Gesellschaft f. Rhein. Geschichtskunde 7), Leipzig 1890; KERNER, Der verschleierte Karl.

52 Zuletzt: Matthias M. TISCHLER, Modes of Literary Behaviour in Christian-Islamic Encounters in the Iberian Peninsula: *Pseudo-Turpin* versus Peter the Venerable, in: Languages of Love and Hate: Conflict, Communication, and Identity in the Medieval Mediterranean, ed. by Sarah LAMBERT, Helen NICHOLSON (International Medieval Research 15), Turnhout 2012, S. 201–21; Hannes MÖHRING, Karl der

Große und die Endkaiser-Weissagung. Der Sieger über den Islam kommt aus dem Westen, in: Montjoie. Studies in Crusade History in Honour of Hans Eberhard Mayer, edd. Benjamin Z. KEDAR, Jonathan RILEY-SMITH, Rudolf HIESTAND, Aldershot 1997, S. 1–19.

53 GOETHE, Dichtung und Wahrheit, 1. Teil, 1. Buch, Sophien-Ausgabe Abt. I Bd. 26 S. 9.

54 Zum Folgenden A. GRABOÏS, Souvenir et légendes de Charlemagne dans les textes hébraiques médiévaux, in: Le Moyen Âge 72 (1966) S. 5–41.

55 Zur Interpretation vgl. Michael TOCH, Mehr Licht: Eine Entgegnung zu Friedrich Lotter, in: Ashkenas 11 (2001). Danach könnten die Erzählungen die Gemeinden freigesprochen haben von älteren Motivtraditionen mit einem «Verrat» zugunsten der Muslime.

56 Mark R. COHEN, Under Crescent and Cross. The Jews in the Middle Ages, Princeton NJ 1994, S. 80.

57 Vgl. oben S. 551–2.

58 Ekkehard SCHENK ZU SCHWEINSBERG, Die letzte Schlacht Karls d. Gr. Die bemalte Tischplatte von 1518 und die Regensburger Karlslegende am Anfang des 16. Jahrhunderts (Hefte des Kunstgeschichtlichen Instituts der Universität Mainz 1), Mainz 1972; beigelegt das Faksimile Hain 4525 «Daz ist die loblich legend / von des grossen Kayser Karls streyt vor der stat Regenspurg geschehen» (ohne Jahr).

59 Zum Karlskult: Robert FOLZ, Étude sur le culte liturgique de Charlemagne dans les églises de l'Empire, Paris 1951; KERNER, Karl der Große, S. 97–156; vgl. auch Pierre MONNET, Charlemagne à Francfort. Mémoire et espace urbain, in: Geschichtliche Landeskunde 60 (2007) S. 117–30.

60 Helmut BEUMANN, Hagiographie «bewältigt». Unterwerfung und Christianisierung der Sachsen durch Karl den Großen, zuletzt in: DERS., Ausgewählte Aufsätze aus den Jahren 1966–1986, Sigmaringen 1987, S. 289–323.

61 Knut GÖRICH, Otto III. öffnet das Karlsgrab in Aachen. Überlegungen zu Heiligenverehrung, Heiligsprechung und Traditionsbildung, in: Herrschaftsrepräsentation im ottonischen Sachsen, hg. Gerd ALTHOFF u. Ernst SCHUBERT (VuF 46) S. 381–430; DERS., Erinnerung und ihre Aktualisierung: Otto III., Aachen und die Karlstradition, in: Robert FOLZ (1910–1996). Mittler zwischen Frankreich und Deutschland, hg. Franz FELTEN u. a. (Geschichtliche Landeskunde 60), Stuttgart 2007, S. 97–116.

62 František GRAUS, Volk, Herrscher und Heiliger im Reich der Merowinger. Studien zur Hagiographie in der Merowingerzeit, Prag 1965, S. 426.

63 Analecta Hymnica 251. Sie wurde später auch auf Frankfurt oder Zürich umgedichtet.

64 FAVIER, Charlemagne, S. 651–715.

65 Heute im Louvre: Vgl. den Katalog: Le trésor de Saint-Denis, Paris 1991, S. 264–71 Nr. 57.

66 PAPE, Karlskult, S. 138–81.

67 So nach [Pierre] LANFREY, Vie [Histoire] de Napoleon I, Bd. 3 S. 417 und S. 420, zit. nach James BRYCE, The Holy Roman Empire, [3]London 1871, S. 358–9 Anm. c und d.

68 Dichtung und Wahrheit 1. Teil. 1. Buch (Sophien-Ausgabe Bd. 26 S. 27).

69 Houston Stewart CHAMBERLAIN, Die Grundlagen des neunzehnten Jahrhunderts 2. Hälfte, München [5]1904, S. 617–9 und S. 666.

70 Zitiert nach: Arthur MOELLER VAN DEN BRUCK, Das Ewige Reich, hg. Hans SCHWARZ, Breslau 1933, S. 92, S. 95 und S. 98. Die Originalfassung («Die Deutschen») war in mehreren Bänden vor dem Ersten Weltkrieg erschienen.

71 Vgl. Dr. Henry PICKER, Hitlers Tischgespräche im Führerhauptquartier 1941–1942. Im Auftrag des Verlags neu hg. von Percy Ernst SCHRAMM ..., in Zusammenarbeit mit Andreas HILLGRUBER ... und Martin VOGT, Stuttgart 1963, S. 230: Hitler selbst warnte Rosenberg, Karl als Sachsenschlächter zu bezeichnen. Als Beispiel: Ferdinand THÜRMER, Karl der Große – Charlemagne – Karl der Sachsenschlächter, in: Der Hammer 33 (1934) S. 231–2 (nach Reinhard BOLLMUS, Das Amt Rosenberg und seine Gegner. Studien zum Machtkampf im nationalsozialistischen Herrschaftssystem, München 2006 [zuerst 1969], S. 349); PAPE, Karlskult; KERNER, Karl der Große, S. 181–91

72 Rolf KÖHN, Kirchenfeindliche und antichristliche Mittelalter-Rezeption im völkisch nationalsozialistischen Geschichtsbild: die Beispiele Widukind und Stedinger, in: Mittelalter-Rezeption. Ein Symposion, hg. von Peter WAPNEWSKI, Stuttgart 1986, S. 581–616, hier S. 594–602.

73 Die rote Beeke, in: Hermann LÖNS, Sämtliche Werke in acht Bänden, hg. von Friedrich CASTELLE, Bd. 7, Leipzig 1928, S. 29–41; wirksam auch durch die Holzschnitte von Erich FEYERABEND (zuerst Hannover 1912).

74 Alfred ROSENBERG, Der Mythus des 20. Jahrhunderts. Eine Wertung der seelisch-geistigen Gestaltenkämpfe unserer Zeit, München, zahlreiche Auflagen. Dazu BORST, Karlsbild, S. 397–8 nach der 25.-26. Auflage.

75 Vgl. unten S. 605–6.

76 Ausgabe: Frankfurt 1653. Vgl. Widukind. Forschungen zu einem Mythos, hg. von Stefan BRAKENSIEK, Bielefeld 1997.

77 Zitiert nach Ludwig QUIDDE, Karl der Grosse – der Sachsenschlächter?, in: ‹Pariser Tageblatt› 3. Jahrgang Nr. 491–2 (17.-8. April 1935) je S. 4, hier Nr. 491. Das ‹Pariser Tageblatt› war eine deutsche Emigrantenzeitung.

78 Karl der Große oder Charlemagne? Acht Antworten deutscher Geschichtsforscher. Karl HAMPE, Hans NAUMANN, Hermann AUBIN, Martin LINTZEL, Friedrich BAETHGEN, Albert BRACKMANN, Carl ERDMANN, Wolfgang WINDELBAND (Probleme der Gegenwart), Berlin 1935; die Zitate durchweg aus dem Vorwort S. 5–6. – Zum Vorwort vgl. WERNER, Ideologie des Nationalsozialismus, S. 50–5. Auch der mit dem Friedensnobelpreis ausgezeichnete QUIDDE (vgl. die vorige Anm.) hatte seine Stimme dagegen erhoben.

79 Karl der Große oder Charlemagne, S. 105.

80 Die Reden Hitlers am Parteitag der Freiheit 1935, München 1935, S. 73. Vgl. Reinhard BOLLMUS, Amt Rosenberg und seine Gegner. Studien zum Machtkampf im nationalsozialistischen Herrschaftssystem, München [2]2006, S. 195–6: Dort das Zitat von Rosenberg: «Ich habe niemals von Karl dem Großen als dem ‹Sachsenschlächter› gesprochen, geschweige denn etwas zugebilligt, was auf die Herausdrängung Karls des Großen aus der deutschen Geschichte hinauslaufen könnte».

81 ROSENBERG, Der Mythus des 20. Jahrhunderts, die Aufl. von 1942 (ohne Aufl.-Zählung) weist das Wort vom «Sachsenschlächter» tatsächlich nicht auf; S. 186 heißt es lediglich, Karl habe «seine Würde durch die Religion heiligen [...] lassen». «Widukind kämpfte zwar für sich, aber zugleich für die Freiheit aller nordischen Völker. Wobei Karl der rauhe Gründer des Deutschen Reiches blieb.»

82 Eine zweite Auflage erschien 1937.

83 Vgl. Henry PICKER, Hitlers Tischgespräche im Führerhauptquartier, hg. Gerhard RITTER, Bonn 1951, S. 217; PICKER, Hitlers Tischgespräche, hg. SCHRAMM, S. 230–32.

84 KERNER, Karl der Grosse, Abb. 24.

85 Hermann AUBIN, Vom Aufbau des mittelalterlichen Deutschen Reiches, in: HZ 162, 1940, 479–508, hier S. 480–1, S. 485 und S. 507.

86 K. F. WERNER, Ideologie des Nationalsozialismus, S. 23–4.

87 Horst FUHRMANN, Kaiser Karl der Große. Geschichte und Geschichten, zuletzt in: DERS., Einladung ins Mittelalter (Beck'sche Reihe), München 2000, S. 65–76.

88 Ihr wissenschaftlicher Ertrag liegt in vier monumentalen Bänden vor: Karl der Große. (1965–67).

89 Etwa: Hans-Jürgen FERDINAND, Karl der Große: Visionär und Reformer. Historischer Roman, Aachen 2008.

90 Josef KRAUS, Der historische Analphabetismus greift um sich. Schüler wissen mit zentralen Ereignissen nichts mehr anzufangen. Geschichtsunterricht ohne Geschichte, in: Frankfurter Allgemeine Zeitung 21. Juni 2012, Nr. 142 S. 6.

91 Klaus SCHROEDER, Monika DEUTZ-SCHROEDER, Rita QUASTEN, Dagmar SCHULZE HEULING, Später Sieg der Diktaturen? Zeitgeschichtliche Kenntnisse und Urteile von Jugendlichen, Frankfurt 2012.

92 Vgl. dazu das Interview mit Gerhard WOLF, der die Umfrage durchführte und auswertete, in: Frankfurter Allgemeine Sonntagszeitung vom 8. Juli 2012 Nr. 27.

93 Beispiele bei WERNER, Karl der Große oder Charlemagne?, S. 3–4.

94 Christopher DAWSON, Die Gestaltung des Abendlandes, Frankfurt am Main 1961 u. ö.

95 František GRAUS, Die Einheit der Geschichte, in: DERS., Ausgewählte Aufsätze, S. 197–211, hier S. 204.

96 Oskar HALECKI, Europa. Grenzen und Gliederung seiner Geschichte, Darmstadt 1957, S. 30–1 (zuerst englisch London / New York) 1950).

97 František GRAUS, Lebendige Vergangenheit. Überlieferung im Mittelalter und in den Vorstellungen vom Mittelalter, Köln/ Wien 1975.

98 Jacques LEGOFF erzählt Die Geschichte Europas, Frankfurt/New York 1997, S. 31, S. 35 und S. 36.

99 BORGOLTE, Christen, Juden, Muselmanen, S. 305.

100 Alessandro BARBERO. Carlo Magno. Un padre dell'Europa, Rom/ Bari 2000. Vgl. auch Rosamond MCKITTERICK, Karl der Große, Darmstadt 2008; die nachfolgende englische Ausgabe trug den Titel: Charlemagne: the formation of a European identity, Cambridge u. a. 2008.

101 FAVIER, Charlemagne.

102 Karl LÖWITH, Weltgeschichte und Heilsgeschehen. Die theologischen Voraussetzungen der Geschichtsphilosophie, [5]Stuttgart u. a. 1967, S. 27–9.

103 Paris/Brüssel 1937; unter dem Titel: Mohammed und Karl der Große. Untergang der Antike am Mittelmeer und Aufstieg des germanischen Mittelalters, auf deutsch zuletzt Frankfurt am Main 1985 u. ö.

104 Vgl. etwa Richard HODGES, David WHITEHOUSE, Mohammed, Charlemagne and the Origins of Europe, London 1983; Dietrich CLAUDE, Der Handel im westlichen Mittelmeer während des Frühmittelalters. Bericht über ein Kolloquium der Kommission für Altertumskunde Mittel- und Nordeuropas im Jahr 1980, Göttingen 1985; jetzt vor allem: MCCORMICK, Origins.

105 Als Beispiel: BORGOLTE, Christen, Juden, Muselmanen, vgl. den Personenindex.

106 CLASSEN, Karl der Große, S. 1.

107 Vgl. oben S. 465.

108 Vgl. oben S. 512–3.

109 Text bei Ewald JAMMERS, Das Karlsoffizium «Regali natus». Einführung, Text und Übertragung in moderne Notenschrift, Straßburg 1934 (ND [2]1984).

Abkürzungen

AM	Annus Mundi (das Jahr nach der Weltschöpfung)
AMP	Annales Mettenses priores
ArF	Annales regni Francorum
ArFqdE	Annales regnis Francorum qui dicuntur Einhardi
BM^2	J. F. Böhmer, Regesta Imperii I. Die Regesten des Kaiserreichs unter den Karolingern 751–918, neubearbeitet von Engelbert Mühlbacher, vollendet von Johann Lechner, mit einem Vorwort, Konkordanztabellen und Ergänzungen von Carlrichard BRÜHL und Hans H. KAMINSKY, Hildesheim 1966.
CC	Codex Carolinus
CdV	Capitulare de Villis
CE	common era (die weltweit übliche Jahreszählung; entspricht = AD = Anno Domini)
D	Diplom (Urkunde; anschließendes Kürzel für den Königsnamen und Nr. bezeichnet die Urkunde in der Edition der MGH)
DA	Deutsches Archiv für Erforschung des Mittelalters (resp. früherer Name)
DKDG	MGH Diplomata Karolinorum, Urkunden Karls des Großen mit Urkundennummer
FmaSt	Frühmittelalterliche Studien
HJb	Historisches Jahrbuch der Görres-Gesellschaft
HZ	Historische Zeitschrift
LP	Liber Pontificalis
MGH	Monumenta Germaniae Historica
Ms.	Manuskript (Handschrift)
Migne	s. U. MIGNE
MIÖG	Mitteilungen des Instituts für Österreichische Geschichtsforschung
NA	Neues Archiv der Gesellschaft für Ältere Deutsche Geschichtskunde
PL	Migne Patrologia latina (mit Band-Nr.) s. u. MIGNE
Rhein. Vjbll.	Rheinische Vierteljahrsblätter
SB	Sitzungsbericht (die fragliche Akademie wird mit ihrem Sitz genannt, gemeint ist stets die phil.-hist. Klasse)

Settimane Spoleto	Settimane di Spoleto dell'Centro Italiano per il Medioevo
SS	Scriptores
UB	Urkundenbuch
VuF	Vorträge und Forschungen hg. vom Konstanzer Arbeitskreis für mittelalterliche Geschichte
ZRG Kan	Zeitschrift der Savigny-Stiftung für Rechtsgeschichte Kanonistische Abteilung

Benutzte Editionen und Literaturtitel

Sammelbände sind alphabetisch, ohne den Artikel zu beachten, unter dem ersten Wort des Titels eingeordnet.

Der Aachener Dom als Ort geschichtlicher Erinnerung. Werkbuch der Studierenden des Historischen Instituts der RWTH Aachen, hg. und eingel. von Max KERNER, Köln 2004.

Die Admonitio generalis Karls des Großen, hg. von Hubert MORDEK (†), Klaus ZECHIEL-ECKES (†) und Michael GLATTHAAR (MGH Fontes iuris Germ. ant. 16), Hannover 2012.

(Alcuin) The Rhetoric of Alcuin and Charlemagne. A Translation, with an Introduction. The Latin Text, and Notes, by Wilbur Samuel HOWELL, New York 1965.

Alcuin, de York à Tours. Écriture, pouvoire et réseaux dans l'Europe du haut Moyen Âge, sous la direction de Philippe DEPREUX et Bruno JUDIC, in: Annales de Bretagne et des Pays de L'Ouest Bd. 111/3 (2004), Rennes 2004.

Annales Mettenses priores primum recensuit B(ernhardus) de Simson (MGH SS rer. Germ. [10]).

Annales regni Francorum ... qui dicuntur Annales Laurissenses maiores et Einhardi, ed. Friedrich KURZE (MGH SS rer. Germ. [6]), deutsch s. Quellen zur karolingischen Reichsgeschichte 1.

Hans Hubert ANTON, Fürstenspiegel und Herrscherethos in der Karolingerzeit (Bonner Hist. Forschungen 32), Bonn 1968.

Bernard S. BACHRACH, Early Carolingian Warfare. Prelude to Empire, Philadelphia 2001.

Franz Alto BAUER, Das Bild der Stadt Rom im Frühmittelalter. Papststiftungen im Spiegel des Liber Pontificalis von Gregor dem Dritten bis zu Leo dem Dritten (Palilia 14), Wiesbaden 2004.

DERS., Das Bild der Stadt Rom in karolingischer Zeit: Der Anonymus Einsidlensis, in: Röm. Quartalsschrift 92 (1997) S. 190–228.

Clemens M. M. BAYER, Die karolingische Bauinschrift des Aachener Domes, in: Der Aachener Dom, S. 185–95.

Matthias BECHER, Eid und Herrschaft. Untersuchungen zum Herrscherethos Karls des Großen (VuF Sonderband 39), Sigmaringen 1993.

DERS., *Non enim habent regem idem Antiqui Saxones*... Verfassung und Ethnogenese in Sachsen während des 8. Jahrhunderts, in: Studien zur Sachsenforschung 12 (1999) S. 1–31.

DERS., Karl der Große und Papst Leo III. Die Ereignisse der Jahre 799 und 800 aus der Sicht der Zeitgenossen, in: 799. Kunst und Kultur der Karolingerzeit, S. 22–36.

DERS, Die Kaiserkrönung im Jahr 800. Eine Streitfrage zwischen Karl dem Großen und Papst Leo III., in: Rhein. Vjbll. 66 (2002) S. 1–38.

Hans BELTING, Studien zum beneventanischen Hof im 8. Jahrhundert, in: Dumbarton Oaks Papers 16 (1962) S. 142–93 mit 6 Tafeln.

DERS., Probleme der Kunstgeschichte Italiens im Frühmittelalter, in: FmaSt 1 (1967) S. 94–143.

DERS., Bild und Kult. Eine Geschichte des Bildes vor dem Zeitalter der Kunst, [2]München 1991.

Walter BERSCHIN, Biographie und Epochenstil im lateinischen Mittelalter Bd. 3: Karolingische Biographie 750–920, Stuttgart 1991.

Bernhard BISCHOFF, Die Kölner Nonnenhandschriften und das Skriptorium von Chelles, in: Ders., Mittelalterliche Studien 1, S. 16–34.

DERS., Theodulf und der Ire Cadac-Andreas, in: DERS., Mittelalterliche Studien, Bd. 2, Stuttgart 1967, S. 19–25.

DERS., Mittelalterliche Studien. Ausgewählte Aufsätze zur Schriftkunde und Literaturgeschichte, 3 Bde. Stuttgart 1966–81.

DERS., Die Bibliothek im Dienst der Schule, in: Ders., Mittelalterliche Studien 3, S. 213–33.

Michael BORGOLTE, Der Gesandtenaustausch der Karolinger mit den Abbasiden und den Patriarchen von Jerusalem (Münchener Beiträge zur Mediävistik und Renaissance-Forschung 25), München 1976.

DERS., Papst Leo III., Karl der Große und der Filioquestreit in Jerusalem, in: Byzantina 10 (1980) S. 403–27.

DERS., Die Grafen Alemanniens in merowingischer und karolingischer Zeit. Eine Prosopographie (Archäologie und Geschichte 2), Sigmaringen 1986.

DERS., Christen, Juden, Muselmanen. Die Erben der Antike und der Aufstieg des Abendlandes 300 bis 1400 (Siedler Geschichte Europas), München 2006.

Arno BORST, Das Karlsbild in der Geschichtswissenschaft vom Humanismus bis heute, in: Karl der Große Bd. 4 S. 364–402, hier S. 377.

DERS., Das Buch der Naturgeschichte. Plinius und seine Leser im Zeitalter des Pergaments (Abhandlungen Heidelberg 1994,1), Heidelberg 1994.

DERS., Schriften zur Komputistik im Frankenreich von 721 bis 818, MGH Quellen zur Geistesgesch. des Mittelalters 21/I-III, Hannover 2006.

Franz BRUNHÖLZL, Geschichte der lateinischen Literatur Bd. 1, Von Cassiodor bis zum Ausklang der karolingischen Erneuerung, München 1975.

Donald A. BULLOUGH, Karl der Große und seine Zeit, Wiesbaden 1966, benutzt in der Taschenbuch-Ausgabe München 1979. Die engl. zweite Ed. erschien 1973.

DERS., Alcuin. Achievement and Reputation (Education and Society in the Middle Ages and the Renaissance 16), Leiden 2002.

Jörg W. BUSCH, Die Herrschaften der Karolinger 714–911 (Enzyklopädie deutscher Geschichte 88), München 2011.

Capitulare de Villis. Cod. Guelf. 254 Helmst. der Herzog August Bibliothek Wolfenbüttel, hg. und eingeleitet von Carlrichard BRÜHL, Stuttgart 1971; auch: MGH Capit. 1 S. 82–91.

Carolingian Essays. Andrea W. Mellon Lectures in Early Christian Studies, ed. by Uta-Renate BLUMENTHAL, Washington D. C. 1983.

Chronicon Anianense vgl. Kettemann.

Chronicon Moissiacense vgl. Kettemann.

Peter CLASSEN, Die Geschichte der Königspfalz Ingelheim bis zur Verpfändung an Kurpfalz 1375, in: Ingelheim am Rhein. Forschungen und Studien zur Geschichte Ingelheims, hg. von Johanne AUTENRIETH, Ingelheim am Rhein 1964, S. 87–146.

DERS., Ausgewählte Aufsätze, unter Mitwirkung von Carl Joachim CLASSEN und Johannes FRIED hg. von Josef FLECKENSTEIN (VuF 28), Sigmaringen 1983.

DERS., Karl der Große, das Papsttum und Byzanz. Die Begründung des karolingischen Kaisertums. Nach dem Handexemplar des Verfassers hg. von Horst FUHRMANN und Claudia MÄRTL (Beiträge zur Geschichte und Quellenkunde des Mittelalters 9), Sigmaringen 1985.

Codex Carolinus, ed. Wilhelm GUNDLACH, MGH Epp. 3, S. 467–657.

Roger COLLINS, Early Medieval Europe 300–1000, Houndmills/Basingstoke/London 1991.

DERS., Charlemagne, Houndmills/Basingstoke/London 1998.

Sog. Continuator Fredegarii s. Fredegar und Continuationes

Fabrizio CRIVELLO, Charlotte DENOËL, Peter ORTH, Das Godescalsc-Evangelistar. Eine Prachthandschrift für Karl den Großen, mit einem Geleitwort von Florentine MÜTHERICH, Güthersloh/München 2011, auch Darmstadt 2011.

Philippe DEPREUX, Prosopographie de l'entourage de Louis le Pieux (781–840), (Instrumenta 1), Sigmaringen 1997.

Dombaumeistertagung in Aachen 2009. Vorträge zum Aachener Dom, hg. von Helmuth MAINTZ (Karlsverein-Dombauverein Schriftenreihe 13), Aachen 2011.

Wolfram DREWS, Die Karolinger und die Abbasiden von Bagdad. Legitimationsstrategien frühmittelalterlicher Herrscherdynastien im transkulturellen Vergleich (Europa im Mittelalter 12), Berlin 2009.

Paul Edward DUTTON vgl. Einhard.

Der Dynastiewechsel von 751. Vorgeschichte, Legitimationsstrategien und Erinnerung, hg. von Matthias BECHER und Jörg JARNUT, Münster 2004.

Einhardi Vita Karoli Magni, ed. O. HOLDER-EGGER (MGH SS rer. Germ. [25]), deutsch z. B.: Einhard Vita Karoli Magni. Das Leben Karls des

Großen, Übers., Anm. und Nachwort von Evelyn SCHERABON FIRCHOW, Stuttgart 1968 u. ö. (Reclam).
(Einhard) Charlemagne's Courtier. The Complete Einhard, ed. and transl. by Paul Edward DUTTON (Readings in Medieval Civilizations and Cultures 3), Peterborough, Ontario 1998.
Einhard. Studien zu Leben und Werk, hg. Hermann SCHEFERS (Arbeiten der Hessischen Hist. Kommission Neue Folge 12), Darmstadt 1997.
Anton von EUW, Karl der Große als Schüler Alkuins, das Kuppelmosaik des Aachener Domes und das Maiestasbild in Codex C 80 der Zentralbibliothek Zürich, in: Der Aachener Dom, S. 197–217.
Ludwig FALKENSTEIN, Der ‹Lateran› der karolingischen Pfalz zu Aachen (Kölner Historische Abhandlungen 13), Köln/Graz 1966.
DERS., Karl der Große und die Entstehung des Aachener Marienstifts (Quellen und Forschungen aus dem Gebiet der Geschichte NF 3), Paderborn u. a. 1981.
DERS., Die Kirche der hl. Maria zu Aachen und Saint-Corneille zu Compiègne, in: Celica Jherusalem. Fschr. für Erich Stephany, hg. von Clemens BAYER, Theo JÜLICH, Manfred KUHL, Siegburg 1986, S. 13–70.
DERS., Pfalz und *vicus* Aachen, in: Orte der Herrschaft. Mittelalterliche Königspfalzen, hg. Caspar EHLERS, Göttingen 2002, S. 131–81.
Jean FAVIER, Charlemagne, Paris 1999.
Dietmar FLACH, Untersuchungen zur Verfassung und Verwaltung des Aachener Reichsgutes von der Karolingerzeit bis zur Mitte des 14. Jahrhunderts (Veröff. des Max-Planck-Instituts für Geschichte 46), Göttingen 1976.
Josef FLECKENSTEIN, Die Hofkapelle der deutschen Könige 1. Teil: Die karolingische Hofkapelle (Schriften der MGH 16/1), Stuttgart 1959.
Daniel FÖLLER, Wikinger. Wissen, was stimmt, Freiburg/Basel/Wien 2011.
Das Frankfurter Konzil von 794 Kristallisationspunkt karolingischer Kultur, hg. von Rainer BERNDT SJ (Quellen und Abhandlungen zur mittelrheinischen Kirchengeschichte 80), 2 Bde. Mainz 1997.
(Fredegar und Continuationes): Quellen zur Geschichte des 7. und 8. Jahrhunderts. Die vier Bücher der Chroniken des sogenannten Fredegar. Die Fortsetzungen der Chroniken des sogenannten Fredegar. Das Buch von der Geschichte der Franken. Das alte Leben Lebuins. Jonas erstes Buch vom Leben Columbans, unter der Leitung Herwig WOLFRAMS neu übertragen von Andreas KUSTERNIG und Herbert HAUPT (Ausgewählte Quellen zur Geschichte des Mittelalters. Freiherr vom Stein-Gedächtnisausgabe IVa), Darmstadt 1982.
Stephan FREUND, Von den Agilolfingern zu den Karolingern. Bayerns Bischöfe zwischen Kirchenorganisation, Reichsintegration und Karolingischer Reform (700–847) (Schriftenreihe zur bayerischen Landesgeschichte 144), München 2004.
Johannes FRIED, Der Weg in die Geschichte. Die Ursprünge Deutschlands bis 1024 (Propyläen Geschichte Deutschlands 1), Berlin 1994.

DERS., Fulda in der Bildungs- und Geistesgeschichte des früheren Mittelalters, in: Kloster Fulda in der Welt der Karolinger und Ottonen. Hg. von Gangolf SCHRIMPF, Frankfurt am Main 1996, S. 3–38.

DERS., Elite und Ideologie oder Die Nachfolgeordnung Karls des Großen vom Jahre 813, in: La royauté et les élites dans l'Europe Carolingienne (du début du IXe aux environs de 920), Éd. Régine LEJAN, (Centre d'Histoire de l'Europe du Nord-Ouest), Lille 1998, S. 71–109.

DERS., Papst Leo III. besucht Karl den Großen in Paderborn oder Einhards Schweigen, in: HZ 272 (2001) S. 281–326.

DERS., Karl der Große. Geschichte und Mythos, in: Mythen Europas. Schlüsselfiguren der Imagination. Mittelalter, hg. Inge MILFULL und Michael NEUMANN, Regensburg 2004, S. 15–46.

DERS., Imperium Romanum. Das römische Reich und der mittelalterliche Reichsgedanke, in: Millennium 3 (2006) S. 1–42.

DERS., Zu Gast im Mittelalter, München 2007.

DERS., Ein Gastmahl Karls des Großen, in: DERS., Zu Gast im Mittelalter, S. 13–46.

DERS., Erfahrung und Ordnung. Die Friedenskonstitution Karls des Großen vom Jahr 806, in: Herrscher- und Fürstentestamente im westeuropäischen Mittelalter, hg. von Brigitte KASTEN, Köln/Weimar/Wien 2008, S. 145–92.

DERS., Kanonistik und Mediävistik. Neue Literatur zu Kirchenrecht, Inzest und zur Ehe Pippins von Italien, in: HZ 294 (2012) S. 115–41.

DERS., Donation of Constantine and Constitutum Constantini. The Misinterpretation of a Fiction and its Original Meaning. With a Contribution of Wolfram Brandes: «The Satraps of Constantine». (Millennium-Studien 3), Berlin/ New York 2007.

DERS., Zu Herkunft und Entstehungszeit des ‹Constitutum Constantini›. Zugleich eine Selbstanzeige, in: DA 63 (2007) S. 603–11.

DERS., Karl der Große, Rom und Aachen. Actus b. Silvestri und Constitutum Constantini als Wegweiser zur Pfalz Karls des Großen, in: Von Kreuzburg nach München. Lebensstationen von Horst Fuhrmann, hg. von Martina HARTMANN und Claudia MÄRTL, Hannover 2013.

Johannes FRIED u. a. (Hgg.), 794 – Karl der Große in Frankfurt am Main. Ein König bei der Arbeit. Ausstellung zum 1200-Jahre-Jubiläum der Stadt Frankfurt am Main (Katalog), Sigmaringen 1994.

Horst FUHRMANN, Das Papsttum und das kirchliche Leben im Frankenreich, in: Settimane Spoleto 1979 (ersch. 1981), S. 419–56.

Peter GEMEINHARDT, Die Filioque-Kontroverse zwischen Ost- und Westkirche im Frühmittelalter (Arbeiten zur Kirchengeschichte 82), Berlin/ New York 2002.

Michael GLATTHAAR, Zur Datierung der Epistola generalis Karls des Großen, in: DA 66 (2010) S. 455–77.

František GRAUS, Die Herrschersagen des Mittelalters als Geschichtsquelle, in: Ders., Ausgewählte Aufsätze, hg. von Jürgen GILOMEN, Peter MORAW, Rainer C. SCHWINGES (VuF 55), Stuttgart 2002.

Philip GRIERSON, Money and Coinage under Charlemagne, in: Karl der Große Bd. 1 (1965) S. 501–36.

Gustav GRÖBER, Übersicht über die lateinische Literatur von der Mitte des VI. Jahrhunderts bis zur Mitte des XIV. Jahrhunderts (Grundriß der romanischen Philologie 2,1), Straßburg 1902; separat hg. von Walter BULST, München o. J.

Achim Thomas HACK, Das Empfangszeremoniell bei mittelalterlichen Papst-Kaiser-Treffen (Forschungen zur Kaiser- und Papstgeschichte des Mittelalters. Beihefte zu J. F. BÖHMER, Regesta Imperii 18), Köln/Weimar/Wien 1999.

DERS., Codex Carolinus. Päpstliche Epistolographie im 8. Jahrhundert (Päpste und Papsttum 35), 2 Bde. Stuttgart 2006/2007.

DERS., Karl der Große hoch zu Roß. Zur Geschichte einer (historisch falschen) Bildtradition, in: Francia 35 (2008) S. 349–79.

Othmar HAGENEDER, Das *crimen maiestatis*, der Prozeß gegen die Attentäter Papst Leos III. und die Kaiserkrönung Karls des Großen, in: Aus Kirche und Reich. Studien zu Theologie, Politik und Recht im Mittelalter. Fschr. f. Friedrich Kempf, hg. von Hubert MORDEK, Sigmaringen 1983, S. 55–79.

Dieter HÄGERMANN, Karl der Große. Herrscher des Abendlandes, Berlin 2000.

Carl I. HAMMER, From *Ducatus* to *Regnum*. Ruling Bavaria under the Merovingians and Early Carolingians (Collection Haut Moyen Âge 2), Turnhout 2007.

Jürgen HANNIG, Pauperiores vassi de infra palatio? Zur Entstehung der karolingischen Königsbotenorganisation, in: MIÖG 91 (1983) S. 309–74.

DERS., Zentrale Kontrolle und regionale Machtbalance. Beobachtungen zum System der karolingischen Königsboten am Beispiel des Mittelrheingebietes, in: Archiv f. Kulturgeschichte 66 (1984) S. 1–46, hier S. 12–3.

Florian HARTMANN, Hadrian I. (772–795). Frühmittelalterliches Adelspapsttum und die Lösung Roms vom byzantinischen Kaiser (Päpste und Papsttum 34), Stuttgart 2006.

Martina HARTMANN, Die Königin im frühen Mittelalter, Stuttgart 2009.

Wilfried HARTMANN, Die Synoden der Karolingerzeit im Frankenreich und in Italien (Konziliengeschichte, Reihe A), Paderborn 1989.

DERS., Kirche und Kirchenrecht um 900. Die Bedeutung der spätkarolingischen Zeit für Tradition und Innovation im kirchlichen Recht (Schriften der MGH 58), Hannover 2008.

DERS., Karl der Große, Stuttgart 2010.

Werner HECHBERGER, Adel im fränkisch-deutschen Mittelalter. Zur Anatomie eines Forschungsproblems, Ostfildern 2005.

Wilhelm HENTZE (Hg.) vgl. De Karolo rege et Leone papa.
Hincmarus De ordine palatii, edd. Thomas GROSS und Rudolf SCHIEFFER (MGH Fontes Iuris Germanici antiqui 3), Hannover 1980.
Hartmut HOFFMANN, Untersuchungen zur karolingischen Annalistik (Bonner Historische Forschungen 10), Bonn 1958.
Lutz ILISCH, Arabische Kupfermünzen an der Ostsee und die Gesandtschaft Karls des Großen an den Kalifen, in: Numismatisches Nachrichtenblatt 61 (August 2012) S. 296–302.
Joachim JAHN, Ducatus Baiuvariorum. Das bairische Herzogtum der Agilolfinger (Monographien zur Geschichte des Mittelalters 35), Stuttgart 1991.
Jörg JARNUT, Genealogie und politische Bedeutung der agilolfingischen Herzöge, MIÖG 99 (1991) S. 1–22, auch in DERS., Herrschaft und Ethnogenese im Frühen Mittelalter. Gesammelte Aufsätze, hg. Matthias BECHER, Stefanie DICK, Nicola KARTHAUS, Münster 2002, S. 139–60.
Ernst H. KANTOROWICZ, Laudes Regiae. A Study in Liturgical Acclamations and Mediaeval Ruler Worship, [2]Berkeley/Los Angeles 1958.
Karl der Große oder Charlemagne? Acht Antworten deutscher Geschichtsforscher. Karl Hampe, Hans Naumann, Hermann Aubin, Martin Lintzel, Friedrich Baethgen, Albert Brackmann, Carl Erdmann, Wolfgang Windelband (Probleme der Gegenwart), Berlin 1935.
Karl der Große. Lebenswerk und Nachleben, hg. Wolfgang BRAUNFELS, 4 Bde. Düsseldorf 1965–67.
794 – Karl der Große in Frankfurt am Main. Ein König bei der Arbeit. Ausstellung zum 1200-Jahre-Jubiläum der Stadt Frankfurt am Main (Katalog), hg. von Johannes FRIED u. a., Sigmaringen 1994.
Karl der Große und das Erbe der Kulturen, hg. von Franz-Reiner ERKENS (Akten des 8. Symposiums des Mediävistenverbandes), Berlin 2001.
Die karolingische Pfalzkapelle in Aachen. Bauforschung – Bautechnik – Restaurierung, hg. von Andrea PUFKE (Arbeitsheft der Rheinischen Denkmalpflege 78), Worms 2012.
De Karolo rege et Leone papa. Der Bericht über die Zusammenkunft Karls des Großen mit Leo III. in Paderborn 799 in einem Epos für Karl den Kaiser. Mit vollständiger Farbreproduktion nach der Handschrift der Zentralbibliothek Zürich, Ms. C 78, und Beiträgen von Lutz E. v. PADBERG, Johannes SCHWIND und Hans-Walther STORK, hg. von Wilhelm HENTZE, Paderborn 1999, Beiheft.
Karolus magnus et Leo papa. Ein Paderborner Epos vom Jahre 799. Mit Beiträgen von Helmut BEUMANN, Franz BRUNHÖLZL, Wilhelm WINKELMANN (Studien und Quellen zur westfälischen Geschichte 8), Paderborn 1966.
Brigitte KASTEN, Adalhard von Corbie. Die Biographie eines karolingischen Politikers und Klostervorstehers (Studia humaniora 3), Düsseldorf 1986.
DIES., Königssöhne und Königsherrschaft. Untersuchungen zur Teilhabe

am Reich in der Merowinger- und Karolingerzeit (Schriften der MGH 44), Hannover 1997.

Walter KETTEMANN, Subsidia Anianensia. Überlieferungs- und textgeschichtliche Untersuchungen zur Geschichte Witiza-Benedikts, seines Klosters Aniane und zur sogenannten «anianischen Reform» Mit kommentierten Editionen der ‹Vita Benedicti Anianensis›, ‹Notitia de servitio monasteriorum›, des ‹Chronicon Moissiacense/Anianense› sowie zweier Lokaltraditionen aus Aniane, 2 Teile Diss. phil. Duisburg 2000: duepublico.uni-duisburg-essen.de/servlets/DerivateServlet/Derivate-19910/Kettemann_Diss.pdf

Max KERNER, Karl der Große. Entschleierung eines Mythos, Köln/ Weimar/ Wien [2]2001.

Paul J. E. KERSHAW, Peaceful Kings: Peace, Power, and Early Medieval Political Imagination, Oxford 2011.

Hermann KNITTEL s. Visio Wettini.

Gudrun KRÄMER, Geschichte des Islam, München 2005.

Krönungen. Könige in Aachen – Geschichte und Mythos. Katalog der Ausstellung, hg. von Mario KRAMP, Mainz 2000.

Ludolf KUCHENBUCH, Bäuerliche Gesellschaft und Klosterherrschaft im 9. Jahrhundert. Studien zur Sozialstruktur der Familia der Abtei Prüm (Vierteljahrschrift für Sozial- und Wirtschaftsgeschichte, Beiheft 66), Wiesbaden 1978.

DERS., Grundherrschaft im früheren Mittelalter (Historisches Seminar NF 1), Idstein 1991.

DERS., Reflexive Mediävistik. Textus – Opus – Feudalismus, Frankfurt/ New York 2012.

DERS., Zahlendenken und Zahlengebrauch in Registern der seigneurialen Güter- und Einkünftekontrolle im 9. Jahrhundert, in: Was zählt. Ordnungsangebote, Gebrauchsformen und Erfahrungsmodalitäten des «numerus» im Mittelalter, hg. von Moritz WEDELL, Köln/Weimar/ Wien 2012, S. 235–72.

799. Kunst und Kultur der Karolingerzeit. Karl der Große und Papst Leo III. in Paderborn. Beiträge zum Katalog der Ausstellung. Katalog der Ausstellung Paderborn 1999, 2 Bde. hg. von Christoph STIEGEMANN und Matthias WEMHOFF, Mainz 1999.

Walther LAMMERS, Ein karolingisches Bildprogramm in der Aula regia von Ingelheim, zuletzt in: DERS., Vestigia Mediaevalia. Ausgewählte Aufsätze zur mittelalterlichen Historiographie, Landes- und Kirchengeschichte (Frankfurter Historische Abhandlungen 19), Wiesbaden 1979, S. 219–83.

Wilhelm LEVISON, Aus rheinischer und fränkischer Frühzeit. Ausgewählte Aufsätze, Düsseldorf 1948.

Liber Pontificalis: L(éopold) DUCHESNE, Le Liber pontificalis. Texte, introduction et commentaire Bd. 1 (Textes Bibliothèque des Écoles Françaises d'Athènes et de Rome, Sér. 2 Bd. 1), Paris 1886.

Libellus de imperatoria potestate in urbe Roma, edd. Roberto VALENTINI, Giuseppe ZUCCHETTI, Codice topografico della Città di Roma 2 (Fonti per la Storia d'Italia 88), Rom 1942. regis.

Heinz LÖWE, Das Karlsbuch Notkers von St. Gallen und sein zeitgeschichtlicher Hintergrund, in: DERS., Von Cassiodor zu Dante. Ausgewählte Aufsätze zur Geschichtsschreibung und politischen Ideenwelt des Mittelalters, Berlin/ New York 1973, S. 123–48.

Die Macht des Königs. Herrschaft in Europa vom Frühmittelalter bis in die Neuzeit, hg. von Bernhard JUSSEN, München 2005.

Michael MCCORMICK, Textes, images et iconoclasme dans le cadre des relations entre Byzance et l'occident carolingien, in: Settimane Spoleto 41 (1994) S. 95–158.

DERS., Origins of the European Economy. Communications and Commerce, A. D. 300–900, Cambridge 2001.

DERS., Charlemagne's Survey of the Holy Land: Wealth, Personnel, and Buildings of a Mediterranean Church between Antiquity and the Middle Ages (Dumbarton Oaks Medieval Humanities), Washington D. C. 2011.

Rosamond MCKITTERICK, Karl der Große, Darmstadt 2008; engl.: Charlemagne: the formation of a European identity, Cambridge u. a. 2008.

Gerd MELVILLE, Die Welt der mittelalterlichen Klöster. Geschichte und Lebensformen, München 2012.

Heinz METTKE, Älteste deutsche Dichtung und Prosa. Ausgewählte Texte, Leipzig 1976.

Wolfgang METZ, Das karolingische Reichsgut. Eine verfassungs- und verwaltungsgeschichtliche Untersuchung, Berlin 1960.

DERS., Zur Erforschung des karolingischen Reichsgutes (Erträge der Forschung 4), Darmstadt 1971.

Heinz MEYER, Rudolf SUNTRUP, Lexikon der mittelalterlichen Zahlenbedeutungen (Münstersche Mittelalterschriften 56), München 1987.

MIGNE s. PL

Hubert MORDEK, Bibliotheca capitularium regum Francorum manuscripta. Überlieferung und Traditionszusammenhang der fränkischen Herrschererlasse (MGH Hilfsmittel 15), München 1995.

DERS., Frühmittelalterliche Gesetzgeber und iustitia in Miniaturen weltlicher Rechtshandschriften, in: La giustizia nell'alto medioevo (sec. V-VIII), in: Settimane Spoleto 42 (1994, ersch. 1995) S. 997–1052.

DERS., Gerhard SCHMITZ, Neue Kapitularien und Kapitulariensammlungen, in: DA 43 (1987) S. 361–439.

«Murbacher Annalen» = verschiedene Ableitungen in: MGH SS 1 S. 22–44.

Laurence NEES, A Tainted Mantle. Hercules and the Classical Tradition at the Carolingian Court (Univ. of Pennsylvania Press, Middle Ages Series), Philadelphia 1991.

Janet L. NELSON, Opposition to Charlemagne (German Hist. Institute, The 2008 Annual Lecture), London 2009.

Thomas F. X. NOBLE, Images, Iconoclasm, and the Carolingians, Philadelphia 2009.

Notker, Gesta Karoli, ed. Hans F. HAEFELE (MGH SS rer. Germ. NF 12); zweisprachig: Notker, Taten Karls, in: Quellen zur karolingischen Reichsgeschichte 3.

Otto Gerhard OEXLE, Die Karolinger und die Stadt des heiligen Arnulf, in: FmaSt 1 (1967) S. 250–364.

DERS., Forschungen zu monastischen und geistlichen Gemeinschaften im Westfränkischen Bereich, München 1978.

Opus Caroli regis contra synodum (Libri Carolini), hg. von Ann FREEMAN unter Mitwirkung von Paul MEYVAERT (MGH Concilia 2 Suppl. 1), Hannover 1998.

Otto der Große und das Römische Reich. Kaisertum von der Antike bis zum Mittelalter, Ausstellungskatalog, hg. von Matthias PUHLE, Gabriele KÖSTER, Regensburg 2012.

PADBERG, Lutz E. v., Mission und Christianisierung. Formen und Folgen bei Angelsachsen und Franken im 7. und 8. Jahrhudert, Stuttgart 1995.

DERS., Das Paderborner Treffen von 799 im Kontext der Geschichte Karls des Großen, in: De Karolo rege et Leone papa, S. 9–104.

DERS., Christianisierung im Mittelalter, Darmstadt (auch Mainz) 2006.

Matthias PAPE, Der Karlskult an Wendepunkten der neueren deutschen Geschichte, in: HJb 120 (2000) S. 138–81.

Steffen PATZOLD, Normen im Buch. Überlegungen zu Geltungsansprüchen sogenannter ‹Kapitularien›, in: FmaSt 41 (2007, ersch. 2008) S. 331–50.

PL (Patrologia Latina) = Jacques-Paul MIGNE, Patrologiae cursus completus sive bibliotheca universalis integra, uniformis, commoda, oeconomica omnium ss. patrum, doctorum scriptorumque ecclesiasticorum qui ab aevo apostolico ad usque Innocentii III tempora floruerunt, Paris 1844 ff. mit Bandnr.

Paulus Diaconus = Karl NEFF, Die Gedichte des Paulus Diaconus und erklärende Ausgabe (Quellen und Untersuchungen zur lateinischen Philologie des Mittelalters III/4), München 1908.

Joachim M. PLOTZEK, Zur Geschichte der Kölner Dombibliothek, in: Glaube und Wissen im Mittelalter. Die Kölner Dombibliothek, hg. von Joachim M. PLOTZEK u. a., München 1998.

Walter POHL, Die Awaren. Ein Steppenvolk in Mitteleuropa 567–822 n. Chr., [2]München 2002.

Quellen zur karolingischen Reichsgeschichte, 3 Bde. (Freiherr vom Stein-Gedächtnisausgabe 5–7), Darmstadt 1955–60 u. ö. (Übersetzungen u. a. der ArF, der Vita Karoli, Notkers, Thegan, sog. Astronomus).

Regino von PRÜM: Das Sendhandbuch des Regino von Prüm, hg. von Wilfried HARTMANN (Ausgewählte Quellen zur deutschen Geschichte des Mittelalters. Freiherr vom Stein-Gedächtnisausgabe 42), Darmstadt 2004.

Gerhard RÖSCH, ONOMA ΒΑΣΙΛΕΙΑΣ. Studien zum offiziellen Gebrauch der Kaisertitel in spätantiker und frühbyzantinischer Zeit (Byzantina Vindobonensia 10), Wien 1978.

Ekkehart ROTTER, Abendland und Sarazenen. Das okzidentale Araberbild und seine Entstehung im Frühmittelalter (Studien zur Sprache, Geschichte und Kultur des islamischen Orients 11), Berlin/New York 1986.

Dieter SCHALLER, Das Aachener Epos für Karl den Kaiser, in: FmaSt 10 (1976) S. 134–68.

DERS., Vortrags- und Zirkulardichtung am Hof Karls des Großen, in: Mittellat. Jb. 6 (1970) S. 14–36.

Hermann SCHEFERS s. Einhard.

Rudolf SCHIEFFER, Neues von der Kaiserkrönung Karls des Großen (SB München 2004,2), München 2004.

DERS., Die Zeit des karolingischen Großreiches 714–887 (Gebhardt, Handbuch der Deutschen Geschichte 2), Stuttgart 2005.

DERS., Die Karolinger, [4]Stuttgart 2006.

Horst Dieter SCHLOSSER, Althochdeutsche Literatur. Ausgewählte Texte mit Übertragungen, Frankfurt a. M. 1989 u. ö.

Walter SCHLESINGER, Die Hufe im Frankenreich, in: Untersuchungen zur eisenzeitlichen und frühmittelalterlichen Flur in Mitteleuropa und ihrer Nutzung Bd. 1, hg. von Heinrich BECK, Dietrich DENECKE, Herbert JANKUHN (Abhandlungen Göttingen Phil.-Hist. Kl. III. Folge Nr. 115), Göttingen 1979, S. 41–70.

Karl SCHMID, Gebetsgedenken und adliges Selbstverständnis im Mittelalter. Ausgewählte Beiträge, Sigmaringen 1983.

Gerhard SCHMITZ vgl. bei Hubert Mordek.

Sebastian SCHOLZ, Politik – Selbstverständnis – Selbstdarstellung. Die Päpste in karolingischer und ottonischer Zeit (Historische Forschungen im Auftrag der Historischen Kommission der Akademie der Wissenschaften und der Literatur 36), Stuttgart 2006.

Schriften zur Komputistik im Frankenreich von 721 bis 818, hg. von Arno BORST (MGH Quellen zur Geistesgeschichte des Mittelalters 21,2), Hannover 2006.

Sven SCHÜTTE, Forschungen zum Aachener Thron, in: Dombaumeistertagung in Aachen 2009, Karlsverein Dombauverein Schriftenreihe 13 (2011) S. 127–42.

Science in Western and Eastern Civilization in Carolingian Times, ed. by Paul Leo BUTZER, Dietrich LOHRMANN, Basel u. a. 1993.

Bernhard SIMSON, Jahrbücher des Fränkischen Reiches unter Ludwig dem Frommen, 2 Bde. Leipzig 1874–76.

Matthias SPRINGER, Die Sachsen, Stuttgart 2004.

Kerstin SPRINGSFELD, Alkuins Einfluß auf die Komputistik zur Zeit Karls des Großen (Sudhoffs Archiv Beihefte 48), Stuttgart 2002.

Heinhard STEIGER, Die Ordnung der Welt. Eine Völkerrechtsgeschichte des karolingischen Zeitalters (741 bis 840), Köln/Weimar/Wien 2010.

Andrea STIELDORF, Marken und Markgrafen. Studien zur Grenzsicherung durch die fränkisch-deutschen Herrscher (Schriften der MGH 64), Hannover 2012.

Wilhelm STÖRMER, Früher Adel. Studien zur politischen Führungsschicht im fränkisch-deutschen Reich vom 8. bis 11. Jahrhundert, 2 Bde. Stuttgart 1973.

Strukturen der Grundherrschaft im frühen Mittelalter, hg. von Werner RÖSENER (Veröffentlichungen des Max-Planck-Instituts für Geschichte 92), Göttingen 1992.

Rudolf SUNTRUP vgl. Heinz Meyer

Tassilo III. von Bayern. Großmacht und Ohnmacht im 8. Jahrhundert, hg. von Lothar KOLMER, Christian ROHR, Regensburg 2005.

Gerd TELLENBACH, Königtum und Stämme in der Werdezeit des Deutschen Reiches, Weimar 1939.

DERS., Der großfränkische Adel und die Regierung Italiens in der Blütezeit des Karolingerreiches, in: Studien und Vorarbeiten zur Geschichte des großfränkischen und frühdeutschen Adels, hg. von DERS. (Forschungen zur Oberrheinischen Landesgeschichte 4), Freiburg i. Br. 1957, S. 40–70, wieder in: DERS., Ausgewählte Abhandlungen 3, S. 795–825 (mit ursprüngl. Paginierung).

DERS., Ausgewählte Abhandlungen und Aufsätze, 5 Bde. Stuttgart 1988–96.

Matthias M. TISCHLER, Einharts «Vita Karoli». Studien zur Entstehung, Überlieferung und Rezeption (Schriften der MGH 48/I/II), 2 Bde. Hannover 2001.

Otto TREITINGER, Die oströmische Kaiser- und Reichsidee nach ihrer Gestaltung im höfischen Zeremoniell. Vom oströmischen Staats- und Reichsgedanken, [2]Darmstadt 1956.

Karl UBL, Inzestverbot und Gesetzgebung. Die Konstruktion eines Verbrechens (300–1100) (Millennium-Studien 20), Berlin/ NewYork 2008.

Jean François VERBRUGGEN, L'armée et la strategie de Charlemagne, in: Karl der Große. Lebenswerk und Nachleben 1, hg. von Helmut BEUMANN, [3]Düsseldorf 1967, S. 420–36.

Claudia VILLA, Die Horazüberlieferung und die «Bibliothek Karls des Großen». Zum Werkverzeichnis der Handschrift Berlin, Diez B. 66, in: DA 51 (1995) S. 29–52.

Visio Wettini. Einführung, lateinisch-deutsche Ausgabe und Erläuterungen von Hermann KNITTEL. Dritte, erweiterte Auflage. Mit einem Geleitwort von Walter BERSCHIN (Reichenauer Texte und Bilder 12), Heidelberg 2009.

Die Vitae Sancti Liudgeri, hg. von Wilhelm DIEKAMP (Die Geschichtsquellen des Bistums Münster 4), Münster 1881.

Wolfram VON DEN STEINEN, Karl der Große und die Libri Carolini. Die tironischen Randglossen zum Codex authenticus, in: NA 49 (1931) S. 207–80.

DERS., Randbemerkungen Karls des Großen. Eine Selbstanzeige, in: DERS., Menschen im Mittelalter, S. 32–6.

DERS., Karl und die Dichter, in: DERS., Menschen im Mittelalter, S. 37–77 (zuerst 1965).

DERS., Menschen im Mittelalter. Gesammelte Forschungen. Betrachtungen. Bilder, hg. von Peter von MOOS, Bern/ München 1967.

Am Vorabend der Kaiserkrönung. Das Epos «Karolus Magnus et Leo papa» und der Papstbesuch in Paderborn 799, hg. von Peter GODMAN, Jörg JARNUT, Peter JOHANEK, Berlin 2002.

Walahfrid Strabo, De imagine Tetrici, ed. Ernst DÜMMLER, MGH Poetae 2 S. 370–8; mit deutscher Übers.: Alois DÄNTL, Walahfrid Strabos Widmungsgedicht an die Kaiserin Judith und die Theoderichstatue vor der Kaiserpfalz zu Aachen, in: Zschr. des Aachener Geschichtsvereins 52 (1930, ersch. 1931) S. 3–23.

Immo WARNTJES, Irische Komputistik zwischen Isidor von Sevilla und Beda Venerabilis: Ursprung, karolingische Rezeption und generelle Forschungsperspektiven, in: Viator 42 Multilingual (2012) S. 1–31.

WATTENBACH-LEVISON, Deutschlands Geschichtsquellen im Mittelalter. Vorzeit und Karolinger, Heft 2, Die Karolinger vom Anfang des 8. Jahrhunderts bis zum Tode Karls des Großen, bearb. von Wilhelm LEVISON (†) und Heinz LÖWE, Weimar 1953.

Ulrike WEHLING, Die Mosaiken im Aachener Münster und ihre Vorstufen (Arbeitsheft der rheinischen Denkmalpflege 46), Köln/ Bonn 1995.

Lorenz WEINRICH, Wala. Graf, Mönch und Rebell. Die Biographie eines Karolingers (Historische Studien 386), Lübeck/Hamburg 1963.

Wolfgang WENDLING, Die Erhebung Ludwigs d. Fr. zum Mitkaiser im Jahr 813 und ihre Bedeutung für die Verfassungsgeschichte des Frankenreiches, in: FmaSt 19 (1985) S. 201–38.

Karl Ferdinand WERNER, Die Nachkommen Karls des Großen bis um das Jahr 1000, in: Karl der Große. Lebenswerk und Nachkommen, Bd. 4, hg. von Wolfgang BRAUNFELS und Percy Ernst SCHRAMM, Düsseldorf 1967, S. 404–82 mit zwei Tafeln.

DERS., *Missus – marchio – comes*. Entre l'administration centrale et l'administration locale de l'Empire carolingien, in: Histoire comparée de l'administration (ive-xviiie siècles), publ. par Werner PARAVICINI et Karl Ferdinand WERNER (Beiheft der Francia 9), München 1980, S. 191–239; wieder in: DERS., Vom Frankenreich, S. 108–156 (auch mit ursprüngl. Paginierung).

DERS., Vom Frankenreich zur Entfaltung Deutschlands und Frankreichs. Ursprünge – Strukturen – Beziehungen. Ausgewählte Beiträge. Festgabe zu seinem sechzigsten Geburtstag, Sigmaringen 1984.

DERS., Karl der Große oder Charlemagne? Von der Aktualität einer überholten Fragestellung (SB München 1995/4).

DERS., Karl der Große in der Ideologie des Nationalsozialismus. Zur Verantwortung deutscher Historiker für Hitlers Erfolge, in: Zs des Aachener Geschichtsvereins 101 (1997/98) S. 9–64.

DERS., Naissance de la noblesse. L'essor des élites politique en Europe, [2]Paris 1998.

Die Welt des Mittelalters. Erinnerungsorte eines Jahrtausends, hg. von Johannes FRIED, Olaf B. RADER, München 2011.

Harald WILLJUNG, Das Konzil von Aachen 809 (MGH Conc. 2 Suppl. 2), Hannover 1998.

Thomas ZOTZ, Palatium publicum, nostrum, regium. Bemerkungen zur Königspfalz in der Karolingerzeit, in: Die Pfalz. Probleme einer Begriffsgeschichte vom Kaiserpalast auf dem Palatin bis zum heutigen Regierungsbezirk, hg. von Franz STAAB, Speyer 1990, S. 71–101.

Personenregister

'Abdallâh 460 f., 537
'Abd-al-Malik 442, 460, 536
'Abd-ar-Rahmân I. 107 f., 166, 464
Adalhard von Corbie 19, 42, 44, 128, 130, 138, 164, 173, 206, 211, 224, 226, 228, 293, 297, 326, 365, 367–369, 380, 383 f., 386, 389 f., 393, 544, 561, 570, 576–579, 594, 597, 603
Adalperga 126, 254, 287
Adalwin von Regensburg 561
Adelchis 35, 127, 130, 170, 177 f.
Aistulf 68, 70 f., 101, 124, 186, 251
al-Aghlab, Ibrahim ibn 465
al-'Akki von Kairouan 465
al-A'râbi, Sulaimân 166 f.
al-Ḥakam I. 461, 538
al-Husain al-Ansâri 166 f.
al-Mahdi 514
al-Mansûr 107 f., 468
al-Maqqarî, Âhmad 169
al-Rašid, Hârûn 86, 248, 464 f., 468, 471 f., 510, 513 f., 516, 533, 612
Alexander der Große 20, 430, 470
Alkuin 12, 27, 44, 46, 53, 85, 90, 112 f., 117, 131, 159, 167, 181, 231–233, 237, 241 f., 262, 265 f., 268, 281–283, 285, 287, 294 f., 299, 302 f, 311, 314, 319, 323, 325, 328 f., 331–336, 338–342, 353–356, 364–369, 375 f., 382–384, 386, 388, 396, 398 f., 413, 417–420, 423, 435 f., 440 f., 443 f., 459, 461–464, 470, 472 f., 477–479, 487 f., 500, 502, 536, 547, 558 f., 576, 581, 594, 603
Ambrosius, hl. 29, 329
Angilram von Metz 22, 302, 364, 392, 459
Angilbert 173, 194, 351–353, 364, 376 f., 385, 396, 401, 423 f., 441, 450, 466, 480, 568, 594
Arichis II. von Benevent 126, 147, 170, 173, 175–177, 188, 288
Aristoteles 100, 300, 319 f., 330 f., 334 f., 399, 558, 627
Arn von Salzburg 182, 184, 188, 192, 383, 386, 462, 476, 478 f., 502, 561, 594
Arnulf von Metz 22, 36, 56
at-Tabari 107
at-Tamîmi, Abû l'Arab Muhammad ibn Ahmad 465
Aubin, Hermann 624
Augustinus 45, 53 f., 100, 111, 138, 268, 270, 313, 319–321, 327–329, 336, 370, 399, 418, 435, 437, 478, 500, 552

Barbero, Alessandro 627
Beatus, Abt von Liébana 165, 439 f., 462, 563, 650
Beda Venerabilis 90, 111, 155, 167, 294, 338, 345, 473, 501, 559
Benedikt von Aniane 17, 292, 349, 360 f., 367–369, 383, 389 f., 570, 578, 597
Bernhard (Sohn Karl Martells) 62, 131 f.

Bernhard von Italien 252 f., 256, 368, 384, 550, 570, 576–578, 585, 600 f.
Bertha 353, 364, 376, 385
Bertrada 35 f., 69 f., 126–128, 281, 380, 522
Bismarck, Otto von 608 f.
Bonifatius, hl. 62, 111, 153 f., 158, 161, 187, 284–286, 296, 299, 304, 308, 559, 592
Burckhardt, Jacob 606 f., 628

Campulus 480, 488, 504
Cathuulf 47, 262, 355, 419
Chamberlain, Houston, Stewart 617
Childerich III. 60, 600
Christophorus 125, 127
Columban d. Ä. 27, 90, 117

Desiderius 124–133, 148, 170, 177, 187 f., 377, 379, 456, 593, 613
Dicuil 92
Drogo (Karls Sohn) 384, 459, 541, 597
Drogo (Karls Vetter) 61, 69
Dürer, Albrecht 27, 406 f., 607, 632, 633

Einhard 11, 19 f., 25 f., 34 f., 44 f., 49, 54, 80, 87, 123, 129, 147, 149, 156–158, 160, 165, 167 f., 188, 194, 198, 204, 216, 228, 249, 276, 281, 295 f., 309, 322 f., 328–330, 338, 347, 349, 364, 370, 375, 377–379, 381 f., 385 f., 389, 391, 402 f., 408, 412, 415, 421, 424, 430, 448, 456, 465 f., 468, 474, 484, 489–494, 499 f., 509–511, 513, 517, 532, 534, 541, 544, 547, 556 f., 564, 567–570, 585–587, 591, 594, 596, 598–605
Erdmann, Carl 620

Fastrada 185, 187, 190, 193, 236, 238, 243, 309, 350, 377–382, 594, 601
Fredegar 37, 57, 115, 468 f.
Freytag, Gustav 606
Friedrich Barbarossa 30, 597, 604, 614
Fulrad von St-Denis 71, 130, 151, 275, 302 f., 392

Gerberga 129 f., 132
Gerold 190–192, 302, 386
Gisela (Schwester Karls) 35, 83, 102, 125, 127, 191, 295, 380, 399, 481, 527, 567, 594
Gisela (Tochter Karls) 172
Goethe, Johann Wolfgang 593, 612, 616
Gottfrid 532–534
Gregor I., der Große 111, 156, 159, 220, 270, 304, 328 f., 345 f., 420, 451
Gregor II. 285, 345
Grifo 38 f., 60–62, 185, 548, 576
Grimoald 176–178, 188
Gundrada 62, 380, 384 f.

Hadrian I. 45, 66 f., 71, 95, 127, 130 f., 133–135, 139 f., 144–148, 170, 172–174, 176 f., 182, 184, 187 f., 199, 262, 277–283, 298 f., 304, 307, 312 f., 318, 343 f., 349, 352, 357, 366, 399, 408, 444, 452–454, 460, 474, 476 f., 480, 505, 527, 563, 601
Hampe, Karl 619
Hardrat 174, 233, 307 f.
Hartnid 353, 376, 385
Heito von Basel 386, 561, 564 f.
Herder, Johann Gottfried 610
Hieronymus, hl. 89 f., 100, 221, 288, 329, 438, 462, 473, 484, 559

Hildebald von Köln 344, 364, 386, 392, 395, 419, 456, 459, 462 f., 471, 479, 556, 559 f., 568, 570, 574, 587
Hildegard 22, 128 f., 133, 166 f., 172, 185, 190, 209, 298, 302, 377–380, 382, 419, 594, 600
Himiltrud 38, 73, 190, 377, 379, 381 f., 481, 640
Hinkmar 379, 390 f., 393, 453
Hišâm 461
Hitherius 128, 392
Hitler, Adolf 618, 620–623, 626
Hrabanus Maurus 88, 299, 328, 386
Hugo (Karls Sohn) 83, 384, 541
Hugo von Tours 564

Ibn Khordadhbeh 96 f.
'Iyâdh, Abûl-Fadl 465
Imma 129
Irene 173, 179, 181, 447–449, 461, 470–472, 508 f., 530
Isidor von Sevilla 54, 77, 85, 92, 326, 329, 557

Justinian 68, 98, 100 f., 310, 411, 428, 464, 468, 507, 629

Karl (Karls Sohn) 382, 481, 541, 543, 547, 569
Karl III. 19–21
Karl Martell 36 f., 56 f., 59 f., 62, 105, 167, 272, 431, 470, 548
Karlmann (Karls Bruder) 35, 40, 69, 72, 83, 101, 123 f., 126 f., 129 f., 132, 145, 275, 547
Karlmann (Karls Onkel) 37, 39, 60–62, 138, 299, 547
Konstantin der Große 20, 138–142, 404, 430
Konstantin V. 70, 99, 101–103
Konstantin VI. 173, 179 f., 385, 447 f., 470

LeGoff, Jacques 626
Leo III. 65, 67, 164, 174, 198, 261 f. 264 f., 269, 280, 305, 343, 352, 396, 401, 413, 426, 430, 434, 460, 471, 474–476, 479 f., 482–484, 486–491, 494 f., 499, 501, 503–506, 526–529, 536, 561, 563, 601, 625
Leon IV. 35, 102, 173, 179
Liudger, hl. 159, 163 f., 212
Liutgard 377 f., 385, 388, 480, 541
Liutperga 126 f., 456
Löns, Hermann 618
Lothar I. 415, 505, 602
Ludwig der Deutsche 271
Ludwig der Fromme 17–19, 45 f., 49, 62, 83, 87, 92, 151, 157, 168, 172–174, 206–208, 212, 224, 232, 234, 236, 238 f., 241, 248, 291 f., 296, 305, 308, 347, 360 f., 365, 367 f., 383–385, 388, 390, 399, 406, 408–410, 415 f., 443, 445, 447, 459, 461, 481, 489, 493, 511, 520, 529, 532, 534, 537 f., 541, 543, 547, 550, 552, 555, 565, 569 f., 573, 576–580, 582, 585 f., 594, 597, 599–603
Ludwig II. 505
Ludwig VIII. 604
Ludwig XIV. 605, 615

Mohammed 104 f., 107, 440, 629
Moeller van den Bruck, Arthur 617, 619
Moser, Johann Jacob 605 f.

Napoléon I. 597, 606, 615 f.
Napoléon III. 608
Nithard 152, 267, 296, 353, 355, 376, 384 f., 603
Notker 19, 26, 41, 287, 289, 391 f., 406, 468, 515, 566, 605

Odo (Hiram) 410 f., 416
Odilo 129, 185, 187
Offa von Mercia 111–113, 181, 536
Orosius 88 f., 92, 268, 273, 430, 462, 468
Otto I., der Große 305, 426, 603 f.
Otto III. 30, 429, 597, 614

Paschal III. 30, 614
Paschasius Radbertus (Pseudoisidor) 347, 578, 579, 600, 602, 705 f.
Patrick, hl. 54, 110
Paulus Diaconus 22, 26, 36, 56, 85, 94, 175–177, 180, 254, 306 f., 322 f., 349, 357, 380, 386, 438, 462 f., 594
Petronilla, hl. 67, 126 f.
Petrus, hl. 39 f., 48, 64, 67 f., 70, 102 f., 125, 127, 131, 146, 172, 277–280, 308, 329, 352, 365, 413, 415, 427, 436, 453–455, 459, 474–476, 479, 481, 483, 488, 528, 593
Petrus Pisanus 287, 303, 386, 594
Pippin (Karls Bruder) 35, 38, 40, 83
Pippin (Karls Neffe) 126, 129 f.
Pippin (Karls Vater) 35, 37, 39–41, 43, 60–63, 66–73, 77 f., 81, 84 f., 90, 92, 97 f., 100–104, 106, 108 f., 113, 124, 126, 129, 133–135, 138, 145, 147, 170, 173 f., 178, 182, 185–187, 189, 192, 200, 251, 255, 274, 280 f., 286, 340, 344–346, 392, 405, 431, 447, 470, 487, 522, 527 f., 547, 576 f., 608, 612
Pippin der Bucklige 73, 129, 185, 190 f., 238, 379–382, 481, 456, 538, 548, 569, 586, 593, 640
Pippin von Italien 116, 172 f., 178, 194, 238 f., 243, 248, 254, 256, 280, 298, 383, 399, 447, 481 f., 488, 495, 506, 528, 533, 541, 543 f., 550, 555, 563, 567, 570, 576 f., 585, 601

Rainald von Dassel 30, 614
Robertson, William 616
Rochet, Charles und Louis 608 f.
Romuald 176 f.
Rorico 191, 385
Rosenberg, Alfred 618, 620 f.
Rothrud 179 f., 191, 200, 288, 385, 567

Schlegel, Friedrich 616
Schlegel, Wilhelm 606
Silvester, hl. 138, 141 f., 171, 504, 579
Solinus 88, 92
Stephan II. 39, 61, 63, 67, 69, 101, 134
Stephan III. 73, 124 f., 127, 277
Swanahild 185

Tacitus 85, 100, 157, 326
Tassilo III. von Baiern 20, 22 f. 39 f., 126 f., 129 f., 182 f., 185–192, 200, 264, 299, 307 f., 362, 455–457, 586, 593
Theodebert 188, 456
Theoderich (Karls Sohn) 384, 409, 541
Theoderich der Große 135, 403, 409, 428, 431, 507
Theodo 127, 187–190, 45 f., 593
Theodor Synkellos 193
Theodor von Canterbury 345
Theodosius der Große 20, 92, 430, 470
Theodrada (Gemahlin Pippins von Italien) 62, 544, 576 f.
Theodrada (Karls Tochter) 83
Theodulf 46, 66, 85, 168, 194, 262, 264, 281, 283, 288 f., 295, 301, 319 f., 328 f., 343, 351,

354–356, 358, 364–367, 369, 378, 382, 386, 390, 396 f., 410, 413, 416, 420, 435, 448, 450–452, 479, 481 f., 503, 561 f., 568, 570, 578, 593 f., 603
Theophanes 11, 101, 104, 106, 179 f., 486, 508, 564

Voltaire 605, 618 f.

Waifar von Aquitanien 38–40, 43, 124
Wala von Corbie 62, 164, 197, 365, 368, 383, 386, 393, 544, 568, 570, 576–580, 594, 597, 602 f.
Walahfrid Strabo 88, 544
Waldo von Reichenau 173
Werner, Karl Ferdinand 624
Wetti 17, 173, 192, 232
Wido 231, 233, 237, 242, 363 f.
Widukind, Sachsenherzog 154, 160, 162, 531, 618
Widukind von Corvey 114, 155
Wilhelm I. 608
Wilhelm von Toulouse 368, 442, 537
Willibald von Eichstätt 61, 88, 111
Wirund von Stablo 476, 479

Zacharias 95, 142, 176, 467, 592
Zuccari, Taddeo 607 f.

Ortsregister

Aachen 17, 22, 28, 30, 39–41, 45, 48, 81, 86, 112, 123, 143, 175, 184, 200, 206, 214, 223, 227, 240, 246, 249, 299, 307, 311–313, 349–351, 360 f., 368–371, 375, 383, 386–389, 391, 396, 398, 403–429, 431, 437, 443, 454, 460 f., 464, 467, 472, 481, 494, 502, 507–509, 511 f., 514 f., 518, 521, 524, 527 f., 530, 533, 544, 553, 559, 561, 565, 569, 571, 577, 580, 584, 586, 597, 603 f., 607 f., 613–615, 621, 624 f., 631
Alexandria 91, 466
Amiens 351
Aquileia 80, 254, 286, 539
Arles 33, 58, 81, 198, 455, 459, 510, 573, 584, 586
Augsburg 81, 187, 221 f., 245, 249
Bagdad 84, 86, 88, 96 f., 104, 107, 109, 119 f., 377, 464, 500, 510, 630
Bamberg 9, 116
Barcelona 166, 169, 239, 386, 460 f., 464, 500, 508, 516, 530, 537, 573
Bobbio 27, 89, 255, 294, 596
Boulogne 533 f.,569
Bregenz 88
Bremen 154, 159, 161, 163, 207

Canterbury 111, 114, 294, 345, 536
Catania 88
Centula (s. St-Riquier)
Châlons-sur-Saône 584
Chelles 23, 26, 35, 83, 189, 295 f., 399, 457, 527, 567, 594
Civitavecchia 95, 170
Compiègne 35, 200, 345
Corbény 130

Córdoba 108, 120, 166, 377, 460, 464, 533, 630

Damaskus 91, 106 f., 445, 586
Darmstadt 209
Dorestad 112, 510

Echternach 158, 164, 204, 246, 303, 362
Eresburg 131, 649
Erfurt 116, 286, 518

Fleury 218, 289, 295 f., 364
Frankfurt am Main Frontispiz, 30, 157, 192, 200, 206, 209, 224, 229 f., 247 f., 356–360, 443–445, 452 f., 455–461, 510, 597, 614–616, 631
Fulda 85, 88, 157 f., 164, 206, 284, 286, 295 f., 299, 308, 312 f., 328, 365, 402, 458

Genf 131
Gent 364, 533, 568

Hersfeld 85, 158, 164, 296, 299
Huesca 166, 461, 464, 537

Ingelheim 188–190, 351, 387 f., 391, 405, 430 f., 456, 469, 555
Iona 90, 117

Jerusalem 81, 86, 88, 90 f., 95, 105, 120, 352, 377, 410 f., 417, 419 f., 423, 426, 428 f., 445, 463 f., 466–469, 471, 489, 507, 509 f., 512–516, 561, 630

Kairouan 120, 465, 467, 630
Karthago 105 f., 403, 466
Köln 9, 30, 33, 81, 161, 200, 246, 303, 344, 364, 386, 392, 395, 412, 456, 458 f., 462, 471 f., 510, 530, 556 f., 559 f., 568, 570, 574, 587, 611, 614
Konstantinopel 9, 57, 68, 78, 81, 86, 88, 90 f., 93–96, 98–101, 103, 105 f., 109, 116, 118, 120, 130, 141, 170, 174 f., 178 f., 181, 193, 197, 345, 352, 391, 411 f., 438, 447–449, 461, 464, 470–472, 490, 492, 500, 508 f., 516, 529 f., 533, 563–565, 568, 595, 629 f.

LeMans 72, 238
Lorsch 217 f., 226, 246, 295 f., 351, 362, 458, 559
Lyon 344, 443, 510, 523, 575

Mailand 172, 198, 208, 254, 257, 510
Mainz 33, 79, 81, 161, 182, 194, 200, 217, 246 f., 275, 286, 295, 297, 299, 303 f., 306, 381, 386, 430 f., 481, 510, 518, 520, 530, 539, 584
Marseille 58, 81, 95
Medina 104
Mekka 104
Melle 510
Merseburg 50, 52, 349
Montecassino 61, 88, 159, 175 f., 254, 288, 307, 322, 357, 360 f., 369
Montpellier 191, 351
Münster 159, 161, 163, 207, 453, 619

Narbonne 43, 57, 60, 81, 95, 105 f., 442, 612 f.
Neapel 94 f., 170, 177 f., 444
Nimwegen 405, 430, 551

Orléans 46, 81, 85, 262, 289, 295, 301, 351, 358, 364–367, 382, 386, 396, 420, 450, 479, 481, 503, 561 f., 568, 570, 578, 594

Paderborn 160, 163 f., 166, 200, 207, 212, 248, 405, 430, 478 f., 487, 625
Paris 33–35, 81, 123, 200, 265, 351, 403, 481, 530, 579, 597, 602, 604, 606, 608 f., 611, 616, 623 f., 630
Passau 80, 186, 249, 539
Pavia 70, 129 f., 132 f., 146, 148, 172 f., 175, 184, 188, 246, 248, 251 f., 254 f., 279, 287, 289, 302, 343, 364, 411
Poitiers 58 f., 168
Ponthion 63, 68 f., 173
Prag 116, 626
Prüm 36, 204, 208, 212, 246, 362, 381, 569

Quentovic 510
Quierzy 68 f., 145, 173, 527

Raqqa 464, 468, 500, 510, 516
Ravenna 68, 70, 101, 133, 146, 184, 198, 246, 251, 255, 257, 268, 271, 275, 279, 408 f., 411–413, 426–428, 482, 506 f., 516, 527, 568
Regensburg 33, 81, 116, 186, 192 f., 245, 248 f., 295, 351, 441, 443, 539, 561, 613 f.
Reims 30, 169, 304, 390, 453, 520, 526, 584, 614
Rom 23, 36, 40, 50, 59–61, 63–72, 81, 84, 86, 95, 98–100, 103, 109, 111, 114, 124–129, 131, 133–139, 141–148, 164, 170, 172–174, 176–179, 182, 184 f., 187, 194, 197–199, 205, 245–247, 255, 257, 263, 266, 268, 273–281, 283–286, 289, 298, 302, 308, 319, 329 f., 343, 345, 357, 362, 364, 366, 398 f., 402–404, 406–410, 412 f., 416, 420, 423, 426–428, 431, 441–443, 445–447, 450 f., 453 f., 458, 460, 464, 469 f., 472–495, 499 f., 502, 504–507, 509 f., 516, 527 f., 536, 539, 561, 568, 596 f., 600–602, 617, 621, 630
Rouen 443, 480, 510
Rüdesheim am Rhein 609

Salzburg 80, 89, 186, 192, 249, 295, 305, 502, 539, 555
Saragossa 166, 537
Siena 246, 505
Soissons 35, 191, 526, 567, 577, 594, 630
Speyer 9, 271, 303
Spoleto 102, 133, 146, 170 f., 173 f., 177, 252, 255, 476, 506
St-Denis 68 f., 71, 123, 129 f., 151, 206, 208, 215, 274, 295, 297, 302 f., 351, 392, 458, 520
St-Germain-des-Prés 34, 212, 297, 351
St-Guillem-le Desert 537
St-Riquier 173, 223, 351–353, 364, 480
St-Maurice d'Agaune 351, 526
St. Gallen 19, 41, 50, 152, 192, 208, 218, 236, 256, 287, 289, 294 f., 324, 392, 406, 416, 515, 565 f., 577, 605

Toledo 120, 165, 440–442, 444, 460, 500, 584
Tortosa 537
Toulouse 40, 240, 442, 537
Tours 58 f., 112 f., 240, 287, 290, 295, 322, 364, 366 f., 384, 386, 398, 443, 472, 477, 480 f., 564, 568, 584, 603
Trier 33, 52 f., 151, 189, 198, 204, 412, 510, 559, 564

Venedig 9, 84, 94, 96, 135, 179, 403, 449, 466, 530, 563 f.

Verona 130, 132, 173, 254 f., 291, 383, 399
Vienne 33, 58, 455, 459

Weißenburg (Wissembourg) 50, 220, 222, 229, 271, 295
Werden a. d. Ruhr 159, 164, 206, 212, 271
Wessobrunn 54 f., 296, 348, 436
Worms 33, 45, 184 f., 187, 200, 220, 222, 247, 308, 387 f., 501, 510, 561
Würzburg 286, 295, 299

York 27, 111, 159, 287, 294, 536

Zürich 30, 614

Bildnachweis

Abb. 1 (Frontispiz): bpk – Bildagentur für Kunst, Kultur und Geschichte, Berlin/Münzkabinett/SMB/Foto: Lutz Jürgen Lübke
Abb. 2 (S. 51): aus dem Archiv des Autors
Abb. 3 (S. 54): Bayerische Staatsbibliothek (clm 22053III), München
Abb. 4 (S. 64): © Bildarchiv Foto Marburg
Abb. 5 (S. 112): © The Trustees of the Britisch Museum, London
Abb. 6 (S. 126): akg-images, Berlin
Abb. 7 (S. 134): Museo archeologico, Venedig. Hier: Christoph Stiegemann und Matthias Wemhoff (Hg.): 799 Kunst und Kultur der Karolingerzeit. Karl der Große und Papst Leo III. in Paderborn (Bd. 2). Katalog der Ausstellung Paderborn 1999, Mainz 1999
Abb. 8 (S. 136–137): Stiftsbibliothek, Kloster Einsiedeln (Cod. 326 f. 83b-84a) – e-codices
Abb. 9 (S. 137): Franz Alto Bauer: Das Bild der Stadt Rom im Frühmittelalter. Papststiftungen im Spiegel des Liber Pontificalis von Gregor dem Dritten bis zu Leo dem Dritten, Wiesbaden 2004
Abb. 10 (S. 139): akg-images (Foto: Manuel Cohen), Berlin
Abb. 11 (S. 140): Paesaggi della Memoria. Gli acquerelli romani di Ettore Roesler Franz dal 1876 al 1895 (Landscapes of Memory. The Roman Watercolours of Ettore Roesler Franz, 1876–95), Mandragora 2007
Abb. 12 (S. 143): Christoph Stiegemann und Matthias Wemhoff (Hg.): 799 Kunst und Kultur der Karolingerzeit. Karl der Große und Papst Leo III. in Paderborn (Bd. 2). Katalog der Ausstellung Paderborn 1999, Mainz 1999
Abb. 13 (S. 144): akg-images (Foto: Andrea Jemolo), Berlin
Abb. 14 (S. 145): Zentralinstitut für Kunstgeschichte, Photothek, München
Abb. 15 (S. 148): © Images courtesy of the Coins and Medals Department, The Fitzwilliam Museum, Cambridge

Abb. 16 (S. 171): akg-images, Berlin
Abb. 17 (S. 183): akg-images, Berlin
Abb. 18 (S. 196): Michael Imhof und Christoph Winterer: Karl der Große. Leben und Wirkung, Kunst und Architektur, Petersberg 2005
Abb. 19 (S. 205): Württembergische Landesbibliothek Stuttgart, Cod. bibl. fol. 23, f. 124v
Abb. 20 (S. 212): Württembergische Landesbibliothek Stuttgart, Cod. bibl. fol. 23, f. 96v
Abb. 21 (S. 216): Utrecht, University Library, Ms. 32, fol. 84r
Abb. 22 (S. 253): akg-images (Foto: Erich Lessing), Berlin
Abb. 23 (S. 264): aus dem Archiv des Autors
Abb. 24 (S. 276): Rome, Santa Maria Antiqua. © 2013. Photo Scala, Florence – Courtesy of the Ministero Beni e Att. Culturali
Abb. 25 (S. 282): Zentralinstitut für Kunstgeschichte, Photothek, München
Abb. 26–27 (S. 292/293): Zeitschrift des deutschen Vereins für Kunstwissenschaft, Bd. 64, 2010
Abb. 28 (S. 298): Österreichische Nationalbibliothek, Wien, Cod. 1861, fol. 24v-25r
Abb. 29 (S. 312): Herzog August Bibliothek Wolfenbüttel: Cod. Guelf. 496a Helmst., Einbandzeichnung
Abb. 30 (S. 332): Bayerische Staatsbibliothek (clm 14377), München
Abb. 31 (S. 334): To the Master and Fellows of Corpus Christi College, Cambridge, CCC MS 206, f. 101r
Abb. 32 (S. 352): Zentralinstitut für Kunstgeschichte, Photothek, München
Abb. 33 (S. 387): Public Domain
Abb. 34 (S. 402): Christoph Stiegemann und Matthias Wemhoff (Hg.): 799 Kunst und Kultur der Karolingerzeit. Karl der Große und Papst Leo III. in Paderborn (Bd. 2). Katalog der Ausstellung Paderborn 1999, Mainz 1999
Abb. 35 (S. 404): Zentralinstitut für Kunstgeschichte, Photothek, München
Abb. 36 (S. 406): bpk – Bildagentur für Kunst, Kultur und Geschichte, Berlin/The Trustees of the British Museum
Abb. 37 (S. 411): © Bildarchiv Foto Marburg
Abb. 38 (S. 412): Museen der Stadt Aachen, Museum Burg Frankenberg, Bismarckstraße 68: „Aachen im Bild". Ausstellungs- und Dokumentationsreihe zur Geschichte der Stadt Aachen, 1979–1982
Abb. 39 (S. 414): Andrea Pufke (Hg.): Arbeitsheft der rheinischen Denkmalpflege 78. Die karolingische Pfalzkapelle in Aachen. Material – Bautechnik – Restaurierung, Worms 2012
Abb. 40 (S. 418): Andrea Pufke (Hg.): Arbeitsheft der rheinischen Denkmalpflege 78. Die karolingische Pfalzkapelle in Aachen. Material – Bautechnik – Restaurierung, Worms 2012
Abb. 41 (S. 421): © Bildarchiv Foto Marburg
Abb. 42 (S. 422): © Bildarchiv Foto Marburg

Abb. 43–44 (S. 424/425): Zentralinstitut für Kunstgeschichte, Photothek, München
Abb. 45 (S. 427): Public Domain
Abb. 46 (S. 430): Public Domain
Abb. 47 (S. 446): Hans Belting: Bild und Kult. Eine Geschichte des Bildes vor dem Zeitalter der Kunst, München 2000
Abb. 48 (S. 449): The Bridgeman Art Library, Berlin
Abb. 49 (S. 475): Christoph Stiegemann und Matthias Wemhoff (Hg.): 799 Kunst und Kultur der Karolingerzeit. Karl der Große und Papst Leo III. in Paderborn (Bd. 1). Katalog der Ausstellung Paderborn 1999, Mainz 1999
Abb. 50 (S. 485): Rom. Die Stadt der Päpste. Text von Francesco Paolo Rizzo. Photographienvon Takashi Okamura, Freiburg im Breisgau 1983
Abb. 51 (S. 503): aus dem Archiv des Autors
Abb. 52 (S. 512): bpk – Bildagentur für Kunst, Kultur und Geschichte, Berlin/Münzkabinett/SMB/Foto: Lutz Jürgen Lübke
Abb. 53 (S. 513): Michael McCormick: Charlemagne's Survey of the Holy Land. Wealth, Personnel, and Buildings of a Mediterranean Church between Antiquity and the Middle Ages (Dumbarton Oaks Medieval Humanities), Washington D.C. 2011
Abb. 54 (S. 554): akg-images (Foto: Erich Lessing), Berlin
Abb. 55 (S. 598/599): Michael Imhof und Christoph Winterer: Karl der Große. Leben und Wirkung, Kunst und Architektur, Petersberg 2005
Abb. 56 (S. 608): Vatican, Sala Regia. © 2013. Photo Scala, Florence
Abb. 57 (S. 609): akg-images, Berlin
Abb. 58 (S. 622): aus dem Archiv des Autors
Abb. 59 (S. 623) beide: bpk – Bildagentur für Kunst, Kultur und Geschichte, Berlin/RMN-Grand Palais/MA
Abb. 60 (S. 632): bpk – Bildagentur für Kunst, Kultur und Geschichte, Berlin/Foto: Lutz Braun

Tafel I: The Art Archive/Bibliothèque Universitaire de Médecine, Montpellier/Gianni Dagli Orti
Tafel II–III: Bibliothèque nationale de France, Paris, MSS NAL 1203, folio 3v – folio 4
Tafel IV: Kunsthistorisches Museum, Wien – SK XIII 18, fol. 178v
Tafel V: Kunsthistorisches Museum, Wien – SK XIII 18, fol. 77r
Tafel VI: Stiftsbibliothek St. Gallen, Cod. Sang. 22, S. 64
Tafel VII: Stiftsbibliothek St. Gallen, Cod. Sang. 22, S. 141
Tafel VIII: beide: bpk – Bildagentur für Kunst, Kultur und Geschichte, Berlin/Kupferstichkabinett/SMB/Foto: Jörg P. Anders

Leider war es nicht in allen Fällen möglich, die Inhaber der Rechte zu ermitteln. Wir bitten deshalb gegebenenfalls um Mitteilung. Der Verlag ist bereit, berechtigte Ansprüche abzugelten.

KARTEN

Chester
Lincoln
Nordsee
Cork
MERCIA
Leicester
WALES
Dunwich
London
WESSEX
Dorestad
Nimwegen
Exeter
Canterbury
Boulogne
Gent
Maastricht
St. Omer
Herstal
Quentowik
St. Riquier
Lüttich
Cambrai
Atlantischer Ozean
St. Wandrille-Fontenelle
Rouen
Quierzy
Lisieux
Compiègne
Soissons
Attigny
Ver
St. Denis
Reims
Chelles
Paris
Bretagne
FRANZIEN
Seine
BRETON. MARK
Le Mans
Orléans
Sens
Troyes
Angers
Germigny-des-Prés
Auxerre
Noirmoutier
Tours
Bourges
Nevers
Poitiers
Chasseneuil
Chalon
Loire
Mornac
BURGUND
Angeac
Angoulême
Lyon
AQUITANIEN
Bordeaux
Rhône
KGR. ASTURIEN
Gascogne
Avignon
Toulouse
Aniane
Roncesvalles
Gellone
Arles
Burgos
Pamplona
Narbonne
Marseille
Septimanien
SPANISCHE MARK
Ebro
Tudela
Zaragoza
Tarragona
Barcelona
EMIRAT VON CORDOBA
Mittelmeer
Tajo
Toledo
0
100
200 km

Das Reich Karls des Großen
Frankenreich im Jahr 768
Erwerbungen Karls d. Gr.
Grenzmarken
Fränkisches Einflussgebiet
Karolingische Pfalzen
Verkehrs- und Handelswege
Ostsee
Rerik
Abodriten
Bardowiek
Bremen
Verden
Elbe
SACHSEN
Minden
Hildesheim
Magdeburg
Heveller
Halberstadt
Paderborn
Dortmund
Eresburg
Halle
Sorben
SORB. MARK
Hersfeld
Fulda
Koblenz
Salz
Mainz
Frankfurt
Trebur
Hallstadt
Lorsch
Würzburg
Forchheim
Prag
Böhmen
Rhein
Eichstätt
Regensburg
Straßburg
Donau
Freising
Passau
Mittelzell
(Reichenau)
Wessobrunn
Mattsee
Kremsmünster
Salzburg
Konstanz
Zürich
St. Gallen
Einsiedeln
Brenner
Innichen
Mähren
Brünn
Jablunkapass
Oder
Elbe
Weichsel
Mautern
Donau
PANNONIEN
KARANTANIEN
Theiß
Drau
Save
Trient
Cividale
Aquileja
Grado
Venedig
Vercelli
Mailand
Verona
Pavia
Po
Piacenza
KGR. ITALIEN
Genua
Bologna
Ravenna
Rimini
Lucca
Florenz
Zara
Spalato
PATRIMONIUM S. PETRI
Spoleto
Hzm. Spoleto
Adria
Ragusa
Korsika
San Andrea al M. Soratte
Rom
Monte Cassino
Capua
Benevent
Bari
Brindisi
Neapel
HZM. BENEVENT
Tyrrhenisches Meer
Sardinien

Schweden
Nordsee
Ostsee
Dänen
Sachsen
Rhein
Atlantischer Ozean
Köln
Seine
Bretagne
Paris
Trier
KGR. DER FRANKEN
Donau
Regensburg
Tours
Poitiers
Loire
Awaren
Alpen
KGR. ASTURIEN
Bordeaux
Garonne
Lyon
Mailand
Aquileja
Ebro
Rhône
Pavia
Venedig
Toulouse
Ravenna
Pyrenäen
Narbonne
Marseille
Zaragoza
Barcelona
Lissabon
Tajo
Toledo
Korsika
Adria
Mérida
EMIRAT VON CORDOBA
Rom
HZM. BENEVENT
Neapel
Sevilla
Córdoba
Balearen
Sardinien
Dschebel al Tarik
Cartagena
Tanger
Ceuta
Mittelmeer
Karthago
Sizilien
Fes
Tahert
Tunis
Tlemcen
ABBASSIDEN/ AGHLABIDEN
Kairuan
Sidi Okba
MAGHRIB
Kabis
Tripolis
Ghadamis
FESSAN
Djawan
Die Mittelmeerwelt
Frankenreich unter Karl dem Großen
Ausbreitung des Islam
Grenzmarken
Fränkisches Einflussgebiet
0 100 200 300 km

Slawen
Wolga
Ural
Chasaren
Don
Dnjepr
Itil
Bulgaren
Dnjestr
Karpaten
Kaspisches Meer
Kaukasus
Cherson
Tiflis
Kura
Donau
Schwarzes Meer
Donaubulgaren
Trapezunt
ARMENIEN
ica
Konstantinopel (Byzanz)
Adrianopel
Thessalonike
OSTRÖMISCHES REICH (BYZANTINISCHES REICH)
Melitene
Tigris
Hamadan
Ägäis
Akroinon
Smyrna
Ephesus
Taurus
Athen
Antiochia
Raqqa
Samarra
Euphrat
Bagdad
Ktesiphon
Susa
Zypern
Homs
Kerbela
Kreta
Damaskus
Basra
Mittelmeer
Ramla
Jerusalem
Cyrene
Farma
Alexandria
RKA
Babylon (Kairo)
LIBYEN
Fustat
Tebuk
Taima
ÄGYPTEN
Chaibar
ARABIEN
Nil
Medina
Assuan
Rotes Meer
Mekka

Edition C.H.Beck Paperback

Ian Bostridge
Schuberts Winterreise
Lieder von Liebe und Schmerz
Aus dem Englischen von Annabel Zettel
2017. 405 Seiten mit 44 Abbildungen und 3 Grafiken. Klappenbroschur
Beck Paperback Band 4500

Werner Dahlheim
Die Welt zur Zeit Jesu
2017. 495 Seiten mit 50 Abbildungen, 11 Karten sowie 2 Zeittafeln.
Klappenbroschur
Beck Paperback Band 4501

Navid Kermani
Ungläubiges Staunen
Über das Christentum
2017. 304 Seiten mit 49 farbigen Abbildungen. Klappenbroschur
Beck Paperback Band 4502

Jörn Leonhard
Die Büchse der Pandora
Geschichte des Ersten Weltkriegs
2018. 1168 Seiten mit 62 Abbildungen, 14 Karten, 5 Tabellen und
4 Schaubildern. Klappenbroschur
Beck Paperback Band 4504

Ulrich Raulff
Das letzte Jahrhundert der Pferde
Geschichte einer Trennung
2018. 461 Seiten mit 85 Abbildungen im Text und 36 Abbildungen auf
Tafeln. Klappenbroschur
Beck Paperback Band 4505

Andreas Rödder
21.0
Eine kurze Geschichte der Gegenwart
2017. 496 Seiten mit 1 Abbildung, 8 Grafiken und 1 Karte. Klappenbroschur
Beck Paperback 4503

Verlag C.H.Beck München